李宗侗（一八九五—一九七四）

字文伯，河北省高陽縣人。自幼聰明過人。十七歲時到法國留學，畢業於法國巴黎大學。一九二四年返國，受聘於國立北京大學，兼法文系主任，曾出任故宮博物院秘書長等職。一九四八年，受聘為國立臺灣大學歷史系教授。後歷兼國史館史料審查委員、編譯館編審委員、臺灣省文獻委員會顧問、中華文化復興運動推行委員會委員等職。對中國古代史頗有研究，在學術上時有獨特見解。

夏德儀（一九〇一—一九九八）

號卓如，為臺灣大學歷史系文史淵博精深知名教授。一九〇一年出生於江蘇，北大歷史系畢業，一九四六年來臺任教，先後開授中國通史、中國近代史、中國外交史等課程。教學之餘並擔任中學歷史教科書編委，以及參與臺灣文獻叢刊的史料編纂工作。一九九四年完成《百吉老人自訂年譜》一書。退休後定居美國，一九九八年去世於美國。

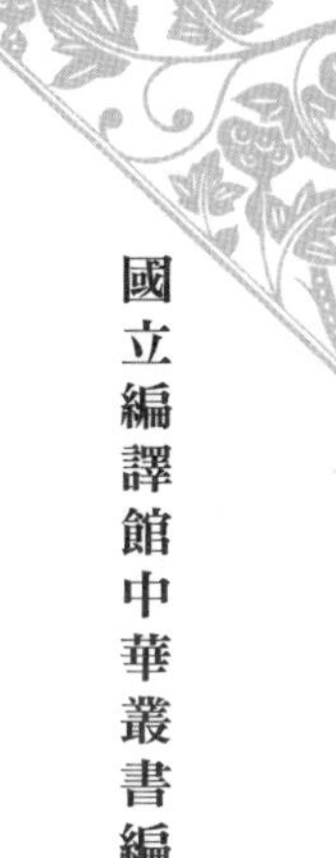

國立編譯館中華叢書編審委員會　主編

資治通鑑今註

第十五冊

後唐紀　後晉紀

後漢紀　後周紀

李宗侗　夏德儀等　校註

臺灣商務印書館

目次【第十五冊】

卷二百七十六　後唐紀五

司馬光 編集
林瑞翰 註

起彊圉大淵獻七月盡屠維赤奮若，凡二年有奇。（丁亥至己丑，西元九二七年七月至九二九年）

明宗聖德和武欽孝皇帝中之上

天成二年（西元九二七年）

㈠秋，七月，以歸德節度使王晏球為北面副招討使㊀。

㈡丙寅（十七日），升夔州為寧江軍，以西方鄴為節度使㊁。

㈢癸巳（當作壬申二十三日），以與高季興夔、忠、萬三州為豆盧革、韋說之罪㊂，皆賜死。

㈣流段凝於遼州，溫韜於德州，劉訓於濮州㊃。

㈤任圜請致仕居磁州，許之。

㈥八月，己卯朔，日有食之。

㈦冊禮使至長沙，楚王殷始建國㊄，立宮殿置百官，皆如天子，或微更其名㊅，翰林學士曰文苑學士，知制誥曰知辭制，樞密院曰左右機要司，羣下稱之曰殿下，令曰教。以姚彥章為左丞相，許德勳為右丞相，李鐸為司徒，崔穎為司空，拓跋恒為僕射，張彥瑤、張迎判機要司，然管內官屬皆稱攝，惟朗桂節度使㊆先除後請命。恒本性元，避殷父諱改焉。

㈧九月，帝謂安重誨曰：「從榮左右有矯宣朕旨，令勿接儒生，恐弱人志氣者。朕以從榮年少，臨大藩㊇，故擇名儒使輔導之，今姦人所言乃如此。」欲斬之，重誨請嚴戒而已。

㈨北都留守李彥超請復姓符，從之㊈。

㈩丙寅（十八日），以樞密使孔循兼東都留守㊉。

(十一)壬申（二十四日），契丹來請修好，遣使報之。

(十二)冬，十月乙酉（初七日），帝發洛陽，將如汴州。丁亥（初九日），至滎陽㊁。民間訛言帝欲自擊吳，又云欲制置東方諸侯，宣武節度使檢校侍中朱守殷疑懼，判官高密㊂孫晟勸守殷反，【考異】江南錄作孫忌，今從王溥周世宗實錄。守殷遂乘城拒守。帝遣宣徽使范延光往諭之，延光曰：「不早擊之，則汴城堅矣！願得五百騎與俱。」帝從之，延光暮發，未明，行二百里，抵大梁城下，與汴人戰，汴人大驚。戊子（初十日），帝至京水㈢，遣御營使石敬瑭將親兵倍道繼之㈣。或謂安重誨曰：「失職在外之人，乘賊未破，或能為患，不如除之。」重誨以為然，奏遣使賜任圜死㈤。端明殿學士趙鳳哭謂重誨曰：「任圜義士，安肯為逆？公濫刑如此，何以贊國？」使者至磁州，圜聚其族酣飲然後死，神情不撓。

(十三)己丑（十一日），帝至大梁，四面進攻，吏民縋城出降者甚眾。守殷知事不濟，盡殺其族，引頸命左右斬之。乘城者㈥望見乘輿，相帥開門降。孫晟奔吳，徐知誥客之。

(十四)戊戌（二十日），詔免三司逋負近二百萬緡。

(十五)辛丑（二十三日），吳大丞相都督中外諸軍事諸道都統、鎮海、寧國節度使兼中書令東海王徐溫卒。初，溫子行軍司馬、忠義節度使、同平章事知詢以其兄知誥非徐氏子㈦，數請代之執吳政，溫曰：「汝曹皆不如也。」嚴可求及行軍副使徐玠屢勸溫以知詢代知誥，溫以知誥孝謹，不忍也㈧。陳夫人㈨曰：「知誥自我家貧賤時養之，奈何富貴而棄之？」可求等言之不已。溫欲帥諸藩鎮入朝，勸吳王稱帝將行，有疾，乃遣知詢奉表勸進，因留代知誥執政。知誥草表欲求洪州節度使，俟旦上之，是夕，溫凶問至，乃止，知詢亟歸金陵，吳主贈溫齊王，謚曰忠武。

(十六)山南西道節度使張筠久疾，將佐請見，不許。副使符彥琳等疑其已死，恐左右有奸謀，請權交符印，筠怒，收彥琳及判官都指揮使下獄，誣以謀反，詔取彥琳等詣闕，按之無狀，釋之，徙筠為西都留守(二〇)。

(十七)癸卯（二十五日），以保義節度使石敬瑭為宣武節度使(二一)，兼侍衛親軍馬步都指揮使。

(十八)十一月，庚戌（初三日），吳王即皇帝位，追尊孝武王曰武皇帝，景王曰景皇帝，宣王曰宣皇帝(二二)。

(十九)安重誨議伐吳(二三)，帝不從。

(二十)甲子（十七日），吳大赦，改元乾貞。

(廿一)丙子（二十九日），吳主尊太妃王氏曰皇太后，以徐知詢為諸道副都統，鎮海、寧國節度使，兼侍中，加徐知誥都督中外諸軍事㉔。

㈡十二月，戊寅朔，孟知祥發民丁二十萬修成都城。

㈢吳主立兄廬江公濛為常山王，弟鄱陽公澈為平原王，兄子南昌公珙為建安王。

㈣初，晉陽相者周玄豹嘗言帝貴不可言㉕，帝即位，欲召詣闕，趙鳳曰：「玄豹言陛下當為天子，今已驗矣，無所復詢，若置之京師，則輕躁狂險之人，必輻輳其門，爭問吉凶。自古術士妄言致人族滅者多矣，非所以靖國家也！」帝乃就除光祿卿致仕，厚賜金帛而已。

㈤中書舍人馬縞請用漢光武故事，七廟之外，別立親廟㉖，中書門下奏請如漢孝德、孝仁皇例，稱皇不稱帝㉗，帝欲兼稱帝，羣臣乃引德明、玄元、興聖皇帝例，皆立廟京師㉘，帝令立於應州舊宅，自高祖考妣以下皆追諡曰皇帝、皇后，墓曰陵㉙。

㈥漢主如康州㉚。

(十七)是歲，蔚、代緣邊粟斗不過十錢。

【今註】㈠以歸德節度使王晏球為北面副招討使：以代烏震。震死見上卷本年三月。㈡升夔州為寧江軍，以西方鄴為節度使：賞破荊南水軍，復夔、忠、萬三州也，事見上卷本年六月。蜀以夔州為鎮江軍，今改為寧江軍。㈢以與高季興夔、忠、萬三州為豆盧革、韋說之罪：天成元年，以三州與高季興，革、說方在中書，亦預其議，因以罪之。㈣流段凝於遼州，溫韜於德州，劉訓於濮州：胡三省曰：「自唐末以來，流貶者皆不至其地，遼、德、濮皆唐境也，此三人皆使至流所。」㈤冊禮使至長沙，楚王殷始建國：封楚王殷為楚國王見上卷本年六月。㈥立宮殿，置百官，皆如天子，或微更其名：更其名者，示不敢擬天子之朝也。㈦朗桂節度使：朗州武平軍，桂州靜江軍，時皆屬楚。㈧朕以從榮年少臨大藩：帝以從榮鎮鄴都見上卷本年三月。㈨北都留守李彥超請復姓符，從之：彥超，李存審之子也，存審本姓符，今復之。⑩以樞密使孔循兼東都留守：帝欲東巡，故以循留守東都。莊宗同光三年，復以洛陽為東都。⑪至滎陽：《元豐九域志》，滎陽縣在鄭州西六十里，東至大梁一百四十里。《舊唐書・地理志》，滎陽縣屬鄭州，即今河南省滎陽縣。漢滎陽故城在今河南省滎澤縣西南十七里，後魏移治今滎陽縣，即隋、唐之滎陽也。⑫高密：《舊唐書・地理志》，高密，漢古縣，隋末大亂，廢之，唐高祖武德三年，於義城堡置高密縣，六年，移治於故夷安城，即高密古縣也，屬密州。元豐《九域志》，高密縣在密州東北一百二十里，即今山東省高密縣。⑬京水：即今河南省賈魯河，源出滎陽縣高渚山，自鄭縣以上，謂之京水。鄭縣即管城縣也，唐為鄭州治。㊃遣御營使石敬瑭將親兵倍道繼之：自梁以來，有侍衛親軍、侍衛馬軍、侍衛步軍，皆天子親兵也，至宋為殿前、馬軍、步軍三司。㊄奏遣使賜任圜死：任圜罷相見上卷本年六月。㊅乘城者：登城守禦者。㊆溫子行軍司馬忠義節度使同平章事知詢以其兄知誥非徐氏子：徐溫養知誥為子見卷二百六十唐昭宗乾寧二年。㊇嚴可求及行軍副使徐玠屢勸溫以知詢代知誥，溫以知誥孝謹，不忍也：胡三省曰：「徐知誥之於嚴可求，結之以婚姻，而可求之心不為之變，徐溫之門，忠於所事者，嚴可求、陳彥謙而已。」馬令南唐書先主傳，知誥奉溫以孝聞，從溫出，不如意，杖而逐之，及歸，拜迎於門，溫驚曰：「爾在此也？」知誥泣曰：「為人子捨父母何適？父怒而歸母，子之常也。」溫由是愛之。㊈陳夫人：徐溫之妻，知誥之養母。⑩徙筠為西都留守：莊宗同光三年，以長安為西都。⑪以保義節度使石敬瑭為宣武節度使：以代朱守殷。⑫追尊孝武王曰武皇帝，景王曰景皇帝，宣王曰宣皇帝：孝武王行密，景王渥，宣王隆演。⑬安重誨議伐吳：以吳僭舉大號，且欲乘徐溫之死而伐之。⑭以徐知詢為諸道副都統，鎮海、寧國節度使兼侍中，加徐知誥都督中外諸軍事：知詢之職若以嗣徐溫者，然吳中外兵權實皆歸於知誥。⑮初，晉陽相者周立豹嘗言帝貴不可言：《五代史・趙鳳傳》，立豹以相法言人事多中，莊宗尤信重之，以為北京巡官，明宗為內衙指揮使，重誨欲試立豹，乃使他人與明宗易服而坐明宗於下坐，召立豹相之，立豹曰：「內衙，貴將也，此不足當之。」乃指明宗於下坐曰：「此是也。」因為明宗言其後貴不可言。⑯中書舍人馬縞請用漢光武故事，七廟之外，別立親廟：事見卷四十一漢光武帝建武三年。㉗中書門下奏請如漢孝德、孝仁皇例，稱皇不稱帝：孝德皇見卷五十漢安帝建元元年，孝仁皇見卷五十六漢靈帝建寧元年。㉘帝欲兼稱帝，羣臣乃引德明、玄元、興聖皇帝例，皆立廟京師：唐尊皋陶為德明皇帝，老子為玄元皇帝，涼武昭王李暠為興聖皇帝，事見唐紀。㉙自高祖考妣以下皆追謚曰皇帝、皇后、墓曰陵：《五代會要》，帝追謚高祖聿為孝恭皇帝，廟號惠祖，陵曰遂陵，妣崔氏曰昭皇后，曾祖敬曰孝質皇帝，廟號毅祖，陵曰衍陵，妣張氏曰順皇后，祖琰為孝靖皇帝，廟號烈祖，陵曰奕陵，妣何氏曰穆皇后，考霓為孝成皇帝，廟號德祖，陵曰慶陵，四陵皆在應州金城縣。《五代史記・唐明宗紀》，帝高祖妣劉氏，曾祖諱敖，與《會要》異，又妣劉氏，謚曰懿皇后。胡三省曰：「按帝之先本夷狄，既無姓氏，其名必當時有司所製也。」㉚漢主如康州：《元豐九域志》，廣州南至康州一百九十里。《舊唐書・地理志》：康州，隋信安郡之端溪縣，唐高祖武德四年置康州，九年，州廢，太宗貞觀元年，又置南康州，十一年廢，十二年，又置康州，玄宗天寶元年，改為晉康郡，肅宗乾元元年，復為康州。端溪縣，漢屬蒼梧郡，以縣界有端山，山下有溪，故名，宋曰德慶府，即今廣東省德慶縣。

天成三年（西元九二八年）

㈠春，正月，丁巳（初十日），吳主立子璉為江都王、璘為江夏王、璆為宜春王、宣帝㊀子盧陵公玢為南陽王。

㈡昭義節度使毛璋所為驕僭，時服赭袍㊁，縱酒為戲，左右有諫者，剖其心而視之。帝聞之，徵為右金吾衛上將軍。

㈢契丹陷平州㊂。

㈣二月，丁丑朔，日有食之。

㈤帝將如鄴都，時扈駕諸軍，家屬甫遷大梁，又聞將如鄴都，皆不悅，訩訩有流言，帝聞之，不果行。

㈥吳自莊宗滅梁以來，使者往來不絕。庚辰（初四日），吳使者至，安重誨以為楊溥敢與朝廷抗禮㊃，遣使窺覘，拒而不受，自是遂與吳絕。

㈦張筠至長安㊄，守兵閉門拒之㊅，筠單騎入朝，以為左衛上將軍。

㈧壬辰（十六日），寧江節度使西方鄴攻拔歸州，未幾，荊南復取之㊆。

㈨樞密使同平章事孔循，性狡佞，安重誨親信之。帝欲為皇子娶重誨女，循謂重誨曰：「公職居近密，不宜復與皇子為昏。」

重誨辭之，久之，或謂重誨曰；「循善離間人，不可置之密地。」循知之，陰遣人結王德妃，求納其女(八)，德妃請娶循女為從厚婦，帝許之，重誨大怒。乙未（十九日），以循同平章事，充忠武節度使，兼東都留守(九)。重誨性強愎，秦州節度使華溫琪入朝，請留闕下，帝嘉之(一〇)，除左驍衛上將軍，月別賜錢穀(一一)，歲餘，帝謂重誨曰：「溫琪舊人，宜擇一重鎮處之(一二)。」重誨對以無闕，它日，帝屢言之，重誨慍曰：「臣累奏無闕，惟樞密使可代耳。」帝曰：「亦可。」重誨無以對(一三)。溫琪聞之懼，數月不出。重誨惡成德節度使同平章事王建立，奏建立與王都交結，有異志(一四)，建立亦奏重誨專權，求入朝面言其狀。帝召之，既至，言重誨與宣徽使判三司張延朗結昏相表裏，弄威福。三月，辛亥（初五日），帝見重誨，氣色甚怒，謂曰：「今與卿一鎮自休息，以王建立代卿，張延朗亦除外官。」重誨曰：「臣披荊棘(一五)事陛下數十年，值陛下龍飛，承乏機密(一六)，數年間，天下幸無事，今一旦棄之外鎮，臣願聞其罪。」帝不懌而起，以語宣徽使朱弘昭。弘昭曰：「陛下平日待重誨如左右手，奈何以小忿棄之？願垂三思。」帝尋召重誨慰撫之。明日，建立辭歸鎮，帝曰：「卿比奏欲入分朕憂，今復去何之？」會門下侍郎兼刑部尚書尚同平章事鄭珏請致仕，己未（十三日），以珏為左僕射致仕，癸亥（十七日），以建立為右僕射，兼中書侍郎、同平章事，判三司。

(十)孟知祥屢與董璋爭鹽利(一七)，璋誘商旅販東川鹽入西川，知祥患之，乃於漢州置三場，重征之(一八)，歲得錢七萬緡，商旅不復之東川。

(十一)楚王殷如岳州，遣六軍使袁詮、副使王環、監軍馬希瞻將水軍擊荊南，高季興以水軍逆戰，至劉郎洑(一九)，希瞻夜匿戰艦數十艘於港中，詰旦，兩軍合戰，希瞻出戰艦橫擊之，季興大敗，俘斬以千數，進逼江陵。季興請和，歸史光憲於楚(二〇)。軍還，楚王殷讓環不遂取荊南，環曰：「江陵在中朝及吳、蜀之間(二一)，四戰之地(二二)也，宜存之以為吾扞蔽。」殷悅。環每戰，身先士卒，與眾同甘苦，常置鋮藥於座右，戰罷，索傷者，於帳前自傅治之，士卒隸環麾下者，相賀曰：「吾屬得死所矣。」故所向有功。

(十二)楚大舉水軍擊漢，圍封州㉓，漢主以周易筮之，遇大有㉔，於是大赦，改元大有，命左右街使蘇章將神弩三千、戰艦百艘救封州㉕。章至賀江，沈鐵絙於水，兩岸作巨輪挽絙，築長堤以隱之，伏壯士於堤中，章以輕舟逆戰，陽不利，楚人逐之，入堤中，挽輪舉絙，楚艦不能進退，以強弩夾水射之，楚兵大敗，解圍遁去，漢主以章為封州團練使。

(十三)夏，四月，以鄴都留守從榮為河東節度使、北都留守，以客省使太原馮贇為副留守，夾馬指揮使新平㉖楊思權為步軍都指揮使以佐之。戊寅（初三日），以宣武節度使石敬瑭為鄴都留守，天雄節度使，加同平章事，以樞密使范延光為成德節度使。丙戌（十一日），以樞密使安重誨兼河南尹，以河南尹從厚為宣武節度使，仍判六軍諸衞事㉗。

(十四)吳右雄武軍使苗璘、靜江統軍王彥章將水軍萬人攻楚岳州，至君山㉘，楚王殷遣右丞相許德勳將戰艦千艘禦之。德勳曰：「吳人掩吾不備，見大軍，必懼而走。」乃潛軍角子湖，使王環夜帥戰艦三百絕吳歸路。遲明，吳人進軍荊江口㉙，將會荊南兵攻岳州。丁亥（十二日），至道人磯㉚，德勳命戰棹都虞候詹信以輕舟三百出吳軍後，德勳以大軍當其前，夾擊之，吳軍大敗，虜璘及彥章以歸。

(十五)初，義武節度使兼中書令王都鎮易、定十餘年㉛，自除刺史以下官，租賦皆贍本軍。及安重誨用事，稍以法制裁之，帝亦以都篡父位，惡之㉜。時契丹數犯塞，朝廷多屯兵於幽、易間㉝，大將往來，都陰為之備，浸成猜阻。都恐朝廷移之它鎮，腹心和昭訓勸都為自全之計，都乃求昏於盧龍節度使趙德鈞，又知成德節度使王建立與安重誨有隙，遣使結為兄弟，陰與之謀復河北故事㉞，建立陽許而密奏之。都又以蠟書遺青、徐、潞、益、梓五帥，離間之㉟，又遣人說北面副招討使歸德節度使王晏球，晏球不從，乃以金遺晏球帳下使圖之。

(十六)癸巳（十八日），晏球以都反狀聞，詔宣徽使張延朗與北面諸將議討之㊱。

㈦戊戌（二十三日），吳徙常山王濛為臨川王。

㈧庚子（二十五日），詔削奪王都官爵。壬寅（二十六日），以王晏球為北面招討使，權知定州行州事㊲，以橫海節度使安審通為副招討使，以鄭州防禦使張虔釗為都監，發諸道兵會討定州。是日，晏球攻定州，拔其北關城，都以重賂求救於奚酋禿餒㊳，五月，禿餒以萬騎突入定州，晏球退保曲陽㊴。都與禿餒就攻之，晏球與戰於嘉山下，大破之，禿餒以二千騎奔還定州。晏球追至城門，因進攻之，得其西關城。定州城堅，不可攻，晏球增修西關城以為行府㊵，使三州民輸稅供軍食而守之㊶。

㈨辛酉（十七日），以天雄節度副使趙敬怡為樞密使。

㈩王晏球聞契丹發兵救定州，將大軍趣望都，遣張延朗分兵退保新樂㊷，延朗遂之真定㊸，留趙州刺史朱建豐將兵修新樂城。契丹已自它道入定州，與王都夜襲新樂，破之，殺建豐。乙丑（二十一日），王晏球、張延朗會於行唐㊹，丙寅（二十二日），至曲陽㊺。王都乘勝，悉其眾與契丹五千騎合萬餘人邀晏球等於曲陽，丁卯（二十三日），戰於城南。晏球集諸將校令之曰：「王都輕而驕(46)，可一戰擒也。今日諸君報國之時也，悉去弓矢，以短兵擊之，回顧者斬。」於是騎兵先進，奮檛揮劍，直衝其陣，大破之，僵屍蔽野(47)。契丹死者過半，餘眾北走。都與禿餒得數騎，僅免，盧龍節度使趙德鈞邀擊契丹北走者，殆無孑遺(48)。

(廿一)吳遣使求和於楚，請苗璘、王彥章，楚王殷歸之，使許德勳餞之。德勳謂二人曰：「楚國雖小，舊臣宿將猶在，願吳朝勿以措懷，必俟眾駒爭皁棧(49)，然後可圖也。」時殷多內寵，嫡庶無別，諸子驕奢，故德勳語及之。

(廿二)六月，辛巳（初八日），高季興復請稱藩於吳(50)，吳進季興爵秦王，帝詔楚王殷討之。殷遣許德勳將兵攻荊南，以其子希範為監軍，次沙頭(51)，季興從子雲猛指揮使從嗣單騎造楚壁，請與希範挑戰決勝，副指揮使廖匡齊出，與之鬭，拉殺之，季興懼，明日，請和，德勳還。匡齊，贛人也(52)。

(廿三)王晏球知定州有備，未易急攻，朱弘昭、張虔釗宣言大將畏怯，有詔促令攻城，晏球不得已，乙未（二十二日），攻之，殺傷將士三千人(五三)。

(廿四)先是詔發西川(五四)兵戍夔州，孟知祥遣左肅邊指揮使毛重威將三千人往。頃之，知祥奏夔、忠萬三州已平，請召戍兵還(五五)，以省饋運，帝不許。知祥陰使人誘之，重威帥其眾鼓譟逃歸，帝命按其罪，知祥請而免之。

(廿五)陝州行軍司馬王宗壽請葬故蜀主王衍(五六)。秋，七月，贈衍順正公，以諸侯禮葬之。

(廿六)北面招討使安審通卒(五七)。

(廿七)東都民有犯私麴者，留守孔循族之，或請聽民造麴而於秋稅畝收五錢，己未（十六日），敕從之(五八)。壬戌（十九日），契丹復遣其酋長惕隱將七千騎救定州(五九)，王晏球逆戰於唐河北(六〇)，大破之。甲子（二十一日），追至易州。時久雨水漲，契丹為唐所俘斬及陷溺死者不可勝數。

(廿八)戊辰（二十五日），以威武節度使王延鈞為閩王。

㊾契丹北走，道路泥濘，人馬飢疲，入幽州境。八月，壬戌（八月癸酉朔，無壬戌），趙德鈞遣牙將武從諫將精騎邀擊之，分兵扼險要，生擒惕隱等數百人，餘眾散投村落，村民以白挺擊之，其得脫歸國者不過數十人㊅。自是契丹沮氣，不敢輕犯塞。

㊿初，莊宗徇地河北，獲小兒，畜之宮中，及長，賜姓名李繼陶，帝即位，縱遣之，王都得之，使衣黃袍，坐堞間㊆，謂王晏球曰：「此莊宗皇帝子也，已即帝位。公受先朝厚恩，曾不念乎㊇。」晏球曰：「公作此小數竟何益？吾今教公二策，不悉眾決戰則束手出降耳，自餘無以求生也！」

(51)王建立以目不知書，請罷判三司，不許。

(52)乙未（二十二日），吳大赦。

(53)吳越王鏐欲立中子傳瓘為嗣，謂諸子曰：「各言汝功，吾擇多者而立之㊇。」傳瓘兄傳璹、傳璙、傳璟皆推傳瓘，乃奏請以兩鎮授傳瓘。閏月，丁未（初五日），詔以傳瓘為鎮海、鎮東節度使。

(54)戊申（初六日），趙德鈞獻契丹俘惕隱等，諸將皆請誅之，帝曰：「此曹皆虜中之驍將，殺之則虜絕望，不若存之以紓邊患。」乃赦惕隱等酋長五十人，置之親衛(六五)，六百人悉斬之。

(六六)契丹遣梅老季素等入貢。

(六七)初，盧文進來降(六六)，契丹以藩漢都提舉使張希崇代之為盧龍節度使守平州，遣親將以三百騎監之。希崇本書生，為幽州牙將，沒於契丹(六七)，性和易，契丹將稍親信之，因與其部曲謀南歸。部曲泣曰：「歸固寢食所不忘也，然虜眾我寡，奈何？」希崇曰：「吾誘其將殺之，兵必潰去。此去虜帳千餘里，比其知而徵兵，吾屬去遠矣。」眾曰：「善。」乃先為穽，實以石灰，明日，召虜將飲醉，並從者殺之，投諸穽中，其營在城北，亟發兵攻之，契丹眾皆潰去，希崇悉舉其所部二萬餘口來奔，詔以為汝州刺史(六八)。

(六八)吳王太后(六九)殂。九月，辛巳（初九日），荊南敗楚兵於白田，執楚岳州刺史李廷規歸於吳(七〇)。

(六九)乙未（二十三日），敕以溫韜發諸陵，段凝反覆，令所在賜死(七一)。

(三九)己亥（二十七日），以武寧節度使房知溫兼荊南行營招討使，知荊南行府事(七二)，分遣中使發諸道兵赴襄陽以討高季興(七三)。

(四十)辛丑（二十九日），徙慶州防禦使竇廷琬為金州刺史。冬，十月，廷琬據慶州拒命。

(四一)丙午（初五日），以橫海節度使李從敏兼北面行營副招討使(七四)。從敏，帝之從子也。

(四二)戊申（初七日），詔靜難節度使李敬通發兵討竇廷琬(七五)。

(四三)王都據定州，守備固，伺察嚴，諸將屢有謀翻城應官軍者，皆不果。帝遣使者促王晏球攻城，晏球與使者聯騎巡城，指之曰：「城高峻如此，借使主人聽外兵登城，亦非梯衝(七六)所及，徒多殺精兵，無損於賊，如此何為？不若食三州之租(七七)，愛民養兵以俟之，彼必內潰。」帝從之。

(四四)十一月，有司請為哀帝立廟，詔立廟於曹州(七八)。

(四五)平盧節度使晉忠武公霍彥威卒。

(四六)忠州刺史王雅取歸州(七九)。

(四七)庚寅（十九日），皇子從厚納孔循女為妃，循因之得之大梁(八〇)，厚結王德妃之黨，乞留，安重誨具奏其事，力排之，禮畢，促令歸鎮(八一)。

(四八)甲午（二十三日），以中書侍郎同平章事王建立同平章事，充平盧節度使。

(四九)丙申（二十五日），上問趙鳳：「帝王賜人鐵券，何也？」對曰：「與之立誓，令其子孫長享爵祿耳！」上曰：「先朝受此賜者止三人(八二)，崇韜、繼麟尋皆族滅(八三)，朕得脫，如毫釐耳！」(八四)因歎息久之。趙鳳曰：「帝王心存大信，固不必刻之金石也。」

(五〇)十二月，甲辰（初三日），李敬周奏拔慶州，族竇廷琬。

(五一)荊南節度使高季興寢疾，命其子行軍司馬忠義節度使同平章事從誨權知軍府事。丙辰（十五日），季興卒。【考異】唐明宗實錄：「天成三年，十一月，壬午，房知溫奏高季興卒。」烈祖實錄亦云：「乾貞二年，十一月季興卒。」蓋傳聞之誤。按陶穀季興神道碑及勃海行年詔皆云十二月十五日卒，今從之。吳主以從誨為荊南節度使兼侍中(八五)。

(五二)史館修撰張昭遠上言：「臣竊見先朝時，皇弟、皇子皆喜俳優，入則飾姬妾，出則誇僕馬，習尚如此，何道能賢？諸皇子宜精擇師傅，令皇子屈身師事之，講禮義之經，論安危之理。古者人君即位則建太子，所以明嫡庶之分，塞禍亂之源。今卜嗣建儲，臣未敢輕議，至於恩澤賜與之間，昏姻省侍之際，嫡庶長幼，宜有所分，示以等威，絕其僥冀(八六)。」帝賞歎其言而不能用。

(五三)閩王延鈞度民二萬為僧，由是閩中多僧。

(五四)河東節度使北都留守從榮年少驕狠，不親政務，帝遣左右素與從榮善者，往與之處，使從容諷導之，其人(八七)私謂從榮曰：「河南相公(八八)恭謹好善，親禮端士(八九)，有老成之風，相公齒長(九〇)，宜自策勵，勿令聲問出河南之下。」從榮不悅，退告步軍都指揮使楊思權曰：「朝廷之人，皆推從厚而短我，我其廢乎？」思權曰：「相公手握彊兵，且有思權在，何憂？」因勸從榮多募部曲，繕甲兵，陰為自固之備。又謂帝左右曰：「君每譽弟而抑其兄，我輩豈不能助之邪？」其人懼，以告副留守馮贇，贇密奏之，帝召思權詣闕(九一)，以從榮故，亦弗之罪也。

【今註】㊀宣帝：吳主謚兄隆演為宣皇帝。㊁昭義節度使毛璋所為驕僭，時服赭袍：赭袍，天子所服，而璋服之，故曰驕僭。璋本鎮邠州，以驕僭不法徙鎮潞州，見上卷天成元年。㊂契丹陷平州：天成元年冬，盧文進來奔，唐得平州，至是復陷於契丹。㊃安重誨以為楊溥敢與朝廷抗禮：抗，對也，吳與唐並立為帝，是抗禮也。㊄張筠至長安：去年，徙筠為西都留守。㊅守兵閉門拒之：《五代史記・張筠傳》，帝徙張筠為西京留守，戒守者不內。㊆寧江節度使西方鄴攻拔歸州，未幾，荊南復取之：歸州，荊南巡屬也。《舊唐書・地理志》，歸州，隋巴東郡之歸縣，唐高祖武德三年，割夔州之秭歸、巴東二縣分置歸州，玄宗天寶元年，改為巴東郡，肅宗乾元元年，復為歸州，州治秭歸，漢屬南郡，魏改為臨江郡，吳、晉為建平郡，隋屬巴東郡，即今湖北省秭歸縣。去年，西方鄴取夔、忠、萬三州，改夔州鎮江軍為寧江軍，以鄴為節度使。《元豐九域志》，自夔州東至歸州三百三十里。㊇陰遣人結王德妃，求納其女：王德妃後進號淑妃。《五代史記・唐家人傳》，明宗淑妃王氏，本邠州賣餅家子，有美色，號花見羞，少賣於梁故將劉鄩為侍兒，鄩卒，明宗納之，由是專寵，宮中之事皆主之。㊈以循同平章事，充忠武節度使，兼東都留守：蓋用謀士策，解其近密之職。㊉秦州節度使華溫琪入朝，請留闕下，帝嘉之：胡三省曰：「當時諸帥皆樂在方鎮得自恣，獨華溫琪入朝請留，故嘉之。」唐置雄武軍於秦州，蜀為天雄軍，莊宗滅蜀，復為雄武軍。㊁月別賜錢穀：月於俸給之外，別賜錢穀。㊂溫琪舊人，宜擇一重鎮處之：華溫琪自梁末帝時已為定昌軍節度使，故云然。㊂重誨慍曰：「臣累奏無闕，惟樞密使可代耳。」帝曰：「亦可。」重誨無以對：樞密使，重誨所居之職也，重誨此語，本欲塞帝之口，不意帝之言可，故無辭以對。⑭重誨惡成德節度使同平章事王建立，奏建立與王都交結，有異志：《舊唐書・王建立傳》，時王都據中山叛，密遣使與建立通兄弟之好，重誨知其事，故言之。胡三省曰：「初，帝為代州刺史，王建立已為虞候將，從鎮真定，帝自鄴為亂兵所逼，舉兵南向，建立殺真定監軍，帝家屬得全，由是愛之，及帝即位，擢為真定帥；安重誨亦帝潛躍之時所親信者也，帝即位，自中門使擢樞密使，重誨之所以惡建立，權寵之間耳！」⑮臣披荊棘：披荊棘，喻創業之艱難⑯承乏機密：承乏者，承乏人倚任之時也。言適時乏人，故已得忝機密之任。⑰孟知祥屢與董璋爭鹽利：胡三省曰：「蜀中井鹽，東西川巡屬之內皆有之。按唐盛時，邛、嘉、眉有井十三，劍南西川院領之，梓、遂、綿、合、昌、渝、瀘、資、榮、陵、簡有井四百六十，劍南東川院領之，東川鹽利，多於西川也。各欲障固以專其利，故爭。」⑱乃於漢州置三場，重征之：重征東川鹽入西川算賦也。漢州即今四川省廣漢縣，東南與東川接境，故置場以征之。⑲劉郎洑：胡三省曰：「江陵府石首縣沙步有劉郎浦，蜀先主納吳女處也。」在今湖北省石首縣西北。⑳季興請和，歸史光憲於楚：高季興執史光憲見上卷上年。㉑江陵在中朝及吳、蜀之間：中朝，謂唐也，既在中原，且帝之所居也。㉒四戰之地：地平坦無險，四面受敵，謂之四戰之地。《後漢書》陳宮謂陳留太守張邈曰：「君擁十萬之眾，當四戰之地，撫劍顧眄，亦足以為人豪。」㉓封州：《舊唐書・地理志》，封州，隋蒼梧郡之封川縣，唐高祖武德四年置封州，玄宗天寶元年，改為臨封郡，肅宗乾元元年，復為封州。封川縣，漢廣信縣地，屬蒼梧郡，在封水之陽，梁置梁信郡，隋平陳，改為成州，又改為封州，隋末，州廢為封川縣，屬蒼梧郡，即今廣東省封川縣。㉔漢主以周易筮之，遇大有：以蓍草占卦曰筮，大有，卦名，乾上離下，眾也，物所歸也。㉕命左右街使蘇章將神弩三千、戰艦百艘救封州：神弩，軍號。胡三省曰：「漢都番禺，倣唐上京置左右街使。」《元豐九域志》：「廣州西至封州六百一十里。」㉖新平：《舊唐書・地理志》，新平縣，唐為邠州治，即今陝西省邠縣。㉗以河南尹從厚為宣武節度使，仍判六軍諸衛事：從厚本以河南尹判六軍諸衛事，今徙鎮汴州，仍判六軍諸衛事如故。㉘君山：君山一曰湘山，亦曰洞庭山，在今湖南省岳陽縣西南洞庭湖中，正對岳陽縣城西門之岳陽樓，周七里有奇。岳陽，即古巴陵縣也，唐為岳州治。㉙荊江口：胡三省曰：「荊江口，洞庭湖與大江會處。」㉚道人磯：《水經注》：「城陵山東接微落山，亦曰暉落磯。即道人磯也。」《岳州府志》：「道人磯有石高十餘丈，如道人北面而立，故名。」在今湖南省臨湘縣西南十五里江濱。㉛初，義武節度使兼中書令王都鎮易、定十餘年：胡三省曰：「梁均王龍德元年，王都得定州，至是九年耳！」㉜帝亦以都篡父位，惡之：王都囚其父處直而篡其位見卷二百七十一梁末帝龍德元年。㉝朝廷多屯兵於幽、易間：時唐屯兵於瓦橋、蘆臺以防備契丹，皆在幽、易之間。㉞陰與之謀復河北故事：故事，唐河北諸鎮皆世襲，不受朝廷徵代，租賦不輸朝廷，皆以贍本軍。㉟都又以蠟書遺青、徐、潞、益、梓五帥，離間之：離間五帥與朝廷之情，使相猜疑。時青帥平盧節度使霍彥威、徐帥武寧節度使房知溫、潞帥昭義節度使毛璋，益帥西川節度使孟知祥、梓帥東川節度使董璋，皆驕恣跋扈難制者也。㊱晏球以都反狀聞，詔宣徽使張延朗與北面諸將議討之：胡三省曰：「北面諸將，謂招討王晏球及所部戍幽、易閒諸將及幽州帥趙德鈞也。」按《遼史・太宗紀》，王都叛唐，遣人以定州歸遼，唐明宗出師討之，都乞援於契丹，遼主命奚禿里鐵剌往救之，其事皆在三月，《通鑑》在四月，未知孰是。或三月都即以定州歸遼，並乞援師，四月，晏球奏報始至洛陽也。㊲以王晏球為北面招討使，權知定州行州事：胡三省曰：「權知定州行州事者，以未得定州城，使王晏球權知行州事於城外以招撫定州之民。蓋此命未頒，晏球之兵已至定州城下矣！」㊳都以重賂求救於奚酋禿餒：胡三省曰：「禿餒即圍莊宗者，虜酋之桀也。」余按禿餒即遼史之鐵剌，考《遼史・太宗紀》可知。㊴曲陽：《舊唐書・地理志》，曲陽縣，漢常山郡之上曲陽縣也，隋改為恒陽，唐憲宗元和十五年，穆宗即位，改曰曲陽，避穆宗諱也，唐屬定州。《元豐九域志》：曲陽縣在定州西六十里，即今河北省曲陽縣。㊵晏球增修西關城以為行府：行府，招討使行府也。㊶使三州民輸稅供軍食而守之：三州，定、易、祁也，皆義武軍節度巡屬。㊷王晏球聞契丹發兵救定州，將大軍趣望都，遣張延朗分兵退保新樂：望都、新樂二縣皆屬定州，註已見前。《元豐九域志》：望都縣在定州東北六十里，新樂縣在定州西南五十里。㊸延朗遂之真定：真定，鎮州治也。莊宗同光初，建北都於鎮州，以鎮州為真定府，尋廢北都而真定府不廢。《元豐九域志》：「自新樂縣西南至真定七十里。」㊹王晏球、張延朗會於行唐：行唐縣屬鎮州，註已見前。《元豐九域志》，行唐縣在真定府北五十五里。㊺至曲陽：胡三省曰：「自行唐西北至曲陽三十許里。」㊻輕而驕：輕率而驕於常勝。㊼於是騎兵先進，奮檛揮劍，直衝其陳，大破之，僵尸蔽野：

胡三省曰：「用短兵則將士齊致死，直衝其陳則敵不及拒。北人所恃者弓矢，既入其陣，皆不得用，而檛劍所及，不死則傷，是以甚敗。」余按《遼史・兵衛志》，契丹正軍裝備，有弓箭及長短鎗，弓箭用以射遠，長短鎗則以刺近，王晏球曲陽之捷，但以士氣勝敵，非契丹兵器不及也。(四八)殆無孑遺：《廣韻》，孑，單也。無孑遺，言無有存之者。(四九)必俟眾駒爭皁棧：皁，馬櫪也；棧，馬棚也。以喻諸子爭國。(五〇)高季興復請稱藩於吳：高季興稱臣於吳、徐溫不受，見上卷上年五月。(五一)次沙頭：胡三省曰：「次沙頭，則已逼江陵矣！」(五二)匡齊，贛人也：贛縣，虔州治也，即今江西省贛縣。(五三)殺傷士卒三千人：晏球士卒為契丹殺傷者三千人。(五四)先是詔發西川兵戍夔州：欲以備高季興也。(五五)頃之，知祥奏夔、忠、萬三州已平，請召戍兵還：胡三省曰：「孟知祥恐戍兵為唐所留，坐自削弱，故請召還。」(五六)陝州行軍司馬王宗壽請葬故蜀主王衍：王衍死於長安見卷二百七十四天成元年。陝州保義軍。《五代史記・前蜀世家》：「王宗壽本許州民家子，王建以其同姓，錄之為子，王衍立，為淫亂之行，宗壽常切諫之，衍死，宗壽東遷至澠池，聞莊宗遇弒，亡入熊耳山，至是出詣京師，上書求衍宗族葬之，帝嘉其忠，以為保義軍行軍司馬，得衍等十八喪，葬之長安南三趙村。」(五七)北面招討安審通卒：安審通時為招討副使。(五八)東都民有犯私麴者，留守孔循族之，或請聽民造麴而於秋稅畝收五錢，己未，敕從之：《五代會要》，後唐明宗天成三年七月十三日敕：「應三京、鄴都、諸道州府鄉村人戶，自今年七月後於夏、秋田苗上每畝納麴錢五文足陌，一任百姓造麴醞酒供家，其錢隨夏、秋徵納，並不折色，其京都及諸道州府縣鎮坊界及關城草市內應逐年買官麴酒戶便許自造麴醞酒貨賣，仍取天成二年正月至年終一年逐戶計算都買麴錢數，內十分抵納二分以充榷酒錢，便從今年七月後管數徵納，榷酒戶外，其餘諸邑人亦許私造酒麴供家，即不得衷私賣酒，如有故違，便仰糾察，勒依中等酒戶納榷，其坊村一任沽賣，不在納榷之限，其麴敕命到後，任便踏造，如賣麴酒戶中有去年曾買官麴，今年因事不便買麴任開店者，則與出落，如覩新敕有情愿開店投榷者，則不計舊戶、新戶，便令依見納錢等戶例出榷，此後酒戶中有無力開店賣酒者，許其隨處陳狀，其舊納錢並宜停廢，應諸處事務，亦仰十分減八分價錢出賣，不得更請官本踏造。」《五代史・唐明宗紀》，詔弛麴禁在七月己未，七月甲辰朔，己未十六日，與《會要》作十三日異。胡三省曰：「按唐初無榷酒之法，德宗建中三年，初榷天下酒，悉令官釀，斛收直三千，米雖賤，不得減二千，委州縣綜領，醨薄私釀罪有差，京師特免榷。元和六年，京兆府奏榷酒錢除出正酒戶外，一切隨兩稅青苗據貫均率。會昌六年，敕揚州八道置榷麴，並置官店沽酒，代百姓納榷酒，並充資助軍用，有人私沽酒及置私麴者，罪止一身，至是以孔循過行酤法，故有是敕。」東都，大梁也。(五九) 契丹復遣其酋長惕隱將七千騎救定州：《遼史・太宗紀》：「是年四月丙申，鐵刺敗唐將王晏球於定州，唐兵大集，鐵刺請益師，辛丑，命惕隱涅里衮、都統查刺赴之。」《通鑑》酋長惕隱，即《遼史》惕隱涅里衮也。惕隱，契丹官名，遼史百官志北面官有大惕隱司，太祖置，掌皇族之政教，國語解曰：「惕隱，典族屬官，即宗正之職也。」(六〇) 王晏球迎戰於唐河北：唐河即滱水也，古曰漚夷水。《水經注》滱水出代郡靈丘縣高氏山，東南過中山上曲陽縣，又東過唐縣，謂之唐河。上曲陽，即唐之曲陽縣，唐縣故城在今河北省唐縣東北。唐河自唐縣東南流入定州。(六一)八月壬戌，趙德鈞遣牙將武從諫將精騎邀擊之，分兵扼險要，生擒惕隱等數百人，餘眾散投村落，村民以白挺擊之，其得脫歸國者不過數十人：《冊府元龜》曰：「天成三年八月，鎮州趙德鈞馳騎上言：『今月二日，於府西逢契丹敗黨數千，生擒首領惕隱等五十餘人，接殺皆盡。』契丹彊盛僅三十年，雄據北戎，屢為邊患，漢兵嘗憚之，前後戰爭，罕得其利，是役也，曲陽之敗，已失千騎，唐河之陣，兵號七千，潰散之後，人不暇食，秋雨繼降，溝渠汎溢，泥濘莫進，人飢馬乏，難投村落，所在村人，持白挺擊之，德鈞生兵接於要路，惟奇峯嶺北有棄馬，潛遁脫者數十，餘無噍類。」八月癸酉朔，無壬戌，按《五代史・唐明宗紀》，是月壬午，幽州趙德鈞奏於府西邀殺契丹敗黨數千人，生擒首領特哩袞及其屬凡五十餘人，壬午初十日，蓋奏到之日，非破敵之日也，《通鑑》訛午為戌。特哩袞即惕隱涅里袞。(六二)初，莊宗徇地河北，獲小兒，蓄之宮中，及長，賜姓名李繼陶，帝即位，縱遣之，王都得之，使衣黃袍，坐堞閒：《五代史・王都傳》云：「李繼陶者，莊宗初略地河朔，俘而得之，收養於宮中，故名曰得得，天成初，安重誨知其本末，付段佪養之為兒，佪知其不稱，許其就便。王都素蓄異志，潛取以歸，呼為莊宗太子。及都叛，遂僭其服裝，時俾乘墉，欲惑軍士。」(六三)公受先朝厚恩，曾不念乎：王晏球即杜晏球也，本梁將，莊宗滅梁，晏球以軍降，莊宗賜姓名李紹虔而用之為將，故王都以此語動之。(六四)各言汝功，吾擇多者而立之：言欲擇諸子之功多者立以為嗣也。(六五)乃赦惕隱等酋長五十人，置之親衞：胡三省曰：「後唐蓋倣盛唐之制，朝會立仗，有親、勳、翊三衞。」(六六)初，盧文進來降：事見上卷元年。(六七)希崇本書生，為幽州牙將，沒於契丹：《五代史記・張希崇傳》：「希崇字德峯，幽州薊人也，少好學，通左氏春秋，事劉守光為偏將，將兵戍平州，契丹陷平州，得之。」(六八)詔以為汝州刺史：《五代史記・張希崇傳》作汝州防禦使。(六九)吳王太后：吳主之母王氏也。(七〇)荊南敗楚兵於白田，執楚岳州刺史李廷規歸於吳：《元豐九域志》，岳州巴陵縣有白田鎮，在今湖南省岳陽縣北。時荊南稱藩於吳，故獻俘於吳。(七一)敕以溫韜發諸陵，段凝反覆，令所在賜死：就流所賜死也。溫韜流德州，段凝流遼州，俱見上年。(七二)以武寧節度使房知溫兼荊南行營招討使，知荊南行府事：期克荊南，以代高季興。(七三)分遣中使發諸道兵赴襄陽以討高季興：前年劉訓討荊南不克，今復徵諸道兵以討之。(七四)以橫海節度使李從敏兼北面行營副招討使：以代安審通也。(七五)詔靜難軍節度使李敬通發兵討竇廷琬：慶州，靜難軍巡屬也，故使討其拒命之罪。(七六)梯衝：雲梯及衝車。(七七)不若食三州之租：三州、定、易、祁也。皆義武軍巡屬。(七八)有司請為哀帝立廟，詔立廟於曹州：哀帝、唐昭宣帝也。梁太祖開平二年，弒唐哀帝於曹州，見卷二百六十六，故為立廟於曹州。(七九)忠州刺史王雅取歸州：忠州，時屬夔州寧江軍，西方鄴所部也。歸州，荊南軍巡屬也。(八〇)皇子從厚納孔循女為妃，循因之得之大梁：胡三省曰：「時孔循兼留守東都，帝在大梁。有留守者，不得擅離職守，今循因嘉得至行在所。按唐都洛陽，以大梁為東都，而曰得之大梁者，蓋安重誨怒孔循，自樞密出為忠武帥，兼東都留守，時帝在大梁，循未得領留守之職，今因嫁女得至東都耳，以下文促令歸鎮可以知矣！」(八一)禮畢，促令歸鎮：禮畢，納妃嘉禮畢也；歸鎮，復歸忠武軍所鎮。(八二)先朝受此賜者止三人：《五代史・唐莊宗紀》，同光二年正月甲寅，賜郭崇韜鐵券，二月丁亥，賜李嗣源鐵券，十二月丁巳，賜李繼麟鐵券，朱友謙賜姓名李繼麟。(八三)崇韜，繼麟尋皆族滅：二人族滅事見卷二百四十七天成元年。(八四)朕得脫，如毫釐耳：帝自謂幸未被誅，然生死之間不能容髮也。帝為莊宗所忌，又困於讒，事始於卷二百七十三同光三年過鄴都取細鎧之時，訖於卷二百七十四天成元年出鄴都在魏縣之日。(八五)吳主以從誨為荊南節度使兼侍中：高從誨，字遵聖，季興長子也。(八六)何道能賢：胡三省曰：「言何道而能為賢人也。」(八七)僥冀：非分之望也。(八八)其人：帝所遣往與從榮相處者。(八九)河南相公：謂從厚也，從厚為河南尹加同平章事，授宣武節度使，故稱之為河南相公。(九〇)端士：正士也。(九一)相公齒長：言從榮之齒，長於從厚。(九二)帝召思權詣闕：使不得助從榮為亂。

天成四年（西元九二九年）

(一)春，正月，馮贇入為宣徽使，謂執政曰：「從榮剛僻而輕易，宜選重德輔之。」

(二)王都、禿餒欲突圍走，不得出。二月，癸卯（初二日），定州都指揮使馬讓能開門納官軍，都舉族自焚(一)，擒禿餒及契丹二千人。辛亥（十一日），以王晏球為天平節度使，與趙德鈞並加兼侍中㊁。禿餒至大梁，斬於市。

㈢樞密使趙敬怡卒㊂。

㈣甲子（二十四日），帝發大梁。

㈤丁卯（二十七日），門下侍郎同平章事崔協卒於須水㊃。

㈥庚午（三十日），帝至洛陽㊄。

㈦王晏球在定州城下，日以私財饗士，自始攻至克城，未嘗戮一卒。三月，辛巳（十一日），晏球入朝，帝美其功，晏球謝久煩饋運而已㊅。

㈧皇子右衛大將軍從璨性剛，安重誨用事，從璨不為之屈。帝東巡㊆，以從璨為皇城使㊇。從璨與客宴於會節園㊈，酒酣，戲登御榻㊉，重誨奏請誅之。丙戌（十六日），賜從璨死。

㈨橫山蠻寇邵州。

㈩楚王殷命其子武安節度副使判長沙府希聲知政事㊁，總錄內外諸軍事，自是國政先歷希聲，乃聞於殷。

(十一)夏，四月，庚子朔，禁鐵錫錢。時湖南專用錫錢，銅錢一直錫錢百，流入中國，法不能禁㊁。

㈩丙午（初七日），楚六軍副使王環敗荊南兵於石首㊂。

㈪初令緣邊置場市党項馬，不令詣闕。先是党項皆詣闕，以貢馬為名，國家約其直酬之，加以館穀賜與，歲費五十餘萬緡，有司苦其耗蠹，故止之㊃。

㈫壬子（十三日），以皇子從榮為河南尹，判六軍諸衛事，從厚為河東節度使，北都留守㊄。

㈬契丹寇雲州。

㈭甲寅（十五日），以端明殿學士兵部侍郎趙鳳為門下侍郎、同平章事。

㈮五月，乙酉（十七日），中書言太常改謚哀帝曰昭宣光烈孝皇帝，廟號景宗，既稱宗則應入太廟，在別廟則不應稱宗㊅，乃去廟號。

帝將祀南郊，遣客省使李仁矩以詔諭兩川，令西川獻錢一百萬緡，東川五十萬緡，皆辭以軍用不足，西川獻五十萬緡，東川獻十萬緡。仁矩，帝在藩鎮時客將也，為安重誨所厚，恃恩驕慢，至梓州(一七)，董璋置宴召之，日中不往，方擁妓酣飲，璋怒，從卒徒執兵入驛，立仁矩於階下而詬之曰：「公但聞西川斬李客省(一八)，謂我獨不能邪？」仁矩流涕拜請，僅而得免，既而厚賂仁矩以謝之。仁矩還，言璋不法。未幾，帝復遣通事舍人李彥珣詣東川，入境，失小禮，璋拘其從者，彥珣奔還。

(十八)高季興之叛也(一九)，其子從誨切諫，不聽。從誨既襲位，謂僚佐曰：「唐近而吳遠，非計也(二〇)。」乃因楚王殷以謝罪於唐，又遣山南東道節度使安元信書，求保奏復修職貢。丙申（二十八日），元信以從誨書聞，帝許之。

(十九)契丹寇雲州(二一)。

(廿)六月戊申（十一日），復以鄴都為魏州(二二)，留守、皇城使並停。

(廿一)庚申（二十三日），高從誨自稱前荊南行軍司馬歸州刺史，上表求內附。秋，七月，甲申（十七日），以從誨為荊南節度使兼侍中，己丑（二十二日），罷荊南招討使(二三)。

(廿二)八月，吳武昌節度使兼侍中李簡以疾求還江都㉔，癸丑（十七日），卒於採石。徐知詢，簡壻也，擅留簡親兵二千人於金陵㉕，表薦簡子彥忠代父鎮鄂州㉖。徐知誥以龍武統軍柴再用為武昌節度使，知詢怒曰：「劉崇俊，兄之親，三世為濠州㉗，彥忠，吾妻族，獨不得邪？」

(廿三)初，楚王殷用都軍判官高郁為謀主，國賴以富彊㉘，鄰國皆疾之。莊宗入洛，殷遣其子希範入貢㉙，莊宗愛其警敏，曰：「比聞馬氏當為高郁所奪，今有子如此，郁安能得之㉚？」高季興亦以流言間郁於殷，殷不聽，乃遣使遺節度副使知政事希聲書，盛稱郁功名，願為兄弟。使者言於希聲曰：「高公常云馬氏政事，皆出高郁，此子孫之憂也。」希聲信之。行軍司馬楊昭遂，希聲之妻族也，謀代郁任，日譖之於希聲，希聲屢言於殷，稱郁奢僭，且外交鄰藩，請誅之。殷曰：「成吾功業，皆郁力也。汝勿為此言。」希聲固請罷其兵柄，乃左遷郁行軍司馬。郁謂所親曰：「亟營西山，吾將歸老㉛。猘子漸大，能咋人矣㉜。」希聲聞之益怒，明日，矯以殷命，殺郁於府舍㉝。牓諭中外，誣郁謀叛，並誅其族黨。至暮，殷尚未知。是日，大霧，殷謂左右曰：「吾昔從孫儒度淮㉞，每殺不辜，多致茲異，馬步院豈有寃死者乎。」㉟明日，吏以郁死告，殷撫膺大慟，曰：「吾老耄，政非己出，使我勳舊橫罹寃酷。」既而顧左右曰：「吾亦何可久處此乎㊱？」

㊴九月，上與馮道從容語及年穀屢登，四方無事，道曰：「臣常記昔在先皇幕府㊲。奉使中山，歷井陘之險㊳，臣憂馬蹶，執轡甚謹，幸而無失。逮至平路，放轡自逸，俄至顛隕。凡為天下者，亦猶是也。」上深以為然。上又問道：「今歲雖豐，百姓贍足否？」道曰：「農家歲凶則死於流殍，歲豐則傷於穀賤，豐凶皆病者，惟農家為然。臣記進士聶夷中詩云：『二月賣新絲，五月糶新穀，醫得眼下瘡，剜却心頭肉㊴。』語雖鄙俚，曲盡田家之情狀。農於四人之中㊵，最為勤苦，人主不可不知也。」上悅，命左右錄其詩，常諷誦之。

㊵鄜州兵戍東川者歸本道，董璋擅留其壯者，選羸老歸之，仍

收其甲兵。

(廿六)癸巳（二十七日），西川右都押牙孟容弟為資州稅官，坐自盜抵死㊶。觀察判官馮瑑、中門副使王處回為之請，孟知祥曰：「雖吾弟，犯法亦不可貸，況它人乎？」

(廿七)吳越王鏐居其國，好自大，朝廷使者曲意奉之，則贈遺豐厚，不然，則禮遇疏薄。嘗遣安重誨書，辭禮頗倨㊷，帝遣供奉官烏昭遇【考異】吳越備史、十國紀年皆云監門衛、上將軍，蓋借官耳，今從實錄等諸書。韓玫使吳越，昭遇與玫有隙，使還，玫奏昭遇見鏐稱臣拜舞，謂鏐為殿下，及私以國事告鏐，安重誨奏賜昭遇死。癸巳（二十七日），制鏐以太師致仕，自餘官爵皆削之㊸，凡吳越進奏官、使者、綱吏，令所在繫治之。鏐令子傳瓘等上表訟冤，皆不省。

(廿八)初，朔方節度使韓洙卒㊹，弟澄為留後。未幾，定遠軍使李匡賓聚黨據保靜鎮㊺作亂，朔方不安。冬，十月，丁酉（初二日），韓澄遣使齎絹表乞朝廷命帥。前磁州刺史康福善胡語，上退朝，多召入便殿，訪以時事，福以胡語對，安重誨惡之㊻，常戒之曰：

「康福，汝但妄奏事，會當斬汝。」福懼，求外補，重誨以靈州深入胡境，為帥者多遇害，戊戌（初三日），以福為朔方、河西節度使㊼，福見上，涕泣辭之。上命重誨為福更它鎮，重誨曰：「福自刺史無功建節，尚復何求？且成命已行，難以復改。」上不得已，謂福曰：「重誨不肯，非朕意也。」福辭行，上遣將軍牛知柔、河中都指揮使衞審峹等將兵萬人衞送之。審峹，徐州人也。

（卅九）辛亥（十六日），割閬、果二州置保寧軍，壬子（十七日），以內客省使李仁矩為節度使㊽。

（卌）先是西川常發芻糧饋峽路㊾，孟知祥辭以本道兵自多，難以奉它鎮㊿，詔不許，屢督之。甲寅（十九日），知祥奏稱財力乏，不奉詔。

（卌一）吳諸道副都統、鎮海、寧國節度使兼侍中徐知詢自以握兵據上流（五一），意輕徐知誥，數與知誥爭權，內相猜忌，知誥患之。內樞密使王令謀曰：「公輔政日久，挾天子以令境內，誰敢不從？知詢年少，恩信未洽於人，無能為也。」知詢待諸弟薄，諸弟皆怨之。徐玠知知詢不可輔，反持其短以附知誥㊂。吳越王鏐遺知詢金玉、鞍勒、器皿，皆飾以龍鳳㊃，知詢不為嫌，乘用之。知詢典客周廷望說知詢曰：「公誠能捐寶貨以結朝中勳舊，使皆歸心於公，則彼誰與處㊄。」知詢從之，使廷望如江都諭意，廷望與知誥親吏周宗善，密輸款於知誥，亦以知誥陰謀告知詢。知詢召知誥詣金陵，除父溫喪，知誥稱吳主之命，不許。周宗謂廷望曰：「人言侍中有不臣七事，㊅宜亟入謝㊆。」廷望還，以告知詢。十一月，知詢入朝，知誥留知詢為統軍，領鎮海節度使，遣右雄武都指揮使柯厚徵金陵兵還江都，知誥自是始專吳政㊇。知詢責知誥曰：「先王違世㊈，兄為人子，初不臨喪，可乎？」知誥曰：「爾挺劍待我，我何敢往？爾為人臣，畜乘輿服御物，亦可乎㊉？」知詢又以廷望所言詰知誥，知誥曰：「以爾所為告我者，亦廷望也。」遂斬廷望。

㊀壬辰（二十七日），吳主加尊號曰睿聖文明光孝皇帝，大赦，改元大和。

(四三)康福行至方渠，羌胡出兵邀福，福擊走之，至青剛峽(六〇)，遇吐蕃野利、大蟲二族數千帳(六一)，皆不覺唐兵至，福遣衞審峹掩擊，大破之，殺獲殆盡，由是威聲大振，遂進至靈州，自是朔方始受代。

(四四)十二月，吳加徐知誥兼中書令，領寧國節度使(六二)。知誥召徐知詢飲，以金鍾酌酒賜之曰：「願弟壽千歲。」知詢疑有毒，引它器均之，跽獻知誥曰：「願與兄各享五百歲。」知誥變色，左右顧，不肯受。知詢捧酒不退，左右莫知所為，伶人申漸高徑前為詼諧語，掠二酒合飲之(六三)，懷金鍾趨出，知誥密遣人以良藥解之，已腦潰而卒。【考異】鄭文寶南唐近事：「烈祖曲宴便殿，引酖觥賜周本，本疑而不飲，佯醉，別引一巵，均酒之半，跪捧而進曰：『陛下千萬歲，陛下若不飲此，非君臣同心同德之義也，臣不敢奉詔。』上色變無言，久之，左右皆相顧流汗，莫知所從，伶倫申漸高，有機智者，竊諭其旨，乃乘詼諧，盡併兩盞以飲之，內杯於懷中，亟趨而出，上密使親信持良藥詣其私第解之，已不及矣，漸高腦潰而卒。」江表志：「烈祖曲宴，引金鍾賜知詢酒，曰：『願我弟百千長壽。』知詢疑懼，引它器均之，曰：『願與兄各享五百歲。』知誥不飲，久之，樂工申漸高乘談諧，併而飲之，至家，腦潰而卒。」二書皆出文寶而不同乃爾，按知誥既即位，欲除周本，自應多方，不須如此，云鴆知詢近是，今從之。

(四五)奉國節度使知建州王延稟稱疾退居里第，請以建州授其子繼雄，庚子（初五日），詔以繼雄為建州刺史(六四)。

(四六)安重誨既以李仁矩鎮閬州，使與綿州刺史武虔裕皆將兵赴治(六五)。

虔裕，帝之故吏，重誨之外兄也。重誨使仁矩詗董璋反狀，仁矩增飾而奏之㊅。朝廷又使武信節度使夏魯奇治遂州城隍，繕甲兵，益兵戍之，璋大懼㊆，時道路傳言又將割綿、龍為節鎮，孟知祥亦懼㊇。璋素與知祥有隙，未嘗通問，至是璋遣使詣成都請為其子娶知祥女，知祥許之，謀併力以拒朝廷。

【今註】㊀定州都指揮使馬讓能開門納官軍，都舉族自焚：王晏球以去年四月攻王都，至是始克定州。㊁以王晏球為天平節度使，與趙德鈞並加兼侍中：唐置天平軍節度於鄆州。加兼侍中，賞擒惕隱涅里袞及平王都之功也。㊂樞密使趙敬怡卒：按《五代史．唐明宗紀》在是月二十一日辛酉。㊃門下侍郎同平章事崔協卒於須水：協從帝至大梁，還洛陽，道至須水而卒也。協不學少識，以孔循力薦而居相位。《北夢瑣言》，明宗嘗問宰相馮道、盧質近日喫酒否？對曰：「質曾到臣居，亦飲數爵，臣勸不令過度。事亦如酒，過則患生。」崔協強言於坐曰：「臣聞食醫心鏡，酒極好，不加藥餌，足以安心神。」左右見其膚淺，不覺哂之。《舊唐書．地理志》，唐初置須水縣，屬管州，太宗貞觀元年，廢管州，以須水併入鄭州管城縣。《元豐九域志》：「鄭州滎陽縣有須水鎮，即故須水縣也，故城在今河南省滎陽縣東四十里。」㊄帝至洛陽：天成三年冬十月，帝幸大梁，至是還洛陽。㊅晏球謝久煩饋運而已：晏球不伐己功，以久煩饋運謝帝也。引過自咎曰謝。㊆帝東巡：謂去冬東幸大梁時也。㈧皇城使：《五代會要》梁諸使有大內皇城使，位弓箭庫使下，武備庫使上。㈨會節園：胡三省曰：「會節園在洛陽城中，張全義鎮洛歲久，私第在會節坊，室宇園池，為一時巨麗，輸之官以為會節園。」㈩酒酣，戲登御榻：胡三省曰：「凡御園設御榻，游幸之所御也。」㈡楚王殷命其子武安節度副使判長沙府希聲知政事：《五代史記·楚世家》，希聲字若訥，殷次子也。㈢時湖南專用錫錢，銅錢一直錫錢百，流入中國，法不能禁：《五代史記·楚世家》：「先是馬殷鑄鉛鐵錢，以十當銅錢一。蓋殷鑄鐵鑞錢，本用之境內，至是其值益輕，遂流入中國。」《五代會要》，莊宗同光二年三月敕：「泉布之弊，雜以鉛錫，惟是江湖之外，盜鑄尤多，市肆之間，公行無畏，因是綱商夾帶，舟載往來，換易好錢，藏貯富室，實為蠹弊，須有條法。宜令京城及諸道於市行使錢內，點檢雜惡鉛錫，並宜禁斷。沿江州縣，每有舟船到岸，嚴加覺察，若私載往來，並宜收納。」又天成元年十二月敕：「行使銅錢之內，訪聞夾帶鐵鑞，若不嚴設條法，轉恐私家鑄造。應中外所使銅錢內鐵鑞錢即宜毀棄，不得輒行，如違，其所使錢不計多少，並納入官，仍科深罪。」鑞，錫也。蓋鐵錫錢之流入中國久矣，後唐嘗屢頒其禁，今又申嚴之而不能止也。㈢石首：《舊唐書·地理志》，石首縣，本漢南郡華容縣也，唐高祖武德四年，分華容縣置石首縣，屬江陵府，以縣北石首山為名，舊治石首山，高宗顯慶元年，移治陽支山下，即今湖北省石首縣。㈣先是党項皆詣闕，以貢馬為名，國家約其直酬之，加以館穀賜予，歲費五十餘萬緡，有司苦其耗蠹，故止之：《五代史·外國傳》云：「党項，其俗皆土著，居有棟宇，織毛罽以覆之，其人尚武，不事生業，好為盜賊。党項自同光以後，大姓之強者各自來朝貢，明宗時，詔沿邊置場市馬，諸夷皆入市中國，有回鶻、党項，馬最多，明宗招懷遠人，馬來，無駑壯皆集而所售過常直，往來館給，道路倍費，其每至京師，明宗為御殿見之，勞以酒食，既醉，連袂歌呼，道其土風以為樂，去又厚以賜賚，歲耗百萬計，唐大臣皆患之，數以為言，乃詔吏就邊場售馬給直，止其來朝，而党項利其所得，來不可止。」《五代會要》曰：「党項羌，古析支之地，漢西羌之別種，其地東至松州，南接舂桑、迷桑諸羌，北連吐谷渾，處山谷閒，亘三千餘里，種有數姓，自為部落，一姓之中，復分為小部落，有細封氏，費聽氏、析氏、野利氏、拓拔氏，最為強族。俗皆土著，居有棟宇，織毛罽以覆之，其人多壽，不事生業，好為盜竊，前世或來朝貢，自唐寶應、正元之後，皆率部落內附，居慶州，號東山部落，居夏州，號平夏部落，會昌初，命三使以統之。後唐同光二年二月，遣使朝貢，十二月，其首領簿備香來貢良馬。天成二年九月，河西羌如連山等來朝貢，進馬四十匹。四年四月，敕沿邊置場買馬，不許蕃部至闕下。自上御極以來，党項之眾，競赴都下賣馬，常賜食於禁廷，醉則連袂歌其土風，凡將到馬，無駑良，並云上進國家，雖約其價直以給之。然計其館給賜賚，每年不下五六十萬貫，大臣以為耗蠹中原，無甚於此，因降敕止之，雖有是命，竟不能行。」㈤以皇子從榮為河南尹判六軍諸衛事，從厚為河東節度北都留守：兩易二子之任。㈥在別廟則不應稱宗：哀帝廟在曹州，故曰別廟。㈦至梓州東川：節度使治梓州。㈧公但聞西川斬李客省：李客省，謂客省使李嚴也。孟知祥斬李嚴事見上卷天成二年。㈨高季興之叛也：見上卷天成二年。㈩唐近而吳遠，非計也：言唐距荊南近而攻之甚易，吳去荊南遠而救之甚難，叛唐以事吳，非計之得也。㉒契丹寇雲州：胡三省曰：「一月之閒再寇雲州者，契丹主耶律德光漸西徙也。」㉓復以鄴都為魏州：莊宗同光元年，即位於魏州，以魏州為東京興唐府，同光三年，以洛陽為東都，改魏州之東京為鄴都，今復以為魏州。㉓罷荊南招討使：置招討使討荊南始見上卷天成二年，今以其內附，故罷之。㉔吳武昌節度使兼侍中李簡以疾求還江都：江都縣，唐為揚州治，吳所都也。㉕徐知詢，簡壻也，擅留簡親兵二千人於金陵：徐知詢時代父溫鎮金陵。㉖表薦簡子彥忠代父鎮鄂州：武昌節度使治鄂州。㉗劉崇俊，兄之親，三世為濠州：徐知誥於知詢為兄。馬令《南唐書》，崇俊子尚南唐元宗女太寧公主，南唐元宗，知誥子璟也。崇俊祖金仕吳為濠州刺史，金卒崇俊父仁規代之，仁規卒，崇俊代之。㉘初，楚王殷用都軍判官高郁為謀主，國賴以富彊：馬殷初得譚州，即由高郁為謀主，郁教殷置務榷茶，又教殷鑄鉛鐵錢博易天下商旅寶貨，故國以富強。㉙莊宗入洛，殷遣其子希範入貢：事見卷二百七十二莊宗同光元年。㉙比聞馬氏當為高郁所奪，今有子如此，郁安能得之：胡三省曰：「此語所以閒高郁也。」㉚亟營西山，吾將歸老：胡三省曰：「西山，即長沙西岸嶽麓諸山也。」㉛猘子漸大，能咋人矣：猘，狂犬也，以猘子喻希聲。咋，齧也。㉜府舍：湖南軍府署舍也。㉞吾昔從孫儒度淮：馬殷從孫儒渡淮見卷二百五十七唐昭宗光啓三年。㉟馬步院豈有寃死者乎：胡三省曰：「時諸鎮皆有馬步司，置獄院以鞫囚。」㊱吾亦何可久處此乎：馬殷自言受制其子，若復久處其位，將有不測之禍。㊲臣常記昔在先皇幕府：謂在河東掌書記時。㊳奉使中山，歷井陘之險：自河東出使中山，經井陘之道。㊴二月賣新絲，五月糶新穀，醫得眼下瘡，剜却心頭肉：胡三省曰：「謂絲穀未熟，農家艱食，先稱貸以自給，至于賣絲糶穀，僅足以償債耳！」㊵農於四人之中：四民者，士、農、工、商。唐避太宗諱，謂民為人。㊶西川右都押牙孟容弟為資州稅官，坐自盜抵死：律，監臨而自盜，罪重者抵死。《史記・高祖紀》：「傷人及盜抵罪。」韋昭曰：「抵，當也，謂使各當其罪。」《舊唐書・地理志》，資州，隋資陽郡，唐高祖武德元年，改為資州，玄宗天寶元年，改為資陽郡，肅宗乾元元年，復為資州，治盤石縣，後周立，本漢犍為郡資中縣也，故城在今四川省資中縣北。㊷嘗遺安重誨書，辭禮頗倨：《五代史・世襲傳》云：「明宗即位之初，安重誨用事，鏐嘗與重誨書云：『吳越國王致書于某官執事』，不敍暄涼，重誨怒其無禮。」㊸制鏐以太師致仕，自餘官爵皆削之：削其天下兵馬都元帥、尚父、吳越國王之號。㊹朔方節度使韓洙卒：韓洙嗣鎮朔方見卷二百六十九梁末帝乾化四年。㊺保靜鎮：《舊唐書・地理志》，保靜縣，隋弘靜縣，唐中宗神龍元年，改為安靜縣，肅宗至德元年，改為保靜，屬靈州。宋白續通典曰：「保靜鎮在黃河北岸。」故城在今甘肅省寧夏縣東南，接靈武縣界。㊻福以胡語對，安重誨惡之，以胡語奏事則在帝之左右者莫之曉，故重誨惡之。㊼以福為朔方、河西節度使：《舊唐書・地理志》，唐之盛世，河西節度使治涼州，隔斷羌胡，統赤水、大斗、建康、寧寇、玉門、墨離、豆盧、新泉等八軍，張掖、交城、白亭三守捉，朔方節度使治靈州，捍禦北狄，統經略、豐安、定遠、西受降城、東受降城、安北都護、振武等七軍、府。胡三省曰：「唐之盛時，河西與朔方、隴西並為緣邊大鎮，肅、代以後淪陷，宣宗大中閒收復，然隔以吐蕃、党項，朝廷懸屬而已，至於唐末，以朔方兼節度河西，然亦聲勢不接。」趙珣《聚米圖經》，靈州西至涼州九百里。㊽割閬、果二州置保寧軍，以內客省使李仁矩為節度使：閬、果二州本山南西道節度巡屬，今析置保寧軍，欲令李仁矩鎮之以制兩川也。胡三省曰：「按職官分紀，五代有內客省使、客省使、副使，各一官，通鑑於天成二年三月書客省使李仁矩，今書內客省使，豈自客省使陞為內客省使邪！」按客省使、內客省使，皆內職也。㊾峽路：謂夔州寧江軍也。㊿孟知祥辭以本道兵自多，難以奉它鎮：謂西川所統兵多，無餘糧以奉它鎮也。(51)吳諸道副都統、鎮海、寧國節度使兼侍中徐知詢自以握兵據上流：知詢嗣父溫握吳兵柄鎮金陵，金陵在廣陵上流。(52)徐玠知知詢不可輔，反持其短以附知誥：徐玠本勸溫以知詢代知誥，蓋溫之信臣也，事見上年十月。(53)吳越王錢鏐遺知詢金玉、鞍勒、器皿，皆飾以龍鳳：龍鳳，天子之飾也，錢鏐蓋欲以此閒知詢。(54)則彼誰與處：彼謂徐知誥。(55)人言侍中有不臣七事，宜亟入謝：侍中，謂徐知詢也，欲誘之入廣陵。知詢代父溫鎮金陵，加侍中，故稱之。(56)知誥自是始專吳政：知詢既解兵柄，不得復制知誥，故知誥得以專吳政。(57)先王違世：先王謂徐溫。溫卒，贈齊王。(58)爾為人臣，畜乘輿服御物，亦可乎：謂知詢用錢鏐所遺龍鳳飾鞍勒、器皿也。乘輿服御物，天子服用之物。(59)康福行至方渠，羌胡出兵邀福，福擊走之，至青剛峽：胡三省曰：「自方渠橐駝路出青岡峽，過旱海，至靈州。」《舊唐書・地理志》，唐中宗景龍元年，分馬嶺縣置方渠縣，屬慶州，故城在今甘肅省環縣南。青剛峽在今甘肅省環縣北，唐玄宗開元四年，單于副都護張知連擊突厥叛戶於青岡嶺，即此。趙珣《聚米圖經》曰：「環州洪德寨有歸德、青剛兩川，歸德川在洪德東，透入鹽州，青剛川在洪德西北，本靈州大路，自北過美利寨，入浦洛河，至耀德清邊鎮，入靈州。自過美利寨後，漸入平夏，經旱海中，難得水泉。」(六〇)遇吐蕃野利、大蟲二族數千帳：野利、大蟲，吐蕃大姓也。(六一)吳加徐知誥兼中書令，領寧國節度使：徐知誥奪知詢寧國節鎮而自領之。(六二)掠二酒合飲之：胡三省曰：「不以禮取之為掠。」(六三)詔以繼雄為建州刺史：胡三省曰：「時王延稟既與王延鈞弒其君延翰，兵彊權重，建州又居福州上流，勢陵延鈞，故不復稟命於延鈞，而專達洛陽。」延稟、延鈞弒其君延翰事見上卷天成元年。(六四)赴治：赴治所也。(六五)重誨使仁矩詗董璋反狀，仁矩增飾而奏之：詗，偵伺也。增飾，增飾其跋扈不臣之狀。(六六)朝廷又使武信節度使夏魯奇治遂州城隍，繕甲兵，益兵戍之，璋大懼：武信軍治遂州。時既割閬、果二州為保寧軍，復益兵以戍途州，則東川之勢危矣，故董璋懼。(六七)時道路傳言又將割綿、龍為節鎮，孟知祥亦懼：胡三省曰：「綿州逼近成都，而龍州又鄧艾入蜀之道也，武虔裕既刺綿州，是亦有分鎮之漸矣，重以傳聞，故孟知祥亦懼。」(六八)璋素與知祥有隙：孟知祥屢與董璋爭鹽利，故有隙。

卷二百七十七　後唐紀六

司馬光編集
林瑞翰註

起上章攝提格盡玄默執徐六月，凡三年有奇。（庚寅至癸巳六月，西元八三〇年至八三四年六月）

明宗聖德和武欽孝皇帝中之下

長興元年㈠（西元九三〇年）

㈠春，正月，董璋遣兵築七寨於劍門。辛巳（十六日），孟知祥遣趙季良如梓州修好㈡。

㈡鴻臚少卿郭在徽奏請鑄當五千、三千、一千大錢，朝廷以其指虛為實，無識妄言，左遷衛尉少卿同正㈢。

㈢吳徙平原王澈為德化王㈣。

㈣二月，乙未朔，趙季良還成都，謂孟知祥曰：「董公貪殘好勝，志大謀短㈤，終為西川之患。」都指揮使李仁罕、張業欲置宴召知祥，先二日，有尼告二將謀以宴日害知祥，知祥詰之，無狀㈥。丁酉（初三日），推始言者軍校都延昌、王行本㈦，腰斬之。戊戌

（初四日），就宴，盡去左右，獨詣仁罕第。仁罕叩頭流涕曰：「老兵惟盡死以報德。」由是諸將皆親附而服之。

㈤壬子（十八日），孟知祥、董璋同上表言兩川聞朝廷於閬中建節，綿、遂益兵，無不憂恐㈧，上以詔書慰諭之。

㈥乙卯（二十一日），上祀圜丘，大赦，改元㈨。鳳翔節度使兼中書令李從曮入朝陪祀。三月，壬申（初八日），制徙從曮為宣武節度使㈩。

㈦癸酉（初九日），吳主立江都王璉為太子。

㈧丙子（十二日），以宣徽使朱弘昭為鳳翔節度使㈡。

㈨康福奏克保靜鎮，斬李匡賓㈢。

㈩復以安義為昭義軍㈢。

㈩㈠帝將立曹淑妃為后，淑妃謂王德妃曰：「吾素病中煩㈣，倦於接對，妹代我為之。」德妃曰：「中宮敵偶至尊，誰敢干之？」

庚寅（二十六日），立淑妃為皇后。德妃事后恭謹，后亦憐之。初，王德妃因安重誨得進，常德之㈤。帝性儉約，及在位久，宮中用度稍侈，重誨每規諫，妃取外庫錦造地衣，重誨切諫，引劉后為戒〔一六〕，妃由是怨之。

(十二)高從誨遣使奉表詣吳，告以墳墓在中國〔一七〕，恐為唐所討，吳兵援之不及，謝絕之〔一八〕，吳遣兵擊之，不克。

(十三)董璋恐綿州刺史武虔裕窺其所為〔一九〕。夏，四月，甲午朔，表兼行軍司馬，囚之府廷〔二〇〕。

(十四)宣武節度使苻習自恃宿將〔二一〕，論議多抗安重誨，重誨求其過失奏之，丁酉（初四日），詔習以太子太師致仕。

(十五)戊戌（初五日），加孟知祥兼中書令，夏魯奇同平章事。

(十六)初，帝在真定〔二二〕。李從珂與安重誨飲酒爭言，從珂毆重誨，重誨走免，既醒，悔謝，重誨終銜之。至是重誨用事，自皇子從榮、從厚皆敬事不暇〔二三〕，時從珂為河中節度使同平章事，重誨屢短之於帝，帝不聽，重誨乃矯以帝命，諭河東牙內指揮使楊彥溫使逐之〔二四〕。是日，從珂出城閱馬，彥溫勒兵閉門拒之。從珂使人扣門詰之曰：「吾待汝厚，何為如是？」對曰：「彥溫非敢負恩，受樞密院宣耳㉕！請公入朝。」從珂止於虞鄉㉖，遣使以狀聞。使者至，壬寅（初九日），帝問重誨曰：「彥溫安得此言㉗？」對曰：「此姦人妄言耳，宜速討之。」帝疑之，欲誘致彥溫訊其事，除彥溫絳州刺史，重誨固請發兵擊之，乃命西都留守索自通、步軍都指揮使藥彥稠將兵討之。帝令彥稠必生致彥溫，吾欲面訊之，召從珂詣洛陽。從珂知為重誨所構，馳入自明。

㈦加安重誨兼中書令。

㈧李從珂至洛陽，上責之，使歸第㉘，絕朝請。辛亥（十八日），索自通等拔河中，斬楊彥溫㉙，癸丑（二十日），傳首來獻。上怒藥彥稠不生致㉚，深責之。

安重誨諷馮道、趙鳳奏從珂失守，宜加罪，上曰：「吾兒為姦黨所傾，未明曲直，公輩何為發此言？意不欲置之人間邪？此皆非公輩之意也㉛！」二人惶恐而退。它日，趙鳳又言之，上不應，明日，重誨自言之，上曰：「朕昔為小校，家貧，賴此小兒拾馬糞自贍，以至今日為天子，曾不能庇之邪？卿欲如何處之？於卿為便。」重誨曰：「陛下父子之間，臣何敢言？惟陛下裁之。」上曰：「使閑居私第亦可矣，何用復言。」丙辰（二十三日），以索自通為河中節度使。自通至鎮，承重誨指，籍軍府甲仗數上之，以為從珂私造，賴王德妃居中保護，從珂由是得免。士大夫不敢與從珂往來，惟禮部郎中史館修撰呂琦居相近，時往見之。從珂每有奏請，皆咨琦而後行。

(十九)戊午（二十五日），帝加尊號曰聖明神武文德恭孝皇帝。

(廿)安重誨言昭義節度使王建立過魏州，有搖眾之語(三二)。五月，丙寅（初三日），制以太傅致仕。

(廿一)董璋閱集民兵，皆剪髮黥面，復於劍門北置永定關，布列烽火(三三)。

(廿二)孟知祥累表請割雲安等十三鹽監隸西川(三四)，以鹽直贍寧江屯兵，辛卯（二十八日），許之。

(廿三)六月，癸巳朔，日有食之。

(廿四)辛亥（十九日），敕防禦、團練使、刺史、行軍司馬、節度副使，自今皆朝廷除之，諸道無得奏薦。

(廿五)董璋遣兵掠遂、閬鎮戍。秋，七月，戊辰（初七日），兩川以朝廷繼遣兵屯遂閬，復有論奏，自是東北商旅，少敢入蜀。

(廿六)八月，乙未（初四日），捧聖軍使李行德㉟、十將張儉引告密人邊彥溫告安重誨發兵，云欲自討淮南㊱，又引占相者問命。帝以問侍衛都指揮使安從進、藥彥稠，二人曰：「此姦人欲離間陛下勳舊耳，重誨事陛下三十年㊲，幸而富貴，何苦謀反？臣等請以宗族保之。」帝乃斬彥溫，召重誨慰撫之，君臣相泣。

(廿七)以前忠武節度使張延朗行工部尚書，充三司使，三司使之名自此始㊳。

(廿八)吳徐知誥以海州都指揮使王傳拯有威名，得士心，值團練使陳宣罷歸，知誥許以傳拯代之，既而復遣宣還海州，徵傳拯還江都，傳拯怒，以為宣毀之，己亥（初八日），帥麾下入辭宣，因斬宣，焚掠城郭，帥其眾五千來奔。知誥曰：「是吾過也。」免其妻子。漣水制置使王嚴將兵入海州㊴，以嚴為威衛大將軍，知海州。傳拯，綰之子也㊵。其季父輿為光州刺史，傳拯遣間使持書至光州，輿執之以聞，因求罷歸㊶，知誥以輿為控鶴都虞候。時政在徐氏，典兵宿衞者，尤難其人，知誥以輿重厚慎密，故用之。

(卅九)壬寅（十一日），趙鳳奏：「竊聞近有姦人誣陷大臣，搖國柱石，行之未盡㊷。」帝乃收李行德、張儉，皆族之。

(卌)立皇子從榮為秦王，丙辰（二十五日），立從厚為宋王。

(卌一)董璋之子光業為宮苑使，在洛陽，璋與書曰：「朝廷割吾支郡為節鎮㊸，屯兵三千，是殺我必矣！汝見樞要㊹為吾言，如朝廷更發一騎入斜谷，吾必反，與汝訣矣！」光業以書示樞密承旨李虔徽，未幾，朝廷又遣別將荀咸將兵戍閬州。光業謂虔徽曰：「此兵未至，吾父必反，吾不敢自愛，恐煩朝廷調發㊺，願止此兵，吾父保無它。」虔徽以告安重誨，重誨不從。璋聞之，遂反，利、閬、遂三鎮以聞㊻，且言已聚兵將攻三鎮。重誨曰：「臣久知其如此，陛下含容不討耳。」帝曰：「我不負人，人負我，則討之。」

(卌二)九月，癸亥（初三日），西川進奏官蘇愿白孟知祥云朝廷欲大發兵討兩川㊼，知祥謀於副使趙季良，季良請以東川兵先取遂、閬，然後併兵守劍門，則大軍雖來，吾無內顧之憂矣㊽。知祥從之，遣使約董璋同舉兵。璋移檄利、閬、遂三鎮，數其離間朝廷，引兵擊閬州㊾。庚午（初十日），知祥以都指揮使李仁罕為行營都部署，漢州刺史趙廷隱副之，簡州刺史張業為先鋒指揮使，將兵三萬攻遂州㊿，別將牙內都指揮使侯弘實、先登指揮使孟思恭將兵四千會璋攻閬州。

㊷安重誨久專大權，中外惡之者眾，王德妃及武德使孟漢瓊浸用事，數短重誨於上，重誨內憂懼，表解機務，上曰：「朕無間於卿，誣罔者朕既誅之矣㊿一，卿何為爾？㊿二」甲戌（十四日），重誨復面奏曰：「臣以寒賤，致位至此，忽為人誣以反，非陛下至明，臣無種矣。由臣才薄任重，恐終不能鎮浮言，願賜一鎮以全餘生。」上不許，重誨求之不已，上怒曰：「聽卿去朕，不患無人。」前成德節度使范延光勸上留重誨，且曰：「重誨去，誰能代之？」上曰：「卿豈不可？」延光曰：「臣受驅策日淺，且才不

逮重誨，何敢當此？」上遣孟漢瓊詣中書議重誨事，馮道曰：「諸公果愛安令[五三]，宜解其樞務為便。」趙鳳曰：「公失言。」乃奏大臣不可輕動。

（四四）東川兵至閬州，諸將皆曰：「董璋久蓄反謀，以金帛啗其士卒，銳氣不可當，宜深溝高壘以挫之，不過旬日，大軍至，賊自走矣。」李仁矩曰：「蜀兵懦弱，安能當我精卒？」遂出戰，兵未交而潰歸。董璋晝夜攻之，庚辰（二十日），城陷，殺仁矩，滅其族。

初，璋為梁將，指揮使姚洪嘗隸麾下，至是將兵千人戍閬州，璋密以書誘之，洪投諸廁，城陷，璋執洪而讓之曰：「吾自行間獎拔汝，今日何相負？」洪曰：「老賊，汝昔為李氏奴[五四]，掃馬糞，得臠炙[五五]，感恩無窮。今天子用汝為節度使，何負於汝而反邪？汝猶負天子，吾受汝何恩，而云相負哉？汝奴材，固無恥，吾義士，豈肯為汝所為乎？吾寧為天子死，不能與人奴並生。」璋怒，然鑊[五六]於前，令壯士十人刲其肉自啗之。洪至死，罵不絕聲，帝置其二子於近衛，厚給其家。

（三五）甲申（二十四日），以范延光為樞密使，安重誨如故〔五七〕。

（三六）丙戌（二十六日），下制削董璋官爵，興兵討之。丁亥（二十七日），以孟知祥兼西南供饋使〔五八〕，以天雄節度石敬瑭〔五九〕為東川行營都招討使，以夏魯奇為之副。璋使孟思恭分兵攻集州，思恭輕進，敗歸，璋怒，遣還成都，知祥免其官。戊子（二十八日），以石敬瑭權知東川事。庚寅（三十日），以右武衛上將軍王思同為西都留守，兼行營馬步都虞候，為伐蜀前鋒。

（三七）漢主遣其將梁克貞、李守鄘攻交州，拔之，執靜海節度使曲承美以歸〔六〇〕，以其將李進守交州。

（三八）冬，十月，癸巳（初三日），李仁罕圍遂州，夏魯奇嬰城固守。孟知祥命都押牙高敬柔帥資州義軍二萬人築長城環之，魯奇遣馬軍都指揮使康文通出戰，文通聞閬州陷，遂以其眾降於仁罕。戊戌（初八日），董璋引兵趣利州〔六一〕，遇雨，糧運不繼，還閬州，知祥聞之，驚曰：「比破閬中，正欲徑取利州，其帥不武〔六二〕，必望風遁去，吾獲其倉廩，據漫天之險〔六三〕，北軍終不能西救武信〔六四〕，今董公僻處閬州，遠奔劍閣，非計也。」欲遣兵三千助守劍門，璋固辭曰：「此已有備〔六五〕。」

㊴錢鏐因朝廷冊閩王使者裴羽還，附表引咎〔六六〕，其子傳瓘及將佐屢為鏐上表自訴，癸卯（十三日），敕聽兩浙綱使自便〔六七〕。

㊵以宣徽北院使馮贇為左衛上將軍、北都留守。

㊶丁未（十七日），族誅董光業〔六八〕。

㊷楚王殷寢疾，遣使詣闕，請傳位於其子希聲。朝廷疑殷已死，辛亥（二十一日），以希聲為起復武安節度使兼侍中。

㊸孟知祥以故蜀鎮江節度使張武〔六九〕為峽路行營招收討伐使，將水軍趣夔州，以左飛棹指揮使袁彥超副之〔七〇〕。癸丑（二十三日），東川兵陷徽、合、巴、蓬、果五州〔七一〕。

㊹丙辰（二十六日），吳左僕射同平章事嚴可求卒〔七二〕。徐知誥以其長子大將軍景通為兵部尚書參政事，知誥將出鎮金陵故也。

㊺漢將梁克貞入占城，取其寶貨以歸〔七三〕。

(四六)十一月，戊辰（初九日），張武至渝州，刺史張環降之，遂取瀘州。遣先鋒將朱偓分兵趣黔、涪(七四)。

(四七)己巳（初十日），楚王殷卒(七五)，遺命諸子兄弟相繼，寘劍於祠堂，曰：「違吾命者戮之。」諸將議遣兵守四境然後發喪，兵部侍郎黃損曰：「吾喪君有君(七六)，何備之有？宜遣使詣鄰道，告終稱嗣而已。」

(四八)石敬瑭入散關，階州刺史王弘贄、瀘州刺史馮暉(七七)與前鋒馬步都虞候王思同、步軍都指揮使趙在禮引兵出人頭山(七八)後，過劍門之南，還襲劍門，克之，殺東川兵三千人，獲都指揮使齊彥溫，據而守之。暉，魏州人也。甲戌（十五日），弘贄等破劍州，而大軍不繼，乃焚其廬舍，取其資糧，還保劍門(七九)。【考異】實錄：「軍前奏：『今月十三日，王弘贄、馮輝自利州入山路，出劍門關外倒下，殺董璋把關兵士約三千人，獲都指揮使齊彥溫，大軍進攻入劍門。』次又丙戌奏：『今月十七日，收下劍州，破賊千餘人，獲指揮使劉太。』」李昊蜀高祖實錄：「己卯，東川告急，今月十八日，北軍自白衛嶺人頭山後過從小劍路至漢源驛出頭，倒入劍門，打破關寨，掩捉彥溫及將士五百餘人，遂相次構喚大軍，據關下營。」又龐福誠謝鍠相謂曰：『北軍昨來，既得關寨之後，隔一日，大軍曾下至劍州，而乃搬運糧食，燒舍自驚，還奔關寨。』」十國紀年後蜀史：「壬申，弘贄、暉襲陷劍門，癸酉，攻焚劍州，取糧，還屯劍門，己卯，東川告急使至成都，知祥命牙內都指揮使李肇帥兵五千赴援，董璋自閬州帥兩川兵屯木馬寨。先是龐福誠、謝鍠屯閬州北來蘇寨，聞劍門陷，懼北軍據劍州，帥部兵千餘人由間道先董璋至劍州，壁於衙城後，士卒方食，北軍萬餘人自北山馳下，福誠等趨河橋迎擊之，北軍小卻，福誠帥數百人夜升北山顛，轉至北軍壁外大呼，謝鍠命將士以弓弩短兵急擊之，北軍驚擾棄戈甲而遁。鍠追襲之，北軍退保劍門，十餘日不窺劍州。」按劍門至成都尚千許程，若十八日劍門失守，何得二十日孟知祥已聞之邪？今從實錄十三日壬申為定，若隔一日下至劍州，則十五日甲戌，非十七日也。蓋思同等以大軍未至，故收糧燒舍，還保劍門，故福誠等得復入劍州，李昊敘事甚詳，無執劉太事，今刪之。晉高祖實錄云：「甲申，平劍州，破賊千餘人。」尤誤也。乙亥（十六日），詔削孟知祥官爵。己卯（二十日），董璋遣使至成都告急。知祥聞劍門失守，大懼，曰：「董公果誤我(八〇)。」庚辰（二十一日），遣牙內都指揮使李肇將兵五千赴之，戒之曰：「爾倍道兼行，先據劍州，北軍無能為也。」又遣使詣遂州，令趙廷隱將萬人會屯劍州(八一)，又遣故蜀永平節度使李筠將兵四千趣龍州，守要害(八二)。時天寒，士卒恐懼，觀望不進，廷隱流涕諭之曰：「今北軍勢盛，汝曹不力戰却敵，則妻子皆為人有矣！」眾心乃奮。董璋自閬州將兩川兵屯木馬寨(八三)。

先是西川牙內指揮使太谷(八四)龐福誠、昭信指揮使謝鍠屯來蘇村(八五)，聞劍門失守，相謂曰：「使北軍更得劍州，則二蜀(八六)勢危矣！」遽引部兵千餘人間道趣劍州。始至，官軍萬餘人自北山大下，會日暮，二人謀曰：「眾寡不敵，逮明則吾屬無遺矣！」福誠夜引兵數百升北山，大譟於官軍營後，鍠帥餘眾操短兵自其前急擊之，官軍大驚，空營遁去㊇㊆，復保劍門，十餘日不出。孟知祥聞之，喜曰：「吾始謂弘贄等克劍門，徑據劍州，堅守其城，或引兵直趣梓州，董公必棄閬州奔還，我軍失援，亦須解遂州之圍，如此則內外受敵，兩川震動，勢可憂危，今乃焚毀劍州，運糧東歸劍門，頓兵不進，吾事濟矣！」官軍分道趣文州，將襲龍州㊇㊇，為西川定遠指揮使潘福超、義勝都頭太原沙延祚所敗。甲申（二十五日），張武卒於渝州，知祥命袁彥超代將其兵。

朱偓將至涪州，武泰節度使楊漢賓棄黔，南奔忠州㊇㊈，偓追至豐都，還取涪州㊈〇，知祥以成都支使崔善權武泰留後。董璋遣前陵州刺史王輝將兵三千會李肇等分屯劍州南山。

㊄丙戌（二十七日），馬希聲襲位，稱遺命，去建國之制㊈㊀，復藩鎮之舊。

㊅契丹東丹王突欲自以失職，帥部曲四十人越海自登州來奔㊈㊁。

【考異】實錄：「阿保機妻令元帥太子往勃海，代慕華歸西樓，欲立為契丹王，而元帥太子既典兵柄，不欲之勃海，遂自立為契丹王，謀害慕華，其母不能止，慕華懼，遂航海內附。」按天皇王入汴，猶求害東丹者誅之，豈有在國欲殺之理？今不取。

(五一)十二月壬辰（初三日），石敬瑭至劍門，乙未（初六日），進屯劍州北山，趙廷隱陳於牙城後山(九三)，李肇、王暉陳於河橋(九四)。敬瑭引步兵進擊廷隱，廷隱擇善射者五百人伏敬瑭歸路，按甲待之，矛矟欲相及，乃揚旗鼓譟擊之，北軍退走，顛墜下山，俘斬百餘人。敬瑭又使騎兵衝河橋，李肇以彊弩射之，騎兵不能進。薄暮，敬瑭引去，廷隱引兵躡之，與伏兵合擊敗之，敬瑭還屯劍門。

(五二)癸卯（十四日），夔州奏復取開州(九五)。

(五三)庚戌（二十一日），以武安節度使馬希聲為武安、靜江節度使，加兼中書令。

(五四)石敬瑭征蜀未有功，使者自軍前來，多言道險狹，進兵甚難，關右之人，疲於轉餉，往往竄匿山谷，聚為盜賊，上憂之。壬子（二十三日），謂近臣曰：「誰能辦吾事者，吾當自行耳！」安重誨曰：「臣職忝機密，軍威不振，臣之罪也。臣請自往督戰。」上許之，重誨即拜辭，癸丑（二十四日），遂行，日馳數百里，西方藩鎮聞之，無不惶駭(九六)，錢帛芻糧，晝夜輦運赴利州，人畜斃蹈於山谷者，不可勝紀。時上已疏重誨，石敬瑭本不欲西征，及重誨離上側，乃敢屢表奏論，以為蜀不可伐，上頗然之。

(廿五)西川兵先戍夔州者千五百人，上悉縱歸。

【今註】㊀長興元年：是年二月方改元。㊁孟知祥遣趙季良如梓州修好：東川節度使治梓州。《五代史記・後蜀世家》，董璋遣人求婚於孟知祥以自結，而知祥心恨璋，欲不許，以問趙季良，季良謂宜與璋合從以拒唐，知祥乃許，故遣季良使璋修好以釋嫌怨也。㊂同正：胡三省曰：「此唐官所謂員外置同正員者也。」㊃吳徙平原王澈為德化王：南唐德化縣，唐潯陽縣也，為江州治所，即今江西省九江縣。宋白續通典，德化縣，南唐所改。㊄志大謀短：言有大志而無遠慮。㊅無狀：無謀害之狀。㊆推始言者軍校都延昌、王行本：推，推究訊問也，都，姓也。㊇孟知祥、董璋同上表言川聞朝廷於閬中建節，綿、遂益兵，無不憂恐：閬中建節，謂置保寧軍於閬州，綿、遂益兵，謂武虔裕刺綿州，及夏魯奇鎮遂州皆益兵以戍之，事並見上卷上年。《五代史記・後蜀世家》，孟知祥與董璋連表請罷還唐所遣節度、刺史等，明宗優詔慰諭之，蓋即請罷閬、綿、遂州之戍也。㊈改元：改元長興。⑩制徙從曮為宣武節度使：李從曮再鎮鳳翔見卷二百七十五天成元年，至是徙鎮大梁。⑪以宣徽使朱弘昭為鳳翔節度使：以代李從曮。⑫康福奏克保靜鎮，斬李匡賓：李匡賓據保靜鎮事見上卷上年。⑬復以安義為昭義軍：晉王改昭義軍為安義軍見卷二百七十一梁末帝龍德二年，至是復其舊稱。⑭吾素病中煩：胡三省曰：「中煩，謂胸中煩熱。」⑮初，王德妃因安重誨得進，常德之：《五代史記・唐家人傳》，先是明宗夏夫人卒，方求別室，有言王氏於安重誨者，重誨以告明宗而納之。⑯引劉后為戒：劉后，謂莊宗神閔敬皇后劉氏也。劉后好貨聚，卒肇興教門之變，故安重誨引以為戒。⑰高從誨遣使奉表詣吳，告以墳墓在中國：高季興，陝州硤石人也，其祖墳在焉。⑱恐為唐所討，吳兵援之不及，謝絕之：高季興附吳見卷二百七十五天成二年，高從誨復絕吳以事唐見上卷上年。⑲董璋恐綿州刺史武虔裕窺其所為：胡三省曰：「按九域志，綿州東南至梓州一百三十七里，以其逼近，故恐為所窺。」⑳表兼行軍司馬，囚之府廷：表武虔裕兼東川節鎮行軍司馬，誘至梓州而囚之東川府廷也。㉑宣武節度使苻習自恃宿將：習本王鎔故將，莊宗與鎔連衡，習常將兵從莊宗戰於河上，故自恃為耆宿。㉒初，帝在真定：帝鎮真定見卷二百七十三莊宗同光二年。㉓自皇子從榮、從厚皆敬事不暇：胡三省曰：「不暇，謂不敢自暇也。」㉔諭河東牙內指揮使楊彥溫使逐之：河東當作河中，時從珂鎮河中，故令彥溫逐之。㉕受樞密院宣耳：胡三省曰：「樞密院有直，三省用堂帖，今堂帖謂之省劄，宣謂之密劄。」㉖從珂止于虞鄉：虞鄉，河中屬縣也，即今山西省虞鄉縣。《元豐九域志》，虞鄉縣在河中府東六十里。㉗彥溫安得此言：謂彥溫安得受樞密院宣之言也。安重誨矯帝命以諭彥溫而帝不知，故有是語。㉘上責之使歸第：《五代史・唐末帝紀》，從珂第在洛陽清化里。㉙索自通等拔河中，斬楊彥溫：蓋承安重誨指，斬彥溫以滅口。㉚上怒彥稠不生致：

謂擅斬楊彥溫而不生致之。㉑此皆非公輩之意也：言二人為安重誨所使。㉒安重誨言昭義節度使王建立過魏州，有搖眾之語：搖眾之語，以危言搖動眾心也。安重誨與王建立交惡見上卷天成三年，故構成其罪。㉓復於劍門北置永定關，布列烽火：《五代史記・董璋傳》，璋遣其將李彥釗扼劍門關，為七砦，於關北增置永定關，凡唐戍兵東歸者皆遮留之，獲其逃者，覆以鐵籠，以火炙之，或刲肉釘面，割心而啖。㉔孟知祥累表請割雲安等十三鹽監隸西川，以鹽直贍寧江屯兵：《舊唐書・地理志》，雲安縣，漢巴郡之朐䏰縣，唐屬夔州，縣西三十里有鹽官。《隋書・地理志》，雲安縣，周武帝改名，即今四川省雲陽縣。《新唐書・地理志》，夔州奉節縣、大昌縣、忠州臨江縣、萬州南浦縣之塗涾、漁陽二監皆有鹽，置鹽官以臨之，並寧江軍巡屬也。餘諸監未知所指。㉕捧聖軍使李行德：宋白《續通典》，長興三年，改在京龍武、神武四十指揮為捧聖左右軍，又五代會要，周太祖廣順元年，改龍武、神武四十指揮為捧聖左右軍，據此，是時蓋先已有捧聖軍號矣。㉖引告密人邊彥溫告安重誨發兵，云欲自討淮南：胡三省曰：「因天成二年，安重誨嘗有發兵之議，遂以是誣告之。」㉗重誨事陛下三十年：胡三省曰：「梁均王貞明二年，帝始為安國節度。以安誨為中門使，至是纔十六年，蓋帝與重誨皆應州人，其相從久矣！」㉘三司使之名自此始：宋神宗熙寧以前，三司使位次執政，專制國計，號稱計相。㉙漣水制置使王嚴將兵入海州：胡三省曰：「漣水至海州一百八十里。」《舊唐書・地理志》，漣水縣，隋立，唐高祖武德四年，置漣州，太宗貞觀元年，州廢，以縣屬泗州，高宗總章元年，改為楚州，咸亨五年，還屬泗州，故城在今江蘇省漣水縣北。海州，隋東海郡，唐高祖武德四年置海州，玄宗天寶元年，改為東海郡，肅宗乾元元年，復為海州，治朐山縣，漢之朐縣也，即今江蘇省東海縣。㊵傳拯，綰之子也：王綰先事吳至海州刺史，楊隆演建國，加綰鎮東大將軍。㊶其季父輿為光州刺史，傳拯遣閒使持書至光州，輿執以聞，因求罷歸：胡三省曰：「以兄子外叛，身居邊郡，心迹危疑，故求罷歸。」㊷行之未盡：言未盡行誅也。㊸朝廷割吾支郡為節鎮：謂割遂州為武信軍、閬州為保寧軍，復傳欲割綿、龍也。㊹樞要：謂樞密使也，時有兩樞密使，董璋意蓋專指安重誨。㊺吾不敢自愛，恐煩朝廷調發：董光業自言不敢愛其死，但恐朝廷用兵，勞於調發耳！㊻利、閬、遂三鎮以聞：利帥謂昭武節度使李彥琦，閬帥謂保寧節度使李仁矩，遂帥謂武信節度使夏魯奇。㊼西川進奏官蘇愿白孟知祥云朝廷欲大發兵討兩川：進奏官在京師，故得知朝廷動靜以白其主帥。㊽季良請以東川兵先取遂、閬，然後併兵守劍門，則大軍雖來，吾無內顧之憂矣：唐置重戍於遂、閬二鎮以制川中，若西川出兵拒唐，則遂、閬及東川得以議其後，若先取遂、閬二鎮，兩川併力以守險，則無內顧之憂矣！㊾引兵擊閬州：《元豐九域志》，梓州東北至閬州三百九里。㊿簡州刺史張業為先鋒指揮使，將兵三萬攻遂州：《元豐九域志》，遂州北至梓州三百五里。《舊唐書・地理志》，簡州，隋蜀郡之陽安縣，唐高祖武德三年，分益州置簡州，治陽安縣，玄宗天寶元年，改為陽安郡，肅宗乾元元年，復為簡州，陽安縣，漢犍為郡牛鞞縣，後魏始置陽安縣，界內有賴簡池，故州以為名，故治在今四川省簡陽縣東。(51)誣罔者朕既誅之矣：謂誅李行德、張儉也。(52)卿何為爾：言何為堅欲求退也。(53)安令：謂安重誨，重誨兼中書令，故稱之。(54)汝昔為李氏奴：

《五代史・董璋傳》：「璋幼與高季興、孔循俱事豪士李七郎為童僕。」(五五)鬻炙：鬻，肉切片也；炙，燔肉也。(五六)然鑊：然火於下而置鑊其上。鑊，大鼎而無足者。(五七)以范延光為樞密使，安重誨如故：延光與重誨並為樞密使。(五八)以孟知祥兼西南供饋使：時知祥已發兵攻遂州，而唐猶懷輯之者，欲以間知祥與董璋之交耳。(五九)天雄節度石敬塘：節度下當有使字。(六〇)漢主遣其將梁克貞、李守鄘攻交州，拔之，執靜海節度使曲承美以歸：唐置靜海軍於交州，唐末，為曲裕所有，傳三世至曲承美而敗。《舊唐書・地理志》，交州，隋交趾郡，唐高祖武德五年，改為交州，高宗調露元年，改為安南都護府，治宋平縣，漢日南郡之西捲地也，南朝宋置宋平縣，故治在今安南北部。(六一)董璋引兵趣利州：《元豐九域志》：「閬州西北至利州二百四十里。」(六二)其帥不武：其帥，謂利州帥昭武節度使李彥琦。(六三)據漫天之險：漫天嶺在今四川省廣元縣東北三十五里，有大漫天，小漫天二山，險而高聳。(六四)北軍終不能西救武信：北軍，謂唐軍也，武信，謂遂州武信軍。(六五)欲遣兵三千助守劍門，璋固辭曰，此已有備：董璋蓋恐西川奪劍門之險而受制於孟知祥，故固辭其助。(六六)錢鏐因朝廷冊閩王使者裴羽還：附表引咎：裴羽蓋唐所遣冊閩王延鈞使者。冊閩王延鈞見上卷天成三年，鏐居國自大，薄遇唐使見上卷天成四年。(六七)敕聽兩浙綱使自便：繫治兩浙綱使見上卷天成四年。唐置鎮海軍節度使於浙西，鎮東軍節度使於浙東，是為兩浙。(六八)族誅董光業：以其父董璋反也。(六九)故蜀鎮江軍節度使張武：前蜀置鎮江軍於夔州，張武其舊帥也。(七〇)以左飛棹指揮使袁彥超副之：孟知祥置左右飛棹六營見卷二百七十五天成元年。(七一)東川兵陷徵、合、巴、蓬、果五州：東川之兵自遂、閬二州東略。《元豐九域志》，合州在遂州東二百二十里，果州在遂州東南一百八十里，巴州在閬州東二百四十五里，蓬州在果州東北一百八十五里，而《隋書》、《唐書・地理志》、《五代史記・職方考》及《元豐九域志》皆無徵州。胡三省曰：「徵州必在遂、合、果三州之間。」(七二)吳左僕射同平章事嚴可求卒：嚴可求，徐溫之忠臣，吳之賢相也。胡三省曰：「可求相吳，坐視徐知詢之廢而不能救，權不在焉故也。」(七三)漢將梁克貞入占城，取其寶貨以歸：《五代會要》曰：「占城國在中國西南，其地東西一百里，南北三千里，東暨海，西暨雲南，南暨真臘，北暨驩州界，東北至兩浙海行一月程。其衣服制度，大略與大食國同，所乘皆象馬，粒食稻米，肉食水兕、山羊之類，獸之奇者有犀牛，鳥之珍者有孔雀，前世多不與中國通。」《五代史記・四夷附錄》云：「五代四夷見中國者，遠不過于闐、占城，史之所紀，其西北頗詳而東南尤略，蓋其遠而罕至，且不為中國利害云。」(七四)張武至渝州，刺史張環降之，遂取瀘州，遣先鋒將朱偓分兵趣黔、涪：《舊唐書・地理志》，黔州，隋黔安郡，唐高祖武德元年，改為黔州，玄宗天寶元年，改為黔中郡，肅宗乾元元年，復為黔州，州治彭水，本漢武陵郡之西陽縣，三國吳分西陽置黔陽郡，隋於郡置彭水縣，即今四川省彭水縣。《元豐九域志》，渝、瀘二州相去七百餘里，涪州西南至渝州三百四十里，東南至黔州四百九十里。(七五)楚王殷卒：《五代史・世襲傳》，時年七十八。《五代史・楚世家》，時年七十九，路振《九國志》與〈楚世家〉同。(七六)吾喪君有君：用《左傳》語。(七七)人頭山：人頭山在今四川省昭化縣西四十里，山巔突出若人頭，故名，一名白衞巖，與劍門相接。(七八)瀘州刺史馮暉：《五代史・馮暉傳》，莊宗時，輝從魏王繼岌伐蜀，以功授夔州刺史，明宗長興中，為興州刺史，從石敬瑭伐蜀，克劍門，會敬塘班師，朝廷以暉為澶州刺史，蓋未嘗歷瀘州也，《五代史記・馮暉傳》同。(七九)弘贊等破劍州，而大軍不繼，乃焚其廬舍，取其資糧，還保劍門：《元豐九域志》：「劍州東北至劍門五十五里。」(八〇)董公果誤我：孟知祥初欲遣兵助守劍門而董璋固辭，遂失劍門，故云。(八一)又遣使詣遂州，令趙廷隱將萬人會屯劍州：時趙廷隱與李仁罕合圍夏魯奇於遂州，孟知祥以劍閣之險不可不爭，故使趙廷隱赴之。(八二)又遣故蜀永平節度使李筠將兵四千趣龍州守要害：胡三省曰：「防唐兵由鄧艾故道而入蜀也。」(八三)木馬寨：木馬寨在今四川省劍閣縣東南。(八四)太谷：《舊唐書・地理志》，太谷縣，隋立，唐高祖武德三年置太原州於此，六年，州廢，以太谷屬并州，即今山西省太原縣。(八五)來蘇村：《元豐九域志》，蓬州儀隴縣有來蘇鎮，在今四川省永川縣西南六十里。胡三省曰：「益昌江東越大江數重，有狹徑名來蘇，蜀人於江西置柵守之，度江出劍門南二十里至青彊店，與官路合。」(八六)二蜀：西川、東川也。(八七)空營遁去：空，盡也。《史記・淮陰侯傳》：「趙空壁爭漢旗鼓。」亦此義。(八八)官軍分道趣文州，將襲龍州：文州，即漢之陰平也，今甘肅省文縣，龍州即後魏之江油郡，在今四川省平武縣東南一百二十里。自文州襲龍州，即鄧艾伐蜀故道也。自陰平襲江油，道經左擔山，其道險隘，行者自北而南，右肩不得易所負，故曰左擔，古稱其地為江油左擔道。(八九)武泰節度使楊漢賓棄黔，南奔忠州：唐置武泰軍於黔州。《元豐九域志》：「黔州北至忠州三百七十九里。」(九〇)偓追至豐都，還取涪州：《舊唐書・地理志》，豐都縣，漢巴郡枳縣地，後漢置平都縣，隋恭帝義寧二年，分臨江縣置豐都縣，唐屬忠州，即今四川省酆縣。《元豐九域志》：「豐都縣在忠州西九十二里，又西至涪州百許里。」

（九一）馬希聲襲位，稱遺命，去建國之制：楚王建國見上卷天成二年。

（九二）契丹東丹王突欲自以失職，帥部曲四十人越海自登州來奔：突欲以太子而不得立，見卷二百七十五天成元年，故自謂失職。《遼史・義宗傳》曰：「太宗既立，見疑，以東平為南京，徙倍居之，盡遷其民，又置衞士陰伺動靜。倍既歸國，命王繼遠撰建南京碑，起書樓於西宮，作樂田園詩，唐明宗聞之，遣人跨海持書密召倍，倍因畋海上，使再至，倍謂左右曰：『我以天下讓主上，今反見疑，不如適他國以成吳太伯之名。』立木海上，刻詩曰：『小山壓大山，大山全無力，羞見故鄉人，從此投外國。』攜高美人，載書浮海而去。」蔣一森《堯山堂外紀》曰：「東丹王有文才，博古今，其泛海奔唐，載書數千卷，習舉子，每通名刺云：『鄉貢進士黃居難，字樂地』，以擬白居易字樂天也。」馬端臨《文獻通考》曰：「阿保機死，長子東丹王突欲當立，其母述律愛德光，德光智勇素服諸部，共希旨請立德光，突欲不得立，長興元年，自扶餘泛海奔唐。」《元豐九域志》：「登州東北至海五里。」《唐書・地理志》曰：「登州東北海行，過大謝島、龜歆島、淤島、烏湖島三百里，北渡烏湖海，至馬石山東之都裏鎮二百里，東傍海壖，過青泥浦、桃花浦、杏花浦、石人汪、橐駝灣、烏骨江八百里，乃南傍海壖，過烏牧島，貝江口、椒島，得新羅西北之長口鎮，又過秦王石橋、麻田島、古寺島、得物島千里至鴨綠江唐恩浦口，乃東南陸行七百里至新羅王城，自鴨綠江口舟行百餘里，乃小舫溯流東北三十里至泊汋口，得渤海之境，又泝流五百里至九都縣城，故高麗王都，又東北泝流二百里至神州，又陸行四百里至顯州，天寶中，王所都，又正北如東六百里至渤海王城。」扶餘城在唐高麗扶餘川中，即今吉林省農安縣。(九三)石敬瑭至劍門，進屯劍州北山，趙廷隱陳於牙城後山：胡三省曰：「郭忭劍州靜照堂記曰：『前瞰巨澗，後倚層巒。』又春風樓記曰：『邊山而立，是州一徑坡陁，中貫大溪，太守之居，已在平山，內外居民，悉在山上。』則劍州之山川可知矣！」(九四)李肇、王暉陳於河橋：胡三省曰：「按劍州無所謂河。路振九國志曰：『王師陷劍門，趙廷隱帥兵據石橋。』恐當作石橋。」(九五)夔州奏復開州：開州蓋先為蜀兵所陷而復取之也。(九六)西方藩鎮聞之，無不惶駭：胡三省曰：「陝州保義軍、華川鎮國軍、同州匡國軍、耀州順義軍、鳳翔、山南西道，皆西方藩鎮也。」

長興二年（西元九三一年）

㈠春，正月，壬戌（初三日），孟知祥奉表謝㊀。

㈡庚午（十一日），李仁罕陷遂州，夏魯奇自殺。

㈢癸酉（十四日），石敬瑭復引兵至劍州，屯於北山，孟知祥梟夏魯奇首以示之。魯奇二子從敬瑭在軍中，泣請往取其首葬之，敬瑭曰：「知祥長者，必葬而父。豈不愈於身首異處乎㊁？」既而知祥果收葬之。

敬瑭與趙廷隱戰，不利，復還劍門。

㈣丙戌（二十七日），加高從誨兼中書令。

㈤東川歸合州於武信軍㊂。

㈥初，鳳翔節度使朱弘昭諂事安重誨，連得大鎮。重誨過鳳翔，弘昭迎拜馬首，館於府舍，延入寢室，妻子羅拜，奉進酒食，禮甚謹。重誨為弘昭泣，言讒人交構，幾不免㊃，賴主上明察，得保宗族。重誨既去，弘昭即奏重誨怨望，有惡言，不可令至行營，恐奪石敬瑭兵柄，又遺敬瑭書，言重誨舉措孟浪㊄，若至軍前，恐將士疑駭，不戰自潰，宜逆止之。敬瑭大懼，即上言重誨至，恐人情有變，宜急徵還。宣徽使孟漢瓊自西方還，亦言重誨過惡，有詔召重誨還。

二月，己丑朔，石敬瑭以遂、閬既陷，糧運不繼，燒營北歸，軍前㊅以告孟知祥，知祥匿其書，謂趙季良曰：「北軍漸進，奈何？」季良曰：「不過綿州，必遁。」知祥問其故，曰：「我逸彼勞，彼懸軍千里，糧盡，能無遁乎？」知祥大笑，以書示之。

㈦安重誨至三泉，得詔，亟歸，過鳳翔，朱弘昭不內，重誨懼，馳騎而東。

㈧兩川兵追石敬瑭至利州㊆，壬辰（初四日），昭武節度使李彥琦棄城走。甲午（初六日），兩川兵入利州，孟知祥以趙廷隱為昭武留後。廷隱遣使密言於知祥曰：「董璋多詐，可與同憂，不可與共樂，它日必為公患，因其至劍州勞軍，請圖之，並兩川之眾，可以得志于天下。」知祥不許。璋入廷隱營，留宿而去，廷隱歎曰：「不從吾謀，禍難未已。」

㈨庚子（十二日），孟知祥以武信留後李仁罕㊇為峽路行營招討使，使將水軍東略地。

㈩辛丑（十三日），以樞密使兼中書令安重誨為護國節度使㊈。趙鳳言於上曰：「重誨，陛下家臣，其心終不叛主，但以不能周防，為人所讒，陛下不察其心，死無日矣！」上以為朋黨㊉，不悅。

(十一)乙巳（十七日），趙廷隱、李肇自劍州引還㊁，留兵五千戍利州。丙午（十八日），董璋亦還東川，留兵三千戍果、閬㊂。

(十二)丁巳（二十九日），李仁罕陷忠州。

(十三)吳徐知誥欲以中書侍郎內樞使宋齊丘為相㊂，齊丘自以資望素淺，欲以退讓為高，謁歸洪州葬父㊃，因入九華山㊄，止於應天寺，啓求隱居。吳主下詔徵之，知誥亦以書招之，皆不至。知誥遣其子景通自入山敦諭，齊丘始還朝，除右僕射致仕，更命應天寺曰徵賢寺。

(十四)三月，己未朔，李仁罕陷萬州㊅，庚申（初二日），陷雲安監㊆。

(十五)辛酉（初三日），賜契丹東丹王突欲姓東丹，名慕華，以為懷化節度使，瑞、慎等州觀察使，其部曲及先所俘契丹將惕隱等皆賜姓名，惕隱姓狄，名懷忠㊇。

(十六)李仁罕至夔州，寧江節度使安崇阮棄鎮，與楊漢賓自均、房逃歸。壬戌（初四日），仁罕陷夔州㊈。

(十七)帝既解安重誨樞務，乃召李從珂，泣謂曰：「如重誨意，汝安得復見吾㊁？」丙寅（初八日），以從珂為左衛大將軍。

㈥壬申（十四日），橫海節度使同平章事孔循卒。

㈦乙酉（二十七日），復以錢鏐為天下兵馬都元帥、尚父、吳越國王㊂，遣監門上將軍張籛往諭旨，以鏐日致仕，安重誨矯制也。

㈧丁亥（二十九日），以太常卿李愚為中書侍郎，同平章事。

㈨夏，四月辛卯（初三日），以王德妃為淑妃㊂。

㈩閩奉國節度使兼中書令王延稟聞閩王延鈞有疾，以次子繼昇知建州留後，帥建州刺史繼雄將水軍襲福州。癸卯（十五日），延稟攻西門，繼雄攻東門，延鈞遣樓船指揮使王仁達將水軍拒之。仁達伏甲舟中，偽立白幟請降，繼雄喜，屏左右，登仁達舟慰撫之，仁達斬繼雄，梟首於西門。延稟方縱火攻城。見之慟哭，仁達因縱兵擊之，眾潰，左右以斛舁延稟而走㊂，甲辰（十六日），追擒之。延鈞見之曰：「果煩老兄再下㊃。」延稟慙不能對。延鈞囚於別室，遣使者如建州，招撫其黨，其黨殺使者，奉繼昇及弟繼倫奔吳越。仁達，延鈞從子也。

㉓以宣徽北院使趙延壽為樞密使㉕。

㉔己酉（二十一日），天雄節度使同平章事石敬瑭兼六軍諸衛副使。

㉕辛亥（二十三日），以朱弘昭為宣徽南院使。

㉖五月，閩王延鈞斬王延禀於市，復其姓名曰周彥琛，遣其弟都教練使延政如建州撫慰吏民。

㉗丁卯（初十日），罷畝稅麴錢㉖，城中自造麴減舊半價，鄉村聽百姓自造，民甚便之。

㉘巳卯（二十二日），以孟漢瓊知內侍省事，充宣徽北院使。漢瓊，本趙王鎔奴也。時范延光、趙延壽雖為樞密使，懲安重誨以剛愎得罪，每於政事，不敢可否，獨漢瓊與王淑妃居中用事，人皆憚之。先是宮中須索稍踰常度。重誨輒執奏，由是非分之求殆絕，至是漢瓊直以中宮之命取府庫物，不復關由樞密院及三司，亦無文書，所取不可勝紀。

㉙辛巳（二十四日），以相州刺史孟鵠為左驍衛大將軍。充三司使。

㉚昭武留後趙廷隱自成都赴利州㉗踰月，請兵進取興元及秦鳳，

孟知祥以兵疲民困，不許。

㊄護國節度使兼中書令安重誨內不自安，表請致仕。閏月庚寅（初三日），制以太子太師致仕。是日，其子崇贊、崇緒逃奔河中，壬辰（初五日），以保義節度使李從璋為護國節度使。甲午（初七日），遣步軍指揮使藥彥稠將兵趣河中㊇。安崇贊等至河中，重誨驚曰：「汝安得來？」既而曰：「吾知之矣，此非渠意，為人所使耳！吾以死徇國，夫復何言。」乃執二子表送詣闕。明日，有中使至，見重誨，慟哭久之。重誨問其故，中使曰：「人言令公有異志，朝廷已遣藥彥稠將兵至矣！」重誨曰：「吾受國恩，死不足報，敢有異志？更煩國家發兵，貽主上之憂，罪益重矣！」崇贊等至陝，有詔繫獄。皇城使翟光鄴素惡重誨，帝遣詣河中察之，曰：「重誨果有異志則誅之。」光鄴至河中，李從璋以甲士圍其第，自入見重誨，拜於庭下。重誨驚，降堦答拜，從璋奮檛擊其首，妻張氏驚救，亦檛殺之。【考異】五代史闕文，李從璋奮檛擊重誨於地，重誨曰：「重誨死無恨，但不與官家誅得潞王，他日必為朝廷之患。」言終而絕。按重誨自以私憾欲殺從珂，當是時，從珂未有跋扈之跡，重誨何以知其為朝廷之患，此恐是清泰篡立之後，人讐重誨者造此語，未可信也。

奏至，己亥（十二日），下詔以重誨離間孟知祥、董璋、錢鏐為重誨罪㉙，又誣其欲自擊淮南以圖兵柄㉚，遣元隨竊二子歸本道，並二子誅之。

(卅二)丙午（十九日），帝遣西川進奏官蘇愿、東川軍將劉澄各還本鎮，諭以安重誨專命，興兵致討，今已伏辜。

(卅三)六月，乙丑（初九日），復以李從珂同平章事，充西都留守㉛。

(卅四)丙子（二十日），命諸道均民田稅。

(卅五)閩王延鈞好神仙之術，道士陳守元、巫者徐彥林與盛韜共誘之作寶皇宮，極土木之盛，以守元為宮主。

(卅六)秋，九月，己亥（十五日），更賜東丹慕華姓名曰李贊華㉜。

(卅七)吳鎮南節度使同平章事徐知諫卒，以諸道副都統鎮海節度使守中書令徐知詢代之，賜爵東海郡王。

徐知誥之召知詢入朝也㉝，知諫豫其謀，知詢遇其喪於塗㉞，撫棺泣曰：「弟用心如此，我亦無憾，然何面見先王㉟於地下乎？」

(卅八)辛丑（十七日），加樞密使范延光同平章事。

㊴辛亥（二十七日），敕解縱五坊鷹隼，內外無得更進。馮道曰：「陛下可謂仁及禽獸。」上曰：「不然，朕昔嘗從武皇獵㊱，時秋稼方熟，有獸逸入田中，遣騎取之，比及得獸，餘稼無幾，以是思之，獵有損無益，故不為耳！」

㊵冬，十月，丁卯（十三日），洋州指揮使李進唐攻通州，拔之㊲。

㊶壬午（二十八日），以王延政為建州刺史。

㊷十一月，甲申朔，日有食之。

㊸癸巳（初十日），蘇愿至成都，孟知祥聞甥姪在朝廷者皆無恙，遣使告董璋，欲與之俱上表謝罪，璋怒曰：「孟公親戚皆完固，宜歸附，璋已族滅㊳，尚何謝為？詔書皆在蘇愿腹中，劉澄安得豫聞，璋豈不知邪？」由是復為怨敵㊴。

㊹乙未（十二日），李仁罕自夔州引兵還成都。

㊺吳中書令徐知誥表稱輔政歲久，請歸老金陵，乃以知誥為鎮海、寧國節度使，鎮金陵，餘官如故，總錄朝政，如徐溫故事㊵，以其子兵部尚書參政事景通為司徒同平章事，知中外左右諸軍事，

留江都輔政㊶，以內樞使、同平章事王令謀為左僕射兼門下侍郎，以宋齊丘為右僕射兼中書侍郎，並同平章事兼內樞使以佐景通。賜德勝節度使張崇㊷爵清河王。崇在廬州貪暴，州人苦之，屢嘗入朝，厚以貨結權要，由是常得還鎮，為廬州患者二十餘年。

(46)十二月，甲寅朔，初聽百姓自鑄農器，並雜鐵器㊸，每田二畝，夏、秋輸農具三錢。

(47)武安、靜江節度使馬希聲聞梁太祖嗜食鷄，慕之既襲位，日殺五十鷄為膳，居喪無戚容。庚申（初七日），葬武穆王於衡陽㊹。將發引，頓食鷄臛㊺數盤。前吏部侍郎潘起譏之曰：「昔阮籍居喪食蒸豚㊻，何代無賢？」

(48)癸亥（初十日），徐知誥至金陵。

(49)昭武留後趙廷隱白孟知祥以利州城塹已完，頃在劍州，與牙內都指揮使李肇同功㊼，願以昭武讓肇，知祥褒諭不許。廷隱三讓，癸酉（二十日），知祥召廷隱還成都，以肇代之。

(50)閩陳守元等稱寶皇之命，謂閩王延鈞曰：「苟能避位受道，當為天子六十年。」延鈞信之，丙子（二十三日），命其子節度副使繼鵬權軍府事，延鈞避位受籙，道名玄錫。

㈢愛州㊽將楊廷藝養假子三千人，圖復交州，漢交州守將李進知之，受其賂，不以聞。是歲，廷藝舉兵圍交州㊾，漢主遣承旨程寶救之，未至，城陷，進逃歸，漢主殺之。寶圍交州，廷藝出戰，寶敗死㊿。

【今註】㊀孟知祥奉表謝：表謝遣還西川兵之戍夔州者。㊁知祥長者，必葬而父，豈不愈於身首異處乎：言知祥若收葬夏魯奇，則身首合於一處，若取其首而葬之，身在敵中，則身首異處也。㊂東川歸合州於武信軍：合州本武信軍巡屬，東川先取合州，今西川陷遂州武信軍，故以合州歸之。㊃重誨為弘昭泣，言讒人交構，幾不免：讒人交構，謂李行德、張儉等，事見上。㊄孟浪：胡三省曰：「孟浪，猶善張大而無拘束也。」㊅軍前：謂趙廷隱、李肇之軍。㊆兩川兵追石敬塘至利州：自劍州逐北至利州。胡三省曰：「劍州北至利州二百三十里。」㊇武信留後李仁罕：孟知祥以李仁罕取遂州，因以為武信軍留後。㊈以樞密使兼中書令安重誨為護國節度使：護國軍節度使鎮河中，時安重誨未至京師而遽除河中，蓋不欲其入朝也㊉上以為朋黨：以趙鳳黨於安重誨也。⑪趙廷隱、李肇自劍州引還：引軍還成都。⑫果、閬：果、閬二州。⑬吳徐知誥欲以中書侍郎內樞使宋齊丘為相：

胡三省曰：「內樞使，即內樞密使之職。」馬令《南唐書》：「宋齊丘，豫章人也，徐知誥鎮升州，延四方之士，齊丘往依焉，因以鳳皇臺詩見志曰：『嵯峨壓洪泉，岝客撐碧落，宜哉秦始皇，不驅亦不鑿。上有布政臺，入顧背城郭。山蹙龍虎健，水黑螭蜃作。白虹欲吞人，赤驥相煿爍。畫棟泥金碧，石路盤磽确，倒掛哭月猿，危立思天鶴，鑿池養蛟龍，栽松棲鸑鷟。梁間燕教雛，石罅蛇懸殼。養花如養賢，去草如去惡。日晚嚴城鼓，風來蕭寺鐸。掃地驅塵埃，剪蒿除鳥雀。金桃帶葉摘，綠李和衣嚼。貞竹無盛衰，媚柳先搖落。塵飛景陽井，草含臨春閣。芙蓉如佳人，迴首似調謔。當軒有直道，無人肯駐腳。夜半鼠窸窣，天陰鬼敲啄。松孤不易立，石醜難安著。自憐啄木鳥，去蠹終不錯。曉風吹梧桐，樹頭鳴嚗嚗。峩峩江令石，青苔何淡薄。不話興亡事，舉首思渺邈。吁哉未到此，褊劣同尺蠖。籠鶴羨鳧毛，猛虎愛蝸角。一日賢太守，與我觀橐籥。往往獨自語，天帝相唯諾。風雲偶不來，寰宇銷一略。我欲烹長鯨，四海為鼎鑊。我欲取大鵬，天地為矰繳。安得生羽翰，雄飛上寥廓？』知誥奇其才，以國士待之。」㊃謁歸洪州葬父：宋齊丘豫章人，洪州即豫章也。㊄九華山：九華山在今安徽省青陽縣西南四十里。《太平寰宇記》，九華山舊名九子山，唐李白以九峯如蓮花削成，改為九華山，山中有李白書堂基址存焉。《青陽縣志》曰：「九華山在縣西南四十里，峯之得名者四十有八，巖十四，洞五，巖十一，泉十七，源二，其餘臺石池澗溪潭之屬以奇勝名者不一。」蓋江南勝景也。㊅李仁罕陷萬州：自忠州進陷萬州，《元豐九域志》：「萬州在忠州東北二百八十六里。」㊆雲安監：《元豐九域志》，雲安軍在萬州東北二百五十七里，監在軍東北三十里，其地產鹽，故置監以臨之。㈥賜契丹東丹王突欲姓東丹，名慕華，以為懷化節度使，瑞、慎等州觀察使，其部曲及先所俘契丹將惕隱等皆賜姓名，惕隱姓狄，名懷忠：《冊府元龜》曰：「後唐長興二年三月辛酉，中書門下奏：『東丹王突欲，遠泛滄波，來歸皇化，既服冠帶，難無姓名，兼惕隱等頃以力助王都，罪同禿餒，爰從必死，並獲再生，每預入朝，各宜授氏，庶使族編姓譜，世荷聖恩，況符前代之規，永慰遠人之望。自突欲已下，請別賜姓名，仍準本朝蕃官入朝例，安排敕旨，付中書門下商量聞奏。』敕旨：『突欲宜賜姓東丹，名慕華，仍授光祿大夫、檢校太保、安東都護兼御史大夫、上柱國、勃海郡開國公，食邑一千五百戶，充懷化軍節度使、瑞、慎等州觀察處置押蕃落等使，其從慕華歸國部曲，罕只宜賜姓罕，名支通，穆葛宜賜姓穆，名順義，撒羅宜賜姓羅，名實德，易密宜賜姓易，名師德，蓋禮宜賜姓蓋，名來賓，仍受罕只等五人歸化、歸德小將軍中郎將，先助妥餒擒獲蕃官惕隱官蕃名赫邈，宜賜姓狄，名懷惠，相公官蕃名怛列，宜賜姓列，名知恩，仍並授銀青階檢校散騎常侍，舍利官蕃名莿刺，宜賜姓原，名知感，福郎宜賜姓服，名懷造，奚王副使竭失訖宜賜姓乞，名懷有，三人並授銀青階檢校太子賓客。』」《舊唐書・地理志》：「唐太宗貞觀十年，置威州於營州界以處突厥烏突汗達干部落，高宗咸亨中，易名瑞州，領來逮一縣，其後州陷於契丹，僑治於良鄉縣之故廣陽城。又高祖武德初，置慎州於營州境以處涑沫靺鞨烏素固部落，領逢龍一縣，契丹陷營州，僑治良鄉縣之故都縣城。」《五代史・唐明宗紀》：「時蓋置懷化軍於慎州以處東丹慕華也。」唐擒惕隱見上卷天成三年。㈦仁罕陷夔州：至是孟知祥途併有夔、忠、萬三州。㈧如重誨意，汝安得復見吾：安重誨欲殺從珂事見上長興元年。㉑復以錢鏐為天下兵馬都元帥、尚父、吳越國王：制鏐以太師致仕，並削其餘官爵見上卷天成四年。㉒以王德妃為淑妃：唐制因隋之舊，內官貴妃、淑妃、賢妃各一人，正一品，位在德妃上，時曹後自淑妃正位中宮，故晉德妃為淑妃。㉓左右以斛舁延稟而走：斛，量器也，十斗為斛。㉔果煩老兄再下：王延鈞勿煩老兄再下語見卷二百七十五天成二年。㉕以宣徽北院使趙延壽為樞密使：《五代史·趙延壽傳》，延壽本姓劉氏，常山人也，為趙德鈞養子，遂冒姓趙。延壽姿貌姦柔，稍涉書史，尤好賓客，亦能為詩，及長，尚明宗女興平公主，初為汴州司馬，明宗即位，授汝州刺史，歷河陽、宋州節度使，入為上將軍，充宣徽使，遷樞密使。按時安重誨解樞務，故以趙延壽代之。㉖罷畝稅麴錢：計畝稅麴錢見上卷天成三年。㉗昭武留後趙廷隱自成都赴利州：孟知祥以趙廷隱為昭武留後見是年二月。㉘遣步軍都指揮使藥彥稠將兵趣河中：欲以討安重誨。㉙下詔以重誨離間孟知祥、董璋、錢鏐為重誨罪：安重誨謀削兩川而激其變，又請削錢鏐官爵，事並見上。㉚又誣其欲自擊淮南以圖兵柄：因邊彥溫所告而誣之，事見天成元年。㉛復以李從珂同平章事，充西都留守：帝徇安重誨之請而廢從珂，今重誨既死，故復用之守長安。㉜更賜東丹慕華姓名曰李贊華：是年三月，賜東丹王突欲姓名曰東丹慕華，今更賜姓名。㉝徐知誥之召知詢入朝也：事見上卷天成四年。㉞知詢遇其喪於塗：吳鎮南節使度鎮洪州，知諫之喪自洪州返而知詢往赴洪州，故遇之於塗。㉟先王：謂徐溫也。㊱朕昔從武皇獵：武皇，晉王克用也。㊲洋州指揮使李進唐攻通州，拔之：蜀人蓋先嘗陷通州，故復攻拔之也。胡三省曰：「洋州東南至通州七百三十九里。」

㊳璋已族滅：謂唐族誅其子董光業也，事見上年十月。㊴由是復為怨敵：復怨孟知祥之背己而與為敵也。㊵乃以知誥為鎮海、寧國節度使，鎮金陵，餘官如故，總錄朝政，如徐溫故事：徐溫先鎮京口，後徙鎮金陵，總錄吳朝之政。㊶以其子兵部尚書參政事景通為司徒、同平章事、知中外左右諸軍事，留江都輔政：按景通之權任，猶徐溫輔吳時知誥之權任也，吳國之政，自是移於李氏。㊷德勝節度使張崇：吳置德勝軍於廬州。㊸初聽百姓自鑄農器並雜鐵器：《五代會要》後唐長興二年十二月敕：「今後不計農器、燒器動使諸物，並許百姓逐便自鑄造，諸道監治除當年定數鑄辦供軍熟鐵并器物外，祇管出生鐵比已前價各隨逐處見定高低，每斤一例減十文貨賣，雜使熟鐵，亦任百姓自煉。」所謂雜鐵器，蓋指燒器動使諸物也。㊹葬武穆王於衡陽：楚王馬殷卒謚武穆。《舊唐書・地理志》，衡陽縣，漢蒸陽縣，屬長沙國，三國吳分蒸陽立臨蒸縣，隋改臨蒸為衡陽，唐高祖武德四年，復為臨蒸，玄宗開元二十年，復曰衡陽，為衡州治所，今為湖南省衡陽縣，城當湘、蒸合流之地，湘、粵二省之衝道也。㊺鷄臛：臛，肉羹也。㊻昔阮籍居喪食蒸豚：《晉書・阮籍傳》，籍任情不羈而性至孝，母終將葬，食一蒸豚，飲二斗酒，然後臨喪，舉聲一號，吐血數升，毀瘠骨立，幾致滅性。㊼頃在劍州，與牙內都指揮使李肇同功：肇與趙廷隱同拒唐師見上年十一月。㊽愛州：《舊唐書・地理志》，愛州，隋九真郡，唐高祖武德五年，置愛州，玄宗天寶元年，改為九真郡，肅宗乾元元年，復為愛州。治九真縣，漢九真郡地也，故治在今安南北境。㊾廷藝舉兵圍交州：《舊唐書・地理志》，交州西至愛州界小黃江口水路四百一十六里。㊿寶圍交州，廷藝出戰，寶敗死：

去年漢取交州，今復失之。

長興三年（西元九三二年）

㈠春正月，樞密使范延光言自靈州至邠州方渠鎮㈠，使臣及外國入貢者，多為党項所掠，請發兵擊之。己丑（初七日），遣靜難節度使藥彥稠、前朔方節度使康福將步騎七千討党項。

㈡乙未（十三日），孟知祥妻福慶長公主卒㈡。

㈢孟知祥以朝廷恩意優厚，而董璋塞綿州路，不聽遣使入謝㈢，與節度副使趙季良等謀，欲發使自峽江上表。掌書記李昊曰：「公不與東川謀，而獨遣使，則異日負約之責在我矣！」乃復遣使語之，璋不從。

二月，趙季良與諸將議遣昭武都監太原高彥儔將兵攻取壁州㈣，以絕山南兵轉入山後諸州㈤者。孟知祥謀於僚佐，李昊曰：「朝廷遣蘇愿等西歸，未嘗報謝，今遣兵侵軼，公若不顧墳墓、甥姪㈥，則不若傳檄舉兵，直取梁、洋，安用壁州乎？」知祥乃止，季良由是惡昊。

㈣辛未（十九日），初令國子監校定九經，雕印賣之㈦。

㈤藥彥稠等奏破党項十九族㈧，俘二千七百人。

㈥賜高從誨爵勃海王。

㈦吳徐知誥作禮賢院於府舍㈨，聚圖書，延士大夫，與孫晟及海陵陳覺談議時事。

㈧孟知祥三遣使說董璋，以主上加禮於兩川，苟不奉表謝罪，恐復致討，璋不從。三月，辛丑（十九日），遣李昊詣梓州極論利害，璋見昊，詬怒不許。昊還，言於知祥曰：「璋不通謀議㈩，且有窺西川之志，公宜備之。」

㈨甲辰（二十二日），閩王延鈞復位㈡。

㈩吳越武肅王錢鏐疾，謂將吏曰：「吾疾必不起，諸兒皆愚懦，誰可為帥者？」眾泣曰：「兩鎮令公㈢，仁孝有功，孰不愛戴？」鏐乃悉出印鑰授傳瓘㈢，曰：「將吏推爾，宜善守之。」又曰：「子孫善事中國，勿以易姓廢事大之禮㈣。」庚戌（三十日），卒，年八十㉕。

傳瓘與兄弟同幄行喪，內牙指揮使陸仁章曰：「令公嗣先王霸業，將吏旦暮趨謁，當與諸公子異處。」乃命主者更設一幄，扶傳瓘居之，告將吏曰：「自今惟謁令公，禁諸公子從者無得妄入。」晝夜警衛，未嘗休息。鏐末年左右皆附傳瓘，獨仁章數以事犯之，至是傳瓘勞之。仁章曰：「先王在位㉖，仁章不知事令公，今日盡節，猶事先王也。」傳瓘嘉歎久之。

傳瓘既襲位，更名元瓘，兄弟名傳者皆更為元，遺命去國儀㉗，用藩鎮法，除民田荒絕者㉘租稅，命處州刺史曹仲達權知政事，置擇能院，掌選舉殿最，以浙西營田副使沈崧領之。

內牙指揮使富陽㉙劉仁杞及陸仁章久用事，仁章性剛，仁杞好毀短人，皆為眾所惡。一日，諸將共詣府門請誅之，元瓘使從子仁俊諭之曰：「二將事先王久，吾方圖其功，汝曹乃欲逞私憾而殺之，可乎？吾為汝王，汝當稟吾命，不然，吾當歸臨安以避賢路㉚。」眾懼而退，乃以仁章為衢州刺史㉛，仁杞為湖州刺史，中外有上書告訐者，元瓘皆置不問，由是將吏輯睦。

(十一)初，契丹舍利萴剌與惕隱㉜皆為趙德鈞所擒，契丹屢遣使請之，上謀於羣臣，德鈞等皆曰：「契丹所以數年不犯邊，數求和者，以此輩在南故也，縱之則邊患復生。」上以問冀州刺史楊檀。對曰：「萴剌，契丹之驍將，曏助王都，謀危社稷，幸而擒之，陛下免其死，為賜已多，契丹失之，如喪手足，彼在朝廷數年，知中國虛實，若得歸，為患必深，彼纔出塞，則南向發矢矣，恐悔之無及。」上乃止。檀，沙陀人也㉝。

(十二)上欲授李贊華以河南藩鎮，羣臣皆以為不可。上曰：「吾與其父約為昆弟，故贊華歸我。吾老矣，後世繼體之君，雖欲招之，其可致乎？」夏，四月，癸亥（十一日），以贊華為義成節度使，為選朝士為僚屬輔之。贊華但優遊自奉，不豫政事，上嘉之，雖時有不法，亦不問，以莊宗後宮夏氏妻之㉞。贊華好飲人血，姬妾多刺臂以吮之，婢僕小過，或抉目，或刀刲火灼，夏氏不忍其殘，奏離昏為尼㉟。

㈢乙丑（十三日），加宋王從厚兼中書令。

㈣東川節度使董璋會諸將謀襲成都，皆曰：「必克。」前陵州刺史王暉曰：「劍南萬里，成都為大，時方盛夏，師出無名，必無成功。」孟知祥聞之，遣馬軍都指揮使潘仁嗣將三千人詣漢州詗之。璋入境，破白楊林鎮㉖，執戍將武弘禮，聲勢甚盛，知祥憂之。趙季良曰：「璋為人勇而無恩，士卒不附，城守則難克，野戰則成擒矣！今不守巢穴，公之利也。璋用兵，精銳皆在前鋒，公宜以羸兵誘之，以勁兵待之，始雖小衄，後必大捷。璋素有威名，今舉兵暴至，人心危懼，公當自出禦之，以彊眾心。」趙廷隱以季良言為然，曰：「璋輕而無謀，舉兵必敗，當為公擒之。」辛巳（二十九日），以廷隱為行營馬步軍都部署，將三萬人拒之。五月，壬午朔，廷隱入辭，董璋檄書至，又有遺季良、廷隱及李肇書㉗，誣之云季良、廷隱與己通謀，召己令來。知祥以書授廷隱，廷隱不視，投之於地曰：「不過為反間，欲令公殺副使與廷隱耳㉘！」再拜而行。知祥曰：「事必濟矣！」肇素不知書，視之曰：「璋教我反耳！」囚其使者，然亦擁眾為自全計㉙。璋兵至漢州，潘仁嗣與戰於赤水㉚，大敗，為璋所擒，璋遂克漢州。癸未（初二日），知祥留趙季良、高敬柔守成都，自將兵八千趣漢州，至彌牟鎮㉛，趙廷隱陳於鎮北，甲申（初三日），遲明，廷隱陳於雞蹤橋㉜，義勝、定遠都知兵馬使張公鐸陳於其後，俄而璋望西川兵盛，退陳於武侯廟下㉝，璋帳下驍卒大譟曰：「日中，曝我輩何為？」璋乃上馬，前鋒始交，東川右廂馬步都指揮使張守進降於知祥，言璋兵盡此，無復後繼，當急擊之。知祥登高冢督戰，左明義指揮使毛重威、左衝山指揮使㉞李瑭守雞蹤橋，皆為東川兵所殺。趙廷隱三戰不利，牙內都指揮副使侯弘實兵亦卻，知祥懼，以馬箠指後陳，張公鐸帥眾大呼而進，東川兵大敗，死者數千人，擒東川中都指揮使㉟元瓚、牙內副指揮使董光演等八十餘人。璋拊膺曰：「親兵皆盡，吾何依乎？」與數騎遁去，餘眾七千人降，復得潘仁嗣。

知祥引兵追璋至五侯津㊱，東川馬步都指揮使元瓌降㊲。西川兵入漢州府第，求璋不得，士卒爭璋軍資，故璋走得免。趙廷隱追至赤水，又降其卒三千人。是夕，知祥宿雒縣(三八)，命李昊草牓諭東川吏民及草書勞問璋，且言將如梓州，詢負約之由，請見伐之罪。乙酉（初四日），知祥會廷隱於赤水，遂西還，命廷隱將兵攻梓州。璋至梓州，肩輿而入，王暉迎問曰：「太尉全軍出征(三九)，今還者無十人，何也？」璋涕泣不能對，至府第，方食，暉與璋從子牙內都虞候延浩帥兵三百，大譟而入。璋引妻子登城，子光嗣自殺。璋至北門樓呼指揮使潘稠使討亂兵，稠引十卒登城，斬璋首及取光嗣首以授王暉，暉舉城迎降。趙廷隱入梓州，封府庫以待知祥。李肇聞璋敗，始斬其使以聞(四〇)。丙戌（初五日），知祥入成都，丁亥（初六日），復將兵八千如梓州。至新都(四一)，趙廷隱獻董璋首。己丑（初八日）發玄武(四二)，趙廷隱帥東川將吏來迎。

(十五)康福奏党項鈔盜者已伏誅，餘皆降附(四三)。

(十六)壬辰（十一日），孟知祥有疾，癸巳（十二日），疾甚，中門副使王處回侍左右，庖人進食，必空器而出，以安眾心。

李仁罕自途州來㊹，趙廷隱迎於板橋，仁罕不稱東川之功，侵侮廷隱，廷隱大怒，乙未（十四日），知祥疾瘳，丁酉（十三日），入梓州，戊戌（十四日），犒賞將士，既罷，知祥謂李仁罕、趙廷隱曰：「二將誰當鎮此。」仁罕曰：「令公再與蜀州亦行耳㊺！」廷隱不對，知祥愕然，退命李昊草牒，俟二將有所推，則命一人為留後。昊曰：「昔梁祖、莊宗皆兼領四鎮㊻。今二將不讓，惟公自領之為便耳！公宜亟還府㊼，更與趙僕射㊽議之。」

㈦己亥（十五日），契丹使者迭羅卿辭歸國，上曰：「朕志在安邊，不可不少副其求。」乃遣萴骨舍利與之俱歸，契丹以不得萴刺，自是數寇雲州及振武㊾。

㈧孟知祥命李仁罕歸途州，留趙廷隱東川巡檢，以李昊行梓州軍府事。昊曰：「二虎方爭，僕不敢受命，願從公還。」乃以都押牙王彥銖為東川監押。

癸卯（十九日），知祥至成都，趙廷隱尋亦引兵西還。

知祥謂李昊曰：「吾得東川，為患益深。」昊請其故，知祥曰：

「自吾發梓州，得仁罕七狀，皆云公宜自領東川，不然，諸將不服。廷隱言本不敢當東川，因仁罕不讓，遂有爭心耳！君為我曉廷隱，復以閬州為保寧軍[50]，益以果、蓬、渠、開四州往鎮之，吾自領東川，以絕仁罕之望。」廷隱猶不平，請與仁罕鬭，勝者為東川，昊深解之，乃受命。

六月，以廷隱為保寧留後。戊午（初七日），趙季良帥將吏請知祥兼鎮東川，許之。季良等又請知祥稱王，權行制書，賞功臣，不許。

董璋之攻知祥也，山南西道節度使王思同以聞。范延光言於上曰：「若兩川併於一賊，撫眾守險，則取之益難，宜及其交爭早圖之。」上命思同以興元之兵密規進取。未幾，聞璋敗死，延光曰：「知祥雖據全蜀，然士卒皆東方人，知祥恐其思歸為變，亦欲倚朝廷之重以威其眾，陛下不屈意撫之，彼則無從自新。」上曰：「知祥，吾故人，為人離間至此[51]，何屈意之有？」乃遣供奉官李存瓌賜知祥詔曰：「董璋狐狼[52]，自貽族滅，卿丘園親戚皆保安全㊂，所宜成家世之美名，守君臣之大節。」存瓌，克寧之子，知祥之甥也㊃。

㊇閩五延鈞謂陳守元曰：「為我問寶皇，既為六十年天子，後當如何㊄？」明日，守元入白昨夕奏章得寶皇旨，當為大羅仙主，徐彥林等亦曰：「北廟崇順王嘗見寶皇，其言與守元同。」延鈞益自負，始謀稱帝，表朝廷云：「錢鏐卒，請以臣為吳越王；馬殷卒，請以臣為尚書令㊅。」朝廷不報，自是職貢途絕。

【今註】㊀自靈州至邠州方渠鎮：《五代史・郡縣志》曰：「晉天福四年五月，敕靈州方渠鎮宜升為威州，隸靈武，仍割寧州木波、馬岩二鎮隸之，周廣順二年三月，改為環州，顯德四年九月，降為通遠軍。」即今甘肅省環縣。《舊唐書・地理志》，靈州，隋靈武郡，唐高祖武德元年，改為靈州，玄宗天寶元年，復為靈武郡，肅宗乾元元年，復曰靈州，治迴樂縣，隋立，即今寧夏省靈武縣。㊁孟知祥妻福慶長公主卒：《五代史記・後蜀世家》，福慶長公主即武皇弟克讓女瓊華長公主也，明宗長興元年秋，改封福慶長公主。㊂而董璋塞綿州路，不聽遣使入朝，自成都趣劍州入關中東入朝，路由綿州。㊃璧州：《舊唐書・地理志》，璧州治諾水縣，後漢宣漢縣，梁分宣漢置始寧縣，元魏分始寧置諾水縣，唐高祖武德八年，分巴州始寧縣置璧州，治諾水，玄宗天寶元年，改為始寧郡，肅宗乾元元年，復為壁州，故治即今四州省通江縣，㊄山後諸州：胡三省曰：「山後諸州，謂巴、蓬、果等州。」㊅公若不顧墳墓、甥姪：孟知祥，邢州龍岡人，其先世墳墓在焉，其甥姪時皆仕於朝廷。㊆初令國子監校定九經，雕印賣之：胡三省曰：「印賣九經始此。」《五代會要》，長興三年二月，中書門下奏請依石經文字刻九經印板，敕令國子監集博士儒徒將西京石經本各以所業本經廣為鈔寫，仔細看讀，然後僱召能雕字匠入各部隨帙刻印板，廣頒天下，如諸色人要寫經書，並請依所印刻本，不得更使雜本交錯。王明清《揮麈錄》云：「毋昭裔貧賤時，嘗借文選于交游間，其人有難色，發憤異日若貴，當板以鏤之遺學者，後仕王蜀為宰相，遂踐其言刊之，印行書籍創見於此，事載陶岳五代史補。後唐平蜀，明宗命太學博士李鍔書五經，仿其製作，刊板於國子監，為監中刻書之始。」朱翌《猗覺寮雜記》曰：「雕印文字，唐以前無之，唐末益州始有墨板，後唐方鏤九經，悉收人間所有經史，以鏤板為正，見兩朝國史，此則印書已始自唐末矣！案柳氏家訓序：『中和三年癸卯夏，鑾輿在蜀之三年也，餘為中書舍人，旬休，閱書于重城之東南，其書多陰陽雜記、占夢相宅、九宮五緯之流，又有字書小學，率雕板印紙，浸染不可盡曉。』葉氏燕語正以此證刻書不始於馮道，而沈存中有謂板印書籍，唐人尚未盛行為之，自馮瀛王始印五經，自後典籍皆為板本，大概唐末漸有印書，特未盛行，後人遂以為始於蜀也。當五季亂離之際，經籍方有托而流布於四方，天之不絕斯文，信矣！」㊇藥彥稠等奏破党項十九族：《五代史・後唐明宗紀》，藥彥稠奏誅党項阿埋等十族，與康福入白魚谷追襲叛党，獲大首領六人，諸羌二千餘人。又《五代會要》，彥稠等奏誅党項阿埋等三族及韋悉等十七族，又率兵自牛兒族入白魚谷，追及背叛党項白馬盧家六族、客戶三族，獲大首領六人，兼党類二千餘人。(九)吳徐知誥作禮賢院於府舍：作之於金陵府舍。(一〇)不通謀議：謂不容有所商量也。(一一)閩王延鈞復位：閩王延鈞避位見上年。(一二)兩鎮令公：天成三年，錢鏐以鎮海、鎮東節度使授傳瓘，又莊宗同光初，唐加傳瓘檢校太師兼中書令。(一三)鏐乃悉出印、鑰授傳瓘：胡三省曰：「印，吳越國印及鎮海、鎮東印也，鑰，內外臣諸門及宮門契鑰也。」(一四)子孫善事中國，勿以易姓廢事大之禮：時中朝率數年一易姓，錢鏐之意，蓋謂吳越偏據一隅，戒傳瓘宜敬事中朝以自保，勿以其紛擾而失臣事之禮。(一五)卒年八十一：《五代史・世襲傳》云：「鏐學書，好吟詠，江東有羅隱者，有詩名，聞於海內，依鏐為參佐，鏐常與隱唱和，隱好譏諷，嘗戲為詩，言鏐微時騎牛操梃之事，鏐亦怡然不怒，其通恕也如此。」又曰：「鏐晚年愛人下士，留心理道，數十年間，時甚歸美，左右前後皆見孫甥姪，軒陛服飾，比于王者，兩浙里俗咸曰海龍王。梁開平中，浙民上言請為鏐立生祠，梁太祖許之，令翰林學士李琪撰生祠堂碑以賜之，斯亦近代之名王也。」(一六)先王在位：先王謂錢鏐。(一七)以遺命去國儀：吳越建國見卷二百七十一梁末帝龍德三年。(一八)民田荒絕者：荒者，有主而不耕，絕者，戶絕而無主也。(一九)富陽：《舊唐書・地理志》，富陽縣，漢會稽郡富春縣，晉改為富陽，唐屬杭州，即今浙江省富陽縣。《元豐九域志》，富陽縣在杭州西南七十三里。(二〇)吾當歸臨安以避賢路：錢氏本杭州臨安縣人也。《舊唐書・地理志》，唐睿宗垂拱四年，分餘杭、於潛二縣置臨安縣於廢臨水縣，即今浙江省臨安縣。(二一)衢州刺史：《舊唐書・地理志》，唐高祖武德四年，於信安縣置衢州，玄宗天寶元年，改為信安郡，肅宗乾元元年，復為衢州，故治即今浙江省衢縣。㉒初，契丹舍利萴剌與惕隱皆為趙德鈞所擒：契丹惕隱等被擒見上卷天成三年。《遼史國語解》曰：「契丹豪民要裹頭巾者納牛駝十頭，馬百匹，乃給官，名曰舍利，後遂為諸帳官，以郎君繫之。」㉓檀，沙陀人也：《五代史・楊光遠傳》，天成中，明宗改御名為亶，楊檀以偏傍犯諱，改名光遠，字德明，其先沙陀部人也，先事莊宗為騎將，積戰功為幽州馬步軍都指揮使，檢校尚書右僕射，戍瓦橋關，明宗朝，歷媯、瀛、易、冀四州刺史。㉔以莊宗後宮夏氏妻之：《五代會要》，莊宗昭容夏氏，封虢國夫人。按五代後唐之制，昭容位在昭儀下，昭媛上。《五代史記・唐家人傳》云：「莊宗遇弒，後宮皆散走，朱守殷入宮，選得三十餘人，虢國夫人夏氏以嘗幸於莊宗，守殷不敢留。明宗立，悉放莊宗時宮人還其家，獨夏氏無所歸，乃以河陽節度使夏魯奇其同姓也，因以歸之，後嫁契丹李贊華。」《遼史・宗室傳》以夏氏為莊宗皇后，蓋誤。㉕夏氏不忍其殘，奏離婚為尼：北夢瑣言，夏氏少長宮掖，不忍其凶，求離婚歸河陽節度使夏魯奇家，後為尼。㉖白楊林鎮：白楊林鎮在今四川省廣漢縣東。㉗又有遺季良、廷隱及李肇書：胡三省曰：「董璋書獨不及李仁罕者，以趙季夏者，孟知祥之謀主，趙廷隱、李肇嘗與璋同禦石敬瑭於劍州，故皆先以書誘之，李仁罕未嘗共事，故不及。」㉘欲令公殺副使與廷隱耳：趙季良為西川節度副使，故廷隱稱之。㉙然亦擁聚為自全計：李肇時鎮利州，故得擁眾自保，懼孟知祥疑而伐之也。㉚赤水：《唐書・地理志》，赤水縣屬合州，故治在今四川省合川縣西。㉛彌牟鎮：《五代史・董璋傳》，彌牟鎮在漢州界。《元豐九域志》，成都府新都縣有彌牟鎮。在今四川省新都縣北三十里，接廣漢縣界。㉜廷隱陳於鷄蹤橋：胡三省曰：「薛史孟知祥傳云：『知祥親帥其眾與趙廷隱等逆戰於金雁橋，璋軍大敗。』按金雁橋在漢州雒縣南，璋兵既敗，知祥追之，夕宿雒縣，豈金雁橋即鷄蹤橋邪！」余按《五代史記・後蜀世家》，知祥與璋戰於鷄距橋，璋敗，走過金雁橋，疑非一地。㉝退陳於武侯廟下：胡三省曰：「諸葛武侯有功於蜀，蜀人所在為立廟。」㉞左衛山指揮使：孟知祥置左右衛山六營見卷二百七十五天成元年。㉟中都指揮史：胡三省曰：「中都指揮使，中軍都指揮使也，一本有軍字。」㊱五侯津：胡三省曰：「五侯津在漢州西南。」㊲東川馬步都指揮使元瓌降：胡三省曰：「元瓌疑即前元瓚，通鑑集眾書以成書，以其官有中與軍步之異，其字有瓌與瓚之異，因再書之耳！」㊳知祥宿雒縣：宿雒縣廨舍也。雒縣為漢州治所，時漢州府第為士卒所掠，故知祥不居州宅而宿縣舍。㊴太尉全軍出征：太尉謂董璋也，洪邁曰：「唐節度帶檢校官，其初只檢校散騎常侍，如李愬在唐鄧時所稱者也，後乃轉尚書及僕射、司空、司徒，能至此者蓋少，僖、昭已降，藩鎮盛彊，武夫得志，纔建節鉞，其資品已高，於是復升太保、太傅，太尉，其上惟有太師，故將帥悉稱太尉。」胡三省曰：「余按唐制，太師、太傅、太保為三師，太尉、司徒、司空為三公，太尉古以主兵，故呼將帥為太尉耳！若唐末藩鎮，固亦有加太師者，唐自睿宗之末，邊鎮置節度使，如薛訥等，已是後來使相之職，其帶御史大夫、中丞、六曹尚書者，僕射、侍中、中書令者，往往有之，李愬之帥唐鄧，以資淺帶散騎常侍耳，洪說未為精當。」㊵李肇聞璋敗，始斬其使以聞：李肇持兩端，聞璋敗，始斬其使。㊶新都：《舊唐書・地理志》，新都，漢縣，屬廣漢郡，唐屬成都府。《元豐九域志》，新都縣在成都府北四十五里，即今四川省新都縣。按隋改新都曰興樂，尋省，唐復置新都縣，即今縣也，漢故縣在其東。㊷玄武：《舊唐書・地理志》，玄武縣，漢蜀郡湔氐道，晉改為玄武縣，唐高祖武德元年，屬益州，三年，度屬梓州。《元豐九域志》，宋真宗大中祥符五年，改玄武縣為中江縣，在梓州西九十里，即今四川省中江縣。㊸康福奏党項鈔盜者已伏誅，餘皆降附：藥彥稠、康福討党項見是年正月。㊹李仁罕自遂州來：孟知祥以李仁罕為武信軍節度使，鎮遂州。㊺板橋：胡三省曰：「板橋在梓州東南。」㊻令公再與蜀州亦行耳：令公謂孟知祥也，知祥嘗加中書令，故稱之，蜀州，李仁罕自謂也，仁罕先嘗鎮蜀州。㊼昔梁祖、莊宗皆兼領四鎮：梁太祖領宣武、宣義、天平、護國四鎮，莊宗領河東、魏博、盧龍、成德四鎮。㊽公亟宜還府：促還成都西川帥府也。㊾趙僕射：謂趙季良。㊿自是數冦雲州及振武：唐置大同軍於雲州，振武軍於朔州。(51)復以閬州為保寧軍：後唐立保寧軍於閬州以削兩川之勢，董璋既取閬州，廢保寧軍，知祥復建為節鎮以賞趙廷隱之功也。(52)知祥，吾故人，為人離間至此：帝蓋謂孟知祥之叛，為安重誨所間。(53)董璋狐狼：曰狐狼者，言其依憑窟穴而狼抗犯上也。(54)卿丘園親戚，皆保無他：言孟知祥先世墳墓及甥姪之在朝廷者皆無恙。(55)存瓌，克寧之子，知祥之甥也：李克寧娶孟氏女見卷二百六十六梁太祖開平二年，故李存瓌於孟知祥為甥。(56)閩王延鈞謂陳守元曰，為我問寶皇，既為六十年天子，後當如何：陳守元此語見本卷上年。(57)錢鏐卒，請以臣為吳越王，馬殷卒，請以臣為尚書令：錢鏐卒於是年三月，馬殷卒於去年十一月。

卷二百七十八 後唐紀七

司馬光編集
林瑞翰註

起玄黓執徐七月，盡閼逢敦牂閏正月，凡一年有奇。（壬辰至甲午，西元九三二年七月至九三四年正月）

明宗聖德和武欽孝皇帝下

長興三年（西元九三二年）

㈠秋，七月朔㊀，朔方奏夏州党項入寇，擊敗之，追至賀蘭山㊁。

㈡己丑（初九日），加鎮海、鎮東軍節度使錢元瓘守中書令。

㈢庚寅（初十日），李存瓌至成都㊂，孟知祥拜泣受詔。

㈣武安、靜江節度使馬希聲以湖南比年大旱，命閉南嶽㊃及境內諸神祠門，竟不雨。辛卯（十一日），希聲卒，六軍使袁詮、潘約等迎鎮南節度使希範於朗州而立之㊄。

㈤乙未（十五日），孟知祥遣李存瓌還，上表謝罪，且告福慶公主之喪㊅，自是復稱藩。

(六)庚子（二十日），以西京留守同平章事李從珂為鳳翔節度使。

(七)廢武興軍，復以鳳、興、文三州隸山南西道㈦。

(八)丁未（二十七日），以門下侍郎同平章事趙鳳同平章事，充安國節度使。

(九)八月，庚申（十一日），馬希範至長沙，辛酉（十二日），襲位。

(十)甲子（十五日），孟知祥令李昊為武泰趙季良等五留後草表，請以知祥為蜀王，行墨制，仍自求旌節。昊曰：「比者諸將攻取方鎮，即有其地㈧，今又自求節鉞及明公封爵，然則輕重之權，皆在羣下矣！借使明公自請，豈不可邪？」知祥大悟，更令昊為己草表，請行墨制，補兩川刺史已下，又表請以季良等五留後為節度使㈨。

初，安重誨欲圖兩川，自知祥殺李嚴㈩，每除刺史，皆以東兵衞送之，小州不減五百人，夏魯奇、李仁矩、武虔裕各數千人⑪，皆以牙隊為名。及知祥克遂、閬、利、夔、黔、梓六鎮⑫，得東兵無慮三萬人，恐朝廷徵還，表請其妻子。

(十一)吳徐知誥廣金陵城，周圍二十里〔一三〕。

(十二)初，契丹既彊，寇抄盧龍諸州皆徧〔一四〕，幽州城門之外，虜騎充斥，每自涿州運糧入幽州，虜多伏兵於閻溝〔一五〕掠取之。及趙德鈞為節度使，城閻溝而戍之，為良鄉縣〔一六〕，糧道稍通，幽州東十里之外，人不敢樵牧，德鈞於州東五十里城潞縣而戍之〔一七〕，近州之民，始得稼穡，至是又於州東北百餘里城三河縣以通薊州運路〔一八〕。虜騎來爭，德鈞擊却之。九月，庚辰朔，奏城三河畢，邊人賴之。

(十三)壬午（初三日），以鎮南節度使馬希範為武安節度使，兼侍中〔一九〕。

(十四)孟知祥命其子仁贊攝行軍司馬兼都總轄兩川牙內馬步都軍事。

(十五)冬，十月，己酉朔，帝復遣李存壤如成都〔二〇〕，凡劍南自節度使、刺史以下官，聽知祥差署訖奏聞，朝廷更不除人，唯不遣戍兵妻子〔二一〕，然其兵亦不復徵也。

(十六)秦王從榮喜為詩，聚浮華之士高輦等於幕府，與相唱和，頗自矜伐，每置酒，輒令僚屬賦詩，有不如意者，面毀裂抵棄。壬子（初四日），從榮入謁，帝語之曰：「吾雖不知書，然喜聞儒生講經義，開益人智思。吾見莊宗好為詩，將家子文非素習，徒取人竊笑，汝勿效也！」

㈦丙辰（初八日），幽州奏契丹屯捺剌泊㉒。

㈧前彰義節度使李金全㉓屢獻馬，上不受曰：「卿在鎮，為治何如？勿但以獻馬為事。」金全，吐谷渾人也。

㈨壬申（二十四日），大理少卿康澄上書曰：「臣聞童謠非禍福之本，妖祥豈隆替之源？故雊雉升鼎而桑穀生朝，不能止殷宗之盛㉔，神馬長嘶而玉龜告兆，不能延晉祚之長㉕。是知國家有不足懼者五，有深可畏者六：陰陽不調不足懼，三辰失行不足懼，小人訛言不足懼，山崩川涸不足懼，蟊賊傷稼㉖不足懼；賢人藏匿深可畏，四民遷業深可畏，上下相狥㉗深可畏，廉恥道消深可畏，毀譽亂真深可畏，直言蔑聞深可畏。不足懼者願陛下存而勿論，深可畏者願陛下修而靡忒㉘。」優詔獎之。

㈩秦王從榮為人鷹視㉙，輕佻峻急，既判六軍諸衛事，復參朝政，多驕縱不法。初，安重誨為樞密使，上專屬任之，從榮及宋王從厚自襁褓與之親狎，雖典兵，常為重誨所制，畏事之。重誨死〔二〇〕，王淑妃與宣徽使孟漢瓊宣傳帝命，范延光、趙延壽為樞密使，從榮皆輕侮之，河陽節度使同平章事石敬瑭兼六軍諸衛副使，其妻永寧公主與從榮異母〔二一〕，素相憎疾，從榮以從厚聲名出己右，尤忌之〔二二〕，從厚善以卑弱奉之，故嫌隙不外見。石敬瑭不欲與從榮共事〔二三〕，常思外補以避之，范延光、趙延壽亦慮及禍〔二四〕，屢辭機要，請與舊臣迭為之，上不許。會契丹欲入寇，上命擇帥臣鎮河東，延光、延壽皆曰：「當今帥臣可往者，獨石敬瑭、康義誠耳〔二五〕！」敬瑭亦願行，上即命除之。既受詔，不落六軍副使，敬瑭復辭，上乃以宣徽使朱弘昭知山南東道代義誠詣闕〔二六〕。

(廿一)十一月，辛巳（初三日），以三司使孟鵠為忠武節度使，以忠武節度使馮贇充宣徽南院使，判三司。鵠本刀筆吏，與范延光鄉里，厚善〔二七〕，數年間，引擢至節度使，上雖知其大速，然不能違也。

(廿二)乙酉（初七日），上以胡寇浸逼北邊，命趣議河東帥，石敬瑭欲之，而范延光、趙延壽欲用康義誠，議久不決。權樞密直學士李崧以為非石太尉不可，延光曰：「僕亦累奏用之，上欲留之宿衛耳！」會上遣中使趣之，眾乃從崧議。丁亥（初九日），以石敬瑭為北京留守、河東節度使兼大同、振武、彰國、威塞等軍蕃漢馬步總管㊳，加兼侍中。己丑（十一日），加樞密使趙延壽同平章事。

㊲吳以諸道都統徐知誥為大丞相、太師，加領得勝節度使㊴。知誥辭丞相、太師㊵。

㊳大同節度使張敬達聚兵要害，契丹竟不敢南下而還㊶。敬達，代州人也。

㊴蔚州刺史張彥超，本沙陁人，嘗為帝養子㊷，與石敬瑭有隙，聞敬瑭為總管，舉城附於契丹，契丹以為大同節度使。

㊵石敬瑭至晉陽，以部將劉知遠、周瓌為都押衙，委以心腹，軍事委知遠，帑藏委瓌。瓌，晉陽人也㊸。

㊶十二月，戊午（十一日），以康義誠為河陽節度使，兼侍衛親

軍馬步都指揮使㊹，以朱弘昭為山南東道節度使㊺。

(廿六)是歲，漢主立其子耀樞為雍王，龜圖為康王，弘度為賓王，弘熙為晉王，弘昌為越王，弘弼為齊王，弘雅為韶王，弘澤為鎮王，弘操為萬王，弘杲為循王，弘暐為思王，弘邈為高王，弘簡為同王，弘建為益王，弘濟為辯王，弘道為貴王，弘昭為宜王，弘政為通王，弘益為定王。未幾，徙弘度為秦王㊻。

【今註】㊀七月朔：七月辛巳朔。㊁賀蘭山：賀蘭山在今甘肅省寧夏縣西，北抵平羅縣界，與阿拉善額魯特部互界，自西南迤邐東北，迄於河干。《元和郡縣志》，山中樹木青白，望如駮馬，北人呼駮為賀蘭，故名，東北抵河，其抵河之處亦名乞伏山。乞伏山土人又名阿拉善山，阿拉善部以此得名。㊂李存瓌至成都：遣李存瓌諭孟知祥見上卷是年六月。㊃南嶽：胡三省曰：「舊以霍山為南嶽，今灊中天柱山是也，蓋漢武以衡山遐遠，遂徙南嶽於灊山耳，至唐復以衡山為南嶽。」漢武以天柱山為南嶽見《史記・封禪書》。㊄六軍使袁銓、潘紉等迎鎮南節度使希範於朗州而立之：《五代史記・楚世家》云：「希範字寶規，殷第四子也。殷子十餘人，嫡子希振長而賢，其次希聲，與希範同日生，而希聲母袁夫人有美色，希聲以母寵得立，而希振棄官為道士，居於家，故希聲卒而希範以次立。」鎮南軍治洪州，時屬吳，楚未能有其地，馬希範但遙領之耳。㊅且告福慶公主之喪：福慶公主卒見上卷是年正月。⑦廢武興軍，復以鳳、興、文三州隸山南西道：鳳、興二州本屬山南西道節度使，而文州則為劍南西川節度使巡屬，唐僖宗光啓間始分鳳州置感義軍，尋廢，前蜀王氏復置武興軍於鳳州，今廢之，以三州轉隸山南西道也。⑧比者諸將攻取方鎮，即有其地：謂李仁罕克遂州，即為武信留後，李肇克利州，即為昭武留後，趙廷隱克東川，即為保寧留後而猶爭為東川也。⑨又表請以季良等五留後為節度使：五留後，謂武泰留後趙季良，武信留後李仁罕，保寧留後趙廷隱，昭武留後李肇，寧江留後張鄴也。⑩自知祥殺李嚴：李嚴被殺見卷二百七十五天成二年。⑪夏魯奇、李仁矩、武虔裕各數千人：夏魯奇治遂州城，李仁矩鎮閬州，武虔裕刺綿州俱見上卷天成四年。《五代史·夏魯奇傳》，魯奇自荊南招討副使移鎮遂州，按天成二年，以李敬周為武信留後，四年，使武信節度使夏魯奇治遂州城，則魯奇鎮遂州蓋在三、四年間也。⑫遂、閬、利、夔、黔、梓六鎮：遂州武信軍、閬州保寧軍，利州昭武軍、夔州寧江軍、黔州武泰軍、梓州劍南東川節度，所謂六鎮也。⑬吳徐知誥廣金陵城，周圍二十里：徐溫先已築金陵城，今知誥復廣之。⑭初，契丹既彊，寇抄盧龍諸州皆徧：幽、涿、瀛、莫、檀、薊、平、營、嬀、順等州，皆盧龍巡屬。⑮閻溝：《五代史·四夷傳》作鹽溝。許宗亢《奉使行程錄》曰：「良鄉縣乃唐莊宗時趙德鈞所鎮也。幽州歲苦契丹侵鈔轉餉，乃於鹽溝置良鄉縣。」牛象坤《良鄉縣志》曰：「鹽溝河發源自宛平縣龍門關，東南流經縣境陶村里，入桑乾河。」鹽溝水即古福祿水也，《水經注》，福祿水出西山，東南流徑廣陽故城南，東入廣陽水。趙德鈞移良鄉縣於故廣陽城，即今河北省良鄉縣，鹽溝水在其南。⑯良鄉縣：《舊唐書·

地理志》，良鄉縣，漢古縣也，屬涿郡，唐屬幽州，故城在今河北省房山縣東，趙德鈞移縣於閻溝而故城遂廢。胡三省曰：「匈奴須知，閻溝縣北至燕六十里，古良鄉空城南至涿州四十里。蓋契丹得燕之後，改良鄉縣為閻溝縣，而所謂古良鄉空城，即趙德鈞未移縣之前之古城也。」㊆德鈞於州東五十里城潞縣而戍之：《水經注》曰：「鮑丘水入潞，高梁水注之，又南徑潞縣故城西，王莽之通潞亭也。漢光武遣吳漢、耿弇等破銅馬五幡於潞東，謂是縣也。又屈而東南流，逕潞縣南，世祖拜彭寵為漁陽太守治此，寵叛，光武遣遊擊將軍鄧隆伐立，軍於是水之南，光武策其必敗，果為寵所破，遺壁故壘存焉。」《舊唐書・地理志》，潞縣，後漢立，屬漁陽郡，唐高祖武德二年，於縣置玄州，太宗貞觀元年，廢玄州，以縣屬幽州，故城在今河北省通縣東，趙德鈞移縣於今通縣。㊇至是又於州東北百餘里城三河縣以通薊州運路：《舊唐書・地理志》，唐玄宗開元四年，分潞縣置三河縣，屬幽州，十八年，改隸薊州，即今河北省三河縣。王自謹《三河縣志》曰：「縣名三河，以地近朐河、鮑丘河、泇河三水也。」顧炎武《京東考古錄》曰：「一統志，三河在漢臨朐縣地，今考二漢書並無臨朐縣。唐書地理志幽州范陽郡下云：『武德二年置臨朐縣，貞觀元年省臨朐。』而薊州漁陽郡三河下云：『開元四年於潞縣置。』故知本自一地，先合為臨朐，後分為三河，皆自唐，非漢也。」匈奴須知，三河縣西至燕一百七十里，薊州西至三河縣七十里。㊈以鎮南節度使馬希範為武安節度使兼侍中：潭州武安軍。馬希範以鎮南節度使自朗州入嗣，今授武安節度使，嗣封楚王之漸也。⑳帝復遣李存瓌如成都：是年七月，李存瓌使成都還，今復遣之。㉑唯不遣戍兵妻子：不遣戍兵妻子西入川，令有所顧忌而防其叛也。㉒幽州奏契丹屯捺剌泊：《五代史・唐明宗紀》，是年十一月，雲州奏契丹主在黑榆林南納喇泊造攻城之具。《五代史記・四夷傳》，時幽州有備，契丹主乃西徙橫帳居捺剌泊，出寇雲、朔之閒。㉓前彰義節度使李金全：《五代史記・李金全傳》，金全之先出於吐谷渾，少為明宗廝養，以驍勇善騎射，常從明宗戰伐，以功為刺史，天成中，為彰武軍節度使，在鎮務為貪暴，罷歸。彰武軍治涇州。㉔故雊雉升鼎而桑穀生朝，不能止殷宗之盛：殷宗，殷王大戊，廟號中宗，武丁廟號高宗。中宗時，亳有祥，桑穀共生於朝，高宗肜日，有飛雉升鼎耳而雊，二君懼而修德，殷道復興。㉕神馬長嘶而玉龜告兆，不能延晉祚之長：《晉書・五行志》，晉懷帝永嘉六年二月，神馬嘶南城門，又魏明帝時，張掖柳谷水涌，有石馬、石牛、石龜之祥，人以為晉興之應。㉖蟊賊傷稼：《詩傳》曰：「食根曰蟊，食節曰賊。」皆食禾稼蟲名。㉗上下相狥：狥與徇同，從也。㉘靡忒：謹守勿變。忒，變也，《易・豫》曰：「四時不忒。」㉙鷹視：瞻視狠戾貌，謂如鷹隼之欲攫物，側目而俯視。㉚重誨死：帝誅安重誨見上卷長興二年。㉛其妻永寧公主與從榮異母：胡三省曰：「明宗諸子，史皆不載其母誰氏，惟許王從益為王淑妃所子，是時尚幼，外此子女之年長者皆微時所生也。」㉜從榮以從厚聲名出己右，尤忌之：事始見卷二百七十六天成三年。㉝石敬瑭不欲與從榮共事：從榮判六軍諸衞事而石敬瑭為副使，是共事也。蓋敬瑭妻永寧公主與從榮相憎疾，故不欲與共事。㉞范延光、趙延壽亦慮禍及：懼為從榮所殺。㉟當今帥臣可往者，獨石敬瑭、康義誠耳：《五代史・康義誠傳》，義誠字信臣，代北三部落人，少以騎射事武皇，從莊宗入魏博，補突騎使，累選本軍都指揮使，同光末，從明宗討鄴都，軍亂，迫明宗為主，由是明宗委以心腹，明宗即位，加檢校司空，領富州刺史，總突騎如故，時為襄州節度使。胡三省曰：「康義誠起代北，事晉王及莊宗及帝，三世在兵閒，不聞有功，但以鄴都兵亂之時贊帝舉兵南向為功耳！」㊱上乃以宣徽使朱弘昭知山南東道代義誠詣闕：時康義誠為山南東道節度使鎮襄州，召令詣闕，命弘昭知節度使以代之，未正授以旌節也。㊲鵠本刀筆吏，與范延光鄉里，厚善：胡三省曰：「范延光，相州臨漳人，孟鵠，魏州人。相、魏鄰接，言二人居鄉里時相與厚善。」㊳兼大同、振武、彰國、威塞等軍蕃漢馬步總管：此四軍，皆節鎮也。唐宣宗大中間分河東節度置大同軍，治雲州，代宗大曆末分朔方節度置振武軍，治綏州，唐末移治朔州，帝應州人，即位後，置彰國軍於應州，莊宗同光三年，置威塞軍於新州，事並見前。㊴得勝節度使：胡三省曰：「得勝當作德勝。吳之先王楊行密起於廬州，故因置德勝節度於廬州，言以德而勝也。」㊵知誥辭丞相、太師：辭丞相、太師而受德勝旌節也。㊶大同節度使張敬達聚兵要害，契丹竟不敢南下而還：《五代史・張敬達傳》，時契丹率族帳自黑榆林至雲州，云借漢界水草，敬達亦聚兵塞下以遏其衝，契丹竟不敢南牧，邊人賴之。㊷蔚州刺史張彥超，本沙陀人，嘗為帝養子：《五代史・張彥超傳》，彥超本沙陀部人，初以騎射事唐莊宗為馬直軍使，莊宗入汴，授神武指揮使，明宗嘗以為養子，天成中，擢授蔚州刺史。㊸瓌，晉陽人也：《五代史・周瓌傳》，瓌少端厚，善書計，石敬瑭歷鎮藩翰，用為心腹，凡幣廩出入，咸以委之，經十餘年，未嘗以微累見誤。㊹以康義誠為河陽節度使，兼侍衛親軍馬步都指揮使：河陽節度使，本曰河陽三城節度使，治孟州，洛陽之外障也。河陽三城，謂河陽北城，南城及中潬城。杜佑《通典》，河陽北城、南城皆後魏所築，中潬城則東魏所築也，唐置孟州，在今河南省孟縣南。方勺曰：「河陽三城，其中城曰中潬。黃河西派貫於三城之間，秋水泛溢時，南、北二城皆有濡足之患，唯中潬屹然如故。」葉夢得《石林燕語》云：「自梁置在京馬步軍都指揮使，後唐遂置侍衞親軍都指揮使。」㊼以朱弘昭為山南東道節度使：至是始正授弘昭襄陽旌節。㊽是歲，漢主立其子耀樞為雍王，龜圖為康王，弘度為賓王，弘熙為晉王，弘昌為越王，弘弼為齊王，弘雅為韶王，弘澤為鎮王，弘操為萬王，弘杲為循王，弘暐為思王，弘邈為高王，弘簡為同王，弘建為益王，弘濟為辯王，弘道為貴王，弘昭為宜王，弘政為通王，弘益為定王，未幾，徙弘度為秦王：諸王所封，皆以州為國名。《舊唐書・地理志》，雍州京兆府，隋之京兆郡也，唐高祖武德元年，改為雍州，武后天授元年，改為京兆郡，尋復故，玄宗開元元年，改為京兆府，治萬年縣，隋大興縣，武德元年改為萬年，即今陝西省長安縣。賓州，隋鬱林郡之嶺方縣，唐太宗貞觀五年，析置賓州，肅宗至德二年，改為嶺方郡，乾元元年，復為賓州，嶺方縣，漢立，故治即今廣西省賓陽縣。隋末置恒州，唐高祖武德四年，徙恒州治真定縣，玄宗天寶元年，改為常山郡，肅宗乾元元年，復為恒州，憲宗元和十五年，改為鎮州，後唐改為真定府，即今河北省正定縣。越州，隋會稽郡，唐高祖武德元年，置越州，玄宗天寶元年，改為會稽郡，肅宗乾元元年，復為越州，州治會稽縣，南朝東揚州之故治也，漢為會稽郡治，即今浙江省紹興縣。循州，隋為龍川郡，唐高祖武德五年，改為循州，玄宗天寶元年，改為海豐郡，肅宗乾元元年，復曰循州，州治歸善縣，漢為南海郡龍川縣地，南朝宋置歸善縣，縣界有羅浮山，故治在今廣東省惠陽縣東北。思州，隋巴東郡之務川縣，唐高祖武德四年，置務州，太宗貞觀四年，改為思州，玄宗天寶元年，改為寧夷郡，肅宗乾元元年，復為思州，以思邛水為名。務川縣，隋改漢武陵郡西陽縣置，即今貴州省務川縣。益州成都府，隋蜀郡，唐高祖武德元年，改為益州，玄宗天寶元年，改為蜀郡，肅宗至德二年，改為成都府，治成都縣，即今四川省成都縣。辯州，隋高涼郡之石龍縣，唐高祖武德五年，置南石州，太宗貞觀九年，改為辯州，玄宗天賓元年，改為陵水郡，肅宗乾元元年，複為辯州。石龍縣，漢為合浦郡高涼縣地，南朝梁置石龍縣，故治在今廣東省化縣東北三里，縣西南有石龍岡。貴州，隋鬱林郡，唐高祖武德四年，置南尹州，太宗貞觀九年，改為貴州，玄宗天寶元年，改為懷澤郡，肅宗乾元元年，復為貴州，治鬱平縣，漢鬱林郡廣鬱縣地，隋分置鬱平縣，鬱江在其東，故治在今廣西省貴縣西南。《唐書·地理志》，宜州龍水郡，唐開置，本曰粵州，高宗乾封中，更名宜州，治龍水縣，即今廣西省宜山縣。

長興四年（西元九三三年）

㈠春，正月，戊子（十一日），加秦王從榮守尚書令，兼侍中，庚寅（十三日），以端明殿學士歸義㈠劉昫為中書侍郎、同平章事。

㈡閩人有言直封宅㈡龍見者，更命其宅曰龍躍宮，遂詣寶皇宮受冊，備儀衞入府，即皇帝位，國號大閩，大赦，改元龍啓，更名璘，追尊父祖，立五廟。以其僚屬李敏為左僕射、門下侍郎，其子節度副使繼鵬為右僕射、中書侍郎，並同平章事。以親吏吳勗為樞密使。唐冊禮使裴傑、程侃適至海門㈢，閩主以傑為如京使。侃固求北還，不許。閩主以國小地僻，常謹事四鄰，由是境內差安。

㈢二月，戊申（初二日），孟知祥墨制以趙季良等為五鎮節度使㈣。

㈣涼州大將拓拔承謙及耆老上表，請以權知留後孫超為節度使。上問使者超為何人，對曰：「張義潮在河西㈤，朝廷以天平軍二千五百人戍涼州，自黃巢之亂，涼州為党項所隔，鄆人稍稍物故㈥，皆盡，超及城中之人，皆其子孫也。」

㈤乙卯（初九日），以馬希範為武安、武平節度使㈦，兼中書令。

㈥戊午（十二日），定難節度使李仁福卒。庚申（十四日），軍中立其子彝超為留後。

㈦癸亥（十七日），以孟知祥為東西川節度使、蜀王。

(八)先是河西諸鎮，皆言李仁福潛通契丹㊇，朝廷恐其與契丹連兵，併吞河右，南侵關中，會仁福卒。三月，癸未（初七日），以其子彝超為彰武留後㊈，徙彰武節度使安從進為定難留後，仍命靜塞節度使藥彥稠㊉將兵五萬，以宮苑使安重益為監軍，送從進赴鎮。從進，索葛人也㊀。

(九)乙酉（初九日），始下制除趙季良等為五鎮節度使㊁。

(十)丁亥（十一日），敕諭夏、銀、綏、宥㊂將士吏民以夏州窮邊，李彝超年少，未能扞禦，故徙之延安㊃，從命則有李從曮、高允韜富貴之福㊄，違命則有王都、李匡賓覆族之禍㊅。夏，四月，彝超上言為軍士百姓擁留，未得赴鎮，詔遣使趣之。

(十一)言事者請為親王置師傅，宰相畏秦王從榮，不敢除人，請令王自擇。秦王府判官太子詹事王居敏薦兵部侍郎劉瓚於從榮㊆，從榮表請之。癸丑（初七日），以瓚為祕書監、秦王傅，前襄州支使山陽㊇魚崇遠為記室。瓚自以左遷，泣訴不得免㊈。王府參佐，皆新進少年，輕脫諂諛，瓚獨從容規諷，從榮不悅。瓚雖為傅，從榮一槊以僚屬待之，瓚有難色㊀，從榮覺之，自是戒門者勿為通㊁，月聽一至府，或竟日不召，亦不得食。

⑴李彝超不奉詔㊂，遣其兄阿囉王守青嶺門㊃，集境內党項諸胡以自救。藥彥稠等進屯蘆關㊄，彝超遣党項抄糧運及攻具，官軍自蘆關退保金明㊅。

⑵閩主璘立子繼鵬為福王，充寶皇宮使。

⑶五月，戊寅（初三日），立皇子從珂為潞王，從益為許王，從子天平節度使從溫為兗王，護國節度使從璋為洋王，成德節度使從敏為涇王。

⑷庚辰（初五日），閩地震，閩主璘避位脩道，命福王繼鵬權總萬機。初，閩王審知性節儉，府舍皆庳陋，至是大作宮殿，極土木之盛㊆。

⑸甲申（初九日），帝暴得風疾，庚寅（十五日），小愈，見羣臣於文明殿㊇。

⑹壬辰（十七日），夜，夏州城上舉火，比明，雜虜數千騎救

之㉘，安從進遣先鋒使宋溫擊走之。

(十八)吳宋齊丘勸徐知誥徙吳主都金陵，知誥乃營宮城於金陵。

(十九)帝旬日不見羣臣，都人恟懼，或潛竄山野，或寓止軍營㉙。

秋，七月，庚辰（初六日），帝力疾禦廣壽殿㉚，人情始安。

(廿)安從進攻夏州，州城赫連勃勃所築㉛，堅如鐵石，斸㉜鑿不能入，又党項萬餘騎，徜徉四野，抄掠糧餉，官軍無所芻牧，山路險狹，關中民輸斗粟束藁，費錢數緡，民間困竭不能供。李彝超兄弟登城謂從進曰：「夏州貧瘠，非有珍寶蓄積可以充朝廷貢賦也，但以祖父世守此土㉝，不欲失之。蕞爾孤城，勝之不武，何足煩國家勞費如此？幸為表聞，若許其自新，或使之征伐，願為眾先。」上聞之。壬午（初八日），命從進引兵還。其後有知李仁福陰事者，云仁福畏朝廷除移㉞，揚言結契丹為援，契丹實不與之通也，致朝廷誤興是役，無功而還。自是夏州輕朝廷，每有叛臣，必陰與之連以邀賂遺。

上疾久未平，征夏州無功，軍士頗有流言，乙酉（十一日），賜在京諸軍優給有差，既賞賚無名，士卒由是益驕㉟。

㉛丁亥（十三日），賜錢元瓘爵吳王。

元瓘於兄弟甚厚，其兄中吳建武節度使元璙㊱自蘇州入見，元瓘以家人禮事之，奉觴為壽曰：「此兄之位也，而小子居之，兄之賜也㊲。」元璙曰：「先王擇賢而立之，君臣位定，元璙知忠順而已。」因相與對泣。

㉜戊子（十四日），閩主璘復位㊳。

初，福建中軍使薛文杰性巧佞，璘喜奢侈，文杰以聚斂求媚，璘以為國計使，親任之，文杰陰求富民之罪，籍沒其財，被榜捶者，胸背分受，仍以銅斗火熨之。建州土豪吳光入朝，文傑利其財，求其罪，將治之，光怨怒，帥其眾且萬人叛奔吳。

㉝帝以工部尚書盧文紀、禮部郎中呂琦為蜀王冊禮使，並賜蜀王一品朝服。知祥自作九旒冕、九章衣，車服旌旗，皆擬王者㊴。

八月，乙巳朔，文紀等至成都，戊申（初四日），知祥服袞冕，備儀衛，詣驛㊵，降階，北面受冊，升玉輅㊶，至府門，乘步輦㊷

以歸。文紀，簡求之孫也㊸。

(二四)戊申（初四日），羣臣上尊號曰聖明神武廣道法天文德恭孝皇帝，大赦，在京及諸道將士，各等第優給。時一月之間，再行優給㊹，由是用度益窘。

(二五)太僕少卿何澤見上寢疾，秦王從榮權勢方盛，冀己復進用㊺，表請立從榮為太子。上覽表泣下，私謂左右曰：「羣臣請立太子，朕當歸老太原舊第耳㊻！」不得已，丙戌（八月，乙巳朔，無丙戌），詔宰相樞密使議之，丁卯（二十三日），從榮見上，言曰：「竊聞有姦人請立臣為太子，臣幼少，且願學治軍民，不願當此名。」上曰：「羣臣所欲也。」從榮退見范延光、趙延壽曰：「執政欲以吾為太子，是欲奪我兵柄，幽之東宮耳！」延光等知上意，且懼從榮之言，即具以白上，辛未（二十七日），制以從榮為天下兵馬大元帥。

(二六)九月，甲戌朔，吳主立德妃王氏為皇后。

戊寅（初五日），加范延光、趙延壽兼侍中。

(七七)癸未（初十日），中書奏節度使見元帥儀，雖帶平章事，亦以軍禮廷參，從之(四七)。

(七八)帝欲加宣徽使判三司馮贇同平章事，贇父名章，執政誤引故事，庚寅（十七日），加贇同中書門下二品，充三司使(四八)。

(七九)秦王從榮請嚴衛、捧聖步騎兩指揮為牙兵(四九)。每入朝，從數百騎，張弓挾矢，馳騁衢路，令文士試草檄淮南書，陳己將廓清海內之意。

從榮不快於執政，私謂所親曰：「吾一旦南面，必族之。」范延光、趙延壽懼，屢求外補以避之，上以為見己病而求去，甚怒，曰：「欲去自去，奚用表為？」齊國公主復為延壽言於禁中(五〇)，云延壽實有疾，不堪機務，丙申（二十三日），二人復言於上曰：「臣等非敢憚勞，願與勳舊迭為之，亦不敢俱去，願聽一人先出，若新人不稱職，復召臣，臣即至矣！」上乃許之。戊戌（二十五日），以延壽為宣武節度使，以山南東道節度使朱弘昭為樞密使、同平章事(五一)。制下，弘昭復辭(五二)，上叱之曰：「汝輩皆不欲在吾側，吾蓄養汝輩何為？」弘昭乃不敢言。

㈣吏部侍郎張文寶泛海使杭州，船壞，水工以小舟濟之，風飄至天長㊼，從者二百人，所存者五人。吳主厚禮之，資以從者儀服，錢幣數萬，仍為之牒錢氏，使於境上迎候。文寶獨受飲食，餘皆辭之，曰：「本朝與吳久不通問，今既非君臣，又非賓主，若受茲物，何辭以謝？」吳主嘉之，竟達命於杭州而還。

㈣庚子（二十七日），以前義成節度使李贊華為昭信節度使，留洛陽，食其俸㊽。

㈣辛丑（二十八日），詔大元帥從榮位在宰相上㊾。

㈣吳徐知誥以國中水火屢為災，曰：「兵民困苦，吾安可獨樂？」悉縱遣侍妓，取樂器焚之。

㈣閩內樞密使薛文傑說閩主抑挫諸宗室。從子繼圖不勝忿。謀反，坐誅，連坐者千餘人。

㈣冬，十月，乙卯（十二日），范延光、馮贇奏西北諸胡賣馬者往來如織，日用絹無慮五千匹，計耗國用什之七㊿，請委緣邊鎮戍擇諸胡所賣馬良者給券，具數以聞，從之。

㊻戊午（十五日），以前武興節度使孫岳為三司使㊼。

㊽范延光屢因孟漢瓊、王淑妃以求出，庚申（十七日），以延光為成德節度使，以馮贇為樞密使。

帝以親軍都指揮使河陽節度使同平章事康義誠為朴忠，親任之。時要近之官，多求出以避秦王之禍，義誠度不能自脫，乃令其子事秦王，務以恭順持兩端，冀得自全。

㊾權知夏州事李彝超上表謝罪，求昭雪㊿。壬戌（十九日），以彝超為定難軍節度使。

(51)十一月，甲戌（初二日），上餞范延光，酒罷，上曰：「卿今遠去，事宜盡言。」對曰：「朝廷大事，願陛下與內外輔臣參決，勿聽羣小之言(52)。」遂相泣而別。時孟漢瓊用事，附之者共為朋黨，以蔽惑上聽，故延光言及之。

(53)庚辰（初八日），改慎州懷化軍(54)，置保順軍於洮州，領洮、鄯等州(55)。

㈣戊子（十六日），帝疾復作㈥二，己丑（十七日），大漸，秦王從榮入問疾，帝俛首不能舉。王淑妃曰：「從榮在此。」帝不應。從榮出，聞宮中皆哭，從榮意帝已殂，明旦，稱疾不入。是夕，帝實小愈㈥三，而從榮不知。從榮自知不為時論所與㈥四，恐不得為嗣，與其黨謀欲以兵入侍，先制權臣㈥五。辛卯（十九日），從榮遣都押牙馬處鈞謂朱弘昭、馮贇曰：「吾欲帥牙兵入宮中侍疾，且備非常，當止於何所？」二人曰：「王自擇之。」既而私於處鈞曰：「王上萬福㈥六，王宜竭心忠孝，不可妄信人浮言。」從榮怒，復遣處鈞謂二人曰：「公輩殊不愛家族邪？何敢拒我㈥七？」二人患之，入告王淑妃及宣徽使孟漢瓊，咸曰：「茲事不得康義誠不可濟㈥八。」乃召義誠謀之，義誠竟無言，但曰：「義誠，將校耳，不敢預議，惟相公所使。」弘昭疑義誠不欲眾中言之，夜邀至私第問之，其對如初㈥九。壬辰（二十日），從榮自河南府常服將步騎千人陳於天津橋㈦○，是日，黎明，從榮遣馬處鈞至馮贇第，語之曰：「吾今日決入，且居興聖宮㈦一。公輩各有宗族，處事亦宜詳允，禍福在須臾耳！」又遣處鈞詣康義誠，義誠曰：「王來則奉迎(七二)。」贇馳入右掖門，見弘昭、義誠、漢瓊及三司使孫岳方聚謀於中興殿(七三)門外，贇具道處鈞之言，因讓義誠曰：「秦王言禍福在須臾，其事可知，公勿以兒在秦府，左右顧望。主上拔擢吾輩，自布衣至將相，苟使秦王兵得入此門，置主上何地？吾輩尚有遺種乎？」義誠未及對，監門(七四)白秦王已將兵至端門(七五)外，漢瓊拂衣起曰：「今日之事，危及君父，公猶顧望擇利邪(七六)？吾何愛餘生？當自帥兵拒之耳！」即入殿門，弘昭、贇隨之，義誠不得已，亦隨之入。漢瓊見帝曰：「從榮反，兵已攻端門，須臾入宮，則大亂矣！」宮中相顧號哭，帝曰：「從榮何苦乃爾？」問弘昭等有諸？對曰：「有之，適已令門者闔門矣！」帝指天泣下，謂義誠曰：「卿自處置，勿驚百姓。」控鶴指揮使李重吉，從珂之子也，時侍側，帝曰：「吾與爾父冒矢石，定天下，數脫吾于厄，從榮輩得何力，今乃為人所教，為此悖逆，我固知此曹不足付大事，當呼爾父授以兵柄耳(七七)！汝為我部閉諸門。」重吉即帥控鶴兵守宮門。

孟漢瓊被甲乘馬，召馬軍都指揮使朱洪實，使將五百騎討從榮。從榮方據胡牀，坐橋上，遣左右召康義誠，端門已閉，叩左掖門㈦，從門隙中窺之，見朱洪實引騎兵北來㈨，走自從榮，從榮大驚，命取鐵掩心㈧擐之，坐調弓矢，俄而騎兵大至，從榮走歸府㈡，僚佐皆竄匿，牙兵掠嘉善坊潰去，從榮與妃劉氏匿牀下，皇城使安從益就斬之，並殺其子，以其首獻。

初，孫岳頗得豫內廷密謀，馮、朱患從榮狼伉㈢，岳嘗為之極言禍福之歸，康義誠恨之，至是乘亂密遣騎士射殺之。

帝聞從榮死，悲駭，幾落御榻，絕而復蘇者再，由是疾復劇。從榮一子尚幼，養宮中，諸將請除之，帝泣曰：「此何罪？」不得已，竟與之。

癸巳（二十一日），馮道帥羣臣入見帝於雍和殿，帝雨泣㈢嗚咽，曰：「吾家事至此，慚見卿等。」宋王從厚為天雄節度使，甲午（二十二日），遣孟漢瓊徵從厚，且權知天雄軍府事㈣。丙申（二十四日），追廢從榮為庶人。

執政共議從榮官屬之罪，馮道曰：「從榮所親者，高輦、劉陟、王說而已，任贊到官纔半月，王居敏、司徒詡在病告㊇已半年，豈豫其謀？居敏尤為從榮所惡，昨舉兵向闕之際，與輦、陟並轡而行，指日景㊅曰：『來日及今，已誅王詹事矣㊆。』自非與之同謀者，豈得一切誅之乎？」朱弘昭曰：「使從榮得入光政門㊇，贊等當如何任使？而吾輩猶有種乎？且首、從差一等耳㊈，今首已孥戮，而從皆不問，王上能不以吾輩為庇姦人乎？」馮贇力爭之，始議流貶。時諮議高輦已伏誅，丁酉（二十五日），元帥府判官兵部侍郎任贊、祕書監兼五傅劉瓚、友蘇瓚㊉、記室魚崇遠、河南少尹劉陟、判官司徒詡、推官王說等八人並長流㊀，河南巡官李澣、江文蔚等六人勒歸田里，六軍判官太子詹事王居敏、推官郭晙竝貶官㊁。澣，回之族曾孫也㊂；詡，貝州人；文蔚，建安人也。文蔚奔吳，徐知誥厚禮之。

初，從榮失道，六軍判官司諫郎中趙遠諫曰：「大王地居上嗣㊃，當勤修令德，奈何所為如是？勿謂父子至親為可恃，獨不見恭世子、戾太子乎㊈㊄？」從榮怒，出為涇州判官。及從榮敗，遠以是知名。遠字上交，幽州人也。

㊃戊戌（二十六日），帝殂㊈㊅。帝性不猜忌，與物無競，登極之年，已踰六十，每夕於宮中焚香祝天曰：「某，胡人，因亂為眾所推㊈㊆，願天早生聖人，為生民主。」在位年穀屢豐，兵革罕用，校於五代，粗為小康㊈㊇。辛丑（二十九日），宋王至洛陽㊈㊈。

㊂閩主尊魯國太夫人黃氏為皇太后。

閩主好鬼神，巫盛韜等皆有寵。薛文傑言於閩主曰：「陛下左右多姦臣，非質諸鬼神，不能知也。盛韜善視鬼，宜使察之。」閩主從之。文傑惡樞密使吳勗㊀㊀，勗有疾，文傑省之，曰：「主上以公久疾，欲罷公近密，僕言公但小苦頭痛耳，將愈矣，主上或遣使來問，慎勿以它疾對也。」勗許諾，明日，文傑使韜言於閩主曰：「適見北廟崇順王，訊吳勗謀反㊀㊀，以銅釘釘其腦，金椎擊之。」閩主以告文傑，文傑曰：「未可信也，宜遣使問之。」果以頭痛對，即收下獄，遣文傑及獄吏雜治之，勗自誣服，並其妻子誅之，由是國人益怒。

吳光請兵於吳㊂，吳信州刺史蔣延徽不俟朝命，引兵會光攻建州㊃，閩主遣使求救於吳越。

㊃十二月，癸卯朔，始發明宗喪㊄。

宋王即皇帝位㊅。

㊄秦王從榮既死，朱洪實妻入宮，司衣㊅王氏語及秦王，王氏曰：「秦王為人子，不在左右侍疾，致人歸禍，是其罪也，若云大逆，則厚誣矣！朱司徒㊆最受王恩，當時不力為之辨，惜哉！」洪實聞之，大懼，與康義誠以其語白閔帝，且言王氏私於從榮，為之詗宮中事㊇。辛亥（初九日），賜王氏死，事連王淑妃㊈，淑妃素厚於從榮，帝由是疑之。

㊅丙辰（十四日），以天雄左都押牙宋令詢為磁州刺史。朱弘昭以誅秦王立帝為己功，欲專朝政，令詢侍帝左右最久，雅為帝所親信，弘昭不欲舊人在帝側，故出之，帝不悅而無如之何。

孟知祥聞明宗殂，謂僚佐曰：「宋王幼弱，為政者皆胥吏小人㊉，其亂可坐俟也。」

㊼辛未（二十九日），帝始御中興殿，帝自終易月之制㉑，即召學士讀貞觀政要、太宗實錄，有致治之志㉒，然不知其要，寬柔少斷，李愚私謂同列曰：「吾君延訪，鮮及吾輩，位高責重，事亦堪憂㉓。」眾惕息不敢應。

㊽順化節度使同平章事判明州錢元珦㉔驕縱不法，每請事於王府㉕，不獲，輒上書悖慢。嘗怒一吏，置鐵牀炙之，臭滿城郭。吳王元瓘遣牙將仰仁詮詣明州召之，仁詮左右慮元珦難制，勸為之備，仁詮不從，常服徑造聽事。元珦見仁詮至，股慄，遂還錢塘，幽於別第。仁詮，湖州人也。

㊾閩主改福州為長樂府。親從都指揮使王仁達有擒王延禀之功㉖，性慷慨，言事無所避，閩主惡之，嘗私謂左右曰：「仁達智有餘，吾猶能御之，非少主臣也。」至是竟誣以叛，族誅之。

㊿初，馬希聲、希範同日生，希聲母曰袁德妃，希範母曰陳氏，希範怨希聲先立不讓，及嗣位，不禮於袁德妃㉗。希聲母弟希旺為

親從都指揮使，希範多譴責之，袁德妃請納希旺官為道士，不許，解其軍職，使居竹屋草門，不得預兄弟燕集。德妃卒，希旺憂憤而卒。

【今註】㊀歸義：《舊唐書・地理志》，歸義縣，漢涿郡易縣地，北齊省入鄭縣，唐高祖武德五年，置北義州及歸義縣，太宗貞觀元年，州、縣並廢，八年，復置歸義縣，屬幽州，後屬涿州，故城在今河北省雄縣西北三十五里。㊁真封宅：胡三省曰：「真封宅，蓋閩王延鈞未得國之時所居也。」㊂海門：胡三省曰：「海門即今福清縣之海門鎮是也。」其地在今福建省福清縣東。㊃孟知祥墨制以趙季良等為五鎮節度使：去年孟知祥表請以趙季良等五帥為節度使，朝命不報而許知祥以墨制自除授，故知祥承制而授之。㊄張義潮在河西：張義潮以河西來歸見卷二百四十九唐宣宗大中五年。㊅鄆人稍稍物故：唐以天平軍士卒戍涼州，天平軍鎮鄆州，戍者皆鄆人也。㊆以馬希範為武安、武平節度使：希範嗣父兄之業，據有湖南，故就授以潭、朗二鎮。㊇先是河西諸鎮皆言李仁福潛通契丹：胡三省曰：「是時河西止有涼州、沙州二鎮，然使命不常通也，竊意河西當作關西，歐史只作邊將多言仁福通於契丹，尤為隱括。」㊈彰武留後：唐末置保塞軍於延州，岐改為忠義軍，後唐改為彰武軍。㊉靜塞軍節度使藥彥稠：靜塞軍當作靜難軍。唐置靜難軍於邠州，即邠寧節度也。⑪從進，索葛人也：《五代史記・安從進傳》，從進，振武索葛部人也，初從莊宗於兵間，為護駕馬軍都指揮使，領貴州刺史，明宗時，為保義、彰武軍節度使，未嘗將兵征伐，李彝超自立於夏州，從進嘗一以兵往，卒亦無功。㊂始下制除趙季良等為五鎮節度使：胡三省曰：「孟知祥既以墨制命之，朝廷不能遺，遂為之下制。」㊂夏、銀、綏、宥：四州皆定難軍巡屬也。《舊唐書・地理志》，宥州，本唐高宗調露初六胡州也，玄宗開元二十六年，自江淮放迴胡戶，於此置宥州及延恩、懷德、歸仁三縣，天寶元年，改為寧朔郡，肅宗至德二年，改為懷德郡，乾元元年，復為宥州，治延恩縣，在今綏遠省鄂爾多斯右翼前旗西南。《元和郡縣志》，廢宥州在鹽州東北三百里，開元二十六年置，新宥州在廢宥州東北三百里，元和九年置，蓋宥州嘗廢而憲宗時復置也。元和十五年，移宥州治長澤縣，在今陝西省靖邊縣東。㊃從命則有李從曮、高允韜富貴之福：李從曮自鳳翔徙鎮宣武，高允韜自鄜延徙鎮安國，皆見上卷長興元年。㊄故徙之延安：延州，本隋之延安郡也。㊅違命則有王都、李匡賓覆族之禍：王都事見卷二百七十六天成元年，李匡賓事見上卷長興元年。㊆秦王府判官太子詹事王居敏薦兵部侍郎劉瓚於從榮：《冊府元龜》，秦王為元帥，秦王府判官太子詹事王居敏與潛鄉曲之舊，以秦王盛年自恣，須朝中選端士納誨，冀其稟畏，乃奏薦贊焉。《五代史・劉贊傳》瓚亦作贊，時為刑部侍郎。㊇山陽：《舊唐書・地理志》，山陽縣，漢臨淮郡射陽縣地，晉置山陽郡，改為山陽縣，唐為楚州治所，即今江蘇省淮安縣。㊈瓚自以左遷，泣訴不得免：胡三省曰：「唐制，六部侍郎除吏部之外，餘皆從四品下，王傅從三品，然六部侍郎為嚮用，王傅為左遷，以職事有閑劇之不同也。當是時，從榮地居儲副，則秦王傅不可以閑官言，蓋以從榮輕佻峻急，恐預其禍，求自脫耳！」㊉瓚雖為傳，從榮一概以僚屬待之，瓚有難色：《五代史・劉贊傳》，秦王常接見賓寮及遊客於酒宴之中，悉令秉筆賦詩，贊為師傅，亦與諸容混，然容狀不悅。㉑從榮覺之，自是戒門者勿為通：《言行龜鑑・劉贊諫秦王章》曰：「殿下宜以孝敬為職，浮華非所尚也。」秦王不悅，戒閽者後弗引進。㉒李彝超不奉詔：詔趣李彝超移鎮延州，安從進代鎮夏州，而彝超不受代也。㉓青嶺門：胡三省曰：「青嶺門蓋漢上郡橋山之長城門也，東北通奢延澤至夏州。」橋山在今陝西省中部縣西北，以沮水穿山而過若橋然，故名。宋沈括、神諤請城橫山以禦夏人，即橋山之北麓也。㉔蘆關：趙珣《聚米圖經》曰：「蘆關在延州塞門寨北十五里。」按蘆關一曰蘆子關，在今陝西省安塞縣北，接靖邊縣界，其地有蘆關嶺。杜甫詩云：「焉得一萬人，疾驅塞蘆子。」注曰：「延州有土門山，兩崖峙立如門，形若葫蘆，故謂之蘆子。」㉕官軍自蘆關退保金明：趙珣《聚米圖經》曰：「自蘆關南入塞門，即金明路。」陳執中曰：「塞門至金明二百里。」《魏書・地形志》，後魏太武帝太平真君十二年，置金明郡於漢膚施縣地。《隋書・地理志》，隋廢金明郡為金明縣，縣又尋廢入膚施縣。《唐書・地理志》，唐高祖武德二年，置北武州，並分膚施縣置金明縣以隸之，太宗貞觀二年，廢北武州，以金明縣隸延州，故城在今陝西省安塞縣北。㉖初，閩王審知性節儉，府舍皆庳陋，至是大作宮殿，極土木之盛：《五代史記・閩世家》，閩主璘以閩地狹，國用不足，以中軍使薛文杰為國計使，文杰多察民間陰事，致富人以罪而籍沒其貲以佐用，閩人皆怨。㉗文明殿：《五代會要》，梁太祖開平二年，改西京正觀殿為文明殿。㉘壬辰夜，夏州城上舉火，比明，雜虜數千騎救之：胡三省曰：「夜舉火於城上，及明而雜虜至，蓋先約以舉烽為號，欲內外夾擊唐兵也。」㉙或寓止軍營：寓止軍營者，蓋恐軍變，欲依之以自全。㉚廣壽殿：胡三省曰：「廣壽殿不知其創造之始，薛史本紀，長興四年重修廣壽殿，帝曰：『此殿經焚，不可不修。』蓋焚於同光之末也。」㉛州城赫連勃勃所築：夏州城即故統萬城也，赫連勃勃蒸土所築，事見卷一百一十七晉安帝義熙九年。宋白《續通典》曰：「統萬城在朔方之北，黑水之南，其城土白而堅，迄今雉堞雖久，崇墉若新。」㉜斸：或作钃，音瘃，鋤也。㉝但以祖父世守此土：唐僖宗時，拓跋思恭始據夏州，思恭卒，傳弟思諫，思諫卒，傳思恭孫彝昌，彝昌卒，夏人立彝昌族叔仁福，仁福卒，傳子彝超，彝超，思恭之孫也。㉞除移：除以新官而移之他鎮。㉟士卒由是益驕：莊宗賞賚無度，士卒始驕恣，至是尤甚於同光時也。㊱中吳、建武節度使元璙：元璙即傳璙，元瓘嗣國，兄弟名從傳者並改為元。胡三省曰：「吳越于蘇州置中吳節度使，薛史唐莊宗三年升蘇州為中吳軍。」㊲此兄之位也，而小子居之，兄之賜也：元璙讓位於元瓘見卷二百七十六天成三年。㊳閩主璘復位：王璘以地震避位見上五月。㊴車服旌旗，皆擬王者：謂擬用天子車服旌旗也。㊵詣驛：諧成都驛舍。時館盧文紀等於成都驛舍。㊶玉輅：天子之輅。㊷步輦：輦亦王者之車也，步輦，以人挽之。㊸文紀，簡求之孫也：盧簡求，綸之子也，仕唐宣宗、懿宗，內歷臺閣，外踐節鎮。㊹時一月之閒，再行優給：七月乙酉，優給在京諸軍，至是復行優給，相去但二十四日。㊺太僕少卿何澤見上寢疾，秦王從榮權勢方盛，冀己復進用：《五代史記・何澤傳》曰：「澤外雖直言而內實邪佞，與宰相趙鳳有舊，數私干鳳，求為給諫，鳳薄其為人，以為太常少卿，敕未出而澤先知之，即稱新官，上章自訴，章下中書，鳳等言澤未拜命而稱新官，輕侮朝廷，請坐以法，乃以太僕少卿致仕，居於河陽，時年七十，尚希仕進。」㊻朕當歸老太原舊第耳：帝事武皇、莊宗，起於晉陽，故有舊第在焉！㊼中書奏節度使見元帥儀，雖帶平章事，亦以軍禮廷參，從之：《五代會要》，時中書門下奏：「自歷朝以來，無天下兵馬大元帥儀注，或專一面之權，或總諸道之司，其儀注規程公事條目，載詳故實，未見明文，臣等謹沿近事，伏見招討使、總管兼受副使已下櫜鞬庭禮，今望令諸道節度使已下凡帶兵權者，見元帥階下，具軍禮參見，皆申公狀，其使相者初相見亦以軍禮一度，已後客禮相見，應天下諸軍務公事，元帥府行指揮，其判六軍諸衛事，則行公牒往來，其元帥府所置官屬補授官職，則委元帥奏請。」從之。㊽贇父名章，執政誤引故事，加贇同中書門下二品，充三司使：《五代史・唐明宗紀》，贇亡父名章，故改平章事為同二品。胡三省曰：「唐制，中書、門下二省，惟中書令，侍中正二品，侍郎則正三品，以兩省侍郎兼宰相之職，則謂之同中書門下平章事，而官則自依本品，今同中書門下二品，則其品同兩省長官，是誤也。」㊾秦王從榮請嚴衛、捧聖步騎兩指揮為牙兵：胡三省曰：「《五代會要》，應順元年三月，改左右羽林四十指揮為嚴衛左右軍，龍武、神武四十指揮為捧聖左右軍。按是年，帝殂，明年正月，閔帝改元應順，四月，潞王入立，改元清泰，數月之間，乃宋、潞二王兵爭之際，何暇改屯衛諸軍號乎？是必改於天成、長興之間，會要誤也。」㊿齊國公主復為延壽言於禁中：趙延壽尚帝女興平公主，後改封齊國公主。(51)以山南東道節度使朱弘昭為樞密使同平章事：去年弘昭自宣徽使出鎮山南東道。(52)弘昭復辭：亦懼從榮之禍也。(五三)水工以小舟濟之，風飄至天長：胡三省曰：「天長縣在揚州西一百一十里，其地北不至淮，東不至海，豈小舟隨風所能至？今通州海門縣崇明鎮東海中有大洲，謂之天賜鹽場，舟人揚帆遇順，東南可以徑至明州定海，西南可以至許浦，達蘇州，恐是此處。宋之通州，吳之靜海軍也。」宋通州，即今江蘇省南通縣。《舊唐書・地理志》，唐玄宗天寶元年，割江都、六合、高郵三縣地置千秋縣，天寶七載，改為天長縣，即今安徽省天長縣。(五四)以前義成節度使李贊華為昭信節度使，留洛陽，食其俸：以李贊華帥義成事見上卷上年。《五代會要》，長興二年八月，升虔州為昭信軍節度使。按虔州時屬吳，李贊華但遙領之耳。《遼史・宗室傳》，李贊華自懷化軍移鎮滑州，遙領虔州節度使。虔州即昭信軍也。(五五)詔大元帥從榮位在宰相上：《五代會要》，秦王從榮加兼中書令，與宰臣左右分班定位，及為天下兵馬元帥，敕曰：「秦王位隆將相，望重磐維，委任既崇，等威合異，班位宜在宰臣之上。」(五六)范延光、馮贇奏西北諸胡賣馬者往來如織，日用絹無慮五千匹，計耗國用什之七：天成四年，敕沿邊置場市馬，禁党項諸賣馬者詣闕而卒不能禁，事見卷二百七十六，今以其耗費多，故樞臣及計臣復奏言之。(五七)以前武興節度使孫岳為三司使：代馮贇也。《五代史・孫岳傳》，天成中，岳歷潁、耀二州刺史，閬州團練使，遷鳳州節度使，受代歸京，馮贇舉為三司使。鳳州武興軍。(五八)權知夏州事李彝超上表謝罪，求昭雪：去年秋，李彝超拒不受代，帝遣兵討之，故上表謝罪，並求昭雪。昭，明也；雪，洗也。洗雪其誣枉而明其無罪也。(五九)願陛下與內外輔臣參決，勿聽羣小之言：內外輔臣，謂樞密使與宰相，羣小，謂孟漢瓊之黨。(六〇)改下州懷化軍：《五代史・唐明宗紀》，是年十一月庚辰，改慎州懷化軍為昭化軍，此脫為昭化軍四字。後唐置懷化軍節度使以處東丹慕華，見卷二百七十七長興二年。㊅置保順軍於洮州，領洮、鄯等州：胡三省曰：「自唐肅宗以來，洮、鄯沒於吐蕃，是時必有西戎首領來歸附，故置節鎮以寵授之。」《舊唐書・地理志》，洮州，隋臨洮郡，唐高祖武德二年置洮州，治洮陽城，太宗貞觀八年，移臨潭縣於此，玄宗開元十七年，廢洮州，置臨州於臨潭縣，二十七年，又改臨州為洮州，天寶元年，改為臨洮郡，肅宗乾元元年，復為洮州，故治在今甘肅省臨潭縣西南，其城東、西、北三面並枕洮水，故曰洮陽。鄯州，隋西平郡，唐高祖武德二年置鄯州，治故樂都城，樂都，漢金城郡破羌縣，漢破匈奴，取西河地，開湟中以處月氏，即此。湟水俗呼湟河，又名樂都水，故城曰樂都，禿髮烏孤始都此，後魏破羌縣為西都縣，隋改為湟水縣，唐為鄯州治，縣界有浩亹水。玄宗天寶元年，改為西平郡，肅宗乾元元年，復為鄯州，故治即今青海省樂都縣。㊆帝疾復作：《五代史記・唐家人傳》，是日雪，帝幸宮西士和亭，得傷寒疾。㊇是夕，帝實小愈：《五代史記・唐家人傳》，從榮與樞密使朱弘昭、馮贇入問起居於廣壽殿，帝不能知人，從榮等去，乃遷於雍和殿，宮中皆慟哭，至夜半後，帝蹶然自興於榻，而侍疾者皆去，顧殿上守漏宮女曰：「夜漏幾何？」對曰：「四更矣！」帝即唾肉如肺者數片，溺涎液斗餘，守漏者曰：「大家省事乎？」曰：「吾不知也。」有頃，六宮皆至，曰：「大家還魂矣！」因進粥一器，至旦，疾少愈，而從榮稱疾不朝。溺涎液斗餘，《五代史・唐明宗紀》作便溺升餘，微異。㊈從榮自知不為時論所與：事始見卷二百七十六天成三年。㊉先制權臣：權臣謂朱弘昭、馮贇、孟漢瓊諸人。(六六)萬福：言起居順適無恙也。(六七)公輩殊不愛家族邪，何敢拒我：謂不相從即將族誅之。(六八)茲事不得康義誠不可濟：康義誠時為親軍都指揮使，總侍衛親軍。言非藉康義誠之兵，不足以拒從榮。(六九)夜邀至私第問之，其對如初：胡三省曰：「康義誠之初計，欲持兩端以自全，故其對如此。」(七〇)從榮自河南府常服將步騎千人陳於天津橋：從榮以河南尹判六軍諸衛事，居河南府。天津橋在今河南省洛陽縣西南二十里，隋煬帝所建也，橫亘洛水，連屬南北，名曰天津，蓋以洛水象天漢也。(七一)吾今日決入，且居興聖宮：明宗之入嗣也，先入居興聖宮，故從榮欲效之。(七二)王來則奉迎：言從榮若入，則奉迎之。(七三)中興殿：《五代會要》，唐莊宗同光二年，改洛陽崇勳殿為中興殿。(七四)監門：胡三省曰：「監門，監門衛將軍也。」(七五)端門：宮城正南門。(七六)公猶顧望擇利邪：公謂康義誠，顧望擇利，謂持兩端。(七七)當呼爾父授以兵柄耳：時從珂鎮鳳翔，帝言欲召之以入衛。(七八)左掖門：端門之東門曰左掖門，西門曰右掖門，言在端門兩側，若臂掖之分左右然。(七九)從門隙中窺之，見朱洪實引騎兵北來：端門為宮城南門，兵從宮中出，自掖門外窺之，則兵自北來也。(八〇)鐵掩心：護胸鐵甲也。(八一)從榮定歸府：歸河南府舍。(八二)馮、朱患從榮狼伉：馮、朱，謂馮贇、朱弘昭。狼伉，乖戾也，《晉書》周嵩謂王敦曰：「處仲狼抗無上。」(八三)雨泣：泣下如雨。(八四)遣孟漢瓊徵從厚，且權知天雄軍府事：遣孟漢瓊徵從厚入侍疾，因使漢瓊留知天雄軍府事。(八五)在病告：告病家居。(八六)日景：日影也。(八七)來日及今，已誅王詹事矣：來日及今，謂翌日此時也，王詹事，謂王居敏，時為太子詹事。(八八)光政門：唐昭宗遷洛，改長樂門為光政門。(八九)且首、從差一等耳：律從罪減首罪一等。(九〇)友蘇瓚：諸王有師有友。(九一)長流：胡三省曰：「唐法長流人謂之長流百姓。」(九二)六軍判官太子詹事王居敏、推官郭晙並貶官：從榮判六軍諸衛事，其府佐有判官、推官諸職。(九三)澣，回之族曾孫也：李回仕唐武宗為宰相。(九四)大王地居上嗣：胡三省曰：「上嗣，言年齒居諸子之上，當嗣有大業。」(九五)獨不見恭世子、戾太子乎：春秋，晉獻公殺其世子申生而非其罪，後謚曰恭。戾太子事見卷二十二漢武帝征和三年。(九六)戊戌，帝殂：《五代史・唐明宗紀》，是日，帝崩於大內之雍和殿，壽六十七。末帝清泰元年，葬於洛陽之徽陵。胡三省曰：「按通鑑下文云：『登極之年，已踰六十。』則是年年六十八。」按五代史闕文云：「明宗出自邊地，老于戰陳，即位之歲，年已六旬。」《通鑑》明宗登極之年已踰六十，蓋本其說。(九七)某，胡人，因亂為眾所推：帝本夷狄，因亂為眾所推事見卷二百七十四天成元年。(九八)小康：康，寧也，小康，小安也。(九九)宋王至洛陽：自魏州至洛陽。(一〇〇)文傑惡樞密使吳勗：《五代史記・閩世家》作內樞密使吳英。胡三省曰：「吳勗本閩主親吏，故任之以機要，文傑以是惡之。」(一〇一)適見北廟崇順王，訊吳勗謀反：閩主信北廟崇順王事始上卷長興三年，故文傑得以惑之。(一〇二)吳光請兵於吳：吳光奔吳見上七月。(一〇三)吳信州刺史蔣延徽不俟朝命，引兵會光攻建州：《元豐九域志》：「信州南至建州四百里。」(一〇四)十二月癸卯朔，始發明宗喪：自十一月戊戌至十二月癸卯，凡六日始發喪，以亂故也。(一〇五)宋王即皇帝位：帝諱從厚，小字菩薩奴，明宗第五子也，為人形質豐厚，寡言好禮，明宗以其貌類己，特愛之。(一〇六)司衣：唐制內職有六尚，位擬外朝六尚書，下有二十四司，擬二十四曹郎，司衣屬尚服局，掌宮內御服首飾整比，以時進奉。(一七)朱司徒：謂朱洪實也，洪實蓋加檢校司徒，故稱之。(一八)且言王氏私於從榮，為之詗宮中事：《五代史記・唐家人傳》：初，明宗後宮有生子者，命王淑妃母之，是為許王從益，從益乳母司衣王氏見明宗已老，而秦王握兵，心欲自托為後計，乃曰：「兒思秦王。」兒謂從益也，是時從益已四歲，王氏數教從益自言求見秦王，明宗遣乳嫗將從益往來秦府，遂與從榮私通，從榮因使王氏伺察宮中動靜。(一九)事連王淑妃：以從益為淑妃所子，而從益數往來秦府，故連及之。(二〇)為政者皆胥吏小人：朱弘昭、馮贇皆以胥吏事明宗於潛邸，及明宗即位，遂階柄用。(二一)易月之制：胡三省曰：「循漢、晉喪制，以日易月，二十七日而釋服。」(二二)即召學士讀貞觀政要、太宗實錄，有致治之志：《五代史・唐閔帝紀》：「帝髫齡，好讀春秋，略通大義。」(二三)吾君延訪，鮮及吾輩，位高職重，事亦堪憂：言帝但與樞密、宣徽等內臣議事而不謀政於宰相也。李愚時為宰相，故云。(二四)順化節度使同平章事判明州錢元珦：《五代史・唐明宗紀》：天成三年閏八月，升楚州為順化軍，以明州刺史錢元珦為本州節度使。按楚州時屬吳，元珦蓋鎮明州而遙領楚州節度耳！(二五)每請事於王府：王府，謂吳越國王府。(二六)親從都指揮使王仁達有擒王延稟之功：王仁達擒延稟事見上卷長興二年。(二七)希範怨希聲先立不讓，及嗣位，不禮於袁德妃：《五代史記・楚世家》，楚王殷有子十餘人，嫡子希振，長而賢，其次希聲，與希範同日生，而希聲母袁夫人有美色，希振棄官為道士，居於家，而希聲以母寵得立，故希範怨之也。

潞王㈠上

清泰元年㈡（西元九三四年）

㈠春，正月，戊寅（初七日），閔帝大赦，改元應順。壬午（十一日），加河陽節度使兼侍衞都指揮使康義誠兼侍中、判六軍諸衞事。

㈡朱弘昭、馮贇忌侍衞馬軍都指揮安彥威、侍衞步軍都指揮使忠正節度使㊂張從賓，甲申（十三日），出彥威為護國節度使，以捧聖馬軍都指揮使朱洪實代之，出從賓為彰義節度使，以嚴衞步軍都指揮使㊃皇甫遇代之。彥威，崞㊄人；遇，真定人也。

㈢戊子（十七日），樞密使同平章事朱弘昭、同中書門下二品馮贇、河東節度使兼侍中石敬瑭竝兼中書令。贇以超遷太過㊅，堅辭不受，己丑（十八日），改兼侍中。

㈣壬辰（二十一日），以荊南節度使高從誨為南平王，武安、武平節度使馬希範為楚王。

㈤甲午（二十三日），以鎮海、鎮東節度使吳王元瓘為吳越王。

㈥吳徐知誥別治私第於金陵，乙未（二十四日），遷居私第，虛府舍以待吳主㈦。

㈦鳳翔節度使兼侍中潞王從珂與石敬瑭少從明帝征伐，有功名，得眾心，朱弘昭、馮贇位望素出二人下遠甚，一旦執政，皆忌之。明宗有疾，潞王屢遣其夫人入省侍，及明宗殂，潞王辭疾不來㈧。使臣至鳳翔者，或自言伺得潞王陰事，時潞王長子重吉為控鶴都指揮使，朱、馮不欲其典禁兵，己亥（二十八日），出為亳州團練使，潞王有女惠明，為尼在洛陽，亦召入禁中，潞王由是疑懼。

㈧吳蔣延徽敗閩兵於浦城㈨，遂圍建州。閩主璘遣上軍使張彥柔㈩、驃騎大將軍王延宗將兵萬人救建州，延宗軍及中途，士卒不進，曰：「不得薛文傑，不能討賊。」延宗馳使以聞，國人震恐。太后及福王繼鵬⑪泣謂璘曰：「文傑盜弄國權，枉害無辜，上下怨怒久矣！今吳兵深入，士卒不進，社稷一旦傾覆，留文傑何益？」文傑亦在側，互陳利害，璘曰：「吾無如卿何，卿自為謀。」文傑出，繼鵬伺之於啓聖門外，以笏擊之仆地，檻車送軍前，市人爭持瓦礫擊之。文傑善術數，自云過三日則無患，部送者聞之，倍道兼行，二日而至，士卒見之，踴躍臠食之，閩主亟遣赦之，不及。

初，文傑以為古制檻車疏闊，更為之，形如木匱，攢以鐵鋩，內向，動輒觸之，車成，文傑首自入焉，並誅盛韜㈢。

蔣廷徽攻建州，垂克，徐知誥以廷徽，吳太祖㈢之壻，與臨川王濛素善，恐其克建州，奉濛以圖興復㈣，遣使召之。延徽亦聞閩兵及吳越兵將至，引兵歸，閩人追擊，敗之，士卒死亡甚眾，歸罪於都虞候張重進，斬之。知誥貶延徽為右威衛將軍，遣使求好於閩。

㈨閏月，以左諫議大夫唐汭、膳部郎中知制誥陳乂皆為給事中，充樞密直學士。汭以文學從帝，歷三鎮，在幕府㈤，及即位，將佐之有才者，朱、馮㈥皆斥逐之。汭性迂疏，朱、馮恐帝含怒，有時而發，乃引汭於密近，以其黨陳乂監之。

㈩丙午（初五日），尊皇后為太后㈦。

安遠節度使⑱苻彥超奴王希全、任賀兒見朝廷多事，謀殺彥超，據安州附於吳，夜叩門，稱有急遞⑲，彥超出至聽事，二奴殺之，因以彥超之命召諸將，有不從己者輒殺之。己酉（初八日），旦，副使李端帥州兵討誅之，並其黨⑳。

㈩甲寅（十三日），以王淑妃為太妃。

(十一)蜀將吏勸蜀王知祥稱帝，己巳（二十八日），知祥即皇帝位於成都㉑。

【今註】㈠潞王：帝諱從珂，本姓王氏，鎮州平山人也，母曰宣憲皇后魏氏，唐昭宗景福中，明宗為武皇騎將，略地至平山，遇魏氏，擄之，並養帝為己子，長興四年五月，封潞王。㈡清泰元年：是年四月入立，始改元清泰。㈢忠正節度使：《五代史・唐明宗紀》，天成三年十月，升壽州為忠正軍節度，以雲州節度使索自通領壽州節。按是時壽州屬吳，唐不能有其地，蓋升為節鎮以授寵臣，令遙領之耳。㈣嚴衞步軍都指揮使：後唐改左右羽林軍為嚴衞左右軍，龍武、神武為捧聖左右軍，註見上年九月。㈤崞：崞音郭。《舊唐書・地理志》，崞，漢縣，唐屬代州，故城在今山西省渾源縣西。㈥贇以超遷太過：去年九月，馮贇自宣徽使加中書門下二品，今復兼中書令，其間相隔但五月耳，故自以超遷太過。㈦虛府舍以待吳王：吳主楊溥。㈧及明宗殂，潞王辭疾不來：以主少國疑，懼有不測之禍。⑨浦城：《舊唐書·地理志》，唐武后載初元年，分建安縣置唐興縣，天授二年，改為武寧，中宗神龍元年，復為唐興，玄宗天寶元年，改為浦城，即今福建省浦城縣。按建安縣，三國吳曰吳興，為建安郡治所，隋改曰建安。宋白《續通典》曰：「浦城本東候官之北鄉也，漢末置漢興縣，吳曰吳興，唐曰唐興，天寶改曰浦城，有二浦，其城臨浦，故曰浦城。」⑩上軍使張彥柔：胡三省曰：「閩置上軍使、中軍使、下軍使。」⑪福王繼鵬：繼鵬，閩主鏻長子也。⑫並誅盛韜：盛韜巫者，以鬼神事黨附薛文傑以害吳勗，故並誅之。⑬吳太祖：吳尊楊行密武皇帝，廟號太祖。⑭恐其克建州，奉濛以圖興復：吳臨川王濛為徐氏父子所忌，事徐卷二百七十一梁末帝貞明五年。⑮汭以文學從帝，歷三帝，在幕府：帝以明宗天成三年鎮宣武，四年，移鎮河東，長興元年，徙鎮天雄。⑯朱、馮：朱弘昭、馮贇。⑰尊皇后為皇太后：按《五代史·唐閔帝紀》，皇后，謂明宗曹皇后也。⑱安遠節度使：《五代史記·職方考》，後唐置安遠軍於安州，梁之宣威軍也。⑲急遞：胡三省曰：「軍期緊急，文書入遞不容稽遺晷刻者，謂之急遞。遞，郵傳也，遞者言郵置遞以相付而達其所。」⑳副使李端帥州兵討誅之，並其黨：副使，安遠節度副使也。並其黨，並誅其黨羽。㉑知祥即皇帝位於成都：孟知祥字保胤，邢州龍岡人也。既即位，國號曰蜀，改元明德。

卷二百七十九　後唐紀八

司馬光編集
林瑞翰　註

起閼逢敦牂二月盡旃蒙協洽，凡一年有奇。（甲午至乙未，西元九三四年二月至西元九三五年）

潞王下

清泰元年（西元九三四年）

㈠二月，癸酉（初三日），蜀主以武泰節度使趙季良為司空，兼門下侍郎、同平章事，領節度使如故。

㈡吳人多不欲遷都者㊀，都押牙周宗㊁言於徐知誥曰：「主上西遷，公復須東行㊂，不惟勞費甚大，且違眾心。」丙子（初六日），吳主遣宋齊丘如金陵諭知誥罷遷都。先是知誥久有傳禪之志，以吳主無失德，恐眾心不悅，欲待嗣君，宋齊丘亦以為然。一旦，知誥臨鏡鑷白髭㊃，歎曰：「國家安而吾老矣，奈何？」周宗知其意，請如江都，微以傳禪諷吳主，且告齊丘，齊丘以宗先己㊄，心疾之，遣使馳詣金陵，手書切諫，以為天時人事未可，知誥愕然㊅。

後數日，齊丘至，請斬宗以謝吳主，乃黜宗為池州副使㈦。久之，節度副使李建勳、行軍司馬徐玠等屢陳知誥功業，宜早從民望，召宗復為都押牙，知誥由是疏齊丘。

㈢朱弘昭、馮贇不欲石敬瑭久在太原，且欲召孟漢瓊㈧，己卯（初九日），徙成德節度使范延光為天雄節度使，代漢瓊，徙潞王從珂為河東節度使，兼北都留守㈨，徙石敬瑭為成德節度使，皆不降制書，但各遣使臣持宣㈩，監送赴鎮。

㈣吳主詔徐知誥還府舍⑪。甲申（十四日），金陵大火，乙酉（十五日），又火，知誥疑有變，勒兵自衛。

㈤潞王既與朝廷猜阻⑫，朝廷又命洋王從璋權知鳳翔，從璋性麤率樂禍，前代安重誨鎮河中，手殺之⑬，潞王聞其來，尤惡之，欲拒命則兵弱糧少，不知所為，謀於將佐，皆曰：「主上富於春秋，政事出於朱、馮，大王功名震主，離鎮必無全理，不可受也⑭。」王問觀察判官滴河⑮馬胤孫曰：「今道過京師，當何向為便？」對曰：「君命召，不俟駕⑯，臨喪赴鎮，又何疑焉⑰？諸人凶謀，不可從也。」眾哂之㈧。

王乃移檄鄰道，言朱弘昭等乘先帝疾亟，殺長立少㈨，專制朝權，別疏骨肉，動搖藩垣㈩，懼傾覆社稷，今從珂將入朝以清君側之惡，而力不能獨辦，願乞靈鄰藩以濟之。潞王以西都留守王思同當東出之道㈪，尤欲與之相結，遣推官郝詡、押牙朱廷乂等相繼詣長安，說以利害，餌以美妓，不從則令就圖之。思同謂將吏曰：「吾受明宗大恩㈫，今與鳳翔同反，借使事成而榮，猶為一時之叛臣，況事敗而辱，流千古之醜跡乎？」遂執詡等，以狀聞。

時潞王使者多為鄰道所執，不則依阿㈬操兩端，惟隴州防禦使相里金傾心附之㈭，遣判官薛文遇往來計事。金，幷州人也。

朝廷議討鳳翔，康義誠不欲出外，恐失軍權，請以王思同為統帥，以羽林都指揮使㈮侯益為行營馬步軍都虞候。益知軍情將變㈯，辭不行，執政怒之，出為商州刺史㈰。

辛卯（二十一日），以王思同為西面行營馬步軍都部署㈱，前靜難節度使藥彥稠副之，前絳州刺史萇從簡為馬步都虞候，嚴衛步軍左廂指揮使尹暉、羽林指揮使楊思權等皆為偏裨。暉，魏州人也。

㈥蜀主以中門使王處回為樞密使。

㈦丁酉（二十七日），加王思同同平章事，知鳳翔行府，以護國節度使安彥威為西面行營都監。思同雖有忠義之志，而御軍無法，潞王老於行陳，將士徼幸富貴者心皆向之。

詔遣殿直楚匡祚執亳州團練使李重吉，幽於宋州㊴。

洋王從璋行至關西㊵，聞鳳翔拒命而還。

㈧三月，安彥威與山南西道張虔釗、武定孫漢韶、彰義張從賓、靜難康福等五節度使㊶，奏合兵討鳳翔。漢韶，李存進之子也㊷。

㈨乙卯（十五日），諸道兵大集於鳳翔城下，攻之，克東西關城，城中死者甚眾，丙辰（十六日），復進攻城，期於必取。鳳翔城塹卑淺，守備俱乏，眾心危急，潞王登城泣謂外軍曰：「吾未冠，從先帝百戰，出入生死，金創滿身，以立今日之社稷，汝曹從我，目睹其事。今朝廷信任讒臣，猜忌骨肉，我何罪而受誅乎？」因慟哭，聞者哀之。張虔釗性褊急，主攻城西南，以白刃驅士卒登城，士卒怒，大詬，反攻之，虔釗躍馬走免，楊思權因大呼曰：「大相公，吾主也㉝。」遂帥諸軍解甲投兵，請降於潞王，自西門入，以幅帋進潞王曰：「願王克京城日，以臣為節度使，勿以為防、團㉞。」潞王即書思權可邠寧節度使授之。王思同猶未之知，趣士卒登城，尹暉大呼曰：「城西軍已入城受賞矣。」眾皆棄甲投兵而降，其聲震地。日中，亂兵悉入，外軍亦潰，思同等六節度使皆遁去㉟。潞王悉斂城中將吏士民之財以犒軍，至於鼎釜，皆估直以給之。

丁巳（十七日），王思同、藥彥稠等走至長安，西京副留守劉遂雍閉門不內，乃趣潼關。遂雍，鄩之子也㊱。

潞王建大將旗鼓，整眾而東，以孔目官虞城劉延朗為腹心㊲。潞王始憂王思同等併力據長安拒守，至岐山㊳，聞劉遂雍不內思同，甚喜，遣使慰撫之。遂雍悉出府庫之財於外，軍士前至者即給賞令過，比潞王至，皆不入城。庚申（二十日），潞王至長安，遂雍迎謁，率民財以充賞㊴。

是日，西面步軍都監王景從等自軍前奔還，中外大駭。帝不知所為，謂康義誠等曰：「先帝棄萬國，朕外守藩方[四〇]，當是之時，為嗣者在諸公所取耳，朕實無心與人爭國，既承大業，年在幼沖[四一]，國事皆委諸公，朕於兄弟間不至榛梗[四二]，諸公以社稷大計見告，朕何敢違[四三]？軍興之初，皆自誇大以為寇不足平，今事至於此，何方可以轉禍[四四]？朕欲自迎潞王，以大位讓之，若不免於罪，亦所甘心。」朱弘昭、馮贇大懼，不敢對[四五]。

義誠欲悉以宿衛兵迎降為己功，乃曰：「西師驚潰，蓋主將失策耳[四六]！今侍衛諸軍尚多，臣請自往，扼其衝要，招集離散，以圖後效，幸陛下勿為過憂。」帝遣使召石敬瑭，欲令將兵拒之，義誠固請自行，帝乃召將士慰諭，空府庫以勞之，許以平鳳翔，人更賞二百緡，府庫不足，當以宮中服玩繼之，軍士益驕，無所畏忌，負賜物揚言於路曰：「至鳳翔，更請一分。」遣楚匡祚殺李重吉於宋州[四七]。匡祚榜棰重吉，責其家財，又殺尼惠明[四八]。

初，馬軍都指揮使朱洪實為秦王從榮所厚，及朱弘昭為樞密使，洪實以宗兄事之，從榮勒兵天津橋，洪實首為孟漢瓊擊從榮，康義誠由是恨之㊾。

辛酉（二十一日），帝親至左藏，給將士金帛。

義誠、洪實共論用兵利害，洪實欲以禁軍固守洛陽，曰：「如此，彼亦未敢徑前，然後徐圖進取，可以萬全。」義誠怒曰：「洪實為此言，欲反邪？」洪實曰：「公自欲反，乃謂誰反㊿？」其聲漸厲，帝聞，召而訊之，二人訟於帝前，帝不能辯其是非，遂斬洪實，軍士益憤怒(51)。

壬戌（二十二日），潞王至昭應(52)，聞前軍獲王思同，王曰：「思同雖失計，然盡心所奉，亦可嘉也。」癸亥（二十三日），至靈口(53)，前軍執思同以至，王責讓之，對曰：「思同起行間，先帝擢之，位至節將(54)，常愧無功以報大恩，非不知附大王立得富貴，助朝廷自取禍殃，但恐死之日，無面目見先帝於泉下耳！敗而釁鼓(55)，固其所也，請早就死。」王為之改容，曰：「公且休矣。」王欲宥之，而楊思權之徒恥見其面(56)，王之過長安，尹輝盡取思同家資及妓妾，屬言於劉延朗曰：「若留思同[57]，慮失士心。」屬王醉，不待報，擅殺思同及其妻子。王醒，怒延朗，嗟惜者累日。

㈩癸亥（二十三日），制以康義誠為鳳翔行營都招討使，以王思同副之[58]。甲子（二十四日），潞王至華州，獲藥彥稠，囚之。乙丑（二十五日），至閿鄉[59]，朝廷前後所發諸軍，遇西軍皆迎降，無一人戰者。

丙寅（二十六日），康義誠引侍衛兵發洛陽，詔以侍衛馬軍指揮使安從進為京城巡檢，從進已受潞王書，潛布腹心矣。是日，潞王至靈寶[60]，護國節度使安彥威、匡國節度使安重霸皆降[61]，惟保義節度使康思立謀固守陝城[62]，以俟康義誠。

先是捧聖五百騎戍陝西，為潞王前鋒，至城下，呼城上人曰：「禁軍十萬已奉新帝，爾輩數人奚為？徒累一城人塗地耳！」於是捧聖卒爭出迎，思立不能禁，不得已，亦出迎。

丁卯（二十七日），潞王至陝，僚佐說王曰：「今大王將及京畿，傳聞乘輿已播遷，大王宜少留於此，先移書慰安京城士庶。」

王從之，移書諭洛陽文武士庶，惟朱弘昭、馮贇兩族不赦外，自餘勿有憂疑。

康義誠軍至新安㊁，所部將士自相結，百什為羣，棄甲兵，爭先詣陝降，纍纍不絕。義誠至乾壕㊃，麾下纔數十人，遇潞王候騎十餘人，義誠解所佩弓劍為信，因候騎請降於潞王。戊辰（二十八日），閔帝聞潞王至陝，義誠軍潰，憂駭不知所為，急遣使召朱弘昭謀所向。弘昭曰：「急召我，欲罪之也。」赴井死。安從進聞弘昭死，殺馮贇於第，滅其族，【考異】張昭閔帝實錄：「帝召弘昭，不至，俄聞自殺，乃令從進殺贇。」按從進傳贇首於陝，則贇死非閔帝之命明矣，今不取。傳弘昭、贇首於潞王。

帝欲奔魏州，召孟漢瓊使詣魏州為先置㊄，漢瓊不應召，單騎奔陝。

初，帝在藩鎮，愛信牙將慕容遷，及即位，以為控鶴指揮使。帝將北度河，密與之謀，使帥部兵守玄武門㊅，是夕，帝以五十騎出玄武門，謂遷曰：「朕且幸魏州，徐圖興復，汝帥有馬、控鶴從我。」遷曰：「生死從大家。」乃陽為團結，帝既出，即闔門不行。

己巳（二十九日），馮道等入朝，及端門，聞朱、馮死，帝已北走，道及劉昫欲歸，李愚曰：「天子之出，吾輩不預謀，今太后在宮，吾輩當至中書，遣小黃門取太后進止，然後歸第，人臣之義也。」道曰：「主上失守社稷，人臣惟君是奉，無君而入宮城，恐非所宜㊅。潞王已處處張榜，不若歸俟教令。」乃歸，至天宮寺，安從進遣人語之曰：「潞王倍道而來，且至矣，相公宜帥百官至穀水奉迎㊆。」乃止於寺中，召百官。中書舍人盧導至，馮道曰：「俟舍人久矣！所急者勸進文書，宜速具草。」導曰：「潞王入朝，百官班迎可也。設有廢立，當俟太后教令，豈可遽議勸進乎？」道曰：「事當務實。」導曰：「安有天子在外，人臣遽以大位勸人者邪？若潞王守節北面，以大義見責，將何辭以對？公不如帥百官詣宮門，進名問安，取太后進止，則去就善矣！」道未及對，從進屢遣人趣之，曰：「潞王至矣，太后、太妃已遣中使迎勞矣，安得百官無班？」道等即紛然而去。既而潞王未至，三相息於上陽門外（六九），盧導過於前，道復召而語之，導對如初。李愚曰：「舍人之言是也，吾輩之罪，擢髮不足數（七〇）。」

康義誠至陝待罪，潞王責之曰：「先帝晏駕，立嗣在諸公。今上亮陰，政事出諸公（七一），何為不能終始，陷吾弟至此乎？」義誠大懼，叩頭請死。王素惡其為人，未欲遽誅，且宥之。馬步都虞候萇從簡、左龍武統軍王景戡皆為部下所執，降於潞王，東軍盡降（七二）。潞王上箋於太后取進止，遂自陝而東。

夏，四月，庚午朔，未明，閔帝至衛州東數里，遇石敬瑭（七三），帝大喜，問以社稷大計，敬瑭曰：「聞康義誠西討，何如？陛下何為至此？」帝曰：「義誠亦叛去矣。」敬瑭俛首，長歎數四，曰：「衛州刺史王弘贄，宿將習事，請與圖之（七四）。」乃往見弘贄，問之，弘贄曰：「前代天子播遷多矣，然皆有將相、侍衛、府庫、法物，使羣下有所瞻仰，今皆無之，獨以五十騎自隨，雖有忠義之心，將若之何？」敬瑭還，見帝於衛州驛（七五），以弘贄之言告。弓箭庫使沙守榮、奔洪進（七六）前責敬瑭曰：「公，明宗愛壻（七七），富貴相與共之，憂患亦宜相恤。今天子播越，委計於公，冀圖興復，乃以此四者為辭(七八)，是直欲附賊賣天子耳！」守榮抽佩刀欲刺之，敬瑭親將陳暉救之，守榮與暉鬭死，洪進亦自刎。敬瑭牙內指揮使劉知遠引兵入，盡殺帝左右及從騎，獨置帝而去。【考異】閔帝實錄：「庚午，朔，四鼓，帝至衞州東七八里，遇敬瑭。」竇貞固晉高祖實錄：「始，帝欲與少主俱西，斷孟津，北據壺關，南向徵諸侯兵，乃啓問康義誠西討，作何制置云云。」蘇逢吉漢高祖實錄：「是夜，偵知少帝伏甲，欲與從臣謀害晉高祖，詐屏人對語，方坐庭廡，帝密遣衞士石敢袖鎚立於後，俄傾，伏甲者起，敢有勇力，擁晉祖入一室，以巨木塞門，敢力當其鋒，死之。帝解佩刀，遇夜晦，以在地葦炬未然者奮擊之，眾謂短兵也，遂散走。帝乃匿身長垣下，聞帝親將李洪信謂人曰：『石太尉死矣！』帝隔垣呼洪信曰：『太尉無恙。』乃踰垣出就洪信兵，共護晉祖殺建謀者，以少主授王弘贄。」南唐烈祖實錄：「弘贄曰：『今京國阽危，百官無主，必相率攜神器西向，公何不囚少帝西迎潞王？此萬全之計。』敬瑭然其語。」按為二漢實錄者必為二祖飾非，今從閔帝實錄。敬瑭遂趣洛陽。

是日，太后令內諸司至乾壕迎潞王，【考異】廢帝實錄：「三十日，太后傳令至，幷內司迎奉，至乾壕，帝促令還京。」按長歷，三月，辛丑朔，四月，庚午朔，三月無三十日，廢帝實錄誤也。王亟遣還洛陽。

初，潞王罷河中，歸私第(七九)，王淑妃數遣孟漢瓊存撫之，漢瓊自謂於王有舊恩，至澠池西(八〇)，見王大哭，欲有所陳。王曰：「諸事不言可知。」仍自預從臣之列，王即命斬於路隅。

(十)山南西道節度使張虔釗之討鳳翔也，留武定節度使孫漢韶守興元。虔釗既敗，奔歸興元，與漢韶舉兩鎮之地降於蜀，蜀主命奉鑾肅衛馬步都指揮使昭武節度使李肇將兵五千還利州(八一)，右匡聖馬步都指揮使寧江節度使張業將兵一萬屯大漫天以迎之。

(十二)壬申（初三日），潞王至蔣橋，百官班迎於路，傳教(八二)以未拜梓宮，未可相見。馮道等皆上牋勸進，王入謁太后、太妃，詣西宮，伏梓宮慟哭，自陳詣闕之由。馮道帥百官班見，拜，王答拜，道等復上牋勸進，王立謂道曰：「予之此行，事非獲已，俟皇帝歸闕，園寢禮終，當還守藩服，羣公遽言及此，甚無謂也。」癸酉（初四日），太后下令廢少帝為鄂王，【考異】閔帝實錄云：「七日，廢帝為鄂王。」今從廢帝實錄。以潞王知軍國事，權以書詔印施行(八三)。百官詣至德宮門待罪(八四)，王命各復其位。

甲戌（初五日），太后令潞王宜即皇帝位。乙亥（初七日），即位於柩前。

帝之發鳳翔也，許軍士以入洛，人賞錢百緡，既至，問三司使王玫以府庫之實(八五)，對有數百萬在，既而閱實，金帛不過三萬兩、匹，而賞軍之費計應用五十萬緡，帝怒，玫請率京城民財以足之，數日，僅得數萬緡。帝謂執政曰：「軍不可不賞，人不可不恤，今將奈何？」執政請據屋為率，無問士庶，自居及僦㊅者預借五日僦直，從之。

㈢王弘贄遷閔帝於州廨，帝遣弘贄之子殿直巒往酖之㊇。戊寅（初十日），巒至衛州謁見，閔帝問來故㊈，不對。弘贄數進酒，閔帝知其有毒，不飲，巒縊殺之㊉。

閔帝性仁厚，於兄弟敦睦，雖遭秦王忌疾，閔帝坦懷待之，卒免於患㊈。及嗣位，於潞王亦無嫌，而朱弘昭、孟漢瓊之徒橫生猜間，閔帝不能違，以致禍敗焉！

孔妃㊈尚在宮中，潞王㊈使人謂之曰：「重吉何在？」遂殺妃，並其四子。

閔帝之在衛州也，惟磁州刺史宋令詢遣使問起居㊈，聞其遇害，慟哭半日，自經死。

㈣己卯（十一日），石敬瑭入朝。

㈤庚辰（十二日），以劉昫判三司。

㈥辛巳（十三日），蜀大赦，改元明德。

㈦帝之起鳳翔也，召興州刺史劉遂清，遲疑不至，聞帝入洛，乃悉集三泉、西縣、金牛㊈㊃、桑林戍兵以歸，自散關以南城鎮悉棄之，皆為蜀人所有。癸未（二十五日），入朝，帝欲治罪，以其能自歸，乃赦之。遂清，鄩之姪也。

㈧甲申（十六日），蜀將張業將兵入興元、洋州㊈㊄。

㈨乙酉（十七日），改元㊈㊅，大赦。

㈩丁亥（十九日），以宣徽南院使郝瓊權判樞密院，前三司使王玫為宣徽北院使，鳳翔節度判官韓昭胤為左諫議大夫，充端明殿學士。

㈩㈠戊子（二十日），斬河陽節度使判六軍諸衞兼侍中康義誠，滅其族㊈㊆。

㈩㈡己丑（二十一日），誅藥彥稠㊈㊇。庚寅（二十二日），釋王景戡、萇從簡。

㈩㈢有司百方斂民財，僅得六萬，帝怒，下軍巡使獄㊈㊈，晝夜督責，囚繫滿獄，至自經赴井，而軍士遊市肆，皆有驕色。市人聚詬之曰：「汝曹為主力戰立功良苦，反使我輩鞭胸杖背，出財為賞，汝曹猶揚揚自得，獨不愧天地乎？」是時，竭左藏舊物及諸道貢獻，乃至太后、太妃器服、簪珥⑳，皆出之，纔及二十萬緡，帝患之。李專美夜直㉑，帝讓之曰：「卿名有才，不能為我謀此，留才安所施乎？」專美謝曰：「臣駑劣，陛下擢任過分，然軍賞不給，非臣之責也。竊思自長興之季，賞賚亟行，卒以是驕㉒，繼以山陵及出師，帑藏遂涸㉓，雖有無窮之財，終不能滿驕卒之心，故陛下拱手於危困之中而得天下㉔。夫國之存亡，不專繫於厚賞，亦在修法度、立紀綱，陛下苟不改覆車之轍，臣恐徒困百姓，存亡未可知也！今財力盡於此矣，宜據所有均給之，何必踐初言乎？」帝以為然。壬辰（二十四日），詔禁軍在鳳翔歸命者自楊思權、尹暉等各賜二馬一駝、錢七十緡，下至軍人，錢二十緡，其在京者各十緡。軍士無厭㉕，猶怨望，為謠言曰：「除去菩薩，扶立生鐵㉖。」以閔帝仁弱，帝剛嚴，有悔心故也。

（廿四）丙申（二十八日），葬聖德和武欽孝皇帝於徽陵〔一〇七〕，廟號明宗。帝衰經護從，至陵所，宿焉。

（廿五）五月，丙午（初七日），以韓昭胤為樞密使，以莊宅使劉延朗為樞密副使〔一〇八〕，權知樞密院房暠為宣徽北院使。暠，長安人也。

（廿六）帝與石敬瑭皆以勇力善鬬事明宗為左右，然心競〔一〇九〕素不相悅。時敬瑭久病羸瘠，太后及魏國公主〔一一〇〕屢為之言，而鳳翔將佐多勸帝留之，惟韓昭胤、李專美以為趙延壽在汴，不宜猜忌敬瑭〔一一一〕，帝亦見其骨立，不以為虞，乃曰：「石郎不惟密親，兼自少與吾同艱難。今我為天子，非石郎尚誰託哉！」乃復以為河東節度使。

（廿七）戊午（十九日），以隴州防禦使相里金為保義節度使〔一一二〕。

（廿八）丁未（初八日），階州刺史趙澄降蜀。

（廿九）戊申（初九日），以羽林軍使楊思權為靜難節度使〔一一三〕。

（卅）己酉（初八日），張虔釗、孫漢韶舉族遷於成都〔一一四〕。

（卅一）庚戌（十一日），以司空兼門下侍郎同平章事馮道同平章事，充匡國節度使㉕。

(卅二)以天雄節度使兼侍中范延光為樞密使。

(卅三)帝之起鳳翔也，悉取天平節度使李從曮家財甲兵以供軍㉖，將行㉗，鳳翔之民遮馬，請復以從曮鎮鳳翔，帝許之，至是徙從曮為鳳翔節度使㉘。

(卅四)初，明宗為北面招討使㉙，平盧節度使房知溫為副都部署，帝以別將事之，嘗被酒㉚忿爭，拔刃相擬。及帝舉兵入洛，知溫密與行軍司馬李沖謀拒之，沖請先奉表以觀形勢，還言洛中已安定，壬戌（二十三日），入朝謝罪，帝優禮之，知溫貢獻甚厚。

(卅五)吳鎮南節度使守中書令東海康王徐知詢卒。

(卅六)蜀人取成州。

(卅七)六月，甲戌（初五日），以皇子左衛上將軍重美為成德節度使、同平章事，兼河南尹，判六軍諸衛事。

(卅八)文州都指揮使成延龜㉛舉州附蜀。

(卅九)吳徐知誥將受禪，忌昭武節度使兼中書令臨川王濛㉜，遣人告濛藏匿亡命，擅造兵器。丙子（初七日），降封歷陽公㉝，幽於和州，命控鶴軍使王宏將兵二百衞之。

㊵劉昫與馮道昏姻，昫性苛察，李愚剛褊，道既出鎮㉞，二人論議多不合，事有應改者，愚謂昫曰：「此賢親家㉟所為，更之不亦便乎？」昫恨之，由是動成忿爭，至相詬罵，各欲非時求見，事多凝滯。帝患之，欲更命相，問所親信以朝臣聞望宜為相者，皆以尚書左丞姚顗、太常卿盧文紀、祕書監崔居儉對，論其才行，互有優劣，帝不能決，乃寘其名於琉璃瓶，夜焚香祝天，且以箸挾之，首得文紀，次得顗。秋，七月，辛亥（十三日），以文紀為中書侍郎同平章事。居儉，蕘之子也㊱。

㊶帝欲殺楚匡祚㊲，韓昭胤曰：「陛下為天下父，天下之人，皆陛下子，用法宜存至公。匡祚受詔，檢校重吉家財，不得不爾。今族匡祚，無益死者，恐不厭眾心㊳。」乙卯（十七日），長流匡祚於登州。

㊷丁巳（十九日），立沛國夫人劉氏為皇后㊴。

㊸回鶻入貢者多為河西雜虜所掠，詔將軍牛和柔帥禁兵衛送，與邠州兵共討之。

㊹吳徐知誥召左僕射兼中書侍郎同平章事宋齊丘還金陵，以為諸道都統判官，加司空，於事皆無所關預㉚。齊丘屢請退居，知誥以南園給之。

㊺護國節度使洋王從璋、歸德節度使涇王從敏皆罷鎮，居洛陽私第，帝待之甚薄。從敏在宋州，預殺重吉，帝尤惡之㉛。嘗侍宴禁中，酒酣，顧二王曰：「爾等皆何物？輒據雄藩。」二王大懼，太后叱之曰：「帝醉矣，爾曹速去！」

㊻蜀置永平軍於雅州㉜，以孫漢韶為節度使，復以張虔釗為山南西道節度使、同平章事，虔釗固辭不行。

㊼蜀主得風疾踰年，至是增劇。甲子（二十六日），立子東川節度使同平章事親衛馬步都指揮使仁贊為太子，仍監國，召司空同平章事趙季良、武信節度使李仁罕、保寧節度使趙廷隱、樞密使王處回、捧聖、控鶴都指揮使張公鐸、奉鑾肅衛指揮副使侯弘實

受遺詔輔政，是夕殂㊂，祕不發喪。王處回夜啓義興門告趙季良，處回泣不已。季良正色曰：「今彊將握兵㊃，專伺時變，宜速立嗣君以絕覬覦。豈可但相泣邪？」處回收淚謝之。季良教處回見李仁罕，審其詞旨，然後告之。處回至仁罕第，仁罕設備而出，遂不以實告。丙寅（二十八日），宣遺制命太子仁贊更名昶，丁卯（二十九日），即皇帝位㊄。

㊉初，帝以王玫對左藏見財失實㊅，故以劉昫代判三司。昫命判官高延賞鉤考窮覈，皆積年逋欠之數，姦吏利其徵責匄取，故存之。昫具奏其狀，且請察其可徵者急督之，必無可償者悉蠲之，韓昭胤極言其便。八月，庚午（初二日），詔長興以前戶部及諸道逋租三百三十八萬，虛煩簿籍，咸蠲免勿徵，貧民大悅，而三司吏怨之。

㊉辛未（初三日），以姚顗為中書侍郎同平章事。

㊉右龍武統軍索自通以河中之隙㊆，心不自安。戊子（二十日），退朝，過洛，自投於水而卒㊇。帝聞之，大驚，贈太尉。

㈢丙申（二十八日），以前安國節度使同平章事趙鳳為太子太保。

㈢九月，癸卯（初六日），詔鳳翔益兵守東安鎮以備蜀㈢。

㈢蜀衛聖諸軍都指揮使武信節度使李仁罕自恃宿將有功，復受顧託，求判六軍，令進奏吏宋從會以意諭樞密院，又至學士院偵草麻，蜀主不得已，甲寅（十七日），加仁罕兼中書令，判六軍事，以左匡聖都指揮使保寧節度使趙廷隱兼侍中，為之副。

㈣己未（二十三日），雲州奏契丹入寇，北面招討使石敬瑭奏自將兵屯百井以備契丹。辛酉（二十四日），敬瑭奏振武節度使楊檀擊契丹於境上，卻之。

㈤蜀奉鑾肅衛都指揮使昭武節度使兼侍中李肇聞蜀主即位，顧望，不時入朝，至漢州，留與親戚燕飲踰旬。冬，十月，庚午（初三日），始至成都，稱足疾，扶杖入朝見，見蜀主不拜。

㈥戊寅（十一日），左僕射門下侍郎同平章事李愚罷守本官，吏部尚書兼門下侍郎同平章事判三司劉昫罷為右僕射。三司吏聞昫罷相，皆相賀，無一人從歸第者㈣。

(五七)蜀捧聖、控鶴都指揮使張公鐸與醫官使韓繼勛、豐德庫使韓保貞、茶酒庫使安思謙等皆事蜀主於藩邸，素怨李仁罕，共譖之，云仁罕有異志。蜀主令繼勳等與趙季良、趙廷隱謀，因仁罕入朝，命武士執而殺之㊶。癸未（十六日），下詔暴其罪，並其子繼宏及宋從會等數人皆伏誅。是日，李肇釋杖而拜㊷。

(五八)蜀源州都押牙文景琛據城叛㊸，果州刺史李延厚討平之。

(五九)蜀主左右以李肇倨慢，請誅之。戊子（二十一日），以肇為太子少傅致仕，徙邛州㊹。

(六十)吳主加徐知誥大丞相、尚父，嗣齊王，九錫，辭不受。

(六一)雄武節度使張延朗將兵圍文州㊺，階州刺史郭知瓊拔尖石寨㊻，蜀李延厚將果州兵屯興州，遣先登指揮使范延暉將兵救文州，延朗解圍而歸，興州刺史馮暉自乾渠引戍兵歸鳳翔㊼。

(六二)十一月，徐知誥召其子司徒同平章事景通還金陵㊽，為鎮海、寧國節度副大使、諸道副都統，判中外諸軍事，以次子牙內馬步都指揮使、海州團練使景遷為左右軍都軍使、左僕射、參政事，留江都輔政。

(63)十二月，己巳（初三日），以易州刺史安叔千為振武節度使，齊州防禦使尹暉為彰國節度使(49)。叔千，沙陀人也。

(64)壬申（初六日），石敬瑭奏契丹引去，罷兵歸(50)。

(65)乙亥（初九日），徵雄武節度使張延朗為中書侍郎同平章事，判三司。

(66)辛巳（十五日），漢皇后馬氏殂(51)。

(67)甲申（十八日），蜀葬文武聖德英烈明孝皇帝於和陵，廟號高祖。

(68)乙酉（十九日），葬鄂王於徽陵城南(52)，封纔數尺，觀者悲之。【考異】閔帝實錄及薛史閔帝紀皆云：「晉高祖即位，謚曰閔，與秦王及重吉並葬徽陵域中。」今從廢帝實錄。

(69)是歲，秋、冬旱，民多流亡，同、華、蒲、絳(53)尤甚。

(70)漢主命判六軍秦王弘度募宿衛兵千人，皆市井無賴子弟，弘度昵之。同平章事楊洞潛諫曰：「秦王，國之冢嫡(54)，宜親端士。使之治軍已過矣，況昵羣小乎！」漢主曰：「小兒教以戎事，過煩公憂。」終不戒弘度。洞潛出見衞士掠商人金帛，商人不敢訴，歎曰：「政亂如此，安用宰相？」因謝病歸第，久之，不召，遂卒。

【今註】㊀吳人多不欲遷都者：吳遷都之議始自上卷明宗長興四年。㊁都押牙周宗：胡三省曰：「都押牙，鎮海、寧國二鎮都押牙也。」㊂主上西遷，公復須東行：金陵於江都為西，時吳都江都而徐知誥鎮金陵，言吳主若西遷金陵，則知誥須東鎮江都也。㊃髭：口上鬚也。口上曰髭，口下曰鬚，在頰曰髯。㊄齊丘以宗先己：以周宗先己建傳禪之議。㊅知誥愕然：徐知誥本有傳禪之志而宋齊丘亦以為然，今不意其立異，故愕然。㊆乃黜宗為池州副使：池州副使，池州團練副使也。㊇且欲召孟漢瓊：孟漢瓊出知天雄軍府見上卷明宗長興四年。㊈徙潞王從珂為河東節度使，兼北都留守：後唐以太原為北都，河東節度使治所也。㊉但各遣使臣持宣：胡三省曰：「宣，樞密院所行文書也。西班有大使臣、小使臣。」⑪吳主詔徐知誥還府舍：徐知誥虛府舍以待吳主見上卷本年。⑫潞王既與朝廷猜阻：事始上卷本年。⑬前代安重誨鎮河中，手殺之：洋王從璋殺安重誨事見卷二百七十七明宗長興二年。⑭不可受也：言不可受代。⑮滴河：《隋書・地理志》，隋文帝開皇十六年置滴河縣，屬渤海郡。《舊唐書・地理志》，滴河縣，唐屬棣州。《元豐九域志》：「滴河縣在棣州西南八十裏。」注曰：「漢都尉許商鑿此河，故以商為名，後人加水焉！」宋改滴河縣為商河縣，即今山東省商河縣。⑯君命召，不俟駕：引《論語》孔子之言。⑰臨喪赴鎮，又何疑焉：言當過京師臨喪，然後受命赴太原也。⑧衆哂之：時潞王府僚多勸王拒命者：以馬胤孫之言為不達時變，故哂之。哂，微笑也，含有譏嘲之義。⑨乘先帝疾亟，殺長立少：謂殺秦王從榮而立帝也。⑩別疏骨肉，動搖藩垣：謂易置石敬瑭及己，使與朝廷相猜阻，疏間骨肉之恩⑪潞王以西都留守王思同當東出之道：潞王鎮鳳翔，自鳳翔東趨洛陽，道出西都。西都，長安也。⑫吾受明宗大恩：胡三省曰：「王思同自燕降晉，梁、晉相距，思同未嘗有戰功，明宗時以久次為節度使，故自言受大恩。」余按大恩但泛言臣受祿於其君耳，不必以超遷始為大恩也。⑬依阿：謂無所可否也。胡三省曰：「依阿，謂不特立其說也。」⑭惟隴州防禦使相里金傾心附之：相里，複姓也。《姓譜》云：「咎繇之後為理氏，商末有理徵孫仲師，遭難去王為里，至晉大夫里克，為惠公所戮，克妻司城氏攜少子李連逃居相城，因為相里氏。」胡三省曰：「隴州東至鳳翔一百五十里。」⑮羽林都指揮使：宋白《續通典》曰：「後唐明宗長興二年二月，敕衞軍神捷、神威、雄武及魏府廣捷已下指揮改為左右羽林，置四十指揮，每十指揮立為一軍，每一軍置都指揮使一人，兼分為左右廂。」又曰：「閔帝應順元年三月，改在京羽林右左四十指揮為嚴衞左右軍。」然按《通鑑》，時西討鳳翔，以嚴衞步軍左廂指揮使尹暉、羽林指揮使楊思權等皆為偏裨，則嚴衞似與羽林並置，且非始置於應順元年三月也。⑯益知軍情將變：言將叛帝而附潞王。⑰出為商州刺史：《舊唐書・地理志》：「洛陽至商州八百八十六里。」⑱以王思同為西面行營馬步軍都部署：胡三省曰：「前此用兵置帥，率以都招討使命之。莊宗時，明宗為北面招討使以禦契丹，房知溫為都部署，當時為都部署者必有其人，又孟知祥拒董璋，以趙廷隱為行營都部署，後遂以為元帥之任。」㉙詔遣殿直楚匡祚執亳州團練使李重吉，幽於宋州：李重吉，潞王從珂長子也。《元豐九域志》：「亳州西北至宋州一百四十五里。」㉚洋王從璋行至關西：關西，函谷關之西也。㉛安彥威與山南西道張虔釗、武定孫漢韶、彰義張從賓、靜難康福等五節度使：河中護國軍、梁州山南西道、洋州武定軍、涇州彰義軍、邠州靜難軍，凡五節度使。㉜漢韶，李存進之子也：《五代史記・義兒傳》，存進，振武人也，本姓孫，名重進，武皇破朔州，得之，賜以姓名，養為子。㉝楊思權因大呼曰，大相公，吾主也：胡三省曰：「楊思權本黨於秦王從榮，從榮死，思權不自安久矣，因乘勢奉潞王，王於明宗諸子為長，故稱為大相公。」㉞防、團：防禦使、團練使。㉟思同等六節度使皆遁去：胡三省曰：「王思同及張虔釗等五節度為六節度使。按孫漢韶時守興元，當以藥彥稠足六節度之數。」㊱遂雍，鄩之子也：劉鄩，梁之名將也，拒莊宗於河上，兵敗，為梁朝所酖。㊲以孔目官虞城劉延朗為腹心：《五代史記・劉延朗傳》，潞王起於鳳翔，與共事者五人，節度判官韓昭胤，掌書記李專美，牙將宋審虔，客將房暠，而延朗為孔目官，及潞王即位，以審虔將兵，專美主謂議，而昭胤、暠及延朗掌機密。《舊唐書・地理志》，虞城縣，隋分下邑縣置，唐屬宋州，故城在今河南省虞城縣西南三里。㊳至岐山：《舊唐書・地理志》，岐山縣，隋立，唐屬鳳翔府，即今陝西省岐山縣。《元豐九域志》，岐山縣東至長安三百四十三里。㊴率民財以充賞：胡三省曰：「府庫之財僅足以給前軍，其隨潞王繼至者，率民財以給之。」㊵朕外守藩方：明宗時，帝本鎮天雄軍。㊶既承大業，年在幼沖：《五代會要》，明宗崩，帝即位，年二十。㊷榛梗：謂猜阻也。榛梗叢生，隔塞不通，故以為喻。㊸諸公以社稷大計見告，朕何敢違：謂康義誠、朱弘昭等勸帝削弱諸藩以安社稷，遂令兄弟猜閒以起兵端。㊹何方可以轉禍：言何術可轉禍為福也。㊺朱弘昭、馮贇大懼，不敢對：潞王之叛，朱弘昭、馮贇實肇其端，今事敗而禍集，乃大懼。㊻西師驚潰，蓋主將失策耳：西師，謂西討鳳翔之師；主將失策，咎王思同調度無方也。㊼遣楚匡祚殺李重吉於宋州：前已囚重吉於宋州，今又遣匡祚就殺之。㊽又殺尼惠明：上卷本年正月，召惠明入禁中，今就禁中殺之也。㊾從榮勒兵天津橋，洪實首為孟漢瓊擊從榮，康義誠由是恨之：洪實擊從榮事見上卷上年。康義誠本許迎從榮而洪實擊之，故恨。㊿公自欲反，乃謂誰反：朱洪實知康義誠欲以宿衞兵迎降潞王，故云。(51)遂斬洪實，軍士益憤怒：胡三省曰：「觀上文軍士揚言，所云但欲迎降潞王，何暇憤誅洪實之枉死？蓋憤怒者，洪實之從兵耳！」(52)潞王至昭應：《舊唐書・地理志》，昭應縣，隋新豐縣，治古新豐城北，唐睿宗垂拱二年，改為慶山縣，中宗神龍元年，復為新豐，玄宗天寶二年，分新豐、萬年置會昌縣，七載，省新豐縣，改會昌為昭應，屬雍州，治溫泉宮之西北。《元豐九域志》：「昭應縣在長安東五十五里。」宋真宗大中祥符八年，改昭應縣為臨潼縣，即今陝西省臨潼縣。(53)靈口：《太平寰宇記》，武后大足元年，於零口置鴻州。《元豐九域志》：「即臨潼縣之零口鎮也，亦作冷口，冷水至此入渭，在今陝西省臨潼縣東四十里。」(54)節將：謂節度使，言建節而為大將。(55)釁鼓：釁，血祭也。殺牲以血塗鼓之釁隙，因遂薦牲以祭，謂之釁鼓。(56)而楊思權之徒，恥見其面：思權等背主附逆以求榮，故恥見思同。(57)若留思同：留者，活之而使留於人世。(58)

制以康義誠為鳳翔行營都招討使，以王思同副之：時朝廷未知思同之死，故以副康義誠。(五九)閿鄉：《舊唐書・地理志》，閿鄉縣，隋置，唐屬虢州。閿同閿，漢屬湖縣，隋始立閿鄉縣，唐作閿鄉，宋復曰閿鄉，即今河南省閿鄉縣。《元豐九域志》：「閿鄉西去華州九十里，東至陝州一百七十里。」(六〇)靈寶：《舊唐書・地理志》，唐玄宗天寶元年，改隋桃林縣為靈寶縣，屬陝州，即今河南省靈寶縣。(六一)護國節度使安彥威、匡國節度使安重霸皆降：《五代史・安重霸傳》，重霸性狡譎，多智算，常以姦佞揣人主意，明宗尤愛之。莊宗同光四年，明宗起河北，安重霸以秦州降，明宗使帥同州，至是復以同州降。(六二)惟保義節度使康思立謀固守陝城以俟康義誠：後唐置保義軍於陝州，梁之鎮國軍也。(六三)康義誠軍至新安：胡三省曰：「新安縣西距陝州二百餘里。」《舊唐書・地理志》，新安縣，隋立，隋恭帝義寧二年，置新安郡，唐高祖武德元年，改為穀州，太宗貞觀元年，移穀州治澠池縣，移新安縣理廢穀州城，改屬洛州，即今河南省新安縣。(六四)乾壕：《元豐九域志》：「陝州陝縣有乾壕鎮，在今河南省陝縣東九十里。」(六五)先置：先發為之安置也。(六六)玄武門：洛陽宮城北門。(六七)無君而入宮城，恐非所宜：胡三省曰：「唐之兩都，三省及寺、監皆在宮城之內。」李愚欲入中書，故馮道云然。(六八)相公宜帥百官至穀水奉迎：穀水在洛陽城西。(六九)三相息於上陽明外：三相，馮道、李愚、劉昫也。胡三省曰：「上陽門，上陽宮門也。上陽宮在洛陽宮城西。」(七〇)吾輩之罪，擢髮不足數：《史記》須賈曰：「擢賈之髮，以續賈之罪，尚未足也。」言罪多至不勝數也。(七一)今上亮陰，政事出諸公：《書・無逸》云：「其或亮陰，三年不言。」孔傳曰：「陰，默也，居憂信默，三年不言。」疏云：「信任冢宰，默而不言。」(七二)東軍盡降：東軍，謂洛陽所遣以禦潞王之兵。(七三)閔帝至衛州東數里，遇石敬瑭：時帝召石敬瑭赴闕，敬瑭自河東入朝，與帝遇於衛州東。(七四)衛州刺史王弘贄，宿將習事，請與圖之：胡三省曰：「王弘贄從敬瑭伐蜀，嘗為偏將，石敬瑭欲擁帝還衛州以授弘贄，使為之所耳！」(七五)敬瑭還，見帝於衛州驛：帝時館於衛州驛舍，敬瑭自弘贄所議事還見帝也。(七六)奔洪進：史炤曰：「奔，姓也，古有賁姓，音奔，又音肥，後遂為奔。」(七七)公，明宗愛婿：石敬瑭尚明宗女魏國公主，故云。(七八)乃以此四者為辭：謂敬瑭藉王弘贄之言，以帝無將相、侍衛、府庫、法物而不欲輔之也。(七九)初，潞王罷河中，歸私第：事見卷二百七十七明宗長興元年。(八〇)至澠池西：《元豐九域志》：「澠池在洛陽之西一百五十六里。」《舊唐書・地理志》，隋澠池縣治大塢城，唐移治雙橋，隸洺州，即今河南省澠池縣。(八一)蜀主命奉鑾肅衛馬步都指揮使昭武節度使李肇將兵五千還利州：李肇本鎮昭武軍，蜀主召之使領宿衛，今令將兵還鎮以應接梁、洋二鎮也。(八二)傳教：傳令也。王令曰教。(八三)權以書詔印施行：胡三省曰：「書詔印，畫可所用者也。閔帝之出奔也，蓋以八寶自隨。」(八四)百官詣至德宮門待罪：《五代史・唐末帝紀》，潞王監國，入居至德宮。《五代會要》，後唐明宗天成元年，中書門下奏請以洛京潛龍舊宅為至德宮，蓋明宗舊第也。(八五)問三司使王玫以府庫之實：問以所存金帛之實數。三司使掌天下財賦，故問之。(八六)僦：賃也。(八七)帝遣弘贄之子殿直巒往酖之：帝謂末帝潞王也。遣王巒往衛州酖閔帝。(八八)閔帝問來故：問巒所以來之故。帝既遇害，晉高祖即位，謚曰閔。(八九)巒縊殺之：時年二十一。(九〇)閔帝性仁厚，於兄弟敦睦，雖遭秦王忌疾，閔帝坦懷待之，卒免於患：言免為秦王所誅也。閔帝見忌於秦王事見上卷明宗長興三年。敦睦，親厚也。㊈孔妃：閔帝皇后孔氏，孔循之女也。時廢閔帝為鄂王，故後降為妃。㊉潞王：王時已即帝位，當書曰帝，此承前史之文而失於修改。㊊閔帝之在衞州也，惟磁州刺史宋令詢遣使問起居：宋令詢出刺磁州見上卷明宗長興四年。㊋西縣、金牛：《舊唐書・地理志》，唐高祖武德二年，置褒州於西縣，八年，廢褒州，以縣屬梁州，故城在今陝西省沔縣西四十里，本後魏之嶓冢縣也，隋改曰西縣。金牛縣，漢葭萌縣也，唐高祖武德二年，分綿谷縣置金牛縣，初屬褒州，八年，州廢，移屬梁州，故城在今陝西省寧羌縣東北六十里，以金牛道而得名。㊌蜀將張業將兵入興元、洋州：先是蜀卻石敬瑭伐蜀之兵，趙廷隱獻計乘勝取山南，蜀主以兵疲民困未許，至是乘中原內亂，坐得其地。㊍改元：改元清泰。㊎斬河陽節度使判六軍諸衞兼侍中康義誠，滅其族：以康義誠猜閒帝之兄弟，且不忠於所事也。㊏誅藥彥稠：帝之失職河中也，藥彥稠斬楊彥溫以滅口，與帝有宿怨，事見卷二百七十七明宗長興元年，故誅之。㊐下軍巡使獄：凡民之輸財有稽遲者，則下之獄。㊑簪珥：簪，婦人髮飾，珥，耳飾也。㊒李專美夜直：《五代史記・劉廷朗傳》，帝既即位，以李專美為比部郎中、樞密直學士。㊓竊思自長興之季，賞賚亟行，卒以是驕：事始見上卷明宗長興四年。卒，士卒也。㊔繼以山陵及出師，帑藏遂涸：謂繼以經營徽陵及西討鳳翔所費，遂至帑藏空虛，如水源之枯涸。㊕雖有無窮之財，終不能滿驕卒之心，故陛下拱手於危困之中而得天下：此言帝在鳳翔時所以能得諸軍推戴之故。㊖軍士無厭：無厭，不知厭足也。㊗除去菩薩，扶立生鐵：菩薩者，閔帝小字菩薩奴，又以喻其仁弱，語意雙關，生鐵，喻帝之剛嚴。㉗徽陵：在河南府洛陽縣。㉘以莊宅使劉延朗為樞密副使：《五代史記・劉延朗傳》，帝即位，以為莊宅使，至是改授今職。㉙心競：心競，本諸《左傳》師曠之言。競，爭也，言其心互不相能。㉚魏國公主：魏國公主，明宗之女，石敬瑭之妻，曹太后所生也。《五代會要》，明宗天成三年四月，封永寧公主，長興四年九月，進封魏國公主。㉛惟韓昭胤、李專美以為趙延壽在汴，不宜猜忌敬瑭：趙延壽時鎮宣武，逼近洛都，而其父趙德鈞鎮幽州，擁強兵。言若猜忌敬瑭，延壽必懼而生變也。㉜戊午，以隴州防禦使相里金為保義節度使：帝之起於鳳翔也，諸道多持兩端，惟相里金傾心附之，故授以節鎮以賞功。是月庚子朔，戊午十九日，當置己酉之後。㉝以羽林軍使楊思權為靜難節度使：帝許以邠寧節度使授楊思權見上三月。㉞張虔釗、孫漢韶舉族遷於成都：張虔釗、孫漢韶降蜀見上四月。㉟匡國節度使：唐置匡國軍於同州，梁改曰忠武軍，後唐復曰匡國軍。㊱帝之起鳳翔也，悉取天平節度使李從曮家財、甲兵以供軍：李從曮，茂貞長子也，自茂貞以來再世鎮鳳翔，從曮雖移鎮天平而家財、甲兵猶在焉。㊲將行：謂將發鳳翔，東趨洛陽也。㊳至是徙從曮為鳳翔節度使：明宗長興元年，從曮自鳳翔入朝，徙鎮宣武，復徙天平，至是自天平還鎮鳳翔。㊴初，明宗為北面招討使：莊宗同光元年，以明宗為北面招討使，見卷二百七十二。㊵被酒：被，加也，言為酒所加被。凡飲酒皆曰被酒。㊶成延龜：胡三省曰：「周文王第五子郕叔武封於郕，或言成王封季載於郕，其後以國為氏，或去邑為成氏。」㊷吳徐知誥將受禪，忌昭武節度使兼中書令臨川王濛：濛見忌始見卷二百七十一梁末帝貞明五年。利州昭武軍時屬蜀，吳未能有，但使濛遙領之耳。㉓歷陽公：歷陽縣，和州治所。《舊唐書・地理志》：漢置九江郡歷陽縣，東晉置歷陽郡，宋為南豫州，北齊置和州，隋為歷陽郡，唐復為和州。故治即今安徽省和縣。㉔道既出鎮：謂出鎮同州匡國軍也。㉕親家：男女姻家父母相呼，謂之親家。《唐書・蕭嵩傳》：「嵩子尚新昌公主，嵩妻入謁，帝呼為親家。」㉖儉，嶤之子也：崔嶤見卷二百五十一唐懿宗咸通十年。㉗帝欲殺楚匡祚：以匡祚殺帝長子重吉也。㉘恐不厭眾心：厭，服也。㉙立沛國夫人劉氏為皇后：《五代史・后妃傳》，后，應州人也，性強戾，帝甚憚之，明宗天成中，封為沛國夫人。㉚於事皆無所關預：宋齊丘以沮止禪代事為徐知誥所疎，事始見上二月，故召之還金陵而不使預政事。㉛從敏在宋州，預殺重吉，帝尤惡之：歸德軍治宋州。殺重吉於宋州見上三月。㉜蜀置永平軍於雅州：唐僖宗文德初，置永平軍於邛州，後徙雅州，蓋莊宗滅蜀而廢之，今復置之也。㉝是夕殂：九國志，殂年六十一。㉞今彊將握兵：胡三省曰：「彊將，謂李罕之、李肇等。」㉟宣遺制命太子仁贊更名昶，即皇帝位：昶，蜀主第三子也。㊱初，帝以王玫對左藏見財失實：事見上四月。㊲右龍武統軍索自通以河中之隙：帝之失職河中也，索自通與藥彥稠斬楊彥溫，使帝不得白其冤，事見卷二百七十七明宗長興元年。㊳退朝，過洛，自投於水而卒：洛，洛水也。洛水貫洛陽城中，故自通退朝過之，自投於水。㊴詔鳳翔益兵守東安鎮以備蜀：胡三省曰：「東安鎮當在鳳翔西界，蜀既出關收階、成之地，故益兵以備之。」㊵三司吏聞昫罷相，皆相賀，無一人從歸第者：以昫奏斸諸道逋租，三司吏不得復因緣罔利也。㊶蜀主令繼勳等與趙季良、趙廷隱謀，因仁罕入朝，命武士執而殺之：胡三省曰：「趙廷隱自克東川，與李仁罕爭功，怨隙之深，有自來。仁罕之求判六軍，蜀主命廷隱為之副，所以防仁罕也。」《五代史記・後蜀世家》，昶年少，不親政事，而將相大臣皆知祥故人，知祥寬厚，多優縱之，及其事昶，益驕蹇，多逾法度，務廣第宅，奪人良田，發其墳墓，而李仁罕、張業尤甚，昶即位數月，執仁罕殺之，並族其家。㊷是日，李肇釋杖而拜：懲李仁罕之誅也。㊸蜀源州都押牙文景琛據城叛：胡三省曰：「偏考新、舊唐志及九域圖志、寰宇記，皆不載源州建置之由與其地，歐史職方考曰：『州縣凡唐故而廢於五代者，若五代所置而見於今者及縣之割隸今因之者，皆宜列以備職方之考，其餘嘗置而復廢，嘗改割而復舊，皆不足書。』則知源州蓋蜀所置而尋廢，此其所以無傳。同光之克蜀也，得州六十四，見於職方者五十三州而已，如源州等蓋皆六十四州之數。按薛史，後蜀潘仁嗣授武定節度使，源、壁等州觀察營田處置等使，周師攻秦、鳳，孟貽業駐軍平利為褒、源之援，則蜀置源州，屬武定軍節度。」㊹邛州：《舊唐書・地理志》，唐高祖武德元年，割雅州之依政、臨邛、蒲江、火井五縣置邛州，治依政縣，高宗顯慶三年；移州治於臨邛縣，玄宗天寶元年，改為臨邛郡，肅宗乾元元年，復為邛州，故治即今四川省邛崍縣。㊺雄武節度使張延朗將兵圍文州：唐末岐置雄武軍於秦州，前蜀改曰天雄軍，後唐復曰雄武軍。㊻階州刺史郭知瓊拔尖石寨：時階州已入蜀，唐蓋使郭知瓊為刺史，使進取之耳。㊼興州刺史馮暉自乾渠引戍兵歸鳳翔：興州時亦為蜀所有。《五代史・馮暉傳》，長興中，暉為興州刺史，以乾渠為治所，會蜀人來侵，以眾寡不敵，奔歸鳳翔，蓋亦未能得興州也。㊽徐知誥召其子司徒同平章事景通還金陵：自江都還金陵也。㊾以易州刺史安叔千為振武節度使，齊州防禦使尹輝為彰國節度使：《五代史記・安叔千傳》，叔千從擊契丹，為先鋒都指揮使，以功拜昭武軍節度使，又〈楊光遠傳〉，光遠自明宗時鎮振武，至清泰二年始徙鎮中山，楊光遠即楊檀也，安叔千豈得復拜振武節度使，振武蓋昭武之誤。又《五代史・尹暉傳》，閔帝應順中，王師討末帝於岐下，暉與楊思權首歸末帝，約以鄴都授之，末帝即位，石敬瑭入洛，嘗遇暉於通衢，暉馬上橫鞭以揖之，敬瑭忿之，後因謁，謂末帝曰：「尹輝常才，以歸命稱先，陛下欲令出鎮名藩，外論皆云不當。」末帝乃改授暉應州節度使。應州彰國軍。㊿石敬瑭奏契丹引去，罷兵歸：自百井歸晉陽。(51)漢皇后馬氏殂：馬氏，楚王殷之女。(52)葬鄂王於徽陵城南：胡三省曰：「唐園陵之制，兆域之外，繚以垣墻，列植柏樹，謂之柏城。」(53)同、華、蒲、絳：四州名。蒲州河中府。(54)冢嫡：儲君也。冢，大也。

清泰二年（西元九三五年）

㈠春，正月，丙申朔，閩大赦，改元永和。

㈡二月，丙寅朔，蜀大赦。

㈢甲戌（初九日），以樞密使天雄節度使兼侍中范延光為宣武節度使，兼中書令。

㈣丁丑（十二日），夏州節度使李彝超上言疾病，以兄行軍司馬彝殷權知軍州事，彝超尋卒。

㈤戊寅（十三日），蜀主尊母李氏為皇太后。太后太原人，本莊宗後宮也，以賜蜀高祖㊀。

㈥己丑（二十四日），追尊帝母魯國夫人魏氏曰宣憲皇太后㊁。

㈦閩主立淑妃陳氏為皇后。

初，閩主兩娶劉氏，皆士族，美而無寵。陳后本閩太祖侍婢金鳳也，陋而淫，閩主嬖之㊂，以其族人守恩、匡勝為殿使㊃。

㈧三月，辛丑（初七日），以前宣武節度使兼侍中趙延壽為忠武節度使，兼樞密使。

㈨以李彝殷為定難節度使。

㈩己酉（十五日），贈吳越王元瓘母陳氏為晉國太夫人。元瓘性孝，尊禮母黨，厚加賜與，而未嘗遷官，授以重任。

㈩一壬戌（二十八日），以彰聖都指揮使安審琦領順化節度使㊄。審琦，金全之子也㊅。

(十二)太常丞史在德性狂狷，上書歷詆內外文武之士㊆。請徧加考試，黜陟能否，執政及朝士大怒，盧文紀及補闕㊇劉濤、楊昭儉等皆請加罪，帝謂學士馬胤孫曰：「朕新臨天下，宜開言路，若朝士以言獲罪，誰敢言者？卿為朕作詔書，宣朕意㊈。」乃下詔，略曰：「昔魏徵請賞皇甫德參㊉，今濤等請黜史在德，事同言異，何其遠哉？在德情在傾輸⑪，安可責也？」昭儉，嗣復之曾孫也⑫。

(十三)吳加徐景遷同平章事，知左右軍事。徐知誥令尚書郎陳覺輔之，【考異】江南錄：「時先主權位日隆，中外皆知有代謝之勢，而以吳主恭謹守道，欲待嗣君。先主次子景遷，吳主之壻也，先主鍾愛特甚，齊丘使陳覺為景遷教授，為之聲價。齊丘參決時政，多為不法，輒歸過於嗣主，而盛稱景遷之美，幾有奪嫡之計，所以然者，以吳主少而先主老，必不能待，他日得國，授於景遷，易制，已為元老，威權無上矣，此其日夕為謀也。先主覺之，乃召齊丘如金陵，以為己之副，遙兼申蔡節度使，無所關預，從容而已。」今從十國紀年。謂覺曰：「吾少時與宋子嵩⑬論議，好相詰難，或吾捨子嵩還家，或子嵩拂衣而起，子嵩攜衣笥，望秦淮門⑭欲去者數矣，吾常戒門者止之。吾今老矣，猶未徧達時事，況景遷年少當國？故屈吾子以誨之耳！」

(十四)夏，四月，庚午（初六日），蜀以御史中丞龍門⑮毌昭裔為中書侍郎同平章事。

(十五)癸未（十九日），加樞密使刑部尚書韓昭胤中書侍郎同平章事，辛卯（二十七日），以宣徽南院使劉延皓為刑部尚書，充樞密使。延皓，皇后之弟也。癸巳（二十八日），以左領軍衛大將軍劉延朗為本衛上將軍(一六)，充宣徽北院使，兼樞密副使。

(十六)五月，丙申（初三日），契丹寇新州及振武(一七)。

(十七)庚戌（二十日），賜振武節度使楊檀名光遠(一八)。

(十八)六月，吳德勝節度使兼中書令柴再用卒(一九)。先是史官王振嘗詢其戰功，再用曰：「鷹犬微效，皆社稷之靈，再用何功之有？」竟不報。

(十九)契丹寇應州。

(廿)河東節度使北面總管石敬瑭既還鎮(二〇)，陰為自全之計。帝好咨訪外事，常命端明殿學士李專美、翰林學士李崧、知制誥呂琦、薛文遇、翰林天文趙延(二一)等更直於中興殿庭，與語或至夜分。時敬瑭二子為內使(二二)，曹太后則晉國長公主之母也(二三)，敬瑭賂太后左右，令伺帝之密謀，事無巨細皆知之。敬瑭多於賓客前自稱羸瘠，不堪為帥，冀朝廷不之忌。

時契丹屢寇北邊，禁軍多在幽、幷，敬瑭與趙德鈞求益兵運糧㉔，朝夕相繼。甲申（二十一日），詔借河東人有畜積者菽粟，乙酉（二十二日），詔鎮州輸絹五萬匹於總管府糴軍糧㉕，率鎮、冀人車千五百乘運糧於代州㉖，又詔魏、博市糴。時水旱民饑，敬瑭遣使督趣嚴急，山東之民流散㉗，亂始兆矣。

敬瑭將大軍屯忻州，朝廷遣使賜軍士夏衣，傳詔撫諭，軍士呼萬歲者數四，敬瑭懼，幕僚河內段希堯請誅其唱首者，敬瑭命都押衙劉知遠斬挾馬都將李暉等三十六人以狥。希堯，懷州人也。帝聞之，益疑敬瑭。

(廿一)壬辰（二十九日），詔竊盜不計贓多少並縱火彊盜，竝行極法。

(廿二)閩福王繼鵬私於宮人李春鷰，繼鵬請之於陳后，后白閩主而賜之。

(廿三)秋，七月，以樞密使劉延皓為天雄節度使。

(廿四)乙巳（十三日），以武寧節度使張敬達㉘為北面行營副總管，將兵屯代州，以分石敬瑭之權。

㈤帝深以時事為憂，嘗從容讓盧文紀等以無所規贊，丁巳（二十五日），文紀等上言：「臣等每五日起居，與兩班旅見㉙，暫獲對揚㉚，侍衛滿前，雖有愚慮，不敢敷陳。竊見前朝自上元㉛以來，置延英殿㉜，或宰相欲有奏論，天子欲有咨度，旁無侍衛，故人得盡言。望復此故事，惟聽機要之臣㉝侍側。」詔以「舊制五日起居，百僚俱退，宰相獨升，若常事自可敷奏，或事應嚴密，不以其日，或異日聽於閤門奏牓子，當盡屏侍臣，於便殿相待，何必襲延英之名也。」

㈥吳潤州團練使徐知諤狎昵小人，游燕廢務，作列肆於牙城西，躬自貿易。徐知誥聞之怒，召知諤左右詰責，知諤懼。或謂知誥曰：「忠武王最愛知諤，而以後傳於公㉞，往年知詢失守㉟，論議至今未息，借使知諤治有能名，訓兵養民，於公何利㊱？」知誥感悟，待之加厚。

㈦九月，丙申（初四日），吳大赦，改元天祚。

㈥己酉（十七日），以宣徽南院使房暠為刑部尚書，充樞密使，宣徽北院使劉延朗為南院使，仍兼樞密副使，於是延朗及樞密直學士薛文遇等居中用事，暠與趙延壽雖為使長㊲，其聽用之言，什不三四，暠隨勢可否，不為事先㊳，每幽、幷遣使入奏，樞密諸人環坐議之，暠多俛首而寐，比覺，引頸振衣，則使者去矣，啓奏除授，一歸延朗，諸方鎮、刺史自外入者，必先賂延朗，後議貢獻，賂厚者先得內地，賂薄者晚得邊陲，由是諸將帥皆怨憤，帝不能察。

㈦蜀金州防禦使全師郁寇金州，拔水寨㊴，城中兵纔千人，都監陳知隱托它事，將兵三百，沿流遁去。防禦使馬金節罄私財以給軍，出奇死戰㊵，蜀兵乃退。戊寅（九月，癸巳朔，無戊寅）詔斬知隱。

㈧初，閩主有幸臣曰歸守明，出入臥內。閩主晚年，得風疾，陳后與守明及百工院使李可殷私通，國人皆惡之，莫敢言。可殷嘗譖皇城使李倣於閩主，后族陳匡勝無禮於福王繼鵬，倣及繼鵬皆恨之。閩主疾甚，繼鵬有喜色，倣以閩主為必不起。冬，十月，己卯（十八日），使壯士數人持白挺擊李可殷，殺之，中外震驚。庚辰（十九日），閩主疾少間，陳后訴之，閩主力疾視朝。詰可殷死狀，倣懼而出，俄頃，引部兵鼓譟入宮，閩主聞變，匿於九龍帳下㊶，亂兵刺之而出。閩主宛轉未絕，宮人不忍其苦，為絕之㊷。倣與繼鵬殺陳后、陳守恩、陳匡勝、歸守明及繼鵬弟繼韜，繼韜素與繼鵬相惡故也㊸。

辛巳（二十日），繼鵬稱皇太后令監國，是日，即皇帝位㊹，更名昶，謚其父曰齊肅明孝皇帝，廟號惠宗，既而自稱權知福建節度事，遣使奉表於唐，大赦境內，立李春鷰為賢妃。

初，閩惠宗娶漢主女清遠公主㊺，使宦者閩清㊻林延遇置邸於番禺，專掌國信，漢主賜以大第，稟賜甚厚，數問以閩事，延遇不對，退謂人曰：「去閩語閩，去越語越，處人宮禁，可如是乎？」漢主聞而賢之，以為內常侍，使鉤校㊼諸司事。延遇聞惠宗遇弒，求歸，不許，素服向其國三日哭。

㈣荊南節度使高從誨性明達，親禮賢士，委任梁震，以兄事之。震常謂從誨為郎君㈣，楚王希範好奢靡，遊談者共誇其盛㈣，從誨謂僚佐曰：「如馬王，可謂大丈夫矣！」孫光憲對曰：「天子、諸侯，禮有等差，彼乳臭子，驕侈僭忲，取快一時，不為遠慮，危亡無日，又足慕乎？」從誨久而悟曰：「公言是也。」乃捐去玩它日，謂梁震曰：「吾自念平生，奉養固已過矣。」乃捐去玩好，以經史自娛，省刑薄賦，境內以安。梁震曰：「先王待我如布衣交，以嗣王屬我㈤，今嗣王能自立，不墜其業，吾老矣，不復事人矣！」遂固請退居，從誨不能留，乃為之築室於土洲㈤，震披鶴氅㈤，自稱荊臺隱士，每詣府，跨黃牛至聽事，從誨時過其家，四時賜與甚厚，自是悉以政事屬孫光憲。

臣光曰：「孫光憲見微而能諫，高從誨聞善而能徙㈤，梁震成功而能退㈤，自古有國家者能如是，夫何亡國敗家喪身之有？」

㈣吳加中書令徐知誥尚父、太師、大丞相、大元帥，進封齊王，備殊禮㈤，以昇、潤、宣、池、歙、常、江、饒、信、海十州為齊國[五六]。知誥辭尚父、丞相、殊禮不受。

(卅二)閩皇城使判六軍諸衛李倣專制朝政，陰養死士，閩主昶與拱宸指揮使林延皓等圖之。延皓等詐親附倣，倣待之不疑。十一月，壬子（二十一日），倣入朝，延皓等伏衛士數百於內殿，執斬之，梟首朝門[五七]，倣部兵千餘持白挺攻應天門，不克，焚啓聖門，奪倣首奔吳越。詔暴倣弒君及殺繼韜等罪[五八]，告諭中外。以建王繼嚴判六軍諸衛，以六軍判官永泰[五九]葉翹為內宣徽使，參政事。

翹博學質直，閩惠宗擢為福王友[六〇]。昶以師傅禮待之，多所裨益，宮中謂之國翁。昶既嗣位，驕縱，不與翹議國事。一旦，昶方視事，翹衣道士服，過庭中趨出，昶召還，拜之曰：「軍國事殷，久不接對，孤之過也。」翹頓首曰：「老臣輔導無狀，致陛下即位以來，無一善可稱，願乞骸骨。」昶曰：「先帝以孤屬公，政令不善，公當極言，奈何棄孤去？」厚賜金帛，慰諭令復位。

昶元妃梁國夫人李氏，同平章事敏之女。昶嬖李春鷰[六一]，待夫人甚薄。翹諫曰：「夫人，先帝之甥，聘之以禮，奈何以新愛而棄之？」昶不悅，由是疏之。未幾，復上書言事，昶批其紙尾曰：「一葉隨風落御溝。」遂放歸永泰㊂，以壽終。

㊃帝嘉馬全節之功㊂，召詣闕。劉延朗求賂，全節無以與之。延朗欲除全節絳州刺史，羣議沸騰㊃，帝聞之，乙卯（二十四日），以全節為橫海留後㊄。

㊄十二月，壬申（十一日），以中書侍郎同平章事充樞密使韓昭胤同平章事，充護國節度使。

㊅乙酉（二十四日），以前匡國節度使同平章事馮道為司空㊅。時久無正拜三公者㊆，朝議疑其職事㊇，盧文紀欲令掌祭祀掃除㊈，道聞之，曰：「司空，掃除職也，吾何憚焉！」既而文紀自知不可，乃止。

㊆閩主曦洞具先生陳守元號天師㊉，信重之，乃至更易將相，刑罰選舉，皆與之議。守元受賂請託，言無不從，其門如市。

【今註】㈠太后，太原人，本莊宗後宮也，以賜蜀高祖：蜀高祖，孟知祥也。《五代史．僭偽傳》，昶母李氏，本莊宗之嬪御，以賜知祥，蓋以別於克讓女福慶長公主。㈡追尊帝母魯國夫人魏氏曰宣憲皇太后：后本鎮州王氏婦也，生帝於平山，唐昭宗景福中，與帝皆為明宗所掠。《五代會要》曰：「後初封魯國夫人，清泰二年二月，中書門下奏：『臣聞漢昭帝承祚御歷，奉尊謚於雲陽，魏明帝繼體守文，思外家於甄館，而皆追崇徽稱，祔饗廟廷，克隆敬本之文，式叶愛親之道。臣等又覽國史，竊見元宗皇帝母曰昭成皇后竇氏，代宗皇帝母曰章敬太后吳氏，始嬪朱邸，俄閟元宮，鴻圖既屬於明君，尊號咸追於聖母。伏以魯國夫人發祥沙麓，貽慶河洲，三后最賢，周母允成於天統；四妃有子，唐后先啓於帝基。仰惟當宁之情，彌珍寒泉之思，久虛殷薦，慮損皇猷。臣等謹上尊謚曰宣憲皇太后，請依昭成皇太后故事，擇日備禮冊命，又臣等伏聞先太后舊陵永祔先祠，則都下難崇別業，既追尊謚，合祔閟宮。按漢朝故事，園寢不在王畿，或就陵所更立寢祠，今商量上謚後，權立享廟，以申告獻，配祠之禮，請俟他年。』從之。」按《五代史記・唐家人傳》，時議為魏后建陵寢而太原石敬瑭反，乃於京師河南府東立寢宮，請泰三年六月，上謚曰宣憲。㊂陳后本閩太祖侍婢金鳳也，陋而淫，閩主嬖之：愛其淫而嬖之。閩王審知廟號太祖。㊃殿使：胡三省曰：「殿使，閩所置官。」㊄以彰聖都指揮使安審琦領順化節度使：《五代會要》，清泰元年六月，改捧聖馬軍為彰聖左右軍，嚴衛步軍為寧衛左右軍。胡三省曰：「梁嘗改滄州義昌軍為順化軍，後唐復唐之舊為橫海軍。前此吳越錢元珦判明州，領順化節度使，審琦所領蓋楚州順化軍也。」吳越順化軍治臨安。義昌軍即橫海軍也，唐德宗貞元中置橫海節度於滄州，其後罷，更置齊德滄景節度，尋賜號義昌軍。㊅審琦，金全之子也：安金全，代北舊將，禦梁將王檀於太原者。㊆太常丞史在德性狂狷，上書歷詆內外文武之士：

《五代史・唐末帝紀》，太常丞史在德上疏言事，其略曰：「朝廷任人，率多濫進。稱武士者不閑計策，雖披堅執銳，戰則棄甲，窮則背軍；稱文士者鮮有藝能，多無士行，問策謀則杜口，作文字則倩人，所謂虛設具員，枉耗國力。逢陛下惟新之運，是文明革弊之秋，臣請應內外所管軍人，凡勝衣甲者，請宣下本部大將，一一考試武藝短長、權謀深淺，居下位有將才者，便拔為大將，居上位無將略者，移之下軍。其東班臣僚，請內出策題，下中書，令宰臣面試，如下位有大才者，便拔居大位，處大位無大才者，即移之下僚。」㈧補闕：唐制，諫官分左右補闕，左補闕屬門下，右補闕屬中書，掌諷諫、駁正之任。㈨卿為朕作詔書，宣朕意：詔勿加史在德之罪也。馬胤孫時為翰林學士，故令作詔書。㈩昔魏徵請賞皇甫德參：唐太宗時，中牟丞皇甫德上封章言事，忞行訕謗，太宗欲罪之，魏徵諫之，賜絹二十匹，拜監察御史，事見卷一百九十四唐太宗貞觀八年。⑪傾輸：胡三省曰：「傾輸，謂傾其胸腹所懷而輸忠於上也。」⑫昭儉，嗣復之曾孫也：楊嗣復相唐文宗。⑬宋子嵩：宋齊丘字子嵩。⑭秦淮門：金陵城門也。⑮龍門：《舊唐書・地理志》，龍門縣，本漢皮氏縣，後魏改曰龍門，唐高祖武德元年，於縣置泰州，太宗貞觀十七年，廢泰州，以縣屬絳州，後轉隸河中府。按龍門縣，宋改曰河津縣，故城在今山西省河津縣西二里。⑯以左領軍衞大將軍劉延朗為本衞上將軍：為左領軍衞上將軍。⑰契丹寇新州及振武：新州威塞軍，朔州振武軍。王仁裕《玉堂閒話》曰：「乙未歲，契丹據河朔，晉師據於澶淵，天下騷然，疲於戰伐。」乙未歲，即清泰二年也。⑱賜振武節度使楊檀名光遠：《五代史・唐末帝紀》，時中書奏：「準天成三年正月敕，凡廟諱但迴避正文，其偏旁文字不在減少點畫。今定州節度使楊檀、檀州、金壇等名，酌情制宜，並請改之，其表章文案偏旁，字闕典畫，凡臣僚名涉偏旁，亦請改名。」詔曰：「偏旁文字，音韻懸殊，止避正呼，不宜全改。楊檀賜名光遠，餘依舊。」按此，以明宗廟諱亶，避偏旁也。又《五代史・唐末帝紀》清泰二年書楊光遠官職皆作定州節度使，〈楊光遠傳〉亦云光遠自明宗時鎮振武，至清泰二年始徙鎮中山，中山即定州也，《通鑑》仍作振武節度使，疑誤。⑲吳德勝節度使兼中書令柴再用卒：路振《九國志》曰：「再用寬厚淹雅，有儒者之風，好讀左氏春秋，未嘗省視廚廐，寮屬白事，有不如意，但對之假寢，諸子娶婦，必擇平昔舊族。累歷藩鎮，敦尚儉素，車馬導從，不過十人，亦一時之良將也。」⑳河東節度使北面總管石敬瑭既還鎮：去年五月，帝令石敬瑭還鎮太原。㉑翰林天文趙延乂：胡三省曰：「唐之中世，司天臺有天文博士二人，正八品下，天文觀生九十人，天文生五十人，皆掌候天文。翰林天文，居翰林院以候天文者也。」㉒時敬瑭二子為內使：內使，內諸司使。按敬瑭拒命之時，其子重殷為右衞上將軍，重裔為皇城副使。見下卷晉高祖天福元年。㉓曹太后則晉國長公主之母也：《五代會要》，石敬瑭妻魏國公主，是年四月進封晉國長公主。曹太后即明宗和武顯皇后曹氏。㉔敬瑭與趙德鈞求益兵運糧：敬瑭帥幷州，趙德鈞帥幽州，各求益兵糧以實二州。㉕詔鎮州輸絹五萬匹於總管府糴軍糧：輸絹於河東也。時石敬瑭為北面馬步軍都總管，置總管府於晉陽。㉖率鎮、冀人車千五百乘運糧於代州：《元豐九域志》，鎮州西北至代州六百二十里。㉗山東之民流散：山東之民，謂太行、常山之東，鎮、冀、魏、博諸州之民也。㉘武寧節度使：唐置武寧軍節度於徐州。㉙與兩班旅見：兩班，東班、西班也，東班文臣，西班武職。旅見，眾見也。《禮》曾子問：「諸侯旅見天子。」㉚對揚：《書・說命》：「敢對揚天子之休命。」傳曰：「對，答也，答受美命而稱揚之。」㉛上元：唐肅宗年號。㉜延英殿：唐肅宗置延英殿於長安東內。㉝機要之臣：謂中書及樞密也。㉞忠武王最愛知誥，而以後事傳於公：徐溫諡忠武王。溫臨歿傳政於知誥，事見卷二百七十六明宗天成二年。㉟往年知詢失守：失守猶曰失職，謂知詢自昇州召還揚州也。㊱借使知誥治有能名，訓兵養民，於公何利：言如是則民心復向徐氏，於知誥未見其利也。㊲使長：謂樞密使也。樞密使為樞密院之長。㊳不為事先：不事先關白之。㊴蜀金州防禦使全師郁寇金州，拔水寨：胡三省曰：「按元和郡縣志，漢水去金州城百步，故唐置水寨以防蜀兵。」金州，今陝西省安康縣，北臨漢水。㊵出奇死戰：出奇兵作殊死戰。㊶閩主聞變，匿於九龍帳下：《五代史記・閩世家》，閩主鏻命錦工作九龍帳，國人歌曰：「誰謂九龍帳，惟貯一歸郎。」歸郎，謂歸守明也，為陳后所嬖。㊷為絕之：為絕其命也。㊸繼韜素與繼鵬相惡故也：《五代史記・閩世家》，閩主鏻婢春鷰有美色，其子繼鵬烝之，鏻已病，繼鵬因陳后以求春鷰，鏻怏怏與之，其次子繼韜怒，謀殺繼鵬，繼鵬懼，與皇城使李倣圖之。㊹即皇帝位：繼鵬，鏻之長子也。㊺漢主女清遠公主：《舊唐書・地理志》，廣州有清遠縣，蓋以縣為封邑也。㊻閩清：新、舊《唐書・地理志》皆無閩清縣，《五代史・郡縣志》，福州閩清縣，梁開平元年十月移就梅溪場置。宋白《續通典》，唐德宗貞元元年，割候官縣十鄉為梅溪場，蓋王氏據閩始分置也。《元豐九域志》，閩清縣屬福州，在州城西北一百五十里，即今福建省閩清縣。㊼鉤校：鉤取探索而檢校之也。㊽震常謂從誨為郎君：自漢以來，門生故吏呼其主之子為郎君，以漢制二千石以上得任其子為郎故也。梁震事高季興，季興，從誨之父也，故呼從誨為郎君。㊾楚王希範好奢靡，游談者共誇其盛：《五代史補》，希範性奢侈，嗣位未幾，大興土木，其最為壯麗者曰九龍、金華等殿，殿之成也，用丹砂塗其壁，凡用數十萬斤石，每將吏謁見，將升殿，但覺丹砂之氣，藹然襲人，其費用也皆此類。初，教令既下，主者以丹砂非卒致之物，相顧憂色，居無何，東境山崩，涌出丹砂委積如丘陵，於是收而用之。㊿先王待我如布衣交，以嗣王屬我：先王謂高季興，布衣交，謂貧賤時故交也，《史記》藺相如曰：「臣以為布衣之交，尚不相欺。」梁震事高氏始卷二百六十六梁太祖開平二年。嗣王，謂高從誨也。(51)土洲：胡三省曰：「江陵有九十九洲，土洲其一也。」(52)鶴氅：徐灝曰：「鶴氅，以鶖毛為衣也。」(53)孫光憲見微而能諫，高從誨聞善而能徙：微，兆之始見也；徙，去惡就善也。高從誨羨馬希範而萌其奢侈之心，孫光憲諫之以防微，是能諫也；高從誨因光憲之言，捐其侈心而樂經史，是能遷善也。(54)梁震成功而能退：梁震輔翼高氏父子，使嗣王不墜先世之棄，是其功也。(55)備殊禮：殊禮者，加九錫、贊拜不名、入朝不趨之類。(56)以昇、潤、宣、池、歙、常、江、饒、信、海十州為齊國：胡三省曰：「考徐知誥所封十州，自潤循江而上至於江，則中斷吳國之腰膂，江都之與洪、鄂，脉理不相屬矣！自常、潤被海界淮而有海州，則有包舉吳國之勢矣！」(57)朝門：胡三省：「朝門，正朝之門。」(58)詔暴倣弒君及殺繼韜等罪：詔，謂閩主之詔也。按《五代史記・閩世家》，繼韜之死，閩主與有謀焉，今委罪於李倣而暴其惡。㊄永泰：《唐書・地理志》，唐懿宗咸通二年，析連江、閩二縣置永泰縣，屬福州。《舊唐書・地理志》，唐代宗永泰年間置永泰縣，屬福州，未知孰是。《元豐九域志》，永泰縣在福州州城西南三百五十里，即今福建省永泰。㊅翹博學質直，閩惠宗擢為福王友：閩主昶初封福王。王有師有友。㊅昶嬖李春鷰：閩主昶求春鷰於陳后見上六月。㊅遂放歸永泰：路振《九國志》，葉翹斥歸永春。按《元豐九域志》，泉州有永春縣，屬泉州，蓋亦王氏所置，未知孰是。㊅帝嘉馬全節之功：嘉其保全金州之功也，見上九月。㊅延朗欲除全節絳州刺史，羣議沸騰：以功高而賞薄，故羣議非之。㊅以全節為橫海留後：滄州橫海軍。㊅以前匡國軍節度使同平章事馮道為司空：馮道出鎮同州見上年五月。按《五代史》、《五代史記・馮道傳》，俱云道自同州入為司空，此云前匡國節度使，則似嘗罷節鎮而後起為司空者，未知孰是。㊅時久無正拜三公者：胡三省曰：「喪亂以來，以它官兼領及檢校三公者有之，無正拜者。」㊅朝議疑其職事：久無是官，故不知其職掌應為何事。蓋自唐末變亂以來，典章遺闕而無徵也。㊅盧文紀欲令掌祭祀掃除：胡三省曰：「隋制，三公參議國之大事，祭祀則太尉亞獻，司徒奉俎，司空行掃除，盧文紀不深考，遂以為司空職掌。」㊆閩主賜洞真先生陳守元號天師：《五代史記・閩世家》，閩主昶亦好巫，拜道士譚紫霄為正一先生，又拜陳守元為天師。陳守元，即以寶皇惑閩主鏻者也。

卷二百八十　後晉㈠紀一

司馬光編集
林瑞翰註

高祖聖文章武明德孝皇帝㈡上之上

天福元年㈢（西元九三六年）

柔兆涒灘一年。（丙申，西元九三六年）

㈠春，正月，吳徐知誥始建大元帥府㈣，以幕職分判吏、戶、禮、兵、刑、工部及鹽鐵。

㈡丁未（十七日），唐主立子重美為雍王。

㈢癸丑（二十三日），唐主以千春節置酒㈤，晉國長公主上壽畢，辭歸晉陽。帝醉曰：「何不且留，遽歸欲與石郎反邪？」石敬瑭聞之，益懼。

㈣三月，丙午（十七日），以翰林學士禮部侍郎馬胤孫為中書侍郎同平章事。胤孫性謹懦，中書事多凝滯，又罕接賓客，時人目為三不開，謂口、印、門也。

㈤石敬瑭盡收其貨之在洛陽及諸道者歸晉陽，托言以助軍費，人皆知其有異志。唐主夜與近臣從容語㈥曰：「石郎於朕至親，無可疑者，但流言不釋，萬一失歡，何以解之？」皆不對。端明殿學士給事中李崧退謂同僚呂琦曰㈦：「吾輩受恩深厚，豈得自同眾人，一槩觀望邪？計將安出？」琦曰：「河東若有異謀，必結契丹為援。契丹母以贊華在中國，屢求和親，但求莿剌等未獲，故和未成耳㈧！今誠歸莿剌等與之和，歲以禮幣約直十餘萬緡遺之，彼必驩然承命，如此，則河東雖欲陸梁，無能為矣！」崧曰：「此吾志也。然錢穀皆出三司，宜更與張相謀之。」遂告張延朗。延朗曰：「如學士計，不惟可以制河東，亦省邊費之什九㈨，計無便於此者。若主上聽從，但責辦於老夫，請於庫財之外，捃拾以供之。」它夕，二人密言於帝，帝大喜，稱其忠，二人私草遺契丹書以俟命。它日，帝以其謀告樞密直學士薛文遇，文遇對曰：「以天子之尊，屈身奉夷狄，不亦辱乎？又虜若循故事，求尚公主，何以拒之㈩？因誦戎昱昭君詩⑪曰：「安危託婦人。」帝意遂變。

一日，急召崧、琦至後樓，盛怒責之曰：「卿輩皆知古今，欲佐人主致太平，今乃為謀如是？朕一女尚乳臭，卿欲棄之沙漠邪？且欲以養士之財，輸之虜庭㉒，其意安在？」二人懼，汗流浹背，曰：「臣等志在竭愚以報國，非為虜計也，願陛下察之。」拜謝無數，帝詬責不已。呂琦氣竭，拜少止，帝曰：「呂琦強項，肯視朕為人主邪？」琦曰：「臣等為謀不臧，願陛下治其罪，多拜何為？」帝怒稍解，止其拜，各賜卮酒，罷之㉓，自是羣臣不敢復言和親之策。丁巳（二十八日），以琦為御史中丞，蓋疏之也㉔。

㈥吳徐知誥以其子副都統景通為太尉、副元帥，都統判官宋齊丘、行軍司馬徐玠為元帥府左右司馬。

㈦閩主昶改元通文，立賢妃李氏為皇后㉕，尊皇太后曰太皇太后。

㈧靜江節度使㉖同平章事馬希杲有善政，監軍裴仁煦譖之於楚王希範，言其收眾心，希範疑之。夏，四月，漢將孫德威侵蒙、桂二州㉗，希範命其弟武安節度副使希廣權知軍府事，自將步騎五千如桂州。希杲懼，其母華夫人逆希範於全義嶺㉘，謝曰：「希杲為

治無狀，致寇戎入境，煩殿下親涉險阻，皆妾之罪也。願削封邑，
灑掃掖庭，以贖希杲罪。」希範曰：「吾久不見希杲，聞其治行
尤異，故來省之，無它也⑲。」漢兵自蒙州引去，徙希杲知朗州。

(九)高從誨遣使奉牋於徐知誥，勸即帝位。

(十)初，石敬瑭欲嘗唐主之意，累表自陳羸疾，乞解兵柄，移它
鎮⑳，帝與執政議從其請，移鎮鄆州。房暠、李崧、呂琦等皆力諫
以為不可，帝猶豫久之。五月，庚寅（初二日），夜，李崧請急㉑
在外，薛文遇獨直，帝與之議河東事，文遇曰：「諺有之：『當
道築室，三年不成㉒。』茲事斷自聖志。羣臣各為身謀，安肯盡
言？以臣觀之，河東移亦反，不移亦反，在旦暮耳！不若先事圖
之。」先是術者言國家今年應得賢佐，出奇謀定天下，帝意文遇
當之，聞其言，大喜曰：「卿言殊豁吾意㉓，成敗吾決行之。」即
為除目㉔，付學士院使草制。辛卯（初三日），以敬瑭為天平節度
使，以馬軍都指揮使河陽節度使宋審虔為河東節度使㉕。制出，兩
班㉖聞呼敬瑭名，相顧失色。甲午（初六日），以建雄節度使張敬

達為西北蕃漢馬步都部署㉗，趣敬瑭之鄆州㉘。敬瑭疑懼，謀於將佐曰：「吾之再來河東也，主上面許終身不代除㉙，今忽有是命，得非如今年千春節與公主所言乎㉚？我不興亂，朝廷發之，安能束手死於道路乎？今且發表稱疾，以觀其意，若其寬我，我當事之，若加兵於我，我則改圖耳！」幕僚段希堯極言拒之，敬瑭以其朴直，不責也。節度判官華陰㉛趙瑩勸敬瑭赴鄆州，觀察判官平遙薛融曰：「融書生，不習軍旅。」都押牙劉知遠曰：「明公久將兵，得士卒心，今據形勝之地，士馬精彊，若稱兵㉜傳檄，帝業可成，奈何以一紙制書，自投虎口乎？」掌書記洛陽桑維翰曰：「主上初即位，明公入朝，主上豈不知蛟龍不可縱之深淵邪㉝？然卒以河東復授公，此乃天意假公以利器。明宗遺愛在人，主上以庶孽代之，羣情不附，公，明宗之愛壻，今主上以反逆見待，此非首謝可免，但力為自全之計。契丹素與明宗約為兄弟，今部落近在雲、應㉞，公誠能推心屈節事之，萬一有急，朝呼夕至，何患無成？」敬瑭意遂決。

先是朝廷疑敬瑭，以羽林將軍寶鼎㊱楊彥詢為北京副留守，敬瑭將舉事，亦以情告之。彥詢曰：「不知河東兵糧幾何？能敵朝廷乎？」左右請殺彥詢，敬瑭曰：「惟副使一人，我自保之㊱，汝輩勿言也。」

戊戌（初十日），昭義節度使皇甫立奏敬瑭反㊲。

敬瑭表帝養子，不應承祀，請傳位許王㊳。帝手裂其表抵地，以詔答之曰：「卿於鄂王，固非疏遠，衞州之事，天下皆知，許王之言，何人肯信㊴？」壬寅（十四日），制削奪敬瑭官爵，乙巳（十七日），以張敬達兼太原四面排陳使，河陽節度使張彥琪為馬步軍都指揮使，以安國節度使安審琦為馬軍都指揮使，以保義節度使相里金為步軍都指揮使，以右監門上將軍武廷翰為壕寨使。丙午（十八日），以張敬達為太原四面兵馬都部署，以義武節度使楊光遠為副部署。丁未（十九日），又以張敬達知太原行府事，以前彰武節度使高行周為太原四面招撫排陳等使。

光遠既行，定州軍亂㊵，牙將千乘㊶方太討平之。張敬達將兵三萬，營於晉安鄉㊷。戊申（二十日），敬達奏西北先鋒馬軍都指揮使安審信叛奔晉陽。審信，金全之弟子也，敬瑭與之有舊㊸。先是雄義都指揮使馬邑㊹安元信，將所部六百餘人戍代州，代州刺史張朗善遇之，元信密說朗曰：「吾觀石令公㊺長者，舉事必成，公何不潛遣人通意，可以自全。」朗不從，由是互相猜忌。元信謀殺朗，不克，帥其眾奔審信，審信遂帥麾下數百騎與元信掠百井㊻，奔晉陽。敬瑭謂元信曰：「汝見何利害，捨彊而歸弱？」對曰：「元信非知星識氣，顧以人事決之耳！夫帝王所以御天下，莫重於信，今主上失大信於令公，親而貴者且不自保㊼，況疏賤乎？其亡可翹足而待，何彊之有？」敬瑭悅，委以軍事。振武西北巡檢使安重榮戍代北㊽，帥步騎五百奔晉陽。重榮，朔州人也㊾。

以宋審虔為寧國節度使，充侍衞馬軍都指揮使㊿。

㈩天雄節度使劉延皓恃后族之勢驕縱(五一)，奪人財產，減將士給賜，宴飲無度。捧聖都虞候張令昭因眾心怨怒，謀以魏博應河東。

癸丑（二十五日），未明，帥眾攻牙城，克之，延皓脫身走，亂兵大掠。令昭奏延皓失於撫御，以致軍亂，臣以撫安士卒，權領軍府，乞賜旌節。延皓至洛陽，唐主怒，命遠貶，皇后為之請。【考異】廢帝實錄，延皓，皇后之侄。按薛史、唐餘錄、歐陽史皆云，延皓，后之弟，應州人也，延朗，宋州虞城人也，獨廢帝實錄云后姪，今不取。六月，庚申（初三日），止削延皓官爵，歸私第。

(十二)辛酉（初四日），吳太保同平章事徐景遷以疾罷，以其弟景遂代為門下侍郎參政事。

(十三)癸亥（初六日），唐主以張令昭為右千牛衞將軍，權知天雄軍府事。令昭以調發未集，且受新命，尋有詔徙齊州防禦使，令昭託以士卒所留，實俟河東之成敗。唐主遣使諭之，令昭殺使者。甲戌（十七日），以宣武節度使兼中書令范延光為天雄四面行營招討使，知魏博行府事(五三)，以張敬達充太原四面招討使，以楊光遠為副使。丙子（十九日），以西京留守李周為天雄軍四面行營副招討使。

(十四)石敬瑭之子右衞上將軍重殷、皇城副使重裔聞敬瑭舉兵，匿於民間井中，弟沂州都指揮使敬德殺其妻女而逃，尋捕得，死獄中，從弟彰聖都指揮使敬威自殺。秋，七月，戊子（初二日），獲重殷、重裔，誅之，【考異】薛史：「七月，己丑，誅右衞上將軍石重英、皇城副使石重裔，皆敬瑭之子也。」廢帝實錄云：「石諱妹男尚食使重乂、供奉官重英。」與薛史不同。按重乂，敬塘子，即位後為張從賓所殺，實錄誤也。廣本英作殷，今從之。并族所匿之家。

㈤庚寅（初四日），楚王希範自桂州北還㊂。

㈥雲州步軍指揮使桑遷奏應州節度使尹暉逐雲州節度使沙彥珣，收其兵應河東。丁酉（十一日），彥珣表遷謀叛應河東，引兵圍子城，彥珣犯圍走，出西山，據雷公口，明日，收兵入城，擊亂兵，遷敗走，軍城復安。是日，尹暉執遷，送洛陽斬之。

㈦丁未（二十一日），范延光拔魏州，斬張令昭，詔悉誅其黨七指揮。

㈧張敬達發懷州彰聖軍戍虎北口㊃，其指揮使張萬廸將五百騎奔河東，丙辰（三十日），詔盡誅其家。

㈨石敬瑭遣間使求救於契丹㊄，令桑維翰草表，稱臣於契丹主，且請以父禮事之，約事捷之日，割盧龍一道及鴈門關以北諸州與之。劉知遠諫曰：「稱臣可矣，以父事之太過。厚以金帛賂之，自足致其兵，不必許以土田，恐異日大為中國之患，悔之無及。」敬瑭不從。表至契丹，契丹主大喜，白其母曰：「兒比夢石郎遣使來，今果然，此天意也㊅。」乃為復書，許俟仲秋，傾國赴援㊆。

㈩八月，己未（初三日），以范延光為天雄節度使、李周為宣武節度使同平章事。

㈪癸亥（初七日），應州言契丹三千騎攻城。

㈫張敬達築長圍以攻晉陽，石敬瑭以劉知遠為馬步都指揮使，安重榮、張萬廸降兵皆隸焉。知遠用法無私，撫之如一，由是人無貳心。敬瑭親乘城，坐臥矢石下。知遠曰：「觀敬達輩高壘深塹，欲為持久之計，無它奇策，不足慮也。願明公四出間使，經略外事，守城至易，知遠獨能辦之。」敬瑭執知遠手，撫其背而賞之。

㈬戊寅（二十二日），以成德節度使董溫琦為東北面副招討使，以佐盧龍節度使趙德鈞。

㈭唐主使端明殿學士呂琦至河東行營犒軍，楊光遠謂琦曰：「願附奏陛下，幸寬宵旰，賊若無援，旦夕當平，若引契丹，當縱之令入，可一戰破也（五八）。」帝甚悅。

帝聞契丹許石敬瑭以仲秋赴援，屢督張敬達急攻晉陽，不能下，每有營構，多值風雨，長圍復為水潦所壞，竟不能合（五九）。晉陽城中日窘，糧儲浸乏（六〇）。

（廿五）九月，契丹主將五萬騎，號三十萬，自揚武谷而南（六一），【考異】代州今有揚武寨，其地有長城嶺、聖佛谷，今從漢高祖實錄作揚武。旌旗不絕五十餘里。代州刺史張朗、忻州刺史丁審琦嬰城自守，虜騎過城下，亦不誘脅（六二）。審琦，洺州人也。

辛丑（十五日），契丹主至晉陽（六三），陳於汾北之虎北口。【考異】按幽州北山口名虎北口，亦名古北口，此在太原而云陳於虎北口，又云歸虎北口，蓋太原城側別有地名虎北口也。先遣人謂敬瑭曰：「吾欲今日即破賊，可乎？」敬瑭遣人馳告曰：「南軍（六四）甚厚，不可輕，請俟明日議戰未晚也。」使者未至，契丹已與唐騎將高行周、苻彥卿合戰，敬瑭乃遣劉知遠出兵助之。張敬達、楊光遠、安審琦以步兵陳於城西北山下，契丹遣輕騎三千，不被甲，直犯其陳，唐兵見其羸，爭逐之，至汾曲（六五），契丹涉水而去，唐兵循岸而進，契丹伏兵自東北起，衝唐兵，斷而為二㊅㊅，步兵在北者，多為契丹所殺，騎兵在南者，引歸晉安寨。契丹縱兵乘之，唐兵大敗，步兵死者近萬人，騎兵獨全。敬達等收餘眾保晉安，契丹亦引兵歸虎北口。敬瑭得唐降兵千餘人，劉知遠勸敬瑭盡殺之㊅㊆。

是夕，敬瑭出北門㊅㊇，見契丹主，契丹主執敬瑭手，恨相見之晚。敬瑭問曰：「皇帝遠來，士馬疲倦，遽與唐戰而大勝，何也？」契丹主曰：「始吾自北來，謂唐必斷鴈門諸路㊅㊈，伏兵險要，則吾不可得進矣？使人偵視，皆無之，吾是以長驅深入，知大事必濟也。兵既相接，我氣方銳，彼氣方沮，若不乘此急擊之㊆〇，曠日持久，則勝負未可知矣！此吾所以亟戰而勝，不可以勞逸常理論也。」敬瑭甚歎伏。

壬寅（十六日），敬瑭引兵會契丹圍晉安寨，置營於晉安之南，長百餘里，厚五十里，多設鈴索、吠犬，人跬步不能過㊆㊀。敬達等士卒猶五萬人，馬萬匹，四顧無所之。

甲辰（十八日），敬達遣使告敗於唐，自是聲問不復通。唐主大懼，遣彰聖都指揮使苻彥饒將洛陽步騎兵屯河陽，詔天雄節度使兼中書令范延光將魏州兵二萬由青山趣榆次(七二)，盧龍節度使東北面招討使兼中書令北平王趙德鈞將幽州兵出契丹軍後(七三)，耀州防禦使潘環糾合西路戍兵(七四)，由晉、絳、兩乳嶺出慈、隰，共救晉安寨。

契丹主移帳於柳林(七五)，遊騎過石會關(七六)，不見唐兵。

丁未（二十一日），唐主下詔親征。雍王重美曰：「陛下目疾未平，未可遠涉風沙，臣雖童稚，願代陛下北行。」帝意本不欲行，聞之，頗悅。張延朗、劉延皓及宣徽南院使劉延朗皆勸帝行，帝不得已，戊申（二十二日），發洛陽，謂盧文紀曰：「朕雅聞卿有相業，故排眾議首用卿(七七)，今禍難如此，卿嘉謀皆安在乎？」文紀但拜謝，不能對。

己酉（二十三日），遣劉延朗監侍衛步軍都指揮使苻彥饒軍赴潞州，為大軍後援(七八)。諸軍自鳳翔推戴以來(七九)，驕悍不為用，彥饒恐其為亂，不敢束之以法。

帝至河陽，心憚北行(八〇)，召宰相樞密使議進取方略。盧文紀希帝旨，言國家根本，太半在河南，胡兵倏來忽往，不能久留，晉安大寨甚固，況已發三道兵救之(八一)，河陽，天下津要(八二)，車駕宜留此，鎮撫南北，且遣近臣往督戰，苟不能解圍，進亦未晚。張延朗欲因事令趙延壽得解樞務(八三)，因曰：「文紀言是也。」帝訪於餘人，無敢異言者。澤州刺史劉遂凝，鄩之子也，潛自通於石敬瑭，表稱車駕不可逾太行(八四)，帝議近臣可使北行者，張延朗與翰林學士須昌(八五)和凝等皆曰：「趙延壽父德鈞以盧龍兵來赴難，宜遣延壽會之。」庚戌（二十四日），遣樞密使忠武節度使隨駕諸軍都部署兼侍中趙延壽將兵二萬如潞州。辛亥（二十五日），帝如懷州，以右神武統軍康思立為北面行營馬軍都指揮使，帥扈從騎兵赴團柏谷(八六)。思立，晉陽胡人也。

帝以晉安為憂，問策於羣臣，吏部侍郎永清龍敏請立李贊華為契丹主，令天雄、盧龍二鎮分兵送之(八七)，自幽州趣西樓，朝廷露檄言之(八八)，契丹主必有內顧之憂，然後選募軍中精銳以擊之，此亦解圍之一策也。帝深以為然，而執政恐其無成，議竟不決。

帝憂沮形於神色，但日夕酣飲悲歌。羣臣或勸其北行，則曰：「卿勿言石郎，使我心膽墮地(八九)。」

(七五)冬，十月，壬戌（初九日），詔大括天下將吏及民間馬，又發民為兵，每七戶出征夫一人，【考異】薛史云十戶，今從廢帝實錄。自備鎧仗，謂之義軍，期以十一月俱集，命陳州刺史郎萬金教以戰陳(九〇)，用張延朗之謀也。凡得馬二千餘匹，征夫五千人，實無益於用，而民間大擾。

(七六)初，趙德鈞陰蓄異志，欲因亂取中原，自請救晉安寨，唐主命自飛狐踵契丹後，鈔其部落，德鈞請將銀鞍契丹直(九一)三千騎由土門路西入，帝許之。趙州刺史北面行營都指揮使劉在明先將兵戍易州，德鈞過易州，命在明以其眾自隨。在明，幽州人也。德鈞至鎮州，以董溫琪領招討副使，邀與偕行(九二)，又表稱兵少，須合澤潞兵，乃自吳兒谷趣潞州(九三)，癸酉（十八日），至亂柳(九四)，時范延光受詔將部兵二萬屯遼州，德鈞又請與魏博軍合。延光知德鈞合諸軍，志趣難測，表稱魏博兵已入賊境，無容南行數百里與德鈞合，乃止。

㈦漢主以宗正卿兼工部侍郎劉濬為中書侍郎同平章事。濬，崇望之子也㊈㊄。

㈧十一月，以趙德鈞為諸道行營都統，依前東北面行營招討使，以趙延壽為河東道南面行營招討使，以翰林學士張礪為判官。庚寅（初五日），以范延光為河東道東南面行營招討使，以宣武節度使同平章事李周副之。辛卯（初六日），以劉延期為河東道南面行營招討副使。

趙延壽遇趙德鈞於西湯，悉以兵屬德鈞。唐主遣呂琦賜德鈞敕告㊈㊅，且犒軍，德鈞志在併范延光軍，逗留不進，詔書屢趣之，德鈞乃引兵北屯團柏谷口。

㈨癸巳（初八日），吳主詔齊王知誥置百官，以金陵府為西都。

㈩前坊州刺史劉景巖，延州人也，多財而喜俠，交結豪傑，家有丁夫兵仗，人服其彊，勢傾州縣。彰武節度使楊漢章無政，失夷、夏心，會括馬及義軍，漢章帥步騎數千人將赴軍期，閱之於野，景巖潛使人撓之曰：「契丹彊盛，汝曹有去無歸。」眾懼，殺漢章，奉景巖為留後，唐主不獲已，丁酉（十二日），以景巖為彰武留後。

(卌一)契丹主謂石敬瑭曰：「吾三千里赴難，必有成功，觀汝器貌識量，真中原之主也，吾欲立汝為天子。」敬瑭辭讓者數四，將吏復勸進，乃許之。契丹主作冊書，命敬瑭為大晉皇帝，自解衣冠授之(九七)，築壇於柳林，是日，即皇帝位，【考異】廢帝實錄：「閏月丁卯，胡立石諱為天子於柳林。」誤也，今從晉高祖實錄、薛史契丹冊文。割幽、薊、瀛、莫、涿、檀、順、新、媯、儒、武、雲、應、寰、朔、蔚十六州以與契丹(九八)，仍許歲輸帛三十萬匹。己亥（十四日），制改長興七年為天福元年(九九)。大赦，敕命法制，皆遵明宗之舊。以節度判官趙瑩為翰林學士承旨、戶部侍郎，知河東軍府事，掌書記桑維翰為翰林學士、禮部侍郎，權知樞密使事，觀察判官薛融為侍御史，知雜事，節度推官白水(一〇〇)竇貞固為翰林學士，軍城都巡檢使劉知遠(一〇一)為侍衛馬軍都指揮使，客將景延廣為步軍都指揮使。延廣，陝州人也。立晉國長公主為皇后。

契丹主雖軍柳林，其輜重老弱皆在虎北口，每日暝，輒結束以備倉猝遁逃，而趙德鈞欲倚契丹取中國，至團柏逾月，按兵不戰，去晉安纔百里，聲問不能相通。德鈞累表為延壽求成德節度使，曰：「臣今遠征，幽州勢孤，欲使延壽在鎮州，左右便於應接㉒。」唐主曰：「延壽方擊賊，何暇往鎮州？俟賊平，當如所請。」德鈞求之不已，唐主怒曰：「趙氏父子堅欲得鎮州，何意也？苟能却胡寇，雖欲代吾位，吾亦甘心，若玩寇邀君，但恐犬兔俱斃耳㉓！」德鈞聞之，不悅。

閏月，趙延壽獻契丹主所賜詔及甲馬弓劍，詐云德鈞遣使致書於契丹主，為唐結好，說令引兵歸國，其實別為密書，厚以金帛賂契丹主，云若立己為帝，請即以見兵南平洛陽㉔，與契丹為兄弟之國，仍許石氏常鎮河東。契丹主自以深入敵境，晉安未下，德鈞兵尚彊，范延光在其東，又恐山北諸州邀其歸路㉕，欲許德鈞之請，帝聞之，大懼，亟使桑維翰見契丹主，說之曰：「大國舉義兵以救孤危，一戰而唐兵瓦解，退守一柵，食盡力窮，趙北平父子，不忠不信㉖，畏大國之彊，且素蓄異志，按兵觀變，非以死狥國之人，何足可畏而信其誕妄之辭，貪豪末之利㉗，棄垂成之功乎？且使晉得天下，將竭中國之財以奉大國，豈此小利之比乎？」契丹主曰：「爾見捕鼠者乎，不備之，猶或齧傷其手，況大敵乎？」對曰：「今大國已扼其喉㉘，安能齧人乎？」契丹主曰：「吾非有渝前約也㉙，但兵家權謀，不得不爾！」對曰：「皇帝以信義救人之急，四海之人，俱屬耳目，奈何二三其命㉚，使大義不終？臣竊為皇帝不取也。」跪於帳前，自旦至暮，涕泣爭之，契丹主乃從之，指帳前石謂德鈞使者曰：「我已許石郎，此石爛可改矣！」

(卌)龍敏謂前鄭州防禦使李懿曰：「君，國之近親㉛，今社稷之危，翹足何待，君獨無憂乎？」懿為言趙德鈞必能破敵之狀，敏曰：「我，燕人也㉜，知德鈞之為人，怯而無謀，但於守城差長耳，況今內蓄姦謀，豈可恃乎？僕有狂策，但恐朝廷不肯為耳㉝！今從駕兵尚萬餘人，馬近五千匹，若選精騎一千，使僕與郎萬金將之，自介休山路夜冒虜騎入晉安寨㉞，但使其半得入，則事濟矣！張敬達等陷於重圍，不知朝廷聲問，若知大軍近在團柏，雖有鐵障，可衝陷，況虜騎乎？」懿以白唐主，唐主曰：「龍敏之志極壯，用之晚矣！」

㈢丹州義軍作亂，逐刺史康承詢，承詢奔鄜州㈤。

㈣晉安寨被圍數月㈥，高行周、苻彥卿數引騎兵出戰，眾寡不敵，皆無功。芻糧俱竭，削柹淘糞以飼馬㈦，馬相啗，尾鬣皆禿，死則將士分食之㈧，援兵竟不至。張敬達性剛，時謂之張生鐵㈨，楊光遠、安審琦勸敬達降於契丹，敬達曰：「吾受明宗及今上厚恩㈩，為元帥而敗軍，其罪已大，況降敵乎？今援兵旦暮至，且當俟之，必若力盡勢窮，則諸軍斬我首，攜之出降，自求多福，未為晚也。」光遠目審琦欲殺敬達，審琦未忍。高行周知光遠欲圖敬達，常引壯騎尾而衞之，敬達不知其故，謂人曰：「行周每踵余後，何意也？」行周乃不敢隨之。諸將每旦，集於招討使營，甲子（初九日），高行周、苻彥卿未至，光遠乘其無備，斬敬達首，帥諸將上表降於契丹㈢。契丹主素聞諸將名，皆慰勞，賜以袭帽，因戲之曰：「汝輩亦大惡漢㉑，不用鹽酪，啗戰馬萬匹。」光遠等大慚。

契丹主嘉張敬達之忠，命收葬而祭之，謂其下及晉諸將曰：「汝曹為人臣，當效敬達也。」

時晉安寨馬猶近五千，鎧仗五萬，契丹悉取以歸其國，悉以唐之將卒授帝，語之曰：「勉事而主。」馬軍都指揮使康思立憤惋而死。

帝以晉安已降，遣使諭諸州，代州刺史張朗斬其使。呂琦奉唐主詔勞北軍㉒，至忻州，遇晉使，亦斬之，謂刺史丁審琦曰：「虜過城下而不顧，其心可見，還日必無全理，不若早帥兵民自五臺奔鎮州㉓。」將行，審琦悔之，閉牙城不從。州兵欲攻之，琦曰：「家國如此，何為復相屠滅？」乃帥州兵趣鎮州㉔，審琦遂降契丹。

㉕契丹主謂帝曰：「桑維翰盡忠於汝，宜以為相。」丙寅（十一日），以趙瑩為門下侍郎，桑維翰為中書侍郎，並同平章事，維翰仍權知樞密使事，以楊光遠為侍衛馬步軍都指揮使㉖，以劉知遠為保義節度使、侍衛馬步軍都虞候。

(卌六)帝與契丹主將引兵而南，欲留一子守河東，咨於契丹主(二七)，契丹主令帝盡出諸子自擇之。帝兄子重貴，父敬儒，早卒，帝養以為子，貌類帝而短小，契丹主指之曰：「此大目者可也。」乃以重貴為北京留守、太原尹、河東節度使。

契丹以其將高謨翰為前鋒，與降卒皆進(二八)，丁卯（十二日），至團柏，與唐兵戰，趙德鈞、趙延壽先遁，苻彥饒、張彥琦、劉延朗、劉在明繼之，士卒大潰，相騰踐，死者萬計。

己巳（十四日），延朗、在明至懷州，唐主始知帝即位，楊光遠降。眾議以天雄軍府尚完，契丹必憚山東，未敢南下(二九)，車駕宜幸魏州。唐主以李崧素與范延光善(三〇)，召崧謀之。薛文遇不知而繼至(三一)，唐主怒，變色，崧躡文遇足，文遇乃去。唐主曰：「我見此物，肉顫(三二)，適為欲抽佩刀刺之。」崧曰：「文遇小人，淺謀誤國(三三)，刺之益醜。」崧因勸唐主南還，唐主從之。

洛陽聞北軍敗(三四)，眾心大震，居人四出，逃竄山谷，門者(三五)請禁之，河南尹雍王重美曰：「國家多難，未能為百姓主，又禁其求生，徒增惡名耳！不若聽其自便，事寧自還。」乃出令任從所適，眾心差安。壬申（十七日），唐主還至河陽，命諸將分守南、北城㊱，張延朗請幸滑州，庶與魏博聲勢相接，唐主不能決。趙德鈞、趙延壽南奔潞州，唐敗兵稍稍從之，其將時賽帥盧龍輕騎東還漁陽㊲。

帝先遣昭義節度使高行周還具食㊳，至城下，見德鈞父子在城上，行周曰：「僕與大王鄉曲㊴，敢不忠告。城中無斗粟可守，不若速迎車駕。」甲戌（十九日），帝與契丹主至潞州，德鈞父子迎謁於高河㊵，契丹主慰諭之，父子拜帝於馬首，進曰：「別後安否？」帝不顧，亦不與之言㊶。契丹主問德鈞曰：「汝在幽州所置銀鞍契丹直何在？」德鈞指示之，契丹主命盡殺之於西郊㊷，凡三千人，遂瑣德鈞、延壽送歸其國。德鈞見述律太后，悉以所齎寶貨並籍其由宅獻之，太后問曰：「汝近者何為往太原？」德鈞曰：「奉唐主之命。」太后指天曰：「汝從吾兒求為天子，何妄語邪㊸？」又自指其心曰：「此不可欺也。」又曰：「吾兒將行，吾戒之云：

『趙大王若引兵北向渝關㊹，亟須引歸，太原不可救也。』汝欲為天子，何不先擊退吾兒，徐圖亦未晚㊺，汝為人臣，既負其主，不能擊敵，又欲乘亂邀利，所為如此，何面目復求生乎？」德鈞俛首不能對。又問：「器玩在此㊻，田宅何在？」德鈞曰：「在幽州。」太后曰：「幽州今屬誰？」曰：「屬太后。」太后曰：「然則又何獻焉？」德鈞益慙，自是鬱鬱不多食，踰年而卒。張礪與延壽俱入契丹，契丹主復以為翰林學士㊼。

帝將發上黨，契丹主舉酒屬帝曰：「余遠來狥義，今大事已成，我若南向，河南之人，必大驚駭，汝宜自引漢兵南下，人必不甚懼，我令太相溫將五千騎衛送汝至河梁㊽，【考異】廢帝實錄作高謨翰，范實陷蕃記作高模翰，歐陽史作高牟翰，蓋蕃名太相溫，漢名高謨翰，今從晉高祖實錄。欲與之渡河者，多少隨意，余且留此，俟汝音聞，有急則下山救汝㊾，若洛陽既定，吾即北返矣！」與帝執手相泣，久之不能別，解白貂裘㊿以衣帝，贈良馬二十匹、戰馬千二百匹，曰：「世世子孫勿相忘。」又曰：「劉知遠、趙瑩、桑維翰皆創業功臣，無大故，勿棄也。」

初，張敬達既出師，唐主遣左金吾大將軍歷山高漢筠守晉州〔五一〕，敬達死，建雄節度副使田承肇帥眾攻漢筠於府署，漢筠開門，延承肇入，從容謂曰：「僕與公俱受朝寄，何相迫如此？」承肇曰：「欲奉公為節度使。」漢筠曰：「僕老矣，義不為亂首，死生惟公所處。」承肇目左右欲殺之，軍士投刃於地，曰：「高金吾累朝宿德，奈何害之？」承肇乃謝曰：「與公戲耳！」聽漢筠歸洛陽，帝遇諸塗〔五二〕，曰：「朕憂卿為亂兵所傷，今見卿，甚喜。」

(卌七)符彥饒、張彥琪至河陽，密言於唐主曰：「今胡兵大下，河水復淺，人心已離，此不可守。」丁丑（二十二日），唐主命河陽節度使萇從簡與趙州刺史劉在明守河陽南城，遂斷浮梁歸洛陽，遣宦者秦繼旻、皇城使李彥紳殺昭信節度使李贊華於其第〔五三〕。

(卌八)己卯（二十四日），帝至河陽，萇從簡迎降，舟楫已具〔五四〕，彰聖軍執劉在明以降〔五五〕，帝釋之，使復其所。

(卌九)唐主命馬軍都指揮使宋審虔、步軍都指揮使符彥饒、河陽節度使張彥琪、宣徽南院使劉延朗將千餘騎至白馬阪〔五六〕行戰地，有五十餘騎奔於北軍㊄㊆。諸將謂審虔曰：「何地不可戰，誰肯立於此？」乃還。庚辰（二十五日），唐主又與四將議復向河陽㊄㊇，而將校皆已飛狀迎帝。帝慮唐主西奔，遣契丹千騎扼澠池。辛巳（二十六日），唐主與曹太后、劉皇后、雍王重美及宋審虔等携傳國寶登玄武樓自焚㊄㊈。皇后積薪欲燒宮室㊅㊀，重美諫曰：「新天子至，必不露居，它日重勞民力，死而遺怨，將安用之？」乃止。王淑妃謂太后曰：「事急矣，宜且避匿以俟姑夫㊅㊁。」太后曰：「吾子孫婦女一朝至此㊅㊂，何忍獨生？妹自勉之。」淑妃乃與許王從益匿於毬場，獲免。

是日晚，帝入洛陽，止於舊第，唐兵皆解甲待罪，帝慰而釋之。帝命劉知遠部署京城，知遠分漢軍使還營，館契丹於天宮寺，城中肅然，無敢犯令，士民避亂竄匿者，數日皆還復業。

初，帝在河東，為唐朝所忌，中書侍郎同平章事判三司張延朗不欲河東多蓄積，凡財賦應留使之外㊅㊃，盡收取之，帝以是恨之。壬午（二十七日），百官入見，獨收延朗付御史臺，餘皆謝恩。

甲申（二十九日），車駕入宮，大赦，應中外官吏，一切不問，惟賊臣張延朗、劉延皓、劉延朗姦邪貪猥，罪難容貸，中書侍郎平章事馬胤孫、樞密使房暠、宣徽使李專美、河中節度使韓昭胤等雖居重位，不務詭隨，並釋罪除名，中外臣僚，先歸順者，委中書門下別加任使。

劉延皓匿於龍門(六四)，數日，自經死。劉延朗將奔南山(六五)，捕得，殺之。斬張延朗，既而選三司使，難其人，帝甚悔之(六六)。

(四〇)閩人聞唐主之亡，歎曰：「潞王之罪，天下未之聞也，將如吾君何(六七)？」

(四一)十二月，乙酉朔，帝如河陽餞太生溫及契丹兵歸國。

(四二)追廢唐主為庶人。

(四三)丁亥（初三日），以馮道兼門下侍郎、同平章事(六八)。

(四四)曹州刺史鄭阮貪暴，指揮使石重立因亂殺之，族其家。

(四五)辛卯（初七日），以唐中書侍郎姚顗為刑部尚書。

(四六)初，朔方節度使張希崇為政有威信，民、夷愛之，興屯田以省漕運，在鎮五年，求內徙，唐潞王以為靜難節度使(六九)，帝與契丹修好，恐其復取靈武(七〇)，癸巳（初九日），復以希崇為朔方節度使。

(四七)初，成德節度使董溫琪貪暴，積貨巨萬，以牙內都虞候平山(七一)祕瓊為腹心。溫琪與趙德鈞俱沒於契丹(七二)，瓊盡殺溫琪家人，瘞於一坎而取其貨，自稱留後，表稱軍亂。

(四八)同州小校門鐸(七三)殺節度使楊漢賓，焚掠州城。

(四九)詔贈李贊華燕王，遣使送其喪歸國。

(五〇)張朗將其眾入朝(七四)。

(五一)庚子（十六日），以唐中書侍郎盧文紀為吏部尚書。以皇城使晉陽周瓌為大將軍，充三司使。瓌辭曰：「臣自知才不稱職，寧以避事見棄，猶勝冒寵獲辜。」帝許之(七五)。

(五二)帝聞平盧節度使房知溫卒，遣天平節度使王建立將兵巡撫青州。

(五三)改興唐府曰廣晉府(七六)。

(五四)安遠節度使盧文進聞帝為契丹所立，自以本契丹叛將(七七)，辛丑（十七日），棄鎮奔吳(七八)，所過鎮戍，召其主將，告之故，皆拜辭而退。

(五五)徐知誥以鎮南節度太尉兼中書令李德誠、德勝節度使兼中書令周本位望隆重，欲使之帥眾推戴，本曰：「我受先王大恩〔五九〕，自徐溫父子用事，恨不能救楊氏之危，又使我為此，可乎？」其子弘祚強之，不得已，與德誠帥諸將詣江都表吳主，陳知誥功德，請行冊命，又詣金陵勸進。宋齊丘謂德誠之子建勳曰：「尊公，太祖元勳〔六〇〕，今日掃地矣！」於是吳宮多妖〔六一〕，吳主曰：「吳祚其終乎？」左右曰：「此乃天意，非人事也。」

(五六)高麗王建用兵擊破新羅、百濟，於是東夷諸國皆附之，有二京、六府、九節度、百二十郡〔六二〕。

【今註】㊀後晉：石氏自太原起事而得中原，太原治晉陽，春秋晉之故墟也，契丹遂以晉命之，故國號曰晉，《通鑑》書後晉，以別於司馬氏之晉。㊁高祖聖文章武明德孝皇帝：《五代史記・晉高祖本紀》，帝諱敬，姓石氏，父臬捩鷄，本出於西夷，自朱邪歸唐，從朱邪入居陰山，不知其得姓之始也。㊂天福元年：是年十一月，帝即位，方改元。㊃吳徐知誥始建大元帥府：吳命徐知誥為大元帥見上卷上年冬十月。㊄唐主以千春節置酒：唐主，謂末帝也，《通鑑》以晉元紀年，故或書曰唐主。《五代會要》，末帝以唐光啓元年正月二十三日生於鎮州平山縣之外舍，以其日為千春節。光啓，唐僖宗年號。㊅唐主夜與近臣從容語：唐主好咨訪外事，與近臣夜語，見上卷上年。㊆端明殿學士給事中李崧退謂同僚呂琦曰：《五代史．呂琦傳》，琦時為殿中侍御史，蓋與李崧同入直。㊇契丹母以贊華在中國，屢求和親，但求莂剌等未獲，故未成耳：李贊華，遼太祖長子東丹王突欲也，突欲降唐見卷二百七十七明宗長興元年，契丹求莂剌見同卷長興三年，契丹母，謂遼太宗母述律后也。㊈亦省邊費之什九：言什省其九也。謂若與契丹和以寧邊境，則歲幣十餘萬，但值邊費之什九耳。㊉又虜若循故事，求尚公主何以拒之：回紇助唐平安、史之亂有功，唐以帝女妻之。㊀戎昱昭君詩：戎昱，唐人也。漢元帝以王昭君妻匈奴，後人哀之，戎昱嘗為詩以詠其事。㊁且欲以養士之財，輸之虜廷：養士，謂養兵也。言三司錢穀蓋以養士，今乃欲割其財以和蕃㊂罷之：罷使出就署舍。㊃以琦為御史中丞，蓋疎之也：御史中丞居外朝，不復入直禁中，故曰疎之。呂琦為唐主所親始見卷二百七十七明宗長興元年。㊄立賢妃李氏為皇后：賢妃李氏，即閩主昶父婢李春鷰也。㊅靜江節度使：桂州靜江軍。㊆蒙桂二州：《舊唐書．地理志》，蒙州治立山縣，本漢蒼梧郡荔浦縣，隋分荔浦縣置隨化縣，唐高祖武德四年，改為立山縣，置南蒙州，太宗貞觀八年，改曰蒙州，取州東蒙山為名，蒙山下有蒙水，居人多姓蒙，故曰蒙山也。故治在今廣西省蒙山縣南，明移今治。㊇全義嶺：胡三省曰：「全義嶺在桂州全義縣，即始安嶺也。」《舊唐書．地理志》，唐置全義縣，屬桂州，故城在今廣西省興安縣西，始安嶺即越城嶺也，在今興安縣北七里，五嶺之最西嶺，地臨湘、灕二水之源，亦名臨源嶺，唐時以其在全義縣，又謂之全義嶺。⑲無它也：謂此行但來省其洽行，無相圖之心也。⑳乞解兵柄，移他鎮：乞解兵柄，謂解北面馬步都總管之職也。河東重鎮，後唐興王之地，故乞移他鎮以窺唐主意向。㉑當道築室，三年不成：言如當道築室，得路人而謀之，其意不同，故不得遂成也。喻淺慮之人不可與謀道，猶路人之不可與謀室也。㉒請急：以急事請告。㉓卿言殊豁吾意：豁，通達也，謂所言與己意合。㉔除目：胡三省曰：「御筆親除付外行者，謂之除目，其經宰相奏擬而行者，亦謂之除目。」㉕以馬軍都指揮使河陽節度使宋審虔為河東節度使：宋審虔從唐主起於鳳翔，唐主之信臣也，故欲以代石敬瑭。㉖兩班：文武兩班也。㉗以建雄節度使張敬達為西北蕃漢馬步都部署：代敬瑭掌兵柄。㉘趣敬瑭之鄆州：鄆州天平軍。㉙吾之再來河東也，主上面許終身不代除：末帝清泰元年五月，石敬瑭入朝，六月，復鎮河東，見上卷。唐主此言，當在敬瑭入朝，遣還鎮所時也。㉚得非如今年千春節與公主所言乎：唐主謂敬瑭欲反，事見上正月。㉛華陰：《舊唐書・地理志》，唐睿宗垂拱二年，改華陰縣為仙掌縣，中宗神龍元年，復為華陰，肅宗上元元年，改為太陰縣，寶應元年，復為華陰。按華陰，本戰國魏陰晉邑，秦惠文王更名寧秦，漢改曰華陰，以其在華山之陰也，故治在今陝西省華陰縣東南，唐移今治。㉜稱兵：舉兵也。㉝主上豈不知蛟龍不可縱之深淵邪：胡三省曰：「古語有之，魚不可脫於淵，神龍失勢，與蚯蚓同。」㉞今部落近在雲、應：明宗長興三年，契丹主西徙橫帳居捺剌泊，清泰元年九月，契丹寇雲州，二年五月，契丹寇應州，見卷二百七十八、二百七十九。㉟寶鼎：《舊唐書・地理志》，寶鼎縣，漢汾陰縣，隋屬泰州，唐貞觀十七年，廢泰州，以縣屬河中府，玄宗開元十一年，祀后土於汾陰，獲寶鼎，因改名焉。《元豐九域志》，宋真宗大中祥符四年，改寶鼎縣為榮河縣，在河中府北一百里，即今山西省榮河縣。㊱敬瑭曰，惟副使一人，我自保之：胡三省曰：「按薛史稱楊彥詢為人沈厚，當以此得全。」㊲昭義節度使皇甫立奏敬瑭反：潞州昭義軍。潞、幷二鎮相鄰，故先知其事而奏之。㊳請傳位許王：許王從益，明宗之子也。㊴卿於鄂王，固非疏遠，衞州之事，天下皆知，許王之言，何人肯信：鄂王，謂閔帝也，末帝入洛，以太后令降閔帝為鄂王。衞州之事，謂敬瑭盡殺閔帝從騎而置帝於衞州也，事見上卷清泰元年。帝蓋謂敬瑭於閔帝有郎舅之親而猶背之而不輔，況於許王從益乎。㊵光遠既行，定州軍亂：義武軍節度使鎮定州。㊶千乘：《舊唐書・地理志》，千乘縣，漢千乘國，後漢改為樂安郡，宋、齊廢，隋置千乘縣，唐高祖武德二年，於縣置乘州，八年，廢乘州，以縣屬青州。《元豐九域志》，千乘縣在青州北八十里。按漢千乘故城在今山東省高苑縣北二十五里，隋縣置於漢廣饒縣故地，即今山東省廣饒縣。㊷晉安鄉：《五代史・唐末帝紀》，晉安鄉在晉陽城南晉祠之南。㊸審信，金全之弟子也，敬瑭與之有舊：安氏與石敬瑭俱代北人，故有舊。㊹馬邑：《舊唐書・地理志》，馬邑，秦漢舊名，久廢，唐玄宗開元五年，分善陽縣置馬邑縣，屬朔州。按漢馬邑縣即今山西省朔縣，北魏時廢，唐之馬邑縣，金之固州也，故治即今山西省朔縣東北四十里之馬邑城。㊺石令公：石敬瑭加尚書令，故稱之曰令公。㊻百井：《宋史・地理志》，陽曲縣有百井砦，在今山西省陽曲縣北四十里。㊼親而貴者且不自保：石敬瑭，明宗之壻也，於唐室可謂親矣！官為中書令，建節河東，總制北面，可謂貴矣。㊽振武西北巡檢使安重榮戍代北：《五代史・安重榮傳》，重榮時為振武巡邊指揮使。㊾重榮，朔州人也：《舊唐書・地理志》，唐高祖武德四年，置朔州於隋之善陽縣，後魏之桑乾郡也，玄宗天寶元年，改為馬邑郡，肅宗乾元元年，復為朔州，即今山西省朔縣，漢之馬邑故城也。㊿以宋審虔為寧國節度使，充侍衞馬軍都指揮使：唐主初以宋審虔為河東節度使以代石敬瑭，敬瑭既不受代，乃令領節掌宿衞事。[51]天雄節度使劉延皓恃后族之勢驕縱：劉延皓，唐主后劉氏之弟也。[52]知魏博行府事：胡三省曰：「魏博恐當作魏州。」[53]楚王希範自桂州北還：自桂州北還潭州也。是年四月，希範自將五千騎如桂州，至是方還。[54]張敬達發懷州彰聖軍戍虎北口：虎北口在今山西省太原縣汾水之濱，南臨汾水，其後契丹救晉陽，營於虎北口，石敬瑭出晉陽北門，見契丹主耶律德光於此。胡三省曰：「彰聖軍本洛城屯衞兵也，先是分屯懷州，又自懷州發赴張敬達軍前，敬達又發之戍虎北口。」[55]石敬瑭遣間使求救於契丹：胡三省曰：「時張敬達在代州，雲、應兩鎮亦不從敬瑭，故遣使間道趨契丹帳。」[56]表至契丹，契丹主大喜，白其母曰，兒比夢石郎遣使來，今果然，此天意也：《遼史・太宗紀》，天顯秋七月丙申，河東節度使石敬瑭為其主所討，遣趙瑩因西南路招討盧不姑求救，上白太后曰：「李從珂弒君自立，神人共怒，宜行天討。」時趙德鈞亦遣使至，河東復遣桑維翰來告急，遂許興師。七月丁亥朔，丙申初十日，則桑維翰草表前，敬瑭蓋已遣使求援於契丹矣。契丹主謂遼太宗，其母即述律后也。[57]乃為復書，許俟仲秋，傾國赴援：秋高馬肥，氣候乾燥而弓弦堅勁可用，故契丹大舉，必俟仲秋。[58]若引契丹，當縱之令入，可一戰破也：胡三省曰：「楊光遠之計，狃王晏球定州之勝，欲縱之令入而與之戰，殊不知戰無常勝，契丹既入，唐兵一戰而敗，遂為所困。」(五九) 每有營構，多值風雨，長圍復為水潦所壞，竟不能合：《五代史・張敬達傳》，敬達設長城連柵，雲梯飛礮，使工者運其巧思，窮土木之力，時督事者每有所構，則暴風大雨，平地水深數尺，而城柵崩墜，竟不能合其圍。(六〇) 糧儲浸乏：浸，漸也，漸匱乏也。(六一) 九月，契丹主將五萬騎，號三十萬，自揚武谷而南：《冊府元龜》曰：「朝廷知契丹許石敬瑭以仲秋赴援，攻城頗急，城中乏食，慮難久支，乃令小僕何福懇告蕃首，時八月末也。蕃首曰：『北候漸涼，別無顧慮，爾名曰福，戰捷之繇。』數日出軍，與何福俱來。」揚武谷在今山西省崞縣西三十里，亦作羊武谷，唐代宗大曆三年，回紇寇代州，都督張光晟破之於揚武谷，即此。(六二) 代州刺史張朗、忻州刺史丁審琦嬰城自守，虜騎過城下，亦不誘脅：《遼史・太宗紀》，八月庚午，自將以援敬瑭，九月丁酉，入鴈門，戊戌，次忻州。《元豐九域志》，代州南至忻州一百六十里，忻州南至太原一百四十里。(六三) 辛丑，契丹主至晉陽：《遼史・太宗紀》，己亥，次太原，己亥十三日。(六四) 南軍：唐兵自南北攻晉陽，故晉謂之南軍。(六五) 汾曲：汾水之曲也。(六六) 衝唐兵，斷而為二：《遼史・太宗紀》四：「唐將張敬達、楊光遠又陳於西，未成列，以兵發之，而行周、彥卿為伏兵所斷，首尾不相救。」(六七) 敬瑭得唐降兵千餘人，劉知遠勸敬瑭盡殺之：胡三省曰：「唐兵雖敗，其眾尚彊，劉知遠懼降兵復叛歸，故勸殺之。」(六八) 敬瑭出北門：出晉陽北門也。(六九) 始吾自北來，謂唐必斷鴈門諸路：胡三省曰：「鴈門有東陘、西陘之險，崞縣有揚武、石門之隘。」(七〇) 若不乘此而擊之：言當乘士氣方銳而擊之。(七一)壬寅，敬瑭引兵會契丹圍晉安寨，置營於晉安之南，長百餘里，厚五十里，多設鈴索、吠犬，人跬步不能過：《遼史・太宗紀》，契丹與晉軍以癸卯日合圍晉安寨，癸卯十七日。跬，半步也。《冊府元龜》曰：「九月，契丹軍至，張敬達大敗，晉高祖與蕃眾期迫一夕而圍合。自晉安營南門之外，長百餘里，闊五十里，布以氈帳，用毛索懸之銅鈴，而部伍多畜犬以備警急。營中嘗有夜遁者，出則犬吠鈴動，跬步不能行焉。自是敬達與麾下部曲五萬人、馬萬匹，無繇四奔，但見穹廬如岡阜相屬，諸軍相顧，色如死灰。」(七二)詔天雄節度使兼中書令范延光將魏州兵二萬由青山趨榆次：《唐書・地理志》，唐高祖武德元年，析龍岡、內丘二縣置青山縣，屬邢州，文宗開成五年省入龍岡縣，今河北省內丘縣西南有青山村，即其故治，設險處名曰青山口，唐末朱全忠與李克用數戰於此。又《舊唐書・地理志》，榆次縣，屬太原府，即今山西省榆次縣。太原即并州也。(七三)盧龍節度使東北面招討使兼中書令北平王趙德鈞將幽州兵出契丹軍後：按《五代史・唐末帝紀》，蓋欲使趙德鈞自飛狐道出代州以斷契丹之後。(七四)耀州防禦使潘環糺合西路戍兵：耀州本華原縣，唐末屬李茂貞，建為耀州，置義勝軍，梁末帝時，茂貞養子溫韜以州降梁，梁改耀州為崇州，義勝曰靜勝，後唐復曰耀州，改靜勝軍為順義軍。胡三省曰：「糺與糾同。說文，繩三合為糺，故凡合集兵眾者謂之糺合。糺集西路戍兵，謂蒲潼以西諸道戍兵也。」(七五)契丹主移帳於柳林：柳林在今山西省太原縣東南三十里。(七六)石會關：石會關在山西省榆社縣西二十五里，其西南即武鄉縣之昂車關，唐武宗會昌三年，河東帥劉沔討澤潞叛帥，守昂車關，壁於榆社，進取石會關，又後周世宗顯德五年，潞帥李筠擊北漢於石會關，蓋晉陽與澤、潞間之要阨也。(七七)朕雅聞卿有相業，故排眾議首用卿：謂擢盧文紀為相也，見上卷唐末帝清泰元年七月。《五代史・盧文紀傳》，文紀形貌魁偉，語音高朗，占對鏗鏘，健於飲啖，唐明宗長興末，文紀為太常卿使蜀，路由岐下，時末帝為岐帥，奇其形儀旨趣，及即位，遂拔之為相。(七八)為大軍後援：大軍，謂晉安寨之軍。(七九)諸軍自鳳翔推戴以來：唐末帝為諸軍推戴事見上卷清泰元年。(八〇)帝至河陽，心憚北行：《五代史・盧文紀傳》曰：「末帝季年，天奪其魄，聲言救寨，其實倦行。」(八一)況已發三道兵救之：三道兵，謂范延光、趙德鈞、潘環三師之兵。(八二)河陽，天下津要：河陽，洛陽之外障，北兵犯洛，須自河陽度河，故云然。(八三)張延朗欲因事令趙延壽得解樞務：趙延壽時為樞密使，屢求解而未能，延朗蓋欲令趙延壽將兵北援，因得解樞密之職也。(八四)表稱車駕不可踰太行：澤州治晉城，當太行之衝道。(八五)須昌：《舊唐書・地理志》，隋於漢須昌廢城置宿遷縣，而於其西北三十二里置須昌城，唐屬鄆州，故城在今山東省東平縣西北。胡三省曰：「須昌即九域志鄆州所治之須城縣，蓋後唐避李國昌諱，改須為須城，而歐陽史與通鑑則仍舊縣名而不改也。」(八六)團栢谷：《元豐九域志》，太原府祁縣有團柏谷。在今山西省祁縣東南六十里，東接太谷，南接武鄉。(八七)吏部侍郎永清龍敏請立李贊華為契丹主，令天雄、盧龍二鎮分兵送之：欲令范延光、趙德鈞分兵送李贊華入契丹，立以為契丹主也。《遼史・宗室傳》云：「倍雖在異國，常思其親，問安之使不絕。後明宗養子從珂弒其君自立，倍密報太宗曰：『從珂弒君，盍討之？』」然則契丹南牧，東丹王實啓其端也。《舊唐書・地理志》，唐武后如意元年，分安次縣置武隆縣，睿宗景雲元年，改為會昌縣，玄宗天寶元年，改為永清，即今河北省永清縣。㈧朝廷露檄言之：露檄言之，蓋不隱秘其事，欲使契丹知之，返兵以自救也。㈨羣臣或勸其北行，則曰，卿勿言石郎，使我心膽墜地：胡三省曰：「李嗣源舉兵向洛，則莊宗為之神色沮喪，石敬瑭阻兵拒命，則潞王自謂使之心膽墜地，何平時之臨敵甚勇，一旦乃惴怯如此也？蓋莊宗之與明宗，潞王之與晉祖，皆同出入兵間，內揆其智力無以大相過，而乘時用勢，偶有不相及者，則其氣先餒故也。」㈩命陳州刺史郎萬金教以戰陳：胡三省曰：「郎萬金，當時勇將也。」㈡銀鞍契丹直：《五代史・趙德鈞傳》，德鈞既降契丹，契丹主問德鈞曰：「汝在幽州日所置銀鞍契丹直何在？」德鈞指示之，契丹盡殺於潞之西郊。則銀鞍契丹直，蓋德鈞鎮幽州時以契丹來降之驍勇者所置。㈢德鈞至鎮州，以董溫琪領招討副使，邀與偕行：《五代史・趙德鈞傳》，董溫琪時為成德節度使，鎮鎮州。㈢乃自吳兒谷趣潞州：胡三省曰：「吳兒谷在潞州黎城東北，涉縣西南。」即今山西省黎城縣東北二十五里，亦作吾兒峪。《元史・察罕帖木兒傳》，元順帝至正十八年，分兵屯上黨，塞吾兒峪，即此。㈣亂柳：亂柳寨在今山西省沁縣南十五里，宋太宗太平興國二年，於銅鞮縣界亂柳石圍中建威勝軍，即此，今名段柳村。㈤濬，崇望之子也：劉崇望相唐昭宗。㈥唐主遣呂琦賜德鈞敕告：《五代史・唐末帝紀》，命呂琦齎都統官告賜德鈞，以琦嘗佐德鈞於幽州幕也。㈦契丹主作冊書，命敬瑭為大晉皇帝，自解衣冠授之：以胡服即帝位也。《遼史・太宗紀》，是年冬十月甲子，封敬瑭為晉王，十一月丁酉，冊敬瑭為大晉皇帝。㈧割幽、薊、瀛、莫、涿、檀、順、新、媯、儒、武、雲、應、寰、朔、蔚十六州以與契丹：

此十六州見於《唐書・地理志》者有幽、薊、瀛、莫、涿、檀、順、新、媯、武、雲、朔、蔚十三州，《輿地廣記》，儒、應、寰三州皆唐末所置，《五代史記・職方攷》，寰州，後唐明宗所置。胡三省曰：「儒州領晉山一縣，武州領文德一縣，儒州蓋晉王鎮河東所表置，後唐明宗天成元年，以興唐軍置寰州，領寰清一縣，隸應州彰國節度。人皆以石晉割十六州，為北方自撤藩籬之始，余謂鴈門以北諸州，棄之猶有關隘可守，漢建安喪亂，棄陘北之地，不害為魏、晉之彊是也。若割燕、薊、順等州，則為失地險，然盧龍之險在營、平二州界，自劉守光僭竊，周德威攻取，契丹乘間遂據營、平，自同光以來，契丹南牧直抵涿、易，其失險也久矣！」(九九)制改長興七年為天福元年：胡三省曰：「此清泰三年也，而以為唐明宗七年，以潞王為篡也。」(一〇〇)白水：《舊唐書・地理志》，白水縣屬同州。宋白曰：「白水縣，漢粟邑，又為漢衙縣，春秋彭衙地，後魏和平三年，分澄城置白水縣，南臨白水，因名。」《元豐九域志》，白水縣在同州西北一百二十里，即今陝西省白水縣南，明徙今治。(一〇一)軍城都巡檢使劉知遠：軍城，謂河東軍城。按晉陽受圍時，劉知遠為北京馬步軍都指揮使。(一〇二)欲使延壽在鎮州，左右便於應接：胡三省曰：「言延壽若在常山，則左可以應接薊門，右可以應接團柏。」鎮州，古常山郡治。(一〇三)但恐犬兔俱斃耳：《戰國齊策》曰：「韓子盧者，天下之駿犬也，東郭兔者，天下之狡兔也，盧逐兔，環山者三，騰山者五，兔死於前，犬廢於後，田父見而幷獲之。」喻玩寇邀君，將使胡人坐收其利。(一〇四)請即以見兵南平洛陽：見兵，謂趙德鈞父子見統之兵。(一〇五)又恐山北諸州邀其歸路：胡三省曰：「山北諸州，謂雲、應、寰、朔等州。」(一〇六)趙北平父子，不忠不信：

趙德鈞封北平王，故稱之，擁兵自重，附敵求榮，是不忠於其主而失信於天下也。㉗毫末之利：謂微利也。秋毫之末至細，故以為喻。㉘今大國已扼其喉：《遼史・太宗紀》，契丹主初圍晉安，分遣精兵，守其要害，以絕援兵之路。㉙吾非有渝前約也：渝，變也，〈鄭風・羔裘〉之詩：「舍命不渝。」前約，謂使晉帝中國。㉚二三其命：謂其意遊移不定。《書・咸有一德》云：「德惟一，動罔不吉，德二三，動罔不凶。」《詩・衛風・氓》云：「士也罔極，二三其德。」又《左傳》，晉侯使韓穿來言汶陽之田，歸之於齊，季文子曰：「一年之間，或予或奪，二三孰甚焉！」㉛君，國之近親：《五代史・龍敏傳》，李懿，末帝親將，連姻帝戚。㉜我，燕人也：《五代史・龍敏傳》，敏，幽州永清縣人。㉝僕有狂策，但恐朝廷不肯為耳：《五代史・龍敏傳》，敏學術不甚長，然外柔而內剛，愛決斷大計。㉞若選精騎一千，使僕與郎萬金將之，自介休山路夜冒虜騎入晉安寨：胡三省曰：「郎萬金，當時勇將也。自介休山路達平遙，則可得而至晉安寨。」漢置界休縣，故城在今山西省介休縣東南十五里，晉曰介休，後省，後魏復置，僑置定陽郡，兼置平昌縣，後周改郡曰介休，省介休縣入平昌，隋廢郡，改平昌曰介休，《舊唐書・地理志》，唐高祖武德元年，置介州於介休縣，太宗貞觀元年，州廢，以縣屬汾州，即今山西省介休縣，東北與平遙縣接境，介休山在其境。㉟承詢奔鄜州：《元豐九域志》，丹州西至鄜州一百七十五里。㊱晉安寨被圍數月：是年九月，晉安寨被圍，至是歷三月。㊲削杮淘糞以飼馬：胡三省曰：「杮，斫木札也，木札已薄，更削之使薄，使馬可啗。淘糞者，淘馬糞中草筋，復以飼馬。」㊳馬相啗，尾鬣皆禿，死則將士分食之：《五代史記・楊光遠傳》，契丹圍晉安寨數月，人馬食盡，殺馬而食，及光遠殺張敬達降，契丹主見之曰：「爾輩大是惡漢兒。」光遠與諸將初不知其誚己，猶為謙言以對，契丹主曰：「不用鹽酪，食一萬匹戰馬，豈非惡漢兒邪？」光遠等大慙。(二九)張敬達性剛，時謂之張生鐵：《五代史・張敬達傳》，敬達小字生鐵。(三〇)敬達曰，吾受明宗及今上厚恩：胡三省曰：「歐史，張敬達，明宗時為河東馬步軍都指揮使，領欽州刺史，屢遷彰國、大同節度使，徙鎮武信、晉昌，故敬達自謂受厚恩也。然明宗置武信軍於遂州，尋為孟知祥所陷，張敬達未嘗往鎮，晉得中國，始改長安為晉昌軍，歐史亦考之未詳也。通鑑前書敬達自建雄節度代敬瑭，建雄軍，晉州也，歐史誤以為晉昌耳！又不知武信緣何而誤。」按《五代史・張敬達傳》，敬達自雲州移鎮平陽，平陽，唐為臨汾縣，即晉州建雄軍治也。(三一)光遠乘其無備，斬敬達首，帥諸將上表降於契丹：《五代史・唐末帝紀》，時契丹圍晉安寨，芻糧乏絕，楊光遠謂張敬達曰：「少時人馬俱盡，不如奮命血戰，十得三四，猶勝坐受其弊。」敬達未許，光遠伺敬達無備，遂殺之，與諸將同降契丹。(三二)大惡漢：胡三省曰：「北人謂南人為漢，大惡，猶今人謂桀烈者，為得人憎也。王昭遠所謂惡小兒，亦此意。」(三三)呂琦奉唐主詔勞北軍：北軍，謂趙德鈞援晉安寨之軍也。琦奉唐主詔勞德鈞軍見上十一月。(三四)不若早帥兵民自五臺奔鎮州：胡三省曰：「自五臺縣東南至鎮州三百六十里，即取飛狐路也。」《舊唐書・地理志》，隋改漢慮虒縣為五臺縣，唐屬代州，即今山西省五臺縣。(三五)乃帥州兵趣鎮州：州兵，忻州之兵也。(三六)以楊光遠為馬步軍都指揮使：以楊光遠殺張敬達以晉安寨降，故擢用之以賞其功。(三七)咨於契丹主：相與謀事曰咨。諸葛亮〈出師表〉：「咨取善道，察納雅言。」㉘與降卒俱進：降卒，唐晉安寨降兵也。㉙眾議以天雄軍府尚完，契丹必憚山東，未敢南下：天雄軍，魏州也，在太行山之東。㉚唐主以李崧素與范延光善：時范延光鎮魏州，故召李崧謀之。㉛薛文遇不知而繼至：薛文遇時為樞密直學士，與李崧同在直，文遇不知唐主獨召崧，故繼崧而至。㉜我見此物，肉顫：此物，謂薛文遇，肉顫，肢體戰動也。怒甚則肉顫。㉝文遇小人，淺謀誤國：謂其沮與契丹和親之計及贊唐主徙晉高祖鎮天平也，事俱見上。㉞洛陽聞北軍敗：北軍，謂趙德鈞等屯團柏谷之兵。㉟門者：司守洛陽關門者也。㊱唐主還至河陽，命諸將分守南、北城：河陽有南、北、中潬三城，即古孟津之地，唐為孟州，為洛陽外郭。守南、北二城，蓋以衛河橋。㊲漁陽：胡三省曰：「漁陽即謂幽州，唐人多言之。安祿山反於幽州，南向京輔，白居易歌之，以為漁陽鼙鼓動地來是也。」㊳帝先遣昭義節度使高行周還具食：帝欲與契丹引兵而南，令行周還潞州先供頓以待軍。㊴僕與大王鄉曲：高行周與趙德鈞皆幽州人也，故云鄉曲，趙德鈞封北平王，故以大王稱之。《五代史・高行周傳》，行周，幽州人，生於嬀州懷戎軍。幽、嬀二州，皆燕地也。㊵高河：高河鎮在今山西省長治縣西二十里。㊶帝不顧，亦不與之言：趙德鈞嘗與帝爭立為帝，故帝恨之而不與言。㊷契丹主命盡殺之於西郊：以其叛契丹而効力中國，故殺之。西郊，潞州之西郊。㊸汝從吾兒求為天子，何妄語邪：謂德鈞舉兵往太原，乃欲挾兵力從契丹求為帝，何妄語奉唐主之命邪。㊹渝關：《唐書・地理志》，營州西四百八十里有渝關。按渝關亦作榆關，即今河北省臨榆縣之山海關也。㊺徐圖亦未晚：謂徐圖為帝，為時亦未晚也。㊻器玩在此：器玩，謂趙德鈞所齎獻於述律后者也。㊼張礪與延壽俱入契丹，契丹主復以為翰林學士：張礪事唐明宗為翰林學士，唐末帝以趙延壽為河東道南面行營招討使，進軍團柏谷，以礪為判官，軍敗，遂與延壽俱入契丹。㊽我今太相溫將五千騎衞送汝至河梁：河梁，即河陽也。按《遼史・太宗紀》，契丹主命林牙迪离畢將五千騎送帝入洛，當從《遼史》。《遼史・國語解》曰：「林牙，掌文翰官，時稱為學士。」蓋猶中國翰林學士之職也。㊾有急則下山救汝：下山，下太行山。㊿白貂裘：胡三省曰：「貂出於北方。黑貂之裘，南方猶可致，白貂之裘，南方鮮有之。」陸佃《埤雅》曰：「貂亦鼠類，縟毛者也，其皮煖於狐貉。」(51)初，張敬達既出師，唐主遣左金吾大將軍歷山高漢筠守晉州：《五代史・高漢筠傳》，漢筠，齊州歷山人也。歷山鎮在今山東省歷城縣南五里。張敬達以晉州帥出征太原，故使高漢筠代敬達守晉州。(52)聽漢筠歸洛陽，帝遇諸塗：《五代史・高漢筠傳》，帝入洛，飛詔徵之，遇諸塗。胡三省曰：「漢筠蓋自晉州出含口至河陽，而帝自太行南下，故遇諸塗。」(53)遣宦者秦繼旻、皇城使李彥紳殺昭信節度使李贊華於其第：《遼史・太宗紀》云：「晉帝至河陽，李從珂窮蹙，召人皇王倍同死，不從，遣人殺之。」李贊華即人皇王倍，契丹主之兄也。《五代會要》曰：「突欲工畫，頗知書，其自契丹歸中國，載書數千卷，樞密使趙延壽每假其異書醫經，皆中國所無。」蔣一森《堯山堂外紀》曰：「東丹王有文才，博古今，其泛海奔唐，載書數千卷，習舉子，每通名刺云：『鄉貢進士黃居難，字樂地。』以擬白居易字樂天也。」江少虞《皇朝類苑》曰：「秘閣有東丹王千角鹿圖。東丹王歸中國，賜姓李，名贊華，亦能為五言詩，其子兀欲亦善丹青。千角鹿出虜中，所畫誠妙筆也。」胡應麟《詩藪》曰：「東丹王尤好畫，世傳其千角鹿圖，李伯時臨之，董北苑有跋宣和畫譜，列其目焉。」《宣和畫譜》曰：「李贊華好畫，多寫貴人酋長，至於袖弓挾彈，牽黃臂蒼，服用皆縵胡之纓，鞍勒率皆瓌奇，不作中國衣冠，亦安於所習者也。然議者以為馬尚豐肥，筆乏壯氣，其確論歟！今御府所藏十有五，雙騎圖一、獵騎圖一、雪騎圖一、番騎圖六、人騎圖二、千角鹿圖一、吉首并驅圖一、射騎圖一、女真獵騎圖一。」夏文彥《圖繪寶鑑補遺》曰：「義宗名倍，小字圖欲，太祖長子，善畫本國人物。」李薦《畫品》曰：「古今畫蕃馬存，胡環得其肉，東丹得其骨。」圖欲即突欲，圖、突同音異譯。兀欲，即遼世宗也。〔五四〕帝至河陽，萇從簡迎降，舟楫已具：時唐主斷河梁，故從簡具舟楫以濟晉師。〔五五〕彰聖軍執劉在明以降：胡三省曰：「彰聖軍，蓋留戍河陽者。」〔五六〕白馬阪：即白馬山也，亦曰白司馬阪，在今河南省洛陽縣東北三十里，邙山之東北垂也，史逸司字。〔五七〕北軍：此北軍謂晉兵。晉兵自太原而南，故曰北軍。〔五八〕唐主又與四將議復向河陽：四將，謂宋審虔、符彥饒、張彥琪、劉延朗。〔五九〕唐主與曹太后、劉皇后、雍王重美及宋審虔等攜傳國寶登玄武樓自焚：唐末帝在位二年，年五十二。宋審虔與唐主俱起於鳳翔，唐主之親將也，故與之俱死。王禹偁《五代史闕》文曰：「晉高祖引契丹圍晉安寨，降楊光遠，清泰帝至自覃懷，京師父老迎帝於上東門外，帝垂泣不止。父老奏曰：『臣等伏聞前唐時中國有難，帝王多幸蜀以圖進取，陛下何不且入西川？』帝曰：『本朝兩川節度，皆用文臣，所以玄宗、僖宗避寇幸蜀，今孟氏已稱尊矣，吾何歸乎！』因慟哭入內，舉族自焚。」秦再思《洛中紀異》曰：「先是甲子歌，至清泰三年丙申歲云：『數在五樓前。』又云：『但看八九月，兵至□於太原。』後大軍於太原南五樓村前大戰，至九月，晉祖勾契丹至於城下，王師敗績，至十一月，戎主遣蕃軍送晉祖歸洛陽，即兵至□於太原之應也。」(六〇)皇后積薪欲焚宮室：皇后，謂唐主劉皇后也。(六一)宜且避匿以俟姑夫：帝立晉國長公主為皇后，曹太后之女也，故謂帝為姑夫。王淑妃勸太后宜且避匿，以俟帝來。(六二)吾子孫婦女，一朝至此：胡三省曰：「子謂唐主，孫謂重美，婦謂劉后，女謂唐主之女也。」(六三)凡財賦應留使之外：胡三省曰：「唐制，諸州財賦為三，一上供，輸之京師以供上用也；二送使，輸送於節度、觀察使府；三留州，留為州家用度，其後天下悉裂為蕃鎮，支郡則仍謂之留州，會府則謂之留使。」(六四)龍門：《元豐九域志》，河南府河南縣有龍門鎮。在今河南省洛陽縣南二十里。(六五)南山：胡三省曰：「洛城之南山，即伊陽諸山。」伊陽，伊水之陽。(六六)斬張延朗，既而選三司使，難其人，帝甚悔之：胡三省曰：「漢馮衍有言：『在人惡其罵我，在我欲其罵人。』晉祖初入洛而先收張延朗，不惟示天下以褊，亦非所以勸居官奉職者也，既誅，又悔之，則無及矣！」(六七)閩人聞唐主之亡，歎曰，潞王之罪，天下未之聞也，將如吾君何：時閩主昶無道，閩人怨之，故有是言。(六八)以馮道兼門下侍郎同平章事：《五代史・馮道傳》，晉祖入洛，以道為首相。道蓋以司空兼相職，故曰首相。(六九)求內徙，唐潞王以為靜難節度使：靜難軍節度使鎮邠州，蓋自靈州內徙邠州也。(七〇)帝與契丹修好，恐其復取靈武：契丹既得燕、雲十六州，恐其乘勢復取靈武也。靈武，靈州也。(七一)平山：《舊唐書・地理志》，平山縣，漢蒲吾縣，屬常山郡，隋改為房山縣，恭帝義寧元年，置房山郡，唐高祖武德元年，置岳州，四年，廢岳州，以房山縣屬恒州，肅宗至德元年，改為平山縣，憲宗元和十五年，改恒州為鎮州。《元豐九域志》，平山縣在鎮州西六十五里，即今河北省平山縣。㉒溫琪與趙德鈞俱沒於契丹：趙德鈞之救晉安也，過鎮州，邀董溫琪偕行，故與之俱沒於契丹。㉓門鐸：門，姓也。河南官氏志，後魏改叱門氏為門氏，又有吐門氏改為門氏，又有庫門氏改為門氏。㉔張朗將其眾入朝：帝初起事，張朗為唐守代州，至是唐亡而入朝。㉕帝許之：許其辭三司使之職。㉖改興唐府曰廣晉府：後唐改魏州為興唐府，今唐亡晉興，故改興唐為廣晉，皆取其吉稱也。㉗安遠節度使盧文進聞帝為契丹所立，自以本契丹叛將：盧文進自契丹奔唐見卷二百七十五唐明宗天成元年。㉘棄鎮奔吳：帝既與契丹修好，而盧文進為契丹叛將，故懼誅而奔吳。後唐置安遠軍於安州。胡三省曰：「九域志，安州東至黃州四百里，東南至鄂州三百六十里，黃、鄂皆吳土也。」㉙我受先王大恩：先王，謂楊行密也。周本本行密故將。㉚尊公，太祖元勳：尊公，謂李建勳父德誠。吳楊行密廟號太祖。㉛於是吳宮多妖：吳宮，謂江都宮。妖，惡徵也。㉜高麗王建用兵擊破新羅、百濟，於是東夷諸國皆附之，有二京、六府、九節度、百二十郡：王建王高麗見卷二百七十二梁末帝龍德三年。《五代會要》曰：「新羅，弁韓之苗裔，其國在漢樂浪郡之地，南、東俱限大海，西接百濟，南鄰高麗，東西千里，南北二千里，有城邑村落。其王所居曰金城，周七八里，衞兵三千人，文武官凡十七等，風俗、刑法與高麗等同而朝服尚白。人多金、朴兩姓，婦人以髮繞頭，用綵及珠為飾，髮甚鬒美。其王金真，唐武德四年，封樂浪郡王，龍朔三年，又以國為鷄林州，授其王鷄林州都督，世以金氏為酋長，朝貢不絕。」《五代史記．四夷傳》云：「後唐同光元年，新羅國王金朴英遣使者來朝貢，長興四年，權知國事金溥遣使來。朴英、溥世次、卒、立，史皆失其紀，自晉以後不復至。」《隋書．東夷傳》曰：「百濟之先，出自高麗國，其國王有一侍婢忽懷孕，後生一男，棄之廁溷，久而不死，高麗王以為神，命養之，名曰東明，及長，高麗王忌之，東明懼，逃至淹水，夫餘人共奉之。東明之後有仇台者，篤於仁信，始立其國于帶方故地，漢遼東太守公孫度以女妻之，漸以昌盛，為東夷強國，初以百家濟海，因號百濟，歷十餘代，代臣中國。開皇初，其王餘昌遣使貢方物，拜昌為上開府帶方郡公百濟王。其國東西四百五十里，南北九百餘里，南接新羅，北拒高麗。其都曰居拔城，官有十六品。畿內為五部，部有五巷，士人居焉。五方各有方領一人，方佐二之，方有十郡，郡有將。其人雜有新羅、高麗、倭等，亦有中國人。其衣服與高麗略同，婦人不加粉黛，辮髮垂後，已出嫁則分為兩道，盤於頭上。俗尚騎射，讀書史，能吏事，亦知醫藥、蓍龜、占相之術，以兩手據地為敬。有僧尼，多寺塔，有鼓角、箜篌、箏竽、篪笛之樂，投壺、圍棊、樗蒲、握槊、弄珠之戲，行宋元嘉曆，以建寅月為歲首。國中大姓有八族，沙氏、燕氏、劦氏、解氏、貞氏、國氏、木氏、苗氏，婚娶之禮，略同於華，喪制如高麗。有五穀、牛、豬、雞，多不火食，厥田下人皆山居，有巨栗。每以四仲之月，王祭天及五帝之神，立其始祖仇台廟於國城，歲四祠之。隋末天下亂，使命遂絕。」按唐時百濟數侵新羅，謀絕其入唐貢道，新羅訴之於唐，唐高宗乃遣蘇定方、劉仁軌等將兵討平之，其地為新羅、渤海、靺鞨所分，其國遂絕。

卷二百八十一　後晉紀二

司馬光編集
林瑞翰註

起彊圉作噩盡著雍閹茂，凡二年。（丁酉至戊戌，西元九三七年至西元九三八年）

高祖聖文章武明德孝皇帝上之下

天福二年（西元九三七年）

㈠春，正月，乙卯（初二日），日有食之。【考異】實錄，正月，甲寅朔，乙卯日食；十國紀年，蜀乙卯朔，日食。蓋晉人避三朝日而改曆耳。

㈡詔以前北面招收指揮使安重榮為成德節度使㈠，以祕瓊為齊州防禦使，遣引進使王景崇諭瓊以利害。重榮與契丹將趙思溫偕如鎮州，瓊不敢拒命㈡。丙辰（初三日），重榮奏已視事。景崇，邢州人也。

㈢契丹以幽州為南京㈢。

㈣李崧、呂琦逃匿於伊闕民間，帝以始鎮河東，崧有力焉，德之，亦不責琦㈣。乙丑（十二日），以琦為祕書監，丙寅（十三日），以崧為兵部侍郎，判戶部。

㈤初，天雄節度使兼中書令范延光微時，有術士張生語之云：「必為將相。」延光既貴，信重之。延光嘗夢蛇自臍入腹，以問張生，張生曰：「蛇者龍也，帝王之兆。」延光由是有非望之志。唐潞王素與延光善，及趙德鈞敗，延光自遼州引兵還魏州㊄，雖奉表請降，內不自安，以書潛結祕瓊，欲與之為亂，瓊受其書，不報，延光恨之。瓊將之齊，過魏境，延光欲滅口，且利其貨，遣兵邀之於夏津，殺之㊅。丁卯（十四日），延光奏稱夏津捕盜兵誤殺瓊，帝不問㊆。

㈥戊寅（二十五日），以李崧為中書侍郎、同平章事，充樞密使，桑維翰兼樞密使。

時晉新得天下，藩鎮多未服從，或雖服從，反仄不安，兵火之餘，府庫殫竭，民間困窮，而契丹徵求無厭，維翰勸帝推誠棄怨以撫藩鎮，卑辭厚禮以奉契丹，訓卒繕兵以修武備，務農桑以實倉廩，通商賈以豐貨財，數年之間，中國稍安。

㈦吳太子璉納齊王知誥女為妃，知誥始建太廟、社稷，改金陵為江寧府㈧，牙城曰宮城，廳堂曰殿，以左右司馬宋齊丘、徐玠為左右丞相，馬步判官周宗、內樞判官黟㈨人周廷玉為內樞使，自餘百官，皆如吳朝之制。置騎兵八軍，步兵九軍。

㈧二月，吳主以盧文進為宣武節度使㈩，兼侍中。

㈨戊子（初五日），吳主使宜陽王璟如西都⑪，冊命齊王。王受冊，赦境內，冊王妃曰王后。

㈩吳越王元瓘之弟順化節度使同平章事元珦獲罪於元瓘，廢為庶人⑫。

⑪契丹主自上黨過雲州，大同節度使沙彥珣出迎，契丹主留之，不使還鎮。節度判官吳巒在城中，謂某眾曰：「吾屬禮義之俗，安可臣於夷狄乎？」眾推巒領州事，閉城不受契丹之命，契丹攻之，不克⑬。應州馬軍都指揮使金城郭崇威⑭亦恥臣契丹，挺身南歸。契丹主過新州，命威塞節度使翟璋斂犒軍錢十萬緡。

初，契丹主阿保機彊盛，室韋⑮、奚⑯、霫⑰皆役屬焉，奚王去諸苦契丹貪虐，帥其眾西徙嬀州，依劉仁恭父子，號西奚㈧。去諸卒，掃剌立，唐莊宗滅劉守光，賜掃剌姓李，名紹威。紹威娶契丹逐不魯之姊，逐不魯獲罪於契丹，奔紹威，紹威納之，契丹怒，攻之，不克。紹威卒，子拽剌立，及契丹主德光自上黨北還，拽剌迎降，時逐不魯亦卒，契丹主曰：「汝誠無罪，掃剌、逐不魯負我。」皆命發其骨，磑而颺之㈨。諸奚畏契丹之虐，多逃叛，契丹主勞翟璋曰：「當為汝除代，令汝南歸。」己亥（十六日），璋表乞徵詣闕，既而契丹遣璋將兵討叛奚，攻雲州，有功，留不遣璋，璋鬱鬱而卒。

張礪自契丹逃歸，為追騎所獲。契丹主責之曰：「何故捨我去？」對曰：「臣，華人，飲食衣服皆不與此同，生不如死，願早就戮。」契丹主顧通事㈩高彥英曰：「吾常戒汝善遇此人，何故使之失所而亡去？若失之，安可復得邪？」笞彥英而謝礪。礪事契丹主甚忠直，遇事輒言，無所隱避，契丹主甚重之。

㈩初，吳越王鏐少子元球【考異】晉高祖實錄、十國紀年作元球，今從吳越備史、九國志。數有軍功，鏐賜之兵仗，及吳越王元瓘立，元球為土客馬步軍都指揮使兼中書令，侍恩驕橫，增置兵仗至數千，國人多附之。元瓘忌之，使人諷元球請輸兵仗，出判溫州，元球不從。銅官廟吏告元球遣親信禱神，求主吳越江山，又為蠟丸㈡從水竇出入，與兄元珦謀議㈢。三月，戊午（初五日），元瓘遣使者召元球宴宮中，既至，左右稱元球有刃墜於懷袖，即格殺之，並殺元珦。元瓘欲按諸將吏與元珦、元球交通者，其子仁俊諫曰：「昔光武克王郎，曹公破袁紹，皆焚其書疏以安反側㈢，今宜效之。」元瓘從之。

㈢或得唐潞王脅及髀骨獻之，庚申（初七日），詔以王禮葬於徽陵南㈣。

㈣帝遣使詣蜀告即位，且敍姻好㈤，蜀主復書，用敵國禮。

㈤范延光聚卒繕兵，悉召巡內刺史集魏州㈥，將作亂。會帝謀徙都大梁，桑維翰曰：「大梁北控燕、趙，南通江、淮，水陸都會，資用富饒。今延光反形已露，大梁距魏，不過十驛㈦，彼若有變，大軍尋至，所謂疾雷不及掩耳也。」丙寅（十三日），下詔託以洛陽漕運有闕，東巡汴州。

(十六)吳徐知誥立子景通為王太子，固辭不受，追尊考忠武王溫曰太祖武王，妣明德太妃李氏曰王太后。壬申（十九日），更名誥。

(十七)庚辰（二十七日），帝發洛陽，留前朔方節度使張從賓為東都巡檢使。

(十八)漢主以疾愈，大赦。

(十九)交州將皎公羨殺安南節度使楊廷藝而代之㉘。

(二十)夏，四月，丙戌（初四日），帝至汴州，丁亥（初五日），大赦。

(廿一)吳越王元瓘復建國如同光故事㉙，丙申（十四日），赦境內，立其子弘傳為世子，以曹仲達、沈崧、皮光業為丞相，鎮海節度判官林鼎掌教令。

(廿二)丁酉（十五日），加宣武節度使楊光遠兼侍中㉚。

(廿三)閩主作紫微宮，飾以水晶，土木之盛，倍於寶皇宮㉛。又遣使散詣諸州，伺人隱慝。

（七四）五月，吳徐誥用宋齊丘策，欲結契丹以取中國，遣使以美女、珍玩泛海修好[22]，契丹主亦遣使報之。

（七五）丙辰（初五日），敕權署汴州牙城曰大寧宮[23]。

（七六）壬申（二十一日），進范延光爵臨清郡王以安其意。

（七七）追尊四代考妣為帝后[24]，己卯（二十八日），詔太社所藏唐室罪人首，聽親舊收葬。初，武衛上將軍婁繼英嘗事梁均王為內諸司使，至是請其首而葬之[25]。

（七八）六月，吳諸道副都統徐景遷卒。

（七九）范延光素以軍府之政委元隨左都押牙孫銳，銳恃恩專橫，符奏有不如意者，對延光手裂之。會延光病旬，銳密召澶州刺史馮暉，與之合謀，逼延光反，延光亦思張生之言[26]，遂從之。甲午（十三日），六宅使張言奉使魏州，還言延光反狀，義成節度使符彥饒奏延光遣兵度河，焚草市[27]，詔侍衛馬軍都指揮使昭信節度使白奉進將千五百騎屯白馬津[28]以備之。奉進，雲州人也。丁酉（十八日），以東都巡檢使張從賓為魏府西南面都部署，戊戌（十九日），遣侍衛都軍使楊光遠㊴將步騎一萬屯滑州，己亥（二十日），遣護聖都指揮使㊵杜重威將兵屯衛州。重威，朔州人也，尚帝妹樂平長公主。范延光以馮暉為都部署，孫銳為兵馬都監，將步騎二萬循河西抵黎陽口㊶，辛丑（二十二日），楊光遠奏引兵踰胡梁渡㊷。

(卅)以翰林學士禮部侍郎和凝為端明殿學士。凝署其門，不通賓客。前耀州團練推官襄邑㊸張誼致書於凝，以為切近之職，為天子耳目，宜知四方利病，奈何拒絕賓客？雖安身為便，如負國何？凝奇之，薦於桑維翰，未幾，除左拾遺。誼上言北狄有援立之功，宜外敦信好，內謹邊備，不可自逸以啓戎心，帝深然之。

(卅一)契丹攻雲州，半歲不能下，吳巒遣使間道奉表求救㊹，帝為之致書契丹主請之，契丹主乃命翟璋解圍去。帝召巒歸，以為武寧節度副使。

(卅二)丁未（二十八日），以侍衛使楊光遠㊺為魏府四面都部署，張從賓為副部署，兼諸軍都虞候，昭義節度來高行周將本軍屯相州，為魏府西面都部署㊻。軍士郭威，舊隸劉知遠，當從楊光遠北征㊼，白知遠乞留。人問其故，威曰：「楊公有姦詐之才，無英雄之氣，得我何用？能用我者，其劉公乎！」

㊽詔張從賓發河南兵數千人擊范延光㊾，延光使人誘從賓，從賓遂與之同反，殺皇子河陽節度使重信，使上將軍張繼祚知河陽留後。繼祚，全義之子也㊿。

從賓又引兵入洛陽，殺皇子權東都留守重乂，以東都副留守都巡檢使張延播知河南府事從軍(五一)，取內庫錢帛以賞部兵。留守判官李遐不與，兵眾殺之。

從賓引兵扼汜水關(五二)，將逼汴州，詔奉國都指揮使侯益帥禁兵五千會杜重威討張從賓，又詔宣徽使劉處讓自黎陽分兵討之。時羽檄縱橫，從官在大梁者無不恟懼(五三)，獨桑維翰從容指畫軍事，神色自若，接對賓客，不改常度，眾心差安(五三)。

(四四)方士言於閩主云：「有白龍夜見螺峯(五四)。」閩主作白龍寺。時百役繁興，用度不足，閩主謂吏部侍郎判三司候官(五五)蔡守蒙曰：

「聞有司除官皆受賂，有諸？」對曰：「浮議不足信也。」閩主曰：「朕知之久矣，今以委卿，擇賢而授，不肖及罔冒者勿拒㊄，第令納賂，籍而獻之。」守蒙素廉，以為不可，閩主怒，守蒙懼而從之，自是除官，但以貨多少有差。閩主又以空名堂牒使醫工陳究賣官於外㊅，專務聚斂，無有盈厭。又詔民有隱年者杖背，隱口者死㊆，逃亡者族，果菜鷄豚，皆重征之。

㊆秋，七月，張從賓攻汜水，殺巡檢使宋廷浩。帝戎服嚴輕騎，將奔晉陽以避之，桑維翰叩頭苦諫曰：「賊鋒雖盛，勢不能久，請少待之，不可輕動。」帝乃止。

㊇范延光遣使以蠟丸招誘失職者，右武衛上將軍婁繼英、右衛大將軍尹暉在大梁，溫韜之子延濬、延沼、延衮居許州，皆應之㊈，延光令延濬兄弟取許州，聚徒已及千人，繼英、輝事泄，皆出走。壬子（初二日），敕以延光姦謀誣汙忠良，自今獲延光諜人㊉，賞獲者，殺諜人，禁蠟書勿以聞㊀。暉將奔吳，為人所殺㊁。繼英奔許州，依溫氏。忠武節度使萇從

簡盛為之備，延濬等不得發，欲殺繼英以自明，延沼止之，遂同奔張從賓㊆。繼英知其謀，勸從賓執三溫，皆斬之。

㊆白奉進在滑州㊅，軍士有夜掠者，捕之，獲五人，其三隸奉進，其二隸符彥饒，奉進皆斬之。彥饒以其不先白己，甚怒。明日，奉進從數騎詣彥饒謝，彥饒曰：「軍中各有部分，奈何取滑州軍士並斬之㊅，殊無客主之義乎㊅？」奉進曰：「軍士犯法，何有彼我？僕已引咎謝公，而公怒不解，豈非欲與延光同反邪？」拂衣而起，彥饒不留，帳下甲士大譟，擒奉進殺之。從騎走出㊆，大呼於外，諸軍爭擐甲操兵，諠譟不可禁止。奉國左廂都指揮使馬萬惶惑不知所為，帥步兵欲從亂，遇右廂都指揮使盧順密帥部兵出營，厲聲謂萬曰：「符公擅殺白公，必與魏城通謀㊅，此去行宮纔二百里㊅，吾輩及軍士家屬皆在大梁，奈何不思報國，乃欲助亂，自求族滅乎？今日當共擒符公送天子，立大功，軍士從命者賞，違命者誅，勿復疑也。」萬所部兵尚有呼躍者，順密殺數人，眾莫敢動。萬不得已，從之，與奉國都虞候方太等共攻牙城，執

彥饒，令太部送大梁。甲寅（初四日），敕斬彥饒於班荊館㈦。其兄弟皆不問㈦。

楊光遠自白皐引兵趣滑州，士卒聞滑州亂，欲推光遠為主，光遠曰：「天子豈汝輩販弄之物？晉陽之降，出於窮迫㈦，今若改圖，真反賊也。」其下乃不敢言。

時魏、孟、滑三鎮繼叛㈦，人情大震。帝問計於劉知遠，對曰：「帝者之興，自有天命。陛上昔在晉陽，糧不支五日，俄成大業。今天下已定，內有勁兵，北結彊虜㈦，鼠輩何能為乎？願陛下撫將相以恩，臣請戢士卒以威，恩威兼著，京邑自安，本根深固，則枝葉不傷矣。」知遠乃嚴設科禁㈦，宿衛諸軍，無敢犯者。有軍士盜紙錢一幞㈦，主者㈦擒之，左右請釋之，知遠曰：「吾誅其情，不計其直㈦。」竟殺之，由是眾皆畏服。

乙卯（初五日），以楊光遠為魏府行營都招討使兼知行府事，以昭義節度使高行周為河南尹、東京留守，以杜重威為昭義節度使，充侍衛馬軍都指揮使，以侯益為河陽節度使㈦。

帝以滑州奏事皆馬萬為首，擢萬為義成節度使(八〇)。丙辰（初六日），以盧順密為果州團練使(八一)，方太為趙州刺史，既而知皆順密之功也，更以順密為昭義留後(八二)。

馮暉、孫銳引兵至六明鎮(八三)，光遠引之度河，半度而擊之，暉、銳眾大敗，多溺死，斬首三千級，暉、銳走還魏。

杜重威、侯益引兵至汜水，遇張從賓眾萬餘人，與戰，俘斬殆盡，遂克汜水，從賓走，乘馬渡河，溺死，獲其黨張延播、繼祚、婁繼英，送大梁斬之，滅其族。

史館修撰李濤上言，張全義有再造洛邑之功(八四)，乞免其族，乃止誅繼祚妻子。濤，回之族曾孫也(八五)。

(四八)詔東都留守司百官悉赴行在(八六)。

(四九)楊光遠奏知博州張暉舉城降(八七)。

(五〇)安州威和指揮使(八八)王暉聞范延光作亂，殺安遠節度使周瓌，自領軍府，欲俟延光勝則附之，敗則度江奔吳。帝遣右領軍上將軍李金全將千騎如安州巡檢，許赦王輝為唐州刺史。

(四一)范延光知事不濟，歸罪於孫銳而族之(八九)，遣使奉表待罪，戊寅（二十八日），楊光遠以聞，帝不許。

(四二)吳同平章事王令謀如金陵勸徐誥受禪，誥讓不受。

(四三)山南東道節度使安從進恐王暉奔吳，遣行軍司馬張朏將兵會復州兵於要路邀之(九〇)。暉大掠安州，將奔吳，部將胡進殺之。八月，癸巳（十三日），以狀聞。

李金全至安州，將士之預於亂者數百人，金全說諭，悉遣詣闕，既而聞指揮使武彥和等數十人挾賄甚多，伏兵於野，執而殺之。彥和且死，呼曰：「王暉首惡，天子猶赦之，我輩脅從，何罪乎？」帝雖知金全之情，掩而不問。

(四四)吳歷陽公濛知吳將亡，甲午（十四日），殺守衛軍使王宏(九一)，宏子勒兵攻濛，濛射殺之。以德勝節度使周本，吳之勳舊，引二騎詣廬州，欲依之。本聞濛至，將見之，其子弘祚固諫。本怒曰：「我家郎君來，何為不使我見？」弘祚合扉(九二)，不聽本出，使人執濛於外，送江都，徐誥遣使稱詔殺濛於采石(九三)，追廢為悖逆庶人，絕屬籍[九四]，侍衛軍使郭悰殺濛妻子於和州[九五]，誥歸罪於悰，貶池州。

（四五）乙巳（二十五日），赦張從賓、符彥饒、王暉之黨未伏誅者，皆不問。梁唐以來，士民奉使及俘掠在契丹者，悉遣使贖還其家。

（四六）吳司徒門下侍郎同平章事內樞使忠武節度使王令謀[九六]，老病無齒，或勸之致仕，令謀曰：「齊主大事未畢，吾何敢自安？」疾亟，力勸徐誥受禪。是月，吳主下詔禪位於齊，李德誠復詣金陵，帥百宮勸進，宋齊丘不署表[九七]。九月，癸丑（初四日），令謀卒。

（四七）甲寅（初五日），以李金全為安遠節度使[九八]。

（四八）婁繼英未及葬梁均王而誅死[九九]，詔梁故臣右衛上將軍安崇阮與王故妃郭氏葬之。

（四九）丙寅（十七日），吳主命江夏王璘奉璽綬於齊[一〇〇]。冬，十月，甲申（初五日），齊王誥即皇帝位於金陵，大赦，改元升元，國號唐[一〇一]。追尊太祖武王曰武皇帝[一〇二]，乙酉（初六日），遣右丞相玠[一〇三]奉冊詣吳主，稱受禪老臣誥謹拜稽首上皇帝尊號曰高尚思玄弘古讓皇，宮室、乘輿、服御皆如故，宗廟、正朔、徽章、服色悉從吳制。丁亥（初八日），立徐知證為江王，徐知諤為饒王㉔，以吳太子璉領平盧節度使，兼中書令，封弘農公。

唐主宴羣臣於天泉閣㉕，李德誠曰：「陛下應天順人，唯宋齊丘不樂。」因出齊丘止德誠勸進書，【考異】十國紀年云：「遺宗信書，令宗信諷止德誠勸進，而不云宗信何人，今但云止德誠勸進書。」唐主執書不視，曰：「子嵩三十年舊交㉖，必不相負。」齊丘頓首謝。

己丑（初十日），唐主表讓皇改東都宮殿名，皆取於仙經㉗，讓皇常服羽衣，習辟穀術。辛卯（十二日），吳宗室建安王珙等十二人皆降爵為公，而加官增邑㉘。丙申（十七日），以吳同平章事張延翰及門下侍郎張居詠、中書侍郎李建勳並同平章事。

讓皇以唐主上表，致書辭之，唐主表謝而不改。

丁酉（十八日），加宋齊丘大司徒。齊丘雖為左丞相，不預政事，心愠懟㉙，聞制詞云布衣之交，抗聲曰：「臣為布衣時，陛下為刺史㉚，今日為天子，可以不用老臣矣！還家請罪。」唐主手詔謝之，亦不改命。久之，齊丘不知所出，乃更上書請遷讓皇於他州及斥遠吳太子璉，絕其昏[二一]，唐主不從。乙巳（二十六日），立王后宋氏為皇后。戊申（二十九日），以諸道都統判元帥府事景通為諸道副元帥、判六軍諸衛事、太尉、尚書令、吳王。

[五十]閩主命其弟威武節度使繼恭上表，告嗣位於晉，且請置邸於都下[二二]。

[五一]十一月，乙卯（初六日），唐吳王景通更名璟。唐主賜楊璉妃號永興公主[二三]，妃聞人呼公主，則流涕而辭。戊午（初九日），唐主立其子景遂為吉王、景達為壽陽公，以景遂為侍中、東都留守、江都尹，帥留司百官赴東都[二四]。

[五二]戊辰（十九日），詔加吳越王元瓘天下兵馬副元帥，進封吳越國王。**【考異】**實錄：「天福二年十一月，加元瓘副元帥、國王，程遜等為加恩使，四年十月，丙午，以程遜沒於海，廢朝，贈官。」程遜傳云：「天福三年秋，使吳越，使回，溺死。」元瓘傳云：「天福三年，封吳越國王。」蓋二年冬，制下，遜等以三年至杭州，不知溺死在何年，而晉朝以四年十月始聞之也。吳越備史：「天福二年四月，敕遣程遜等授王副元帥、國王，甲午，王即位，用建國之儀，如同光故事。是歲，程遜還京，溺於海。」按元瓘初立，稱鏐遺命，止用藩鎮禮，明年，明宗封吳王，應順初，閔帝封吳越王，故以天福二年即王位，而備史以為授元帥、國王，然後即位，誤矣。

[五三]安遠節度使李金全以親吏胡漢筠為中門使，軍府事一以委之。

漢筠貪猾殘忍，聚斂無厭，帝聞之，以廉吏賈仁沼代之，【考異】薛史，仁沼作仁紹，今從實錄。且召漢筠，欲授以他職，庶保全功臣，漢筠大懼，始勸金全以異謀。乙亥（二十六日），金全表漢筠病，未任行。金全故人龐令圖屢諫曰：「仁沼，忠義之士，以代漢筠，所益多矣！」漢筠夜遣壯士踰垣，滅令圖之族，又毒仁沼，舌爛而卒。漢筠與推官張緯相結以諂惑金全，金全愛之彌篤。

(五四)十二月，戊申（三十日），蜀大赦，改明年元曰明德。

(五五)詔加馬希範江南諸道都統，制置武平、靜江等軍事。

(五六)是歲，契丹改元會同㉕，國號大遼，公卿庶官，皆倣中國，參用中國人，以趙延壽為樞密使，尋兼政事令。

【今註】㊀詔以前北面招收指揮使安重榮為成德節度使：以代秘瓊也，瓊自為成德留後見上卷上年。《五代史・安重榮傳》，唐明宗長興中，重榮為振武道巡邊使，帝起兵於晉陽，重榮將千騎往赴焉，北面招收指揮使，蓋帝於晉陽圍城中所授軍職也，故曰前。㊁重榮與契丹將趙思溫偕如鎮州，瓊不敢拒命：《五代史・秘瓊傳》，時重榮與蕃帥趙思溫同行，部曲甚眾，瓊不敢拒命，蓋畏契丹也。㊂契丹以幽州為南京：《五代史記・四夷附錄》曰：「以幽州為燕京。」《五代史・外國傳》云：

「升幽州為南京，以趙思溫為南京留守。」《遼史・趙思溫傳》亦云南京留守，則南京為是。㊃李崧、呂琦逃匿於伊闕民間，帝以始鎮河東，崧有力焉，德之，亦不責琦：李崧議以帝鎮河東事見卷二百七十八唐明宗長興三年，帝以是德之。李崧、呂琦建和契丹以制河東之議見上卷上年三月，帝以德崧，故並不責琦也。㊄及趙德鈞敗，延光自遼州引兵還魏州：趙德鈞敗見上卷上年閏十一月，范延光屯遼州見上年十月，《五代史・范延光傳》，唐末帝遣延光以本部二萬屯遼州與趙延壽掎角合勢，及延壽兵敗，延光促還，則延光還魏州亦當在上年閏十一月至十二月閒也。㊅瓊將之齊，過魏境，延光欲滅口，且利其貨，遣兵邀之於夏津，殺之：祕瓊之齊，赴齊州防禦使任所也。瓊殺成德節度使董溫琪而取其貨見上卷上年。《舊唐書・地理志》，夏津，古鄃縣，唐玄宗天寶元年，改為夏津，屬貝州。胡三省曰：「宋以夏津屬北京，在京東北二百五十里。」即今山東省夏津縣，宋以大名府為北京，即今河北省大名縣。㊆延光奏稱夏津捕盜兵誤殺瓊，帝不問：帝本惡祕瓊為亂，又恐范延光有反側之心，故不問。㊇改金陵為江寧府：先是吳以昇州為金陵府，至是復更名江寧。㊈黟：黟音伊，又音翳。《舊唐書・地理志》，黟，漢故丹陽郡之黟縣也，縣南有墨嶺山，出石墨，故名縣曰黟，唐屬歙州，《元豐九域志》，黟縣在歙州西一百五十三里，即今安徽省黟縣，漢故治在其東。㊉吳主以盧文進為宣武軍節度使兼侍中：宣武軍治汴州，時屬晉，吳但以盧文進遙領之耳。⑪吳主使宜陽王璙如西都：吳以金陵為西都見上卷上年。⑫吳越王元瓘之弟順化節度使同平章事元珦獲罪於元瓘，廢為庶人：錢元珦得罪始見卷二百七十八唐明宗長興四年。⑬衆推巒領州事，閉城不受契丹之命，契丹攻之，不克：《五代史記・吳巒傳》，巒字寶川，鄆州盧縣人，少舉明經不中，清泰中，為大同沙彥珣節度判官，晉高祖起太原，召契丹為援，契丹過雲州，彥珣出城迎謁，為契丹所虜，城中推巒主州事，巒即閉門拒守，契丹以兵圍之，七月不能下。㊃應州馬軍都指揮使金城郭崇威：《舊唐書・地理志》，蘭州廣武縣，本漢金城郡枝陽縣，張駿置廣武郡，隋廢為縣，《唐書・地理志》，肅宗乾元二年，更廣武縣曰金城縣，仍隸蘭州，故城在今甘肅省平番縣東南。又《輿地廣記》，唐末置應州，領金城、混源二縣，此金城即唐應州治，今山西省應縣也。胡三省曰：「漢之金城，唐蘭州五泉縣是也，唐之金城，漢為枝陽縣地，涼置廣武郡，隋廢郡為廣武縣，唐乾元二年，更曰金城，屬蘭州。按此非蘭州之金城，乃應州之金城縣也。唐明宗生於代北之金鳳城，及即位，以其地置金城縣，仍置應州治焉，郭崇威蓋以土人為本鎮都將。又匈奴須知云：『應州東至幽州八百五十里，金城縣東北至朔州八百里。』如須知所云，應州與金城縣似為兩處，南北風馬牛不相及，未能審其是，又當從涉其地者問之。」㊄室韋：杜佑《通典》曰：「室韋有五部，幷在靺鞨之北，不相總一，所謂南室韋、北室韋，鉢室韋、深末怛室韋、大室韋，並無君長，人衆貧弱，蓋契丹之類也。南室韋在契丹北三千里，土地卑濕，至夏則移向西貸勃、久對二山，多草木，饒禽獸，又多蚊蚋，人皆巢居以避其患。衣服與契丹同，寢則屈木為室，以蘧篨覆上，移則載行，以豬皮為席，編木藉之。氣候多寒，田收甚薄，無羊，少馬，多豬牛，造酒食噉，言語與靺鞨同。」《冊府元龜》曰：「南室韋在契丹北三千里，分為二十五部，每部有餘莫弗瞞咄，猶酋長也。北室韋在南室韋北，行十一日，其國分為九部落，繞吐紇山而居，其部落渠帥，號乞引莫賀咄，每部有莫何弗三人以貳之。鉢室韋在北室韋北千里，依胡布山而住，人眾多於北室韋，不知為幾部落。大室韋在鉢室韋西北數千里。」葉隆禮《契丹國志》曰：「室韋國，室或為失契丹之類。其在南者為契丹，在北者號為室韋，路出和龍北千餘里，入室韋國，與奚、契丹同，夏則城居，冬逐水草。有南室韋、北室韋。其俗，丈夫皆披髮，婦人皆盤髮，衣服與契丹同。乘牛車，以蘧篨為屋，如氈車狀。度水則束薪為筏，或有以皮為舟者。馬則織草為韉，結繩為轡。氣候多寒，田收甚薄，惟射獵麞鹿為務，食肉衣皮，鑿冰沒水中而網取魚鼈，地多積雪，懼陷阬穽，騎木而行。太祖並諸蕃三十六國，室韋在其中。」㊅奚：《通典》曰：「庫莫奚者，其先東部鮮卑宇文之別種也，初為慕容晃所破，遺落者竄匿松漠之間，其俗甚不潔而善射獵，好為寇抄，後魏之初，頻為寇盜，及突厥興而臣屬之。後稍彊盛，分為五部，一曰辱紇主，二曰莫賀弗，三曰契箇，四曰木崑，五曰室得理。饒樂水北，即鮮卑故地，每部置俟斤一人為帥，隨逐水草，頗同突厥。有阿會氏，五部中為盛，諸部皆歸之。其俗，死者以葦箔裹尸，懸之樹上。其後款附，至隋代，號曰奚。」《五代會要》曰：「奚本匈奴別種，即東胡之地，人物風俗，與突厥同。有五部，一曰阿薈部，二曰啜末部，三曰奧質部，四曰奴皆部，五曰黑訖支部，酋長號奚王。居陰涼州，後徙居琵琶川，在幽州東北數百里，出古北口，地宜羊馬，羊則純黑，馬則前蹄堅善走。以馳獵為務，逐獸高山，自下而上，其勢若飛。語與契丹小異，爨以平底瓦鼎，煮穄為粥，既飪，以寒水解而食之。每春，借民之荒田種穄，秋熟來穫，畢則窖於山下，人莫知其處。自天祐初，契丹兵力漸盛，室韋、奚、霫皆受制焉，故奚之部族，為契丹代守邊土。暨虜酷虐，其首領去諸怨之，以別部內附，徙於嬀州，依北山而居，漸有數千帳，故有東、西奚之號。至晉天福元年，高祖以契丹有助立之功，割鴈門已北及幽州之地賂之，繇是奚之部族，復隸於契丹。」⑰霫：《舊唐書・北狄傳》曰：「霫，匈奴之別種也，居於潢水北，鮮卑之故地，東接靺鞨，西至突厥，南至契丹，北接烏羅渾，地周二千里，四面有山。」⑱西奚：奚本居琵琶川，故西徙嬀州，依北山而居者號曰西奚。⑲磑而颺之：磑音畏，磨也。磨骨為灰而飛揚之。⑳通事：通譯之官也。宋白《續通典》曰：「契丹主腹心能華言者目曰通事，謂其洞達庶務。」㉑蠟丸：蠟書也，藏書於蠟丸之中以防洩漏。㉒與兄元珣謀議：元珣被幽見卷二百七十八唐明宗長興四年。㉓昔光武克王郎，曹公破袁紹，皆焚其書疏以安反側：光武事見卷三十九漢淮陽王更始二年，曹公事見卷六十四漢獻帝建安五年。㉔詔以王禮葬於徽陵南：《五代史・唐末帝紀》，葬於徽陵之封中。㉕帝遣使詣蜀告即位，且敍姻好：蜀主孟知祥娶晉王克用姪女，帝娶唐明宗之女，故與蜀後主昶有姻戚之誼。㉖范延光聚兵繕兵，悉召巡內刺史集魏州：魏、貝、博、相、澶、衞六州，皆天雄軍巡屬也。㉗大梁距魏，不過十驛：唐制三十里一驛，十驛三百里。㉘交州將皎公羨殺安南節度使楊廷藝而代之：楊廷藝得交州見卷二百七十八唐明宗長興二年。㉙吳越王元瓘復建國如同光故事：吳越王錢鏐建國見卷二百七十三唐莊宗同光二年，元瓘初立，罷建國，復稱吳越王，事見卷二百七十八唐明宗長興三年，今復建國稱吳越王也。㉚加宣武節度使楊光遠兼侍中：《五代史・楊光遠傳》，光遠既殺張敬達，擁眾歸命，從晉祖入洛，加檢校太尉，充宣武軍節度使，同平章事，判六軍諸衞事，光遠每對高祖，常悒然不樂，高祖慮有不足，密遣近臣訊之，光遠附奏曰：「臣貴為將相，非有不足，但以張生鐵死得其所，臣弗如也，衷心內愧，是以不樂。」生鐵，敬達小字也，高祖聞其言，以光遠為忠純之最者，其實光遠故為其言以邀高祖之重信也。㉑閩主作紫微宮，飾以水晶，土木之盛，倍於寶皇宮：閩主璘作寶皇宮見卷二百七十七唐明宗長興二年。又《五代史記・閩世家》，天師陳守元教閩主祀起三清臺三層，以黃金數千斤鑄寶皇及元始天尊、太上老君像，日焚龍腦、熏陸諸香數斤，作樂於臺下，晝夜不輟，其豪奢多類此者。㉒五月，吳徐誥用宋齊丘策，欲結契丹以取中國，遣使以美女、珍玩泛海修好：《遼史・太宗紀》，是年八月庚寅，晉及太原劉知遠，南唐李昪各遣使來貢。蓋徐誥以五月遣使，八月始至契丹也。㉓敕權署汴州牙城曰大寧宮：《五代史・晉高祖紀》，時御史中丞張昭遠奏曰：「汴州在梁室朱氏稱制之年，有京都之號，及唐莊宗平定河南，復廢為宣武軍，至明宗行幸之時，掌事者因緣修葺衙城，遂挂梁室時宮殿門牌額，當時識者或竊非之。一昨車駕省方，暫居梁苑，臣觀衙城內齋閣牌額，一如明宗行幸之時，無都號而有殿名，恐非典據。臣竊尋秦漢以來，寰海之內，鑾輿所至，多立宮名，近代隋室於揚州立江都宮，太原立汾陽宮，岐州立仁壽宮，唐朝於太原立晉陽宮，同州立長春宮，岐州立九成宮，宮中殿閣皆題署牌以類皇居，請準政事於汴州衙城門權掛一宮門牌額，則餘齋閣並可取便為名。」敕行闕宜以大寧宮為名。㉔追尊四代考妣為帝后：《五代會要》，帝高祖諱景，追尊孝安皇帝，廟號靖祖，妣秦氏，追謚元皇后，曾祖諱郴，追尊孝簡皇帝，廟號肅祖，妣安氏，追謚恭皇后，祖諱昱，追尊孝平皇帝，廟號睿祖，妣朱氏，追諡獻皇后，考諱紹雍，追尊孝元皇帝，廟號憲祖，妣何氏，追諡懿皇后。胡三省曰：「若以前史謂皇考名梟捩鷄推之，則四世之名，意皆有司所撰者也。」

㉟初，武衛上將軍婁繼英嘗事梁均王為內諸司使，至是請其首而葬之：唐藏梁均王首於太社見卷二百七十二唐莊宗同光元年。《五代會要》，梁內諸司使有崇政院使、租庸使、宣徽院使、客省使、天驥使、飛龍使、莊宅使、太和庫使、豐德使、儀鑾使、乾文院使、文思院使、五防如京使、尚食使、司膳使、洛苑使、教坊使、東上閤門使、西上閤門使、內園栽接使、弓箭庫使、大內皇城使、武備庫使、引進使、左藏庫使、西京大內皇城使、閑廄使、宮院使、翰林使。㊱延光亦思張生之言：張生解夢見上正月。㊲義成節度使符彥饒奏延光遣兵度河，焚草市：自魏州度河焚滑州草市也。胡三省曰：「時天下兵爭，凡居民在城外，率居草屋以成市里，以其價廉功省，猝遇兵火，不至甚傷財以害其生也。」㊳白馬津：白馬津在滑州白馬縣北，即今河南省滑縣北，即黎陽津也，《水經注》作鹿鳴津。㊴護聖都指揮使：胡三省曰：「五代會要曰：『天福六年，改成德兩軍為護聖左右軍。』據此，則此時已有護聖軍矣！」㊵侍衛都軍使楊光遠：《五代史・晉高祖紀》又作侍衛親軍使，按即侍衛親軍都指揮使也，史從省文。㊶循河西抵黎陽口：黎陽口即白馬津也，又名黎陽津，在魏州西南，故循河西上而後至。㊷胡梁渡：胡三省曰：「此即史思明所濟胡梁渡也，在滑州北岸澶州界。」《五代會要》，天福六年，以新修胡梁渡為大通軍。㊸襄邑：《舊唐書・地理志》，襄邑縣，隋置，唐高祖武德二年，屬杞州，太宗貞觀元，改屬宋州，故城在今河南省睢縣西二里。㊹吳巒遣使間道

奉表求救：時燕雲諸州皆歸契丹，故巒使間道南來。㊺侍衛使楊光遠：侍衛使即侍衛親軍都指揮使也。㊻昭義節度使高行周將本軍屯相州，為魏府西面都部署：昭義軍，潞州也，自潞州引軍東屯相州以臨魏州，相州在魏州之西。㊼軍士郭威舊隸劉知遠：當銘楊光遠北征：自大梁征魏州為北征。《五代史・周太祖紀》，郭威初事李繼韜，繼韜伏誅，麾下牙兵配從馬直，威在籍中，時晉祖領副侍衛，以威長於書計，召置麾下，令掌軍籍，由是得事漢祖。㊽詔張從賓發河南兵數千人擊范延光：河南兵，河南府兵也。帝之東巡，留張從賓為洛陽巡檢使，故使發之。㊾繼祚，全義之子也：張全義自唐末為河南尹，歷事梁、唐二朝。㊿以東都副留守都巡檢使張延播知河南府事從軍：雖以延播知河南府事，不令留府治事而使之從軍也。(51)汜水關：胡三省曰：「汜水關，以縣名關，即虎牢關也。」《唐書・地理志》，孟州汜水縣有虎牢關。(52)時羽檄縱橫，從官在大梁者無不恟懼：羽檄縱橫，謂軍書紛沓也。時帝東巡汴京，從官家屬皆留洛陽，洛陽既叛，故恟懼也。(53)獨桑維翰從容指畫軍事，神色自若，接對賓客，不改常度，眾心差安：維翰能整暇以鎮物。差安，稍安也。(54)螺峯：螺峯山在今福建省閩候縣北，一名羅峯山。(55)候官：《舊唐書・地理志》，隋立候官縣，後廢，唐武后長安二年，又分閩縣置候官縣，屬福州。按候官，後漢之東候官縣也。《元豐九域志》，候官縣治福州郭下。即今福建省閩候縣。(56)不肖及罔冒者勿拒：不肖，不賢也，《禮・中庸》云：「賢者過之，不肖者不及也。」罔冒，謂欺罔假冒以求官者。欺上曰罔，假他人所有以飾偽曰冒。(57)閩主又以空名堂牒使醫工陳究賣官於外：胡三省曰：「堂牒，即今人所謂省劄，空名者，未書所授人名，既賣之，得錢而後書填。」㊿又詔民有隱年者杖背，隱口者死：隱年者，謂民及役年不以實報以避役也，隱口者，謂隱匿丁口之數以避口稅也。㊾范延光遣使以蠟丸招誘失職者，右武衛上將軍婁繼英、右衛大將軍尹暉在大梁，溫韜之子延濬、延沼、延袞居許州，皆應之：《五代史記・婁繼英傳》作左監門衛上將軍，其子婦，溫延沼之女也，溫韜自梁時鎮許州，及唐明宗誅韜，延沼兄弟廢居於許，心常怨望，又尹暉於唐末帝時以岐下首降授應州節度使，晉祖即位，入居環衛，與繼英同處冗散，故皆應延光。㊿自今獲延光諜人：諜人，謂范延光遣齎蠟書以誘人為亂者。㊁禁蠟書勿以聞：胡三省曰：「不欲知所招誘主名，所以安反側也。」㊂暉將奔吳，為人所殺：《五代史・尹暉傳》，暉得延光文字，懼而思竄，欲沿汴水奔於淮南，晉祖聞之，尋降詔招喚，未出王畿，為人所殺。㊃繼英奔許州依溫氏，忠武節度使萇從簡盛為之備，延濬等不得發，欲殺繼英以自明，延沼止之，遂同奔張從賓：《五代史記・婁繼英傳》，繼英遣延沼入魏見范延光，延光大喜，與之信箭，使陰圖許，延沼與其弟延濬、延袞募不逞之徒千人期以攻許，而許州節度使萇從簡疑州中有應延光者，為備甚嚴，延沼未及發，延光蠟書事泄於京師，繼英惶恐不自安，乃出奔許，帝下詔慰諭之使復位，繼英懼，不敢出，溫氏兄弟謀殺繼英以自歸，延沼以其女故，不忍，遂與繼英俱投張從賓於汜水。忠武軍，即許州也。㊄白奉進在滑州：是年六月，遣白奉進屯王馬津，白馬津在白馬縣，滑州治所也。㊅奈何取滑州軍士並斬之：時符彥饒鎮滑州，隸彥饒麾下者，滑州軍士也。㊆殊無主客之義：符彥饒自以滑帥為主，白奉進屯白馬助守為客。㊇從騎走出：從騎，白奉進從騎也。㊈必與魏城通謀：魏城，魏州城也，時范延光據魏州反，謂符彥饒必與之通謀也。(六九)此去行宮纔二百里：《元豐九域志》，滑州南至大梁二百里。時帝東巡，設行闕於汴州。(七〇)班荊館：胡三省曰：「左傳，楚伍舉與聲子相善，伍舉出奔，聲子遇於鄭郊，班荊相與食而言。杜預注曰：『班，布也，布荊坐地共議。』以班荊名館，取諸此也，此館必在汴州郊外。」(七一)其兄弟皆不問：符彥饒以不能馭下，倉卒成亂，其兄弟初不通謀，罪不相及，故置而不問。(七二)晉陽之降，出於窮迫：晉陽之降，謂在晉安寨殺張敬達而降晉也，事見上卷上年。(七三)時魏、孟、滑三鎮繼叛：魏州范延光、孟州張從賓，滑州符彥饒也。(七四)北結強虜：強虜，謂契丹。(七五)科禁：科，條也。條規禁令也。(七六)幞：幞與襆同，帕也。(七七)主者：紙錢之主者。(七八)知遠曰，吾誅其情，不計其直：胡三省曰：「唐法，治盜計贓定罪。劉知遠嚴刑以威眾，欲鎮服其心，以折亂萌也。」(七九)以侯益為河陽節度使：帝命侯益帥禁兵會杜重威討張從賓，因使鎮河陽。(八〇)帝以滑州奏事，皆馬萬為首，擢萬為義成節度使：以馬萬得眾心，故就以滑帥賞之，使撫揖滑州之眾。(八一)以盧順密為果州團練使：果州時屬蜀，命盧順密遙領團使，賞其撫揖滑州之功。(八二)更以順密為昭義留後：時杜重威領昭義節度使以討張從賓，故以盧順密為留後鎮潞州。(八三)六明鎮：胡三省曰：「六明鎮在胡梁渡北。」(八四)張全義有再造洛邑之功：事見卷二百五十七唐僖宗光啓三年。(八五)濤，回之族曾孫也：李回，唐武宗會昌中為相。(八六)詔東都留守司百官悉赴行在：張從賓既平，東都留司百官乃得赴行在，晉自是定都大梁。(八七)楊光遠奏知博州張暉舉城降：暉以他官知博州事，未真除刺史也。博州，天雄軍巡屬也。(八八)威和指揮使：《五代會要》，晉高祖天福六年，改拱宸、威和內直軍並為興順軍。威和，蓋京城內直軍號也。（八九）范延光知事不濟，歸罪於孫銳而族之：孫銳勸范延光反見上六年。（九〇）遣行軍司馬張朏將兵會復州兵於要路邀之：朏音肥。胡三省曰：「邀其自復州而奔吳鄂州之路也。」（九一）吳歷陽公濛知吳將亡，甲子，殺守衞軍使王宏：濛被囚見卷二百七十九唐末帝清泰元年。（九二）合扉：扉，門扇也。門闔則扉合。（九三）徐誥遣使稱詔殺濛於採石：迎殺之於採石，不令濛得至江都。（九四）絕屬籍：絕楊氏屬籍。（九五）和州：《舊唐書・地理志》，唐高祖武德三年，改隋歷陽郡為和州，玄宗天寶元年，改為歷陽郡，肅宗乾元元年，復為和州，治歷陽縣，即今安徽省和縣。（九六）吳司徒門下侍郎同平章事內樞使忠武節度使王令謀：忠武軍，許州也，時屬晉，吳以王令謀遙領節鎮耳。（九七）李德誠復詣金陵，帥百官勸進，宋齊丘不署表：宋齊丘以周宗先已建傳禪之策而心疾之，見卷二百七十九唐末帝清泰元年，自以策非己出，遂堅持異議欲以為名。（九八）以李金全為安遠節度使：以李金全平安州之亂，因就使鎮之。（九九）婁繼英未及葬梁均王而誅死：婁繼英請葬梁均王見上五月。（一〇〇）吳主命江夏王璘奉璽綬於齊：唐昭宗景福元年，楊行密據有淮南，傳渥、隆演至溥，凡二世四主四十五年而亡。（一〇一）齊王誥即皇帝位於金陵，大赦，改元昇元，國號唐：馬令南唐書先主書，誥既受禪，國號齊，翌年夏四月，始復姓李，改名昇，國號唐。《五代史記・南唐世家》，誥本姓李氏，自言唐憲宗子建王恪生超，超生志，志生榮，榮即誥之父也，乃自以為建王四世孫，故改其國號曰唐。（一〇二）追尊太祖武王曰武皇帝：武王，徐溫也。（一〇三）右丞相玠：玠，徐玠也。玠本徐溫行軍司馬，誥為齊王，以為右丞相。（一〇四）立徐知證為江王，徐知諤為饒王：知證、知諤，皆徐溫之子也，於誥為弟。江、饒，皆以州名為國。㉕天泉閣：胡三省曰：「天泉閣，蓋因晉、宋時之天泉池故地起閣，因以為名。」天泉池亦作天淵池，本在河南省洛陽縣東，三國魏文帝黃初五年所鑿，宋文帝元嘉二十三年仿魏晉舊制鑿天泉池於建康，在今江蘇省江寧縣北。㉖子嵩三十年舊交：子嵩，宋齊丘字。胡三省曰：「通鑑，梁太祖乾化二年，書齊丘謁知誥，署昇州推官，至是年二十六年，今曰三十年舊交，蓋乾化二年署推官，而謁知誥又在乾化二年之前也。」㉗唐主表讓皇改東都宮殿名，皆取於仙經：南唐都金陵，以江都為東都。吳讓皇居江都見上卷上年。㉘吳宗室建安王珙等十二人皆降爵為公，而加官增邑：胡三省曰：「降王為公，所以示異姓，加官增邑，所以一其心。」㉙慍懟：慍，怒；懟，怨也。㉚臣為布衣時，陛下為刺史：唐主為昇州刺史見卷二百六十六梁太祖乾化二年。㉛及斥遠吳太子璉，絕其昏：吳太子璉納齊主女為妃見上正月。㉜閩主命其弟威武節度使繼恭上表，告嗣位於晉，且請置邸於都下：都下，謂晉都大梁也。閩與中國絕見卷二百七十七唐明宗長興三年，至是復請通於中國。㉝永興公主：以永興縣為封號。《舊唐書・地理志》，永興縣，本漢江夏郡鄂縣地，三國吳分鄂縣置陽新縣，隋改陽新曰永興，唐屬鄂州。吳陽新縣故城在今湖北省陽新縣西南六十里，隋徙治今湖北省陽新縣。㉞以景遂為侍中、東都留守、江都尹，帥留司百官赴東都：胡三省曰：「南唐倣盛唐兩都之制，建東、西都，置留臺百司於江都。」㉟是歲，契丹改元會同：按《遼史・太宗紀》，遼以天顯紀年者凡十二年，遼天顯十二年，晉高祖天福二年也，晉天福三年十一月，遼始改元會同。又《遼史・太宗紀》，會同元年七月，遣中臺省右丞相耶律述蘭迭烈哥使晉，臨海軍節度使趙思溫副之，冊晉帝為英武明義皇帝，《冊府元龜》，晉高祖天福二年十月，北朝命使以冊寶上帝徽號曰英武明義皇帝，則晉天福三年為遼會同元年甚明，《通鑑》誤也。

天福三年㈠（西元九三八年）

㈠春，正月，己酉（初二日），日有食之。

㈡唐德勝節度使兼中書令西平恭烈王周本以不能存吳，愧恨而卒㈡。

㈢丙寅（十九日），唐以侍中吉王景遂參判尚書都省。

㈣蜀主以武信節度使同平章事張業為左僕射兼中書侍郎同平章事、樞密使，武泰節度使王處回兼武信節度同平章事。

㈤二月，庚辰（初三日），左散騎常侍張允上駁赦論，以為帝王遇天災，多肆赦，謂之修德，借有二人坐獄遇赦，則曲者幸免，直者銜冤，冤氣升聞，乃所以致災，非所以弭災也。詔褒之。帝樂聞讜言㈢，詔百官各上封事，命吏部尚書梁文矩等十人置詳定院以考之，無取者留中，可者行之。數月，應詔者無十人，乙未（十八日），復降御札趣之。

㈥三月，丁丑（三十日），敕禁民作銅器。初，唐世天下鑄錢有三十六冶㊃，喪亂以來，皆廢絕，錢日益耗，民多銷錢為銅器，故禁之。

㈦中書舍人李詳上疏，以為十年以來，赦令屢降，諸道職掌，皆許推恩，而藩方薦論，動踰數百，乃至藏典㊄書吏，優伶奴僕，初命則至銀青階，被服皆紫袍象笏，名器僭濫，貴賤不分，請自今諸道主兵將校之外，節度州㊅聽奏朱記大將㊆以上十人，他州止聽奏都押牙、都虞仁、孔目官，自餘但委本道量遷職名而已。從之。

㈧夏，四月，甲申（初七日），唐宋齊丘自陳丞相不應不預政事，唐主答以省署未備。

㈨吳讓皇固辭舊宮㊇，屢請徙居，李德誠等亦亟以為言。五月，戊午（十二日），唐主改潤州牙城為丹楊宮，以李建勳為迎奉讓皇使。

㈩楊光遠自恃擁重兵㊈，頗干預朝政，屢有抗奏，帝常屈意從之。庚申（十四日），以其子承祚為左威衞將軍，尚帝女長安公主，次子承信亦拜美官，寵冠當時。

㈩壬戌（十六日），唐主以左宣威副統軍王輿為鎮海留後，客省使公孫圭為監軍使，親吏馬思讓為丹楊宮使，徙讓皇居丹楊宮。宋齊丘復自陳為左右所間，唐主大怒。齊丘歸第，白衣待罪。或曰：「齊丘舊臣，不宜以小過棄之。」唐主曰：「齊丘有才，不識大體。」乃命吳王璟持手詔召之。六月，壬午（初七日），或獻毒酒方於唐主，唐主曰：「犯吾法者自有常刑，安用此為？」羣臣爭請改府寺州縣名，有吳及陽者㈩，留守判官㈡楊嗣請更姓羊。徐玠曰：「陛下自應天順人，事非逆取㈢，而諂邪之人，專事改更，咸非急務，不可從也。」唐主然之。

(十一)河南留守高行周奏修洛陽宮，丙戌（十一日），左諫議大夫薛融諫曰：「今宮室雖經焚毀，猶侈於帝堯之茅茨㈢，所費雖寡，猶多於漢文之露臺㈣，況魏城未下㈤，公私困窘，誠非陛下修宮館之日，俟海內平寧，營之未晚。」上納其言，仍詔褒之。

(十三)己丑（十四日），金部郎中張鑄奏：「竊見鄉村浮戶⑯，非不勤稼穡，非不樂安居，但以種木未盈十年，墾田未及三頃，似成生業，已為縣司收供徭役，責之重賦，威以嚴刑，故不免捐功捨業，更思他適。乞自今民懇田及五頃以上，三年外乃聽縣司徭役。」從之。

(十四)秋，七月，中書奏：「朝代雖殊，條制無異，請委官取明宗及清泰時敕，詳定可久行者編次之。」己酉（初四日），詔左諫議大夫薛融等詳定。

(十五)辛酉（十六日），敕作受命寶，以「受天明命惟德允昌」為文⑰。

(十六)帝上尊號於契丹及太后，戊寅（八月初四日），以馮道為太后冊禮使，【考異】周世宗實錄、馮道傳云：「虜遣使加徽號於晉祖，晉亦獻徽號於虜，始命兵部尚書王權銜其命，權辭以老病，晉祖謂道曰：『此行非卿不可。』道無難色。」按晉高祖實錄，天福三年八月，戊寅，道為契丹太后冊禮使，十月，戊寅，北朝命使上帝徽號，戊子，王權以不受北使停任。周世宗實錄誤也。左僕射劉煦為契丹主冊禮使⑱，備鹵簿儀仗、車輅詣契丹行禮，契丹主大悅。

帝事契丹甚謹，奉表稱臣，謂契丹主為父皇帝，每契丹使至，帝於別殿拜受詔敕，歲輸金帛三十萬之外⑲，吉凶慶弔，歲時贈遺，玩好珍異，相繼於道，乃至應天太后⑳、元帥太子㉑、偉王、南北二王㉒、韓延徽、趙延壽等諸大臣，皆有賂，小不如意，輒來責讓，帝常卑辭謝之。晉使者至契丹，契丹驕倨，多不遜語，使者還以聞，朝野咸以為恥，而帝事之曾無倦意，以是終帝之世，與契丹無隙，然所輸金帛，不過數縣租賦，往往託以民困，不能滿數。其後契丹主屢止帝上表稱臣，但令為書稱兒皇帝，如家人禮㉓。初，契丹既得幽州，命曰南京㉔，以唐降將趙思溫為留守。思溫子延照在晉，帝以為祁州刺史㉕。思溫密令延照言虜情終變，請以幽州內附，帝不許。

㈦契丹遣使詣唐，宋齊丘勸唐主厚賄之，俟至淮北，潛遣人殺之，欲以間晉㉖。

㈧壬午（初八日），楊光遠奏前澶州刺史馮暉自廣晉城中出戰，因來降㉗，言范延光食盡窮困。己丑（十五日），以暉為義成節度使㉘。楊光遠攻廣晉，歲餘不下㉙，帝以師老民疲，遣內職㉚朱憲入城諭范延光，許移大藩，曰：「若降而殺汝，白日在上，吾無以享國。」延光謂節度副使李式曰：「王上重信，云不死，則不死矣。」乃撤守備，然猶遷延未決，宣徽南院使劉處讓復入諭之，延光意乃決。

九月，乙巳朔，楊光遠送延光二子守圖、守英詣大梁，己酉（初五日），延光遣牙將奉表待罪，壬子（初八日），詔書至廣晉，延光帥其眾素服於牙門，使者宣詔釋之。朱憲，汴州人也。

(十九)契丹遣使如洛陽，取趙延壽妻唐燕國長公主以歸[三一]。

(二十)壬戌（十八日），唐太府卿趙可封請唐主復姓李，立唐宗廟。

(廿一)庚午（二十六日），楊光遠表乞入朝，命劉處讓權知天雄軍府事[三二]。己巳（二十五日），制以范延光為天平節度使，仍賜鐵券[三三]。應廣晉城中將吏軍民今日以前罪，皆釋不問[三四]。其張從賓、符彥饒餘黨及自官軍逃叛入城者，亦釋之，延光腹心將佐李式、孫漢威、薛霸皆除防禦、團練使、刺史[三五]，牙兵皆升為侍衛親軍。

初，河陽行軍司馬李彥珣，邢州人也，父母在鄉里，未嘗供饋，後與張從賓同反，從賓敗，奔廣晉[三六]，范延光以為步軍都監使，登城拒守。楊光遠訪獲其母，置城下以招之，彥珣引弓射殺其母。延光既降，帝以彥珣為坊州刺史。近臣言彥珣殺母，殺母惡逆，不可赦㊂㊆，帝曰：「赦令已行，不可改也。」乃遣之官。

臣光曰：「治國家者固不可無信，然彥珣之惡，三靈㊂㊇所不容，晉高祖赦其叛君之愆，治其殺母之罪，何損於信哉！」

㈩辛未（二十七），以楊光遠為天雄節度使。

㈡冬，十月，戊寅（初五日），契丹遣使奉寶冊，加帝尊號曰英武明義皇帝。

㈢帝以大梁舟車所會，便於漕運，庚辰（初七日），建東京於汴州，復以汴州為開封府，以東都為西京，以西都為晉昌軍節度㊂㊈。

㈣帝遣兵部尚書王權使契丹，謝尊號，權自以累世將相㊃〇，恥之。謂人曰：「吾老矣，安能向穹廬屈膝？」乃辭以老疾，帝怒，戊子（十五日），權坐停官。

㈤初，郭崇韜既死㊃㊀，宰相罕有兼樞密使者，帝即位，桑維翰、李崧兼之，宣徽使劉處讓及宦官皆不悅。楊光遠圍廣晉，處讓數以軍事銜命往來，光遠奏請多踰分，帝常依違㊷，維翰獨以法裁折之。光遠對處讓有不平語，處讓曰：「是皆執政之意。」光遠由是怨執政。范延光降，光遠密表論執政過失㊸，帝知其故而不得已㊹，加維翰兵部尚書，崧工部尚書，皆罷其樞密使。【考異】竇貞固少帝實錄及薛史劉處讓傳云：「楊光遠入朝，遂於高祖前面言執政之失，乃罷維翰等樞密使，以處讓為之。」楊光遠傳云：「范延光降，光遠面奏維翰擅權，高祖以光遠方有功於國，乃出維翰領安陽，光遠為西京留守。」今按晉高祖實錄，天福三年十月，壬辰，維翰、崧罷樞密使，庚子，光遠始入朝，對於便殿，十一月，戊申，光遠為西京留守，天福四年閏七月，壬申，維翰出為相州節度使，蓋處讓、光遠傳之誤。晉少帝實錄及薛史桑維翰傳，敘光遠鎮洛陽後疏維翰出相州是也。以處讓為樞密使。

（廿七）太常奏今建東京而宗廟社稷皆在西京，請遷置大梁，敕旨且仍舊。

（廿八）戊戌（二十五日），大赦。

（廿九）楊延藝故將吳權自愛州舉兵攻皎公羨於交州㊺，羨遣使以賂求救於漢㊻，漢主欲乘其亂而取之，以其子萬王弘操為靜海節度使，徙封交王㊼，將兵救公羨，漢主自將屯於海門㊽，為之聲援。漢主問策於崇文使蕭益，益曰：「今霖雨積旬，海道險遠，吳權桀黠，未可輕也。大軍當持重，多用鄉導，然後可進。」不聽，命弘操帥戰艦自白藤江㊾趣交州。權已殺公羨，據交州，引兵逆戰，先於海口多植大杙㊿，銳其首，冒之以鐵。遣輕舟乘潮挑戰而偽遁，須臾，潮落，漢艦皆礙鐵杙，不得返，漢兵大敗，士卒覆溺者太半，弘操死。漢主慟哭，收餘眾而還。先是著作佐郎侯融勸漢主弭兵息民，至是以兵不振，追咎融，剖棺，暴其尸。益，倣之孫也㊿一。

㈣楚順賢夫人彭氏卒。彭夫人貌陋而治家有法，楚王希範憚之。既卒，希範始縱聲色，為長夜之飲，內外無別。有商人妻美，希範殺其夫而奪之，妻誓不辱，自經死。

㈣一河決鄆州。

㈣二十一月，范延光自鄆州入朝㊿二。

㈣三丙午（初三日），以閩主昶為閩國王，以左散騎常侍盧損為冊禮使，賜昶赭袍㊿三。戊申（初五日），以威武節度使王繼恭為臨海郡王。閩主聞之，遣進奏官林恩白執政，以既襲帝號，辭冊命及使者。閩諫議大夫黃諷以閩主淫暴，與妻子辭訣，入諫，閩主欲杖之，諷曰：「臣若迷國不忠，死亦無怨，直諫被杖，臣不受也。」閩主怒，黜為民。

(四四)帝患天雄節度使楊光遠跋扈難制，桑維翰請分天雄之眾，加光遠太尉、西京留守兼河陽節度使，光遠由是怨望[五四]，密以賂自訴於契丹，養部曲千餘人，常蓄異志。辛亥（初八日），建鄴都於廣晉府[五五]。置彰德軍於相州，以澶、衞隸之，置永清軍於貝州，以博、冀隸之[五六]。

澶州舊治頓丘，帝慮契丹為後世之患，遣前淄州刺史汲人劉繼勳徙澶州，跨德勝津，並頓丘徙焉[五七]。

以河南尹高行周為廣晉尹、鄴都留守，貝州防禦使王廷胤為彰德節度使，右神武統軍王周為永清節度使。廷胤，處存之孫[五八]；周，鄴都人也。

(四五)范延光屢請致仕，甲寅（十一日），詔以太子太師致仕，居於大梁，每預宴會，與羣臣無異。

延光之反也，相州刺史掖人王景拒境不從[五九]。戊午（十五日），以景為耀州團練使。

(三六)癸亥（二十日），敕聽公私自鑄銅錢，無得雜以鉛鐵，每十錢重一兩，以天福元寶為文，仍令鹽鐵頒下模範，唯禁私作銅器(六〇)。

(三七)立左金吾衛上將軍重貴為鄭王，充開封尹(六一)。

(三八)癸亥（十二月，甲戌朔，無癸亥），敕先許公私鑄錢，慮銅難得，聽輕重從便，但勿令缺漏(六二)。

(三九)辛丑（二十八日），吳讓皇卒(六三)，【考異】薛史、唐餘錄皆云溥禪位逾年，以幽卒，歐陽史但云卒，九國志云：「溥能委運授終，不罹篡殺之禍，深於機者也。」十國紀年曰：「辛丑，唐人弑讓皇。」事不可明，今但云卒。唐主廢朝二十七日(六四)，追謚曰睿皇帝。是歲，唐主徒吳王璟為齊王。

(四〇)鳳翔節度使李從曮厚文士而薄武人，愛農民而嚴士卒，由是將士怨之。會發兵戍西邊，既出郊，作亂，突門入城(六五)，剽掠於市，從曮發帳下兵擊之，亂兵敗，東走，欲自訴於朝廷，至華州，鎮國節度使張彥澤邀擊，盡誅之。

【今註】㊀天福三年：遼太宗會同元年，通鑑會同二年。㊁唐德勝節度使兼中書令西平恭烈王周本以不能存吳，愧恨而卒：《五代史記・南唐世家》曰：「周本與諸將至金陵勸進，歸而歎曰：『吾不能誅篡國者以報楊氏，今老矣，豈能事二姓乎！』憤惋而死。」㊂讜言：直言也。㊃初，唐世鑄錢有三十六冶：胡三省曰：「此謂後唐之世也，若盛唐之世，天下銅冶九十餘所。」㊄藏典：胡三省曰：「藏典，主帑藏之吏。」㊅節度州：節度使所治之州也。㊆朱記大將：胡三省曰：「朱記大將者，不給銅印，給木朱記以為印信。」㊇吳讓皇固辭舊宮：江都，南唐之東都，吳之舊都也，吳讓皇以既禪位於唐，不敢復居江都舊宮，故辭之。㊈楊光遠自恃擁重兵：范延光之叛也，以楊光遠為都招討使討之，晉之重兵皆在其手。㊉羣臣爭請改府寺州縣名，有吳及陽者：凡府寺州縣名有吳、陽之稱者皆改之，以吳為楊氏國號，而陽與楊同音故也。㊀留守判官：東都留守判官也。㊁事非逆取：逆取，以武力取天下也。《漢書》陸賈曰：「湯、武逆取而以順守之，文武並用，長久之術也。」㊂猶侈於帝堯之茅茨：《韓非子》曰：「堯之有天下也，茅茨不翦，采椽不斲。」茨，屋蓋也，以茅葦蓋屋謂之茅茨。㊃猶多於漢文之露臺：露臺事見漢文帝紀。㊄況魏城未下：謂范延光尚據魏州城而楊光遠攻之尚未下也。㊅浮戶：胡三省曰：「浮戶，謂未有土著定籍者，言其蓬轉萍流，不常厥居，若浮泛於水上然。」㊆敕作受命寶，以「受天明命，惟德允昌」為文：以傳國寶為唐末帝所焚故也，見上卷天福元年。《五代會要》，時中書門下奏曰：「準敕製皇帝受命寶，今案唐貞觀十六年，太宗文皇帝所刻之璽，白玉為螭首，其文曰：『皇帝景命，有德者昌。』敕宜以『受天明命，惟德允昌』為文刻之。」按《唐六典》，受命寶者，天子修封禪，禮神祇則用之。㊇戊寅，以馮道為太后冊禮使，左僕射劉煦為契丹主冊禮使：八月乙亥朔，戊寅初四日，《通鑑》脫八月二字。劉煦，

《五代史》、《五代史記・晉高祖紀》皆作劉昫。阮閱《詩話總龜》曰：「晉天福三年，與戎和。晉祖曰：『當遣輔相為使。』趙瑩、桑維翰皆未言，以戎雖通好，而反覆難測，咸懼於將命。馮道與諸公中書食訖，分聽，堂吏前白道言此使事。吏入，色變手顫，道索紙一幅書云：『道去，即遣寫敕。』屬吏泣下。道遣人語妻子，不復歸家，舍都亭驛，不數日即行，晉祖餞之，語以家國之故，煩耆德使遠，自酌卮酒飲之。虜以道有重名，欲留之，命與其國相同列，所賜皆等。戎賜臣下以牙笏及臘月賜牛頭，皆為殊禮，道皆得之，以詩謝云：『牛頭偏得賜，象笏更容持。』戎甚喜，潛諭留之道曰：『兩朝皆臣，豈有分別？』受賜悉市薪炭，云：『北地寒，老年不堪。』及還京師，作詩五章以述使北之意，其首章云：『去年今日奉皇華，只為朝廷不為家，殿上一杯天子泣，門前雙節國人嗟，龍荒冬往時時雪，兔苑春歸處處花，上下一行如骨肉，幾人身死掩黃沙。』虜中大寒，賜錦襖、貂襖、羊狐、貂衾各一，每入謁，悉披四襖，夜宿館中，併覆三衾。詩曰：『朝披四襖專藏手，夜蓋三衾怕露頭。』」《五代史・馮道傳》曰：「契丹遣使加徽號於晉祖，晉祖亦獻徽號於契丹，謂道曰：『此行非卿不可。』道無難色，晉祖又曰：『卿官崇德重，不可深入沙漠。』道曰：『陛下受北朝恩，臣受陛下恩，有何不可？』及行，將達西樓，契丹主欲郊迎，其臣曰：『天子無迎宰相之禮。』因止焉，其名動遠俗也如此。」㊈歲輸金帛三十萬外：歲輸金帛三十萬，帝與契丹講和元約之數也。㊉應天皇后：《遼史・太宗紀》，晉祖遣馮道上遼大宗母述律氏尊號曰廣德至仁昭烈崇簡應天皇太后。㊀元帥太子：謂遼太祖阿保機第三子李胡也。《遼史・宗室傳》，遼太宗天顯五年，立李胡為皇太弟，兼天下兵馬大元帥。㉒南北二王：《遼史・百官志》，遼太祖分迭刺部夷離堇為南北二大王，謂之南北院，分掌部族軍民之政。《遼史・國語解》云：「夷離堇，統軍馬大官，會同初改為大王。」又《遼史・太宗紀》亦謂會同元年，升北、南二院及乙室夷离堇為王。按此，南、北二院大王本稱夷离堇，蓋諸部部長之稱，漢人謂之大王，會同初，契丹與漢人接觸頻繁，始因漢稱而易其號為大王耳。㉓其後契丹主屢止帝上表稱臣，但令為書稱兒皇帝，如家人禮：《五代史・外國傳》云：「耶律德光請晉高祖不稱臣，不上表，來往緘題止用家人禮，但云兒皇帝，晉祖厚賚金帛以謝之。」㉔初，契丹既得幽州，命曰南京：天福元年，契丹始得幽州。㉕祁州刺史：《唐書・地理志》，唐昭宗景福二年，定州節度使王處存奏以定州無極、深澤二縣置祁州，治無極，即今河北省無極縣。㉖契丹遣使詣唐，宋齊丘勸唐主厚賄之，俟至淮北，潛遣人殺之，欲以間晉：淮北，晉境也，宋齊丘意欲殺契丹使於晉境，令契丹主疑為晉人所殺而讓晉，此所以間之也。㉗楊光遠奏前澶州刺史馮暉自廣晉城中出戰，因來降：馮暉自澶州入廣晉與范延光同反見上年六月。㉘以暉為義成節度使：義成節度使鎮滑州。胡三省曰：「厚賞馮暉，欲以攜范延光之黨也。」㉙楊光遠攻廣晉，年餘不下：楊光遠自去年六月受命討范延光，七月，破馮暉於六明鎮，遂進兵攻廣晉，至是年餘未下。㉚內職：胡三省曰：「內職，蓋宦者也。」㉛契丹遣使如洛陽，取趙延壽妻唐燕國長公主以歸：趙延壽妻即唐明宗女也。《五代會要》，唐明宗天成三年封興平公主，長興四年改封齊國公主，末帝清泰二年進封燕國長公主。時延壽為契丹樞密使，故來取之。㉜楊光遠表乞入朝，命劉處讓權知天雄軍府事：楊光遠之為招討使討范延光也，兼知天雄軍府事，見上年七月，今魏州既平，光遠入朝，而劉處讓奉詔入魏，因使之權知天雄軍府事。㉝己巳，制以范延光為天平節度使，仍賜鐵券：己巳二十五日，當系庚午之前。天平軍治鄆州，賜鐵券者，許以不死而使之持以為信也。㉞應廣晉城中將吏軍民今日以前罪，皆釋不問：今日，謂制書到魏州之日。㉟延光腹心將佐李式、孫漢威、薛霸皆除防禦、團練使、刺史：《五代史・晉高祖紀》，李式除亳州團練使，孫漢威隴州防禦使，薛霸衛州刺史，王建虢州刺史，藥元福深州刺史，安元霸隨州刺史，李彥珣坊州刺史。李式，范延光之舊僚，其餘皆延光之將佐也。㊱從賓敗，奔廣晉：去年六月，張從賓反於河陽，踰月而敗。㊲殺母惡逆，不可赦：殺父母者惡逆，列於十惡。唐律，十惡死罪，不在赦限。㊳三靈：謂天、地、人也。㊴帝以大梁舟車所會，便於漕運，建東京於汴州，復以汴州為開封府，以東都為西京，以西都為晉昌軍節度：《五代史・晉高祖紀》，帝降御札曰：「為國之規，在於敏政，建都之法，務要利民，歷考前經，朗然通論。顧惟涼德，獲啓丕基，當數朝戰伐之餘，是兆庶傷殘之後，車徒既廣，帑廩咸虛，經年之輓粟飛芻，繼日而勞民動眾，常煩漕運，不給供須。今汴州水陸要衝，山河形勝，乃萬庾千箱之地，是四通八達之郊，爰自按巡，益觀宜便，俾升都邑，以利兵民。汴州宜升為東京，置開封府，仍升開封、浚儀兩縣為赤縣，其餘升為畿縣，應舊置開封府時所管屬縣，並可仍舊割屬收管，亦升為畿縣。其洛京改為西京，其雍京改為晉昌軍，留守改為節度。」自是歷後漢、後周至趙宋，皆都於汴。按《五代史記・職方考》，開封府故統六縣，梁太祖開平元年，割滑州之酸棗、長垣、鄭州之中牟、陽武、宋州之襄邑、曹州考城、許州之扶溝、鄢陵、陳州之太康等九縣隸焉，唐以酸棗、中牟、襄邑、鄢陵、太康五縣還故屬，至是升汴州為東京，復割五縣隸焉，即上所謂「應舊置開封府時所管屬縣，仍舊割屬收管」者也。考城，梁更曰戴邑，長垣，唐改曰匡城。又按唐以長安為西都，洛陽為東都，梁都汴，以汴州為東京，洛陽為西京，長安為永平軍節度，後唐滅梁，復唐兩京之舊，而以汴州為宣武軍節度，今晉復都汴梁，建為東京開封府，以唐之東都洛陽為西京，而降唐之西都長安為晉昌軍。㊵權自以累世將相：《五代史・王權傳》，權積世衣冠，曾祖起官至左僕射，山南西道節度使，冊贈太尉，祖龜，浙東觀察使，父蕘，右司員外郎。又起之先世播，相唐文宗，《唐書》有傳。㊶初，郭崇韜既死：崇韜死見卷二百七十四唐明宗天成元年。㊷帝常依違：依違者，若依若違於可否之間，未有決斷。㊸范延光降，光遠密表論執政過失：楊光遠既平范延光，挾功邀上以斥執政。㊹帝知其故而不得已：帝知執政無過，然以光遠方有功於國，不得已而從其議。㊺楊延藝故將吳權自愛州舉兵攻皎公羨於交州：皎公羨殺楊延藝據交州見本卷上年，延當作廷。《舊唐書・地理志》，愛州在交州西，不詳道里遠近，自愛州小黃江口東至交州水路四百一十六里。㊻羨遣使以賂求救於漢：羨當作公羨。㊼以其子萬王弘操為靜海節度使，徙封交王：期以取交州為弘操封疆。㊽海門：海門鎮在今廣西省博白縣西南一百五十里，舊為入安南之道，唐懿宗咸通四年，安南為南詔所陷，置行交州及安南都護於此。㊾白籐江：胡三省曰：「白藤江當在峯州界，自此進至花步抵峯州。」峯州在今安南北境。㊿大杙：杙音弋，木樁也。(51)益，傚之孫也：蕭傚，唐懿宗時為相。(52)范延光自鄆州入朝：范延光既降，自天雄徙鎮天平，鄆州，天平軍治所也，今自鄆州入朝。(五三)賜袒赭袍：赭袍，天子所服。(五四)帝患天雄節度使楊光遠跋扈難制，桑維翰請分天雄之眾，加光遠太尉、西京留守兼河陽節度使，光遠由是怨望：帝雖加崇楊光遠官爵而實奪其兵權，故光遠怨望。(五五)建鄴都於廣晉府：唐莊宗即位之初，以魏州為興唐府，後改為鄴都，明宗天成四年，廢鄴都，仍為興唐府，晉祖受命，改興唐府為廣晉府，今復建為鄴都。(五六)置彰德軍於相州，以澶、衞隸之，置永清軍於貝州，以博、冀隸之：梁末帝貞明間，嘗置彰德軍於相州，尋廢，今復置之，又分貝、博、冀三州置永清軍。按貝、博、相、澶、衞五州舊隸天雄軍，冀州隸成德軍，今分置彰德、永清二軍，所以分削天雄軍之勢也。(五七)澶州舊治頓丘，帝慮契丹為後世之患，遣前淄州刺史汲人劉繼勳徙澶州，跨德勝津，並頓丘徙焉：唐頓丘縣故治在今河北省清豐縣西南二十五里，今徙德勝，即今河北省濮陽縣。胡三省曰：「澶州本治頓丘縣，今併州縣皆徙德勝。按九域志之澶州距魏州一百三十里，德勝之澶州，晉人議者以為距魏州一百五十里，有二十里之差，蓋自澶州北城抵魏州止一百三十里，若自南城渡河，並浮梁計程，則一百五十里也。」(五八)廷胤，處存之孫：王處存唐末為義武軍節度使，鎮定州。(五九)延光之反也，相州刺史掖人王景拒境不從：范延光反時為天雄軍節度使，相州其巡屬也。《舊唐書‧地理志》，掖縣，唐為萊州治，即今山東省掖縣。(六〇)敕聽公私自鑄銅錢，無得雜以鉛鐵，每十錢重一兩，以天福元寶為文，仍令鹽鐵頒下模範，唯禁私作銅器：鹽鐵，鹽鐵使司也，頒下模範者，頒鑄模以為天下範式。按《五代會要》，是月頒鑄錢詔曰：「國家所資，泉貨為重，銷蠹則甚，添鑄無聞，宜令三京、鄴都、諸道州府無問公私，應有銅者並許鑄錢，仍以天福元寶為文，左環讀之，委鹽鐵司鑄樣頒下諸道，令每一錢重二銖四參，十錢重一兩，或慮諸色人接便將鉛鐵鑄造，雜亂銅錢，仍令三京、鄴都、諸道州府依舊禁斷，尚慮逐處銅數不多，宜令諸道應有久廢銅冶處，許百姓取便開煉，永遠為主，官中不取課利，其有生、熟銅，仍許所在中賣入官，或任自鑄錢行用，其餘許鑄外，不得輒便雜鑄銅器，如有違犯者，並准三年三月敕條處分。」(六一)立左金吾衞上將軍重貴為鄭王，充開封尹：按《五代史・晉高祖紀》在十二月丙子，十二月甲戌朔，丙子初三日，《通鑑》脫月、日。(六二)癸亥，敕先許公私鑄錢，慮銅難得，聽輕重從便，但勿令缺漏：先，謂上月癸亥敕也。十二月甲戌朔，無癸亥，按《五代史・晉高祖紀》當作戊寅。《五代會要》，是月敕：「先許鑄錢，仍每一錢重二銖四參，十錢重一兩，切慮逐處缺銅，難依先定銖兩，宜令天下無問公私，應有銅處有鑄錢者，一任取便酌量輕便鑄造，因茲不得入鉛並鐵及缺漏不堪久遠流行，仍委鹽鐵使明行曉示，餘准元敕指揮，仍付所司。」胡三省曰：「許民私鑄，已非可久之法，況又聽其輕重從便，則民必鑄輕，安有鑄重者乎？唯患鑄之不輕薄耳！輕薄之甚，必至缺漏，此錢安可久行邪！」(六三)吳讓皇卒：《九國志》，薨年二十八。(六四)唐主廢朝二十七日：胡三省曰：「唐主於舊君之卒，依傍漢朝臣為君服，以日易月之制為廢朝日數。」(六五)突門入城：突城門而入。

卷二百八十二 後晉紀三

起屠維大淵獻，盡重光赤奮，若凡三年。（己亥至辛丑，西元九三九年至九四一年）

司馬光編集
林瑞翰註

高祖聖文章武明德孝皇帝中

天福四年（西元九三九年）

㈠春，正月，辛亥（初九日），以澶州防禦使太原張從恩為樞密副使。

㈡朔方節度使張希崇卒，羌胡寇鈔，無復畏憚。甲寅（十二日），以義成節度使馮暉為朔方節度使。党項酋長拓跋彥超最為彊大，暉至，彥超入賀㊀，暉厚遇之，因為於城中治第㊁，豐其服玩，留之不遣，封內遂安㊂。

㈢唐羣臣江王知證等累表請唐主復姓李，立唐宗廟，乙丑（二十三日），唐主許之。羣臣又請上尊號，唐主曰：「尊號虛美，且非古。」遂不受。其後子孫皆踵其法，不受尊號，又不以外戚輔政，宦者不得預事，皆他國所不及也。二月，乙亥（初三日），改太祖廟號曰義祖㈣。己卯（初七日），唐主為李氏考妣發哀，與皇后斬衰居廬，如初喪禮，朝夕臨，凡五十四日㈤。江王知證、饒王知諤請亦服斬衰，不許㈥。李建勳之妻廣德長公主假衰絰入哭，盡禮，如父母之喪㈦。辛巳（初九日），詔國事委齊王璟詳決，惟軍旅以聞。庚寅（十八日），唐主更名昪㈧。詔百官議二祚合享禮㈨，辛卯（十九日），宋齊丘等議以義祖居七室之東，唐主命居高祖於西室，太宗次之，義祖又次之，皆為不祧之主㈩。羣臣言義祖諸侯，不宜與高祖、太宗同享，請於太廟正殿後別建廟祀之。帝曰：「吾自幼託身義祖⑪，曏非義祖有功於吳，朕安能啓此中興之業？」羣臣乃不敢言。

唐主欲祖吳王恪，或曰：「恪誅死⑫，不若祖鄭王元懿。」唐主命有司考二王苗裔，以吳王孫禕有功，禕子峴為宰相⑬，遂祖吳王云。自峴五世至父榮，其名率皆有司所撰。【考異】周世宗實錄及薛史，稱昪唐玄宗第六子永王璘苗裔，江南錄，憲宗第八子建王恪之玄孫。李昊蜀後主實錄云：「唐嗣薛王知柔為嶺南節度使，卒於官，其子知，流落江淮，遂為徐溫養子。」吳越備史：「昪，本潘氏，湖州安吉入，父為安吉砦將，吳將李神福攻衣錦軍，過湖州，虜昪歸，為僕隸，徐溫嘗過神福，愛其謹厚，求為假子，以讖云：『東海鯉魚飛上天。』昪始事神福，後歸溫，故冒李氏以應讖。」劉恕以為昪復姓，附會李氏，而吳越與唐人仇敵，亦非實錄。昪少孤，遭亂，莫知其祖系，昪曾祖超、祖志，乃與義祖之曾祖、祖同名，知其皆附會也。唐主又以歷十九帝三百年，疑十世太少㈣，有司曰：「三十年為世，陛下生於文德，已五十年矣㈤！」遂從之。

㈣盧損至福州㈥，閩主稱疾不見，命弟繼恭主之，遣其禮部員外郎鄭元弼奉繼恭表隨損入貢。閩主不禮於損，有士人林省鄒私謂損曰：「吾主不事其君，不愛其親，不恤其民，不敬其神，不睦其鄰，不禮其賓㈦，其能久乎？余將僧服而北逃，會相見於上國耳㈧！」

㈤三月，庚戌（初八日），唐主追尊吳王恪為定宗孝靜皇帝，自曾祖以下，皆追尊廟號及謚㈨。

㈥己未（十七日），詔歸德節度使劉知遠、忠武節度使杜重威加並同平章事。知遠自以有佐命功，重威起於外戚，無大功，恥與之同制㈩，制下數日，杜門，四表辭不受。帝怒，謂趙瑩曰：「重威，朕之妹夫，知遠雖有功，何得堅拒制命？可落軍權㈡，令歸私第。」瑩拜請曰：「陛下昔在晉陽，兵不過五千，為唐兵十餘萬所攻㈢，危於朝露㈢，非知遠心如鐵石，豈能成大業？奈何以小過棄之？竊恐此語外聞，非所以彰人君之大度也。」帝意乃解，命端明殿學士和凝詣知遠第諭旨，知遠惶恐起受命。

(七)靈州戍將王彥忠據懷遠城㉔叛，上遣供奉官齊延祚往詔諭之，彥忠降，延祚殺之。上怒曰：「朕踐阼以來，未嘗失信於人，彥忠已輸伏出迎，延祚何得擅殺之？」除延祚名，重杖配流，議者猶以為延祚不應免死。

(七)辛酉（十九日），冊回鶻可汗仁美為奉化可汗㉕。

(八)夏，四月，唐江王徐知證等請亦姓李㉖，不許。

(九)辛巳（初十日），唐主祀南郊，癸未（十二日）大赦。

(十)梁太祖以來，軍國大政，天子多與崇政、樞密使議㉗，宰相受成命，行制敕，講典故，治文事而已。帝懲唐明宗之世，安重誨專橫㉘，故即位之初，但命桑維翰兼樞密使，及劉處讓為樞密使㉙，奏對多不稱旨，會處讓遭母喪，甲申（十三日），廢樞密院，以印付中書，院事皆委宰相分判，以副使張從恩為宣徽使，直學士倉部郎中司徒詡、工部郎中顏衎並罷守本官㉚，然勳臣近習，不知大體，習於故事，每欲復之。

㈩帝以唐之大臣除名在兩京者皆貧悴㊁，復以李專美為贊善大夫，丙戌（十五日），以韓昭胤為兵部尚書，馬胤孫為太子賓客，房暠為右驍衛大將軍，並致仕。

⑾閩主忌其叔父前建州刺史延武、戶部尚書延望才名，巫者林興與延武有怨，託鬼神語云：「延武、延望將為變。」閩主不復詰，使興帥壯士就第殺之，並其五子。閩主用陳守元言，作三清㊂殿於禁中，以黃金數千斤鑄寶皇大帝、天尊、老君像，晝夜作樂，焚香禱祀，求神丹，政無大小，皆林興傳寶皇命決之。

⑿戊申（五月初七日），加楚王希範天策上將軍，賜印，聽開府，置官屬㊂。

⒀辛亥（初十日），唐徒吉王景遂為壽王，立壽陽公景達為宣城王。

⒁乙卯（十四日），唐鎮海節度使兼中書令梁懷王徐知諤卒。

⒂唐人遷讓皇之族於泰州㊃，號永寧宮，附衛甚嚴。【考異】十國紀年：「唐人遷讓皇之族於泰州，號永寧宮，守衛甚嚴，不敢與國人通婚姻，久而男女自為匹偶。」江表志：「讓皇子及五歲，遣中使拜官，賜朝服，即日而卒。」按唐烈祖受禪，使讓皇居故宮，稱臣上表，慕仁厚之名，若惡楊氏，則滅之而

已，何必如此之遷也。他書皆未之見，不知紀年據何書，今不取。康化節度使(三五)兼中書令楊珙稱疾，罷歸永寧宮。乙丑（二十四日），以平盧節度使兼中書令楊璉為康化節度使，璉固辭，請終喪(三六)，從之。

(廿七)唐主將立齊王璟為太子，固辭，乃以為諸道兵馬大元帥，判六軍諸衞，守太尉，錄尚書事，昇、揚二州牧(三七)。

(廿八)閩判六軍諸衞建王繼嚴得士心，閩主忌之。六月，罷其兵柄，更名繼裕，以弟繼鎔判六軍，去諸衞字。

林興詐覺，流泉州。望氣者言宮中有災。乙未（二十五日），閩主徙居長春宮。

(廿九)秋，七月，庚子朔，日有食之。

(卅)成德節度使安重榮出於行伍，性粗率，恃勇驕暴，每謂人曰：「今世天子，兵彊馬壯則為之耳(三八)。」府廨有幡竿，高數十尺，嘗挾弓矢，謂左右曰：「我能中竿上龍者，必有天命。」一發中之，以是益自負。帝之遣重榮代秘瓊也(三九)，戒之曰：「瓊不受代，當別除汝一鎮，勿以力取，恐為患滋深。」重榮由是以帝為怯，謂人曰：「秘瓊，匹夫耳，天子尚畏之，況我以將相之重，士馬之眾乎？」每所奏請，多踰分，為執政所可否㊵，意憤憤不快，乃聚亡命，市戰馬，有飛揚之志，帝知之。義武節度使皇甫遇與重榮姻家，甲辰（初五日），徒徙為昭義節度使㊶。

(廿一)乙巳（初六日），閩北宮火，焚宮殿殆盡。

(廿二)戊申（初九日），薛融等上所定編敕㊷，行之。

(廿三)丙辰（十七日），敕先令天下公私鑄錢㊸，今私錢多用鉛錫，小弱缺薄，宜皆禁之，專令官司自鑄。

(廿四)西京留守楊光遠疏中書侍郎同平章事桑維翰遷除不公，及營邸肆於兩都㊹，與民爭利，帝不得已。閏月，壬申（初三日），出維翰為彰德節度使㊺兼侍中。

(廿六)初，義武節度使王處直子威避王都之難，亡在契丹㊻，至是義武缺帥㊼，契丹主遣使來言，請使威襲父土地，如我朝之法㊽。帝辭以中國之法，必自刺史、團練、防禦序遷乃至節度使，請遣威至此，漸加進用。契丹主怒，復遣使來言曰：「爾自節度使為天子，亦有階級邪？」帝恐其滋蔓不已，厚賂契丹，且請以處直兄孫彰德節度使廷胤為義武節度使以厭其意，契丹怒稍解。

(七)初，閩惠宗以太祖元從為拱宸控鶴都(四九)，及康宗立(五〇)，更募壯士二千為腹心，號宸衛都，祿賜皆厚於二都。或言二都怨望，將作亂，閩主欲分隸漳、泉二州，二都益怒。閩主好為長夜之飲，強羣臣酒，醉則令左右伺其過失，從弟繼隆醉，失禮，斬之，屢以猜怒誅宗室。叔父左僕射同平章事延羲陽為狂愚以避禍，閩主賜以道士服，置武夷山中(五一)，尋復召還，幽於私第。閩主數侮拱宸、控鶴軍使永泰朱文進、光山(五二)連重遇，二人怨之。會北宮火，求賊不獲，閩主命重遇將內外營兵埽除餘燼，日役萬人，士卒甚苦之，又疑重遇知縱火之謀，欲誅之，內學士陳郯私告重遇，辛巳（十二日），夜，重遇入直，帥二都兵焚長春宮以攻閩主。使人迎延羲於瓦礫中，呼萬歲，復召外營兵共攻閩主，獨宸衛都拒戰。閩主乃與李后如宸衛都(五三)，比明，亂兵焚宸衛都，宸衛都戰敗，餘眾千餘人奉閩主及李后出北關，至梧桐嶺，眾稍逃散。延義使兄子前汀州刺史繼業將兵追之〔五四〕，及於村舍，閩主素善射，引弓殺數人，俄而追兵雲集。閩主知不免，投弓謂繼業曰：「卿臣節安在？」繼業曰：「君無君德，臣安有臣節？新君叔父也，舊君昆弟也，孰親孰疏？」閩主不復言，繼業與之俱還，至陀莊，飲以酒，醉而縊之，並李后及諸子王繼恭皆死。宸衛餘眾奔吳越。延羲自稱威武節度使、閩國王，更名曦〔五五〕，改元永隆，【考異】十國紀年：「通文四年，延羲自稱威武節度使，改元永隆，即晉天福四年也。」周世宗實錄、薛史、唐餘錄、南唐烈祖實錄、吳越備史及運曆圖、紀年通譜皆同，惟閩中啓運圖：「通文四年己亥閏七月，延羲立，明年庚子，改元永隆，五年甲辰，被弒。」林仁志，閩國人，載延羲改年，宜不差失，然五代士人，撰錄圖書，多不憑舊文，出於記憶及傳聞，雖本國近事，亦有抵捂者，高遠敍事頗有本末，余公綽雖在仁志之後，然亦閩人，故不敢獨從仁志所記。又王曦既立，若但稱節度使，則不應改元，及以其臣為三公、平章事。按晉高祖實錄，天福五年十一月，甲申，授閩國王延羲威武軍節度使、閩國王，是曦先已自稱閩國王，紀年脫漏耳。赦繫囚，頒賚中外，以宸衛弒閩主赴於鄰國，諡閩主曰聖神英睿文明廣武應道大弘孝皇帝，廟號康宗，遣商人間道奉表稱藩於晉，然其在國，置百官，皆如天子之制。以太子太傅致仕李真為司空，兼中書侍郎、同平章事。

連重遇之攻康宗也，陳守元在宮中，易服將逃，兵人殺之〔五六〕。重遇執蔡守蒙，數以賣官之罪而斬之〔五七〕。

閩主曦既立，遣使誅林興於泉州〔五八〕。

(廿八)河決薄州〔五九〕。

(廿九)八月，辛丑（初三日），以馮道守司徒兼侍中。壬寅（初四日），詔中書知印止委上相〔六〇〕，由是事無巨細，悉委於道。帝嘗訪以軍謀，對曰：「征伐大事，在聖心獨斷，臣書生，惟知謹守歷代成規而已。」帝以為然。道嘗稱疾求退，帝使鄭王重貴詣第省之，曰：「來日不出，朕當親往。」道乃出視事，當時寵遇，羣臣無與為比。

(卅)己酉（十一日），以吳越王元瓘為天下兵馬元帥。

(卅一)黔南巡內溪州刺史彭士愁引蔣、錦州蠻萬餘人寇辰、澧州〔六一〕，焚掠鎮戍，遣使乞師於蜀，蜀主以道遠不許。九月，辛未（初三日），楚王希範命左靜江指揮使劉勍、決勝指揮使廖匡齊帥衡山兵五千討之。

(卅二)癸未（十五日），以唐許王從益為郇國公，奉唐祀。從益尚幼，李后養從益於宮中，奉王淑妃如事母〔六二〕。

㊸冬，十月，庚戌（十三日），閩康宗所遣使者鄭元弼至大梁(六三)，康宗遺執政書曰：「閩國一從興運，久歷年華，見北辰之帝座頻移，致東海之風帆多阻(六四)。」又求用敵國禮，致書往來，帝怒其不遜。壬子（十五日），詔却其貢物及福建諸州綱運，並令元弼及進奏官林恩部送速歸。兵部員外郎李知損上言王昶僭慢，宜執留使者，籍沒其貨，乃下元弼、恩獄。

㊹吳越恭穆夫人馬氏卒。夫人，雄武節度使綽之女也(六五)。初，武肅王鏐禁中外畜聲伎，文穆王元瓘年三十餘，無子，夫人為之請於鏐，鏐喜曰：「吾家祭祀，汝實主之(六六)。」乃聽元瓘納妾鹿氏，生弘僔、弘倧，許氏生弘佐，吳氏生弘俶，眾妾生弘偡、弘億、弘偓、弘仰、弘信。夫人撫視，慈愛如一，常置銀鹿於帳前，坐諸兒於上而弄之。

㊺十一月，戊子（二十一日），契丹遣其臣遙折來使，遂如吳越。

㊻楚王希範始開天策府(六七)，置護軍中尉、領軍司馬等官，以諸弟及將校為之，又以幕僚拓跋恒、李弘皋、廖匡圖、徐仲雅等十八

人為學士(六八)。

劉勍等進攻溪州，彭士愁兵敗，棄州走保山寨，石崖四絕，勍為梯棧，上圍之(六九)，廖匡齊戰死，楚王希範遣弔其母，其母不哭，謂使者曰：「廖氏三百口，受王溫飽之賜，舉族効死，未足以報，況一子乎？願王無以為念。」王以其母為賢，厚恤其家。

(卅七)十二月，丙辰（二十日），禁刱造佛寺。

(卅八)閩主作新宮，徙居之(七〇)。

是歲，漢門下侍郎同平章事趙光裔言於漢主曰：「自馬后崩(七一)，未嘗通使於楚。親鄰舊好，不可忘也(七二)。」因薦諫議大夫李紓可以將命，漢主從之，楚亦遣使報聘。光裔相漢二十餘年，府庫充實，邊境無虞，及卒，漢主復以其子翰林學士承旨尚書左丞損為門下侍郎同平章事。

【今註】㈠彥超入賀：自其部落入朔方軍府以賀。㈡因為於城中治第：城中，靈州城中也。㈢留之不遣，封內遂安：以拓跋彥超質於靈州城中，党項諸部不敢鈔暴於外也。㈣改太祖廟號曰義祖：唐主初受禪，尊徐溫為太祖，今復姓李，以溫為義父，故改其廟號曰義祖。㈤朝夕臨，凡五十四日：

胡三省曰：「初喪之禮，自古無五十四日之制，唐主亦是依傍漢、晉以日易月之制，居父喪，母喪各二十七日，故為五十四日。」㊅江王知證、饒王知諤請亦服斬衰，不許：知證、知諤皆徐溫子，非李氏之胤也，故不許。㊆李建勳之妻廣德長公主假衰絰入哭，盡禮，如父母之喪：廣德長公主，徐溫之女也，欲攀附唐主，故以父母之喪禮入哭。㊇唐主更名昪：昪音弁。㊈詔百官議二祚合享禮：二祚，徐、李二氏之先也。㊉不祧之主：《禮·祭法》云：「遠廟為祧。」疏云：「祧之為言超也，言其超然上去也。」孫希旦曰：「遠廟為祧，蓋謂高祖之父、高祖之祖之廟也，謂之遠廟者，言其世數遠而將遷也。」⑪帝曰，吾自幼託身義祖：帝謂唐主也，此因江南舊史之文。唐主自幼養於徐溫事，見卷二百六十唐昭宗乾寧二年。⑫恪誅死：吳王恪死於唐高宗之朝，為房遺愛所誣。⑬以吳王孫禕有功，禕子峴為宰相：禕有邊功於玄宗之朝，肅宗之世，峴為相。⑭唐主又以歷十九帝三百年，疑十世太少：唐自高祖建國，歷太宗、高宗、中宗、睿宗、玄宗、肅宗、代宗、德宗、順宗、憲宗、穆宗、敬宗、文宗、武宗、宣宗、懿宗、僖宗、昭宗，凡十九帝，二百九十年，自吳王恪至唐主凡十世，而恪當高宗之時，故疑世數太少也。⑮陛下生於文德，已五十年矣：謂唐主生於唐僖宗文德年間，至是已五十年。⑯盧損至福州：盧損奉冊使閩見上卷上年十一月，今乃至福州。⑰不禮其賓：賓謂盧損也。損奉冊使閩，為閩主之賓。⑱會相見於上國耳：上國謂晉也。時僭號偏隅者以中原為上國。⑲唐主追尊吳王恪為定宗孝靜皇帝，自曾祖以下，皆追尊廟號及謚：馬令《南唐書》，唐主追尊高祖吳王恪為孝靜皇帝，廟號定宗，曾祖超為孝平皇帝，廟號成宗，祖志為孝安皇帝，廟號惠宗，考榮為孝德皇帝，廟號慶宗。⑳恥與之同制：制，制書也，封拜大臣則用之。㉑可落軍權：知遠時總宿衛諸軍。㉒陛下昔在晉陽，兵不過五千，為唐兵十餘萬所攻：事見卷二百八十天福元年。㉓危於朝露：朝露見日則晞乾，以喻危亡在頃刻之間。㉔懷遠城：《舊唐書・地理志》，懷遠縣屬靈州。趙珣《聚米圖經》曰：「唐懷遠鎮在靈州，北約一百餘里，宋時西夏彊盛，即其地置興州，其西九十餘里即賀蘭山。」即今寧夏省夏縣。㉕冊回鶻可汗仁美為奉化可汗：時回鶻比年入貢，故冊命之。《五代會要》，回鶻本牙在天德西北娑陵水上，唐玄宗天寶中，安祿山犯闕，有助國討賊之功，累朝尚主，自武宗會昌初，其國為黠戛斯所侵，部族擾亂，乃移帳至天德、振武間，又為石雄、劉沔所襲，復為幽州節度使張仲武所攻，餘眾曲奔，歸於吐蕃，吐蕃處之甘州，其後時通中國，世以中國為舅，朝廷每賜書詔，亦嘗以甥呼之。梁太祖乾化元年，遣都督周易言等入朝進貢，後唐莊宗同光二年四月，其本國權知可汗仁美遣都督李引釋迦、副使田鐵林、都監楊福安等共六十六人來貢方物，莊宗命司農卿鄭質、將作少監何延嗣持節冊仁美為英義可汗，其年十一月，仁美卒，其弟狄銀嗣立，遣都督安千等來朝貢。狄銀卒，阿咄欲立，亦遣使來貢名馬。明宗天成三年，其權知可汗仁裕遣都督李阿山等一百二十人入貢，明宗命使冊仁裕為順化可汗，四年，又遣都督掣撥等五人入貢，長興元年，遣使翟來思三十餘人進馬八十匹，玉一團，四年，復遣都督李末等三十人入朝。末帝清泰二年，遣都督陳福海已下七十人進馬三百六十匹，玉二十團。晉高祖天福三年，遣都督李萬全等朝貢，四年三月，又遣都督拽里敦來朝，兼貢方物，其月，命衛尉卿邢德昭持節就冊為奉化可汗。據此，仁美蓋已卒於同光二年，此冊封者蓋裕美，非仁美也。㉖唐江王徐知證等請亦姓李：欲改從國姓以自親。㉗梁太祖以來，軍國大政，天子多與崇政、樞密使議：梁與崇政使議，唐與樞密使議。梁更樞密曰崇政，後唐復曰樞密，崇政使即樞密使也。㉘帝懲唐明宗之世，安重誨專橫：安重誨以樞密使專政見唐明宗紀。㉙及劉處讓為樞密使：劉處讓代桑維翰為樞密使見上卷上年。㉚直學士倉部郎中司徒詡，工部郎中顏衎並罷守本官：衎音川。直學士，樞密直學士也，倉部郎中、工部郎中，詡、衎之本官也。羅詡、衎罷樞密直學士之職，令守本官。㉛帝以唐之大臣除名在兩京者皆貧悴：唐大臣馬胤孫、房皓、李專美、韓昭胤等除名見卷二百八十天福元年。㉜三清：道家以玉清、上清、太清為三清。又俞樾《茶香室叢鈔》云：「唐楊鉅翰林學士院舊規道門青辭，例云：『謹稽首上啓虛無自然元始天尊、太上道君、太上老君三清眾聖。』按道家之書，四人天外，曰三清境，玉清、太清、上清，又云聖登玉清，真登上清，仙登太清。今道觀供奉三清，本此，而以元始天尊、太上道君、太上老君分三清，則雖道流有不能舉者矣！」㉝戊申，加楚王希範天策上將軍，賜印，聽開府，置官屬：戊申在五月，此脫五月二字。梁太祖開平四年，嘗加楚王殷天策上將軍，見卷二百六十七，今晉復以命其子希範。㉞唐人遷讓皇之族於泰州：《五代史．僭偽傳》曰：「遷其族於海陵。」按泰州，本唐揚州海陵縣，馬令《南唐書》，南唐烈祖昪元元年十二月，以揚州海陵縣為泰州，割泰興、鹽城、興化、如皋四縣屬焉。唐主昪廟號烈祖。㉟康化節度使：胡三省曰：「康化軍亦吳於統內所置節鎮，或南唐置之，其地今無可考。」㊱請終喪：終讓皇之喪也。㊲昪、揚二州牧：南唐以昇州為西都，揚州為東都，故改二州刺史為州牧。㊳成德節度使安重榮出於行伍，性粗率，持勇驕暴，每謂人曰，人世天子，兵彊馬壯則為之耳：《五代史・安重榮傳》，自梁、唐以來，藩侯、郡牧多以勳授，不明治道，重榮起於軍伍，暴得富貴，復睹累朝自節鎮遞升大位，遂起非望之心。㊴帝之遣重榮代秘瓊也：事見上卷天福二年。㊵為執政所可否：可否者，不曲從也，可則從之，否則不從。㊶義武節度使皇甫遇與重榮姻家，徙遇為昭義節度使：義武節度使鎮定州，與鎮州接境，恐其合而勢大，故徙鎮潞州，令稍遠以離其勢。㊷薛融等上所定編敕：詔薛融詳定編敕始上卷上年，今始上之。按《五代史・晉高祖紀》，時薛融等上詳定編敕三百六十八道，分為三十一卷。㊸先令天下公私鑄錢：見上卷上年鑄錢敕。㊹兩都：謂汴京及洛京。㊺彰德軍：晉改相州昭德軍為彰德軍。㊻初，義武節度使王處直子威避王都之難，亡在契丹：王都之難，謂囚處直也，事見卷二百七十一梁末帝龍德元年。㊼至是義武缺帥：義武帥皇甫遇徙鎮昭義，故義武缺帥。㊽請使威襲父土地，如我朝之法：我朝，契丹自謂也。契丹諸部酋豪皆世職，故云。㊾初，閩惠宗以太祖元從為拱宸、控鶴都：閩王審知廟號太祖，鏻廟號惠宗。拱宸、控鶴皆宿衛軍號也。㊿及康宗立：閩主昶廟號康宗。(51)閩主賜以道士服，置武夷山中：武夷山在今福建省崇安縣南三十里，仙霞山脈之起頂也，相傳昔有神人武夷君居此，故名。山綿亘百二十里，峯巒之勝，為閩境第一，溪流繚繞其間，分為九曲，所謂清溪九曲也。朱熹〈武夷圖序〉曰：「武夷君之名，著自漢世，祀以乾魚，不知果何神也。今崇安有山名武夷，相傳即神仙所宅，峯巒岩壑，秀拔奇偉，清溪九曲，流出其間，兩崖絕壁，人迹所不到處，往往有枯查插石罅間以度舟船棺柩之屬，柩中遺骸，外列陶器，尚且未壞，頗疑前世道阻未通，川壅未決時，夷俗所居，而漢祀者即其君長，蓋亦避世之士，生為眾所臣服而傳以為仙也。」胡三省曰：「武夷山中有道士觀，閩主蓋置延羲於觀中。」(五二)光山：《舊唐書・地理志》，晉分弋陽置西陽縣，梁於縣置光州，隋為弋陽郡，唐高祖武德三年，復為光州，治光山縣，睿宗太極元年，移州治於定城，而以光山縣屬焉，《元豐九域志》，光山縣在光州西六十里，即今河南省光山縣。(五三)閩主乃與李后如宸衛都：閩主以宸衛都為腹心，故往依之。李后，李春鷰也。(五四)延羲使兄子前汀州刺史繼業將兵追之：《五代史記・閩世家》作延羲子繼業。(五五)延羲自稱威武節度使、閩國王，更名曦：《五代史・僭偽傳》，延羲，審知少子也。(五六)連重遇之攻康宗也，陳守元在宮中，易服將逃，兵人殺之：陳守元以左道蠱惑閩主鏻及昶凡二世，至是為亂兵所殺。(五七)重遇執蔡守蒙，數以賣官之鷄而斬之：蔡守蒙賣官見上卷上年。(五八)閩主曦既立，遣使誅林興於泉州：林興流泉州見上六月。(五九)河決薄州：薄州當作博州，見《五代史・晉高祖紀》。(六〇)詔中書知印，止委上相：胡三省曰：「舊制，凡宰相更日知印。」上相，首相也。又《五代史・馮道傳》，時廢樞密使，依唐朝故事，并歸中書，其院印付道，事無巨細，悉以歸之。(六一)黔南巡內溪州刺史彭士愁引蔣、錦州蠻萬餘人寇辰、澧州：巡內，言在巡屬之內也。溪州盛唐之世屬黔中觀察使，唐末升黔中觀察為黔南節度，後號武泰軍，時為蜀有，辰、澧二州時屬楚，蔣當作獎。《舊唐書・地理志》，梁分漢武陵郡沅陵、零陵二縣地置大鄉縣，舊屬辰州，唐武后天授二年，分大鄉縣置溪州，玄宗天寶元年，改為靈溪郡，肅宗乾元元年，復為溪州，故治在今湖南省龍山縣東南。又武后長安四年，分沅州之夜郎、渭溪二縣置舞州，治夜郎，玄宗開元十三年，改為鶴州，二十年，又改為業州，並改夜郎縣為峨山縣，天寶元年，改為龍標郡，肅宗乾元元年，復為業州，《唐書・地理志》，代宗大曆五年，更業州曰獎州，故治在今湖南省芷江縣西。又《舊唐書・地理志》，唐睿宗垂拱二年，分辰州並開山洞置錦州及盧陽等四縣，治盧陽縣，玄宗天寶元年，改錦州為盧陽郡，肅宗乾元元年，復為錦州，故治在今湖南省麻陽縣西四里。又唐高祖武德四年，於隋澧陽郡置澧州，玄宗天寶元年，改為澧陽郡，肅宗乾元元年，復為澧州，治澧陽縣，即今湖南省澧縣。（六二）李后養從益於宮中，奉王淑妃如事母：李后，晉祖后李氏，唐明宗曹皇后之女也，王淑妃，明宗次妃也，故李后事之如母。（六三）閩康宗所遣使者鄭元弼至大梁：閩主遣元弼隨盧損入貢見是年二月，至是至大梁而閩康宗已於閏七月為閩人所弒。（六四）見北辰之帝座頻移，致東海之風帆多阻：謂中國屢易其主，致閩國不修職貢也。閩國瀕海，泛舟入貢，故曰風帆多阻。（六五）吳越恭穆夫人馬氏卒，夫人，雄武節度使綽之女也：《吳越備史》，夫人臨安人，父綽，淮浙行軍司馬雄武軍節度使同平章事，薨年五十，謚曰恭穆。《九國志》，馬綽餘杭人，少與錢鏐俱事董昌，以女弟妻鏐，鏐復為子元瓘娶綽女。按《五代史・梁末帝紀》，貞明四年，加兩浙行軍司馬秦州節度使平章事馬綽守檢校太尉同平章事，從錢鏐之請也。秦州，雄武軍也，綽但遙領其節耳。（六六）鏐喜曰，吾家祭祀，汝實主之：胡三有曰：「禮，冢婦主先世之祭祀，今馬夫人不妒忌而廣嗣續，故鏐喜其有托。」（六七）楚王希範始開天策府：加希範天策上將軍，聽開府，見是年五月。（六八）又以幕僚拓跋恒、李弘皋、廖匡圖、徐仲雅等十八人為學士：胡三省曰：「倣唐太宗天策府文學館立學士。」㊅上圍之：上石崖而進圍其寨。㊆閩王作新宮徙居之：閩北宮燬於火，故閩主曦改作新宮而徙居之。㊆自馬后崩：漢主后馬氏殂見卷二百七十九唐末帝清泰元年。㊆親鄰舊好，不可忘也：漢主娶於楚，有姻親之誼，而國又鄰接，故云。

天福五年（西元九四〇年）

㈠春，正月，帝引見閩使鄭元弼等。元弼曰：「王昶，蠻夷之君，不知禮義，陛下得其善言不足喜，惡言不足怒。臣將命無狀，願伏鈇鑕以贖昶罪。」帝憐之，辛未（初五日），詔釋元弼等。

【考異】洛中紀異云：「昶既為朝命所責，乃遣使越海聘於契丹，即將籍沒之物為贄，晉祖方卑辭以奉戎主，戎主降偽詔曰：『閩國禮物，並付喬榮，放其使人還本國。』晉主不敢拒之，既而昶又遣使於契丹求馬，由滄濟淮甸路南去，自茲往復不一，時人無不憤惋。」昶以天福四年閏七月被殺，十月，元弼等至京下獄，昶安得知而告契丹。今不取。

㈡楚劉勍等因大風，以火箭焚彭士愁寨而攻之，士愁帥麾下逃入獎、錦深山。乙未（二十九日），遣其子師暠帥諸酋長納溪、錦、獎三州印，請降於楚。

㈢二月，庚戌（十四日），北都留守同平章事安彥威入朝㈠，上曰：「吾所重者，信與義。昔契丹以義救我，我今以信報之。聞其徵求不已，公能屈節奉之，深稱朕意。」對曰：「陛下以蒼生之故，猶卑辭厚幣以事之，臣何屈節之有？」上悅。

㈣劉勍引兵還長沙，楚王希範徙溪州於便地㊁，表彭士愁為溪州刺史，以劉勍為錦州刺史，自是羣蠻服於楚。希範自謂伏波之後㊂，以銅五千斤鑄柱，高丈二尺，入地六尺，銘誓狀於上，立於溪州㊃。

㈤唐康化節度使兼中書令楊璉謁平陵還㊄，一夕，大醉，卒於舟中㊅，追封謚曰弘農靖王㊆。

㈥閩主曦既立，驕淫苛虐，猜忌宗族，多尋舊怨。其弟建州刺史延政數以書諫之㊇，曦怒，復書罵之，遣親吏業翹監建州軍，教練使杜漢崇監南鎮軍㊈，二人爭捃延政陰事告於曦，由是兄弟積相猜恨。一日，翹與延政議事，不叶，翹訶之曰：「公反邪？」延政怒，欲斬翹，翹奔南鎮，延政發兵就攻之，敗其戍兵，翹、漢崇奔福州，西鄙戍兵皆潰。

㈦二月，曦遣統軍使潘師逵、吳行真將兵四萬擊延政。師逵軍於建州城西，行真軍於城南，皆阻水置營，焚城外廬舍，延政求救於吳越。壬戌（二十六日），吳越王元瓘遣寧國節度使同平章事仰仁銓㈩、內都監使薛萬忠將兵四萬救之，丞相林鼎諫不聽。三月，戊辰（初二日），師達分兵三千，遣都軍使蔡弘裔將之出戰，延政遣其將林漢徹等敗之於茶山㈡，斬首千餘級。

㈧安彥威、王建立皆請致仕，不許。辛未（初五日），以歸德節度使侍衞馬步都指揮使同平章事劉知遠為鄴都留守，徙彥威為歸德節度使，加兼侍中。癸酉（初七日），徙建立為昭義節度使，進爵韓王㈢，以建立遼州人，割遼、沁二州隸昭義㈢。徙建雄節度使李德珫為北都留守。

㈨山南東道節度使同平章事安從進恃其險固㈣，陰蓄異謀，擅邀取湖南貢物㈤，招納亡命，增廣甲卒，元隨都押牙王令謙、押牙潘知麟諫，皆殺之。及王建立徙潞州，帝使問之曰：「朕虛青州以待卿㈥，卿有意則降制。」從進對曰：「若移青州置漢南㈦，臣即赴鎮。」帝不之責。

㈩丁丑（十一日），王延政募敢死士千餘人，夜涉水潛入潘師逵壘，因風縱火，城上鼓譟以應之，戰棹都頭建安㈧陳誨殺師逵，其眾皆潰。戊寅（十二日），引兵欲攻吳行真寨，建人未涉水，行真及將士棄營走，死者萬人，延政乘勝取永平㈨、順昌㈩二城，自是建州之兵始盛。

(十一)夏，四月，蜀太保兼門下侍郎同平章事趙季良請與門下侍郎同平章事毋昭裔、中書侍郎同平章事張業分判三司，癸卯（初八日），蜀主命季良判戶部，昭裔判鹽鐵，業判度支。

(十二)庚戌（十五日），以前橫海節度使馬全節為安遠節度使㈡。

(十三)甲子（二十九日），吳越孝獻世子弘僔卒。

(十四)吳越仰仁詮等兵至建州，王延政以福州兵已敗去，奉牛酒犒之，請班師，仁詮等不從，營於城之西北。延政懼㈢，復遣使乞師於閩王。閩王以泉州刺史王繼業為行營都統，將兵二萬救之，且移書責吳越㈢，遣輕兵絕吳越糧道，會久雨，吳越食盡。五月，延政遣兵出擊，大破之，俘斬以萬計。癸未（十八日），仁詮等夜遁。

㈤胡漢筠既違詔命，不詣闕，又聞賈仁沼二子欲訴諸朝㈣，及除馬全節鎮安州代李金全，漢筠紿金全曰：「進奏吏㈤遣人倍道來言，朝廷俟公受代，即按賈仁沼死狀，以為必有異圖。」金全大懼，漢筠因說金全拒命，自歸於唐，金全從之。丙戌（二十一日），帝聞金全叛，命馬全節以汴、洛、汝、鄭、單、宋、陳、蔡、曹、濮、申、唐之兵討之㈥，以保大節度使安審暉為之副。審暉，審琦之兄也。

李金全遣推官張緯奉表請降於唐，唐主遣鄂州屯營使李承裕、段處恭將兵三千逆之。

㈥唐主遣客省使尚全恭如閩和閩王曦及王延政。六月，延政遣牙將及女奴持誓書及香爐至福州，與曦盟於宣陵㈦，然兄弟相猜恨猶如故。

㈦癸卯（初九日），唐李承裕等至安州。是夕，李金全將麾下數百人詣唐軍，妓妾資財，皆為承裕所奪，承裕入據安州。甲辰（初十日），馬全節自應山進軍大化鎮㈧，與承裕戰於城南，大破之，承裕掠安州南走，全節入安州。丙午（十二日），安審輝追敗唐兵於黃花谷，段處恭戰死。丁未（十三日），審暉又敗唐兵於雲夢澤㉙中，虜承裕及其眾。唐將張建崇據雲夢橋拒戰，審輝乃還。馬全節斬承裕及其眾千五百人於城下，送監軍杜光業等五百七人於大梁。上曰：「此曹何罪？」皆賜馬及器服而歸之。

初，盧文進之奔吳也㉚，唐主命祖全恩將兵逆之㉛，戒無入安州城，陳於城外，俟文進出，殿之以歸，無得剽掠。及李承裕逆李金全，戒之如全恩。承裕貪剽掠，與晉兵戰而敗，失亡四千人，唐主惋恨累日，自以戒敕之不熟也。杜光業等至唐，唐主以其違命而敗，不受，復送於淮北，遺帝書曰：「邊校貪功，乘便據壘。」又曰：「軍法朝章，彼此不可㉜。」帝復遣之歸，使者將自桐墟濟淮㉝，唐主遣戰艦拒之，乃還。帝悉授唐諸將官。以其士卒為顯義都，命舊將劉康領之㉞。

臣光曰：「違命者，將也；士卒，從將之令者也，又何罪乎？受而戮其將以謝敵，弔士卒而撫之，斯可矣，何必棄民以資敵國乎？」

(十八)唐主使宦者祭廬山(三五)，還，勞之曰：「卿此行甚精潔。」宦者曰：「臣自奉詔，蔬食至今。」唐主曰：「卿某處市魚為羹，某日市肉為胾(三六)，何為蔬食？」宦者慙服。倉吏歲終，獻羨餘萬餘石，唐主曰：「出納有數，苟非掊民刻軍，安得羨餘邪？」

(十九)秋，七月，閩主曦城福州西郭以備建人(三七)。又度民為僧，民避重賦，多為僧，凡度萬一千人。

(廿)乙丑（初二日），帝賜鄭元弼等帛，遣歸(三八)。

(廿一)李金全之叛也，安州馬步副都指揮使桑千、威和指揮使王萬金、成彥溫不從而死，馬步都指揮使龐守榮誚其愚以狥金全之意。己巳（初六日），詔贈賈仁沼及桑千等官，遣使誅守榮於安州。李金全至金陵，唐主待之甚薄(三九)。

(廿二)丁巳（七月，甲子朔，無丁巳），唐主立齊王璟為太子兼大元帥，錄尚書事。

(廿三)太子太師致仕范延光請歸河陽私第(四〇)，帝許之。延光重載而行，西京留守楊光遠兼領河陽，利其貨，且慮為子孫之患(四一)，當范延光以廣晉自歸之時，楊光遠為元帥，必有以陵暴之，故懼其為子孫之患。奏延光叛臣，不家汴洛而就外蕃，恐其逃逸入敵國，宜早除之，帝不許。光遠請敕延光居西京，從之。光遠使其子承貴以甲士圍其第㊷，逼令自殺。延光曰：「天子在上，賜我鐵券，許以不死㊸，爾父子何得如此？」己未（八月二十六日），承貴以白刃驅延光上馬，至浮梁，擠於河㊹，光遠奏云自赴水死，帝知其故，憚光遠之強，不敢詰，為延光輟朝，贈太師。

㊺唐齊王璟固辭太子，九月，乙丑（初三日），唐主許之，詔中外致牋如太子禮。

㊻丁卯（初五日），以翰林學士承旨戶部侍郎和凝為中書侍郎同平章事。

㊼己巳（初七日），鄴都留守劉知遠入朝㊽。

㊾辛未（初九日），李崧奏諸州倉糧於計帳之外，所餘頗多㊿，上曰：「法外稅民，罪同枉法，倉吏特貸其死，各痛懲之。」

㊿翰林學士李澣輕薄，多酒失，上惡之。丙子（十四日），罷翰林學士，併其職於中書舍人㊿。澣，濤之弟也。

㈣楊光遠入朝，帝欲徙之他鎮，謂光遠曰：「圍魏之役㈣，卿左右皆有功，尚未之賞，今當各除一州以榮之。」因以其將校數人為刺史㈣。甲申（二十二日），徙光遠為平盧節度使㈤，進爵東平王。

㈤冬，十月，丁酉（初五日），加吳越王元瓘天下兵馬都元帥、尚書令。

㈤壬寅（初十日），唐大赦，詔中外奏章無得言睿聖㈤，犯者以不敬論。術士孫智永以四星聚鬥，分野有災，勸唐主巡東都㈤，乙巳（十三日），唐主命齊王璟監國。光政副使太僕少卿陳覺以私憾奏泰州刺史㈤褚仁規貪殘，丙午（十四日），罷仁規為扈駕都部署，覺始用事。庚戌（十八日），唐主發金陵，甲寅（二十二），至江都。

㈤閩主曦因商人奉表自理㈤。十一月，甲申（二十三日），以曦為威武節度使兼中書令，封閩國王。

㈤唐主欲遂居江都，以水凍，漕運不給，乃還。十二月，丙申（初五日），至金陵。

㈣唐右僕射兼門下侍郎同平章事張延翰卒。

㈤是歲，漢門下侍郎同平章趙損卒，以寧遠節度使南昌王定保為中書侍郎同平章事，不踰年亦卒。

㈥初，帝割鴈門之北以賂契丹㈤，由是吐谷渾皆屬契丹，苦其貪虐，思歸中國，成德節度使安重榮復誘之，於是吐谷渾帥部落千餘帳自五臺來奔㈥。契丹大怒，遣使讓帝以招納叛人。

【今註】㈠北都留守同平章事安彥威入朝：北都，太原也。㈡楚王希範徙溪州於便地：胡三省曰：「便地者，徙近楚境，便於制令。」㈢希範自謂伏波之後：自謂漢伏波將軍馬援之後。㈣以銅五千斤鑄柱，高丈二尺，入地六尺，銘誓狀於上，立之溪州：楚所徙新溪州即宋時之會溪城也，亦曰下溪州，在今湖南省永順縣東南。胡三省曰：「今辰州會溪城西南一里有銅柱，即馬希範所立也，天策府學士李皋為之銘。」㈤唐康化節度使兼中書令楊璉謁平陵還：《九國志》，吳讓皇葬於平陵。㈥一夕，大醉，卒於舟中：《九國志》曰：「楊璉拜陵至竹篠口，維舟，大醉，一夕而卒。」蓋唐主酖之也。㈦追封謚曰弘農靖王：唐昭宗乾甯二年，封楊行密為弘農王，故追封璉使襲其爵，謚曰靖。㈧建州刺史：《舊唐書・地理志》，建州，隋建安郡之建安縣，唐高祖武德四年置建州，玄宗天寶元年，改為建安郡，肅宗乾元元年，復為建州，今為福建省建甌縣。㈨教練使杜漢崇監南鎮軍：胡三省曰：

「按福州西北與建州鄰，閩主蓋置南鎮軍於福、建二州界，扼往來之要，故是後王延政攻南鎮，而福州西鄙戍兵皆潰。」⑩吳越王元瓘遣寧國節度使同平章事仰仁銓：寧國軍，宣州也，時屬南唐，吳越但使仰仁銓遙領之耳，未能有其地也。⑪茶山：胡三省曰：「茶山在建州東二十五里，今亦謂之鳳凰山。」⑫進爵韓王：自東平王進爵韓王。⑬以建立遼州人，割遼心二州隸昭義：遼、沁二州自唐以來屬河東節度，今以屬昭義軍。⑭山南節度使同平章事安從進恃其險固：山南節度使治襄陽，背負方城之險，前阻漢水為固，故安從進恃之以傲朝廷。⑮擅邀取湖南貢物：湖南貢物，楚王希範所遣入貢者也。⑯朕虛青州以待卿：青州平盧軍，謂欲徙安從進鎮青州。⑰若移青州置漢南：漢南，謂襄陽也，在漢水之南。⑱建安：《舊唐書・地理志》，建安縣本漢冶縣地，三國吳置建安縣，唐為建州治，有建溪，故縣以為名，今為福建省建甌縣。⑲永平：胡三省曰：「吳分建安置南平縣，晉武帝改曰延平縣，王審知置延平鎮，其子延翰改曰永平鎮，今南劍州治所即其地。」按宋南劍州即今福建省延平縣，在叢山之中，地勢險固，與邵武犄角，俗有銅延平、鐵邵武之諺。⑳順昌：宋白《續通典》曰：「順昌縣本建安縣之校鄉地也，吳永安三年，置將樂縣，隋併入邵武，唐復置，景福二年，又置將水鎮，改為永順場，尋立為順昌縣。」《元豐九域志》，南劍州管下有順昌縣，在州西一百八十里。即今福建省順昌縣。㉑以前橫海軍節度使馬全節為安遠節度使：代安遠節度使李金全也。㉒延政懼：延政見仰仁銓屯兵不去，有圖建州之心，故懼。㉓且移書責吳越：責其越境侵鄰。㉔又聞賈仁沼二子欲訴諸朝：賈仁沼為胡漢筠所毒斃見上卷天福二年。㉕進奏吏：藩鎮遣駐京師以主進奏之事者。㊅帝聞金全叛，命馬全節以汴、洛、汝、鄭、單、宋、陳、蔡、曹、濮、申、唐之兵討之：胡三省曰：「如此，則河之南，濟之西，諸鎮之兵盡發矣。」《舊唐書・地理志》，洺州即河南府，隋為河南郡，唐高祖武德四年置洺州，高宗顯慶二年，建為東都，玄宗開元元年，改洺州為河南府，天寶元年，改東都為東京，即今河南省洛陽縣，五代梁為洺州，後唐復都之，晉徙都汴，建為西京。又唐高祖武德四年，改隋之襄城郡為伊州，太宗貞觀八年，改伊州為汝州，玄宗天寶元年，改為臨汝郡，肅宗乾元元年，復為汝州，故治即今河南省臨汝縣。申州，隋為義陽郡，唐高祖武德四年，置申州，玄宗天寶元年，改為義陽郡，肅宗乾元元年，復為申州，治義陽縣，本漢南陽郡平氏縣之義陽鄉，三國魏分南陽立義陽郡，並立義陽縣為治焉，故治在今河南省信陽縣南四十里。《五代史記・職方考》曰：「唐末以宋州之碭山，梁太祖鄉里也，為置輝州，已而徙治單父，後唐滅梁，改輝州為單州。」故治即今山東省單縣。㊆延政遣牙將及女奴持誓書及香爐至福州，與曦盟于宣陵：《九國志》，閩主鏻僭號，尊其父審知墓曰宣陵。胡三省曰：「古者盟誓，坎用牲，加載書於上，歃血以質諸天地鬼神，宗廟之祭，焫蕭合馨香而已，至於灌獻尚鬱，食品用椒，荀卿言芬若椒蘭，漢皇后椒房，取其芬馥，郎官含鷄舌香奏事，西京雜記載長安巧工丁緩作被下香爐，劉向銘博山爐，漢官典職尚書郎給女史二人執香爐燒薰，皆未以奉鬼神，漢武內傳載西王母降，爇嬰香多品，疑皆後人傅會而言之，宋范曄作香序，備言諸香以譏評時人，至其作後漢書，亦不載漢人焚香事，疑以香禮神之習，出於魏晉以下。程大昌演繁露曰：『梁武帝祭天，始用沈香，古未用也，祀地用上和香。』注云：

『以地於人近，宜加雜馥，即合諸香為之，言不止一香也。』」㉖馬全節自應山進軍大化鎮：《舊唐書・地理志》，應山縣，漢為南陽郡隋縣地，梁分隋置永陽縣，隋改為應山，以縣北山為名，唐屬安州。《元豐九域志》，應山縣在安州北一百八十里，即今湖北省應山縣，大化鎮屬應山。㉗雲夢澤：《元豐九域志》，安州安陸縣有雲夢鎮，今安陸縣南五十里有雲夢澤。《舊唐書・地理志》，安州雲夢縣本漢安陸縣地，後魏分安陸於雲夢古城置雲夢縣。按雲、夢本古二澤名，跨大江南北，東抵蘄州，西抵枝江，兼苞勢廣，而合稱曰雲夢，後堙而為邑居聚落，今湖北省安陸縣南尚存其遺迹。㉚初，盧文進之奔吳也：事見卷二百八十天福元年。㉛唐主命祖全恩將兵逆之：此蓋追述盧文進奔吳時事，唐主時尚為吳相。㉜軍法朝章，彼此不可：胡三省曰：「言律之以軍法，則喪師者此所必誅，盜邊者彼所不恕，繩之以朝章，則兩國皆不可容之立於朝也。」㉝使者將自相墟濟淮：《元豐九域志》，宿州鄭縣有相墟鎮。自相墟而南至渦口，則淮津也。㉞命舊將劉康領之：舊將，謂從帝起自晉陽者也。㉟唐主使宦者祭廬山：《唐書・地理志》，江州潯陽縣有廬山。在今江西省星子縣西北，九江縣南，古之南障山也，丘壑深邃，上木秀潤，相傳周時匡俗隱此，定王徵之不見，使使者訪之，則空廬存焉，故名廬山。㊱胾：大切肉也。㊲閩主曦城福州西郭，以備建人：備建州之兵也。㊳帝賜鄭元弼等帛，遣歸：去年十月囚閩使鄭元弼，今賜之帛而遣歸閩。㊴李金全至金陵，唐主待之甚薄：唐以李金全故而有雲夢之敗，故唐主惋恨而薄待之。㊵太子太師致仕范延光請歸河陽私第：范延光先仕唐，置私宅於河陽。㊶且慮為子孫之患：范延光之叛，楊光遠討平之，故慮其結怨而貽子孫之患。㊷光遠使其子承貴以甲子圍其第：圍范延光河陽私第也。《五代史記・范延光傳》，光遠子承勳時知孟州事，乃遣承勳以兵脅之。晉出帝名重貴，承貴避諱改貴曰勳。㊸天子在上，賜我鐵券，許以不死：范延光賜鐵券見上卷天福三年。㊹己未，承貴以白刃驅延光上馬，至浮梁，擠於河：先是祕瓊殺董溫琪而取其貲，延光復殺祕瓊而取之，而延光復以挾重貲為光遠所殺。《五代史・晉高祖紀》，范延光之死在八月己未，《通鑑》脫八月二字。㊺鄴都留守劉知遠入朝：劉知遠代安彥威出鎮鄴都見是年二月。㊻李崧奏諸州倉糧於計帳之外，所餘頗多：以歲計之數造帳以申三司，謂之計帳。胡三省曰：「倉吏於受納之時，斛面取贏，俟出給之時而私其利，此皆官吏相與為弊。必般量而後知其所餘，而般量之際，為弊又多，竊意李崧亦因時人既言而奏之耳。」㊼罷翰林學士，併其職於中書舍人：翰林學士與中書舍人併司詔命，是為兩制，今罷翰林學士，併其職於中書舍人。㊽圍魏之役：謂討范延光之役也，見上卷天福二年、三年。㊾因以其將校數人為刺史：欲以分其黨而弱其勢。㊿徙光遠為平盧節度使：徙鎮青州。㊿一睿聖：吳讓皇也，唐謚曰睿皇帝。㊿二勸唐主巡東都：南唐以江都為東都。㊿三泰州刺史：泰州，唐揚州之海陵縣也。胡三省曰：「泰州，漢時吳國之海陵倉地，東晉分廣陵置海陵郡，唐初置吳州，更海陵縣為吳陵縣，武德七年，廢吳州復為海陵縣，南唐升為泰州。」按《五代史記・職方考》，梁時已有泰州，屬吳，疑楊氏據淮南已析置也。㊿四閩主曦因商人奉表自理：胡三省曰：「言己未嘗稱大號，稱大號者，王昶為之也。」㊿五初，帝割鴈門之北以賂契丹：見卷二百八十天福元年。㊿六於是吐谷渾帥部落千餘帳自五臺來奔：《五代會要》曰：「吐渾，本吐谷渾也。唐咸通中，酋長有赫連鐸者，從太原節度使康承訓平徐方有功，朝廷授振武節度使，復盜據雲中，後唐太祖逐之，乃歸幽州李巨濤，其部族散居蔚州界，立為酋長，其民不常。有白承福者，自同光初代為都督，依中山地石門為柵，莊宗賜其額為寧朔、奉化兩府，以都督為節度使，仍賜承福姓李，名紹魯，其畜牧就善水草，丁壯常數千人，羊馬生息，入市中土，朝廷常存恤之。晉天福元年，高祖以契丹有助立之功，割鴈門以北及幽州之地以賂之，由是吐渾部族皆隸於契丹，其後苦契丹之虐政，部族皆怨之，復為鎮州節度使安重榮所誘，乃背契丹率車帳羊馬取五臺路歸國。」《五代史記．四夷附錄》曰：「吐渾本號吐谷渾，或曰乞伏乾歸之苗裔，自後魏以來，居於青海之上，當唐至德中，為吐蕃所攻，部族分散，其內附者唐處之河西，其大姓有慕容、拓拔、赫連等族。懿宗時，首領赫連鐸為陰山府都督，與討龐勛，以功拜大同軍節度使，為晉王所破，其部族益微，散處蔚州界中。晉高祖立，割鴈門以北入於契丹，於是吐渾為契丹役屬而苦其苛暴。是時安重榮鎮成德，有異志，陰遣人招吐渾入塞，其酋白承福等乃自五臺山入處中國。」胡三省曰：「按唐高宗之時，吐谷渾為吐蕃所破，棄青海而內徙，至至德中，青海不復有吐谷渾而吐蕃東吞河隴，吐谷渾復東徙，居雲、蔚之間。自五臺來奔，蓋取飛狐道奔鎮州也。」

天福六年（西元九四一年）

㈠春，正月，丙寅（初六日），帝遣供奉官張澄將兵二千索吐谷渾在幷、鎮、忻、代四州山谷者，逐之使還故土。

㈡王延政城建州，周二十里，請於閩王曦，欲以建州為威武軍，自為節度使，曦以威武軍，福州也，乃以建州為鎮安軍，以延政為節度使，封富沙王㊀，延政改鎮安曰鎮武而稱之。

㈡二月，壬辰（初二日），作浮梁於德勝口㊁。

㈢彰義節度使張彥澤欲殺其子，掌書記張式素為彥澤所厚，諫止之，彥澤怒，射之，左右素惡式，從而讒之。式懼，謝病去，彥澤遣兵追之。式至邠州，靜難節度使李周以聞。帝以彥澤故，流式商州。彥澤遣行軍司馬鄭元昭詣闕求之，且曰：「彥澤不得張式，恐致不測㊂。」帝不得已，與之。癸未（二月辛卯朔，無癸未），式至涇州，彥澤命決口剖心，斷其四支。

㈣涼州㊃軍亂，留後李文謙閉門自焚死。

㈤蜀自建國以來㊄，節度使多領禁兵，或以他職留成都，委僚佐知留務，專事聚斂，政事不治，民無所訴。蜀主知其弊，丙辰（二十六日），加衞聖馬步都指揮使武德節度使兼中書令趙廷隱㈥、樞密使武信節度使同平章事王處回、捧聖控鶴都指揮使保寧節度使同平章事張公鐸檢校官，並罷其節度使。三月，甲戌（十四日），以翰林學士承旨李昊知武寧軍㈦，散騎常侍劉英圖知保寧軍，諫議大夫崔鑾知武信軍，給事中謝從志知武泰軍，將作監張讚知寧江軍。

㈥夏，四月，閩王曦以其子亞澄同平章事，判六軍諸衞。曦疑其弟汀州刺史延喜與延政通謀㈧，遣將軍許仁欽以兵三千如汀州，執延喜以歸。

㈦唐主以陳覺及萬年㈨常夢錫為宣徽副使。

㈧辛巳（五月二十二日），北京留守李德琉遣牙校以吐谷渾酋長白承福入朝㈩。

㈨唐主遣通事舍人歐陽遇求假道以通契丹，帝不許。

㈩自黃巢犯長安以來(十一)，天下血戰數十年，然後諸國各有分土，兵革稍息。及唐主即位，江淮比年豐稔，兵食有餘，羣臣爭言陛下中興，今北方多難，宜出兵恢復舊疆(十二)。唐主曰：「吾少長軍旅，見兵之為民害深矣，不忍復言，使彼民安，則吾民亦安矣，又何求焉！」漢主遣使如唐，謀共取楚分其地，唐主不許㊂。

山南東道節度使安從進謀反，遣使奉表詣蜀，請出師金、商以為聲援㊃。丁亥（二十八日），使者至成都，蜀主與羣臣謀之，皆曰：「金、商險遠，少出師則不足制敵，多則漕輓㊄不繼。」蜀主乃辭之。又求援於荊南，高從誨遣從進書，諭以禍福，從進怒，反誣奏從誨。荊南行軍司馬王保義勸從誨具奏其狀，具請發兵助朝廷討之，從誨從之。

㈩成德節度使安重榮恥臣契丹，見契丹使者，必箕踞慢罵，使過其境，或潛遣人殺之，契丹以讓帝，帝為之遜謝。六月，戊午（二十九日），重榮執契丹使拽剌，遣騎掠幽州南境，軍於博野㊅，上表稱吐谷渾、兩突厥㊆、渾契苾、沙陀各帥部眾歸附，党項等亦遣使納契丹告身職牒，言為虜所陵暴。又言：「自二月以來，令各具精甲壯馬，將以上秋㊇南寇，恐天命不佑，與之俱滅，願自備十萬眾與晉共擊契丹，又朔州節度副使㊈趙崇已逐契丹節度使劉山，求歸命朝廷，臣相繼以聞，陛下屢敕臣承奉契丹，勿自起釁端，其如天道人心難以違拒，機不可失，時不再來，諸節度使沒於虜庭者⑳，皆延頸企踵㉑以待王師，良可哀閔，願早決計。」一表數千言，大抵斥帝父事契丹，竭中國以媚無厭之虜，又以此意為書遺朝貴及移藩鎮，云已勒兵，必與契丹決戰。帝以重榮方握彊兵，不能制，甚患之。

時鄴都留守侍衛馬步都指揮使劉知遠在大梁㉒，泰寧節度使桑維翰知重榮已蓄姦謀，又慮朝廷重違其意㉓，密上疏曰：「陛下免於晉陽之難而有天下，皆契丹之功也，不可負之。今重榮恃勇輕敵，吐渾假手報仇，皆非國家之利，不可聽也。臣竊觀契丹數年以來，士馬精彊，吞噬四鄰，戰必勝，攻必取，割中國之土地，收中國之器械㉔，其君智勇過人，其臣上下輯睦，牛羊蕃息，國無天災，此未可與為敵也。且中國新敗㉕，士氣彫沮，以當契丹乘勝之威，其勢相去甚遠。又和親既絕，則當發兵守塞，兵少則不足以待寇，兵多則饋運無以繼之，我出則彼歸，我歸則彼至，臣恐禁衛之士，疲於奔命，鎮、定之地，無復遺民㉖。今天下粗安，瘡痍未復，府庫虛竭，蒸民㉗困弊，靜而守之，猶懼不濟，其可妄動乎？契丹與國家恩義非輕，信誓甚著，彼無間隙，而自啓釁端，就使克之，後患愈重，萬一不克，大事去矣！議者以歲輸繒帛，謂之耗蠹，有所卑遜，謂之屈辱，殊不知兵連而不休，禍結而不解，財力將匱耗，蠹孰甚焉！用兵則武吏、功臣過求姑息，邊藩遠郡得以驕矜，下陵上替，屈辱孰大焉！臣願陛下訓農習戰，養兵息民，俟國無內憂，民有餘力，然後觀釁而動，則動必有成矣！又鄴都富盛，國家藩屏，今主帥赴闕㉘，軍府無人，臣竊思慢藏誨盜之言，勇夫重閉之義㉙，乞陛下略加巡幸，以杜姦謀。」帝謂使者曰：「朕比日以來，煩懣不決，今見卿奏，如醉醒矣㉚，卿勿以為憂。」

(十一)閩主曦聞王延政以書招泉州刺史王繼業，召繼業還，賜死於郊外㉛，殺其子於泉州。

初，繼業為汀州刺史，司徒兼門下侍郎同平章事楊沂豐為士曹參軍，與之親善，或告沂豐與繼業同謀，沂豐方侍宴，即收下獄，明日，斬之，夷其族。沂豐，涉之從弟也㉒，時年八十餘，國人哀之，自是宗族勳舊，相繼被誅，人不自保。諫議大夫黃峻舁櫬詣朝堂極諫，曦曰。「老物狂發矣！」貶章州司戶㉓。

曦淫侈無度，資用不給，謀於國計使南安㉔陳匡範，匡範請日進萬金，曦悅，加匡範禮部侍郎。匡範增筭商賈數倍，曦宴羣臣，舉酒屬匡範曰：「明珠美玉，求之可得，如匡範，人中之寶，不可得也。」未幾，商賈之筭不能足日進㉕，貸諸省務錢以足之，恐事覺，憂悸而卒，曦祭贈甚厚。諸省務以匡範貸帖㉖聞，曦大怒，斲棺，斷其尸，棄水中，以連江㉗人黃紹頗代為國計使。紹頗請令欲仕者，自非蔭補，皆聽輸錢，即授之，以資望高下及州縣戶口多寡定其直，自百緡至千緡，從之。

㈢唐主自以專權取吳，尤忌宰相權重，以右僕射兼中書侍郎同平章事李建勳執政歲久，欲罷之，會建勳上疏言事，意其留中，既而唐主下有司施行，建勳自知事挾愛憎，密取所奏改之。秋，七月，戊辰（初十日），罷建勳歸私第。

(十四)帝憂安重榮跋扈，己巳（十一日），以劉知遠為北京留守河東節度使，復以遼、沁隸河東㊳，以北京留守李德珫為鄴都留守。知遠微時，為晉陽李氏贅壻，嘗牧馬犯僧田，僧執而笞之，知遠至晉陽，首召其僧，命之坐，慰諭贈遺，眾心大悅㊴。

(十五)吳越府署火，宮室府庫幾盡，吳越王元瓘驚懼，發狂疾，唐人爭勸唐主乘弊取之，唐主曰：「奈何利人之災？」遣使唁之，且賙其乏㊵。

(十六)閩主曦自稱大閩皇，領威武節度使，與王延政治兵相攻，互有勝負，福、建之間，暴骨如莽㊶，鎮武節度判官晉江㊷潘承祐屢請息兵修好，延政不從。閩主使者至，延政大陳甲卒以示之，對使者語，甚悖慢，承祐長跪切諫，延政怒，顧左右曰：「判官之肉可食乎？」承祐不顧，聲色愈厲。

閩主曦惡泉州刺史王繼嚴得眾心，罷歸，酖殺之。

(十七)八月，戊子朔，以開封尹鄭王重貴為東京留守。

(十八)馮道、李崧屢薦天平節度使兼侍衛親軍馬步副都指揮使同平章事杜重威之能㊸，以為都指揮使，充隨駕禦營使，代劉知遠，知遠由是恨二相。重威所至黷貨，民多逃亡。嘗出過市，謂左右曰：「人言我驅盡百姓，何市人之多也？」

（十九）壬辰（初五日），帝發大梁，己亥（十二日），至鄴都，壬寅（十五日），大赦。

帝以詔諭安重榮曰：「爾身為大臣，家有老母，忿不思難，棄君與親，吾因契丹得天下，爾因吾致富貴㊹，吾不敢忘德，爾乃忘之，何也？今吾以天下臣之，爾欲以一鎮抗之，不亦難乎？宜審思之，無取後悔。」重榮得詔，愈驕，聞山南東道節度使安從進有異志，陰遣使與之通謀。

（廿）吳越文穆王元瓘寢疾，察內都監章德安忠厚能斷大事，欲屬以後事，語之曰：「弘佐尚少，當擇宗人長者立之。」德安曰：「弘佐雖少，羣下伏其英敏，願王勿以為念。」王曰：「汝善輔之，吾無憂矣。」德安，處州㊺人也。辛亥（二十四日），元瓘卒㊻。

初，內牙指揮使戴惲為元瓘所親任，悉以軍事委之。元瓘養子弘侑乳母，惲妻之親也，或告惲謀立弘侑，德安祕不發喪，與諸將謀伏甲士於幕下，壬子（二十五日），惲入府執而殺之，廢弘侑為庶人，復姓孫，幽之明州㊼。是日，將吏以元瓘遺命承制以鎮海，鎮東副大使弘佐為節度使，時年十四㊽。

九月，庚申（初三日），弘佐即王位，命丞相曹仲達攝政。軍中言賜與不均，舉仗不受，諸將不能制，仲達親諭之，皆釋仗而拜。弘佐溫恭，好書禮士，躬勤政務，發擿姦伏，人不能欺。民有獻嘉禾者，弘佐問倉吏：「今蓄積幾何？」對曰：「十年。」王曰：「然則軍食足矣！可以寬吾民。」乃命復其境內稅三年。

(廿一)辛酉（初四日），滑州言河決。【考異】薛史紀載九月，辛酉，滑州河決，而不載庚午濮州決，高祖實錄載庚午濮州奏而不載辛酉滑州決，五代會要及志皆云天福六年九月決滑州，兗、濮州界，皆為水漂弱，史匡翰傳亦云天福六年，白馬河決。按辛酉滑州河已決，則下流皆涸，濮州無庚午再決之理，蓋滑州河決，漂浸及濮州耳。

(廿二)帝以安重榮殺契丹使者，恐其犯塞，乙亥（十八日），遣安國節度使楊彥詢使於契丹㊾。彥詢至其帳，契丹責以使者死狀，彥詢曰：「譬如人家有惡子，父母所不能制，將如之何？」契丹主怒乃解。

(二三)閩主曦以其子琅邪王亞澄為威武節度使兼中書令，改號長樂王。

(二四)劉知遠遣親將郭威以詔指說吐谷渾酋長白承福，令去安重榮歸朝廷(五〇)，許以節鉞。威還，謂知遠曰：「虜惟利是嗜，安鐵胡(五一)止以袍袴賂之，今欲其來，莫若重賂，乃可致耳！」知遠從之，且使謂承福曰：「朝廷已割爾曹隸契丹，爾曹當自安部落，今乃南來助安重榮為逆，重榮已為天下所棄，朝夕敗亡，爾曹宜早從化，勿俟臨之以兵，南北無歸(五二)，悔無及矣！」承福懼。冬，十月，帥其眾歸於知遠，知遠處之太原東山及嵐、石之間(五三)，表承福領大同節度使(五四)，收其精騎以隸麾下。

始，安重榮移檄諸道云：「與吐谷渾、達靼(五五)、契苾同起兵。」既而承福降知遠，達靼、契苾亦莫之赴，重榮勢大沮。

(二五)閩主曦即皇帝位，王延政自稱兵馬元帥。閩同平章事李敏卒。

(二六)帝之發大梁也，和凝請曰：「車駕已行，安從進若反，何以備之？」帝曰：「卿意何如？」凝請密留空名宣敕(五六)十數通，付留守鄭王，聞變則書諸將名遣擊之，帝從之。十一月，從進舉兵攻鄧州，唐州刺史武延翰以聞(五七)，鄭五遣宣徽南院使張從恩、武德使焦繼勳、護聖都指揮使郭金海、作坊使陳思讓將大梁兵就申州刺史李建崇兵於葉縣(五八)以討之。金海，本突厥；思讓，幽州人也。丁丑（二十一日），以西京留守高行周為南面軍前都部署，前同州節度使宋彥筠副之，張從恩監焉。又以郭金海為先鋒使，陳思讓監焉。彥筠，滑州人也。庚辰（二十四日），以鄴都留守李德珫權東京留守，召鄴王重貴如鄴都。

安從進攻鄧州，威勝節度使安審暉據牙城拒之(五九)，從進不能克而退。癸未（二十七日）從進至花山(六〇)，遇張從恩兵，不意其至之速，合戰，大敗，從恩獲其子牙內都指揮使弘義。從進以數十騎奔還襄州，嬰城自守。

(廿七)唐主性節儉，常躡蒲屨，盥頮(六一)用鐵盎，暑則寢於青葛帷，左右使令，惟老醜宮人，服飾粗略，死國事者皆給祿三年，分遣使按行民田，以肥瘠定其稅，民間稱其平允。自是江淮調兵興役及他賦斂，皆以稅錢為率，至今用之。

唐主勤於聽政，以夜繼晝，還自江都，不復宴樂，頗傷諒急㈥。內侍王紹顏上書，以為今春以來，羣臣獲罪者眾，中外疑懼。唐主詔釋其所以然，令紹顏告諭中外。

㈦十二月，丙戌朔，徙鄭王重貴為齊王，充鄴都留守，以李德琉為東都留守。

㈧丁亥（初二日），以高行周知襄州府事。詔荊南、湖南共討襄州。高從誨遣都指揮使李端將水軍數千至南津㈢，楚王希範遣天策都軍使張少敵將戰艦百五十艘入漢江助行周，仍各運糧以饋之。少敵，佶之子也㈣。

㈨安重榮聞安從進舉兵，反謀遂決，大集境內飢民，眾至數萬，南向鄴都，聲言入朝。初，重榮與深州人趙彥之俱為散指揮使，相得歡甚，重榮鎮成德㈤，彥之自關西歸之，重榮待遇甚厚，使彥之招募黨眾，然心實忌之。及舉兵，止用為排陳使，彥之恨之。帝聞重榮反，壬辰（初七日），遣護聖等馬步三十九指揮擊之。以天平節度使杜重威為招討使，安國節度使馬全節副之，前永清

節度使王清為馬步都虞候(六六)

(卅一)安從進遣其弟從貴將兵逆均州刺史蔡行遇(六七)，焦繼勳邀擊，敗之，獲從貴，斷其足而歸之。

(卅二)戊戌（十三日），杜重威與安重榮遇於宗城西南(六八)，重榮為偃月陳，官軍再擊之，不動。重威懼，欲退，指揮使宛丘(六九)王重胤曰：「兵家忌退(七〇)，鎮之精兵，盡在中軍，請公分銳士擊其左右翼，重胤為公以契丹直衝其中軍，彼必狼狽。」重威從之，鎮人陳稍却，趙彥之卷旗策馬來降，彥之以銀飾鎧胄及鞍勒，官軍殺而分之。重榮聞彥之叛，大懼，退匿於輜重中，官軍從而乘之，鎮人大潰，斬首萬五千級，重榮收餘眾走保宗城。官軍進攻，夜分，拔之，重榮以十餘騎走還鎮州，嬰城自守。會天寒，鎮人戰及凍死者二萬餘人。

契丹聞重榮反，乃聽楊彥詢還(七一)。

庚子（十五日），冀州刺史張建武等取趙州(七二)。

(卅三)漢主寢疾，有胡僧謂漢主名龑不利，漢主自造龑字名之，義取飛龍在天㊁，讀若儼。

㈣庚戌（二十五日），制以錢弘佐為鎮海、鎮東軍節度使，兼中書令，吳越國王。

【今註】㊀乃以建州為鎮安軍，以延政為節度使，封富沙王：胡三省曰：「建州有古富沙驛，又南劍州管內有富沙里。」㊁作浮梁於德勝口：即澶州之河橋也。㊂彥澤不得張式，恐致不測：言不得式則叛，於晉恐有不測之禍也。㊃涼州：《舊唐書・地理志》，涼州治姑臧，漢屬武威郡，秦月氏戎所處，匈奴本名蓋藏，語訛為姑臧城，晉末張軌據姑臧，稱前涼，呂光又稱後涼，復入於元魏，復為武威郡，隋因之，唐高祖武德二年，置涼州於此，玄宗天寶元年，改為武威郡，肅宗乾元元年，復為涼州，故治即今甘肅省武威縣。㊄蜀自建國以來：蜀建國見卷二百七十八唐末帝清泰元年。㊅武德節度使兼中書令趙廷隱：胡三省曰：「蜀以東川為武德軍，以定董璋，克梓州，取武有七德以為軍號。」㊆以翰林學士承旨李昊知武寧軍：使以本官知節度軍府事，未正授以旌節也，以下同。㊇曦疑其弟汀州刺史延喜與延政通謀：汀、建接壤，故疑之。㊈萬年：《舊唐書・地理志》，萬年，隋大興縣，唐高祖武德元年改為萬年，玄宗天寶七載，改為咸寧縣，肅宗乾元間復曰萬年。按唐萬年縣，五代梁曰大年，後唐復舊，宋曰樊川，金曰咸寧，民國廢入長安縣。㊉辛巳，北京留守李德琉遣牙校以吐谷渾酋長白承福入朝：辛巳在五月，《通鑑》脫五月二字。按《五代史・晉高祖紀》，白承福入朝在五月甲戌。觀此，帝蓋有容納吐谷渾之心，前遣張澄之逐吐谷渾在四州山谷者，第以厭契丹之意耳。㉑自黃巢犯長安以來：黃巢以唐僖宗廣明元年入長安。㉒宜出兵恢復舊疆：舊疆，謂盛唐時疆土也。㉓漢主遣使如唐，謀共取楚分其地，唐主不許：《五代史記・南唐世家》云：「唐主昪志在守吳舊地而已，無復經營之略也。」㉔請出師金、商以為聲援：胡三省曰：「自金、商取道均、房則至襄陽。」㉕漕輓：水運曰漕，陸運曰輓。輓，引車也。㉖博野：《舊唐書・地理志》，博野縣本漢涿郡蠡吾縣，後漢分置博陵縣，後魏改為博野縣，唐高祖武德五年，置蠡吾州，八年，州廢，九年，復立為蠡州，太宗貞觀元年，廢蠡州，以縣屬瀛州，代宗永泰中，移屬深州，即今河北省博野縣。㉗兩突厥：謂東突厥及西突厥㉘上秋：七月也。㉙朔州節度副使：《遼史・地理志》，遼置順義軍節度於朔州。㉚諸節度使沒於虜廷者：謂趙德鈞、董溫琪、翟璋等皆沒於契丹。㉛企踵：舉踵企望。㉜時鄴都留守侍衛馬步都指揮使劉知遠在大梁：劉知遠於去年自魏入朝，時尚留大梁。㉝又慮朝廷重違其意：重，難也。㉞收中國之器械：胡三省曰：「此謂降楊光遠，虜趙德鈞時也。」㉟且中國新敗：謂契丹敗唐將張敬達於晉安，復敗趙德鈞於團柏。㊱臣恐禁衛之士，疲於奔命，鎮、定之地，無復遺民：胡三省曰：「幽、涿、瀛、莫既屬契丹，鎮、定、滄、景悉為邊鎮。滄、景之地，近海卑下，又多塘濼，虜騎不可得而入，其入寇多依山而趨鎮、定，故其地為虜衝。」㊲蒸民：蒸，眾也。《列子・仲尼》：「立我蒸民。」《詩・大雅》作烝民。㊳今主帥赴闕：謂劉知遠入期也。㊴臣竊思慢藏誨盜之言，勇夫重閉之義：慢藏誨盜，《易・大傳》之言，勇夫重閉，

《左傳》申公巫臣之言。㊂今見卿奏，如醉醒矣，卿勿以為憂：《五代史・桑維翰傳》，維翰論與契丹和戰利弊云：「方今契丹未可與爭者有其七焉。契丹數年來最強盛，侵伐鄰國，吞滅諸蕃，救援河東，功成師克，山後之名藩大郡，盡入封疆，中華之精甲利兵，悉歸廬帳，即今土地廣而人民眾，戎器備而戰馬多，此未可與爭者一也。契丹自告捷之後，鋒銳氣雄，南軍因敗衄已來，心沮膽怯，況秋夏雖稔，而帑廪無餘，黎庶雖安而貧敝益甚，戈甲雖備而鍛礪未精，士馬雖多而訓練未至，此未可與爭者二也。契丹與國家恩義非輕，信誓甚篤，雖多求取，未至侵陵，豈可先發釁端，自為戎首？縱使因茲大克，則後患仍存，其或偶失沈機，則追悔何及？兵者，兇器也，戰者，危事也，苟議輕舉，安得萬全？此未可與爭者三也。王者用兵，觀釁而動，是以漢宣帝得志于匈奴，因單于之爭立，唐太宗立功于突厥，由頡利之不道，今契丹主抱雄武之量，有戰伐之機，部族輯睦，蕃國畏伏，土地無災，孳畜繁庶，蕃漢雜用，國無釁隙，此未可與爭者四也。引弓之民，遷徙鳥舉，行逐水草，軍無饋運，居無竈幕，住無營柵，便苦澀，任勞役，不畏風雷，不顧飢渴，皆華人之所不能，此未可與爭者五也。契丹皆騎士，利在坦途，中國用徒兵，喜于隘險，趙魏之北，燕薊之南，千里之間，地平如砥，步騎之便，較然可知，國家若與契丹相持，則必屯兵邊上，少則懼強敵之眾，固須壁壘以自全，多則患飛輓之勞，必須逐寇而速返，我歸而彼至，我出而彼迴，則禁衞之驍雄，疲于奔命，鎮、定之封境，略無遺民，此未可與爭者六也。議者以陛下于契丹有所供億，謂之耗蠹，有所卑遜，謂之屈辱，微臣所見，則曰不然，且以漢祖英雄，猶輸貨于冒頓，神堯武略，尚稱臣于可汗，此謂達于權變，善于屈伸，所損者微，所利者大，必若因茲交構，遂成釁隙，自此則歲歲徵發，日日轉輸，困天下之生靈，空國家之府藏，此為耗蠹，不亦甚乎？兵戈既起，將帥擅權，武吏武臣，過求姑息，邊藩遠郡，得以驕矜，外剛內柔，上陵下替，此為屈辱，又非多乎？此未可與爭者七也。」㉑召繼業還，賜死於郊外：召之還福州，至城郊而殺之。㉒沂豐，涉之從弟也：楊涉唐哀帝時為相。㉓章州司戶：章當作漳。㉔南安：《舊唐書・地理志》，南安縣，唐屬泉州。按南安縣，本亦漢治縣地也，三國吳置東安縣，晉改名晉安，隋又改曰南安，即今福建省南安縣。㉕商賈之筭，不能足日進：不能足日進萬金之數。㉖貸帖：貸錢之文書也，猶今之借據。㉗連江：《舊唐書・地理志》，唐高祖武德六年，分閩縣置溫麻縣，其年，改為連江，屬福州，即今福建省連江縣。㉘復以遼、沁隸河東：去年以遼、沁二州隸昭義軍，今復舊。㉙眾心大悅：知遠不念舊怨而報之以德，故眾心大悅。㊵唐主曰，奈何利人之災，遣使唁之，且賙其乏：唁，弔生也。史言唐王能睦鄰以保境。㊶暴骨如莽：莽，草木叢聚也，暴骨徧野，故以為喻。㊷晉江：《舊唐書・地理志》，唐玄宗開元八年，分南安縣治晉江縣，後遂為泉州治所，即今福建省晉江縣。㊸馮道、李崧屢薦天平節度使兼侍衞軍馬步都指揮使同平章事杜重威之能：杜重威，帝之妹壻也，故薦之以希上意。㊹爾因吾致富貴：謂重榮降帝於晉陽，帝重用之，遂以致富貴。㊺處州：《舊唐書・地理志》，處州，隋永嘉郡，唐高祖武德四年置括州，治括蒼縣，本漢會稽郡回浦縣地，後漢更名章安縣，復分章安之南鄉置松陽縣，隋分松陽縣東界置括蒼縣，玄宗天寶元年，改括州為縉雲郡，肅宗乾元元年，復為括州，代宗大曆十四年，改為處州，並改括蒼縣為麗水縣，故治在今浙江省麗水縣東南。㊻元瓘卒：《五代史・世襲傳》云，薨年五十五。元瓘初聰敏，長於撫馭，臨戎十五年，決事神速，為軍民所附，有詩千篇，編其尤者三百篇，命曰《錦樓集》，浙中人士皆傳之。㊼明州：《舊唐書・地理志》，唐高祖武德四年置鄞州，八年，州廢為鄮縣，屬越州，玄宗開元二十六年，於縣置明州，天寶元年，改為餘姚郡，肅宗乾元元年，復為明州，取四明山為名也，故治在今浙江省鄞縣東。㊽將吏以元瓘遺命承制以鎮海、鎮東副大使弘佐為節度使，時年十四：《五代史記・吳越世家》，弘佐立，年十三。㊾遣安國節度使楊彥詢使於契丹：《五代史記・楊彥詢傳》，帝立，以彥詢為宣徽使，數往來虜帳中，契丹主德光亦愛其為人。又《五代史・楊彥詢傳》，帝即位，授彥詢齊州防禦使，旋改宣徽使，從帝入洛，加左驍衛上將軍，天福二年秋，出為威勝軍節度使，歲餘，復入為宣徽使，四年，使於契丹，六年春，授安國軍節度使，會車駕幸鄴，表求入覲，帝慮契丹怒安重榮之殺遼使也，移兵犯境，復命彥詢使焉。㊿劉知遠遣親將郭威以詔指說吐谷渾酋長白承福，令去安重榮歸朝廷：《五代會要》曰：「天福六年正月，晉高祖命供奉官張澄率兵二千搜索幷、鎮、忻、代四州山谷中吐渾還其舊地，然亦以契丹誅求無厭，心不平之，命漢高祖出鎮太原，潛加撫慰。」蓋帝懼契丹責誚，不敢明降詔書，故命劉知遠承詔指使郭威說之也。(五一)安鐵胡：安重榮小字鐵胡。(五二)南北無歸：謂吐谷渾若安重榮，安重榮敗亡之後，則南不可歸晉，北不可歸契丹也。(五三)嵐、石之間：嵐、石二州之間。《舊唐書・地理志》，後周改漢離石縣為昌化郡，隋復為離石縣，並置離石郡治焉，唐高祖武德元年，攻為石州，玄宗天寶元年，改為昌化郡，肅宗乾元元年，復為石州，即今山西省離石縣。㊹表承福領大同節度使：雲州大同軍，時已屬契丹，承福但遙領之耳。㊺達靼：《五代史記・四夷附錄》曰：「達靼，靺鞨之遺種，本在契丹、奚之東北，後為契丹所攻，而部族分散，或屬契丹，或屬渤海，別部散居陰山者自號達靼。唐末，李國昌、克用父子為赫連鐸等所敗，嘗亡入達靼，後從克用入關，破黃巢，由是居雲、代之間。其俗善騎射，畜多駝馬，其君長部族名字不可究。自唐同光中，常役屬之，長興三年，首領頡哥率其族四百餘人來附，訖於周顯德間，常來不絕。」李心傳《建炎以來朝野雜記》曰：「韃靼之先，與女真同種，蓋皆靺鞨之後也，其國在元魏、齊、周之時稱勿吉，至隋稱靺鞨也。直長安東北六千里，東瀕海，離為數十部，部有黑水、白山等名，白山本臣高麗，唐滅高麗，其遺人弁入渤海，惟黑水完強。及渤海盛，靺鞨皆役屬之，後為奚、契丹所攻，部族分散，其居混同江之上者曰女真，乃黑水遺種也，其居陰山者自號為韃靼，唐末、五代，常通中國。」㊻宣敕：胡三省曰：「宣出於樞密院，敕出於中書門下，時幷樞密院於中書。」㊼從進舉兵攻鄧州，唐州刺史武延翰以聞：自襄陽以攻鄧州。《元豐九域志》，襄陽北至鄧州一百七十八里，東北至唐州二百五十里。㊽葉縣：葉音涉。《舊唐書・地理志》，唐高祖武德四年，於隋葉縣置葉州，五年，州廢，以縣屬許州，玄宗開元四年，復置仙州於葉縣，二十六年，廢仙州，以縣屬汝州。葉縣，漢置，中廢，隋復置也，故城在今河南省葉縣南三十里。㊾安從進攻鄧州，威勝節度使安審暉據牙城拒之：牙城，鄧州牙城也，威勝軍治鄧州。㊿花山：《元豐九域志》，唐州湖陽縣有花山銀場。花山在今河南省泌源縣南六十里，山上有彩石輝映，望之如花，故名。㊅盥頮：頮音誨。洗手曰盥，洗面曰頮。㊆頗傷躁急：言其為政失於苛察也。㊇南津：漢水之南津也。㊈少敵，佶之子也：張佶與楚王馬殷同起，為楚之元佐。㊉重榮鎮成德：重榮以天福二年始鎮成德軍。㊊前永清節度使王清為馬步都虞候：《五代史記・職方攷》，晉置永清軍於貝州。㊋安從進遣其弟從貴將兵逆均州刺史蔡行遇：均州，山南東道節度巡屬也。行遇蓋自均州將兵援襄陽，故安從進遣弟將兵逆之。㊌杜重威與安重榮遇於宗城西南：《元豐九域志》，宗城縣在魏州西北一百七十里。宗城縣時屬貝州，蓋漢廣宗縣地，隋改置宗城縣，故城在今河北省威縣東三十里。㊍宛丘：《舊唐書・地理志》，宛丘縣屬陳州。按宛丘，本古陳國，漢置陳縣，北齊移項縣於此，隋改項縣曰宛丘，即今河南省淮陽縣。㊎兵家忌退：退則為敵所乘，故忌之。㊏契丹聞重榮反，乃聽楊彥詢還：楊彥詢使契丹見是年九月。㊐冀州刺史張建武等取趙州：冀、趙二州，皆成德軍屬巡也。㊑義取飛龍在天：《易》曰：「飛龍在天，利見大人。」

卷二百八十三　後晉紀四

起玄黓攝提格盡閼逢執徐，正月凡二年有奇。（壬寅至甲辰，西元四九二年至西元四九四年）

司馬光編集
林瑞翰　註

高祖聖文章武明德孝皇帝下

天福七年㈠（西元四九二年）

㈠春，正月，丁巳（初二日），鎮州牙將自西郭水碾㈡門導官軍入城，殺守陴民二萬人，執安重榮，斬之。杜重威殺導者，自以為功。庚申（初五日），重榮首至鄴都，帝命漆之，函送契丹。

㈡癸亥（初八日），改鎮州為恒州，成德軍為順德軍㈢。

㈢丙寅（十一日），以門下侍郎同平章事趙瑩為侍中，以杜重威為順國節度使兼侍中。安重榮私財及恒州府庫，重威盡有之，帝知而不問，又表衞尉少卿范陽㈣王瑜為副使，瑜為之重斂於民，恒人不勝其苦。

㈣張式父鐸詣闕訟冤㈤，壬午（二十七日），以河陽節度使王周為彰義節度使代張彥澤。

㈤閩主曦立皇后李氏，同平章事真之女也，嗜酒剛愎，曦寵而憚之。

㈥彰武節度使丁審琪養部曲千人，縱之為暴於境內，軍校賀行政與諸胡相結為亂，攻延州㈥，帝遣曹州防禦使何重建將兵救之，同、鄜援兵繼至，乃得免。二月，癸巳（初九日），以重建為彰武留後，召審琪歸朝。重建，雲、朔閒胡人也。

㈦唐左丞相宋齊丘固求豫政事，唐主聽入中書，又求領尚書省，乃罷侍中壽王景遂判尚書省，更領中書門下省，以齊丘知尚書省事，其三省事幷取齊王璟參決㈦。齊丘視事數月，親吏夏昌圖盜官錢三千緡，齊丘判貸其死，唐主大恐，斬昌圖，齊丘稱疾請罷省事，從之。

㈧涇州奏遣押牙陳延暉持敕書詣涼州，州中將吏請延暉為節度使。

㈨三月，閩主曦立長樂王亞澄為閩王。

㈩張彥澤在涇州㈧，擅發兵擊諸胡兵，皆敗沒，調民馬千餘匹以補之。還至陝(九)，獲亡將楊洪，乘醉斷其手足而斬之。王周奏彥澤在鎮貪殘不法二十六條，民散亡者五千餘戶(一〇)，彥澤既至，帝以其有軍功，又與楊光遠連姻，釋不問(一一)。夏，四月，己未（初六日），右諫議大夫鄭受益上言：「楊洪所以被屠，由陛下去歲送張式與彥澤，使之逞志，致彥澤敢肆凶殘，無所忌憚，見聞之人，無不切齒，而陛下曾不動心，一無詰讓，淑慝(一二)莫辨，賞罰無章，中外皆言陛下受彥澤所獻馬百匹，聽其如是，臣竊為陛下惜此惡名(一三)，乞正彥澤罪法以湔洗聖德。」疏奏，留中。受益，從讜之兄子也(一四)。

庚申（初七日），刑部郎中李濤等伏閤(一五)，極論彥澤之罪，語甚切至。辛酉（初八日），敕張彥澤削一階，降爵一級(一六)，張式父及子弟皆拜官，涇州民復業者，減其徭賦。癸亥（初十日），李濤復與兩省(一七)及御史臺官伏閤，奏彥澤罰太輕，請論如法。帝召濤面諭之，濤端笏前迫殿陛，聲色俱厲，帝怒，連叱之，濤不退。帝曰：「朕已許彥澤不死。」濤曰：「陛下許彥澤不死，不可負，不知范延光鐵券安在(一八)？」帝拂衣起入禁中。丙寅（十三日），以彥澤為左龍武大將軍。

㈩漢高祖寢疾，以其子秦王弘度、晉王弘熙皆驕恣，少子越王弘昌孝謹有智識，與右僕射兼西御院使王翷謀，出弘度鎮邕州，弘熙鎮容州，而立弘昌。制命將行，會崇晉使蕭益入問疾，以其事訪之，益曰：「立嫡以長，違之必亂㈠九。」乃止。丁丑（二十四日），高祖殂㈡〇。高祖為人辯察，多權數，好自矜大，常謂中國天子為洛州刺史㈡一。嶺南珍異所聚，每窮奢極麗，宮殿悉以金玉珠翠為飾，用刑慘酷，有灌鼻、割舌、支解、刳剔、炮炙、烹蒸之法，或聚毒蛇水中，以罪人投之，謂之水獄，同平章事楊洞潛諫不聽。末年尤猜忌，以士人多為子孫計，故專任宦官，由是其國中宦者大盛㈡二。秦王弘度即皇帝位，更名玢，以弘熙輔政，改元光天，尊母趙昭儀曰皇太妃。

(十一)契丹以晉招納吐谷渾，遣使來讓，帝憂悒不知為計。五月，己亥（十六日），始有疾。

(十二)乙巳（二十二日），尊太妃劉氏為皇太后。太后，帝之庶母也㈡三。

㈣唐丞相太保宋齊丘既罷尚書省，不復朝謁，唐主遣壽王景遂勞問，許鎮洪州㊃，始入朝。唐主與之宴，酒酣，齊丘曰：「陛下中興，臣之力也，奈何忘之？」唐主怒曰：「公以庭客干朕㊄，今為三公，亦足矣，乃與人言朕鳥喙如勾踐，難與共安樂㊅，有之乎？」齊丘曰：「臣實有此言。臣為游客時，陛下乃偏裨耳㊆，今日殺臣可矣！」明日，唐主手詔謝之，曰：「朕之褊性㊇，子嵩平昔所知，少相親，老相怨，可乎？」丙午（二十三日），以齊丘為鎮南節度使㊈。

㈤帝寢疾，一旦，馮道獨對，帝命幼子重睿出拜之，又令宦者抱重睿置道懷中，其意蓋欲道輔立之。【考異】漢高祖實錄，晉高祖大漸，召近臣屬之曰：「此天下，明宗之天下，寡人竊而處之久矣，寡人既謝，當歸許王，寡人之願也。」此說難信，今從薛史。

六月，乙丑（十三日），帝殂㊉。道與天平節度使侍衛馬步都虞候景延廣議，以國家多難，宜立長君，乃奉廣晉尹齊王重貴為嗣。是日，齊王即皇帝位，延廣以為己功，始用事，禁都下人無得偶語㊀。

初，高祖疾亟，有旨召河東節度使劉知遠入輔政，齊王寢之，知遠由是怨齊王。

㈥丁卯（十五日），尊皇太后曰太皇太后，皇后曰皇太后㉓。

㈦閩富沙王延政圍汀州，閩主曦發漳、泉兵五千救之㉔，又遣其將林守亮入尤溪㉕，大明宮使黃敬忠屯尤口㉖，欲乘虛襲建州。國計使黃紹頗將步卒八千，為二軍聲援。

㈧秋，七月，壬辰（初十日），太皇太后劉氏殂。

㈨閩富沙王延政攻汀州，四十二戰，不克而歸，其將包洪實、陳望將水軍以禦福州之師，丁酉（十五日），遇於尤口。黃敬忠將戰，占者言時刻未利，按兵不動，洪實等引兵登岸，水陸夾攻之，殺敬忠，俘斬二千級，林守亮、黃紹頗皆遁歸。

㈩庚子（十八日），大赦。

(十一)癸卯（二十一日），加景延廣同平章事兼侍衞馬步都指揮使㉗。

(十二)勳舊皆欲復置樞密使㉘，馮道等三奏，請以樞密舊職㉙讓之，帝不許。

(廿二)有神降於博羅縣㊴民家，與人言而不見其形，閭閻人往占吉凶，多驗，縣吏張遇賢事之甚謹。時循州盜賊羣起，莫相統一，賊帥共禱於神，神大言曰：「張遇賢當為汝主。」於是共奉遇賢，稱中天八國王，改元永樂，置百官，攻掠海隅㊵，遇賢年少，無它方略，諸將但告進退而已。漢主以越王弘昌為都統，循王弘杲為副以討之，戰於錢帛館，漢兵不利，二王皆為賊所圍，指揮使陳道庠等力戰救之，得免，東方州縣，多為遇賢所陷㊶。道庠，端州㊷人也。

(廿三)高行周圍襄州，逾年不下㊸，城中食盡。奉國軍都虞候曲周㊹王清言於行周曰：「賊城已危，我師已老，民力已困，不早迫之，尚何俟矣？」與奉國都指揮使元城劉詞帥眾先登，八月，拔之，安從進舉族自焚。

(廿四)甲子（十三日），以趙瑩為中書令。

(廿五)閩主曦遣使以手詔及金器九百、錢萬緡、將吏敕告六百四十通求和於富沙王延政，延政不受。丙寅（十五日），閩主曦宴羣臣於九龍殿，從子繼柔不能飲，強之，繼柔私減其酒，曦怒，並客將斬之㊺。

(廿六)閩人鑄永隆通寶大鐵錢，一當鈆錢百。

(廿七)漢葬天皇大帝於康陵，廟號高祖㊻。

(廿八)唐主自為吳相㊼，興利除害，變更舊法甚多，及即位，命法官及尚書刪定為升元條三十卷㊽，庚寅（九月初九日），行之㊾。

(廿九)閩主曦以同平章事侯官㊿余廷英為泉州刺使，廷英貪穢，掠人女子，詐稱受詔采擇以備後宮。事覺，曦遣御史按之，廷英懼，詣福州(51)自歸。曦詰責，將以屬吏，廷英退獻買宴錢萬緡，曦悅，明日，召見，謂曰：「宴已買矣，皇后貢物安在？」廷英復獻錢於李后，乃遣歸泉州，自是諸州皆別貢皇后物。未幾，復召廷英為相。

(卅)冬，十月，丙子（二十六日），張遇賢陷循州，殺漢刺史劉傳。

(卅一)楚王希範作天策府(52)，極棟宇之盛。戶牖欄檻，皆飾以金玉，塗壁用丹砂數十萬斤(53)，地衣春、夏用角簟(54)，秋、冬用木綿(55)，與子弟僚屬，游宴其間。

㊷十一月，庚寅（初十日），葬聖文章武明德孝皇帝於顯陵㊻，廟號高祖。

㊸先是河南北諸州官自賣海鹽㊼，歲收緡錢十七萬，又散蠶鹽斂民錢㊽，言事者稱民坐私販鹽，抵罪者眾，不若聽自販，而歲以官所賣錢直斂於民，謂之食鹽錢，高祖從之。俄而鹽價頓賤，每斤至十錢，至是三司使董遇欲增求羨利，而難於驟變前法，乃重征鹽商過者七錢，留賣者十錢，由是鹽商殆絕，而官復自賣，其食鹽錢至今斂之如故㊾。

㊹閩鹽鐵使右僕射李仁遇，敏之子㊿，閩主曦之甥也，年少，美姿容，得幸於曦(61)。十二月，以仁遇為左僕射兼中書侍郎，翰林學士、吏部侍郎李光準為中書侍郎兼戶部尚書，並同平章事。

曦荒淫無度，嘗夜宴，光準醉，忤旨，命執送都市斬之，吏不敢殺，繫獄中，明日，視朝，召復其位。是夕，又宴，收翰林學士周維岳下獄，吏拂榻待之曰：「相公昨夜宿此(62)，尚書勿憂。」

醒而釋之。他日，又宴，侍臣皆以醉去，獨維岳在，曦曰：「維岳身甚小，何飲酒之多？」左右或曰：「酒有別腸㊅，不必長大。」曦欣然命捽維岳下殿，欲剖視其酒腸。或曰：「殺維岳，無人侍陛下劇飲者。」乃捨之。

㊃帝之初即位也，大臣議奉表稱臣，告哀於契丹，景延廣請致書稱孫而不稱臣㊄。李崧曰：「屈身以為社稷，何恥之有？陛下如此，他日必躬擐甲冑，與契丹戰，於時悔無益矣！」延廣固爭，馮道依違其間，帝卒從延廣議。契丹大怒，遣使來責讓，且言何得不先承稟，遽即帝位，延廣復以不遜語答之。契丹盧龍節度使趙延壽欲代晉帝中國㊅，屢說契丹擊晉，契丹主頗然之。

【今註】㈠天福七年：是年六月，帝殂，少帝立，不改元。㈡水碾：碾，磨也，藉水力推動以磨物之器。㈢改鎮州為恒州，成德軍為順德軍：《舊唐書．地理志》，鎮州本曰恒州，避穆宗諱改焉。《五代史．晉高祖紀》、《五代會要》，時改成德軍為順國軍，《五代史．職方攷》作順德軍。㈣范陽：《舊唐書．地理志》，范陽縣，本漢涿郡之涿縣也，曹魏文帝改為范陽郡，晉為范陽國，後魏復為范陽郡，隋廢為涿縣，唐高祖武德七年，改為范陽縣，代宗大曆四年，置涿州，以縣為州治，即今河北省涿縣。⑤張式父鐸詣闕訟寃：張式為張彥澤所殺見上卷上年，故式父訟其寃。⑥攻延州：延州，彰武節度使治所。⑦其三省事幷取齊王璟參決：用璟參決三省事以制宋齊丘。⑧張彥澤在涇州：涇州彰義軍。⑨還至陜：自涇州代還至陜。⑩王周奏彥澤在鎮貪殘不法二十六條，民散亡者五千餘戶：王周既代張彥澤為涇帥，乃得奏其在鎮時不法諸事。⑪帝以其有軍功，又與楊光遠連姻，釋不問：《五代史記・張彥澤傳》，彥澤與晉祖連姻，又與討范延光有功。⑫淑慝：淑，善；慝，惡也。⑬臣竊為陛下惜此惡名：謂帝受獻而釋有罪，將負謗天下。⑭受益，從讜之兄子也：鄭從讜見唐僖宗紀。⑮伏閤：胡三省曰：「伏閤者，伏閤門下奏事，閤門使以聞。」⑯敕張彥澤削一階，降爵一級：階，武散階也，爵級，封爵之級。《五代史・晉高祖紀》，是日詔張彥澤刳剔賓從，誅剝生聚，寃聲穢迹，流聞四方，章表繼來，指陳甚切，尚以曾施微功，特示寬恩，深懷曲法之慙，貴徇議勞之典，其張彥澤宜削一階，仍降爵一級。⑰兩省：中書省及門下省。⑱不知范延光鐵券安在：謂帝亦嘗許范延光以不死，而楊光遠殺之，帝置而不問也，事見上卷天福五年。⑲益曰，立嫡以長，違之必亂：蕭益引經以沮廢長立幼之謀。⑳高祖殂：漢主龑僭號凡二十六年，卒年五十四。㉑高祖為人辯察，多權數，好自矜大，常謂中國天子為洛州刺史：《五代史記・南漢世家》，漢主龑身長七尺，垂手過膝，性聰悟而奇酷，為刀鋸、支解、刳剔之刑，每視殺人則不勝其喜，不覺朵頤垂涎呀呷，人以為真蛟蜃也。又好奢侈，悉聚南海珍寶以為玉堂珠殿，嶺北商賈至南海者，多召之使升宮殿，示以珠玉之富，自言家本咸秦，恥王蠻夷，呼唐天子為洛州刺史。洛州刺史者，以後唐都洛陽，洛陽本盛唐洺州刺史治所，畿中國空有天朝之名而其政令實不能及遠也。㉒末年尤猜忌，以士人多為子孫計，故專任宦官，由是國中宦者大盛：《五代史記・南漢世家》，龔傳子玢、晟，晟傳子鋹，晟性剛忌，不能任臣下，而獨任其嬖倖、宦官，至鋹尤愚，以謂羣臣皆自有家室，顧子孫，不能盡忠，惟宦者親近可任，遂委其政於宦者，至其羣臣有欲用者，皆閹然後用，由是紀綱大壞，卒至亡國，龔始啓其端。㉓太后，帝之庶母也：徐無黨曰：「帝所生母也。」㉔許鎮洪州：宋齊丘本洪州進士，蓋寵之以衣錦之榮。㉕公以遊客干朕：事見卷二百六十八梁太祖乾化二年。㉖乃與人言朕鳥喙如勾踐，難與共安樂：《史記・越世家》范蠡遺文種書曰：「越王為人，長頸鳥喙，可與共患難，不可與共樂。」㉗臣為遊客時，陛下乃偏裨耳：宋齊丘初謁唐主時，唐主為吳昇州刺史。㉘褊性：性褊急不能容物。㉙以齊丘為鎮南節度使：鎮南軍，洪州也，蓋踐洪州之約。㉚帝殂：《五代會要》，是日，帝崩於鄴都大內之保昌殿，年五十一。薛居正曰：「晉祖潛躍之前，沈毅而已，及其為君也，旰食宵衣，禮賢從諫，慕黃老之教，樂清淨之風，以絁為衣，以麻為履，故能保其社稷，高朗令終，然而圖事之初，強鄰來援，契丹自茲而孔熾，黔黎由是以罹殃，迨至嗣君，兵連禍結，卒使都城失守，舉族為俘，亦由決鯨海以救焚，何逃沒溺？飲鴆漿而止渴，終取喪亡，謀之不臧，何至於是！儻使非由外援之力，自副皇天之命，以茲睿德，惠彼蒸民，雖未足以方駕前王，亦可謂仁慈恭儉之主也。」㉛禁都下人無得偶語：偶語，對語也。禁民偶語，以防姦人謀變。㉜尊皇太后曰太皇太后，皇后曰皇太后：皇太后，高祖庶母劉氏也；皇后，高祖后李氏，唐明宗之女也。㉝閩富沙王延政圍汀州，閩主曦發漳、泉兵五千救之，《元豐九域志》，泉州西至漳州二百九十五里，漳州西至汀州五百四十里。㉞尤溪：《唐書・地理志》，唐玄宗開元二十九年，開山洞置尤溪縣，屬福州，故城在今福建省尤溪縣東。㉟尤口：尤溪口也。尤溪源出福建省德化縣西北，西流入大田縣，折而東北流，經尤溪縣南，又東北經南平縣南入建江，曰尤溪口。㊱加景延廣同平章事兼侍衛馬步都指揮使：賞定策之功也。㊲勳舊皆欲復置樞密使：罷樞密使見上卷上年。㊳樞密舊職：胡三省曰：「幷樞密院於中書，故謂樞密院舊所典之職為舊職。」㊴博羅縣：《舊唐書・地理志》，博羅縣，漢舊縣，屬南海郡，唐屬循州，時屬南漢所有，即今廣東省博羅縣，縣境有博羅山。㊵攻掠海隅：自循州徂東，皆海隅之地。㊶東方州縣，多為遇賢所陷：東方州縣，謂漢都番禺以東州縣也，即循、潮之地。《元豐九域志》，廣州東至惠州三百一十五里，又目惠州東至潮州八百一十里。宋惠州即唐之循州也，南漢更名。㊷端州：端州，隋信安郡，唐高祖武德元年置端州，玄宗天寶元年，改為高要郡，肅宗乾元元年，復為端州，州治高要縣，漢屬蒼梧郡，齊屬南海郡，陳置高要郡，隋為信安郡治，即今廣東省高要縣。㊸高行周圍襄州，踰年不下：高行周圍襄州始上卷上年十一月。㊹曲周：《舊唐書・地理志》，隋置曲周縣，尋廢，唐復置，屬洺州，故城在今河北省曲周縣東北四十里。㊺繼柔私減其酒，曦怒，幷客將斬之：《五代史記・閩世家》，曦常為牛飲，羣臣侍酒，醉而不勝，有訴乃私棄酒者輒殺之。㊻漢葬天皇大帝於康陵，廟號高祖：漢高祖殂見上四月，至是始葬。㊼唐主自為吳相：唐主得吳政始自梁末帝貞明四年，吳王隆演之十五年也。㊽命法官及尚書刪定為昇元條三十卷：南唐時以昇元紀元，故以為律名。㊽庚寅，行之：庚寅九月初九日，此脫九月二字。㊿侯官：《舊唐書・地理志》，隋置侯官縣，後廢，唐武后長安二年又分閩縣置侯官縣，屬福州，民國與閩縣幷為閩侯縣，即今福建省閩侯縣。㊶福州：《舊唐書・地理志》，福州，隋建安郡之閩縣，太宗貞觀初，置泉州，睿宗景雲二年，改為閩州，玄宗開元十三年，改為福州，天寶初，改為長樂郡，肅宗乾元元年，復為福州。閩縣，漢會稽郡治縣也，後更名東冶縣，後漢改為侯官縣，隋為閩縣，唐為福州治所，即今福建省閩侯縣。㊷楚王希範作天策府：高祖天福四年，冊楚王希範為天策上將軍，故作天策府。王舉天下大定錄曰：「希範建天策府於州城西北，造天策、光政等一十六樓，又造天策、勤政等五堂。」㊸塗壁用丹砂數十萬斤：胡三省曰：「丹砂出辰、溪、溆、錦等州及諸溪洞，皆楚之境內也。」按丹砂以產於辰州者為佳，稱曰辰砂，可為藥用，又為煉汞之主要原料，其用之為朱色顏料者，即銀朱是也。《本草圖經》曰：「丹砂生深山石崖間，土人穴地數十尺，始見其苗，乃自石也，謂之丹砂床。砂生石上，其塊大者如鷄子，小者如石榴，顆狀若芙蓉頭，連床者紫黯若鐵色而光明瑩澈。」㊹角簟：胡三省曰：「角簟，剖竹為細篾織之，藏節去筠，瑩滑可愛，南蠻或以白藤為之。」㊺木綿：木綿為常綠喬木，產熱帶，高數十丈，結實長形，種子生長毛，色白質輭，秋熟時，實之外皮破裂而踊出，可製茵褥，亦可紡織，細密厚暖，宜於禦寒。㊻葬聖文章武明德孝皇帝於顯陵：《五代會要》，顯陵在洛京壽安縣。㊼先是河南、北諸州官自賣海鹽：由官置場務糶鹽於民而禁民私販。㊽又散蠶鹽斂民錢：胡三省曰：「蠶鹽所以裛繭。」《五代會要》，唐明宗天成元年，敕諸州府百姓合散鹽錢今後每年祇二月內一度俵散，依其稅限納錢。(五九)至是三司使董遇欲增求羨利，而難於驟變前法，乃重征鹽商過者七錢，留賣者十錢，由是鹽商殆絕，而官復自賣，其食鹽錢至今斂之如故：前法，謂聽民自販之法，既斂食鹽錢於民，復征其稅，是重征也。《五代會要》，時言事者請將食鹽錢於諸道州府計戶每戶一貫至二百為五等配之，然後任人逐便興販，既不虧官，又益百姓，朝廷行之，諸處場務且仍舊，俄而鹽貨頓賤，去出鹽遠處州縣每斤不過二十，掌事者又難驟改其法，奏請重置稅焉。蓋欲絕興販，歸利於官，場院糶鹽雖多，人戶鹽錢又不放免，民甚苦之。(六〇)閩鹽鐵使右僕射李仁過，敏之子：李敏，閩主昶元妃梁國夫人之父也。(六一)年少，美姿容，得幸於曦：《五代史記・閩世家》，李仁遇以色為曦所嬖。(六二)相公昨夜宿此：相公，謂閩相李光準。(六三)酒有別腸：謂善飲者不醉，猶有別腸，蓋鄙俗之常語。(六四)帝之初即位也，大臣議奉表稱臣，告哀於契丹，景延廣請致書稱孫而不稱臣：胡三省曰：「景延廣之議，因三年契丹主令高祖稱兒皇帝，用家人之禮致書也。」(六五)契丹盧龍節度使趙延壽欲代晉帝中國：延壽父德鈞於屯團柏時已數遣使通契丹，與晉爭帝，契丹卒捨德鈞而立晉祖，至是延壽復謀覆晉而代之。

齊王(一)上

天福八年（西元九四三年）

㈠春，正月，癸卯（二十四日），蜀主以宣徽使兼宮苑使田敬全領永平節度使。敬全，宦者也，引前蜀王承休為比而命之㈡，國人非之。

㈡帝聞契丹將入寇。二月，己未（十一日），發鄴都，乙丑（十五日），至東京㈢，然猶與契丹問遺相往來無虛月。

㈢唐宣城王景達剛毅開爽，烈祖愛之㈣，屢欲以為嗣，宋齊丘亟稱其才，唐主以齊王璟年長而止，璟以是怨齊丘。唐主幼子景遏，母种氏，有寵，齊王璟母宋皇后，稀得進見。唐主如璟宮，遇璟親調樂器，大怒，誚讓者數日，种氏乘間言景遏雖幼而慧，可以為嗣。唐主怒曰：「子有過，父訓之，常事也，國家大計，女子何得預知？」即命嫁之。

唐主嘗夢吞靈丹，旦而方士史守沖獻丹方，以為神而餌之，浸成躁急，左右諫不聽。嘗以藥賜李建勳，建勳曰：「臣餌之數日，已覺躁熱，況多餌乎？」唐主曰：「朕服之久矣。」羣臣奏事，往往暴怒，然或有正色論辯中理者，亦斂容慰謝而從之。

唐主問道士王栖霞，何道可致大平？對曰：「王者治心、治身，乃治家、國。今陛下尚未能去飢、嗔、飽、喜，何論太平？」宋后自簾中稱歎，以為至言。凡唐主所賜予，栖霞皆不受。栖霞常為人奏章㊄，唐主欲為之築壇，辭曰：「國用方乏，何暇及此？候焚章不化，乃當奏請耳！」

駕部郎中馮延己為齊王元帥府掌書記，性傾巧，與宋齊丘及宣徽副使陳覺相結，同府在己上者，延己稍以計逐之。延己嘗戲謂中書侍郎孫晟曰：「公有何能為中書郎？」晟曰：「晟，山東鄙儒㊅，文章不如公，恢諧不如公，諂詐不如公，然主上使公與齊王游處，蓋欲以仁義輔導之也，豈但為聲色狗馬之友邪？晟誠無能，公之能，適足為國家之禍耳！」延己，歙州人也。又有魏岑者，亦在齊王府，給事中常夢錫屢言陳覺、馮延己、魏岑皆佞邪小人，不宜侍東宮。司門郎中判大理寺蕭儼表稱陳覺姦回亂政，唐主頗感悟，未及去，會疽發背，祕不令人知密，令醫治之，聽政如故。庚午（二十二日），疾亟，太醫吳廷裕遣親信召齊王璟入侍疾。

唐主謂璟曰：「吾餌金石㈦，始欲益壽，乃更傷生，汝宜戒之。」

是夕殂㈧，祕不發喪，下制以齊王監國，大赦。

孫晟恐馮延己等用事，欲稱遺詔，令太后臨朝稱制。翰林學士李貽業曰：「先帝嘗云：『婦人預政，亂之本也。』安肯自為厲階？此必近習姦人之詐也。且嗣君春秋已長，明德著聞，公何得遽為亡國之言？若果宣行，吾必對百官毀之。」晟懼而止。貽業，蔚之從曾孫也㈨。丙子（二十八日），始宣遺制㈩。

烈祖末年卞急(十一)，近臣多懼譴罰，陳覺稱疾，累月不入，及宣遺詔，乃出。蕭儼劾奏覺端居私室，以俟升遐，請按其罪，齊王不許。自烈祖相吳，禁壓良為賤(十二)，令買奴婢者通官作券。馮延己及弟禮部員外郎延魯俱在元帥府，草遺詔，聽民賣男女，意欲自買姬妾。蕭儼駁曰：「此必延己等所為，非大行(十三)之命也。昔延魯為東都判官(十四)，已有此請，先帝訪臣，臣對曰：『陛下昔為吳相，民有鬻男女者，為出府金(十五)贖而歸之，故遠近歸心，今即位而反之，使貧民之子，為富人廝役，可乎？』先帝以為然，將治延魯罪，臣以為延魯愚無足責，先帝斜封延魯章，抹三筆，持入宮，請求諸宮中，必尚在。」齊王取先帝時留中章奏千餘道㈠㈥，皆斜封一抹，果得延魯疏，然以遺詔已行，竟不之改。

㈣閩富沙王延政稱帝於建州，國號大殷，大赦，改元天德。以將樂縣為鏞州㈠㈦，延平鎮為鐔州㈠㈧，立皇后張氏，以節度判官潘承祐為吏部尚書，節度巡官建陽㈠㈨楊思恭為兵部尚書。未幾，以承祐同平章事，思恭遷僕射，錄軍國事。延政服赭袍視事，然牙參及接鄰國使者猶如藩鎮禮。殷國小民貧，軍旅不息，楊思恭以善聚斂得幸，增田畝山澤之稅，至於魚鹽蔬果，無不倍征㈡〇，國人謂之楊剝皮。

㈤三月，己卯朔，以中書令趙瑩為晉昌節度使兼中書令，以晉昌節度使兼侍中桑維翰為侍中㈡㈠。

㈥唐元宗即位㈡㈡，立赦，改元保大。祕書郎韓熙載請俟踰年改元㈡㈢，不從。尊皇后曰皇太后㈡㈣，太妃种氏為皇后。

唐主未聽政㈡㈤，馮延已屢入白事，一日至數四。唐主曰：「書記有常職㉖，何為如是其煩也？」

唐主為人謙謹，初即位，不名大臣，數延公卿論政體。李建勳謂人曰：「主上寬仁大度，優於先帝，但性習未定，苟旁無正人，但恐不能守先帝之業耳！」

唐主以鎮南節度使宋齊丘為太保兼中書令，奉化節度使㉗周宗為侍中。唐主以齊丘、宗，先朝勳舊，故順人望，召為相，政事皆自決之。徙壽王景遂為燕王，宣城王景達為鄂王。

初，唐主為齊王，知政事㉘，每有過失，常夢錫常直言規正，始雖忿懟，終以諒直多之㉙。及即位，許以為翰林學士，齊丘之黨疾之，坐封駮制書，貶池州判官。池州多遷客㉚，節度使上蔡㉛王彥儔防制過甚，幾不聊生，惟事夢錫如在朝廷。宋齊丘待陳覺素厚，唐主亦以覺為有才，遂委任之。馮延己、延魯、魏岑雖齊邸舊僚，皆依附覺，與休寧㉜、查文徽㉝更相汲引，侵蠹政事，唐人謂覺等為五鬼。延魯自禮部員外郎遷中書舍人，勤政殿學士㉞江州觀察使杜昌業聞之，嘆曰：「國家所以驅駕羣臣，在官爵而已，若一言稱旨，遽躋通顯㊟，後有立功者，何以賞之？」未幾，唐主以岑及文徽皆為樞密副使。岑既得志，會覺遭母喪，岑即暴揚覺過惡㊟，擯斥之。

㈦唐置定遠軍於濠州。

㈧漢殤帝驕奢，不親政事，高祖在殯，作樂酣飲，夜與倡婦微行，倮男女而觀之，左右忤意輒死，無敢諫者，惟越王弘昌及內常侍番禺吳懷恩屢諫，不聽。常猜忌諸弟，每宴集，令宦者守門，羣臣宗室，皆露索然後入㊟。晉王弘熙欲圖之，乃盛飾聲伎，娛悅其意，以成其惡。漢主好手搏，弘熙令指揮使陳道庠引力士劉思潮、譚令禋、林少強、林少良、何昌廷等五人，習手搏於晉府㊟，漢主聞而悅之。丙戌（初八日），與諸王宴於長春宮，觀手搏，至夕，罷宴，漢主大醉，弘熙使道庠、思朝等掖漢主，因拉殺之㊟，盡殺其左右。明旦，百官諸王莫敢入宮，越王弘昌帥諸弟臨於寢殿，迎弘熙即皇帝位，更名晟㊟，改元應乾。以弘昌為太尉兼中書令，諸道兵馬都元帥，知政事，循王弘杲為副元帥，參預政事，陳道庠及劉思潮等皆受賞賜甚厚。

㈨閩主曦納金吾使尚保殷之女，【考異】閩錄作尚可殷，今從十國紀年。立為賢妃。妃有殊色，曦嬖之。醉中，妃所欲殺則殺之，所欲宥則宥之。

㈩夏，四月，戊申朔，日有食之。

㈩㈠唐以中書侍郎同平章事李建勳為昭武節度使，鎮撫州㊶。

㈩㈡殷將陳望等攻閩福州㊷，入其西郛，既而敗歸。

㈩㈢五月，殷吏部尚書同平章事潘承祐上書陳十事，大指言兄弟相攻，逆傷天理，一也；賦歛煩重，力役無節，二也；發民為兵，羇旅愁怨㊸，三也；楊思恭奪民衣食，使歸怨於上，羣臣莫敢言㊹，四也；疆土狹隘，多置州縣，增吏困民㊺，五也；除道裹糧，將攻臨汀㊻，曾不憂金陵、錢塘乘虛相襲㊼，六也；括高貲戶財，多者補官，逋負者被刑，七也；延平諸津，征果菜魚米，獲利至微，歛怨甚大㊽，八也；與唐、吳越為鄰，即位以來，未嘗通使，九也；宮室臺榭，崇飾無度，十也。殷王㊾延政大怒，削承祐官爵，勒歸私第。

㈣漢中宗既立，國中議論訩訩(50)，循王弘杲請斬劉思潮等以謝中外，漢主不從。思潮等聞之，譖弘杲謀反，漢主令思潮等伺之。弘杲方宴客，思潮與譚令禋帥衛兵突入，斬弘杲。於是漢主謀盡誅諸弟，以越王弘昌賢而得眾，尤忌之(51)。雄武節度使齊王弘弼(52)自以居大鎮，懼禍，求入朝，許之。

㈤初，閩主曦侍康宗宴(53)，會新羅獻寶劍(54)，康宗舉以示同平章事王倓曰：「此何所施？」倓對曰：「斬為臣不忠者。」時曦已蓄異志，凜然變色，至是宴群臣，復有獻劍者，曦命發倓冢，斬其尸。校書郎陳光逸謂其友曰：「主上失德，亡無日矣！吾欲死諫。」其友止之，不從，上書諫曦大惡五十事。曦怒，命衛士鞭之數百，不死，以繩繫其頸，懸諸庭樹，久之乃絕。

㈥秋，七月，己丑（十三日），詔以年饑，國用不足，分遣使者六十餘人於諸道括民穀。

㈦吳越王弘佐初立，上統軍使闞璠彊戾，排斥異己，弘佐不能制。內牙上都監使章德安數與之爭(55)，右都監使李文慶不附於璠，乙巳（二十九日），貶德安於處州，文慶於睦州，璠與右統軍使胡進思益專橫。璠，明州人(五六)；文慶，睦州人；進思，湖州人也。

(十八)唐主緣烈祖意(五七)，以天雄節度使兼中書令金陵尹燕王景遂為諸道兵馬元帥，徙封齊王，居東宮，天平節度使守侍中東都留守鄂王景達為副元帥，徙封燕王，宣告中外，約以傳位，立長子弘冀為南昌王。景遂、景達固辭，不許。景遂自誓必不敢為嗣，更其字曰退身。

(十九)漢指揮使萬景忻敗張遇賢於循州，遇賢告於神，神曰：「取虔州，則大事可成。」遇賢帥眾踰嶺趣虔州，唐百勝節度使賈匡浩不為備(五八)，遇賢眾十餘萬，攻陷諸縣，再敗州兵，城門晝閉。遇賢作宮室營署於白雲洞(五九)，遣將四出剽掠。匡浩，公鐸之子也(六〇)。

(廿)八月，乙卯（初九日），唐主立弟景逷為保寧王。宋太后怨种夫人，屢欲害景逷(六一)，唐主力保全之。

(廿一)夏州牙內指揮使拓跋崇斌謀作亂，綏州刺史李彝敏將助之，事覺。辛未（二十五日），彝敏棄州，與其弟彝俊等五人奔延州(六二)。

(廿一)九月，尊帝母秦國夫人安氏為皇太妃。妃，代北人也(六三)。帝事太后、太妃甚謹，待諸弟亦友愛(六四)。

(廿二)初，河陽牙將喬榮【考異】漢隱帝實錄作喬熒，陷蕃記作喬瑩，今從晉少帝、漢高祖實錄、景延廣傳、契丹傳。從趙延壽入契丹，契丹以為回圖使(六五)，往來販易於晉，置邸大梁。及契丹與晉有隙，景延廣說帝囚榮於獄，悉取邸中之貨，凡契丹之人販易在晉境者皆殺之，奪其貨。大臣皆言契丹有大功(六六)，不可負。戊子（十三日），釋榮，慰賜而歸之。榮辭延廣，延廣大言曰：「歸語而主，先帝為北朝所立，故稱臣奉表，今上乃中國所立，所以降志於北朝者，正以不敢忘先帝盟約故耳！為隣稱孫足矣，無稱臣之理。北朝皇帝勿信趙延壽誑誘(六七)，輕侮中國，中國士馬，爾所目睹，翁怒則來戰，孫有十萬橫磨劍，足以相待，他日為孫所敗，取笑天下，毋悔也。」榮自以亡失貨財，恐歸獲罪，且欲為異時據驗，乃曰：「公所言頗多，懼有遺忘，願記之紙墨。」延廣命吏書其語以授之，榮具以白契丹主，契丹主大怒，入寇之志始決。晉使如契丹，皆縶之幽州，不得見。桑維翰屢請遜辭以謝契丹，每為延廣所沮。帝以延廣有定策功，故寵冠羣臣，又總宿衞兵，故大臣莫能與之爭。河東節度使劉知遠知延廣必致寇而畏其方用事，不敢言，但益募兵，奏置興捷、武節等十餘軍以備契丹。

㊹甲午（十九日），定難節度使李彝殷奏李彝敏作亂之狀，詔執彝敏送夏州，斬之。

㊺冬，十月，戊申（初三日），立吳國夫人馮氏為皇后。初，高祖愛少弟重胤，養以為子㊳，及留守鄴都，娶副留守安喜馮濛女為其婦㊴。重胤早卒，馮夫人寡居，有美色，帝見而悅之。高祖崩，梓宮在殯，帝遂納之，羣臣皆賀。帝謂馮道等曰：「皇太后之命，與卿等不任大慶。」羣臣出，帝與夫人酣飲，過梓宮前，醊㊵而告曰：「皇太后之命，與先帝不任大慶。」左右失笑㊶。帝亦自笑，顧謂左右曰：「我今日作新壻何如？」夫人與左右皆大笑，太后雖恚，而無如之何。既正位中宮，頗預政事。后兄玉時為禮部郎中鹽鐵判官，帝驟擢用至端明殿學士戶部侍郎，與議政事。

(六六)漢主命韶王弘雅致仕。

(六七)唐主遣洪州營屯都虞候嚴恩將兵討張遇賢，以通事舍人金陵邊鎬為監軍。鎬用虔州人白昌裕為謀主，擊張遇賢，屢破之，遇賢禱於神，神不復言，其徒大懼。昌裕勸鎬伐木開道，出其營後襲之，遇賢棄眾奔別將李臺，臺知神無驗，執遇賢以降，斬於金陵市(七二)。

(六八)十一月，丁亥（十三日），漢主祀南郊，大赦，改元朝和。

(六九)戊子（十四日），吳越王弘佐納妃仰氏，仁詮之女也(七三)。

(七〇)初，高祖以馬三百借平盧節度使楊光遠，景延廣以詔命取之，光遠怒曰：「是疑我也。」密召其子單州刺史承祚。戊戌（二十四日），承祚稱母病，夜開門奔青州(七四)。庚子（二十六日），以左飛龍使金城何超權知單州，遣內班(七五)賜光遠玉帶御馬以安其意。壬寅（二十八日），遣侍衛步軍都指揮使郭謹將兵戍鄆州(七六)。

(七一)唐葬光文肅武孝高皇帝於永陵，廟號烈祖(七七)。

(七二)十二月，乙巳朔，遣左領軍衛將軍蔡行遇將兵戍鄆州。楊光遠遣騎兵入淄州，劫刺史翟進宗歸於青州㊆，甲寅（初十日），徙楊承祚為登州刺史以從其便㊈，光遠益驕，密告契丹以晉主負德違盟，境內大饑，公私困竭，乘此際攻之，一舉可取，趙延壽亦勸之，契丹主乃集山後及盧龍兵合五萬人，使延壽將之㊇，委延壽經略中國，曰：「若得之，當立汝為帝。」又常指延壽謂晉人曰：「此汝主也。」延壽信之，由是為契丹盡力，畫取中國之策，朝廷頗聞其謀。丙辰（十二日），遣使城南樂及德清軍㊇。徵近道兵以備之。

㊂唐侍中周宗年老，恭謹自守，中書令宋齊丘廣樹朋黨，百計傾之㊇。宗泣訴於唐主，唐主由是薄齊丘，既而陳覺被疏，乃出齊丘為鎮海節度使㊇。齊丘忿懟，表乞歸九華舊隱㊇，唐主知其詐，一表即從之，賜書曰：「明日之行，昔時相許，朕實知公，故不奪公志。」仍賜號九華先生，封青陽公，食一縣租稅。齊丘乃治大第於青陽㊇，服御將吏，皆如王公，而憤邑尤甚。

㊃寧州酋長莫彥殊以所部溫那等十八州附於楚，其州無官府，

惟立牌於岡阜，略以恩威羈縻而已(八六)。是歲，春、夏旱，秋、冬水，蝗大起，東自海壖，西距隴坻，南踰江、淮，北抵幽、薊，原野山谷，城郭廬舍皆滿，竹木葉俱盡，重以官括民穀(八七)，使者督責嚴急，至封碓磑(八八)，不留其食，有坐匿穀抵死者，縣令往往以督趣不辦，納印，自劾去，民餒死者數十萬口，流亡不可勝數。於是留守、節度使下至將軍，各獻馬、金、帛、芻、粟以助國，朝廷以恒、定饑甚，獨不括民穀。順國節度使杜威(八九)奏稱軍食不足，請如諸州例，許之。威用判官王緒謀，檢索殆盡，得百萬斛，威止奏三十萬斛，餘皆入其家，令判官李沼稱貸於民，復滿百萬斛，來春糶之，得緡錢二百萬，闔境苦之。定州吏欲援例為奏(九〇)，義武節度使馬全節不許，曰：「吾為觀察使，職在養民(九一)，豈忍效彼所為乎？」

(九二)楚地多產金銀，茶利尤厚，由是財貨豐殖，而楚王希範奢欲無厭，喜自誇大，為長槍大槊，飾之以金，可執而不可用，募富民年少肥澤者八千人為銀槍都。宮室園囿，服用之物，務窮侈靡。

作九龍殿，刻沈香為八龍，飾以金寶，長十餘丈，抱柱相向，希範居其中，自為一龍，其襆頭腳㊈㊁，長丈餘，以象龍角。用度不足，重為賦斂，每遣使者行田，專以增頃畝為功，民不勝租賦而逃。王曰：「但令田在，何憂無穀㊈㊂？」命營田使鄧懿文籍逃田，募民耕藝出租，民捨故從新，僅能自存，自西徂東，各失其業。又聽人入財拜官，以財多少為官高卑之差，富商大賈，布在列位，外官還者，必責貢獻，民有罪則富者輸財，強者為兵，惟貧弱受刑。又置函，使人投匿名書相告訐，至有滅族者。

是歲，用孔目官周陟議，令常稅之外，大縣貢米二千斛，中千斛，小七百斛㊈㊃，無米者輸布帛。天策學士拓跋恒上書曰：「殿下長深宮之中，藉已成之業，身不知稼穡之勞，耳不聞鼓鼙之音，馳騁遨游，雕牆玉食㊈㊄，府庫盡矣而浮費益甚，百姓困矣而厚斂不息。今淮南為仇讎之國，番禺懷吞噬之志，荊渚日圖窺伺，溪洞待我姑息㊈㊅。諺云：『足寒傷心，民怨傷國。』願罷輸米之令，誅周陟以謝郡縣，去不急之務，減興作之役，無令一旦禍敗，為四方所笑。」王大怒。他日，恒請見，辭以晝寢。恒謂客將區弘練曰：「王逞欲而愎諫(九七)，吾見其千口飄零無日矣(九八)！」王益怒，遂終身不復見之。

(九六)閩王曦嫁其女，取班簿(九九)閱視之，朝士有不賀者十二人，皆杖之於朝堂。以御史中丞劉贊不舉劾，亦將杖之，贊義不受辱，欲自殺。諫議大夫鄭元弼諫曰：「古者刑不上大夫(一〇〇)，中丞儀刑(一〇一)百僚，豈宜加之箠楚？」曦正色曰：「卿欲效魏徵邪？」元弼曰：「臣以陛下為唐太宗，故敢効魏徵。」曦怒稍解，乃釋贊，贊竟以憂卒。

【今註】(一)齊王：即少帝也，諱重貴，高祖兄敬儒之子。(二)敬全，宦者也，引前蜀王承休為比而命之：援前蜀王承休帥秦州事為例命田敬全領節鎮也。前蜀主王衍使宦者王承休帥秦州見卷二百七十三唐莊宗同光二年。(三)二月己未，發鄴都，乙丑，至東京：東京，汴京也。高祖既殂，帝即位於鄴都大內保昌殿柩前，至是始還汴。(四)唐宣城王景達剛毅開爽，烈祖愛之：唐主昪廟號烈祖，《通鑑》因其國史舊文而書之。(五)棲霞常為人奏章：胡三省曰：「道士率奏章，自謂上達於天。」(六)晟，山東鄙儒：孫晟，密州高密縣人也，南奔見卷二百七十六唐明宗天成二年。(七)吾餌金石：謂服方士史守沖所獻丹方。㊇是夕殂：《五代史記・南唐世家》，昪殂，年五十六。㊈貽業，蔚之從曾孫也：李蔚，唐僖宗乾符中為相。⑩丙子，始宣遺制：唐主昪以庚午殂，至丙子，歷七日始發喪。⑪卞急：躁急也。《左傳》曰：「邾莊公卞急而好潔。」⑫自烈祖相吳，禁壓良為賤：胡三省曰：「買良人子女為奴婢，謂之壓良為賤，律之所禁也。」⑬大行：自漢以來，天子初崩，未有謚號，率稱曰大行皇帝。⑭東都判官：東都留守府判官也。唐以江都為東都。⑮府金：藏府之金以供私費者。⑯齊王命取先帝時留中章奏千餘道：留中者，謂留章奏於禁中，不付外施行也。⑰以將樂縣為鏞州：《唐書・地理志》，唐高祖武德五年，析邵武縣置將樂縣，隸撫州，七年，省，睿宗垂拱四年，復析邵武及故綏城縣地置將樂縣，憲宗元和三年，省，五年復置，即今福建省將樂縣，王延政立鏞州於此。⑱延平鎮為鐔州：《五代史記・職方攷》，南唐李景割建州之延平、劍浦、富沙三縣置劍州，治延平，即今福建省延平縣。按《唐書・地理志》，建州無延平縣，蓋王延政立鐔州於延平鎮，幷立延平縣為州治耳。胡三省曰：「鐔州，今之南劍州是也。吳分建安置南平縣，晉改為延平縣，閩王審知立延平鎮，王延政置鐔州，南唐改劍州，取寶劍化龍於延平津以立州也。宋朝混一，始加南字，以別蜀之劍州。」⑲建陽：《唐書・地理志》，唐高祖武德四年，置建陽縣，八年，省入建安，睿宗垂拱四年，復置建陽縣，屬建州，即今福建省建陽縣。按建陽，本漢治縣地，三國吳置建平縣，晉改曰建陽，隋省，唐復置也。宋白《續通典》曰：「晉太元四年，改建平為建陽縣，因山之陽為名。」
⑳倍征：就其常稅加倍而征之。㉑以晉昌節度使兼侍中桑維翰為侍中：晉昌軍，雍州也。桑維翰先

以節鎮兼侍中，今入朝正授門下省長官。㉒唐元宗即位：唐元宗本名景通，後改名景，南唐烈祖昪之長子也。㉓秘書郎韓熙載請俟踰年改元：胡三省曰：「古者人君即位，踰年而後改元，不忍遽改父之道也。」㉔尊皇后曰皇太后：后謂唐烈祖後宋氏。㉕唐主未聽政：以居喪，未御正殿聽政。㉖書記有常職：謂但按常職而行，不必屢入白事也。馮延己時為齊王元帥府掌書記，故稱之。㉗奉化節度使：《元豐九域志》，南唐置奉化軍於江州。㉘初，唐主為齊王，知政事：晉高祖天福三年，唐烈祖徙吳王璟為齊王，遂知唐政，見卷二百八十一。㉙終以諒直多之：諒，信也。以常夢錫為貞諒鯁直之臣而多之。㉚遷客：以罪左遷貶降外州者，其州人謂之遷客。㉛上蔡：《舊唐書・地理志》，上蔡縣，唐屬蔡州。按上蔡，本故蔡國，其後平侯徙新蔡，遂以此為上蔡邑，漢為侯國，尋置縣，故城在今河南省上蔡縣西，南朝宋徙上蔡縣治懸瓠城，即今河南省汝南縣，隋復徙治今河南省上蔡縣，歷代因之。㉜休寧：《舊唐書・地理志》，三國吳分歙縣置休陽縣，後改為海陽縣，晉武帝改為海寧縣，隋改為休寧縣，唐屬歙州。《元豐九域志》，休寧縣在歙州西六十六里，即今安徽省休寧縣。㉝查文徽：胡三省曰：「查，姓也。何承天姓苑已有此姓，則江南之有查姓舊矣！」㉞勤政殿學士：胡三省曰：「勤政殿學士，蓋唐烈祖所置，猶中朝之端明殿學士也。」㉟遽躋通顯：中書舍人掌知制誥，與翰林學士幷稱兩制，位任通顯。㊱岑即暴揚覺過惡：暴，顯也，顯露其過惡而宣揚之。㊲羣臣宗室，皆露索然後入：露索者，露裸其體而搜索之，恐其挾懷兵刃以圖己也。㊳晉府：晉王弘熙所居府第。㊴漢主大醉，弘熙使道庠、思朝等掖漢主，因拉殺之：因扶掖拉其脅而殺之。《五代史記・南漢世家》，玢立二年，年二十四，謚曰殤。㊵迎弘熙即皇帝位，更名晟：《五代史記・南漢世家》，晟，漢主玢之弟也。㊶唐以中書侍郎同平章事李建勳為昭武節度使，鎮撫州：《元豐九域志》，吳置昭武軍於撫州。㊷殷將陳望等攻閩福州：是年二月，閩主曦弟王延政稱帝於建州，國號殷。㊸發民為兵，羇旅愁怨：胡三省曰：「民為兵則疲於征戍，羇旅異鄉不得返其桑梓，故愁怨。」㊹楊思恭奪民衣食，使婦怨於上，羣臣莫敢言：楊思恭以聚斂得幸於殷主，見上三月。㊺疆土狹隘，多置州縣，增吏困民：謂置鏞州於將樂，鐔州於延平也，亦見上三月。㊻將攻臨汀：《元豐九域志》，延平西至臨汀八百里。臨汀即汀州也。《舊唐書・地理志》，唐玄宗開元二十四年，開福、撫二州山洞置汀州，天寶元年，改為臨汀郡，肅宗乾元元年，復為汀州。㊼曾不憂金陵、錢塘乘虛相襲：金陵，南唐所都，錢塘，吳越所都。胡三省曰：「唐兵自撫、信可以襲建州，吳越兵自婺、衢可以襲建州。」㊽延平諸津，征果菜魚米，獲利至微：斂怨甚大：楊思恭倍征魚鹽蔬果之稅亦見上三月。㊾殷王：殷王當作殷主。㊿漢中宗既立，國中議論詾詾：言其弒兄而自立也。漢主晟廟號中宗。(51)以越王弘昌賢而得眾，尤忌之：越王弘昌以孝謹有識為諸兄所忌始上年四月。(52)雄武節度使齊王弘弼：胡三省曰：「詳考本末，雄武當作建武，建武軍邕州。」(53)閩主曦侍康宗宴：閩主昶廟號康宗。(54)會新羅獻寶劍：《五代會要》，新羅於後唐時數使中國，自晉以後不復至。其國北鄰高麗，西接百濟，南、東俱限大海，故得自海路通使於閩。(55)內牙上都監使章德安數與之爭：章德安受吳越王元瓘托孤之寄，見上卷高祖天福六年。(56)璠，明州人：胡三省曰：「今明州猶祀闞璠，謂之闞相公廟。」(五七)唐主緣烈祖意：緣，因也。(五八)遇賢帥眾踰嶺趣虔州，唐百勝節度使賈匡浩不為備：胡三省曰：「梁以百勝節度使命盧光稠，淮南楊氏既幷虔州，因而不改。」按《五代史記・盧光稠傳》，梁太祖置百勝軍防禦使於虔州以命盧光稠，又《五代會要》，後唐明宗長興二年，升虔州為昭信軍節度，蓋南唐改百勝軍節度耳。(五九)遇賢作宮室營署於白雲洞：白雲洞一名白雲嶂，又名白雲堆，在今江西省雲都縣西四十里。(六〇)匡浩，公鐸之子也：賈公鐸見卷二百六十唐昭宗乾寧三年。(六一)宋太后怨种夫人，屢欲害景暘：种夫人謀立景暘見是年二月，故宋太后怨之。(六二)彝敏棄州，與其弟彝俊等五人奔延州：趙珣《聚米圖經》，綏州南至延州界三百四十里。(六三)尊帝母秦國夫人安氏為皇太妃，妃，代北人也：《五代史記・晉家人傳》，安太妃，代北人也，不知其家世，為敬儒妻，生少帝，封秦國夫人，少帝立，尊為皇太妃。(六四)帝事太后、太妃甚謹，待諸弟亦友愛：葉隆禮《契丹國志》，遼太宗滅晉，降封少帝負義侯，遷於黃龍府，使人謂太后曰：「吾聞爾子重貴不從母教而至於此，可求自便，勿與俱行。」太后曰：「重貴事妾甚謹，所失者違先君之志，絕兩國之歡。然重貴此去幸蒙大惠，全身保家，母不隨子，欲何所歸？」於是太后與少帝后馮氏、皇弟重睿、子延煦、延寶舉族從晉侯而北。按《五代史》，高祖七子，重允、重英、重信、重乂、重進、重杲、重睿，時惟重睿在焉，而帝，高祖兄敬儒之子也，亦無兄弟見於史。(六五)回圖使：胡三省曰：「凡外國與中國貿易者置回圖務，猶今之回易場也。」按《五代史記》、《契丹國志》俱作回國使。(六六)大臣皆吾契丹有大功：契丹救解晉陽之圍，又有立高祖之功。(六七)北朝皇帝勿信趙延壽誑誘：趙延壽說契丹擊晉見上年。(六八)初，高祖愛少弟重胤，養以為子：《五代史記・晉家人傳》，晉氏始出夷狄，其宗室次序本末不能究。重胤，高祖弟也，不知其為親疏，然高祖愛之，養以為子，故於名加重而下齒諸子。(六九)娶副留守安喜馮濛女為其婦：《五代史記・晉家人傳》，少帝皇后馮氏，定州人也，父濛，為州進奏吏，居京師，以巧佞為安重誨所喜，以為鄴都副留守，高祖留守鄴都，得濛，歡甚，乃為重胤娶濛女，後封吳國夫人。《舊唐書・地理志》，安喜縣，漢中山國盧奴縣，慕容垂改為不連，北齊改為安喜，隋改為鮮虞縣，唐高祖武德四年，復曰安喜，為定州治所，即今河北省定縣。(七〇)酘：祭時以酒酹地也。(七一)失笑：胡三省曰：「不覺發笑為失笑。」(七二)台知神無驗，執遇賢以降，斬於金陵市：張遇賢自去年七月作亂於循州，自漢境入唐，至是而亡。(七三)吳越王弘佐納妃仰氏，仁銓之女也：仰仁銓見任於吳越王元瓘之世。(七四)夜開門奔青州：青州平盧軍。(七五)內班：胡三省曰：「內班，蓋宦者也。」(七六)遣侍衞步軍都指揮使郭謹將兵戍鄆州：鄆州天平軍。胡三省曰：「戍鄆州以防河津，使光遠不得與契丹交通也。」(七七)唐葬光文肅武孝高皇帝於永陵，廟號烈祖：唐烈祖殂於是年二月，至是葬於永陵。徐鉉曰：「烈祖少長喪亂，知人艱苦，故不以富貴自處，唯務節儉，身為宰相，事養父母如禮，飲食皆親侍，或遇疾，不解帶。溫常責諸子曰：『汝輩能如是乎？』及建號，即金陵使府為宮，唯加鴟尾、欄檻而已，終不改作。接見親族，如家人禮，尊長者親拜之。晚年服金石藥，性多躁怒，百司奏事，必至厲聲呵責，羣臣或正色抗辭以對，事理明白，必斂容慰勉之，旬日之後，多有恩澤，故人思盡力決死。刑用三覆三奏之法，文武亡歿，子孫隨才以敘，不限資蔭，或營其婚嫁，幼未堪任與其無嗣者，內帑以給之，有親老者倍其數，死王事者下至卒伍，皆三年給其全俸，故士無貴賤，悉亡身外之憂。」〔七八〕楊光遠遣騎兵入淄州，劫刺史翟進宗歸於青州：淄州，平盧軍巡屬也。《元豐九域志》，青州西南至淄州一百二十里。〔七九〕徙楊承祚為登州刺史以從其便：《五代史・晉少帝紀》作登州刺史，〈楊光遠傳〉作淄州刺史，登州亦平盧軍巡屬也。〔八〇〕契丹主乃集山後及盧龍兵合五萬人，使延壽將之：山後謂媯、檀、雲、應諸州，盧龍，幽州軍號也，皆晉祖初立時割與契丹者，契丹使趙延壽將之以伐中國，蓋取以漢制漢之策。〔八一〕遣使城南樂及德清軍：南樂縣即唐魏州之昌樂縣，後唐避李國昌諱改曰南樂。《五代史記・職方攷》曰：「澶州頓丘，晉置德清軍。」宋白《續通典》曰：「置德清軍本舊澶州地，晉天福三年，移澶州於德勝塞，乃於舊澶州置頓丘鎮，取縣為名，至四年，改鎮為德清軍。開運元年，移德清軍於陸家店，在新澶州之北七十里。」〔八二〕唐侍中周宗年老，恭謹自守，中書令宋齊丘廣樹朋黨，百計傾之：宋齊丘以周宗首發禪代之謀而與之有隙，故百計傾軋之，事始卷二百八十晉高祖天福元年。〔八三〕既而陳覺被疏，乃出齊丘為鎮海節度使：陳覺，宋齊丘之黨也，為唐主所親任，覺既疏而齊丘出。〔八四〕齊丘忿懟，表乞歸九華舊隱：宋齊丘舊隱居九華山，見卷二百七十七唐明宗長興二年。〔八五〕青陽：《舊唐書・地理志》，唐玄宗天寶元年，分涇陽、南陵、秋浦三縣置青陽縣，治古臨城，屬池州，即今安徽省青陽縣。宋白《續通典》，青陽縣在青山之陽，故以為名。〔八六〕寧州酋長莫彥殊以所部溫那等十八州附於楚，其州無官府，惟立牌於岡阜，略以恩威羈縻而已：《五代史記・楚世家》作南寧州。《唐書・地理志》，諸蠻州皆無城邑，椎髻皮服，惟來集於都督府則衣冠如華人焉。又南寧州，本漢夜郎地，唐高祖武德元年開南中，因故同樂縣置為南寧州，玄宗天寶末，沒於蠻，唐末，復置州於清溪鎮，去黔州二十九日行，其地今闕，當在今四川省舊敘州府境。(八七)重以官括民穀：是歲秋七月，詔以年饑，國用不足，分遣使者六十餘人於諸道括民穀。(八八)至封碓磑：碓所以舂穀，磑所以磨粉，禁民匿穀，故封之。(八九)順國節度使杜威：杜威即杜重威，帝即位，避諱去重字，止稱威。《五代會要》，晉天福七年正月，改成德軍為順國軍，天福十二年八月，復為成德軍。(九〇)定州吏欲援例為奏：援恒州例奏請括民穀也。(九一)吾為觀察使，職在養民：盛唐之制，觀察使掌民，節度使掌兵，其後節度使權大，兼掌兵、民之政，猶盛唐觀察使之職也。(九二)襆頭腳：襆當作纀，或作纀。《唐書‧輿服志》，襆頭起於後周，便武事者也。胡三省曰：「後周武帝製襆頭，裁幅巾，出四腳，至今人服用之。唐人其腳向上，至宋太祖始為放腳。」(九三)但令田在，何憂無穀：謂但令田在，則不憂無人耕也。(九四)中千斛，小七百斛：中縣貢米千斛，小縣七百斛。(九五)玉食：張晏曰：「玉食，珍食也。」韋昭曰：「諸侯備珍異之食。」王先謙曰：「玉讀為畜，畜、好聲之緩急。孟子畜君者好君也，凡經言玉女、玉色皆為好，後人忽之。」(九六)今淮南為仇讎之國，番禺懷吞噬之心，荊渚日圖窺伺，溪洞待我姑息：淮南謂唐，番禺謂漢，荊渚謂荊南高氏，溪洞謂莫彥殊諸洞蠻。《五代史記‧楚世家》，時南寧州酋長莫彥殊率其本部十八州，都雲酋長尹懷昌率其昆明等十二部，牂牁張萬濬率其夷、播等七州皆附於楚。姑息，謂苟容取安而無遠圖也。(九七)愎諫：《左傳》慶鄭曰：「愎諫違卜，固敗是求。」愎，很戾也，言任性而行，不聽諫言也。(九八)吾見其千口飄零無日矣：言行見其禍敗也。胡三省曰：「人多謂闔家之人曰百口，今曰千口者，以其諸侯，盛言之。」㊈班簿：記載朝班名員之簿籍。㊉古者刑不上大夫：《禮記・曲禮》之言。㊀儀刑：猶曰軌範法式也。《詩・大雅・文王》：「儀刑文王，萬邦作孚。」

開運元年㈠（西元九四四年）

㈠春，正月，乙亥（初二日），邊藩馳告契丹前鋒將趙延壽、趙延照將兵五萬入寇，逼貝州㈡。延照，思溫之子也㈢。

先是朝廷以貝州水陸要衝，多聚芻粟，為大軍數年之儲，以備契丹。軍校邵珂性凶悖，永清節度使王令溫黜之㈣，珂怨望，密遣人亡入契丹，言貝州粟多而兵弱，易取也。會令溫入朝，執政以前復州防禦使吳巒權知州事㈤，巒至，推誠撫士，會契丹入寇，巒書生，無爪牙，珂自請願効死，巒使將兵守南門，巒自守東門，契丹主自攻貝州，巒悉力拒之，燒其攻具殆盡。己卯（初六日），契丹復攻城，珂引契丹自南門入，巒赴井死，契丹遂陷貝州，所殺且萬人。庚辰（初七日），以歸德節度使高行周為北面行營都部署，以河陽節度使苻彥卿㈥為馬軍左廂排陳使，以右神武統軍皇甫遇為馬軍右廂排陳使，以陝府節度使王周為步軍左廂排陳使，以左羽林將軍潘環為步軍右廂排陳使。

㈡太原奏契丹入鴈門關㈦，恒、邢、滄皆奏契丹入寇。

㈢成德節度使杜威㈧遣幕僚曹光裔詣楊光遠，為陳禍福，光遠遣光裔入奏，稱承祚逃歸，母疾故爾㈨，既蒙恩宥，闔族荷恩。朝廷信其言，遣使與光裔復往慰諭之。

㈣唐以侍中周宗為鎮南節度使、左僕射兼門下侍郎、同平章事，張居詠為鎮海節度使。

㈤唐主決欲傳位於齊、燕二王㈩，翰林學士馮延己等因之欲隔絕中外以擅權，辛巳（初八日），敕齊王景遂參決庶政，百官惟樞密副使魏岑、查文徽得白事，餘非召對不得見，國人大駭。給事中蕭儼上疏極論，不報。【考異】江南錄，此敕在去年十二月，今從十國紀年。紀年云宋齊丘上疏，今從江南錄。侍衛都虞候賈崇叩閤求見曰：「臣事先帝三十年，觀其延接疏遠，孜孜不怠，下情猶有不通者。陛下新即位，所任者何人，而頓與羣臣謝絕？臣老矣，不復得奏顏色。」因涕泗嗚咽㈡。唐主感悟，遽收前敕。

唐主於宮中作高樓，召侍臣觀之，眾皆歎美，蕭儼曰：「恨樓下無井。」唐主問其故，對曰：「以此不及景陽樓耳㈢！」唐主怒，貶於舒州。觀察使孫晟遣兵防之，儼曰：「儼以諫諍得罪，非有他志，昔顧命之際，君幾危社稷㈢，其罪顧不重於儼乎？今日反見防邪？」晟慙懼，遽罷之。

㈥帝遣使持書遺契丹，契丹已屯鄴都㈣，不得通而返。壬午（初九日），以侍衛馬步都指揮使景延廣為御營使，前靜難節度使李周為東京留守。

是日，高行周以前軍先發。時用兵方略號令，皆出延廣，宰相以下，皆無所預。延廣乘勢使氣，陵侮諸將，雖天子亦不能制。乙酉（十二日），帝發東京。丁亥（十四日），滑州奏契丹至黎陽㈤。戊子（十五日），帝至澶州㈥。契丹主屯元城，趙延壽屯南樂，以延壽為魏博節度使，封魏王㈦。

契丹寇太原，劉知遠與白承福合兵二萬擊之。甲午（二十一日），以知遠為幽州道行營招討使，杜威為副使，馬全節為都虞候。丙申（二十三日），遣右武衛上將軍張彥澤等將兵拒契丹於黎陽。

㈦戊戌（二十五日），蜀主復以將相遙領節度使㊅。

㈧帝復遣譯者孟守忠致書於契丹，求修舊好。契丹主復書曰：「已成之勢，不可改也。」辛丑（二十八日），太原奏破契丹偉王於秀容㊈，斬首三千級，契丹自雅鳴谷遁去㊉。

㈨殷鑄天德寶通大鐵錢，一當百。

㈩唐主遣使遺閩主曦及殷主延政書，責以兄弟尋戈㊁，曦復書引周公誅管、蔡，唐太宗誅建成、元吉為比，延政復書斥唐主奪楊氏國，唐主怒，遂與殷絕。

天平節度副使知鄆州顏衎遣觀察判官竇儀奏博州刺史周儒以城降契丹㊂，又與楊光遠通使往還，引契丹自馬家口濟河，擒左武衛將軍蔡行遇㊃。儀謂景延廣曰：「虜若濟河與光遠合，則河南危矣！」延廣然之。儀，薊州人也。

【今註】㊀開運元年：是年七月朔始改元。㊁邊藩馳告契丹前鋒將趙延壽、趙延照將兵五萬入寇，逼貝州：邊藩，邊鎮也。《五代史・晉少帝紀》，時滄、恆、貝、鄴馳告契丹前鋒趙延壽、趙延昭引五萬騎入寇，將及甘陵，青州楊光遠召之也。《遼史・太宗紀》亦作趙延昭。㊂延照，思溫之子也：趙思溫本隸燕帥劉仁恭幕，後沒於契丹。㊃軍校邵柯性凶悖，永清節度使王令溫黜之：軍校，貝州軍校也，時置永清軍於貝州。㊄會令溫入朝，執政以前復州防禦使吳巒權知州事：《五代史・吳巒傳》，高祖天福初，巒以守雲州拒契丹功召歸授徐州節度使，再遷右諫議大夫，為復州防禦使，數年，罷歸，至是執政者以巒雲中之難有善守之功，遂令巒往貝州權知軍、州事。㊅河陽節度使苻彥卿：彥卿，後唐苻存審之子也，苻當作符。㊆鴈門關：鴈門關在今山西省代縣西北三十里，一名西陘關。《代州志》，鴈門關兩山夾峙，形勢雄勝，即句注故道，自古為戍守重地，與寧武、偏頭為山西三關，所謂外三關也。㊇成德節度使杜威：時改成德軍為順國軍，史以舊軍名書之也。㊈光遠遣光裔入奏，稱承祚逃歸，母疾故爾：楊承祚自單州逃歸青州，見去年十一月。言承祚以母疾省母而歸，非有他故。㊉唐主決欲傳位於齊、燕二王：唐主傳弟之議始於去年七月。⑪涕泗嗚咽：〈陳風・澤陂〉之詩云：「涕泗滂沱。」注云：「自目曰涕，自鼻曰泗。」嗚咽，啜泣貌。⑫以此不及景陽樓耳：胡三省曰：「陳後主起景陽樓，隋兵至，自投於樓下井中，蕭儼引亡國以諫也。」⑬昔顧命之際，君幾危社稷：謂孫晟欲令太后臨朝稱制也，見上天福八年。㈣契丹已屯鄴都：《五代史・晉少帝紀》，時契丹主以鐵騎三四萬建牙帳於元城。元城治鄴都郭下。㈤滑州奏契丹至黎陽：黎陽津即白馬津也，在大河北岸，與滑州隔大河相對，故奏其事。㈥帝至澶州：澶州時治德勝渡。㈦以延壽為魏博節度使，封魏王：自燕王改封魏王。此契丹主所命也。㈧蜀主復以將相遙領節度使：蜀罷將相領節鎮見卷二百八十二高祖天福六年。㈨秀容：《舊唐書・地理志》，秀容縣，漢汾陽縣地，隋朝自秀容故城移於此，因改為秀容縣，唐為忻州治，即今山西省忻縣。㈩契丹自雅鳴谷遁去：胡三省曰：「自雅鳴谷出潞州東與契丹主大軍合。」㈪兄弟尋戈：《左傳》鄭子產曰：「昔高辛氏有二子，伯曰閼伯，季曰實沈，居於曠林，不相能也，日尋干戈，以相征討。」㈫天平節度副使知鄆州顏衎遣觀察判官竇儀奏博州刺史周儒以城降契丹：唐自中葉以來，節度使兼掌兵民之政，率兼觀察使，觀察判官亦其屬吏也。天平軍治鄆州，衎以副使兼知鄆州事。《元豐九域志》，鄆州西北至博州一百七十里。㈬引契丹自馬家口濟河，擒左武衞將軍蔡行遇：遣蔡行遇戍鄆州見去年十二月。馬家口，博州東岸也，在今山東省東平縣西北，亦名清口戍，其西南為鄒家口，又西即東阿縣之楊劉鎮，唐莊宗同光初，明宗取鄆州，梁將王彥章攻楊劉，扼河津以絕援兵，明宗遣使築壘於馬家口以通鄆州之路，即此，見卷二百七十二。

卷二百八十四　後晉紀五

司馬光編集
林瑞翰註

起閼逢執徐二月盡旃蒙大荒落七月，凡一年有奇。（甲辰至乙巳，西元四九四年二月至西元四九五年七月）

齊王中

開運元年（西元四九四年）

㈠二月，甲辰朔，命前保義節度使石贇守麻家口，前威勝節度使何重建守楊劉鎮，護聖都指揮使白再榮守馬家口，西京留守安彥威守河陽㊀。未幾，周儒引契丹將麻答自馬家口濟河，營於東岸，攻鄆州北津以應楊光遠。麻答，契丹主之從弟也。

乙巳（初二日），遣侍衛馬軍都揮使義成節度使李守貞、神武統軍皇甫遇、陳州防禦使梁漢璋、懷州刺史薛懷讓將兵萬人，緣河水陸俱進。守貞，河陽；漢璋，應州；懷讓，太原人也。

丙午（初三日），契丹圍高行周、符彥卿及先鋒指揮使石公霸於戚城㈡。先是景延廣令諸將分地而守，無得相救，行周等告急，延廣徐白帝，帝自將救之，契丹解去㈢。三將泣訴救兵之緩，幾不免。

戊申（初五日），李守貞等至馬家口，契丹遣步卒萬人築壘，散騎兵於其外，餘兵數萬屯河西㈣，船數千艘㈤，度兵未已，晉兵薄之，契丹騎兵退走，晉兵進攻其壘，拔之，契丹大敗，乘馬赴河，溺死者數千人，俘斬亦數千人，河西之兵，慟哭而去，由是不敢復東㈥。

㈡辛亥（初八日），定難節度使李彝殷奏將兵四萬自麟州濟河侵契丹之境㈦，壬子（初九日），以彝殷為契丹西南面招討使。

初，契丹主得貝州、博州，皆撫慰其人，或拜官賜服章，及敗於戚城及馬家口，忿恚，所得民皆殺之，得軍士燔炙之，由是晉人憤怒，戮力爭奮。

楊光遠將青州兵欲西會契丹，戊午（十五日），詔石贇分兵屯鄆州以備之㈧。詔劉知遠將部兵自土門㈨出恒州擊契丹，又詔會杜威、馬全節於邢州。知遠引兵屯樂平㈩，不進。

㈢帝居喪期年，即於宮中奏細聲女樂㈡，及出師，常令左右奏三弦琵琶，和以羌笛，擊鼓歌舞，曰：「此非樂也。」庚申（十七日），百官表請聽樂，詔不許。

㈣壬戌（十九日），楊光遠圍棣州㈢，刺史李瓊出兵擊敗之，光遠燒營走還青州。癸亥（二十日），以前威勝節度使何重建為東面馬步都部署，將兵屯鄆州。

㈤階州義軍指揮使王君懷帥所部千餘人叛降蜀，請為鄉道以取階、成㈢，甲子（二十一日），蜀人攻階州。

㈥契丹偽棄元城去，伏精騎於古頓丘城㈣，以俟晉軍與恒、定之兵合而擊之㈤。鄴都留守張從恩屢奏虜已遁去，大軍欲進追之，會霖雨而止。契丹設伏旬日，人馬飢疲，趙延壽曰：「晉軍悉在河上，畏我鋒銳，必不敢前，不如即其城下，四合攻之，奪其浮梁㈥，則天下定矣！」契丹主從之。三月，癸酉朔，自將兵十餘萬陳於澶州城北，東西橫掩城之兩隅，登城望之，不見其際。高行周前軍在戚城之南，與契丹戰，自午至晡，互有勝負，契丹主以精兵當中軍而來，帝亦出陳以待之。契丹主望見晉軍之盛，謂左右曰：「楊光遠言晉兵半已餒死㉗，今何其多也？」以精騎左右略陳，晉軍不動，萬弩齊發，飛矢蔽地，契丹稍却。又攻晉陳之東偏，不克，苦戰至暮，兩軍死者不可勝數。昏後，契丹引去，營於三十里之外㉘。乙亥（初三日），契丹主帳中小校竊其馬亡來，云契丹已傳木書，收軍北去㉙，景延廣疑其詐，閉壁不敢追。

㈦漢主命中書令都元帥越王弘昌謁烈宗陵於海曲㉚，至昌華宮，使盜殺之。

㈧契丹主自澶州北分為兩軍，一出滄、德，一出深、冀而歸。所過焚掠，方廣千里，民物殆盡，留趙延照為貝州留後。麻答陷德州，擒刺史尹居璠。

㈨閩拱宸都指揮使朱文進、閤門使連重遇既弒康宗㉛，常懼國人之討，相與結昏以自固。閩主曦果於誅殺，嘗游西園，因醉殺控鶴指揮使魏從朗，從朗，朱、連之黨也，又嘗酒酣，誦白居易詩云：「惟有人心相對間，咫尺之情不能料。」因舉酒屬二人，二人起，流涕再拜，曰：「臣子事君父，安有它志？」曦不應，二人大懼。

李后妒尚賢妃之寵，欲弒曦而立其子亞澄㉒，使人告二人曰：「主上殊不平於二公，奈何？」會后父李真有疾。乙酉（十三日），曦如真第問疾，文進、重遇使拱宸馬步使錢達弒曦於馬上，召百官集朝堂，告之曰：「太祖昭武皇帝㉓光啓閩國，今子孫淫虐，荒墜厥緒㉔，天厭王氏，宜更擇有德者立之。」眾莫敢言，重遇乃推文進，升殿被衮冕，帥羣臣北面再拜稱臣。文進自稱閩王，悉收王氏宗族延喜以下少長五十餘人，皆殺之㉕。葬閩主曦，謚曰睿文廣武明聖元德隆道大孝皇帝，廟號景宗。以重遇總六軍，禮部尚書判三司鄭元弼抗辭不屈，黜歸田里，將奔建州㉖，文進殺之。文進下令出宮人，罷營造，以反曦之政。

殷主延政遣統軍使吳成義將兵討文進，不克。文進加樞密使鮑思潤同平章事，以羽林統軍使黃紹頗為泉州刺史，左軍使程文緯為漳州刺史，汀州刺史同安㉗許文稹舉郡降之。

㈩丁亥（十五日），詔太原、恒、定兵各還本鎮㉘。

㈩辛卯（十九日），馬全節攻契丹泰州㉙，拔之。

㈩敕天下籍鄉兵，每七戶共出兵械資一卒㉚。

㈩秦州兵救階州，出黃階嶺，敗蜀兵於西平。

㈩漢以戶部侍郎陳偓同平章事。

㈩夏，四月，丁未（初五日），緣河巡檢使梁進以鄉社兵復取德州㉛，己酉（初七日），命歸德節度使高行周、保義節度使王周留鎮澶州。庚戌（初八日），帝發澶州，甲寅（十二日），至大梁。侍衛馬步都指揮使天平節度使同平章事景延廣既為上下所惡㉜，帝亦憚其不遜難制，桑維翰引其不救戚城之罪㉝，辛酉（十九日），加延廣兼侍中，出為西京留守㉞。以歸德節度使兼侍中高行周為侍衛馬步都指揮使。延廣鬱鬱不得志㉟，見契丹彊盛，始憂國破身危㊱，遂日夜縱酒。

朝廷因契丹入寇，國用愈竭，復遣使者三十六人分道括率民財，各封劍以授之㊲。使者多從吏卒，攜鎖械刀杖，入民家，小大驚懼，求死無地，州縣吏復因緣為姦。河南府出緡錢二十萬，景延廣率三十七萬㊳，留守判官盧億言於延廣曰：「公位兼將相，富貴極矣，今國家不幸，府庫空竭，不得已取於民，公何忍復因而求利，為子孫之累乎？」延廣慙而止。

先是詔以楊光遠叛，命兖州脩守備㊴，泰寧節度使安審信㊵以治樓堞為名，率民財以實私藏。大理卿張仁愿為括率使，至兖州，賦緡錢十萬，值審信不在㊶，拘其守藏吏，指取錢一囷，已滿其數。

㈥戊寅（五月初七日），命侍衞馬步軍都虞候泰寧節度使李守貞將步騎二萬討楊光遠於青州㊷，又遣神武統軍洛陽潘環及張彥澤等將兵屯澶州以備契丹。契丹遣兵救青州，齊州防禦使堂陽㊸薛可言邀擊，敗之。

㈦丙戌（十五日），詔諸州所籍鄉兵號武定軍，凡得七萬餘人。時兵荒之餘，復有此擾，民不聊生。

㈧丁亥（十六日），鄴都留守張從恩上言趙延照雖據貝州，麾下兵皆久客思歸，宜速進軍攻之。詔以從恩為貝州行營都部署，督諸將擊之。辛卯（二十日），從恩奏趙延照縱火大掠，棄城而遁，屯於瀛、莫，阻水自固㊹。

(十九)朱文進遣使如唐，唐主囚其使，將伐之㊺，會天暑疾疫而止。

(二十)六月，辛丑（朔），官軍拔淄州，斬其刺史劉翰㊻。

(廿一)太尉侍中馮道雖為首相㊼，依違兩可，無所操決。或謂帝曰：「馮道，承平之良相，今艱難之際，譬如使禪僧飛鷹耳㊽！」癸卯（初三日），以道為匡國節度使兼侍中㊾。

(廿二)乙巳（初五日），漢主幽齊王弘弼於私第。

(廿三)或謂帝曰：「陛下欲禦北狄，安天下，非桑維翰不可㊿。」丙午（初六日），復置樞密院，以維翰為中書令兼樞密使(五一)，事無大小，悉以委之，數月之間，朝廷差治。

(廿四)滑州河決，浸汴、曹、單、濮、鄆五州之境，環梁山，合於汶(五二)。詔大發數道丁夫塞之。既塞，帝欲刻碑紀其事，中書舍人楊昭儉諫曰：「陛下刻石紀功，不若降哀痛之詔，染翰(五三)頌美，不若頒罪己之文。」帝善其言而止。

（廿五）初，高祖割北邊之地以賂契丹（五四），由是府州刺史折從遠（五五）亦北屬。契丹欲盡徙河西之民以實遼東，州人大恐，從遠因保險拒之。及帝與契丹絕，遣使諭從遠，使攻契丹，從遠引兵深入，拔十餘寨。戊午（十八日），以從遠為府州團練使（五六）。從遠，雲州人也（五七）。

（廿六）甲子（二十四日），復置翰林學士（五八）。戊辰（二十八日），以右散騎常侍李慎儀為兵部侍郎、翰林學士承旨，都官郎中劉溫叟、金部郎中知制誥武強（五九）、徐臺符、禮部郎中李瀚、主客員外郎宗城范質皆為學士。溫叟，嶽之子也（六〇）。

（廿七）秋，七月，辛未朔，大赦，改元（六一）。

（廿八）己丑（十九日），以太子太傅劉昫為司空兼門下侍郎同平章事。

（廿九）八月，辛丑朔，以河東節度使劉知遠為北面行營都統，順國節度使杜威為都招討使，督十三節度以備契丹（六二）。桑維翰兩秉朝政，出楊光遠、景延廣於外（六三），至是一制指揮，節度使十五人無敢違者（六四），時人服其膽略。

朔方節度使馮暉上章，自陳未老可用，而制書見遺，維翰詔禁直學士㊅㊄，使為答詔曰：「非制書忽忘，實以朔方重地，非卿無以彈壓，比欲移卿內地，受代亦須奇才。」暉得詔，甚喜。

時軍國多事，百司及使者咨請輻湊，維翰隨事裁決，初若不經思慮，人疑其疏略，退而熟議之，亦終不能易也。然為相頗任愛憎，一飯之恩，睚眥之怨必報，人以此少之。

契丹之入寇也，帝再命劉知遠會兵山東㊅㊅，皆後期不至，帝疑之，謂所親曰：「太原殊不助朕，必有異圖，果有分，何不速為之㊅㊆？」至是雖為都統而實無臨制之權，密謀大計，皆不得預。知遠亦自知見疏，但慎事自守而已。

郭威見知遠有憂色，謂知遠曰：「河東山川險固㊅㊇，風俗尚武，士多戰馬，靜則勤稼穡，動則習軍旅，此霸王之資也，何憂乎？」

㈩朱文進自稱威武留後、權知閩國事，遣使奉表稱藩於晉，癸丑（十三日），以文進為威武節度使、知閩國事。

㈩㈠癸亥（二十三日），置鎮寧軍於澶州，以濮州隸焉㊅㊈。

㈩㈡初，吳濠州刺史㊆〇劉金卒，子仁規代之，仁規卒，子崇俊代之。唐烈祖置定遠軍於濠州[七一]，以崇俊為節度使。會清淮節度使[七二]姚景卒，崇俊厚賂權要，求兼領壽州，唐主陽為不知其意，徙崇俊為清淮節度使，以楚州刺史劉彥貞為濠州觀察使，馳往代之，崇俊悔之。彥貞，信之子也[七三]。

(七三)九月，庚午朔，日有食之。

(七四)丙子（初七日），契丹寇遂城[七四]樂壽[七五]，深州刺史康彥進擊却之。

(七五)冬，十月，丙午（初七日），漢主弄殺鎮王弘澤於邕州[七六]。

(七六)殷主延政遣其將陳敬佺以兵三千屯尤溪[七七]及古田[七八]，盧進以兵二千屯長溪[七九]。泉州散員指揮使桃林留從效[八〇]謂同列王忠順、董思安、張漢思曰：「朱文進屠滅王氏，遣腹心分據諸州，吾屬世受王氏恩，而交臂事賊，一旦富沙王[八一]克福州，吾屬死有餘愧。」眾以為然。十一月，從效等各引軍中所善壯士夜飲於從效之家，從效紿之曰：「富沙王已平福州，密旨令吾屬討黃紹頗[八二]。吾觀諸君狀貌，皆非久處貧賤者，從吾言，富貴可圖，不然，禍且至矣！」眾皆踴躍，操白挺，踰垣而入，執紹頗斬之。從效持州印詣王繼勳第，請主軍府，從效自稱平賊統軍，使函紹頗首，遣副兵馬使臨淮㊇陳洪進齎詣建州。洪進至尤溪，福州戍兵數千遮道，洪進紿之曰：「義師已誅朱福州㊅，吾倍道逆嗣君於建州㊇，爾輩尚守此何為乎？」以紹頗首示之，眾遂潰。大將數人，從洪進詣建州。延政以繼勳為侍中、泉州刺史，從效、忠順、思安、洪進皆為都指揮使。漳州將程謨聞之，亦殺刺史程文緯㊇，立王繼成權州事。繼勳、繼成，皆延政之從子也。朱文進之滅王氏㊇，二人以疏遠獲全。汀州刺史許文稹奉表請降於殷㊇。

㈦十二月，癸丑（十五日），加朱文進同平章事，封閩國王。

㈧李守貞圍青州經時㊇，城中食盡，餓死者大半，契丹援兵不至，楊光遠遙稽首於契丹曰：「皇帝，皇帝，誤光遠矣！」其子承勳、承祚、承信勸光遠降，冀全其族，光遠不許，曰：「吾昔在代北，嘗以紙錢祭天池而沈㊈，人皆言當為天子，姑待之。」丁巳（十九日），承勳斬勸光遠反者節度判官丘濤等，送其首於守貞，縱火大譟，劫其父出居私第，上表待罪，開城納官軍。

㊾朱文進聞黃紹頗死，大懼，以重賞募兵二萬，遣統軍使林守諒、內容省使李廷鍔將之攻泉州，鉦鼓相聞五百里〔九一〕。殷主延政遣大將軍杜進將兵二萬救泉州，留從效開門與福州兵戰，大破之，斬守諒，執廷鍔。延政遣統軍使吳成義帥戰艦千艘攻福州〔九二〕，朱文進遣子弟為質於吳越以求救。

初，唐翰林待詔〔九三〕臧循與樞密副使查文徽同鄉里，循常為賈人，習福建山川，為文徽畫取建州之策，文徽表請用兵擊王延政，國人多以為不可，唐主以文徽為江西安撫使，循行境上，覘其可否。文徽至信州，奏言攻之必克，唐主以洪州營屯都虞候邊鎬為行營招討諸軍都虞候，將兵從文徽伐殷。文徽自建陽進屯蓋竹〔九四〕，聞漳、泉、汀三州皆降於殷，殷將張漢卿自鏞州將兵八千將至〔九五〕，文徽懼，退保建陽。臧循屯邵武〔九六〕，邵武民導殷兵襲破循軍，執循送建州，斬之。

㊿朝廷以楊光遠罪大，而諸子歸命，難於顯誅〔九七〕，命李守貞以便宜從事。閏月癸酉（初五日），守貞入青州，遣人拉殺光遠於別

第，以病死聞（九八）。丙戌（十八日），起復楊承勳，除汝州防禦使（九九）。

㈣殷吳成義聞有唐兵，詐使人告福州吏民曰：「唐助我討賊臣，大兵今至矣！」福人益懼。乙未（二十七日），朱文進遣同平章事李光準等奉國寶於殷，丁酉（二十九日），福州南廊承旨（一〇〇）林仁翰謂其徒曰：「吾曹世事王氏，今受制賊臣，富沙王至，何面見之？」帥其徒三十人被甲趣連重遇第，重遇方嚴兵自衛，三十人者望之，稍稍遁去。仁翰執槊直前，刺重遇，殺之，斬其首以示眾曰：「富沙王且至，汝輩族矣！今重遇已死，何不亟取文進以贖罪？」眾踴躍從之，遂斬文進，迎吳成義入城，函二首送建州。

㈣契丹復大舉入寇，盧龍節度使趙延壽引兵先進（一〇一），契丹前鋒至邢州，順國節度使杜威遣使間道告急（一〇二），帝欲自將拒之，會有疾，命天平節度使張從恩、鄴都留守馬全節、護國節度使安審琦會諸道兵屯邢州，武寧節度使趙在禮屯鄴都（一〇三），契丹主以大兵繼至，建牙於元氏（一〇四）。朝廷憚契丹之盛，詔從恩等引兵稍卻，於是諸軍恟懼（一〇五），無復部伍，委棄器甲，所過焚掠，比至相州，不復能整。

【今註】㊀命前保義節度使石贇守麻家口，前威勝節度使何重建守楊劉鎮，護聖都指揮使白再榮守馬家口，西京留守安彥威守河陽：胡三省曰：「按是時，凡緣河津要，皆以兵守之，亦由燕、冀、瀛、莫既入於北，遼人南冠，了無關山塘濼之阻，其兵可以徑造河上，故不得不緣河為備也。」㊁戚城：戚，春秋衞邑，春秋文公元年公孫敖會晉侯於戚。杜預曰：「戚，衞邑，在頓丘衞縣西。」今河北省濮陽縣北有戚城，即其故地。㊂行周等告急，延廣徐白帝，帝自將救之，契丹解去：《冊府元龜》曰：「晉少帝天福九年二月丙午，先鋒使石公霸遇賊數萬騎於戚城之北，為賊所圍，高行周、符彥卿在城之東南，方息於林下，忽聞賊至，駭愕，督軍而進，纔數千騎，眾寡不敵。行周遣人馳告景延廣，請益師，延廣遲留，俟帝進止。既而行周為賊圍之數量，三人大譟，瞋目奪擊，賊眾死傷甚多，帝自御親兵援之，前軍獲免。」《宋史・符彥卿傳》云：「契丹騎兵數萬圍高行周於鐵邱，諸將莫敢當其鋒，彥卿獨引數百騎擊之，遼人遁去，行周得免。」又〈高懷德傳〉云：「至戚城，被圍數重，援兵不至，危甚，懷德左右射，縱橫馳突，眾皆披靡，挾父而出。」懷德，行周之子也。㊃河西：馬家口之西岸也。㊄船數千艘：《冊府元龜》作舟楫數十。㊅河西之兵，慟哭而去，由是不敢復東：不敢復東渡河以援青州也。㊆定難節度使李彝殷奏將兵四萬自麟州濟河侵契丹之境：定難軍節度使治夏州。《元豐九域志》，麟州西北至夏州一百二十里。胡三省曰：「自麟州東北至府州，又自府州東北行，入契丹境。」㊇詔石贇分兵屯鄆州以備之：石贇時屯麻家口㊈土門：土門，漢頻陽縣地，苻秦置土門護軍，後魏置土門縣，唐廢，故城在今陝西省富平縣西北七十里，今為土門坊。

㈩知遠引兵屯樂平：胡三省曰：「樂平離太原三百餘里耳！」《舊唐書・地理志》，樂平，隋縣，唐屬太原府，故治在今山西省晉陽縣西南三十里。㈡帝居喪期年，即於宮中奏細聲女樂：胡三省曰：「細聲女樂，欲其不聞於外也。」㈢楊光遠圍棣州：自青州歷淄州圍棣州。棣州，天平軍巡屬也。㈢階、成：二州名。㈣古頓丘城：胡三省曰：「頓丘，漢古縣。爾雅，丘一成曰頓丘，後移治於陰安城，唐頓丘縣又移治陰安城之南，天福三年，徙澶州跨德勝津，併頓丘縣徙焉，頓丘凡三徙矣！古城，蓋陰安城也。」陰安本漢侯國，北齊省，故城在今河北省清豐縣北二十里。㈤以俟晉軍與恒、定之兵合而擊之：時詔杜威自鎮州、馬全節自定州引兵來會，契丹欲俟其軍合而後邀擊之。㈥奪其浮梁：浮梁，謂澶州德勝渡之河梁也。㈦楊光遠言晉兵半已餒死：楊光遠誘契丹入寇見上卷天福八年。㈧契丹引去，營於三十里之外：去澶州城三十里而屯，不敢逼城而營也。㈨云契丹已傳木書，收軍北去：木書，刻木以為發兵符信。《遼史・儀衞志》曰：「自大賀氏八部用兵則合契而動，不過刻木為牉合。」㈩漢主命中書令都元帥越王弘昌謁烈宗陵於海曲：漢主龑既舉大號，追尊其兄隱為烈宗。㈡閩拱宸都指揮使朱文進、閤門使連重遇既弒康宗：事見卷二百八十二高祖天福四年。㈢李后妬尚賢妃之寵，欲弒曦而立其子亞澄：亞澄時封閩王見上卷高祖天福七年，閩主曦寵尚賢妃見上卷天福八年。㈢太祖昭武皇帝：閩主鏻既稱大號，追諡其父審知為昭武皇帝，廟號太祖。㈣荒墜厥緒：緒，業也，荒怠政事而墜其先業也。㈤悉收王氏宗族延喜以下少長五十餘人，皆殺之：延喜，閩主曦之弟也。㈥將奔建州：欲依王延政也。㈦同安：宋白《續通典》，唐玄宗開元十九年，析泉州南安縣界四鄉置大同場，五代閩升為同安縣。《元豐九域志》，泉州同安縣在州西一百三十五里，即今福建省同安縣。㉘詔太原、恆、定兵各還本鎮：以契丹退兵故也。㉙泰州：《五代會要》曰：「後唐天成三年三月，升奉化軍為泰州，以清苑縣為理所，至晉開運二年九月，移就滿城縣，至周廣順二年二月，廢州，其滿城縣割隸易州。」時泰州理清苑，即今河北省清苑縣。㉚敕天下籍鄉兵，每七戶共出兵械資一卒：《五代史・晉少帝紀》，時詔天下抽點鄉兵，凡七戶出一士，六戶資之，仍自具兵仗，以武定為軍號。㉛緣河巡檢使梁進以鄉社兵復取德州：鄉社兵，民兵也。時契丹所過焚掠，緣河之民團結為社以自保衞，時契丹陷德州而北，梁進因民兵為資，乘其去而復取之。㉜侍衞馬步都指揮使天平節度使同平章事景延廣既為上下所惡：上自將相大臣，下至軍士吏民，皆惡其專擅。㉝桑維翰引其不救戚城之罪：戚城之役，景延廣令諸將分地而守，無得相救。㉞出為西京留守：晉徙都汴，以洛陽為西京。㉟延廣鬱鬱不得志：以失權，故鬱鬱不得志。㊱見契丹彊盛，始憂國破身危：景延廣首搆契丹之禍，故自知一旦國破，必無全理。㊲各封劍以授之：授以專斬之權以脅民。㊳河南府出緡錢二十萬，景延廣率三十七萬：二十萬，括率合出之數，三十七萬，景延廣增率之數也，延廣蓋欲以其餘十七萬入於己。㊴先是詔以楊光遠叛，命兗州脩守備：青、兗為鄰鎮，故命之為備。㊵泰寧節度使安審信：兗州泰寧軍。㊶值審信不在：值審信不在鎮所也。按《五代史・安審信傳》，時契丹南侵，藩侯皆預將帥，以審信為馬步軍右廂都排陣使。㊷戊寅，命侍衞馬步軍都虞侯泰寧節度使李守貞將步騎二萬討楊光遠於青州：《五代史・晉少帝紀》，四月辛酉，以李守貞帥泰寧軍以代安審信，五月戊寅，命守貞率步騎二萬討楊光遠於青州，《通鑑》戊寅上脫五月二字。㊸堂陽：《舊唐書・地理志》，堂陽縣，唐屬冀州。《元豐九域志》，以地在堂水之陽，故曰堂陽。宋仁宗皇祐四年，省縣為鎮，故城在今河北省新河縣西。㊹屯於瀛、莫，阻水自固：屯於瀛、莫二州之間也，其地多水濼，故延照阻以為固。㊺朱文進遣使如唐，唐主囚其使，將伐之：唐主囚朱文進之使，欲討其弒君之罪。㊻官軍拔淄州，斬其刺史劉翰：淄州，平盧軍巡屬也。劉翰蓋楊光遠所署。㊼太尉侍中馮道雖為首相：道以三公攝相職，位在諸相之右。㊽譬如使禪僧飛鷹耳：胡三省曰：「言禪以靜寂為宗，僧以慈悲不殺為教，為禪僧者第能機辯無窮而不能應物，使之飛鷹搏擊，非其任也。」㊾以道為匡國節度使兼侍中：出道鎮同州。㊿或謂帝曰，陛下欲禦北狄，安天下，非桑維翰不可：《五代史・桑維翰傳》，維翰使親黨受寵於少帝者密致自薦曰：「陛下欲制北方以安天下，非維翰不可。」溫公疑其非實，故曰或謂，示未必維翰使親黨言之也。㊿㊀復置樞密院，以維翰為中書令兼樞密使：罷樞密院見卷二百八十二高祖天福四年，今復置，令桑維翰掌樞機。㊿㊁滑州河決，浸汴、曹、單、濮、鄆五州之境，環梁山，合於汶：《五代史・晉少帝紀》作合於汶、濟，又河決在六月丙辰，丙辰十六日。梁山在鄆州壽張縣，即今山東省壽張縣東南七十里，汶水自東北來，與濟水會於梁山東北，迴合而成巨泊，曰梁山濼，即古鉅野澤也。今河決滑州，浸漫五州之境，環梁山而流注於汶、濟。㊿㊂染翰：濡墨於翰以作文，《文選・潘岳秋興賦》：「染翰操紙。」《宋史・楊昭儉傳》作摛翰。㊿㊃初，高祖割北邊之地以賂契丹：事見卷二百八十高祖天福元年。㊿㊄府州刺史杜從遠：宋白《續通典》曰：「府州本河西蕃界府谷鎮，土人折嗣倫世為鎮將，後唐莊宗天祐七年，升鎮為府谷縣，八年，升建府州，以扼蕃界，以嗣倫男從遠為刺史。」天祐七年，實梁太祖開平四年也，故治即今陝西省府谷縣。(五六)以從遠為府州團練使：《五代史・晉少帝紀》，時升府州為團練州。(五七)從遠，雲州人也：《五代史・杜從遠傳》，從遠代家雲中。雲中縣，自唐以來為雲州治。(五八)復置翰林學士：廢翰林學士見卷二百八十二高祖天福五年。(五九)武強：《舊唐書・地理志》，唐高祖武德四年，以武強縣屬冀州，太宗貞觀元年，移屬深州。按武強縣，晉置，本漢河間國步遂縣，故治在今河北省武強縣西南，北齊移理今河北省武強縣，即唐縣所治也。(六〇)溫叟，嶽之子也：劉岳見卷二百五十唐明宗天成元年。(六一)改元：改元開運。(六二)以河東節度使劉知遠為北面行營都統，順國節度使杜威為都招討使，督十三節度以備契丹：《五代史・晉少帝紀》，此十三節度為：鄆州天平軍節度使張從恩充馬步軍都監，西京留守景延廣充馬步軍都排陳使，徐州武寧軍節度使趙在禮充馬步都虞候，晉州建雄軍節度使安叔千充馬步軍左廂排陣使，前兗州泰寧軍節度使安審信充馬步軍右廂排陣使，河中護國軍節度使安審琦充馬步軍都指揮使，河陽節度使符彥卿充馬軍左廂都指揮使，滑州義成軍節度使皇甫遇充馬軍右廂都指揮使，右神武統軍張彥澤充馬軍排陣使，滄州橫海軍節度使王廷允充步軍左廂都指揮使，陝州保義軍節度使宋彥筠充步軍右廂都指揮使，前金州懷德軍節度使田武充步軍左廂排陣使，左神武統軍潘環充步軍右廂排陣使。(六三)桑維翰兩秉朝政，出楊光遠、景延廣於外：楊光遠、景延廣先皆嘗為上將，總宿衛兵，高祖天福初，桑維翰秉政，出楊光遠為西京留守，是時再秉政，復出景延廣為西京留守。（六四）節度使十五人無敢違者：劉知遠、杜威並十三將為十五人。（六五）維翰詔禁直學士：禁直學士，翰林學士之入直禁中者；詔者，以詔旨詔之也。（六六）契丹之入寇也，帝再命劉知遠會兵山東：河東以河北為山東，以其在太行山脈之東也。帝初詔劉知遠自土門出恒州，尋又詔會兵邢州，並見上。（六七）果有分，何不速為之：胡三省曰：「言若有分為天子，何不速為之？怒之之辭也。」（六八）河東山川險固：胡三省曰：「河東治晉陽，東阻太行、常山，西限龍門、西河，南有霍太山、鼠雀谷之隘，北有鴈門、五臺諸山之險，故云然。」（六九）置鎮寧軍於澶州，以濮州隸焉：濮州，本天平軍巡屬，今割隸鎮寧軍。（七〇）濠州刺史：《舊唐書・地理志》，濠州，隋為鍾離郡，唐高祖武德三年改為濠州，玄宗天寶元年，改為鍾離郡，肅宗乾元元年，復為濠州，治鍾離縣，在今安徽省鳳陽縣東少北二十里。（七一）唐烈祖置定遠軍於濠州：《通鑑》前書唐元宗即位之後，置定遠軍於濠州，見上卷天福八年三月，此書唐烈祖所置，未知孰是。（七二）清淮節度使：《五代史記・職方考》，南唐置清淮軍於壽州。（七三）彥貞，信之子也：劉信歷事吳楊氏四世，有戰功。（七四）遂城：《舊唐書・地理志》，遂城縣本漢中山國北新城縣，後魏改為新昌縣，隋末改為遂城縣，唐屬易州，胡三省曰：「宋太平興國六年，置威虜軍於此，景德元年，改廣信軍，在易州東南八十里，當五迴嶺及狼山之要，金置遂州。」故城在今河北省徐水縣西二十五里。（七五）樂壽：《舊唐書・地理志》，樂壽縣，漢河間國樂城縣，後魏移縣於故縣東北十六里，近古樂壽亭，因改名樂壽，隋屬河間郡，唐代宗永泰中，割屬深州，故城在今河北省獻縣西南。（七六）邕州：邕州，隋鬱林郡之宣化縣，秦為桂林郡也，漢屬鬱林郡嶺方縣，驩水在其北，本牂柯河，俗呼鬱狀江，即駱越水也，一名溫水。唐高祖武德四年，置為南晉州，太宗貞觀六年，改為邕州，玄宗天寶元年，改為朗寧郡，肅宗乾元元年，復為邕州，故治即今廣西省邕寧縣。(七七)尤溪：《唐書．地理志》，玄宗開元二十九年開山洞置尤溪縣，屬福州。宋白《續通典》曰：「按尤溪縣理今當延平東南二百四十里，在福州西北八百三十五里，其地與漳州龍岩縣、劍州沙縣及福州侯官縣三處交界，山洞幽深，灘溪險峻，內有千里，諸境逃人多投此洞。開元二十八年，經略使唐修忠招諭其人，此源先號尤溪，因以名縣。」故城在今福建省尤溪縣東。(七八)古田：《舊唐書．地理志》，唐玄宗開元二十九年開山洞置古田縣，屬福州，又《唐書．地理志》，古田縣蓋代宗永泰二年析侯官、尤溪二縣置，未知孰是。《元豐九域志》，古田縣在福州西北一百八十里，即今福建省古田縣。(七九)長溪：《舊唐書．地理志》，唐高祖武德六年置長溪縣，其年，併入連江縣，武后長安二年分連江復置，屬福州。《元豐九域志》，長溪縣在福州東北三百四十五里，故治在今福建省霞浦縣南三十里。宋白《續通典》曰：「長溪縣，本漢閩縣地，唐置溫麻縣，以縣界溫麻溪為名，天寶九年，改為長溪縣。」按新、舊《唐書．地理志》，皆云改溫麻為連江，非長溪也。(八〇)泉州散員指揮使桃林留從效：新、舊《唐書．地理志》皆無桃林縣，《元豐九域志》，泉州有桃林溪，蓋留從效所居之地。(八一)富沙王：殷主延政本封富沙王。(八二)密旨令吾屬討黃紹頗：《五代史記．閩世家》，黃紹頗，蓋朱文進所署泉州刺史。(八三)臨淮：《舊唐書．地理志》，唐武后長安四年，割徐城南界兩鄉於沙熟淮口置臨淮縣，屬泗州，玄宗開元二十三年，移治州郭下，故治在今安徽省泗縣東南。(八四)朱福州：朱文進時據福州，故稱之。(八五)吾倍道逆嗣君於建州：嗣君謂王延政。延政，閩康宗之兄也，康宗殂，當嗣有閩國。(八六)漳州將程謨聞之，亡殺刺史程文緯：《五代史記・閩世家》，程文緯亦朱文進所署。漳、泉鄰郡也，故首聞其事。亡當作亦，筆誤而譌。(八七)朱文進之滅王氏：事見上三月。(八八)汀州刺史許文稹奉表請降於殷：《五代史記・閩世家》，許文稹亦朱文進所署。(八九)李守貞圍青州經時：是年五月，李守貞圍青州。(九〇)吾昔在代北，嘗以紙錢祭天池而沈：楊光遠本沙陀部人，世居代北。《唐書・地理志》，天池在嵐州靜樂縣界，即今山西省寧武縣西南六十里管涔山上，《水經注》，有大池在燕京山上，世謂之天池，其水陽旱不耗，陰霖不溢，蓋謂此池也。(九一)攻泉州，鉦鼓相聞五百里：《說文》，鉦，鐃也，似鈴，柄中，上下通。段玉裁注曰：「鉦似鈴而異於鈴者，鈴似鐘而有柄，為之舌以有聲，鉦則無舌。柄中者，柄半在上，半在下，稍稍寬其孔為之抵拒，執柄搖之，使與體相擊為聲。」《漢書・東方朔傳》：「戰陣之具，鉦鼓之教。」顏師古注：「鉦鼓所以進退士眾之節也。」胡三省曰：「福州至泉州不及四百里，史家張大以言其聲勢耳！」(九二)延政遣統軍使吳成義帥戰艦千艘攻福州：自建溪順閩江而下攻福州。(九三)翰林待詔：盛唐之世有翰林待詔以處伎藝之人，凡文詞經學之士，下至醫卜技術之流，皆置之翰林院別院以廩之，以待詔命，故稱。(九四)文徽自建陽進屯蓋竹：《唐書・地理志》，唐高祖武德四年，置建陽縣，八年，省入建安，睿宗垂拱四年，復分建安置建陽縣，屬建州，即今福建省建陽縣。胡三省曰：「建陽縣南二十五里有地名蓋竹。」(九五)殷將張漢卿自鏞州將兵八千將至：殷置鏞州於將樂，見上卷天福八年。(九六)邵武：《唐書・地理志》，邵武本隸撫州，唐高祖武德七年，移屬建州，故城在今福建省邵武縣西，元徙今治。宋白《續通典》曰：「邵武縣，本漢東侯官縣之北鄉也，孫策置南平縣，吳景帝三年，置昭武縣，晉太康三年，改為邵武。」㊆朝廷以楊光遠罪大，而諸子歸命，難於顯誅：《五代史．楊光遠傳》，帝以光遠頃歲太原歸命，欲曲全之，執政曰：「豈有逆狀滔天而赦之也？」乃命李守貞便宜處置。㊇守貞入青州，遣人拉殺光遠於別第，以病死聞：《五代史記．楊光遠傳》，李守貞遣客省副使何延祚殺光遠於其家，延祚至其第，光遠方閱馬於廐，延祚使一都將入謂之曰：「天使在門，欲歸報天子，未有以藉手。」光遠曰：「何謂也？」曰：「須得大王頭耳！」光遠罵曰：「我有何罪？昔我以晉安寨降契丹，使爾家世為天子，我亦望以富貴終身，而反負心若此！」遂見殺，以病卒聞。《五代史補》，楊光遠滅范延光之後，朝廷以其功高，授青州節度，封東平王，奄有登、萊、沂、密數郡，既而自負強盛，舉兵反，朝廷以宋州節度李守貞嘗與光遠有隙，乃命李討之，李受詔欣然，志存必取，莫不身先矢石，光遠見而懼之，度不能禦，遂降。初，光遠反書至，中外大震，時百官起居次有朝士揚言於眾曰：「楊光遠欲謀大事，吾不信也。光遠素患禿瘡，其妻又跛，自古豈有禿頭天子，跛腳皇后邪？」於是人心頓安，未幾，光遠果降。㊈起復楊承勳，除汝州防禦使：《五代史．楊承勳傳》，承勳，光遠之長子也，始名承貴，避少帝名改焉，以父蔭歷光、濮州刺史，光遠兼鎮河陽，命制置三城事，光遠移鎮青州，授萊州防禦使，及光遠構釁，承勳赴之，至是以劫父歸命功起復除汝州防禦使。胡三省曰：「昔楚令尹子南以罪誅，其子棄疾以不忍棄父事讎而死，李懷光之反，河中既破，唐德宗欲活其子璀而不可得。彼二子者，以父子之親，居君臣之變，審義安命，以死殉親，夫豈不樂生？義不可也。若楊承勳兄弟出於蕃落，梟獍其心，囚父歸命以希苟活，晉朝以不殺降為說，於理且未安，又從而錄用之，宜異時契丹得假大義以洩其憤也。」㊂南廊承旨：胡三省曰：「南廊承旨，閩所置官，蓋亦侍衛武臣之職也。」㊃契丹復大舉入寇，盧龍節度使趙延壽引兵先進：契丹復以趙延壽為軍鋒南侵晉。㊄契丹前鋒至邢州，順國節度使杜威遣使間道告急：順國軍，恒州也。契丹前鋒至邢州，信使路絕，故間道告急於晉。㊅武寧節度使趙在禮屯鄴都：鄴都留守馬全節自鄴都進屯邢州，故令趙在禮自徐州進屯鄴都為諸軍後援。武寧節度使鎮徐州。㊆元氏：《舊唐書・地理志》：元氏縣屬趙州，《元豐九域志》，元氏縣在恒州南九十八里。按元氏縣，漢為常山郡治所，故城在今河北省元氏縣西北，北齊廢，隋復置，唐移縣治於今河北省元氏縣，屬趙州，後唐移屬真定府，即恒州也。㊇恟懼：恟，擾恐也。恟與兇同。《左傳》：「曹人兇懼。」杜預曰：「兇兇，恐懼聲。」謂恐懼而發喧擾之聲。

開運二年（西元四九五年）

㈠春，正月，詔趙在禮還屯澶州，馬全節還鄴都，又遣右神武統軍張彥澤屯黎陽，西京留守景延廣自滑州引兵守胡梁渡。庚子

（初三日），張從恩奏契丹逼邢州，詔滑州、鄴都復進軍拒之，義成節度使皇甫遇將兵趣邢州㈠。

契丹寇、邢、洺、磁三州，殺掠殆盡，入鄴都境㈡。壬子（十五日），張從恩、馬全節、安審琦悉以行營兵數萬陳於相州安陽水之南。皇甫遇與濮州刺史慕容彥超將數千騎前覘契丹，至鄴縣，將渡漳水，遇契丹數萬㈢，遇等且戰且却，至榆林店，契丹大至，二將謀曰：「吾屬今走，死無遺矣。」乃止布陳，自午至未，力戰百餘合，相殺傷甚眾。遇馬斃，因步戰，其僕杜知敏以所乘馬授之，遇乘馬復戰，久之，稍解，顧知敏已為契丹所擒。遇曰：「知敏義士，不可棄也。」與彥超躍馬入契丹陳，取知敏而還。俄而契丹繼出新兵來戰，二將曰：「吾屬勢不可走，以死報國耳！」日且暮，安陽諸將怪覘兵不還，安審琦曰：「皇甫太師㈣寂無音問，必為虜所困。」語未卒，有一騎白遇等為虜數萬所圍，審琦即引騎兵出，將救之，張從恩曰：「此言未足信，必若虜眾猥至㈤，盡吾軍恐未足以當之，公往何益？」審琦曰：「成敗天也，萬一不濟，當共受之，借使虜不南來，坐失皇甫太師，吾屬何顏以見天子？」遂踰水而進，契丹望見塵起，即解去㊅，遇等乃得還，與諸將俱歸相州，軍中皆服二將之勇。彥超，本吐谷渾也，與劉知遠同母㊆。契丹亦引軍退，其眾自相驚曰：「晉軍悉至矣！」時契丹主在邯鄲，聞之，即時北遁，不再宿，至鼓城㊇。

是夕，張從恩等議曰：「契丹傾國而來，吾兵不多，城中糧不支一旬，萬一姦人往告吾虛實，虜悉眾圍我，死無日矣！不若引軍就黎陽倉，南倚大河以拒之，可以萬全。」議未決，從恩引兵先發，諸軍繼之，擾亂失亡，復如發邢州之時。

從恩留步兵五百守安陽橋，夜四鼓，知相州事符彥倫謂將佐曰：「此夕紛紜，人無固志，五百弊卒，安能守橋？」即召入㊈，乘城為備。至曙，望之，契丹數萬騎已陳於安陽水北㊉。彥倫命城上揚旌鼓譟約束⑪，契丹不測。日加辰，趙延壽與契丹惕隱帥眾踰水，環相州而南⑫。詔右神武統軍張彥澤將兵趣相州，延壽等至湯陰⑬，聞之，甲寅（十七日），引還。馬全節等擁大軍在黎陽，不敢追。

延壽悉陳甲騎於相州城下，若將攻城狀。符彥倫曰：「此虜將走耳！」出甲卒五百陳於城北以待之，契丹果引去。

以天平節度使張從恩權東京留守。庚申（二十三日），振武節度使折從遠擊契丹，圍勝州，遂攻朔州㊃。

帝疾小愈，河北相繼告急，帝曰：「此非安寢之時。」乃部分諸將為行計。

㈡更命武定軍曰天威軍㊄。

㈢北面副招討使馬全節等奏據降者言虜眾不多，宜乘其散歸種落，大舉徑襲幽州，帝以為然，徵兵諸道。壬戌（二十五日），下詔親征，乙丑（二十八日），帝發大梁。

㈣閩之故臣共迎殷主延政，請歸福州，改國號曰閩。延政以方有唐兵，未暇徙都，以從子門下侍郎同平章事繼昌都督南都內外諸軍事，鎮福州㊅，以飛捷指揮使黃仁諷為鎮遏使，將兵衛之。林仁翰至福州，閩主賞之甚薄㊆，仁翰未嘗自言其功。發南都侍衛及兩軍甲士萬五千人詣建州以拒唐㊇。

㈤二月，戊辰朔，帝至滑州，命安審琦屯鄴都，甲戌（初七日），帝發滑州，乙亥（初八日），至澶州，己卯（十二日），馬全節等諸軍以次北上。劉知遠聞之，曰：「中國疲弊，自守恐不足，乃橫挑強胡，勝之猶有後患，況不勝乎？」

㈥契丹自恒州還，以羸兵驅牛羊，過祁州⑲城下，刺史下邳⑳沈斌出兵擊之，契丹以精騎奪其城門，州兵不得還㉑。趙延壽知城中無餘兵，引契丹急攻之，斌在上㉒，延壽語之曰：「沈使君，吾之故人，擇禍莫若輕㉓，何不早降？」斌曰：「侍中父子失計，陷身虜庭㉔，忍帥犬羊以殘父母之邦，不自愧恥，更有驕色，何哉？沈斌弓折矢盡，寧為國家死耳，終不效公所為。」明日，城陷，斌自殺㉕。

丙戌（十九日），詔北面行營都招討使杜威以本道兵會馬全節等進軍。

㈦端明殿學士戶部侍郎馮玉㉖、宣徽北院使權侍衛馬步都虞候太原李彥韜皆挾恩用事，惡中書令桑維翰，數毀之，帝欲罷維翰政事，李崧、劉昫固諫而止。維翰知之，請以玉為樞密副使，玉殊不平。丙申（二十九日），中旨以玉為戶部尚書、樞密使，以分維翰之權㉗。彥韜少事閻寶為僕夫，後隸高祖帳下，高祖自太原南下，留彥韜侍帝為腹心㉘，由是有寵。性纖巧，與嬖幸相結，以蔽帝耳目，帝委信之，至於升黜將相，亦得預議，常謂人曰：「吾不知朝廷設文官何所用？且欲澄汰，徐當盡去之。」

㈧唐查文徽表求益兵，唐主以天威都虞候何敬洙為建州行營招討馬步都指揮使，將軍祖全恩為應援使，姚鳳為都監，將兵數千會攻建州，自崇安進屯赤嶺㉙。閩主延政遣僕射楊思恭、統軍使陳望將兵萬人拒之，列柵水南㉚，旬餘不戰，唐人不敢逼。思恭以延政之命，督望戰，望曰：「江淮兵精，其將習武事，國之安危，繫此一舉，不可不萬全而後動。」思恭怒曰：「唐兵深侵，陛下寢不交睫，委之將軍，今唐兵不出數千，將軍擁眾萬餘，不乘其未定而擊之，有如唐兵懼而自退，將軍何面目以見陛下乎？」望不得已，引兵涉水，與唐戰，全恩等以大兵當其前，使奇兵出其後，大破之，望死，思恭僅以身免。延政大懼，嬰城自守，召董思安、王忠順使將泉州兵五千詣建州，分守要害。

㈨初，高祖置德清軍於故澶州城㈢，及契丹入寇，澶州、鄴都之間，城戍俱陷，議者以為澶州、鄴都相去百五十里，宜於中塗築城以應接南北，從之。三月，戊戌（初二日），更築德清軍城，合德清、南樂之民以實之。

㈩初，光州人李仁達仕閩，為元從指揮使㈢，十五年不遷職，閩主曦之世，叛奔建州，閩主延政以為將㈢，及朱文進弒曦㈣，復叛奔福州，陳取建州之策，文進惡其反覆，黜居福清㈤。浦城㈥人陳繼珣亦叛閩主延政奔福州，為曦畫策取建州，曦以為著作郎。及延政得福州，二人皆不自安。王繼昌闇弱嗜酒，不恤將士，將士多怨，仁達潛入福州說黃仁諷曰：「今唐兵乘勝，建州孤危，富沙王不能保建州，安能保福州？昔王潮兄弟，光山布衣耳，取福建如反掌㈦，況吾輩乘此機會，自圖富貴，何患不如彼乎？」仁諷然之。是夕，仁達等引甲士突入府舍，殺繼昌及吳成義。【考異】

閩中實錄、閩王列傳、九國志皆云，四月，殺繼昌，今從十國紀年。

仁達欲自立，恐眾心未服，以雪峯〔三八〕寺僧卓巖明素為眾所重，乃言：「此僧目重瞳子，手垂過膝，真天子也。」相與迎之，己亥（初三日），立為帝，【考異】閩錄啓運圖、啓國實錄、江南錄作巖明，閩中實錄、閩王列傳、九國志、薛史、唐餘錄、王審知傳、吳越備史作儼明，按啓運圖，巖明本名偃，為僧，名體明，即位，改巖明，今從之。江南錄云：「繼昌為裨將王延諷所殺，旬日，故內臣李義殺諷，立巖明為主。」今從十國紀年。解去衲衣，被以衮冕，帥將吏北面拜之，然猶稱天福十年，遣使奉表稱藩於晉。延政聞之，族黃仁諷家，命統軍使張漢真將水軍五千，會漳、泉兵討巖明。

⑾乙巳（初九日），杜威等諸軍會於定州，以供奉官蕭處鈞權知祁州事。庚戌（十四日），諸軍攻契丹，泰州刺史〔三九〕晉廷謙舉州降。甲寅（十八日），取滿城〔四〇〕，獲契丹酋長沒刺及其兵二千人。乙卯（十九日），取遂城。趙延壽部曲有降者，言契丹主還至虎北口〔四一〕，聞晉取泰州，復擁眾南向，約八萬餘騎，計來夕當至，宜速為備。杜威等懼，丙辰（二十日），退保泰州。

戊午（二十二日），契丹至泰州，己未（二十三日），晉軍南行，契丹踵之。晉軍至陽城㊷，庚申（二十四日），契丹大至，晉軍與戰，逐北十餘里，契丹踰白溝而去㊸。

壬戌（二十六日），晉軍結陳而南，胡騎四合如山，諸軍力戰拒之。是日，纔行十餘里，人馬飢乏。癸亥（二十七日），晉軍至白團衛村，【考異】漢高祖實錄作白檀，今從晉少帝實錄。埋鹿角為行寨，契丹圍之數重，奇兵出寨後，斷糧道。是夕，東北風大起，破屋折樹，營中掘井，方及水，輒崩，士卒取其泥，帛絞而飲之，人馬俱渴。至曙，風尤甚，契丹主坐大奚車中㊹令其眾曰：「晉軍止此耳！當盡擒之，然後南取大梁。」命鐵鷂㊺四面下馬，拔鹿角而入，奮短兵以擊晉軍。又順風縱火揚塵，以助其勢。軍士皆憤怒，大呼曰：「都招討使何不用兵，令士卒徒死？」諸將請出戰，杜威曰：「俟風稍緩，徐觀可否。」馬步都監李守貞曰：「彼眾我寡，風沙之內，莫測多少，惟力鬭者勝，此風乃助我也，若俟風止，吾屬無類矣！」即呼曰：「諸軍齊擊賊。」又謂威曰：「令公㊻善守禦，守貞以中軍決死矣！」

馬軍左廂都排陳使張彥澤召諸將問計，皆曰：「虜得風勢，宜俟風回與戰。」彥澤亦以為然。諸將退，馬軍右廂副排陳使太原藥元福獨留謂彥澤曰：「今軍中飢渴已甚，若俟風回，吾屬已為虜矣！敵謂我不能逆風以戰㊼，宜出其不意，急擊之，此兵之詭道也。」馬步左右廂都排陳使符彥卿曰：「與其束首就擒，曷若以身殉國。」乃與彥澤、元福及左廂都排陳使皇甫遇引精騎出西門㊽擊之，諸將繼至，契丹卻數百步。彥卿等謂守貞曰：「且曳隊㊾往來乎？直前奮擊，以勝為度乎？」守貞曰：「事勢如此，安可迴鞚㊿？宜長驅取勝耳！」彥卿等躍馬而去，風勢益甚，昏晦如夜，彥卿等擁萬餘騎橫擊契丹，呼聲動天地，契丹大敗而走，勢如山崩。李守貞亦令步兵盡拔鹿角出鬬，步騎俱進，逐北二十餘里。鐵鷂既下馬，蒼皇不能復上，皆委棄馬及鎧仗蔽地。契丹散卒至陽城東南水上，稍復布列，杜威曰：「賊已破膽，不宜更令成列。」遣精騎擊之，皆度水去。契丹主乘奚車走十餘里，追兵急，獲一橐駝，乘之而走。諸將請急追之，杜威揚言曰：「逢賊幸不死，更索衣囊邪㊿！」李守貞曰：「兩日人馬渴甚，今得水飲之，皆足重，難以追寇，不若全軍而還。」乃退保定州。契丹主至幽州，散兵稍集，以軍失利，杖其酋長各數百，唯趙延壽得免。

乙丑（二十九日），諸軍自定州引歸，詔以泰州隸定州㊿。

㈩夏，四月，辛巳（十六日），帝發澶州，甲申（十九日），還大梁㊿。

㈢己丑（二十四日），復以鄴都為天雄軍㊿。

㈣閩張漢真至福州，攻其東關，黃仁諷聞家夷滅，開門力戰，大破閩兵，執漢真入城，斬之。卓巖明無它方略，但於殿上噀水散豆，作諸法事而已㊿，又遣使迎其父於蒲田㊿，尊為太上皇。李仁達既立巖明，自判六軍諸衛事使，黃仁諷屯西門，陳繼珣屯北門。仁諷從容謂繼珣曰：「人之所以為人者，以有忠信仁義也。吾頃嘗有功於富沙，中間叛之，非忠也；人以從子託我而與人殺之㊿，非信也；屬者㊿與建兵戰，所殺皆鄉曲故人，非仁也；

棄妻子使人魚肉之(五九)，非義也。此身十沈九浮，死有餘愧。」因拊膺慟哭。繼珣曰：「大丈夫徇功名，何顧妻子？宜置此事，勿以取禍。」仁達聞之，使人告仁諷、繼珣謀反，皆殺之，由是兵權盡歸仁達。

(十五)五月，丙申朔，大赦。

(十六)順國節度使杜威久鎮恒州(六〇)，性貪殘，自恃貴戚(六一)，多不法，每以備邊為名，斂吏民錢帛以充私藏。富室有珍貨，或名姝駿馬，皆奪取之，或誣以罪殺之，籍沒其家。又畏懦過甚，每契丹數十騎入境，威已閉門登陴，或數騎驅所掠華人千百過城下，威但瞋目延頸望之，無意邀取，由是虜無所忌憚，屬城多為所屠，威竟不出一卒救之，千里之間，暴骨如莽(六二)，村落殆盡。威見所部殘弊，為眾所怨，又畏契丹之強，累表請入朝，帝不許。威不俟報，遽委鎮入朝，朝廷聞之驚駭。桑維翰言於帝曰：「威固違朝命，擅離邊鎮，居常憑恃勳舊，邀求姑息，及疆埸多事，曾無守禦之意，宜因此時廢之，庶無後患。」帝不悅。維翰曰：「陛下不忍廢之，宜授以近京小鎮，勿復委以雄藩。」帝曰：「威，朕之密親，必無異志㊂，但宋國長公主切欲相見耳！公勿以為疑。」維翰自是不敢復言國事，以足疾辭位。

丙辰（二十一日），威至大梁。

㈦丁巳（二十二日），李仁達大閱戰士，請卓巖明臨視。仁達陰教軍士突前登階刺殺巖明，仁達陽驚，狼狽而走。軍士共執仁達，使居巖明之坐，仁達乃自稱威武留後，用保大年號㊃，奉表稱藩於唐，亦遣使入貢於晉，並殺巖明之父。唐以仁達為威武節度使同平章事，賜名弘義，編之屬籍㊄，弘義又遣使修好於吳越。

㈧己未（二十四日），杜威獻部曲步騎合四千人並鎧仗，庚申（二十五日），又獻粟十萬斛，芻二十萬束，云皆在本道㊅。帝以其所獻騎兵隸扈聖，步兵隸護國，威復請以為衙隊㊆，而稟賜皆仰縣官。威又令公主白帝求天雄節鉞，帝許之。

㈨唐兵圍建州，屢破泉州兵㊇，許文稹敗唐兵於汀州，執其將時厚卿。

(廿)六月，癸酉（初九日），以杜威為天雄節度使。

(廿一)契丹連歲入寇(六九)，中國疲於奔命(七〇)，邊民塗地，契丹人畜亦多死，國人厭苦之。述律太后謂契丹主曰：「使漢人為胡主，可乎？」曰：「不可。」太后曰：「然則汝何故欲為漢主？」曰：「石氏負恩不可容。」太后曰：「汝今雖得漢地，不能居也，萬一蹉跌(七一)，悔何所及？」又謂其羣下曰：「漢兒何得一向眠(七二)？自古但聞漢和蕃，未聞蕃和漢，漢兒果能回意，我亦何惜與和？」桑維翰屢勸帝復請和於契丹以紓(七三)國患，帝假開封軍將(七四)張暉供奉官，使奉表稱臣，詣契丹卑辭謝過。契丹主曰：「使景延廣、桑維翰自來，仍割鎮、定兩道隸我，則可和。」朝廷以契丹語忿，謂其無和意，乃止。及契丹主入大梁，謂李崧等曰：「曏使晉使再來，則南北不戰矣！」

(廿二)秋，七月，閩人或告福州援兵謀叛(七五)，閩主延政收其鎧仗，遣還，伏兵於隘(七六)，盡殺之，死者八千餘人，脯其肉以歸為食。

唐邊鎬拔鐔州(七七)，查文徽之黨魏岑、馮延己、延魯以師出有功，皆踴躍贊成之，徵求供億，府庫為之耗竭，洪、饒、撫、信之民尤苦之。

延政遣使奉表稱臣於吳越，請為附庸以求救。

㈢楚王希範疑靜江節度使兼侍中知朗州希杲得人心㈥，遣人伺之。希杲懼，稱疾求歸，不許，遣醫往視疾，因毒殺之。

【今註】㈠義成節度使皇甫遇將兵趣邢州：滑州義成軍。皇甫遇奉詔自滑州進兵邢州以拒契丹。㈡契丹寇邢、洺、磁三州，殺掠殆盡，入鄴都境：《五代史記・四夷附錄》曰：「開運二年正月，德光復傾國入寇，圍鎮州，杜重威守鎮州，閉壁不敢出，契丹南掠邢、洺、磁，至於安陽河，千里之內，焚剽殆盡。契丹見大桑木，罵曰：『吾知紫披襖出汝身，吾豈容汝活邪！』東薪於木而焚之。」《元豐九域志》，鄴都之境，西距磁州五十五里，西北距洺州五十里。㈢皇甫遇與濮州刺史慕容彥超將數千騎前覘契丹，至鄴縣，將渡漳水，遇契丹數萬：《舊唐書・地理志》，鄴，漢縣，屬魏郡，後魏於此置相州，東魏改為司州，周平齊，復為相州，周大象二年，隋文輔政，相州刺史尉遲迴舉兵，令韋孝寬討平之，乃焚燒鄴城，徙其居人南遷四十五里，以安陽城為相州理所，仍為鄴縣，煬帝初，於鄴故都大慈寺置鄴縣，唐貞觀八年，始築今治所小城，仍屬相州。若五代之鄴都，則魏州也，宋為大名府。胡三省曰：「夷考此時契丹與晉兵相距本末，前所謂入鄴都境當作入相州境。一說虜騎散漫，大勢兵馬向相州，游騎亦有入鄴都者。」㈣皇甫太師：《五代史・皇甫遇傳》，遇累官至檢校太師同中書門下平章事，故安審琦以太師稱之。㈤猥至：猥，雜也，言其數多不可勝計，雜然而至也。㈥契丹望見塵起，即解去：望塵起而知援至，故解去。㈦彥超，本吐谷渾也，與劉知遠同母：同母異父也。吐谷渾，慕容涉歸之庶長子，故其種姓慕容氏。㈧時契丹主在邯鄲，聞之，即時北遁，不再宿，至鼓城：胡三省曰：「自邯鄲至鼓城約三百餘里。」《舊唐書・地理志》，邯鄲，漢屬廣平郡，隋屬磁州，州廢，移屬洺州，唐代宗永泰初，復置磁州，以邯鄲屬之。按隋之邯鄲縣，即今河北省邯鄲縣，非漢之邯鄲故城也。又鼓城縣，本漢鉅鹿郡臨平、下曲陽兩縣之地，隋分稾城於下曲陽故城東五里置昔陽縣，尋改為鼓城，唐高祖武德四年，屬廉州，州廢，屬定州，代宗大曆三年，割屬恒州，即今河北省晉縣。㈨即召入：召守安陽橋之兵入相州城。㈩契丹數萬騎已陳於安陽水北：時契丹主已北遁，此趙延壽與惕隱之師也。安陽水即洹河也，源出今山西省黎城縣，伏流至河南省林縣隆慮山復出東流，又伏流至安陽縣西善應山復出，東流徑安陽縣北安陽橋，又東流至內黃縣，入於衞河。⑪約束：胡三省曰：「約束者，申嚴號令也。」⑫環相州而南：環，遶也，過相州不攻，遶而南下。⑬湯陰：《舊唐書・地理志》，湯陰縣，本漢蕩陰縣也，後併入安陽縣，唐高祖武德四年，分安陽置湯源縣，屬衞州，六年，改屬相州，太宗貞觀元年，改為湯陰縣，即今河南省湯陰縣。⑭振武節度使杜從遠擊契丹，圍勝州，遂攻朔州：《五代史・杜從遠傳》，開運初，從遠為府州團練使，其年，兼領朔州刺史。安北都護，振武軍節度使。振武軍治朔方，晉初割屬契丹，勝州不在所割十六州之數，蓋契丹侵晉，乘勢併取之也。宋白《續通典》，勝州正東至黃河四十里，去朔州四百二十里。㉕更名武定軍曰天威軍：去年夏籍諸州鄉兵為武州軍。㉖以從子門下侍郎同平章事繼昌都督南都內外諸軍事，鎮福州：殷主時居建州，在福州之北，故以福州為南都。㉗林仁翰至福州，閩主賞之甚薄：林仁翰殺連重遇、朱文進見上年。福州當作建州，蓋仁翰既斬朱文進、連重遇於福州，故至建州見王延政。㉘發南都侍衛及兩軍甲士萬五千人詣建州以拒唐：胡三省曰：「福州侍衛之外有左右軍，置軍使以領之。或曰，兩軍謂拱宸、控鶴兩都也。」㉙祁州：《舊唐書・地理志》，唐昭宗景福二年，定州節度使王處存奏請於本部無極縣署祁州。無極本作毋極，漢屬中山國，唐高祖武德四年屬廉州，太宗貞觀元年屬定州，武后萬歲通天二年，改毋字為無，即今河北省無極縣，漢故城在其西，隋遷今治。㉚下邳：《舊唐書・地理志》，下邳縣，漢為下邳郡，元魏置東徐州，北周改為邳州，隋廢，唐高祖武德四年，復置邳州，太宗貞觀元年，廢邳州，以下邳縣屬泗州，憲宗元和中，移屬徐州，故城在今江蘇省邳縣東。應劭曰：「邳在薛，其後徙此，故曰下邳。」㉛契丹以精騎奪其城門，州兵不得還：阻奪州兵入城之道也。㉜斌在上：在城上。㉝擇禍莫若輕：語出文子。謂兩害相權，擇其輕者。㉞侍中父子失計，陷身虜廷：侍中謂趙延壽也，延壽事後唐為樞密使，加侍中。言趙氏父子不能救張敬達，邀契丹求帝中國，玩寇致禍，為敵所虜，事見卷二百八十高祖天福元年。㉟明日，城陷，斌自殺：《遼史・太宗紀》，契丹以三月戊戌拔祁州，殺其刺史沈斌。㊱端明殿學士戶部侍郎馮玉：《五代史・馮玉傳》，玉，帝后馮氏之兄也，以后戚知制誥，拜中書舍人，出為潁州團練使，遷端明殿學士戶部侍郎，尋加右僕射，軍國大政，一以委之。㉗中旨以玉為戶部尚書樞密使，以分維翰之權：胡三省曰：「馮玉以后兄進，故旨由中出。」㉘高祖自太原南下，留彥韜侍帝為腹心：高祖留帝守太原見卷二百八十天福元年。㉙自崇安進屯赤嶺：宋白《續通典》，崇安場在建陽東北三里，南唐保大九年，割為場。《元豐九域志》，建州有崇安縣，在州北二百五十里。按此云何敬洙自崇安進屯赤嶺，疑王氏王閩之世已置崇安縣矣，即今福建省崇安縣。赤嶺在其南，今崇安縣南有赤石廢驛，或云即其地也。㉚列柵水南：水南，今崇溪之南也。㉛初，高祖置德清軍於故澶州城：澶州本治頓丘，高祖天福三年，徙澶州於德勝渡，升頓丘縣徙焉，廢故澶州城為頓丘鎮，六年八月，改頓丘鎮為德清軍。胡三省曰：「九域志，澶州清豐縣有舊州鎮，即置德清軍之地。置德清軍，將以接澶、魏聲援，然城池未固也。」㉜初，光州人李仁達仕閩為元從指揮使：胡三省曰：「王潮兄弟本光州人，乘唐末之亂割據閩中，其後兵多光州人。」㉝閩王延政以為將：時王延政國號殷。㉞及朱文進弒曦：事見上年三月。㉟福清：宋白《續通典》，福清縣，本閩縣也，唐武后聖曆元年，析閩縣東南之地置萬安縣，玄宗天寶元年，改為福唐縣，梁改曰永昌縣，晉高祖天福初，改曰南臺縣，尋改為福清縣。按《舊唐書・地理志》，唐高祖武德六年，分閩縣置新寧縣，其年改為長樂，武后聖曆二年，分長樂置萬安縣，玄宗天寶元年，改為福唐。《元豐九域志》，福州有福清縣，在州東南一百七十七里，蓋王氏所置也，故城在今福建省福清縣東南。㊱浦城：《唐書・地理志》，浦城縣，本名吳興縣，唐高祖武德四年，更名唐興縣，後廢入建安縣，武后載初元年，復析建安縣置，天授二年，更曰武寧，中宗神龍元年，復曰唐興，玄宗天寶元年，更名浦城，即今福建省浦城縣。宋白曰：「城臨柘浦，故曰浦城。」㊲昔王潮兄弟，光山布衣耳，取福建如反掌：事見唐紀。㊳雪峯：雪峯山在福建省閩侯縣西北一百八十里，周四十里，盤迴閩侯、福清、古田、羅源四縣之境。㊴泰州刺史：《五代史・郡縣志》，後唐明宗天成二年三月，升奉化軍為泰州，以清苑縣為理所，至晉開運二年九月，移治滿城縣。㊵滿城：《舊唐書・地理志》，滿城縣，本漢北平縣地，後魏置永樂縣，隋不改，唐玄宗天寶元年，改為滿城，故城在今河北省滿城縣西二里。㊶虎北口：虎北口即古北口，在幽、檀之北，今河北省密雲縣東北一百二十里，五代時稱虎北口，即長城口也，雄踞山巓，左右山勢無際，長城高下環繞，勢若長蛇，關門鑿山而過，寬僅容車，形勢至險。羅壁識遺曰：「河北以居庸諸關為險，蓋居燕百里外，關外名虎北口，即漢上谷郡，其山西連太行，東亘遼海，狼居胥諸山為襟帶，關南北通處，路繞兩崖間，風起，人行或為所掀，彭文子謂隘如線，側如傾，其峻絕天，其降趨井。下有澗，巨石磊磈，凡四十五里，艱折萬狀，山外寒氣先山南兩月。」許亢宗《奉使行程錄》曰：「第十四程自營州一百里至潤州，離營州東行六十里至榆關，登高四望，東自碣石，西徹五臺、幽州之地，沃野千里，北限大山重巒，中有五關，居庸可以通大車，運轉餉，松亭、金坡、古北口止通人馬，不可行車。」㊷陽城：陽城鎮在今河北省清苑縣東南，濱陽城河，道通望縣。《水經注》，溥水出中山至望都，東徑陽城縣，散為澤渚，世謂之陽城澤。㊸契丹踰白溝而去：胡三省曰：「此南白溝也。水經注所謂淇水北出為白溝者也。北白溝在涿州新城縣南六十里，宋人北使行程記曰：

『雄州之北，界河之南有北溝驛。』又范成大北使錄曰：『自安肅軍出北門十五里至白溝河，又一百五十里至涿州，此言北白溝也。』」《水經注》，督亢水又南謂之白溝，白溝又南入於巨馬河，此白溝即今河北省之拒馬岔河，在今河北省雄縣之南，又《水經注》，淇水徑宿胥故瀆，東流為白溝，即今之衛河也，自河南省浚縣以下，謂之白溝，胡三省所謂南白溝也。按是時契丹及晉軍於陽城，敗而北去，則此白溝疑非南白溝，乃新城縣南之白溝也。㊹契丹主坐大奚車中：奚車即駝車也，駕以橐駝。胡三省曰：「沈括言奚人業伐山，陸種，斲車。契丹之車，皆資於奚。按輜車之制如中國，後廣前殺而無般，材儉易敗，不能任重而利於行山。長轂廣輪，輪之牙，其厚不不能四寸，而軫之材不能五寸。其乘車駕之以駝，上施幰，惟富者用氈幰文繡之飾。」㊺鐵鷂：胡三省曰：「契丹謂精騎為鐵鷂，謂其身披鐵甲而馳突輕疾，如鷂之搏擊鳥雀也。」㊻令公：杜威時帶中書令，故李守貞呼之為令公。㊼敵謂我不能逆風以戰：矢不逆風，契丹以矢為兵，故謂晉軍不能逆風而戰。㊽引精騎出西門：西門，晉軍行寨之西門也。㊾曳隊：分隊輪番出擊，往來如曳。㊿鞚：馬勒也。(51)杜威揚言曰，逢賊幸不死，更索衣囊邪：言逢賊被劫，幸而不死，乃更從賊索衣囊，必邀其怒而為所殺也。《冊府元龜》曰：「杜重威為鎮州節度使，虜主連年入寇，重威但閉壁自守，部內城邑，相繼破陷，未嘗以一士一騎救之，每虜騎數十，驅漢人千萬過城下，如入無人之境，重威但登陴注目，略無邀取之意。開運元年秋，加北面行營招討使，二年，大軍下泰州、滿城，虜主自古北口回軍追躡王師，重威狼狽而旋，至陽城，為虜所困，會大風猛烈，軍情憤激，符彥卿、張彥澤等引軍四出，虜眾大潰。

諸將欲追之，重威曰：『逢賊得命，更望樸子也？』遂收軍馳歸常山。」㊾以泰州隸定州：隸定州義武軍。㊿帝發澶州，甲申，還大梁：是年正月，下詔親征，二月，至澶州，至是契丹敗歸，故復還大梁。㊳復以鄴都為天雄軍：魏州本天雄軍，後唐莊宗同光年，建為東京興唐府，罷天雄軍，三年，罷東京，以為鄴都，晉仍為鄴都，改興唐府為廣晉府，今復以為天雄軍。㊴卓巖明無它方略，但於殿上噀水散豆，作諸法事而已：噀水，以口含水而噴之也。法事即佛事，作諸佛事為厭勝之術。㊵莆田：《舊唐書‧地理志》，唐高祖武德五年，分南安縣置莆田縣，屬豐州，州廢，移屬泉州，故城在今福建省莆田縣東南，宋移今治。㊶人以從子託我而與人殺之：謂殺王繼昌也。繼昌，閩主延政之從子。㊷屬者：猶言頃者。㊸棄妻子使人魚肉之：謂其家為閩主延政所族。㊹順國節度久鎮恒州：高祖天福七年，杜威始鎮恒州，見卷二百八十三。㊺自恃貴戚：杜威尚高祖妹宋國大長公主。㊻暴骨如莽：胡三省曰：「暴骨如莽，左傳語。如莽者，如草之生於廣野，莽莽然。」㊼必無異志：言其忠懇，無它志也。㊽用保大年號：是年南唐保大三年。㊾賜名弘義，編之屬籍：胡三省曰：「以其同姓，編之屬籍，而賜名弘義，齒於諸子之列。」㊿又獻粟十萬斛，芻二十萬束，云皆在本道：謂所獻芻粟皆蓄於恒州。㊻威復請以為衙隊：復請以所獻步騎為衙隊。㊼唐兵圍建州，屢破泉州兵：泉州兵謂董思安、王忠順所將救建州之兵，見上二月。㊽契丹連歲入寇：去歲契丹陷貝、博等州，與晉軍戰於戚城、馬家口，今歲復寇邢、洺、磁諸州，與晉戰於白團衛村。㊾奔命：邊境有急，聞命而奔赴也。《左傳》，吳於是伐巢、取駕、克棘、入州來，楚罷於奔命。㊿蹉跌：意外之失也。《後漢書・蔡邕傳》云：「專必成之功，而忽蹉跌之敗。」㉒漢兒何得一向眠：胡三省曰：「人寢不安席則輾轉反側而不成寐，一向眠，則其眠安矣。」喻晉處危亡之勢而猶自以為安，不知大禍之將至。㉓紓：緩也。㉔開封軍將：胡三省曰：「開封府之軍將也。」㉕閩人或告福州援兵謀叛：是年正月，閩主延政發福州兵以拒唐。㉖隘：險狹之道。㉗唐邊鎬拔鐔州：閩主延政以延平鎮為鐔州見上卷天福八年。㉘楚王希範疑靜江節度使兼侍中知朗州希杲得人心：希範忌希杲事始自卷二百八十高祖天福元年。

卷二百八十五 後晉紀六

起旃蒙大荒落八月盡柔兆敦牂，凡一年有奇。（乙巳至丙午，西元四九四年八月及西元四九五年）

司馬光編集
林瑞翰註

齊王下

開運二年（西元四九四年）

㈠八月，甲子朔，日有食之。

㈡丙寅（初三日），右僕射兼中書侍郎同平章事和凝罷守本官㈠，加樞密使戶部尚書馮玉中書侍郎同平章事，事無大小，悉以委之。帝自陽城之捷㈡，謂天子無虞，驕侈益甚，四方貢獻珍奇，皆歸內府，多造器玩，廣宮室，崇飾後庭，近朝㈢莫之及。作織錦樓，以織地衣，用織工數百，期年乃成，又賞賜優伶無度。桑維翰諫曰：「曏者陛下親禦胡寇㈣，戰士重傷者，賞不過帛數端，今優人一談一笑稱旨，往往賜束帛㈤萬錢，錦袍銀帶，彼戰士見之，能不觖望㈥曰：『我曹冒白刃，絕筋折骨，曾不如一談一笑之功乎？』

如此則士卒解體，陛下誰與衞社稷乎？」帝不聽。馮玉每善承迎帝意，由是益有寵。嘗有疾在家，帝謂諸宰相曰：「自刺史以上，俟馮玉出乃得除。」其倚任如此。玉乘勢弄權，四方賂遺輻輳其門，由是朝政益壞。

㈢唐兵圍建州既久㈦，建人離心。或謂董思安宜早擇去就，思安曰：「吾世事王氏，危而叛之，天下其誰容我？」眾感其言，無叛者。丁亥（二十四日），唐先鋒橋道使上元㈧王建封先登，遂克建州，閩主延政降㈨，王忠順戰死，董思安整眾奔泉州。

初，唐兵之來，建人苦王氏之亂與楊思恭之重斂㈩，爭伐木開道以迎之，及破建州，縱兵大掠，焚宮室廬舍俱盡。是夕寒雨，凍死者相枕，建人失望，唐主以其有功，皆不問。

㈣漢主殺韶王弘雅㈡。

㈤九月，許文稹以汀州、王繼勳以泉州、王繼成以漳州皆降於唐，唐置永安軍於建州。

㈥丙申（初三日），以西京留守兼侍中景延廣充北面行營副招討使。

(七)殿中監王欽祚權知恒州事，會乏軍儲，詔欽祚括糴民粟。杜威有粟十餘萬斛在恒州，欽祚舉籍以聞，威大怒，表稱臣有何罪，欽祚籍沒臣粟㈢？朝廷為之召欽祚還，仍厚賜威以慰安之。

(八)戊申（十五日），置威信軍於曹州，遣侍衛馬步都指揮使李守貞戍澶州。

(九)乙卯（二十二日），遣彰德節度使張彥澤戍恒州。

(十)漢主殺劉思潮、林少強、林少良、何昌廷㈢，以左僕射王翻嘗與高祖謀立弘昌㈣，出為英州刺史㈤，未至，賜死，內外皆懼不自保。

(十一)冬，十月，癸巳（三十日），置鎮安軍於陳州。

(十二)唐元敬宋太后殂。

(十三)王延政至金陵，唐主以為羽林大將軍，斬楊思恭以謝建人㈥，以百勝節度使王崇文為永安節度使，崇文治以寬簡，建人遂安。

(十四)初，高麗王建用兵吞滅鄰國，頗彊大㈦，因胡僧襪囉言於高祖曰：「勃海，我昏姻也，其王為契丹所虜，請與朝廷共擊取之。」高祖不報，及帝與契丹為仇，襪囉復言之，帝欲使高麗擾契丹東邊以分其兵勢，會建卒，子武自稱權知國事⒅，上表告喪。十一月，戊戌（初五日），以武為大義軍使、高麗王，遣通事舍人郭仁遇使其國，諭指使擊契丹⒆。仁遇至其國，見其兵極弱⒇，曏者夸誕之言，特建為誇誕耳，實不敢與契丹為敵。仁遇還，武更以它故為解㉑。

㉕乙卯（二十二日），吳越王弘佐誅內都監使杜昭達，己未（二十六日），誅內牙上統軍使明州刺史闞璠。

昭達，建徽之孫也㉒，與璠皆好貨，錢塘富人程昭悅以貨結二人，得侍弘佐左右。昭悅為人狡佞，王悅之，寵待踰於舊將，璠不能平，昭悅知之，詣璠頓首謝罪。璠責讓久之，乃曰：「吾始者決欲殺汝，今既悔過，吾亦釋然。」昭悅懼，謀去璠，璠專而愎，國人惡之者眾，昭悅欲出璠於外，恐璠覺之，私謂右統軍使胡進思曰：「今欲除公及璠各為本州，使璠不疑，可乎？」進思許之，乃以璠為明州刺史，進思為湖州刺史㉓。璠怒曰：「出我於外，是棄我也。」進思曰：「老兵得大州，幸矣，不行何為？」

璠乃受命，既而復以它故留進思。

內外馬步都統軍使錢仁俊母，杜昭達之姑也，昭悅因譖璠、昭達謀奉仁俊作亂，下獄，鍛鍊成之。璠、昭達既誅，奪仁俊官，幽於東府，於是昭悅治闞、杜之黨，凡權任與已侔，意所忌者，誅放百餘人，國人畏之側目，胡進思重厚寡言，昭悅以為戇，故獨存之。昭悅收仁俊故吏慎溫其，使證仁俊之罪，拷掠備至，溫其堅守不屈，弘佐嘉之，擢為國官㉔。溫其，衢州人也。

(十六)十二月，乙丑（初三日），加吳越王弘佐東南面兵馬都元帥。

(十七)辛未（初九日），以前中書舍人廣晉㉕陰鵬為給事中樞密直學士。鵬，馮玉之黨也，朝廷每有遷除，玉皆與鵬議之，由是請謁賂遺，充滿其門。

(十八)初，帝疾未平㉖，會正日㉗，樞密使中書令桑維翰遣女僕入宮起居㉘太后，因問皇弟睿㉙近讀書否？帝聞之，以告馮玉，玉因譖維翰有廢立之志，帝疑之㉚。李守貞素惡維翰，馮玉、李彥韜與守貞合謀排之，以中書令行開封尹趙瑩柔而易制，共薦以代維翰。

丁亥（二十五日），罷維翰政事，為開封尹，以瑩為中書令，李崧為樞密使，守侍中。維翰遂稱足疾，希復朝謁，杜絕賓客，或謂馮玉曰：「桑公元老，今既解其樞務，縱不留之相位，猶當優以大藩，奈何使之尹京，親猥細之務㉑乎？」玉曰：「恐其反耳㉒！」曰：「儒生安能反？」玉曰：「縱不自反，恐其教人耳㉓！」

（十九）楚湘陰㉔處士戴偃為詩多譏刺，楚王希範囚之，天策副都軍使丁思瑾上書切諫，希範削其官爵。

（廿）唐齊王景達府屬謝仲宣言於景達曰：「宋齊丘，先帝布衣之交，今棄之草萊，不厭眾心。」景達為之言於唐主曰：「齊丘宿望，勿用可也，何必棄之以為名㉕。」唐主乃吏景達自至青陽召之㉖。

【今註】㊀右僕射兼中書侍郎同平章事和凝罷守本官：罷中書侍郎同平章事守右僕射。㊁帝自陽城之捷：陽城之捷見上卷上年。㊂近朝：謂梁、唐之世。㊃曏者陛下親禦胡寇：開運元年澶州之戰，帝親禦戎旅以禦契丹，見上卷。㊄束帛：唐制帛以十端為一束。㊅觖望：怨望也。㊆唐兵圍建州既久：唐兵攻建州始自上卷是年二月。㊇上元：《舊唐書·地理志》，上元縣，楚之金陵邑，秦為秣陵，吳名建業，宋為建康，晉分秣陵置臨江縣，晉武帝改為江寧，唐高祖武德三年，於江寧縣置揚州，九年，揚州移治江都縣，改江寧為白下縣，太宗貞觀九年，復為江寧縣，肅宗至德二年，置江寧郡，乾元元年，於江寧置昇州，上元二年，更名上元縣，移屬潤州。民國廢上元縣入今江蘇省江寧縣。㈨閩主延政降：閩自唐末王潮得福州，傳審知、延翰、鏻、昶、曦，至延政而亡，自唐昭宗景福二年，潮據有泉、汀等五州之地，歷七主，凡五十三年。按《五代史・潛偽傳》，閩以晉開運三年為南唐所滅，《五代史記・閩世家》亦謂南唐主景保大四年破建州，遷延政之族於金陵，南唐保大四年，晉之開運三年也，《通鑑》蓋據《江南錄》。若自唐景福二年至晉開運三年，則閩立國凡五十四年，若以唐景福元年王潮入福州拜觀察為始，則立國凡五十五年。《五代史補》，王潮之來福建也，值連帥陳巖卒，子壻范暉自稱留後，潮攻拔之，盡有其地，遂為福建觀察使，至其弟審知立，雖天下多事，猶能修其職貢，朝廷嘉之，封閩王，審知卒，子延鈞嗣，無識，輒改審知制度，潛稱大閩，改元龍啓，其後為子昶所弒，昶多不行，閩人殺之，立從父延羲，改元永隆，延羲不恤政事，國亂，為其將連重遇所殺，王氏之族遂滅。又曰：「先是梁朝有王霸者，即王氏之遠祖，為道士，居於福州之怡山時，愛一皂莢樹，因其下築壇為朝禮之所，其後丹成，沖虛而去。霸嘗云：『吾之子孫，當有王於此方者。』乃自為讖，藏之於地。唐光啓中，爛柯道士徐景元因於壇東北隅取土，獲其詩曰：『樹枯不用伐，壇壞不須結，不滿一千年，自有系孫列。』又曰：『後來是三王，潮水蕩禍殃，巖逢二乍間，未免有銷亡，子孫依吾道，代代封閩疆。』議者以為潮蕩禍殃，謂王潮除其禍患以開基業也；巖逢二乍間，謂陳巖逢王潮，未幾而亡，土地為其所有也；代代封閩疆，謂潮與審知也，代代蓋兩世之稱，明封崇不過潮與審知兩世耳！初，王潮嘗假道於洪州，時鍾傳為洪州節度使，以王潮若得福建，境土相接，必為己患，陰欲誅之，有僧上藍者，通於術數，動皆先知，大為鍾所重，因入謁，察傳詞氣，驚曰：『令公何故起惡意？是欲殺王潮否？』傳不敢隱，盡以告之，上藍曰：『老僧視王潮與福建有緣，必變彼時作一好世界，令公宜加禮厚待，若必殺之，令公之福去矣！』於是傳加以援送。及審知之嗣位也，楊行密方盛，常有吞東南之志氣，審知居常憂之，因其先人嘗為上藍所知，乃使人賫金帛往遺之，號曰送供，且問國之休咎。使回，上藍以十字為報，其詞曰：『不怕羊入屋，只怕錢入腹。』審知得之，歎曰：『羊者楊也，腹者福也，得非福州之患不在楊行密而在錢氏乎？今內外將吏無姓錢者，必為子孫後世之憂矣！』至延羲為連重遇所殺，諸將爭立，江南乘其時命查文徽領兵伐之，經年不能下，會兩浙救兵至，文徽腹背受敵，遂大敗，自是福州果為錢氏所有，入腹之讖始應。蓋國之興衰，皆冥數決定矣！」⑩建人苦王氏之亂與楊思恭之重斂：楊思恭以重斂得幸見卷二百八十三天福八年。㈡漢主殺韶王弘雅：弘雅，漢主之弟。㈢杜威有粟十餘萬斛在恒州，欽祚舉籍以聞，威大怒，表稱臣有何罪，欽祚籍沒臣粟：《五代史・杜重威傳》，時鎮州軍食不繼，帝遣殿中監王欽祚就本州和市，重威私第有粟十餘萬斛，遂錄之以聞，朝廷給絹數萬匹償其粟直，重威大忿曰：「我非反逆，安得籍沒邪！」㈢漢主殺劉思潮、林少強、林少良、何昌廷：天福八年，漢主使劉思潮等四人弒其兄弘度而自立，事見卷二百八十三，今復殺之以除其逼。㈣以左僕射王翻嘗與高祖謀立弘昌：事見卷二百八十三高祖七年。漢主龔廟號高祖。㈤出為英州刺史：《五代史記・職方攷》，南漢劉龑割廣州之湞陽置英州，治湞陽，故治在今廣東省英德縣東。宋曰湞陽郡，升英德府，徙治今廣東省英德縣。《元豐九域志》，廣州北至英州四百二十里。⑯斬楊文恭以謝建人：以楊文恭厚斂，為建人所怨也。⑰初，高麗王建用兵吞滅鄰國，頗強大：事見卷二吾八十高祖天福元年。⑱會建卒，子武自稱權知國事：《五代會要》，王武者，王建之子，本國中大族，國中推而為主，有智勇，兵力日盛，以兵幷三韓、百濟之地，東夷君長，最為雄盛。⑲以武為大義軍使，高麗王，遣通事舍人郭仁遇使其國，諭指使擊契丹：《五代會要》，時以為特進、檢校大保、使持節、元菟州都督，充大義軍使兼御史大夫、高麗國王。宋白《續通典》曰：「晉天福中，有西域僧襪囉來朝，善火卜，俄辭高祖，請遊高麗，王建甚禮之。時契丹併渤海之地有年矣，建因從容謂襪囉曰：『渤海本吾親戚之國，其王為契丹所虜，吾欲為朝廷攻而取之，且欲平其舊怨。師迴，為言於天子，當定期兩襲之。』襪囉還，具奏，高祖不報。出帝與契丹交兵，襪囉復奏之，帝遣郭仁遇飛詔諭建深攻其地以牽脅之。」⑳仁遇至其國，見其兵極弱：宋白《續通典》，時武新知國事，與其父之大臣不叶，自相魚肉，內難稍平而兵威未振。㉑武更以他故為解：以他故為說以自解所以不能出兵之故。㉒昭達，建徽之孫也：杜建徽助錢鏐建國，為吳越功臣。㉓乃以璠為明州刺史，進思為湖州刺史：闞璠，明州人，胡進思，湖州人，故云各除本州。㉔擢為國官：胡三省曰：「國官，吳越國官也。慎溫其自藩府吏職擢為國官。」㉕廣晉：即魏州也。唐改魏州為興唐府，高祖改為廣晉府。㉖帝疾未平：帝有疾見上卷去年冬。㉗會正旦：正旦，謂今年正月朔旦。㉘起居：參候帝后之起居。《五代史記・李琪傳》，後唐明宗初即位，詔羣臣五日一隨宰相入見內殿，謂之起居。㉙皇弟睿：即重睿也，避帝諱，去重字。時帝諸弟，獨睿存焉。㉚帝疑之：疑桑維翰有廢立之志。㉛猥細之務：猥，雜也。雜猥瑣細之務。㉜恐其反耳：恐其據大藩阻兵而反。㉝縱不自反，恐其教人耳：懲維翰嘗贊成高祖晉陽舉兵之謀，故引以為戒。㉞湘陰：《舊唐書·地理志》，湘陰縣，漢長沙國之羅縣，宋置湘陰縣，縣界有汨水，注入湘江，唐屬岳州。按南朝宋分羅縣置湘陰縣，梁復分湘陰置岳陽縣，隋廢湘陰入岳陽，尋改岳陽為湘陰，是隋、唐之湘陰，蓋梁之岳陽也，故治在今湖南省湘陰縣南二十五里白鳥潭，五代後周遷今治。㉟何必棄之以為名：言於唐主有忌賢之名。㊱唐主乃使景達自至青陽召之：宋齊丘隱於青陽見卷二百八十三天福八年。

開運三年（西元四九九五年）

㈠春，正月，以齊丘為太傅兼中書令，但奉朝請，不預政事㈠。以昭武節度使李建勳為右僕射兼門下侍郎，與中書侍郎馮延己皆同平章事。建勳練習吏事而懦怯少斷㈡，延己工文辭而狡佞，喜大言，多樹朋黨㈢，水部郎中高越上書，指延己兄弟過惡，唐主怒，貶越蘄州㈣司士。

初，唐主置宣政院於禁中，以翰林學士給事中常夢錫領之，專典機密，與中書侍郎嚴續皆忠直無私。唐主謂夢錫曰：「大臣惟嚴續中立，然無才，恐不勝其黨，卿宜左右之㈤。」未幾，夢錫罷宣政院，續亦出為池州觀察使。夢錫於是移疾縱酒，不復預朝廷事。續，可求之子也㈥。

㈡二月，壬戌朔，日有食之。

㈢晉昌節度使兼侍中趙在禮更歷十鎮㈦，所至貪暴，家貲為諸帥之最。帝利其富，三月，庚申（二十九日），為皇子鎮寧節度使㈧延煦娶其女。在禮自費緡錢十萬，縣官之費，數倍過之。延煦及弟延寶皆高祖諸孫，帝養以為子。

㈣唐泉州刺史王繼勳致書修好於威武節度使李弘義㈨，弘義以泉州故隸威武軍㈩，怒其抗禮。夏，四月，遣弟弘通將兵萬人伐之。

㈤初，朔方節度使馮暉在靈州，留党項酋長拓跋彥超於州下㈡，故諸部不敢為寇，及將罷鎮而縱之。前彰武節度使王令溫㈢代暉鎮朔方，不存撫羌胡，以中國法繩之，羌胡怨怒，競為寇鈔，拓跋彥超、石存也、廝褒三族共攻靈州，殺令溫弟令周，戊午（四月，辛酉朔，無戊午），令溫上表告急。

㈥泉州都指揮使留從效謂刺史王繼勳曰：「李弘通兵勢甚盛，士卒以使君賞罰不當，莫肯力戰，使君宜避位自省。」乃廢繼勳歸私第（一三），代領軍府事，勒兵擊李弘通，大破之，表聞於唐，唐主以從效為泉州刺史，召繼勳還金陵，遣將將兵戍泉州，徙漳州刺史王繼成為和州刺史，汀州刺史許文稹為蘄州刺史。

㈦定州西北三百里有狼山（一四），土人築堡於山上以避胡寇，堡中有佛舍尼孫深意居之，以妖術惑眾，言事頗驗，遠近信奉之。中山人孫方簡（一五）【考異】按周世宗實錄云清苑人，今從漢高祖實錄。及弟行友，自言深意之姪，不飲酒食肉，事深意甚謹，深意卒，方簡嗣，行其術，稱深意坐化（一六），嚴飾（一七），事之如生，其徒日滋（一八）。會晉與契丹絕好，北邊賦役煩重，寇盜充斥，民不安其業，方簡、行友因帥鄉里豪健者據寺為寨以自保。契丹入寇，方簡帥眾邀擊，頗獲其甲兵、牛馬、軍資，人挈家往依之者日益眾，久之，至千餘家，遂為羣盜，懼為吏所討，乃歸款朝廷，朝廷亦資其禦寇，署東北招收指揮使。方簡時入契丹境鈔掠，多所殺獲，既而邀求不已，朝廷小不副其意，則舉寨降於契丹，請為鄉道以入寇。時河北大饑，民餓死者所在以萬數，兗、鄆、滄、貝之間，盜賊蠭起，吏不能禁。天雄節度使杜威遣元隨軍將劉延翰市馬於邊，方簡執之，獻於契丹，延翰逃歸。六月，壬戌（初三日），至大梁，言方簡欲乘中國凶饑，引契丹入寇，宜為之備。

㈧初，朔方節度使馮暉在靈武，得羌胡心，市馬朞年，得五千匹，朝廷忌之，徙鎮邪州及陝州㈨，入為侍衞步軍都指揮使，領河陽節度使。暉知朝廷之意，悔離靈武，乃厚事馮玉、李彥韜，求復鎮靈州，朝廷亦以羌胡方擾，丙寅（初七日），復以暉為朔方節度使，將關西兵擊羌胡，以威州刺史㈩藥元福為行營馬步軍都指揮使。

㈨己丑（二十四日），定州言契丹勒兵壓境，詔以天平節度使侍衞馬步都指揮使李守貞為北面行營都部署，義成節度使皇甫遇副之，彰德節度使張彥澤充馬軍都指揮使兼都虞候，義武節度使薊人李殷充步軍都指揮使兼都排陳使，遣護聖指揮使臨清王彥超、太原白延遇以部兵十營詣邢州。時馬軍都指揮使鎮安節度使㈡李彥韜方用事，視守貞蔑如也。守貞在外所為，事無大小，彥韜必知之，守貞外雖敬奉而內恨之。

㈩初，唐人既克建州㈢，欲乘勝取福州，唐主不許。樞密使陳覺請自往說李弘義，必令入朝，宋齊丘薦覺才辯，可不煩寸刃，坐致弘義，唐主乃拜弘義母、妻皆為國夫人，四弟皆遷官，以覺為福州宣諭使，厚賜弘義金帛。弘義知其謀，見覺，辭色甚倨，待之疏薄，覺不敢言入朝事而還。

(十一)秋，七月，河決楊劉，西入莘縣，廣四十里，自朝城北流。

(十二)有自幽州來者，言趙延壽有意歸國，樞密使李崧、馮玉信之，命天雄節度使杜威致書於延壽，具述朝旨，啖以厚利。洺州軍將趙行實嘗事延壽，遣齎書潛往遺之。延壽復書，言久處異域，思歸中國，乞發大軍應接，拔身南去，辭旨懇密，朝廷欣然，復遣行實詣延壽，與為期約。

㈢八月，李守貞言與契丹千餘騎遇於長城北㈢，轉鬬四十里，斬其酋帥解里，擁餘眾入水，溺死者甚眾。

㈣丁卯（初九日），詔李守貞還屯澶州。

㈤帝既與契丹絕好，數召吐谷渾酋長白承福入朝，宴賜甚厚。承福從帝與契丹戰澶州，又與張從恩戍滑州，屬歲大熱，遣其部落還太原，畜牧於嵐、石㈣之境，部落多犯法，劉知遠無所縱捨，部落知朝廷微弱，且畏知遠之嚴，謀相與遁歸故地㈤。有白可久者，位亞承福，帥所部先亡歸契丹，契丹用為雲州觀察使以誘承福。知遠與郭威謀曰：「今天下多事，置此屬於太原，乃腹心之疾也，不如去之。」承福家甚富，飼馬用銀槽，威勸知遠誅之，收其貨以贍軍。知遠密表吐谷渾反覆難保，請遷於內地，帝遣使發其部落千九百人，分置河陽及諸州，知遠遣威誘承福等入居太原城中，因誣承福等五族謀叛，以兵圍而殺之，合四百口，籍沒其家貲，詔褒賞之，吐谷渾由是遂微㈥。濮州刺史慕容彥超坐違法科斂，擅取官麥五百斛造麴，賦與部民，李彥韜素與彥超有隙，發其事，罪應死，彥韜趣馮玉使殺之，劉知遠上表論救㉗，李崧曰：「如彥超之罪，今天下藩侯皆有之，若盡其法，恐人人不自安。」甲戌（十六日），敕免彥超死，削官爵，流房州。

㈥唐陳覺自福州還至劍州，恥無功㉘，矯詔使侍衛官㉙顧忠召弘義入朝，自稱權福州軍府事，擅發汀、建、撫、信州兵及戍卒，命建州監軍使馮延魯將之，趣福州迎弘義。延魯先遺弘義書，諭以禍福，弘義復書請戰，遣樓船指揮使楊崇保將州師拒之，覺以劍州刺史陳誨為緣江戰棹指揮使㉚，表福州孤危，旦夕可克，唐主以覺專命，甚怒，羣臣多言兵已傳城下，不可中止，當發兵助之。丁丑（十九日）覺、延魯敗楊崇保於侯官㉛，戊寅（二十日），乘勝進攻福州西關，弘義出擊，大破之，執唐左神威指揮使楊匡鄴，唐主以永安節度使㉜王崇文為東南面都招討使，以漳泉安撫使諫議大夫魏岑為東面監軍使，延魯為南面監軍使，會兵攻福州，克其外郭，弘義固守第二城㉝。

㈦馮暉引兵過旱海，至輝德㉞，糗糧㉟已盡，拓拔彥超眾數萬，為三陳，扼要路，據水泉以待之，軍中大懼。暉以賂求和於彥超，彥超許之，自旦至日中，使者往返數四，兵未解。藥元福曰：「虜知我飢渴，陽許和以困我耳！若至暮，則吾輩成擒矣！今虜雖眾，精兵不多，依西山而陳者是也㊱，其餘步卒，不足為患，請公嚴陳㊲以待我，我以精騎先犯西山，兵小勝，則舉黃旗，大軍合勢擊之，破之必矣！」乃帥騎先進，用短兵力戰，彥超小却，元福舉黃旗，暉引兵赴之，彥超大敗。明日，暉入靈州。

㈧九月，契丹三萬寇河東，壬辰（初五日），劉知遠敗之於陽武谷㊳，斬首七千級。

㈨漢劉思潮等既死，陳道庠內不自安㊴，特進鄧伸遺之漢紀㊵，道庠問其故，伸曰：「憨獠㊶，此書有誅韓信、醢彭越事，宜審讀之。」漢主聞之，族道庠及伸。

㈩李弘義自稱威武留後，更名弘達，奉表請命於晉㊷，甲午（初七日），以弘達為威武節度使同平章事，知閩國事。

(廿一)張彥澤奏敗契丹於定州北，又敗之於泰州，斬首二千級。

(廿二)辛丑（十四日），福州排陳使馬捷引唐兵自馬牧山拔寨而入，至善化門橋，都指揮使丁彥貞以兵百人拒之，弘達退保善化門，外城再重皆為唐兵所據。弘達更名達，遣使奉表稱臣乞師於吳越㊸。

(廿三)楚王希範知帝好奢靡，屢以珍玩為獻，求都元帥。甲辰（十七日），以希範為諸道兵馬都元帥。

(廿四)丙辰（二十九日），河決澶州臨黃㊹。

(廿五)契丹使瀛州刺史劉延祚遺樂壽監軍王巒書，請舉城內附，【考異】歐史作高牟翰，按陷蕃記前云延祚詐輸誠款，後云大軍至瀛州，偵知蕃將高模翰潛帥而出，蓋延祚為刺史，模翰乃戍將耳，今從陷蕃記。且云城中契丹兵不滿千人，乞朝廷發輕兵襲之，己為內應，又今秋多雨，自瓦橋以北，積水無際，契丹主已歸牙帳，雖聞關南有變㊺，地遠阻水，不能救也。巒與天雄節度使兼中書令杜威屢奏瀛、莫乘此可取，深州刺史慕容遷獻瀛、莫圖，馮玉、李崧信以為然，欲發大兵迎趙延壽及延祚㊻。

先是侍衛馬步都指揮使天平節度使李守貞數將兵過廣晉㊼，杜威厚待之，贈金帛甲兵，動以萬計，守貞由是與威親善。守貞入朝，帝勞之曰：「聞卿為將，常費私財以賞戰士。」對曰：「此皆杜威盡忠於國，以金帛資臣，臣安敢掠有其美？」因言陛下若它日用兵，臣願與威戮力以清沙漠，帝由是亦賢之。及將北征，帝與馮玉、李崧議以威為元帥，守貞副之。趙瑩私謂馮、李曰：「杜令國戚㊽，貴為將相㊾，而所欲未厭，心常慊慊㊿，豈可復假以兵權？必若有事北方，不若止任守貞為愈也。」不從。

冬，十月，辛未（十四日），以威為北面行營都指揮使，以守貞為兵馬都監，泰寧節度使(51)安審琦為左右廂都指揮使，武寧節度使(52)符彥卿為馬軍左廂都指揮使，義成節度使(53)皇甫遇為馬軍右廂都指揮使，永清節度使(54)梁漢璋為馬軍都排陳使，前威勝節度使(55)宋彥筠為步軍左廂都指揮使，奉國左廂都指揮使王饒為步軍右廂都指揮使，洺州團練使薛懷讓為先鋒都指揮使，仍下敕牓曰：「專發大軍，往平黠虜，先取瀛、莫，安定關南，次復幽、燕，盪平塞北。」又曰：「有擒獲虜主者，除上鎮節度使，賞錢萬緡、絹萬匹、銀萬兩。」

時自六月積雨，至是未止，軍行及饋運者甚艱苦。

(五五)唐漳州將林贊堯作亂，殺監軍使周承義，劍州刺史陳誨、泉州刺史留從效舉兵逐贊堯，以泉州裨將董思安權知漳州，唐主以思安為漳州刺史。思安辭以父名章，唐主改漳州為南州，命思安及留從效將州兵會攻福州，庚辰（二十二日），圍之。

福州使者至錢塘(五六)，吳越王弘佐召諸將謀之，皆曰：「道險遠，難救。」惟內都監使臨安水丘昭券(五七)以為當救，弘佐曰：「脣亡齒寒(五八)，吾為天下元帥，曾不能救鄰道，將安用之？諸君但樂飽身安坐邪？」壬午（二十五日），遣統軍張筠、趙承泰將兵三萬水陸救福州(五九)，先是募兵久無應者，弘佐命糾之，曰：「糾而為兵者，糧賜減半。」明日，應募者雲集。弘佐命昭券專掌用兵，昭券憚程昭悅，以用兵事讓之(六〇)。弘佐命昭悅掌應援饋運事，而以軍謀委元德昭。德昭，危仔倡之子也(六一)。

弘佐議鑄鐵錢以益將士祿賜，其弟牙內都虞候弘億諫曰：「鑄鐵錢有八害。新錢既行，舊錢(六二)皆流入鄰國，一也；可用於吾國而不可用於它國，則商賈不行，百貨不通，二也；銅禁至嚴，民猶盜鑄，況家有鐺釜(六三)，野有鏵犁(六四)，犯法必多，三也；閩人鑄鐵錢而亂亡(六五)，不足為法，四也；國用幸豐而自示空乏(六六)，五也；祿賜有常而無故益之，以啓無厭之心，六也；法變而弊，不可遽復，七也；錢者，國姓，易之不祥，八也。」弘佐乃止。

(廿七)杜威、李守貞會兵於廣晉而北行(六七)，威屢使公主入奏(六八)，請益兵，曰：「今深入虜境，必資眾力。」由是禁軍皆在其麾下，而宿衛空虛。

十一月，丁酉（初十日），以李守貞權知幽州行府事，己亥（十二日），杜威等至瀛州，城門洞啓，寂若無人，威等不敢進，聞契丹將高謨翰先已引兵潛出，威遣梁漢璋將二千騎追之，遇契丹於南陽務，敗死。威等聞之，引兵而南。時束城(六九)等數縣請降，威等焚其廬舍，掠其婦女而還。

(廿八)己酉（二十二日），吳越兵至福州，自罾浦(七〇)南潛入州城，唐兵進據東武門，李達與吳越兵共禦之，不利，自是內外斷絕，城中益危，庸主遣信州刺史王建封助攻福州。時王崇文雖為元帥，而陳覺、馮延魯、魏岑爭用事，留從效、王建封倔彊不用命[七一]，各爭功，進退不相應，由是將士皆解體，故攻城不克。

唐主以江州觀察使杜昌業為吏部尚書判省事[七二]。先是昌業自兵部尚書判省事出江州，及還，閱簿籍，撫案嘆曰：「未數年而所耗者半，其能久乎[七三]？」

(卌九)契丹主大舉入寇，自易、定、趣恒州，杜威等至武強[七四]，聞之，將自貝、冀而南。彰德節度使張彥澤時在恒州[七五]，引兵會之，言契丹可破之狀，威等復趣恒州，以彥澤為前鋒。【考異】備史曰：「彥澤狼子其心，密已變矣，乃通款邪律氏，請為前導，因促騎說威，引軍泝滹沱水西援常山，及至真定東垣渡，與威通謀，先遣步眾跨水，不之救，致敗，將沮人心以行詭計，因促監者高勳請降於虜。」按彥澤與威若已通款於契丹，則彥澤何故猶奪橋。契丹何故猶議回旋。今不取。甲寅（二十七日），威等至中度橋[七六]，契丹已據橋，彥澤帥騎爭之，契丹焚橋而退。晉兵與契丹夾滹沱而軍，始契丹見晉軍大至，又爭橋不勝，恐晉軍急渡滹沱，與恒州合勢擊之，議引兵還，及聞晉軍築壘為持久之計，遂不去[七七]。

(卅)蜀施州刺史田行皋叛，遣供奉官耿彥珣將兵討之。

(卅一)杜威雖以貴戚為上將，性懦怯，偏裨皆節度使(七八)，但曰相承迎，置酒作樂，罕議軍事。磁州刺史兼北面轉運使李穀說威及李守貞曰：「今大軍去恒州咫尺，煙火相望，若多以三股木置水中(七九)，積薪布土其上，橋可立成，密約城中舉火相應，夜募將士斫虜營而入，表裏合勢，虜必遁逃。」諸將皆以為然，獨杜威不可，遣穀南至懷、孟(八〇)督軍糧。契丹以大軍當晉軍之前，潛遣其將蕭翰、通事劉重進將百騎及羸卒並西山出晉軍之後，斷晉糧道及歸路，樵采者遇之，盡為所掠。有逸歸者，皆稱虜眾之盛，軍中恟懼。翰等至欒城(八一)，城中戍兵千餘人，不覺其至，狽狼降之。契丹獲晉民，皆黥其面，曰：「奉敕不殺。」縱之南走，運夫在道遇之，皆棄車驚潰。翰，契丹主之舅也(八二)。十二月，丁巳朔，李穀自書密奏，具言大軍危急之勢，請車駕幸滑州，遣高行周、符彥卿扈從，及發兵守澶州、河陽以備虜之奔衙，遣軍將關勳走馬上之㊂。

己未（初三日），帝始聞大軍屯中度㊃，是夕，關勳至。庚申（初四日），杜威奏請益兵，詔悉發守宮禁者得數百人赴之。又詔發河北及滑、孟、澤、潞芻糧五十萬詣軍前㊄，督迫嚴急，所在鼎沸㊅。辛酉（初五日），威又遣從者張祚等來告急。祚等還，為契丹所獲，自是朝廷與軍前聲問兩不相通。時宿衛兵皆在行營，人心懍懍，莫知為計。

開封尹桑維翰以國家危在旦夕，求見帝言事，帝方在苑中調鷹㊆，辭不見，又詣執政言之㊇，執政不以為然，退謂所親曰：「晉氏不血食矣㊈！」

帝欲自將北征，李彥韜諫而止。時符彥卿雖任行營職事，帝留之使戍荊州口，壬戌（初六日），詔以歸德節度使高行周為北面都部署，以彥卿副之，共戍澶州，以西京留守景延廣戍河陽，且張形勢。

奉國都指揮使王清言於杜威曰：「今大軍去恒州五里，守此何為？營孤食盡，勢將自潰。請以步卒二千為前鋒，奪橋開道，公帥諸軍繼之，得入恒州，則無憂矣！」威許諾，遣清與宋彥筠俱進。清戰甚銳，契丹不能支，勢小却，諸將請以大軍繼之，威不許。彥筠為契丹所敗，浮水抵岸得免，清獨帥麾下陳於水北（九〇），力戰，互有殺傷，屢請救於威，威竟不遣一騎助之。清謂其眾曰：「上將握兵，坐觀吾輩困急而不救，此必有異志，吾輩當以死報國耳！」眾感其言，莫有退者。至暮，戰不息，契丹以新兵繼之，清及士眾盡死，由是諸軍皆奪氣（九一）。清，洺州人也。

甲子（初八日），契丹遙以兵環晉營，內外斷絕，軍中食且盡，杜威與李守貞、宋彥筠謀降契丹。威潛遣腹心詣契丹牙帳邀求重賞，契丹主紿之曰：「趙延壽威望素淺，恐不能帝中國，汝果降者，當以汝為之。」威喜，遂定降計。丙寅（初十日），伏甲召諸將，出降表示之，使署名。諸將駭愕，莫敢言者，但唯唯聽命。威遣閤門使高勳齎詣契丹，契丹主賜詔慰納之。是日，威悉命士出陳於外，軍士皆踴躍，以為且戰，威親諭之曰：「今食盡塗窮，當與汝曹共求生計。」因命釋甲，軍士皆慟哭，聲振原野。威、守貞仍於眾中揚言主上失德，信任姦邪，猜忌於己，聞者無不切齒。契丹主遣趙延壽衣赭袍至晉營，慰撫士卒，曰：「彼皆汝物也。」杜威以下，皆迎謁於馬前，亦以赭袍衣威以示晉軍，其實皆戲之耳㊈㊁。以威為太傅，李守貞為司徒。

威引契丹主至恒州城下，諭順國節度使王周以已降之狀，周亦出降。戊辰（十二日），契丹主入恒州，遣兵襲代州，刺史王暉以城降之㊈㊂。

先是契丹屢攻易州，刺史郭璘固守拒之㊈㊃。契丹主每過城下，指而歎曰：「吾能吞併天下，而為此人所扼。」及杜威既降，契丹主遣通事耿崇美至易州，誘諭其眾，眾皆降，璘不能制，遂為崇美所殺。璘，邢州人也。

義武節度使李殷、安國留後方太皆降於契丹。契丹主以孫方簡為義武節度使，麻荅㊈㊄為安國節度使，以客省副使馬崇祚權知恒州事。

契丹翰林承旨史部尚書張礪言於契丹主曰：「今大遼已得天下㊈㊅，中國將相宜用中國人為之，不宜用北人及左右近習，苟政令乖失，則人心不服，雖得之猶將失之。」契丹主不從，引兵自邢、相而南㊈㊆，杜威將降兵以從。張彥澤將二千騎先取大梁，且撫安吏民，以通事傳住兒為都監。

杜威之降也，皇甫遇初不預謀。契丹主欲遣遇先將兵入大梁，遇辭，退謂所親曰：「吾位為將相㊈㊇，敗不能死，忍復圖其主乎？」至平棘㊈㊈，謂從者曰：「吾不食累日矣，何面目復南行？」遂扼吭而死。

張彥澤倍道疾驅，夜度白馬津㊀㊀。壬申（十一日），帝始聞杜威等降，是夕，又聞彥澤至滑州，召李崧、馮玉、李彥韜入禁中計事，欲詔劉知遠發兵入援㊀㊀。癸酉（十七日），未明，彥澤自封丘門斬關而入，李彥韜帥禁兵五百赴之，不能遏。彥澤頓兵明德門外㊀㊁，城中大擾。帝於宮中起火，自攜劍，驅後宮十餘人將赴火，為親軍將薛超所持。俄而彥澤自寬仁門㊀㊂，傳契丹主與太后書慰撫之，且詔桑維翰、景延廣，帝乃命滅火，悉開宮城門。帝坐苑中，與后妃相聚而泣，召翰林學士范質草降表，自稱孫男臣重貴禍至神惑，運盡天亡，今與太后及妻馮氏舉族於郊野面縛待罪，次遣男鎮寧節度使延煦、威信節度使延寶奉國寶一、金印三出迎㉔，太后亦上表稱新婦李氏妾㉕。傅住兒入宣契丹主命，帝脫黃袍，服素衫，再拜受宣，左右皆掩泣。

帝使召張彥澤，欲與計事，彥澤曰：「臣無面目見陛下。」帝復召之，彥澤微笑不應。或勸桑維翰逃去，維翰曰：「吾大臣，逃將安之？」坐而俟命。彥澤以帝命召維翰，維翰至天街㉖，遇李崧，駐馬語，未畢，有軍吏於馬前揖維翰赴侍衞司㉗，維翰知不免，顧謂崧曰：「侍中當國㉘，今日國亡，反令維翰死之，何也？」崧有愧色。彥澤踞坐見維翰，維翰責之曰：「去年拔公於罪人之中，復領大鎮，授以兵權㉙，何乃負恩至此？」彥澤無以應，遣兵守之。

宣徽使孟承誨素以佞巧有寵於帝，至是帝召承誨，欲與之謀，承誨伏匿不至，張彥澤捕而殺之。

彥澤縱兵大掠，貧民乘之，亦爭入富室，殺人取其貨，二日方止，都城為之一空。彥澤所居山積，自謂有功於契丹⑳，晝夜以酒樂自娛，出入騎從，常數百人，其旗幟皆題赤心為主，見者笑之。軍士擒罪人至前，彥澤不問所犯，但瞋目豎三指，即驅出，斷其腰領㉑。彥澤素與閤門使高勳不協，乘醉至其家，殺其叔父及弟，尸諸門首，士民不寒而慄。

中書舍人李濤謂人曰：「吾與其逃於溝瀆而不免，不若往見之。」乃投刺謁彥澤曰：「上書請殺太尉人李濤謹來請死㉒。」彥澤欣然接之，謂濤曰：「舍人今日懼乎？」濤曰：「濤今日之懼，亦猶足下昔年之懼也。嚮使高祖用濤言，事安至此？」彥澤大笑，命酒飲之，濤引滿而去，旁若無人㉓。

甲戌（十八日），張彥澤遷帝於開封府，頃刻不得留，宮中慟哭。帝與太后、皇后乘肩輿，宮人宦者十餘人步從，見者流涕。

帝悉以內庫金珠自隨，彥澤使人諷之曰：「契丹主至此，物不可匿也。」帝悉歸之，亦分以遺彥澤，彥澤擇取其奇貨而封其餘以待契丹。

彥澤遣控鶴指揮使李筠以兵守帝，內外不通，帝姑烏氏公主賂守門者，入與帝訣，歸第自經。

帝與太后所上契丹主表章皆先示彥澤然後敢發，帝使取內庫帛數段，主者不與，曰：「此非帝物也。」又求酒於李崧，崧亦辭以它故不進，又欲見李彥韜，彥韜亦辭不往，帝惆悵久之。

馮玉佞張彥澤，求自送傳國寶，冀契丹復任用。

楚國夫人丁氏，延煦之母也，有美色，彥澤使人取之，太后遲迴未與，彥澤詬詈，立載之去。

是夕，彥澤殺桑維翰㉔。【考異】薛史：「帝思維翰在相時累進謀畫，請與虜和，慮戎主到則顯彰己過，欲殺維翰以滅口，因令張彥澤殺之。」按是時，彥澤豈肯復從少帝之命，今不取。以帶加頸，白契丹主，云其自經。契丹主曰：「吾無意殺維翰，何為如是？」命厚撫其家㉕。

高行周、符彥卿皆詣契丹牙帳降㉖。契丹主以陽城之戰，為彥卿所敗㉗，詰之，彥卿曰：「臣當時惟知為晉主竭力，今日死生惟命。」契丹主笑而釋之。

己卯（二十三日），延煦、延寶自牙帳還，契丹主賜帝手詔，且遣解里謂帝曰：「孫勿憂，必使汝有噉飯之所。」帝心稍安，上表謝恩。

契丹以所獻傳國寶追琢非工，又不與前史相應㉘，疑其非真，以詔書詰帝使獻真者。帝奏：「頃王從珂自焚㉙，舊傳國寶不知所在，必與之俱燼，此寶先帝所為㉚，羣臣備知，臣今日焉敢匿寶？」乃止。帝聞契丹主將度河，欲與太后於前途奉迎，張彥澤先奏之，契丹主不許。有司又欲使帝銜璧牽羊，大臣輿櫬㉛，迎於郊外，先具儀注白契丹主。契丹主曰：「吾遣奇兵直取大梁，非受降也。」亦不許。又詔晉文武羣官一切如故，朝廷制度，並用漢禮㉜。有司欲備法駕迎契丹主，契丹主報曰：「吾方擐甲總戎，太常儀衛，未暇施也。」皆却之。

先是契丹主至相州，即遣兵趣河陽，捕景延廣，延廣倉猝無所逃伏㉓，往見契丹主於封丘㉔，契丹主詰之曰：「致兩主失歡，皆汝所為也，十萬橫磨劍安在？」召喬榮使相辯證，事凡十條，延廣初不服，榮以紙所記語示之㉕，乃服。每服一事，輒授一籌，至八籌，延廣但以面伏地請死，乃鎖之。

丙戌（三十日），晦，百官宿於封禪寺㉖。

【今註】㊀但奉朝請，不預政事：奉朝會請召而已。㊁建勳練習吏事而懦怯少斷：胡三省曰：「惟世宦則練習吏事，懦怯少斷則亦因練習之久而巧於就避者然也。」㊂喜大言，多樹朋黨：胡三省曰：「多大言而少成事，樹朋黨以濟己私。」㊃蘄州：《舊唐書・地理志》，唐高祖武德四年，改隋宜春郡為蘄州，治蘄春縣，玄宗天寶元年，改為蘄春郡，肅宗乾元元年，復為蘄州。故治在今湖北省蘄春縣西北。㊄卿宜左右之：左右讀為佐佑，謂輔佐護佑之也。㊅續，可求之子也：嚴可求，徐溫之謀主。㊆晉昌節度使兼侍中趙在禮更歷十鎮：晉以京兆府為晉昌軍。《五代史・趙在禮傳》，在禮起鄴都留後，授義成節度使，不行，後歷授橫海、泰寧、匡國、山南東道、歸德、天平、忠武、武寧諸鎮節度使，再除泰寧節度使，開運三年正月，改授晉昌節度使，凡十鎮。㊇鎮寧節度使：晉以澶州為鎮寧軍。㊈威武節度使李弘義：李弘義即李仁達，唐賜名弘義見上卷上年。㊉弘義以泉州故隸威武軍：泉州，威武軍巡屬也。⑪初，朔方節度使馮暉在靈州，留党項酋長拓跋彥超於州下：事見卷二百八十二高祖天福四年。㊂前彰武節度使王令溫：延州彰武軍。㊂乃廢繼勳歸私第：王繼勳，留從效所立也，見上卷上年，至是廢之。㊃定州西北二百里有狼山：匈奴須知，狼山寨東北至易州八十里，東南至廣信軍界。按狼山一名郎山，其上有西水及姑姑窩等寨，在今河北省易縣西南。廣信軍，金為遂州，在今河北省徐水縣西二十五里。㊄孫方簡：胡三省曰：「歐史作孫方諫，蓋孫方簡，後避周太祖皇考諱，遂改名方諫也。」㊅坐化：胡三省曰：「崇信釋氏而學其學，專一而靜者，其死也能結趺端坐如生，謂之坐化。」㊆嚴飾：嚴飾其尸也。嚴，整也，衣飾嚴整，謂之嚴飾。㊇事之如生，其徒日滋：《五代史．孫方諫傳》，宋太祖乾德中，以其妖妄惑眾，詔毀狼山佛寺，遷其尼朽骨赴京，遣焚於北郊，自是妖徒遂息。㊈徙鎮邠州及陝州：邠州靜難軍，陝州保義軍。㊉威州刺史：《五代史記．職方考》，晉高祖天福四年，割靈州之方渠、寧州之木波、烏嶺三鎮置威州而治方渠，周太祖廣順二年，改曰環州，世宗顯德四年，廢為通遠軍，故治即今甘肅省環縣。按《唐書．地理志》，唐高宗咸亨三年，以靈州之故鳴沙縣地置安樂州以居吐谷渾部落自涼州之內徙者，肅宗至德後，沒於吐蕃，宣宗大中三年收復，更名威州。又唐高祖武德二年置會州於靈州之鳴沙縣，太宗貞觀六年，州廢，更置環州，以大河環曲為名，九年，州廢，以鳴沙縣還隸靈州。蓋唐已置威、環二州，五代梁、唐棄之，晉復置也。趙珣《聚米圖經》，靈州南至環州五百里。㊁鎮安節度使：去年置鎮安軍於陳州。㊂初，唐人既克建州：去年八月，唐克建州。㊂李守貞言與契丹千餘騎遇於長城北：《五代史．晉少帝紀》，李守貞奏大軍至望都縣，相次至長城北，遇敵千餘騎，轉鬥四十里。胡三省曰：「此戰國時燕所築長城也，在涿州固安縣南。」固安縣今屬河北省。㉔嵐、石：二州名。㉕部落知朝廷微弱，且畏知遠之嚴謀，相與遁歸故地：吐谷渾部落知晉朝微弱，不能致討，又畏劉知遠之威略，不敢肆其姦，故相與遁歸故地。㉖吐谷渾由是遂微：《五代會要》曰：「晉少帝嗣位，絕契丹之好，數召其酋長入朝，厚加錫宴，每大讌會，皆命列坐於勛臣之次。至開運中，捍虜於澶州，召白承福等率其部眾從行，屬歲多暑熱，部下多死，復遣歸太原，移帳於嵐、石州界。然承福馭下無法，多干軍令，其族白可久名在承福之亞，因牧馬率本帳北遁，契丹授以官爵，復遣潛誘承福，承福亦思叛去。事未果，漢祖知之，乃以兵環其部族，擒承福與其族白鐵櫃、赫連海龍等五家，凡四百餘人，伏誅，籍其牛馬，命別部長王義宗統其餘屬。」㉗劉知遠上表論救：慕容彥超，劉知遠之同產弟，故上表論救之。㉘唐陳覺自福州還至劍州，恥無功：陳覺請自往說李弘義入朝而不能致，故自恥無功。《五代史記・職方攷》，南唐李景割建州之延平、劍浦、富沙三縣置劍州，治延平，即今福建省南平縣。㉙侍衞官：胡三省曰：「侍衞官在人主左右直衞者也，猶盛唐之侍官。」㉚緣江戰棹指揮使：自建州歷劍州以攻福州，順建溪南流入劍溪，劍溪復東，其下流則曰閩江，故置緣江戰棹指揮使以統舟師。㉛覺、延魯敗楊崇保於侯官：唐分閩縣置侯官縣，與閩縣皆治福州郭下，下云乘勝進攻福州西關，則此蓋戰於侯官縣界也。㉜永安節度使：去年十月，唐置永安軍於建州。㉝弘義固守第二城：第二城，外郭之第二重城也。㉞馮暉引兵過旱海，至輝德：胡三省曰：「輝德，地名，在靈武南。」張洎曰：「自威州抵靈州，旱海七百里，斥鹵枯澤，無溪澗川谷。」趙珣《聚米圖經》

曰：「鹽、夏、清遠軍間，並係沙磧，俗謂之旱海，自環州出青剛川，本靈州大路，自此過美利寨，漸入平夏，經旱海中，難得水泉。」（三五）糗糧：乾糧曰糗。（三六）今虜雖眾，精兵不多，依西山而陳者是也：謂虜精兵皆陳於西山，為數不多。（三七）嚴陳：嚴兵整陳以防敵之攻擊。（三八）陽武谷：陽武谷在今山西省崞縣西三十里，亦作揚武谷，又作羊武谷。（三九）漢劉思潮等既死，陳道庠內不自安：漢殺劉思潮等見去年九月。陳道庠與劉思潮同弒漢主弘度，故思潮死而道庠不自安。（四〇）特進鄧伸遺之漢紀：胡三省曰：「按路振九國志，陳道庠父璫與鄧伸有舊，故然。」（四一）憨獠：憨，癡也；獠，西南夷之種也。此為親暱之稱。（四二）李弘義自稱威武留後，更名弘達，奉表請命於晉：李弘義本名仁達，唐主賜名弘義，今既叛唐附晉，故更其名。（四三）弘達更名達，遣使奉表稱臣乞師於吳越：吳越王名弘佐，弘達既稱臣於吳越，故避諱去弘字。（四四）臨黃：臨黃，漢為東郡觀縣，後魏置臨黃縣，以北臨黃溝為名。《舊唐書・地理志》，唐高祖武德四年，以臨黃縣屬莘州，州廢，屬魏州，代宗大曆七年，置澶州，割臨黃屬之，故城在今山東省觀城縣東南，今名臨黃集。（四五）雖聞關南有變：關南，謂瀛、莫二州也，在瓦橋關之南。（四六）欲發大兵迎趙延壽及延祚：先是趙延壽亦詐通款於晉，見上七月。（四七）廣晉：晉以魏州為廣晉府。（四八）杜令國戚：杜威兼中書令，尚高祖妹宋國大長公主，於晉為國戚。（四九）貴為將相：謂居大鎮，兼為中書令也。（五〇）慊慊：心不滿貌。（五一）泰寧節度使：兗州泰寧軍。（五二）武寧節度使：徐州武寧軍。（五三）義成節度使：滑州義成軍。（五四）永清節度使：貝州永清軍。（五五）威勝節度使：鄧州威勝軍。（五六）福州使者至錢塘：上月李仁達遣使乞師於吳越，至是至錢塘。錢塘，吳越國都。（五七）水丘昭券：

水丘，復姓也，昭券其名。(五八)脣亡齒寒：《左傳》，晉假道於虞以伐虢，宮之奇曰：「虢，虞之表也，虢亡，虞必從之，諺所謂輔車相依，脣亡齒寒者，其虞虢之謂也。」蓋古諺，以喻休戚相關，如脣齒之相切近。(五九)遣統軍張筠、趙承泰將兵三萬水陸救福州：分水、陸二道並進以救之。胡三省曰：「吳越救福州，自婺、衢至建、劍，順流可至福州。是時劍、建已為南唐守，此道不可由也，自溫州之平陽度海浦至福州界，當由此道耳(六〇)昭券憚程昭悅，以用兵事讓之：胡三省曰：「程昭悅時為弘佐所寵任，故水丘昭券憚而讓之。」(六一)德昭，危仔倡之子也：危仔倡見卷二百六十三梁太祖開平三年。(六二)舊錢：謂舊所流通之銅錢。(六三)鐺釜：鐺本作鎗，亦釜屬，三足溫酒器也。(六四)鏵犂：鏵亦犂屬也，臿之別名。方言曰：「臿，宋、魏之間謂之鏵。」(六五)閩人鑄鐵錢而亂亡：閩鑄鐵錢事見卷二百八十三高祖天福七年及上卷開運元年。(六六)國用幸豐而自示空乏：言國用本無匱乏，今鑄鐵錢，鄰國聞之，將以為我國用必甚匱乏也。(六七)杜威、李守貞會兵於廣晉而北：李守貞自天平軍引兵會杜威於廣晉府，相與北行。(六八)威屢使公主入奏：公主，杜威妻宋國大長公主，高祖之妹，帝之姑也。(六九)束城：《舊唐書・地理志》，束城縣，本漢渤海郡束州縣，隋改曰束城，唐屬瀛州，故城在今河北省河間縣東北六十里。(七〇)罾浦：罾浦在今福建省閩侯縣東南。《福州府志》，福州人多就此浦罾魚，故名。(七一)留從效、王建封倔彊不用命：胡三省曰：「留從效起泉州，斬黃紹頗，破李弘通，唐人憚其威名，王建封雖本唐將，恃建州先登之功，故皆倔彊不用命。」(七二)判省事：判尚書省事。(七三)未數年而所耗者半，其能久乎：杜昌業自言前出鎮江州至是未及數年，而府庫之積已耗其半，長此以往，勢將不能久支也。㊃武強：《舊唐書．地理志》，武強縣，漢為武隧縣，屬河問國，晉改為武強，唐高祖武德四年，以武強屬冀州，太宗貞觀元年，移屬深州。《元豐九域志》，武強縣在深州西四十五里，即今河北省武強縣。按漢武強故縣在今縣東北三十里，晉移治今縣西南二十五里，後魏移治武邑郡故城，即今治也。㊄彰德節度使張彥澤時在恒州：去年九月，遣張彥澤戍恒州以備契丹。㊅中度橋：胡三省曰：「滹沱水逕恒州東南，恒州之人，各隨便為津渡之所。此為中度者，明上下流各有度也。」㊆及聞晉軍築壘為持久計，遂不去：契丹知晉軍之怯敵，故不去。㊇偏裨皆節度使：自李守貞至宋彥筠，皆節度使也。㊈若多以三股木置水中：胡三省曰：「三股木者，用木三條交股縛之，其下撐開為三足以置水中。」㊉懷、孟：二州名。㊀欒城：《舊唐書．地理志》，欒城縣本漢常山郡之開縣，後魏於開縣古城置欒城縣，屬趙州，唐代宗大曆三年，割屬恒州。《元豐九域志》，欒城縣在恒州南六十二里，故城在今河北省欒城縣北。㊁翰，契丹主之舅也：契丹行二部外婚制，故其後族皆蕭氏。《五代史記．四夷附錄》曰：「翰，契丹之大族，其號阿鉢，翰之妹亦嫁德光，而阿鉢本無姓氏，契丹呼翰為國舅。德光既入汴，將北歸，以為宣武節度使，李崧為製姓名曰蕭翰，於是始姓蕭。」按《遼史．蕭翰傳》，翰蓋蕭敵魯之子，敵魯母即德祖女弟，德祖，遼太祖阿保機之父也，又〈太祖紀〉，阿保機母曰宣簡皇后蕭氏，是遼初已有蕭氏，不自蕭翰始也。㊂遣軍將關勳走馬上之：胡三省曰：「走馬上之，急報也。宋自寶元、康定以前，凡邊鎮率有走馬承受之官。」㊃己未，帝始聞大軍屯中度：上月甲寅，杜威等屯軍中度橋，至是大梁始聞之，凡七日而驛報始達。㊄又詔發河北及滑、孟、澤、潞芻糧五十萬詣軍前：五十萬，五十萬束石也，蓋合芻、糧之數而言。《舊唐書・地理志》，孟州，本河南府之河南縣，本屬懷州，高宗顯慶二年，割屬河南府，以城臨大河，長橋架水，古稱天險。肅宗乾元中，史思明再陷洛陽，太尉李光弼以重兵守河陽，及雍王平賊，留觀軍容使魚朝恩守河陽，乃以河南府之河陽、河清、濟源，溫四縣租稅入河陽三城，尋又以汜水軍賦隸之，武宗會昌三年，遂以河陽等五縣為孟州，尋以河清縣還河南府，割河南府之河陰縣隸之。州治河陽縣，在今河南省孟縣南。(八六)鼎沸：喻喧擾如鼎水之沸騰。(八七)調鷹：胡三省曰：「調鷹者，調習之也，使馴狎而附人。」(八八)又指執政言之：執政謂馮玉、李彥韜等。(八九)晉氏不血食矣：言晉朝將亡而宗廟不祀也。古者祀宗廟以牲牢，故謂之血食。(九〇)清獨帥麾下陳於水北：陳於滹沱水之北岸也。(九一)清及士眾盡死，由是諸軍奪氣：《冊府元龜》曰：「王清為奉國都虞候溪州刺史，少帝開運二年，從杜重威北征，解陽城之圍，清苦戰為步校之最，加檢校司空。及從杜重威收瀛州，聞契丹大至，重威率諸軍沿滹沱水而行，將保常山，及至中渡橋，虜已屯於北岸，且扼歸路，清知勢蹙，請於重威曰：『軍去常山五里，守株於此，營孤食盡，將若之何？請以步軍二千為前鋒，奪橋開路，公可率諸軍繼之，期入常山必矣！』重威可之，遣宋彥筠與俱。清一擊獲其橋，虜為之小却，重威猶豫不進，密已貳於國矣。彥筠尋退走，清列陳北岸，嚴戒部曲，日暮，酣戰不息，虜以生軍繼至，我無寸刃益之，清與其下俱沒焉。」(九二)契丹主遣趙延壽衣赭袍至晉營慰撫士卒，曰，彼皆汝物也，杜威以下，皆迎謁馬前，亦以赭袍衣威以示晉軍，其實皆戲之耳：胡三省曰：「契丹主非特戲杜威、趙延壽也，亦以愚晉軍。彼其心知晉軍之不誠服也，揚言將以華人為中國主，是二人者必居一於此，晉人謂喪君有君，皆華人也，夫是以不生心，其計巧矣！」(九三) 契丹主入恒州，遣兵襲代州，刺史王暉以城降之：乘戰勝之勢，脅之使降也。《元豐九域志》，恒州西北至代州三百四十里。(九四) 先是契丹屢攻易州，刺史郭璘固守拒之：《五代史・郭璘傳》，璘初事後唐明宗，漸升為軍校，天福中，為奉國指揮使，歷數郡刺史，開運中，移領易州，契丹攻其郡，璘率勵士眾，同其甘苦，敵不能克，復以州兵擊賊，數獲其利。(九五) 麻荅：葉隆禮《契丹國志》曰：「麻荅，太宗之從弟也。」(九六) 今大遼已得天下：時晉之精兵悉總於杜威，今威降，故云已得天下。契丹改號大遼見卷二百八十三高祖天福二年。(九七) 引兵自邢、相而南：邢、相二州名。胡三省曰：「契丹之兵依山南下以臨晉。」(九八) 吾位為將相：皇甫遇時為義成節度使同中書門下平章事，故云。(九九) 平棘：《舊唐書・地理志》，平棘縣，漢縣，屬常山郡，唐為趙州治。《元豐九域志》，平棘故城，春秋之棘蒲邑也，《十三州志》，戰國時，改棘蒲為平棘。故治即今河北省趙縣。(一〇〇) 張彥澤倍道疾驅，夜度白馬津：胡三省曰：「張彥澤以澶、孟有戍兵，故從白馬津度。」(一〇一) 欲詔劉知遠發兵入援：《舊唐書・地理志》，太原至洛陽八百八里，洛陽至大梁四百一里。(一〇二) 彥澤屯兵明德門外：《五代史・晉高祖紀》，天福三年十月，改大寧宮門為明德門。《五代會要》，明德門，大梁皇城南門也。(一〇三) 寬仁門：《五代會要》，大梁皇城之東門為寬仁門。(一〇四) 帝坐苑中，與后妃相聚而泣，召翰林學士范質草降表，自稱孫男臣重貴禍至神惑，運盡天亡，今與太后及妻馮氏舉族於郊野面縛待罪，次遣男鎮寧節度使延煦、威勝節度使延寶奉國寶一、金印三出迎：胡三省曰：「國寶即高祖天福三年所制受命寶也。」《五代史・晉少帝紀》，范質為帝草降表曰：「孫臣某言，往者唐運告終，中原失馭，數窮否極，天缺地傾，先人有田一成，有眾一旅，兵連禍結，力屈勢孤，翁皇帝救患摧鋒，興利除害，躬擐甲冑，深入寇場，犯露蒙霜，度鴈門之險，馳風掣電，行中冀之誅，黃鉞一麾，天下大定，勢淩宇宙，義感神明，功成不居，遂興晉祚，則翁皇帝有大造於石氏也。旋屬天降鞠凶，先君即世，臣遵承遺旨，纘紹前基，諒闇之初，荒迷失次，凡有軍國重事，皆委將相大臣，至于擅繼宗祧，既非稟命，經發文字，輒敢抗尊，自啓釁端，果貽赫怒，禍至神惑，運盡天亡，十萬師徒，皆望風而束手，億兆黎庶，悉延頸以歸心。臣負義包羞，貪生忍恥，自貽顛覆，上累祖宗，偷度晨昏，苟存食息。翁皇帝若惠顧疇昔，稍霽雷霆，未賜靈誅，不絕先祀，則百口荷更生之德，一門銜罔報之恩，雖所願焉，非敢望也，臣與太后并妻馮氏及舉家戚屬見於郊野，面縛俟罪，次所有國寶一面，金印三面，今遣長子陝府節度使延煦、次子曹州節度使延寶管押進納，并奉表請罪陳謝以聞。」㉕太后亦上表稱新婦李氏妾：《契丹國志》載皇太后上降表云：「晉室皇太后媳婦李氏妾言，張彥澤、傳住兒等至，伏蒙皇帝阿翁降書安撫者。妾伏念先皇帝頃在并汾，適逢屯難，危同累卵，急若倒懸，智勇俱窮，朝夕不保，皇帝阿翁發自冀北，親抵河東，跋履山川，踰越險阻，立平巨孽，遂定中原，救石氏之覆亡，立晉朝之社稷。不幸先帝厭代，嗣子承祧，不能繼好息民，而反虧恩辜義，兵戈屢動，駟馬難追，戚實自貽，咎將誰執？今穹旻震怒，中外攜離，上將牽羊，六師解甲，妾舉宗負釁，視景偷生，惶惑之中，撫問斯至，明宣恩旨，曲賜含容，慰諭丁寧，神爽飛越，豈謂已垂之命，忽蒙更生之恩，省罪責躬，九死未報。今遣孫男延煦，延寶奉表請罪陳謝以聞。」㉖天街：胡三省曰：「宮城正南門外之都街，謂之天街經涂。」㉗有軍吏於馬前揖維翰赴侍衞司：胡三省曰：「揖赴侍衞司，示將囚繫之也。」㉘侍中當國：侍中謂李崧，崧官侍中。㉙去年拔公於罪人之中，復領大鎮，授以兵權：去年桑維翰拔張彥澤於宿衞，使將兵同禦契丹，復領彰國節度使，帥兵戍常山。高祖時，彥澤鎮涇州，多為不法，罷歸宿衞，李濤等上章請理其罪，高祖以其有功而恕之，故維翰謂拔之於罪人之中也。㉚自謂有功於契丹：張彥澤自以先驅入汴為有功。㉛軍士擒罪人至前，彥澤不問所犯，但瞋目豎三指，即驅出，斷其腰領：胡三省曰：「三指，中指也。示以中指，言中斷之，即腰斬也。此蓋五代軍中虐帥相仍為此，以示其下，罪之輕重，決於一指伸屈之間。及漢史弘肇掌兵，有抵罪者，弘肇以三指示吏，即腰斬之，正此類也。」㉜上書請殺太尉人李濤謹來請死：李濤上書請殺張彥澤事見卷二百八十三高祖天福七年。㉝彥澤大笑，命酒飲之，濤引滿而去，旁若無人：《五代史補》曰：「李濤常憤張彥澤殺邠州幕吏張式而取其妻，濤率同列上疏請誅彥澤以謝西土，高祖方姑息武夫，竟不從。未幾，契丹南侵，至中渡橋，彥澤首降，契丹喜，命以本軍統蕃部控絃之士先入京師。彥澤自以功不世出，乃挾宿憾殺開封尹桑維翰，濤聞之，謂親知曰：『吾曾上疏請誅彥澤，今國家失守，彥澤所為如此，吾之首領容可保乎？然無可奈何，誰能伏藏溝瀆而取辱邪！』於是自寫門狀求見彥澤，其狀云：『上疏請殺太尉人李濤謹隨狀納命。』彥澤覽之，欣然降階迎之，然濤猶未安，復曰：『太尉果然相恕乎？』彥澤曰：『覽公門狀，見納命二字，使人怒氣頓息，又何憂哉！』濤素滑稽，知其必免，又戲為伶人詞曰：『太尉既相恕，何不將壓驚絹來？』彥澤大笑，卒善待之。」據此，濤見彥澤蓋在桑維翰死後，又濤以詼諧得免，於此略異。㉔是夕，彥澤殺桑維翰：《五代史記・桑維翰傳》，維翰為人醜怪，身短而面長，素以威嚴自持，晉之老將大臣，見者無不屈服，彥澤以驍悍自矜，每往候之，雖冬月未嘗不流汗，彥澤既入京師，以兵入府問維翰何在，維翰厲聲曰：「吾晉大臣，自當死國，安得無禮邪！」彥澤股栗，不敢仰視，退而謂人曰：「吾不知桑維翰何如人，今日見之，猶使人恐懼如此，其可再見乎？」乃以帝命召維翰而縊殺之。㉕契丹主曰，吾無意殺維翰，何為如是，命厚撫其家：《五代史記・桑維翰傳》，契丹主德光至京師，使人檢其尸，信為縊死，乃以尸賜其家，而貲財悉為彥澤所掠。㉖高行周、符彥卿皆詣契丹牙帳降：自澶州來降。㉗契丹主以陽城之戰，為彥卿所敗：契丹敗於陽城見上卷上年。㉘契丹以所獻傳國寶追琢非工，又不與前史相應：《詩》曰：「追琢其章，金玉其相。」傳曰：「追，彫也，金曰彫，玉曰琢。」言所獻傳國寶彫琢未工而其文又與前史不相應也。李心傳《建炎以來朝野雜記》曰：「唐太宗貞觀十六年，刻受命璽，文曰：『皇帝景命，有德者昌。』後歸朱全忠，及從珂自焚，璽亦隨失。」孔平仲珩璜新論曰：「石晉再作受命寶，文曰：『受天明命，惟德永昌。』」故謂其文不相應也。㉙頃王從珂自焚：事見卷二百八十高祖天福元年。後唐末帝從珂本王氏子，故斥曰王從珂。㉚此寶先帝所為：事見卷二百八十一高祖天福三年。㉛有司又欲使帝銜璧牽羊，大臣輿櫬：《左傳》，楚武王圖許，許男面縛銜璧，大夫衰絰，士輿櫬，楚莊王伐鄭，鄭伯肉袒牽羊以迎。㉜朝廷制度，幷用漢禮：北方謂中國為漢。㉝延廣倉猝無所逃伏：不意契丹之遽至，故倉猝無所遁逃。《五代史記・景延廣傳》，契丹至中渡橋，延廣屯於河陽，及聞杜重威降，乃還洛，契丹主行至相州，遣騎數千雜晉軍渡河趨洛陽以取延廣，戒曰：「延廣南奔吳，西走蜀，必追而取之。」而延廣顧慮其家，未能引決，虜騎奄至，乃與從事閻丕馳騎見德光於封丘。㉞封丘：《舊唐書・地理志》，封丘縣屬汴州。《元豐九域志》，封丘縣在大梁北六十里。㉟榮以紙所記語示之：景延廣記其言以授喬榮見卷二百八十三天福八年。㊱百官宿於封禪寺：時百官出迎契丹主，遂止宿焉。胡三省曰：「封禪寺在大梁城東。」

卷二百八十六　後漢㊀紀一

起彊圉協洽正月盡四月，不盡一年。（丁未，西元九四七年）

司馬光編集
林瑞翰註

高祖睿文聖武昭肅孝皇帝㊁上

天福十二年㊂（西元九四七年）

㈠春，正月，丁亥朔，百官遙辭晉主於城北㊃，乃易素服紗帽迎契丹主，伏路側請罪，契丹主貂帽貂裘衷甲，駐馬高阜，命起改服，撫慰之。左衞上將軍安叔千獨出班胡語㊄，契丹主曰：「汝安沒字㊅邪？汝昔鎮邢州，已累表諭誠㊆，我不忘也。」叔千拜謝，呼躍而退㊇。晉主與太后已下迎於封丘門外，契丹主辭不見㊈。

【考異】漢高祖實錄：「少帝帥族候於野，耶律氏疏之，帝指陳前事，乃大臣同謀，皆歷歷能對，無撓屈色，耶律氏亦假以顏色。」陷蕃記薛史帝紀、五代通錄云：「戎王不與帝相見。」少帝實錄：「帝舉族待罪於野，虜長面撫之，遣詣封禪寺。」今從陷蕃記。

契丹主入門，民皆驚呼而走。契丹主登城樓，遣通事諭之曰：「我亦人也，汝曹勿懼，會當使汝曹蘇息㊉。我無心南來，漢兵引我至此耳㊁！」至明德門，下馬拜而後入宮㊂。以其樞密副使劉密權開封尹事。日暮，契丹主復出屯於赤岡㊂。

戊子（初二日），執鄭州防禦使楊承勳至大梁，責以殺父叛契丹㊃，命左右臠食之㊄，未幾，以其弟右羽林將軍承信為平盧節度使，悉以其父舊兵授之。

㈡高勳訴張彥澤殺其家人於契丹主㊅，契丹主亦怒彥澤剽掠京城，並傳住兒鎖之㊆，以彥澤之罪宣示百官，問應死否？皆言應死，百姓亦投牒爭疏彥澤罪，己丑（初三日），斬彥澤、住兒於北市㊇，仍命高勳監刑。彥澤前所殺士大夫子孫皆絰杖號哭，隨而詬詈，以杖扑之㊈。勳命斷腕出鎖，剖其心以祭死者，市人爭破其腦取髓，臠其肉而食之。

㈢契丹送景延廣歸其國，庚寅（初四日），宿陳橋⑳，夜，伺守者稍怠，扼吭而死㉑。

㈣辛卯（初五日），契丹以晉主為負義侯，置於黃龍府。黃龍府，即慕容氏和龍城也㉒。契丹主使謂李太后曰：「聞重貴不用母命，以至於此，可求自便，勿與俱行。」太后曰：「重貴事妾甚謹，所失者違先君之志，絕兩國之歡耳！今幸蒙大恩，全生保家，母不隨子，欲何所歸？」

癸巳（初七日），契丹遷晉主及其家人於封禪寺，遣大同節度使兼侍中河內崔廷勳㉓以兵守之。契丹主數遣使存問㉔，晉主每聞使至，舉家憂恐㉕。時雨雪連旬，外無供億㉖，上下凍餒。太后使人謂寺僧曰：「吾嘗於此飯僧數萬，今日獨無一人相念邪？」僧辭以虜意難測，不敢獻食。晉主陰祈守者，乃稍得食。

是日，契丹主自赤岡引兵入宮㉗，都城諸門及宮禁門皆以契丹守衛，晝夜不釋兵仗，磔犬於門，以竿懸羊皮於庭為厭勝。契丹主謂羣臣曰：「自今不修甲兵，不市戰馬，輕賦省役，天下太平矣！」廢東京，降開封府為汴州，尹為防禦使。

乙未（初九日），契丹主改服中國衣冠，百官起居，皆如舊制。趙延壽、張礪共薦李崧之才，會威勝節度使馮道自鄧州入朝，契丹主素聞二人名㉘，皆禮重之。未幾，以崧為太子太師，充樞密使，道守太傅，於樞密院祗候以備顧問。

契丹主分遣使者，以詔書賜晉之藩鎮，晉之藩鎮爭上表稱臣，被召者無不奔馳而至，惟彰義節度使史匡威據涇州不受命。匡威，建瑭之子也㉙。雄武節度使何重建斬契丹使者，以秦、階、成三州降蜀㉚。

初，杜重威㉛既以晉軍降契丹，契丹主悉收其鎧仗數百萬貯恒州，驅馬數萬歸其國，遣重威將其眾從己而南。及河，契丹主以晉兵之眾，恐其為變，欲悉以胡騎擁而納之河流，或諫曰：「晉兵在它所者尚多，彼聞降者盡死，必皆拒命，不若且撫之，徐思其策。」契丹主乃使重威以其眾屯陳橋。會久雪，官無所給，士卒凍餒，咸怨重威，相聚而泣，重威每出，道旁人皆罵之。契丹主猶欲誅晉兵，趙延壽言於契丹主曰：「皇帝親冒矢石，以取晉國，欲自有之乎，將為它人取之乎？」契丹主變色曰：「朕舉國南征，五年不解甲㉜，僅能得之，豈為它人乎？」延壽曰：「晉國南有唐，西有蜀，當為仇敵，皇帝亦知之乎？」曰：「知之。」延壽曰：「晉國東自沂、密，西及秦鳳，延袤數千里，邊於吳、蜀，常以兵戍之。南方暑濕，上國之人㉓不能居也，它日車駕北歸，以晉國如此之大，無兵守之，吳、蜀必相與乘虛入寇，如此，豈非為它人取之乎？」契丹主曰：「我不知也，然則奈何？」延壽曰：「陳橋降卒，可分以戍南邊，則吳、蜀不能為患矣！」契丹主曰：「吾昔在上黨，失於斷割，悉以唐兵授晉㉔，既而返為寇讎，北向與吾戰，辛勤累年，僅能勝之，今幸入吾手，不因此時悉除之，豈可復留以為後患乎？」延壽曰：「曏留晉兵於河南，不質其妻子，故有此憂，今若悉徙其家於恒、定、雲、朔之間，每歲分番，使戍南邊，何憂其為變哉？此上策也。」契丹主悅曰：「善，惟大王所以處之㉕。」由是陳橋兵得免，分遣還營。

㈤契丹主殺右金吾衛大將軍李彥紳、宦者秦繼旻，以其為庸潞王殺東丹王故也，以其家族貲財賜東丹王之子永康王兀欲㉖。兀欲眇一目，為人雄健好施㉗。

㈥癸卯（十七日），晉主與李太后、安太妃、馮后及弟睿、子延煦、延寶俱北遷，後宮左右從者百餘人㉘，契丹遣三百騎援送之㉙，又遣晉中書令趙瑩、樞密使馮玉、馬軍都指揮使李彥韜與之俱。晉主在塗，供饋不繼，或時與太后俱絕食㊵，舊臣無敢進謁者，獨磁州刺史李穀迎謁於潞，相對泣下。穀曰：「臣無狀，負陛下。」因傾貲以獻。晉主至中度橋，見杜重威寨，歎曰：「天乎，我家何負？為此賊所破！」慟哭而去。

㈦癸丑（二十七日），蜀主以左千牛衛上將軍李繼勳為秦州宣慰使㊶。

㈧契丹主以前燕京留守劉晞為西京留守㊷。【考異】實錄作禧，或云名晞，今從陷蕃記。永康王兀欲之弟留珪為義成節度使，兀欲姊壻潘聿撚為橫海節度使，【考異】周太祖實錄，聿撚作聿涅，今從陷蕃記。族人郎五為鎮寧節度使㊸，趙延壽之子匡贊為護國節度使㊹，漢將張彥超為雄武節度使，史佺為彰義節度使，客省副使劉晏僧為忠武節度使，前護國節度使侯益為鳳翔節度使，權知鳳翔府事，焦繼勳為保大節度使。晞，涿州人也。既而何重建附蜀，史匡威不受代，契丹勢稍沮㊺。

㈨晉昌節度使趙在禮入朝㊻，其裨將留長安者作亂，節度副使建人李肅討誅之，軍府以安。

㈩晉主之絕契丹也㊼，匡國節度使劉繼勳為宣徽北院使，頗預其謀。契丹主入汴，繼勳入朝㊽，契丹主責之。時馮道在殿上，繼勳急指道曰：「馮道為首相，與景延廣實為此謀，臣位卑，何敢發言？」契丹主曰：「此叟非多事者，勿妄引之。」命鎖繼勳，將送黃龍府。

趙在禮至洛陽㊾，謂人曰：「契丹主嘗言莊宗之亂，由我所致㊿，我此行，良可憂。」契丹遣契丹將述軋、奚王拽剌、勃海將高謨翰戍洛陽，在禮入謁，拜於庭下，拽剌等皆踞坐受之。乙卯（二十九日），在禮至鄭州(51)，聞繼勳被鎖，大駕，夜自經於馬櫪(52)間。契丹主聞在禮死，乃釋繼勳，繼勳憂憤而卒。

劉晞在契丹，嘗為樞密使同平章事。至洛陽，詬奚王曰：「趙在禮，漢家大臣，爾北方一酋長耳，安得慢之如此？」立於庭下以挫之，由是洛人稍安。

契丹主廣受四方貢獻，大縱酒作樂，每謂晉臣曰：「中國事我皆知之，吾國事汝曹不知也。」趙延壽請給上國兵稟食，契丹主曰：「吾國無此法。」乃縱胡騎四出，以牧馬為名，分番剽掠，謂之打草穀，丁壯斃於鋒刃，老弱委於溝壑，自東西兩畿，及鄭、滑、曹、濮，數百里間，財畜殆盡㊂。契丹主謂判三司劉昫曰：「契丹兵三十萬，既平晉國，應有優賜，速宜營辦。」時府庫空竭，昫不知所出，請括借都城㊃士民錢帛，自將相以下皆不免。又分遣使者數十人詣諸州括借，皆迫以嚴誅，人不聊生，其實無所頒給，皆蓄之內庫，欲輦歸其國，於是內外怨憤，始患苦契丹，皆思逐之矣。

㈩初，晉主與河東節度使中書令北平王劉知遠相猜忌，雖以為北面行營都統，徒尊以虛名，而諸軍進止，實不得預聞㊄，知遠因之廣募士卒㊅，陽城之戰，諸軍散卒歸之者數千人㊆，又得吐谷渾財畜㊇，由是河東富彊冠諸鎮，步騎至五萬人。

晉主與契丹結怨，知遠知其必危而未嘗論諫，契丹屢深入，知遠初無邀遮入援之志㊈，及聞契丹入汴，知遠分兵守四境以防侵軼，遣客將安陽[六〇]王峻奉三表詣契丹主，一賀入汴，二以太原夷夏雜居，戍兵所聚，未敢離鎮，三以應有貢物，值契丹將劉九一軍自土門西入，屯於南川[六一]，城中憂懼，俟召還此軍，道路始通，可以入貢。契丹主賜詔褒美，及進畫親加兒字於智遠姓名之上，仍賜以木枴[六二]。胡法，優禮大臣則賜之，如漢賜几杖之比，惟偉王以叔父之尊得之。

知遠又遣北都副留守太原白文珂入獻奇繒名馬，契丹主知知遠觀望不至，及文珂還，使謂知遠曰：「汝不事南朝，又不事北朝，意欲何所俟邪？」

蕃漢孔目官郭威言於知遠曰：「虜恨我深矣。」王峻言契丹貪殘失人心，必不能久有中國。或勸知遠舉兵進取，知遠曰：「用兵有緩有急，當隨時制宜。今契丹新降晉兵十萬，虎據京邑，未有它變，豈可輕動哉？且觀其所利，止於貨財，貨財既足，必將北去，況冰雪已消，勢難久留，宜待其去，然後取之，可以萬全。」

昭義節度使張從恩以地迫懷、洛[六三]，欲入朝於契丹，遣使謀於知遠。知遠曰：「我以一隅之地，安敢抗天下之大？君宜先行，我當繼往。」從恩以為然。判官高防諫曰：「公，晉室懿親(六四)，不可輕變臣節。」從恩不從。左驍衛大將軍王守恩與從恩姻家，時在上黨，從恩以副使(六五)趙行遷知留後，牒守恩權巡檢，使與高防佐之。守恩，建立之子也(六六)。

(十二)荊南節度使高從誨遣使入貢於契丹，契丹遣使以馬賜之，從誨亦遣使詣河東勸進。

(十三)唐主立齊王景遂為皇太弟，徙燕王景達為齊王，領諸道兵馬元帥，徙南昌王弘冀為燕王為之副。

景遂嘗與宮僚燕集，贊善大夫元城張易(六七)有所規諫，景遂方與客傳玩玉杯，弗之顧。易怒曰：「殿下重寶而輕士。」取玉杯抵地碎之，眾皆失色，景遂斂容謝之，待易益厚。景達性剛直，唐主與宗室近臣飲，馮延己、延魯、魏岑、陳覺輩極傾諂之態(六八)，或乘酒喧笑，景達屢訶責之，復極言諫唐主，以不宜親近佞臣。延己以二弟立非己意，欲以虛言德之。嘗宴東宮，陽醉，撫景達背曰：「爾不可忘我。」景達大怒，拂衣入禁中，白唐主，請斬之，唐主論解乃止。

張易謂景達曰：「羣小交構，禍福所繫。殿下力未能去，數面折之，使彼懼而為備，何所不至？」自是每遊宴，景達多辭疾不預。

唐主遣使賀契丹滅晉，且請詣長安修復諸陵(六九)，契丹不許而遣使報之。

晉密州刺史皇甫暉、棣州刺史王建皆避契丹，帥眾奔唐。淮北賊帥，多請命於唐，唐虞部員外郎韓熙載上疏，以為陛下恢復祖業，今也其時，若虜主北歸，中原有主，則未易圖也。時方連兵福州，未暇北顧，唐人皆以為恨，唐主亦悔之(七〇)。

(一四)契丹主召晉百官悉集於庭，問曰：「吾國廣大，方數萬里(七一)，有君長二十七人。今中國之俗，異於吾國，吾欲擇一人君之，如何？」皆曰：「天無二日(七二)，夷、夏之心，皆願推戴皇帝。」如是者再。契丹主乃曰：「汝曹既欲君我，今茲所行，何事為先？」對曰：「王者初有天下，應大赦。」二月，丁巳朔，契丹主服通天冠，絳紗袍，登正殿，設樂，懸儀衛於庭，百官朝賀。華人皆法服，胡人仍胡服，立於文武班中間㈦㈢，下制稱大遼會同十年㈦㈣，大赦，仍云自今節度使、刺史毋得置牙兵，市戰馬㈦㈤。

趙延壽以契丹主負約，心怏怏，令李崧言於契丹主曰：「漢天子所不敢望，乞為皇太子。」崧不得已，為言之。契丹主曰：「我於燕王，雖割吾肉，有用於燕王，吾無所愛。然吾聞皇太子當以天子兒為之，豈燕王所可為也？」因令為燕王遷官。時契丹以恒州為中京，翰林承旨張礪奏擬燕王中京留守、大丞相、錄尚書事、都督中外諸軍事，樞密使如故。契丹主取筆塗去錄尚書事、都督中外諸軍事而行之。

㈤壬戌（初六日），蜀李繼勳與興州刺史劉景攻固鎮㈦㈥，拔之。何重建請出蜀兵與階、成兵共扼散關以取鳳州㈦㈦，丙寅（初十日），蜀主發山南兵㈦㈧三千七百赴之。

㈥劉知遠聞何重建降蜀，歎曰：「戎狄憑陵，中原無主，令藩鎮外附，吾為方伯㈦㈨，良可愧也。」於是將佐勸知遠稱尊號以號令四方，觀諸侯去就(八〇)，知遠不許。聞晉主北遷，聲言欲出兵井陘，迎歸晉陽。丁卯（十一日），命武節都指揮使滎澤史弘肇(八一)集諸軍於毬場，告以出軍之期。軍士皆曰：「今契丹陷京城，執天子，天下無主，主天下者，非我王而誰(八二)？宜先正位號，然後出師。」爭呼萬歲不已。知遠曰：「虜勢尚彊，吾軍威未振，當且建功業，士卒何知？」命左右遏止之。己巳（十三日），行軍司馬潞城(八三)張彥威等三上牋勸進，知遠疑未決，郭威與都押牙冠氏(八四)楊邠入說知遠曰：「今遠近之心，不謀而同，此天意也。王不乘此際取之，謙讓不居，恐人心且移，移則反受其咎矣。」知遠從之。

(七)契丹以其將劉愿為保義節度副使(八五)，陝人苦其暴虐，奉國都頭王晏與指揮使趙暉、都頭侯章謀曰：「今胡虜亂華，乃吾屬奮發之秋。河東劉公(八六)，威德遠著，吾輩若殺愿，舉陝城歸之，為天下唱，取富貴如返掌耳！」暉等然之。晏與壯士數人夜踰牙城入府，出庫兵以給眾，庚午（十四日），旦，斬愿首，懸諸府門，又殺契丹監軍，奉暉為留後。晏，徐州；暉，澶州；章，太原人也。

(十八)辛未(十五日),劉知遠即皇帝位,自言未忍改晉,又惡開運之名,乃更稱天福十二年(八七)。壬申(十六日),詔諸道為契丹括率錢帛者皆罷之(八八),其晉臣被迫脅為使者勿問,令詣行在,自餘契丹,所使誅之。

(十九)何重建遣宮苑使崔延琛將兵攻鳳州,不克(八九),退保固鎮。

(廿)甲戌(十八日),帝自將東迎晉主及太后,至壽陽(九〇),聞已過恒州數日,乃留兵戍承天軍(九一)而還。

晉主既出塞,契丹無復供給,從官宮女,皆自采木實草葉而食之(九二)。至錦州,契丹令晉主及后妃拜契丹主阿保機墓(九三)。晉主不勝屈辱,泣曰:「薛超誤我(九四)。」馮后陰令左右求毒藥,欲與晉主俱自殺,不果。

(廿一)契丹主聞帝即位,以通事耿崇美為昭義節度使,高唐英為彰德節度使,崔廷勳為河陽節度使,以控扼要害(九五)。

初,晉置鄉兵,號天威軍(九六),教習歲餘,村民不閑軍旅,竟不可用,悉罷之,但令七戶輸錢十千,其鎧仗悉輸官,而無賴子弟(九七),

不復肯復農業，山林之盜，自是而繁(九八)。及契丹入汴，縱胡騎打草穀(九九)，又多以其子弟及親信左右為節度使、刺史，不通政事，華人之狡獪者，多往依其麾下，教之妄作威福，掊斂貨財，民不堪命，於是所在相聚為盜，多者數萬，人少者不減千百，攻陷州縣，殺掠吏民。滏陽(一〇〇)賊帥梁暉有眾數百，送款晉陽，求效用，帝許之。磁州刺史李穀密通表於帝，令暉襲相州(一〇一)，暉偵知高唐英未至，相州積兵器，無守備，丁丑（二十一日），夜，遣壯士踰城入，啓關納其眾，殺契丹數百，其守將突圍走。暉據州自稱留後，表言其狀(一〇二)。

(廿二)戊寅（二十二日），帝還至晉陽(一〇三)，議率民財以賞將士，夫人李氏(一〇四)諫曰：「陛下因河東創大業，未有以惠澤其民而先奪其生生之資，殆非新天子所以救民之意也。今宮中所有，請悉出之以勞軍，雖復不厚，人無怨言(一〇五)。」帝曰：「善。」即罷率民，傾內府蓄積以賜將士，中外聞之大悅。李氏，晉陽人也。

(廿三)吳越內都監程昭悅多聚賓客，畜兵器，與術士遊。吳越王弘佐欲誅之，謂水丘昭券曰：「汝今夕帥甲士千人圍昭悅第。」昭券曰：「昭悅，家臣也，有罪當顯戮，不宜夜興兵。」弘佐曰：「善。」命內牙指揮使諸溫(二六)伺昭悅歸第，執送東府，己卯（二十三日），斬之，釋錢仁俊之囚(二七)。

(卅四)武節都指揮使史弘肇攻代州，拔之，斬王暉(二八)。

(卅五)建雄留後(二九)劉在明朝於契丹，以節度副使駱從朗知州事，帝遣使者張晏洪等如晉州，諭以已即帝位，從朗皆囚之。大將藥可儔殺從朗，推晏洪權留後。庚辰（二十四日），遣使以聞。契丹主遣右諫議大夫趙熙使晉州括率錢帛，徵督甚急，從朗既死，民相帥共殺熙。

契丹主賜趙暉詔，即以為保義留後，暉斬契丹使者，焚其詔，遣支使河間趙矩奉表詣晉陽，契丹遣其將高謨翰攻暉，不克。帝見矩甚喜，曰：「子挈咽喉之地以歸我(三〇)。天下不足定也！」短因勸帝早引兵南向，以副天下之望，帝善之。辛巳（二十五日），以暉為保義節度使，侯章為鎮國節度使，保義軍馬步都指揮使王晏為絳州防禦使，保義軍馬步副指揮使㉑。

(廿六)高防與王守恩謀，遣指揮使李萬超白晝帥眾大譟入府，斬趙行遷，推守恩權知昭義留後㉒，守恩殺契丹使者，舉鎮來降。

(廿七)鎮寧節度使邪律郎五性殘虐，澶州人苦之。賊帥王瓊帥其徒千餘人夜襲據南城㉓，北度浮航㉔，縱兵大掠，圍郎五於牙城㉕。契丹主聞之，甚懼，始遣天平節度使李守貞、天雄節度使杜重威還鎮㉖，由是無久留河南之意，遣兵救澶州。瓊退屯近郊㉗，遣弟超奉表來求救，癸未（二十七日），帝厚賜超，遣還。瓊兵敗，為契丹所殺。

(廿八)蜀主加雄武節度使何重建同平章事。

(廿九)延州錄事參軍高允權，萬金之子也。彰武節度使周密闇而貪，將士作亂，攻之，密敗，保東城㉘。眾以允權家世延帥㉙，推為留後。【考異】周太祖實錄，允權為膚施令。陷蕃記云：「前錄事參軍，退居田里。」漢高祖實錄云：「允權為延川令，周密以允權故將之子，恐與邊人締結，移為州主簿，密後以闇而黨下惟誅掠是務，允權乘其民怨，時以言間之，復遣親憲潛構諸部，眾心遂搖。」廣本云：「允權為延川令，密徙為錄事參軍。今從之。」周太祖實錄又曰：「契丹犯闕，以周密為延帥。」按晉少帝實錄，開運三年八月，辛未，以右龍武統軍周密為彰武節度使，非契丹所授，今從漢高祖實錄。據西城。密，應州人也。

(卌)丹州都指揮使高彥珣殺契丹所署刺史，自領軍事。

(卌一)契丹述律太后遣使以其國中酒饌脯果賜契丹主，賀平晉國。契丹主與羣臣宴於永福殿，每舉酒，立而飲之，曰：「太后所賜，不敢坐飲。」

(卌二)唐王淑妃與郇公從益居洛陽，趙延壽娶明宗女為夫人，淑妃詣大梁會禮(三〇)，契丹主見而拜之，曰：「吾嫂也(三一)。」統軍劉遂凝因淑妃求節鉞(三二)，契丹主以從益為許五、威信節度使(三三)，遂凝為安遠節度使(三四)。淑妃以從益幼，辭不赴鎮，復歸於洛。

契丹主以張礪為右僕射兼門下侍郎同平章事，左僕射和凝兼中書侍郎同平章事，司空兼門下侍郎同平章事劉昫以目疾辭位，罷為太保。

(卌三)東方羣盜大起，陷宋、亳、密三州。契丹主謂左右曰：「我不知中國之人難制如此。」亟遣泰寧節度使安審琦、武寧節度使符彥卿等歸鎮(三五)，仍以契丹兵送之。彥卿至埇橋(三六)，賊帥李仁恕帥眾數萬急攻徐州，彥卿與數十騎至城下，揚鞭欲招諭之，仁恕控彥卿馬，請從相公入城㉗，彥卿子昭序自城中遣軍校陳守習縋而出，呼於賊中曰：「相公已陷虎口，聽相公助賊攻城，城不可得也。」賊知不可劫，乃相率羅拜於彥卿馬前，乞赦其罪，彥卿與之誓，乃解去

㊹三月，丙戌朔，契丹主服赭袍，坐崇元殿，百官行入閤禮㉘。

㊺戊子（初三日），帝遣使以詔書安集農民保聚山谷避契丹之患者。

㊻辛卯（初六日），高允權奉表來降。帝諭允權聽周密詣行在，密遂棄東城來奔。

㊼壬辰（初七日），高彥詢以丹州來降。

㊽蜀翰林承旨李昊謂王處回曰：「敵復據固鎮，則興州道絕，不復能救秦州矣！請遣山南西道節度使孫漢韶將兵急攻鳳州。」癸巳（初八日），蜀主命漢韶詣鳳州行營。

㊾契丹主復召晉百官諭之曰：「天時向熱，吾難久留㉙，欲暫至上國㉚省太后，當留親信一人於此為節度使。」百官請迎太后，契丹主曰：「太后族大如古柏根，不可移也。」契丹主欲盡以晉之

百官自隨，或曰：「舉國北遷，恐搖人心，不如稍稍遷之。」乃詔有職事者從行，餘留大梁，復以汴州為宣武軍㉑，以蕭翰為節度使。翰，述律太后之兄子，其妹復為契丹主后。翰始以蕭為姓，自是契丹後皆稱蕭氏。

㈣吳越復發水軍，遣其將余安將之，自海道救福州。己亥（十四日），至白蝦浦㉒，海岸泥淖，須布竹簀㉓乃可行。唐之諸軍在城南者，聚而射之，簀不得施。馮延魯曰：「城所以不降者，恃此救也。今相持不戰，徒老我師，不若縱其登岸，盡殺之，則城不攻自降矣。」裨將孟堅曰：「浙兵㉔至此，不能進退，求一戰而死，不可得，若縱其登岸，彼必致死於我，其鋒不可當，安能盡殺乎？」延魯不聽，曰：「吾自擊之。」吳越兵既登岸，大呼奮擊，延魯不能禦，棄眾而走，孟堅戰死。吳越兵乘勝而進，城中兵亦出夾擊唐兵，大破之，唐城南諸軍皆遁，吳越追之，王崇文以牙兵三百拒之，諸軍陳於崇文之後，追者乃還。或言浙兵欲棄福州，拔李達之眾歸錢唐，東南守將劉洪進㉕等白王建封，請縱其盡出而取其城，留從效不欲福州之平㊱，建封亦忿陳覺等專橫，乃曰：「吾軍敗矣，安能與人爭城？」是夕，燒營而遁，城北諸軍亦相顧而潰。馮延魯引佩刀自刺，親吏救之，不死。唐兵死者二萬餘人，委棄軍資器械數十萬，府庫為之耗竭㊲。余安引兵入福州，李達舉所部授之。

㊃留從效引兵還泉州㊳，謂唐戍將曰：「泉州與福州，世為仇敵㊴，南接嶺海瘴癘之鄉㊵，地險土瘠，比年軍旅屢興，農桑廢業，冬徵夏斂，僅能自贍㊶，豈勞大軍久戍於此？」置酒餞之，戍將不得已，引兵歸。唐主不能制，加從效檢校太傅㊷。

㊃壬寅（十七日），契丹主發大梁，晉文武諸司從者數千人，諸軍吏卒又數千人，宮女、宦官數百人，盡載府庫之實以行，所留樂器、儀仗而已㊸。夕宿赤岡，契丹主見村落皆空，命有司發牓數百通，所在招撫百姓，然竟不禁胡騎剽掠。丙午（二十一日），契丹自白馬渡河，謂宣徽使高勳曰：「吾在上國，以射獵為樂，至此令人悒悒，今得歸，死無恨矣㊹！」

㊸蜀孫漢韶將兵二萬攻鳳州，軍於固鎮，分兵扼散關以絕援路㊹。

㊹張筠、余安皆還錢唐，吳越王弘佐遣東南安撫使鮑修讓將兵戍福州，以東府安撫使㊻錢弘倧為丞相。

㊺庚戌（二十五日），以皇弟北京馬步都指揮使崇行太原尹知府事。【考異】薛史云：「崇，高祖從弟。」王保衡晉陽見聞錄石仲弟。歐陽史云母弟。今從實錄。

㊻辛亥（二十七日）契丹主將攻相州，梁暉請降㊼，契丹主赦之，許以為防禦使，暉疑其詐，復乘城拒守。夏，四月，己未（初四日），未明，契丹主命蕃、漢諸軍急攻相州，食時，克之，悉殺城中男子，驅其婦女而北，胡人擲嬰孩於空中，舉刃接之以為樂。留高唐英守相州。唐英閱城中遺民，男女得七百餘人，其後節度使王繼弘斂城中髑髏瘞之，凡得十餘萬。

或告磁州刺史李穀謀舉州應漢，契丹主執而詰之，穀不服，契丹主引手於車中，若取所獲文書者，穀知其詐，因請曰：「必有其驗，乞顯示之。」凡六詰，穀辭氣不屈，乃釋之。

㊼帝以從弟北京馬軍都指揮使信領義成節度使充侍衛馬軍都指

揮使，武節都指揮使史弘肇領忠武節度使充步軍指揮使，右都押牙楊邠權樞密使蕃漢兵馬都孔目官郭威權副樞密使，兩使[48]都孔目官南樂王章權三司使。

(四八)癸亥（初八日），立魏國夫人李氏為皇后[49]。

(四九)契丹主見所過城邑丘墟，謂蕃、漢羣臣曰：「致中國如此，皆燕王之罪也[50]。」顧張礪曰：「爾亦有力焉[51]！」

(五〇)甲子（初九日），帝以河東節度判官長安蘇逢吉、觀察判官蘇禹珪為中書侍郎同平章事。禹珪，密州人也。

振武節度使府州團練使折從遠入朝，更名從阮[52]，置永安軍於府州，以從阮為節度使[53]，又以河東左都押牙劉銖為河陽節度使。銖，陝人也。

(五一)契丹昭義節度使耿崇美屯澤州，將攻潞州，乙丑（初十日），詔史弘肇將步騎萬人救之。

(五二)丙寅（十一日），以王守恩為昭義節度使，高允權為彰武節度使，又以岢嵐軍使鄭謙為忻州刺史，領彰國節度使[54]，兼忻、代二州義軍都部署。丁卯（十二日），以緣河巡檢使閻萬進為嵐州刺史，領振武節度使，兼嵐、憲二州義軍都制置使(五五)。帝聞契丹北歸，欲經略河南，故以弘肇為前驅，又遣閻萬進出北方以分契丹兵勢。萬進，幷州人也。

(五三)契丹主以船數十艘載晉鎧仗將自汴泝河歸其國(五六)，命寧國都虞侯榆次武行德將士卒千餘人部送之，至河陰(五七)，行德與將士謀曰：「今為虜所制，將遠去鄉里，人生會有死，安能為異域之鬼乎？虜勢不能久留中國，不若共逐其黨，堅守河陽，以俟天命之所歸者而臣之，豈非長策乎？」眾以為然。行德即以鎧仗授之，相與殺契丹監軍使。會契丹河陽節度使崔廷勳以兵送耿崇美之潞州，行德遂乘虛入據河陽，眾推行德為河陽都部署。行德遣弟行友奉蠟表(五八)間道詣晉陽，契丹遣武定節度使方太詣洛陽巡檢(五九)，至鄭州，州有戍兵，共追太為鄭王。梁嗣密王朱乙逃禍為僧(六〇)，嵩山賊帥張遇得之，立以為天子，取嵩岳神衮冕以衣之，帥眾萬餘襲鄭州，太擊走之。太以契丹尚彊，恐事不濟，說諭戍兵，欲與俱西(六一)，眾不從，太自西門逃奔洛陽。戍兵既失太，反譖太於契丹，云脅我為亂。太遣子師朗自訴於契丹，契丹將麻荅殺之，太無以自明。會羣盜攻洛陽，契丹留守劉晞棄城奔許州，太乃入府行留守事，與巡檢使潘環擊羣盜，却之，張遇殺朱乙，請降。

伊闕賊帥自稱天子，誓眾於南郊壇〔六二〕，將入洛陽，太逆擊走之。【考異】實錄方太傳云：「劉禧走許田，復有潁陽妖巫姓朱，號嗣密王，誓眾於洛南郊天壇，號萬餘人，太師部曲與朝士輩虛張旗幟，一舉而逐之，洛師遂安。」今從陷蕃記。太欲自歸於晉陽，武行德使人誘太曰：「我裨校也，公舊鎮此地〔六三〕，今虛位相待。」太信之，至河陽，為行德所殺。

蕭翰遣高謨翰援送劉晞自許還洛陽〔六四〕，晞疑潘環構其眾逐己，使謨翰殺之。

戊辰（十三日），武行友至晉陽。

庚午（十五日），史弘肇奏遣先鋒將馬誨擊契丹，斬首千餘級。時耿崇美、崔廷勳至澤州，聞弘肇兵已入潞州，不敢進，引兵而南〔六五〕，弘肇遣誨追擊破之，崇美、廷勳與奚王拽剌退保懷州〔六六〕。

辛未（十六日），以武行德為河陽節度使。

契丹主聞河陽亂，歎曰：「我有三失，宜天下之叛我也。諸道括錢，一失也；令上國人打草穀，二失也；不早遣諸節度使還鎮，三失也。」

(五四)唐主以矯詔敗軍，皆陳覺、馮延魯之罪[六七]，壬申（十七日），詔赦諸將，議斬二人以謝中外，御史中丞江文蔚對仗彈馮延己、魏岑曰：「陛下踐阼以來，所信任者，延己、延魯、岑、覺四人而已，皆陰狡弄權，壅蔽聰明，排斥忠良，引用羣小。諫爭者逐，竊議者刑，上下相蒙，道路以目[六八]。今覺、延魯雖伏辜而延己、岑猶在，本根未殄，枝榦復生，同罪異誅[六九]，人心疑惑。」又曰：「上之視聽，惟在數人，雖日接羣臣，終成孤立。」又曰：「在外者握兵，居中者當國。」又曰：「岑、覺、延魯，更相違戾，彼前則我卻，彼東則我西。天生五材[七〇]，國之利器[七一]，一旦為小人忿爭妄動之具。」又曰：「征討之柄，在岑折簡[七二]，帑藏取與，繫岑一言。」唐主以文蔚所言為太過，怒貶江州司士參軍，械送覺、延魯至金陵。宋齊丘以嘗薦覺使福州[七三]，上表待罪。詔流覺於蘄州，延魯於舒州。

知制誥會稽(七四)徐鉉、史館修撰韓熙載上疏曰：「覺、延魯罪不容誅。但齊丘、延己為之陳請，故陛下赦之。擅興(七五)者不罪，則疆埸有生事者矣，喪師者獲存，則行陳無效死者矣，請行顯戮，以重軍威。」不從。中書侍郎同平章事馮延己罷為太弟少保，貶魏岑為太子洗馬。韓熙載屢言宋齊丘黨與必為禍亂，齊丘奏熙載嗜酒猖狂，貶和州司士參軍。

(五五)乙亥（二十日），鳳州防禦使石奉頵舉州降蜀(七六)。奉頵，晉之宗屬也。

(五六)契丹主至臨城(七七)，得疾，及欒城，病甚，苦熱，聚冰於胃腹手足，且啖之。丙子（二十一日），至殺胡林而卒(七八)。【考異】實錄云：「二十日乙亥卒。」今從陷蕃記。國人剖其腹，實鹽數斗，載之北去，晉人謂帝之羓(七九)。

趙延壽恨契丹主負約，謂人曰：「我不復入龍沙(八〇)矣！」即日先引兵入恒州(八一)，契丹永康王兀欲及南北二王各以所部兵相繼而入，延壽欲拒之，恐失大援，乃納之。時契丹諸將已密議奉兀欲為主，兀欲登鼓角樓，受叔兄拜而延壽不之知，自稱受契丹皇帝遺詔，權知南朝軍國事，仍下教布告諸道，所以供給兀欲與諸將同，兀欲銜之。恒州諸門管鑰及倉庫出納，兀欲皆自主之，延壽使人請之，不與。

契丹主喪至國，述律太后不哭，曰：「待諸部寧壹如故，則葬汝矣㈢！」

㈦帝之自壽陽還也㈢，留兵千人戍承天軍。戍兵聞契丹北還，不為備，契丹襲擊之，戍兵驚潰，契丹焚其市邑，一日狼煙百餘舉㈣。帝曰：「此虜將遁，張虛勢也。」遣親將葉仁魯將步騎三千赴之。會契丹出剽掠，仁魯乘虛大破之，丁丑（二十二日），復取承天軍。

㈧冀州人殺契丹刺史何行通，推牢城指揮使張廷翰知州事。廷翰，冀州人，符習之甥也㈤。

㈨或說趙延壽曰：「契丹諸大人，數日聚謀，此必有變。今漢兵不下萬人，不若先事圖之。」延壽猶豫不決。壬午（二十七日），延壽下令以來月朔日於待賢館上事㈥，受文武官賀，其儀宰相、樞

密使拜於階上，節度使以下拜於階下。李崧以虜意不同，事理難測，固請趙延壽未行此禮，乃止。

【今註】㊀後漢：漢高祖本沙陀部人，世居太原，及帝有中國，自以姓劉，遂謂為東漢顯宗第八子淮陽王昞之後，國號曰漢，《通鑑》以前已有漢紀，故稱之為後漢。㊁高祖睿文聖武昭肅孝皇帝：帝姓劉，名知遠，及即位，改名暠，其先本沙陀部人也。㊂天福十二年：晉既滅，漢復以天福紀年。是年二月，遼太宗改元大同，九月，遼世宗改元天祿。㊃城北：大梁城之北郊也。㊄左衞上將軍安叔千獨出胡語：《五代史・安叔千傳》，叔千，沙陀三部落之種也，故習胡語。㊅安沒字：《五代史・安叔千傳》，叔千鄙野而無文，當時謂之安沒字，言若碑碣之無篆籀，但虛有其表耳。㊆汝昔鎮邢州，已累表輸誠：《五代史・安叔千傳》，晉天福中，叔千歷邠、滄、邢、晉四鎮節度使。㊇呼躍而退：胡三省曰：「呼躍蓋夷禮，猶華人舞蹈也。」㊈晉主與太后已下迎於封丘門外，契丹主辭不見：《五代史記・張彥澤傳》曰：「德光渡河，帝欲郊迎，彥澤不聽，遣白德光，德光報曰：『天無二日，豈有兩天子相見於道路邪！』乃止。」㊉蘇息：困而得息曰蘇。《孟子・梁惠王》曰：「后來其蘇。」⑪漢兵引我至此耳：契丹主自謂此行實杜威、李守貞等引之南下也。⑫至明德門，下馬拜而後入宮：《遼史・太宗紀》，是月丁亥朔，契丹主備法駕入汴，御崇元殿，受百官賀。⑬日暮，契丹主復出屯於赤岡：胡三省曰：「懼人心未一，未敢居城中。」⑭執鄭州防禦使楊承勳至大梁，責以殺父叛契丹：楊承勳因其父光遠降晉見卷二百八十四晉少帝開運元年。⑮命左右臠食之：臠楊承勳而食其肉。臠，塊切肉也。⑯高勳訴張彥澤殺其家人於契丹主：張彥澤殺高勳家見上卷上年。杜威之降也，遣勳齎降表諸契丹，契丹主親之，故得訴其事。⑰契丹主亦怒彥澤剽掠京城，幷傅住兒鎖之：彥澤掠大梁事亦見上卷上年。《五代史記・四夷附錄》，契丹主以傅住兒監張彥澤軍取大梁，故幷傅住兒鎖之。⑱斬彥澤、傅住兒於北市：《遼史・太宗紀》曰：「以張彥澤擅徙重貴開封，殺桑維翰，縱兵大掠，不道，斬於市。」蓋契丹主初信維翰自縊而死，至是亦知其為彥澤所殺也，故一併罪之。⑲彥澤前所殺士大夫子孫皆絰杖號哭，隨而詬詈，以杖扑之：《五代史記・張彥澤傳》，彥澤前所殺士大夫子孫皆縗絰杖，哭隨而詬詈，以杖扑之，彥澤俛首無一言。絰，喪服也，在首為絰，杖，苴杖也，以竹為之，有親喪者則絰杖。詬詈，怒罵也。《韻會》云：「正斥曰罵，旁及曰詈。」扑，擊也。⑳陳橋：《元豐九域志》，開封府浚儀縣有陳橋鎮。在今河南省開封縣東北四十里，亦名陳橋驛。㉑夜，伺守者稍怠，扼吭而死：《五代史・景延廣傳》，延廣懼燔灼之害，至夜分，伺守者怠，引手自扼其吭，尋卒焉，時年五十六。吭，頸也。又曰：「延廣少時，嘗泛洞庭洞，中流阻風，帆裂桅折，眾大懼，頃之，舟人指波中曰：『賢聖來護，此必有貴人矣！』尋獲濟焉，竟位至將相。」㉒契丹以晉主為負義侯，置於黃龍府，黃龍府，即慕容氏和龍城也：許亢宗《奉使行程錄》曰：「黃龍府為契丹東寨，當契丹強盛時，擒獲異國人則遷徙散處於此，南有渤海，北有鐵離、吐渾，東南有高麗、靺鞨，東有女真、室韋，北有烏舍，西北有契丹、回訖、党項，西南有奚，故此地雜諸國俗，凡聚會處，諸國人語言不通，則各為漢語，令通事者然後能辨之。」《五代史記・晉家人傳》曰：「自幽州行十餘日過平州，出榆關，行砂磧中，又行七八日至錦州，又行十餘日渡遼水，至渤海國鐵州，又行七八日過南海府，遂至黃龍府。」胡三省曰：「按契丹後改黃龍府為龍州，北至混同江一百三十里，又按慕容氏之和龍城，若據《晉書》及酈道元《水經注》，當在漢遼西郡界。今晉主陷蕃，度遼水而後至黃龍府，又其地近混同江，疑非慕容氏之和龍城。」按《遼史・地理志》，龍州黃龍府，本渤海扶餘府，太祖平渤海，還至此崩，有黃龍見，更名黃龍府。其地諸說不一，《清一統志》謂在今遼北省之開原縣，《柳邊紀略》謂在今吉林省雙陽縣境，《蒙古游牧記》謂在今遼北省昌圖縣西北，赫爾蘇河北岸，《吉林通志》及《東三省圖說》皆云在今吉林省農安縣。又今松江省寧安縣南之東京城，俗稱賀龍城，或謂即遼之黃龍府也。若慕容氏之和龍城即古之柳城也，在今熱河省朝陽縣。㉓大同節度使兼侍中河內崔廷勳：此契丹主所授官。《五代史・崔廷勳傳》，崔廷勳形貌魁偉，美鬚髯，幼陷北庭。㉔晉主每聞使至，舉家憂恐：胡三省曰：「恐見殺也。」㉕存問：慰問也。《漢書・文帝紀》：「不時使人存問長老。」顏師古注曰：「存，省視也。」㉖供億：杜預曰：「供，給；億，安也。」言供其所需而使之安也。胡三省曰：「毛居正曰：『供儗，儗有儲偫之意。』供億猶供儗也。億，度也，料度其所須之物，隨多少而供之以待其乏也。」㉗契丹主自赤岡引兵入宮：入晉宮也。㉘契丹主素聞二人名：李崧、馮道二人皆歷仕唐、晉二朝，位極人臣。㉙匡威，建瑭之子也：史建瑭事晉王克用及唐莊宗，皆有戰功。㉚雄武節度使何重建斬契丹使者，以秦、階、成三州皆雄武軍巡屬也。晉亡勢難獨存，故附於蜀。㉑杜重威：杜重威初避晉主重貴諱，去重字，單名威，威既降契丹而晉亦亡，遂復其舊名。㉒朕舉國南征，五年不解甲：天福八年，契丹始攻晉，至是凡五年。㉓上國之人：晉奉契丹，故稱之為上國。㉔吾昔在上黨，失於斷割，悉以唐兵授晉：事見卷二百八十晉高祖天福元年。㉕惟大王所以處之：契丹封趙延壽為燕王，故稱之為大王。㉖契丹主殺右金吾衞大將軍李彥紳、宦者秦繼旻，以其為唐潞王殺東丹王故也，以其家族貲財賜東丹王之子永康王兀欲：《冊府元龜》曰：「東丹長子兀欲，晉開運末，從虜主耶律德光入汴，虜主遂殺秦繼旻、李彥紳於東市，復東丹之讎也。」殺東丹王見卷二百八十晉高祖天福元年，實唐末帝之清泰三年也。㉗兀欲眇一目，為人雄健好施：《遼史・世宗紀》曰：「世宗孝和莊憲皇帝諱阮，小字兀欲，讓國皇帝長子，儀觀豐偉，內寬外嚴，善騎射，樂施予。」㉘後宮左右從者百餘人：《五代史・晉少帝紀》，時以宮嬪五十人、內官三十人、東西班五十人、醫官一人、控鶴官四人、御廚七人、茶酒三人、儀鸞司三人、軍健二十人從行。㉙契丹遣三百騎援送之：援送者，送其行並為之防閑。㉚晉主在塗，供饋不繼，或時與太后俱絕食：《五代史・晉少帝紀》，帝與太后不能得食，乃殺畜而啖之。㉛蜀主以左千牛衞上將軍李繼勳為秦州宣慰使：以秦州降，故遣使宣慰之。㉜契丹主以前燕京留守劉晞為西京留守：《五代史・劉晞傳》曰：「劉晞者，涿州人，父濟雍，累為本郡諸邑令長。晞少以儒學稱於鄉里，嘗為唐將周德威從事，後陷於契丹，契丹以漢職縻之。天福中，契丹命晞為燕京留守，嘗於契丹三知貢舉，歷官至同平章事兼侍中，隨契丹入汴，授洛京留守。」㉝族人耶律郎五為鎮寧節度使：澶州鎮寧軍。葉隆禮《契丹國志》曰：「耶律郎五，國主族人也。太宗南攻石晉，郎五扈從，累有戰功，太宗入大梁，以郎五為鎮寧節度使。」㊹趙延壽之子匡贊為護國節度使：吳任臣《十國春秋》曰：「趙匡贊字元輔，本名美，後更今名，幽州薊人也。祖德鈞，後唐盧龍節度使，封北平王，父延壽，尚明宗女，至忠武軍節度使。匡贊幼聰慧，應神童舉，明宗詔賜童子及第，仍附禮部春榜。清泰末，晉高祖起并州，命延壽將兵屯上黨，德鈞將本軍自幽州來會。時晉高祖以契丹之援，引兵南下，德鈞父子降晉，契丹主盡錮之北去，匡贊獨與母公主留西洛。未幾，高祖命匡贊奉母歸薊門，契丹署為金吾將軍，數年，契丹以延壽為范陽節度使，又署匡贊為牙內都校。開運末，契丹主將謀南侵，委政延壽，及平原陷，匡贊復受契丹署為河中節度使，延壽從契丹北歸，匡贊得留鎮河中。」㊺既而何重建附蜀，史匡威不受代，契丹勢稍沮：秦州附蜀，史匡威據建州，張彥超、史佺皆無所詣。威令既不能及遠則其勢沮。㊻晉昌節度使趙在禮入朝：長安晉昌軍。自長安入朝於大梁。㊼晉主之絕契丹也：事見卷二百八十三晉高祖天福七年。㊽繼勳入朝：自同州入朝。㊾趙在禮至洛陽：《舊唐書・地理志》，自長安東至洛陽八百五十里。㊿契丹主嘗言莊宗之亂，由我所致：謂皇甫暉立趙在禮據鄴以迎唐明宗事也，見卷二百七十四唐明宗天成元年，唐莊宗之同光四年也。(51)在禮至鄭州：《元豐九域志》，自洛陽東至鄭州二百六十里。(52)馬櫪：馬棧也。(53)自東西兩畿，及鄭、滑、曹、濮，數百里間，財畜殆盡：胡三省曰：「大梁之屬縣為東畿，洛陽之屬縣為西畿，此唐制也，唐制兩京除赤縣外，餘屬縣為畿縣，鄭、滑、曹、濮，皆大梁之旁郡，以及言之，明所謂東西兩畿為畿縣也。」(五四)都城：大梁都城。(五五)初，晉主與河東節度使中書令北平王劉知遠相猜忌，雖以為北面行營都統，徒尊以虛名，而諸軍進止，實不得預聞：事見卷二百八十四晉少帝開運元年。(五六)知遠因之廣募士卒：劉知遠奏請募兵始自晉少帝與契丹搆隙之初，事見卷二百八十三晉少帝天福八年。(五七)陽城之戰，諸軍散卒歸之者數千人：陽城之戰見卷二百八十四晉少帝開運二年。散卒，軍士為敵衝散離其本軍無所歸者。胡三省曰：「按陽城之戰，晉師大捷，無緣有散卒歸河東，此必杜重威降契丹時也。」(五八)又得吐谷渾財畜：劉知遠籍沒吐谷渾財畜見上卷晉少帝開運三年。(五九)契丹屢深入，知遠初無邀遮入援之志：言既不據險要遮契丹之兵而擊之，亦不遣兵入援也。(六〇)安陽：《舊唐書・地理志》，相州，漢之魏郡也，治安陽縣，安陽，漢侯國，故城在湯陰東，曹魏時廢安陽併入鄴，後周移鄴置縣於安陽故城，仍為鄴縣，隋又改為安陽縣，即相州所治也，若漢之魏郡故城則在縣之西北七里。按唐安陽故城即今河南省安陽縣。(六一)自土門西入，屯於南川：土門，即井陘也。胡三省曰：「南川，謂晉陽城南之地。」(六二)仍賜以木枴：枴，老人柱杖也。《五代史・漢高祖紀》，王峻奉表契丹，契丹主賜以木拐一，峻持拐歸，虜人望之皆避道。(六三)昭義節度使張從恩以地迫懷、洛：昭義軍，潞州也。《舊唐書・地理志》，潞州至東都四百八十七里。胡三省曰：「自潞州至澤州，又至懷州，度河則洛州河南府。」(六四)公，晉室懿親：《五代會要》，晉少帝前妃張氏，天福八年，追冊為皇后。按《五代史・張從訓傳》，晉少帝張皇后，從訓之女，而從恩則從訓之弟也。(六五)副使：節度副使。(六六)守恩，建立之子也：王建立歷事唐明宗、晉高祖諸朝，頗見親任。(六七)贊善大夫元城張易：元城縣，唐屬魏州。張易蓋以北人而仕江南。㊅唐主與宗室近臣飲，馮延己、延魯、魏岑、陳覺輩極傾謟之態：胡三省曰：「按是時，陳覺、馮延魯攻福州，史言其侍飲極傾謟之態，概言其常時，非必拘此時也。」㊆唐主遣使賀契丹滅晉，且請詣長安修復諸陵：唐末喪亂，諸陵多為溫韜所發掘，南唐自謂纂唐之緒，故請詣修復之。㊇唐主亦悔之：悔未乘此時北定中原也。㊈吾國廣大，方數萬里：《遼史・地理志》曰：「總京五，府六，州、軍城百五十有六，縣二百有九，部族五十有二，屬國六十。東至於海，西至金山，暨於流沙，北至臚朐河，南至白溝，幅員萬里。」《契丹國志》載遼境四至，東南至新羅國西，去保州一十一里，次東南至五節度熟女真，去東京五百餘里，又次東南至熟女真國，去東京二百餘里，東北至生女真國，去東京六百里，又東北至屋惹國、阿里眉國、破骨魯國等國，去上京四千餘里，正東北至鐵離國，去上京五千餘里，次東北至靺鞨國，去上京四千餘里，又次北至於厥國，去上京五千餘里，又次西北至鼊古里國，去上京六千餘里，西近北至生吐蕃國，又西至党項、突厥等國，去雲州三千里。按遼保州在今朝鮮平壤西北一百里，東京即今遼寧省遼陽縣，上京臨潢府，即今內蒙古巴林東北一百四十里之波羅城，雲州即今山西省大同縣。㊉胡人仍胡服，立於文武班中：文官東班，武官西班，胡人則立於其間。㊊天無二日：此孟子引孔子之言。㊋下制稱大遼會同十年：按《遼史・太宗紀》，二月丁巳朔，建國號大遼，大赦，改元大同，《通鑑》據吳任臣《十國春秋》，疑有誤也。㊌仍云自今節度使、刺史毋得置牙兵，市戰馬：懼諸鎮阻兵為變也。㊍固鎮：今甘肅省徽縣治，梁末帝乾化四年，蜀與州將王宗鋒攻李茂貞階州及固鎮，破細沙等十一寨。宋為河池縣。(七七)何重建請出蜀兵與階、成兵共扼散關以取鳳州：胡三省曰：「扼散關則北兵不能入，鳳州可坐取也。」散關即大散關也，在今陝西省寶鷄縣西南。宋中興《四朝志》曰：「大散關為秦蜀往來要道，自關距和尚原纔咫尺，兩山關控斗絕，出可以攻，入可以守，實表裏之形勢也，亦稱崤谷。」(七八)山南兵：興元之兵也。(七九)吾為方伯：胡三省曰：「周分天下以為二伯，自陝以西召伯主之，自陝以東周公主之，及其衰也，齊桓、晉文糾合諸侯以尊王室，亦以方伯之任自居，晉人所謂我為伯者也。石晉以劉知遠為北面都統，故亦自謂為方伯。」(八〇)觀諸侯去就：諸侯謂當時諸藩鎮。(八一)武節都指揮使滎澤史弘肇：武節軍，劉知遠所置，見卷二百八十三晉少帝天福八年。《舊唐書‧地理志》，滎澤縣，隋置，唐屬鄭州。《元豐九域志》，滎澤縣在鄭州西北四十五里，即今河南省滎澤縣北五里，明為河水所圮，遷今治。(八二)非我王而誰：劉知遠封北平王，故稱之。(八三)潞城：《舊唐書‧地理志》，潞，古邑也，隋置潞城縣，唐屬潞州。《元豐九域志》，潞城縣在潞州東北四十里，即今山西省潞城縣。(八四)冠氏：《舊唐書‧地理志》，冠氏，春秋邑名，隋分館陶縣東界置冠氏縣，唐高祖武德四年，屬毛州，毛州廢，以縣屬魏州。《元豐九域志》，冠氏縣在魏州東北六十里，即今山東省冠氏縣。(八五)保義節度副使：陝州保義軍。(八六)河東劉公：謂劉知遠也。知遠為河東帥，故稱之。(八七)劉知遠即皇帝位，自言未忍改晉，又惡開運之名，乃更稱天福十二年：歐陽修《五代史記‧漢高祖紀》論曰：「人君即位稱元年，常事爾，古不以為重也。孔子未修春秋，其前固已如此，雖暴君、昏主、妄庸之史，其記事先後遠近，莫不以歲月一二數之，乃理之自然也。其謂一為元，亦未嘗有法，蓋古人之語耳。古謂歲之一月亦不云一而曰正月，國語言六呂曰元間大呂，周易列六爻曰初九，大抵古人言數多不云一，不獨謂年為元也，及後世曲學之士，始謂孔子書元年為春秋大法，遂以改元為重事，自漢以後，又名年以建元，而正偽紛雜，稱號遂多，不勝其紀也。五代，亂世也，其事無法而不合於理者多矣，皆不足道也，至其年號乖錯以惑後世，則不可以不明。初，梁太祖以乾化二年遇弒，明年，末帝已誅友珪，黜其鳳曆之號，復稱乾化三年，尚為有說，至漢高祖建國，黜晉出帝開運四年，復稱天福十二年者，何哉？蓋以其愛憎之私爾！方出帝時，漢高祖居太原，常憤憤下視晉而晉亦陽優禮之，幸而未見其隙，及契丹滅晉，漢未嘗有赴難之意，出帝已北遷，方陽以兵聲，言追之至土門而還。及其即位，改元而黜開運之號，則其用心可知矣！蓋其於出帝無復有君臣之義，而幸禍以為利者，其素志也。」(八八)詔諸道為契丹括率錢帛者皆罷之：契丹遣使詣諸州括率錢帛見上正月。(八九)何重建遣宮苑使崔延琛將兵攻鳳州，不克：何重建為蜀圖取鳳州，事亦見上。(九〇)壽陽：《舊唐書・地理志》，隋置壽陽縣，唐高祖武德三年，屬遼州，六年，移壽州於此，太宗貞觀八年，廢壽州，以縣屬太原府。按壽陽，本春秋晉馬首邑，晉置壽陽縣，永嘉後廢，隋復置也，即今山西省壽陽縣。(九一)承天軍：胡三省曰：「承天軍在井陘娘子關西南，太原府廣陽縣界，宋朝太平興國四年，改廣陽為平定縣，置平定軍，縣有承天軍寨，在太原府南三百五十里。」承天軍寨，宋亦曰承天砦，在今山西省平定縣在八十五里。(九二)晉主既出塞，契丹無復供給，從官、宮女皆自采木實草葉而食之：《五代史・晉少帝紀》曰：「至幽州，傾城士庶迎有於路，見帝慘沮，無不嗟嘆，駐留旬餘，州將承契丹命犒帝於府署，趙延壽母以食饌來獻。自范陽行數十程，過薊州、平州，至榆關沙塞之地，略無供給，每至宿頓，無非路次，一行乏食，宮女從官但採木實野蔬以救飢弊。」江萬里《宣政雜錄》曰：「徽宗北狩，經薊縣梁魚務，有還卿橋，石少帝所命名也，里人至今呼之。」(九三)至錦州，契丹令晉主及后妃拜契丹阿保機墓：《五代史・晉少帝紀》及《五代史記・晉家人傳》俱云拜阿保機畫像，按阿保機葬木葉山，即歐陽氏《五代史記》所載之南樓也，其地在今熱河省赤峯縣北、開魯縣南潢、土兩河會合處，遼號其墓曰祖陵，置祖州以奉陵寢，若遼之錦州，明為廣寧中屯衛及左屯衛地，清為廣寧府，即今遼寧省錦縣。元混一輿地要覽曰：「離營州東行六十里至渝關，五百八十里至錦州。」(九四)薛超誤我：謂薛超持之不令赴火死，至有此辱也。事見上卷晉少帝開運三年。(九五)契丹主聞帝即位，以通事耿崇美為昭義節度使，高唐英為彰德節度使，崔廷勳為河陽節度使，以控扼要害：胡三省曰：「昭義軍潞州，彰德軍相州，河陽軍孟州。帝自太原西南出兵，潞州，兵衝也；自潞州東下壺關則至相州，南下太行則至孟、相，故皆命將控扼。」(九六)初，晉置鄉兵，號天威軍：見卷二百八十四晉少帝開運元年。(九七)無賴子弟：謂前此應募為天威軍者。(九八)山林之盜，自是而繁：天威軍既罷，其士卒轉而為盜。(九九)及契丹入汴，縱胡騎打草穀：事見上正月。(一〇〇)滏陽：《舊唐書・地理志》，滏陽縣，漢武安縣地，隋置滏陽縣，唐為磁州治，即今河北省磁縣。(一〇一)磁州刺史李穀密通表於帝，令暉襲相州：《元豐九域志》，滏陽南至相州六十里。(一〇二)表言其狀：表言襲取相州之狀於晉陽。(一〇三)帝還至晉陽：自承天軍還晉陽。(一〇四)夫人李氏：《五代史・漢后妃傳》曰：「高祖皇后李氏，晉陽人也，高祖微時，嘗牧馬於晉陽別墅，因夜入其家，劫而取之，及高祖領藩鎮，累封魏國夫人。」㉕雖復不厚，人無怨言：言所有雖不足以勞軍，士亦不以為怨也。㉖諸溫：胡三省曰：「諸，姓；溫，名。漢書地理志，琅邪郡有諸縣，蓋以邑為氏也。」㉗釋錢仁俊之囚：錢仁俊之囚見上卷晉少帝開運二年。㉘武節都指揮使史弘肇攻代州，拔之，斬王暉：王暉以代州降契丹見上卷晉少帝開運三年。㉙建雄留後：晉州建雄軍。㉚子挈咽喉之地以歸我：胡三省曰：「陝州據河、湟之要，自河東入洛、汴，此其咽喉也。」㉛以暉為保義節度使，侯章為鎮國節度使，保義軍馬步都指揮使王晏為絳州防禦使，保義軍馬步副指揮使：胡三省曰：「按王晏先已為保義軍馬步都指揮使，既賞其功，不應為副指揮使，恐誤。」按《五代史・漢高祖紀》曰：「陝府屯駐奉國指揮使趙輝、侯章、都頭王晏殺契丹監軍及副使劉愿，暉自稱留後，契丹因授暉陝州兵馬留後，侯章為本州馬步軍都指揮使，王晏為副都指揮使，暉等不受命。」疑馬步都指揮使當作馬步副指揮使，馬步副指揮使當作馬步都指揮使，《通鑑》誤書也。又《宋史・王晏傳》曰：「後唐同光中，晏應募隸禁軍，累遷奉國小校，晉開運末，與本軍都校趙暉、忠衞都校侯章等戍陝州，會契丹至汴，遣其將劉愿據陝，恣行暴虐，晏乃與暉等謀，率敢死士數人夜踰城入府署，劫庫兵給其徒。遲明，斬愿首，縣府門外。眾請暉為帥，章為本城副指揮使、內外巡檢使兼都虞候，遣其子漢倫奉表晉陽。時漢祖雖建號，威聲未振，得晏等來歸，甚喜，即日以暉為保義軍節度，章為鎮國軍節度，晏為絳州防禦使，仍領舊職。」㉜高防與王守恩謀，遣指揮使李萬超白晝帥眾大譟入府，斬趙行遷，推守恩權知昭義留後：時昭義節度使張從恩入朝於契丹，以副使趙行遷知昭義留後，見上正月。㉓賊帥王瓊帥其徒千餘人夜襲南城：澶州據德勝渡南北，有二城，南城在津南，北城在津北。㉔北度浮航：浮航，德勝浮梁也。㉕圍郎五於牙城：澶州牙城蓋在北城之中。㉖始遣天平節度使李守貞、天雄節度使杜重威還鎮：李守貞、杜重威既降契丹，隨契丹南入汴，至是始遣還鎮。㉗瓊退屯近郊：《周禮》注引杜子春曰：「五十里為近郊，百里為遠郊。」胡三省曰：「去城三十里為近郊。」㉘密敗，保東城：《五代史・高允權傳》，延州有東、西二城，其中限以深澗。㉙眾以允權家世延帥：高允權父萬金，萬金兄萬興，梁、唐之間為延州節度使。㉚唐王淑妃與郇公從益居洛陽，趙延壽娶明宗女為夫人，淑妃詣大梁會禮：《五代史記・唐家人傳》，明宗淑妃王氏，有美色，號花見羞，明宗後宮有生子者，命妃母之，是為許王從益。晉高祖兵犯京師，末帝聚族自焚，妃與許王從益及其妹匿於鞠院以免，晉高祖都汴，以妃母子俱東，置於宮中，高祖皇后事妃如母，天福四年，詔以郇國三千戶封唐許王從益為郇國公以奉唐祀，少帝即位，妃母子俱還洛陽，契丹犯京師，趙延壽所尚明宗公主已死，耶律德光乃為延壽娶從益妹，是為永安公主，公主不知其母為誰，素亦養於妃，妃乃自洛陽詣大梁主婚禮。按《五代史・趙延壽傳》，延壽初尚唐明宗女燕國長公主，至是復娶從益妹以為繼室。㉛契丹主見而拜之，曰，吾嫂也：《五代史記・唐家人傳》，德光見明宗畫像，焚香再拜，顧妃曰：「明宗與吾約為弟兄，爾，吾嫂也。」契丹主以唐明宗年長，於齒為兄，故拜王淑妃為嫂。㉜統軍劉遂凝因淑妃求節鉞：遂凝，鄩之子也。王淑妃先嘗為鄩妾，故遂凝以舊恩因淑妃以求節鉞。㉝威信節度使：鄧州威勝軍。㉞安遠節度使：安州安遠軍。《五代史記・職方考》，梁置宣威軍於安州，唐改曰安遠軍，晉罷，漢復曰安遠，周又罷。蓋前嘗罷軍而今復置也。㉟亟遣泰寧節度使安審琦、武寧節度使符彥卿等歸鎮：遣安審琦歸兗州、符彥卿歸徐州以鎮之。㊱埇橋：《舊唐書・地理志》，埇橋在徐州之南界，跨汴水，當舟車之要，舊屬徐州符離縣，憲宗元和四年，置宿州於此。在今安徽省宿縣北二十里，一名符離橋，亦名永濟橋。㊲仁恕控彥卿馬，請從相公入城：胡三省曰：「欲劫符彥卿為質以取徐州也。」㊳契丹主服赭袍，坐崇元殿，百官行入閤禮：《五代史記・四夷附錄》，德光服靴袍，御崇元殿，百官入閤，德光大悅，顧左右曰：「漢家儀物，其盛如此，我得於此殿坐，豈非真天子邪！」胡三省曰：「歐陽修曰：『唐故事，天子日御殿見羣臣曰常參，朔望薦食諸陵寢，有思慕之心，不能臨前殿則御便殿見羣臣曰入閤。宣政，前殿也，謂之衙，衙有仗；紫宸，便殿也，謂之閤。其不御前殿而御紫宸也，乃自正衙喚仗由閤門而入，百官俟朝於衙者因隨而入見，故謂之入閤。然衙，朝也，其禮尊；閤，宴見也，其事殺。自乾符以後，因亂禮缺，天子不能日見羣臣而見朔望，故正衙常日廢仗而朔望入閤有仗，其後習見，遂以入閤為重，至出御前殿，猶謂之入閤。五代之時，羣臣五日一入見中興殿，便殿也，此入閤之遺制而謂之起居，朔望一出御文明殿，前殿也，反謂之入閤。』今按五代會要，有入閤儀，司天進時刻牌，閤門進班齊牌，皇帝自內著袍衫，穿靴，乘輦，至常朝殿門駐輦，受樞密使已下起居訖，引駕至正朝殿，皇帝坐定，卷簾，殿上添香，喝控鶴官拜，次鷄叫，次閤門勘契，次閤門承旨喚仗，次閤門使引金吾將軍南班拜訖，分引至位對揖，次細仗相次入，次執文武班簿至位對揖，次宰臣南班拜訖，分引至位對揖，次金吾將軍奏平安，次文武百官入，通事舍人揖殿靸靴入沙墀兩拜，立定，次引宰臣及兩省官、金吾將軍合班立定，閤門使喝拜，搢笏舞蹈，三拜，奏聖躬萬福，又引宰臣班首一人至近前跪奏，又兩拜、舞蹈、三拜，引至位對揖，通事舍人引宰臣於東西踏道下立，次文武百官出，次兩省官南班揖殿出，次翰林學士南班揖殿出，次執文武班簿南班揖殿出，次金吾將軍南班揖殿出，次細仗出，次引宰臣香案前奏事訖，宣徽使喝好去，南班揖殿出，次閤門使引待制官到位兩拜，引近前奏事訖，却歸位，磬折，宣徽使宣所奏知，又兩拜、舞蹈、三拜，舍人喝好去，南班揖殿出，次刑法官奏事准上，次監奏御史南班揖殿出，次閤門承旨放仗，次閤門使奏衙內無事，次喝控鶴官門外祗候，次下簾，皇帝上輦歸內。又按歐史，梁太祖乾化元年九月辛巳朔，御文明殿入閤，則入閤儀梁所定也。唐之正衙朝會，其儀略而野，而五代謂之行禮，會要又詳載而為書，則其儀為一時之上儀矣！」按《五代會要》，崇元殿，汴宮之正衙殿也。㉘天時向熱，吾難久留：胡三省曰：「契丹既畏暑，又畏四方羣起而攻之，故急欲北歸。」㉙上國：契丹自謂其國為上國。㉚復以汴州為宣武軍：契丹之入大梁也，降開封府為汴州防御軍，今復盛唐之舊以為宣武軍。㉛白蝦浦：今福建省閩侯縣南有白鰕浦，按《福州府志》，蓋吳越將余安登岸破唐兵處也。㉜竹簣：編竹為席也。㉝浙兵：謂吳越之兵也。吳越本盛唐兩浙之地，故謂之浙兵。㉞東南守將劉洪進：胡三省曰：「唐兵攻福州，劉洪進當東南面，故書為東南守將。」㉟留從效不欲福州之平：胡三省曰：「泉、福相為脣齒，福州平則泉州為之次矣，此留從效之所不欲也。」㊱府庫為之耗竭：唐之府庫，

竭於奉軍。㊳留從效引兵還泉州：自福州還也。㊴泉州與福州，世為仇敵：胡三省曰：「唐末，王
潮兄弟自泉州攻福州，留從效先是以泉州兵擊破福州兵，又會南唐兵圍福州，故云然。」㊵南接嶺
海瘴癘之鄉：泉州之地，東南際海，西南接潮州、嶺南之境，嶺南濕熱蒸鬱多瘴癘。㊶冬徵夏斂，
僅能自贍：謂所徵租賦，僅能自贍給，未有剩餘也。胡三省曰：「秋穀成熟，徵租於冬，春蠶畢收，
斂帛於夏，即謂二稅也。」㊷唐主不能制，加從效檢校太傅：唐兵新敗，自知不能制從效，故加其
官以安之。㊸壬寅，契丹主發大梁，晉文武諸司從者數千人，諸軍吏卒又數千人，宮女、宦官數百
人，盡載府庫之實以行，所留樂器、儀仗而已：按《遼史・太宗紀》，三月壬寅，晉諸司僚吏、嬪
御、宦寺、方技、百工、圖籍、曆象、石經、銅人、明堂、刻漏、太常、樂譜、諸宮懸、鹵簿及鎧仗
悉送上京，四月丙辰朔，發自汴州，以馮道、李崧、和凝、李瀚、徐臺符、張礪等從行。《通鑑》以
契丹主發大梁系三月壬寅，與《遼史》相差十四日。㊹契丹自白馬渡河，謂宣徽使高勳曰，吾在上
國，以射獵為樂，至此令人悒悒，今得歸，死無恨矣：契丹當作契丹主。悒悒，不樂也。《五代史記・
四夷附錄》曰：「德光自黎陽渡河，行至湯陰，登愁死岡，謂其宣徽使高勳曰：『我在上國，以打圍
食肉為樂，自入中國，心常不快，若得復吾本土，死亦無恨。』」㊺分兵扼散關以絕援路：絕岐、
雍援鳳州之路。㊻東府安撫使：吳越以越州為東府。㊼契丹主將攻相州，梁暉請降：暉襲據相州降
漢見上二月。㊽兩使：胡三省曰：「唐節度使率兼觀察使。兩使，節度、觀察也。」㊾立魏國夫人
李氏為皇后：魏國夫人李氏即前諫括率民財，請悉出宮中所有以勞軍者也。㊿致中國如此，皆燕王

之罪也：遼封趙延壽為燕王，延壽勸契丹主伐晉以殘中國，故歸罪於延壽。(五一)顧張礪曰，爾亦有力焉：後唐末，礪隨趙延壽援張敬達於河東，及敬達敗，從延壽入契丹，至是又與延壽俱南侵晉，故云。(五二)振武節度使府州團練使折從遠入朝，更名從阮：避帝諱，故改遠為阮。(五三)置永安軍於府州，以從阮為節度使：從阮本領振武軍節度使，至是復就府州置節鎮以寵之。按《五代史．折從阮傳》，時升府州為永安軍，析振武之勝州並沿河五鎮以隸之。(五四)又以岢嵐軍使鄭謙為忻州刺史，領彰國節度使：彰國軍，應州也，時屬契丹，漢使謙遙領之耳。《唐書．地理志》，唐武后長安三年，析嵐州宜芳縣置嵐谷縣，並置岢嵐軍，中宗景龍中，張仁亶徙其軍於朔方。嵐谷縣，即今山西省嵐縣。(五五)兼嵐、憲二州義軍都制置使：《舊唐書．地理志》，嵐州，本隋樓煩郡之嵐城縣，唐高祖武德四年，置東會州，並改嵐城為宜芳，六年，更名嵐州，玄宗天寶元年，改為樓煩郡，肅宗乾元元年，復為嵐州，故治在今山西省嵐縣北。憲州，本樓煩監牧也，嵐州刺史兼領之，唐太宗貞觀十五年，別置監牧使，專領監司，不係州司，昭宗龍紀元年，於監置憲州，於監西一里置樓煩縣為憲州治，在今山西省靜樂縣南七十里。《元豐九域志》，憲州治靜樂縣，蓋宋移治也。(五六)契丹主以船數十艘載晉鎧仗將自汴泝河歸其國：胡三省曰：「自汴泝河，自河陽取太行路以歸其國也。」(五七)河陰：《舊唐書．地理志》，唐玄宗開元二十年，割汜水、滎澤二縣置河陰縣，管河陽倉。按《元和郡縣志》，開元二十二年裴卿為相，分置河陰縣及河陰倉於河清縣，《唐書．地理志》亦云開元二十二年析汜水、滎澤、武陟置河陰縣，舊唐志作二十年疑誤也。縣在今河南省河陰縣東。胡三省曰：「河陰在河陽東南，相去百六十里。」(五八)蠟表：以表章置於蠟丸之中。(五九)契丹遣武定節度使方太詣洛陽巡檢：武定軍，洋州也，時屬蜀。方太以安國留後降契丹見上卷晉少帝開運三年，契丹主蓋命之遙領武定節度使耳。(六〇)梁嗣密王朱乙逃禍為僧：胡三省曰：「梁太祖兄存之子友倫封密王，乙蓋梁亡之後避禍為僧也。」(六一)欲與俱西：欲與戍兵俱西至洛陽。(六二)南郊壇：後唐郊天壇在洛陽之南。(六三)公舊鎮此地：《五代史・方太傳》，晉少帝時，太自安州防禦使改鳳州防禦使，行至中途，遷河陽留後，移邢州留後，契丹入汴，命遙領洋州節度使。邢州即安國軍也，太蓋先嘗帥河陽也。(六四)蕭翰遣高謨翰援送劉晞自許還洛陽：蕭翰時為宣武軍節度使，鎮大梁。(六五)引兵而南：欲南歸河陽也。(六六)崇美、廷勳與奚王拽剌退保懷州：胡三省曰：「崔廷勳欲歸河陽，河陽已為武行德所據。故保懷州以逼河陽。」《元豐九域志》，懷州南至河陽七十里。(六七)唐主以矯詔敗軍，皆陳覺、馮延魯之罪：陳覺矯詔發唐兵以攻福州見上卷晉少帝開運三年，覺、延魯敗軍於白鰕浦見上三月。(六八)道路以目：道路相遇，但以目視而不敢言。(六九)同罪異誅：《左傳》宋子罕曰：「同罪異罰，非刑也。」(七〇)天生五材：語出《左傳》。杜預曰：「五材，謂金、木、水、火、土也。」(七一)國之利器：《老子》曰：「國之利器，不可以示人。」注曰：「利器，利於國之器也。唯因物之性，不假刑以理物，器不可覩，而物各得其所，則國之利器也。」(七二)折簡：擘紙作書也。(七三)宋齊丘以嘗薦覺使福州：事見上卷晉少帝開運元年。(七四)會稽：《舊唐書・地理志》，會稽縣，唐為越州治，漢會稽郡、宋東揚州皆理此，即今浙江省紹興縣。(七五)擅興：無詔旨而擅自發兵，謂之擅興。(七六)鳳州防禦使石奉頵降蜀：蜀自是盡有秦、鳳、階、成諸州之地。

（七七）臨城：《舊唐書・地理志》，臨城縣，漢常山郡之房子縣也，唐玄宗天寶元年，改為臨城縣，唐屬趙州，即今河北省臨城縣。（七八）至殺胡林而卒：《遼史・太宗紀》，卒年四十六。《五代史・外國傳》曰：「德光次於欒城縣殺虎林之側，已得寒熱疾數日矣，命部人齎酒脯禱於得疾之地，十八日晡時，有火星落於穹廬之前，若迸火而散，德光見之，西望而唾，連呼曰：『劉知遠滅，劉知遠滅。』是月二十一日卒，時年四十六，主契丹凡二十二年。」宋白《續通典》曰：「唐天后時，襲突厥，羣胡死於此，故名殺胡林。」張舜民《使遼錄》曰：「契丹太宗北歸，於鄴西愁死岡得疾，至欒城殺狐林而崩。愁死岡者，本魏陳思王不為文帝所容，於此悲吟，號愁思岡，訛為愁死；殺狐林者，村民林中射殺一狐，因以名之。」胡三省曰：「殺胡林，蓋契丹主死於此，時人遂以為地名。」諸說互異，蓋或作殺胡，或作殺虎，或作殺狐，皆音似互訛，其詳亦不能考也。（七九）國人剖其腹，實鹽數斗，載之北去，晉人謂之帝羓：文惟簡《虜廷事實》曰：「契丹富貴之家，人有亡者，以刀破腹，取其腸胃滌之，置之香藥鹽礬，五采縫之，又以尖筆筒於皮膚瀝其膏血且盡，用金銀為面具，錦彩絡其手足。耶律德光之死，蓋用此法，時人目為帝羓，信有之也。」（八〇）龍沙：胡三省曰：「盧龍山後即大漠，故謂之龍沙。」按《後漢書・班超傳》贊：「定遠慷慨，專功西遐，坦步蔥靈，咫尺龍沙。」章懷注曰：「蔥嶺、靈山、白龍堆沙漠也。」後人乃泛謂塞外沙漠之地為龍沙耳。（八一）即日光引兵入恒州：范成大《北使錄》曰：「自欒城至恒州六十里。」（八二）待諸部寧壹如故，則葬汝矣：然則是時契丹諸部必有因大軍之南伐而反側者矣！（八三）帝之自壽陽還也：見上三月。（八四）一日狼煙百餘舉：段成式《西陽雜俎》曰：「古邊亭舉烽火時，用狼糞燒煙，以其煙直上，風吹不斜也。」按其說亦見於陸佃埤雅。㊄符習之甥也：習本王鎔將，事後唐莊宗及明宗，歷鎮方面。㊅上事：胡三省曰：「上事者，言欲禮上以領權知南朝軍國事。」

卷二百八十七 後漢紀二

起彊圉協洽五月盡著雍涒灘二月，不滿一年。（丁未，西元九四七年）

司馬光 編集
林瑞翰 註

高祖睿文聖武昭肅孝皇帝中

天福十二年（西元九四七年）

㈠五月，乙酉朔，永康王兀欲召延壽及張礪、和凝、李崧、馮道於所館㈠飲酒。兀欲妻素以兄事延壽，兀欲從容謂延壽曰：「妹自上國來㈡，寧欲見之乎？」延壽欣然與之俱入，良久，兀欲出謂礪等曰：「燕王謀反，適已鎖之矣。」又曰：「先帝在汴時，遺我一籌，許我知南朝軍國。近者臨崩，別無遺詔，而燕王擅自知南朝軍國，豈理邪？」下令延壽親黨，皆釋不問㈢。閒一日，兀欲至待賢館受蕃漢官謁賀，笑謂張礪等曰：「燕王果於此禮上，吾以鐵騎圍之，諸公亦不免矣！」後數日，集蕃、漢之臣於府署㈣，宣契丹主遺制㈤，其略曰：「永康王，大聖皇帝之嫡孫，人皇王之長子㈥，太后鍾愛，羣情允歸，可於中京㈦即皇帝位。」於是始舉哀成服，既而易吉服，見羣臣，不復行喪，歌吹之聲，不絕於內。

㈡辛巳（是月乙酉朔，無辛巳），以絳州防禦使晏為建雄節度使㈧。

㈢帝集羣臣庭議㈨進取，諸將咸請出師井陘攻取鎮、魏㈩。先定河北，則河南拱手自服。帝欲自石會趨上黨⑪，郭威曰：「虜主雖死，黨眾猶盛，各據堅城，我出河北，兵少路迂⑫，旁無應援，若羣虜合勢，共擊我軍，進則遮前，退則邀後，糧餉路絕，此危道也。上黨山路險澁，粟少民殘⑬，無以供億，亦不可由。近者陝、晉二鎮相繼款附⑭，引兵從之，萬無一失，不出兩旬，洛、汴定矣！」帝曰：「卿言是也。」蘇逢吉等曰：「史弘肇大軍已屯上黨，羣虜繼遁，不若出天井⑮抵孟津為便。」司天奏太歲在午，不利南行⑯，宜由晉、絳抵陝⑰，帝從之。辛卯（初七日），詔以十二日發北京⑱，告諭諸道。

㈣甲午（初十日），以太原尹崇為北京留守，以趙州刺史李存瓌為副留守，河東幕僚真定李驤為少尹，牙將太原蔚進為馬步指揮使以佐之。存瓌，唐莊宗之從弟也。

㈤是日，劉晞棄洛陽奔大梁(一九)。

㈥武安節度副使天策府都尉領鎮南節度使希廣(二〇)，楚文昭王希範之母弟也，性謹順，希範愛之，使判內外諸司事。壬辰（初八日），夜，希範卒，將佐議所立，都指揮使張少敵、都押牙袁友恭以武平節度使知永州事希萼(二一)於希範諸弟為最長，請立之，長直都指揮使劉彥瑫、天策府學士李弘皋、鄧懿文、小門使(二二)楊滌皆欲立希廣。張少敵曰：「永州齒長而性剛，必不為都尉之下明矣！必立都尉，當思長策以制永州，使帖然不動則可，不然，社稷危矣(二三)！」彥瑫等不從。天策府學士拓跋恒曰：「三十五郎雖判軍府之政，然三十郎居長(二四)，請遣使以禮讓之，不然，必起爭端。」彥瑤等皆曰：「今日軍政在手，天與不取，使它人得之，異日吾輩安所自容乎？」希廣懦弱不能自決，乙未（十一日），彥瑫等稱希範遺命，共立之。【考異】十國紀年：「五月，己丑，希範得疾，集國官告以傳位希廣。」湖湘故事：「希廣又不能彊弱，猶豫之間，羣輔明日眾口勸廣，」乃受軍府，排衙賀之，以其事奏聞朝廷，托以希範臨終之日，遺言以付希廣。」按希範存時，若已集國官傳位希廣，則後將佐誰敢更有異議。必彥瑫等假託希範遺令也。今從湖湘故事。張少敵退而歎曰：「禍其始此乎！」與拓跋恒皆稱疾不出。

㈦丙申（十二日），帝發太原，自陰地關㊉出晉、絳。丁酉（十三日），史弘肇奏克澤州。始，弘肇攻澤州，刺史翟令奇固守不下，帝以弘肇兵少，欲召還，蘇逢吉、楊邠曰：「今陝、晉、河陽皆已向化，崔廷勳、耿崇美朝夕遁去㊁，若召弘肇還，則河南人心動搖，虜勢復壯矣！」帝未決，使人諭指於弘肇，曰：「兵已及此，勢如破竹，可進不可退。」與逢吉等議合，帝乃從之。弘肇遣將李萬超說令奇，令奇乃降，弘肇以萬超權知澤州。

㈧崔廷勳、耿崇美、奚王拽剌合兵逼河陽，張遇帥眾數千救之㊂，戰於南阪㊃，敗死。武行德出戰，亦敗，閉城自守。拽剌欲攻之，廷勳曰：「今北軍已去㊄，得此城何用？且殺一夫猶可惜，況一城乎？」聞弘肇已得澤州，乃釋河陽，還保懷州。弘肇將至，廷勳等擁眾北遁㊅，過衞州㊆，大掠而去。契丹在河南者，相繼北去，弘肇引兵與武行德合。弘肇為人沈毅寡言，御眾嚴整，將校小不從命，立鍋殺之，士卒所過，犯民田及繫馬於樹者皆斬之，軍中惕息，莫敢犯令，故所向必克。帝自晉陽安行入洛及汴，兵不血刃，皆弘肇之力也，帝由是倚愛之。

辛丑（十七日），帝至霍邑㉛，遣使諭河中節度使趙匡贊，仍以契丹囚其父告之㉜。

㈨滋德宮㉝有宮人五十餘人，蕭翰欲取之，宦者張環不與，翰破鎖，奪宮人，執環，燒鐵灼之，腹爛而死。

初，翰聞帝擁兵而南，欲北歸，恐中國無主，必大亂，已不得從容而去，時唐明宗子許王從益與王淑妃在洛陽㉞，翰遣高謨翰迎之，矯稱契丹主命㉟以從益知南朝軍國事，召已赴恒州㊱。淑妃從益匿於徽陵下宮㊲，不得已而出，至大梁，翰立以為帝，帥諸酋長拜之，又以禮部尚書王松、御史中丞趙遠為宰相，前宣徽使甄城㊳翟光鄴為樞密使，左金吾大將軍王景崇為宣徽使，以北來指揮使劉祚㊴權侍衛親軍都指揮使，充在京巡檢。松，徽之子也㊵。

百官謁見淑妃，淑妃泣曰：「吾母子單弱如此，而為諸公所推，是禍吾家也。」翰留燕兵千人守諸門，為從益宿衛。壬寅（十八日），翰及劉晞辭行㊷，從益餞於北郊，遣使召高行周於宋州，武行德於河陽㊸，皆不至。淑妃懼，召大臣謀之曰：「吾母子為蕭翰所逼，分當滅亡，諸公無罪，宜早迎新主㊹，自求多福，勿以吾母子為意。」眾感其言，皆未忍叛去。或曰：「今集諸營，不減五千，與燕兵併力堅守一月，北救必至㊺。」淑妃曰：「吾母子亡國之餘㊻，安敢與人爭天下？不幸至此，死生惟人所裁，若新主見察，當知我無所負，今更為計劃，則禍及它人，闔城塗炭，終何益乎？」眾猶欲拒守，三司使文安㊼劉審交曰：「余，燕人㊽，豈不為燕兵計？顧事有不可如何者。今城中大亂之餘，公私窮竭，遺民無幾㊾，若復受圍一月，無噍類矣！願諸公勿復言，一從太妃處分。」乃用趙遠、翟光鄴策，稱梁王知軍國事㊿遣使奉表稱臣迎帝，請早赴京師，仍出居私第。

㈩甲辰（二十日），帝至晉州。

(十一)契丹主兀欲以契丹主德光有子在國，己以兄子襲位，又無述律太后之命㊄，擅自立，內不自安。初，契丹主阿保機卒於勃海，述律太后殺酋長及諸將凡數百人㊂，契丹主德光復卒於境外，酋長諸將懼死，乃謀奉契丹主兀欲，勒兵北歸。契丹主以安國節度使麻答為中京留守㊃，以前武州刺史高奉明為安國節度使，晉文武官及士卒，悉留於恒州，獨以翰林學士徐臺符、李澣及後宮、宦者、教坊人自隨㊄。乙巳（二十一日），發真定㊄。

㈩帝之即位也，絳州刺史李從朗與契丹將成霸卿等拒命，帝遣西南面招討使護國節度使白文珂攻之㊅。未下，帝至城下，命諸軍四布而勿攻，以利害諭之，戊申（二十四日），從朗舉城降。帝命親將分護諸門，士卒一人毋得入㊆，以偏將薛瓊為防禦使㊇。

㊂辛亥（二十七日），帝至陝州，趙暉自御帝馬而入，壬子（二十八日），至石壕㊈，汴人有來迎者㊅。

㈣六月，甲寅朔，蕭翰至恒州，與麻答以鐵騎圍張礪之第㊅。礪方臥病，出見之，翰數之曰：「汝何故言於先帝，云胡人不可以為節度使㊅？又吾為宣武節度使，且國舅也，汝在中書，乃帖我㊅，又先帝留我守汴州(六四)，令我處宮中，汝以為不可，又譖我及解里於先帝(六五)，云解里好掠人財，我好掠人子女，今我必殺汝。」命鎖之，礪抗聲曰：「此皆國家大體，吾實言之，欲殺即殺，奚以鎖為？」麻答以大臣不可專殺，力救止之，翰乃釋之。是夕，礪憤恚而卒。崔廷勳見麻答，趨走拜起，跪而獻酒。麻答踞而受之。

(十五)乙卯（初二日），帝至新安，西京留司官悉來迎(六六)。

(十六)吳越忠獻王弘佐卒(六七)，遺令以丞相弘倧為鎮海、鎮東節度使兼侍中。

(十七)丙辰（初三日），帝至洛陽，入居宮中。汴州百官奉表來迎，詔諭以受契丹補署者皆勿自疑，聚其告牒而焚之。趙遠更名上交(六八)，命鄭州防禦使郭從義先入梁清宮，密令殺李從益及王淑妃(六九)，淑妃且死，曰：「吾兒為契丹所立，何罪而死？何不留之，使每歲寒食以一盂麥飯洒明宗陵乎(七〇)？」聞者泣下。

(十八)戊午（初五日），帝發洛陽，樞密院吏魏仁浦自契丹逃歸，見於犖(七一)，郭威問以兵數及故事，仁浦強記精敏，威由是親任之。仁浦，衛州人也。

(十九)辛酉（初八日），汴州百官竇貞固等迎於滎陽，甲子（十一日），帝至大梁，晉之藩鎮相繼來降。

(廿)丙寅（十三日），吳越王弘倧襲位。

(廿一)戊辰（十五日），帝下詔大赦，凡契丹所除節度使，下至將吏，各安職任，不復變更。復以汴州為東京(七二)，改國號曰漢，仍稱天福年，曰：「余未忍忘晉也。」復青、襄、汝三節度(七三)。壬申（十九日），以北京留守崇為河東節度使同平章事。

(廿二)契丹述律太后聞契丹主自立，大怒，發兵拒之(七四)，契丹主以偉王為前鋒，相遇於石橋(七五)。初，晉侍衛馬軍都指揮使李彥韜從晉主北遷，隸述律太后麾下，太后以為排陳使，彥韜迎降於偉王，太后兵由是大敗。契丹主幽太后於阿保機墓(七六)，改元天祿，自稱天授皇帝，以高勳為樞密使。契丹主慕中華風俗，多用晉臣，而荒於酒色，輕慢諸酋長，由是國人不附，諸部數叛，興兵誅討，故數年之間，不暇南寇。

(廿二)初，契丹主德光命奉國都指揮使南宮(七七)王繼弘、都虞候楚暉以所部兵戍相州，彰德節度使高唐英善待之(七八)，戍兵無鎧仗，唐英以鎧仗給之，倚信如親戚。唐英聞帝南下，舉鎮請降，使者未返，繼弘、暉殺唐英，繼弘自稱留後，遣使告云：「唐英反覆。」詔以繼弘為彰德留後，庚辰（二十七日），以暉為磁州刺史。安國節度使高奉明聞唐英死，心不自安，請於麻答，署馬步都指揮使劉鐸為節度副使知軍府事，身歸恒州。

(廿三)帝遣使告諭荊南，高從誨上表賀，且求郢州(七九)，帝不許。及加恩使(八〇)至，拒而不受。

(廿四)唐主聞契丹主德光卒，蕭翰棄大梁去，下詔曰：「乃眷中原，本朝故地(八一)。」以左右衛聖統軍忠武節度使李金生為北面行營招討使(八二)，議經略北方，聞帝已入大梁，遂不敢出兵。

(廿五)秋，七月，甲午（十一日），以馬希廣為天策上將軍、武安節度使、江南諸道都統兼中書令，封楚王。

(廿六)或傳趙延壽已死，郭威言於帝曰：「趙匡贊，契丹所署(八三)，今猶在河中，宜遣使弔祭，因起復移鎮，彼既家國無歸(八四)，必感恩承命。」從之。會鄴都留守天雄節度使兼中書令杜重威、天平節度使兼侍中李守貞皆奉表歸命，重威仍請移它鎮，歸德節度使兼中書令高行周入朝，丙申（十三日），徙重威為歸德節度使，以行周代之。守貞為護國節度使，加兼中書令；徙護國節度使趙匡贊為晉昌節度使。後二年，延壽始卒於契丹(八五)。

(七七)吳越王弘倧以其弟臺州刺史弘俶同參相府事。

(七八)李達以其弟通知福州留後(八六)，自詣錢唐見吳越王弘倧，弘倧承制加達兼侍中，更其名曰孺贇。既而孺贇悔懼(八七)，以金筍二十株及雜寶賂內牙統軍使胡進思，求歸福州。進思為之請，弘倧從之。

(七九)杜重威自以附契丹負中國(八八)，內常疑懼，及移鎮制下，復拒而不受，遣其子弘璲質於麻荅以求援(八九)。趙延壽有幽州親兵二千在恒州(九〇)，指揮使張璉將之，重威請以守魏，麻荅遣其將楊衮將契丹千五百人及幽州兵赴之。閏月，庚午（十八日），詔削奪重威官爵，以高行周為招討使，鎮寧節度使慕容彥超副之以討重威。

㈩辛未（十九日），楊邠、郭威、王章皆為正使㈨㈠。時兵荒之餘，公私匱竭，北來兵與朝廷兵合㈨㈡，頓增數倍，章白帝罷不急之務，省無益之費以奉軍，用度克瞻。

㈩庚辰（二十八日），制建宗廟，太祖高皇帝、世祖光武皇帝皆百世不遷，又立四親廟，追尊謚號㈨㈢，凡六廟。

㈩麻答貪猾殘忍，民間有珍貨、美婦女，必奪取之，又捕村民誣以為盜，披面、抉目、斷腕，焚炙而殺之，欲以威眾，常以其具自隨㈨㈣。左右懸人肝膽、手足，飲食起居於其間，語笑自若。出入或被黃衣㈨㈤，用乘輿服御物，曰：「茲事漢人以為不可，吾國無忌也。」又以宰相員不足，乃牒馮道判弘文館，李崧判史館，和凝判集賢，劉昫判中書，其僭妄如此。然契丹或犯法，無所容貸，故市肆不擾。常恐漢人妄去，謂門者曰：「漢有窺門者，即斷其首以來。」

麻答遣使督運於洺州，洺州防禦使薛懷讓聞帝入大梁，殺其使者舉州降。帝遣郭從義將兵萬人會懷讓攻劉鐸於邢州，不克㈨㈥。鐸請兵於麻答，麻答遣其將楊安及前義武節度使李殷將千騎攻懷讓於洺州，懷讓嬰城自守，安等縱兵大掠於邢、洺之境。

契丹所留兵不滿二千㊈㊆，麻答令所司給萬四千人食，收其餘以自入。麻答常疑漢兵，且以為無用，稍稍廢省，又損其食以飼胡兵，眾心怨憤，聞帝入大梁，皆有南歸之志。前潁州防禦使何福進、控鶴指揮使太原李榮潛結軍中壯士數十人，謀攻契丹，然畏契丹尚彊，猶豫未發。會楊袞、楊安等軍出㊈㊇，契丹留恒州者纔八百人，福進等遂決計，約以擊佛寺鍾為號㊈㊈，辛巳（二十九日），契丹主兀欲遣騎至恒州召前威勝節度使兼中書令馮道、樞密使李崧、左僕射和凝等會葬契丹主德光於木葉山，道等未行，食時，鍾聲發，漢兵奪契丹守門者兵，擊契丹，殺十餘人，因突入府中。李榮先據甲庫，悉召漢兵及市人，以鎧仗授之，焚牙門，與契丹戰。榮召諸將幷力，護聖左廂都指揮使恩州團練使白再榮㊀㊀㊀狐疑，匿於別室，軍吏以佩刀決幕，引其臂，再榮不得已而行㊀㊀㊀，諸將繼至，煙火四起，鼓譟震地。麻答等大驚，載寶貨家屬走保北城，而漢兵無所統壹，貪狡者乘亂剽掠，懦者竄匿。八月，壬午朔，契丹自北門入㉒，勢復振，漢民死者二千餘人。前磁州刺史李穀恐事不濟，請馮道、李崧、和凝至戰所慰勉士卒，士卒見道等至，爭自奮，會日暮，有村民數千譟於城外，欲奪契丹寶貨、婦女，契丹懼而北遁，麻荅、劉晞、崔廷勳背奔定州㉓，與義武節度使邪律忠合，忠即郎五也㉔。

馮道等四出安撫兵民，眾推道為節度使。道曰：「我書生也，當奏事而已，宜擇諸將為留後。」時李榮功最多㉕，而白再榮位在上，乃以再榮權知留後，具以狀聞，且請援兵。帝遣左飛龍使㉖李彥從將兵赴之，白再榮貪昧，猜忌諸將㉗，奉國軍主㉘華池㉙、王饒恐為再榮所併，詐稱足疾，據東門樓，嚴兵自衛。司天監趙延乂善於二人，往來諭釋，始得解。再榮以李崧、和凝久為相㉚，家富，遣軍士圍其第求賞給，崧、凝各以家財與之，又欲殺崧、凝以滅口，李穀往見再榮，責之曰：「國亡主辱，公輩握兵不救，今僅能逐一虜將㉛，鎮民㉜死者幾三千人，豈獨公之力邪？纔得脫死，遽欲殺宰相，新天子若詰公專殺之罪，公何辭以對？」再榮懼而止。又欲率民財以給軍，穀力爭之，乃止。漢人嘗事麻答者，再榮皆拘之，以取其財，恒人以其貪虐，謂之白麻答㉓。楊袞至邢州，聞麻答被逐，即日北還，楊安亦遁去，李殷以其眾來降。

㊸庚寅（初九日），以薛懷讓為安國節度使。劉鐸聞麻答遁去，舉邢州降，懷讓詐云巡檢，引兵向邢州，鐸開門納之，懷讓殺鐸，以克復聞，朝廷知而不問。

㊹辛卯（初十日），復以恒州順國軍為鎮州成德軍㉔。

㊺乙未（十四日），以白再榮為成德留後，踰年，始以何福進為曹州防禦使，李榮為博州刺史㉕。

㊻敕盜賊毋問贓多少，皆抵死。時四方盜賊多，朝廷患之，故重其法，仍分命使者逐捕。蘇逢吉自草詔，意云：「應賊盜並四鄰同保，皆全族處斬。」眾以為盜猶不可族，況鄰保乎？逢吉固爭，不得已，但省去全族字，由是捕賊使者張令柔殺平陰十七村民㉖。逢吉為人，文深好殺，在河東幕府㉗，帝嘗令靜獄以祈福㉘，

逢吉盡殺獄囚還報㉙，及為相，朝廷草創，帝悉以軍旅之事委楊邠、郭威，百司庶務委逢吉及蘇禹珪。二相㉚決事，皆出胸臆，不拘舊制，雖事無留滯，而用捨黜陟，惟其所欲，帝方倚信之，無敢言者。逢吉尤貪詐，公求貨財，無所顧避㉛，繼母死，不為服㉜，庶兄自外至，不白逢吉而見諸子，逢吉怒，密語郭威，以它事杖殺之。

（卌七）楚王希廣庶弟天策左司馬希崇性狡險，陰遺兄希蕚書，言劉彥瑫違先王之命，廢長立少以激怒之㉝。希蕚自永州來奔喪㉞，乙巳（二十四日），至跌石㉟，彥瑤白希廣遣侍從都指揮使周廷誨等將水軍逆之，命永州將士皆釋甲而入，館希蕚於碧湘宮㊱，成服於其次，不聽入與希廣相見。希蕚求還朗州，周廷誨勸希廣殺之，希廣曰：「吾何忍殺兄？寧分潭、朗而治之。」乃厚贈希蕚，遣還朗州。希崇常為希蕚詗希廣，語言動作，悉以告之，約為內應。

（卌八）契丹之滅晉也，驅戰馬二萬歸其國㊲，至是漢兵乏馬，詔市士民馬於河南諸道，不經剽掠者。

（卌九）制以錢弘倧為東南兵馬都元帥、鎮海鎮東節度使兼中書令、吳越王。

(四〇)高從誨聞杜重威叛，發水軍數千襲襄州㉘，山南東道節度使安審琦擊却之，又寇郢州，刺史尹實大破之㉙，乃絕漢，附於唐、蜀㉚。初，荊南介居湖南、嶺南、福建之間，地狹兵弱，自武信王季興時，諸道入貢，過其境者，多掠奪其貨幣，及諸道移書詰讓，或加以兵，不得已復歸之，曾不為愧。及從誨立，唐、晉、契丹、漢更據中原，南漢、閩、吳、蜀皆稱帝，從誨利其賜予，所向稱臣，諸國賤之，謂之高無賴㉛。

(四一)唐主以太傅兼中書令宋齊丘為鎮南節度使。

(四二)南漢主恐諸弟與其子爭國，殺齊王弘弼、貴王弘道、定王弘益、辨王弘濟、同王弘簡、益王弘建、恩王弘偉、宜王弘照，盡殺其男，納其女充後宮，作離宮千餘間㉜，飾以珠寶，設鑊湯、鐵床、刳剔等刑，號生地獄，嘗醉，戲以瓜置樂工之頸試劍，遂斷其頭㉝。

(四三)初，帝與吏部尚書竇貞固俱事晉高祖，雅相知重，及即位，欲以為相㉞，問蘇逢吉，其次誰可相者？逢吉與翰林學士李濤善，因薦之，曰：「昔濤乞斬張彥澤㊟，陛下在太原嘗重之，此可相也。」會高行周、慕容彥超共討杜重威於鄴都㊟，彥超欲急攻城，行周欲緩之以待其弊，行周女為重威子婦，彥超揚言行周以女故，愛賊不攻，由是二將不協，帝恐生它變，欲自將擊重威，意未決，濤上疏請親征，帝大悅，以濤有宰相器㊟。九月，甲戌（二十三日），加逢吉左僕射兼門下侍郎，蘇禹珪右僕射兼中書侍郎，貞固司空兼門下侍郎，濤戶部尚書兼中書侍郎，並同平章事。戊寅（二十七日），詔幸澶、魏勞軍㊟，以皇子承訓為東京留守。

㊟馮道、李崧、和凝自鎮州還㊟，己卯（二十八日），以崧為太子太傅，凝為太子太保。

㊟庚辰（二十九日），帝發大梁。

㊟晉昌節度使趙匡贊㊟恐終不為朝廷所容。冬，十月，遣使降蜀，請自終南山路出兵應援㊟。

㊟戊戌（十七日），帝至鄴都城下，舍於高行周營。

行周言於帝曰：「城中食未盡，急攻徒殺士卒，未易克也。不若緩之，彼食盡自潰。」帝然之。慕容彥超數因事陵轢行周㊷，行周泣訴於執政，掬糞壤實其口㊸，蘇逢吉、楊邠密以白帝，帝深知彥超之曲㊹，猶命二臣和解之，又召彥超于帳中責之㊺，且使詣行周謝。

杜重威聲言車駕至即降，帝遣給事中陳觀往諭指，重威復閉門拒之。城中食浸竭，將士多出降者，慕容彥超固請攻城㊻，帝從之。丙午（二十五日），親督諸將攻城，自寅至辰，士卒傷者萬餘人，死者千餘人，不克而止，彥超乃不敢復言㊼。

初，契丹留幽州兵千五百戍大梁㊽，帝入大梁，或告幽州兵將為變，帝盡殺之於繁臺㊾之下，及圍鄴都，張璉將幽州兵二千助重威拒守㊿，帝屢遣人招諭，許以不死。璉曰：「繁臺之卒，何罪而戮？今守此，以死為期耳！」由是城久不下。

十一月，丙辰（初六日），內殿直韓訓獻攻城之具，帝曰：「城之所恃著眾心耳，眾心苟離，城無所保(51)，用此何為？」

杜重威之叛，觀察判官金鄉(52)王敏屢泣諫，不聽。及食竭力盡，甲戌（二十四日），遣敏奉表出降。乙亥（二十五日），重威子弘璉來見，丙子（二十六日），妻石氏來見，石氏即晉之宋國長公主也，帝復遣入城。丁丑（二十七日），重威開門出降，城中餒死者什七八，存者皆尪瘠[53]無人狀。

張璉先邀朝廷信誓，詔許以歸鄉里，及出降，殺璉等將校數十人，縱其士卒北歸[54]。將出境，大掠而去[55]。

郭威請殺重威牙將百餘人，並重威家貲籍之以賞戰士[56]，從之。以重威為太傅兼中書令楚國公。重威每出入，路人往往擲瓦礫詬之[57]。

臣光曰：「漢高祖殺幽州無辜千五百人，非仁也；誘張璉而誅之，非信也；杜重威罪大而赦之，非刑也；仁以合眾，信以行令，刑以懲奸，失此三者，何以守國？其祚運之不延也宜哉！」

[48]高行周以慕容彥超在澶州，固辭鄴都[58]，己卯（二十九日），以忠武節度使史弘肇領歸德節度使兼侍衛馬步都指揮使[59]，義成節度使[60]劉信領忠武節度使兼侍衛馬步副都指揮使，徙彥超為天平節度使[61]，並加同平章事。

（四九）吳越王弘倧大閱水軍（六二）賞賜倍於舊，胡進思固諫，弘倧怒，投筆水中，曰：「吾之財與士卒共之，奚多少之限邪？」

（五〇）十二月，丙戌（初六日），帝發鄴都（六三）。

（五一）蜀主遣雄武都押牙（六四）吳崇惲以樞密使王處回書招鳳翔節度使侯益，庚寅（初十日），以山南西道節度使兼中書令張虔釗為北面行營招討安撫使，雄武節度使何重建副之（六五），宣徽使韓保貞為都虞候，共將兵五萬，虔釗出散關、重建出隴州以擊鳳翔（六六），奉鑾肅衞都虞候李廷珪將兵二萬出子午谷以援長安（六七）。諸軍發成都，旌旗數十里。

（五二）辛卯（十一日），皇子開封尹承訓卒（六八）。承訓孝友忠厚，達於從政，人皆惜之。

（五三）癸巳（十三日），帝至大梁。

（五四）威武節度使李孺贇（六九）與吳越戍將鮑脩讓不協，謀襲殺脩讓，復以福州降唐。脩讓覺之，引兵攻府第（七〇），是日，殺孺贇，夷其族（七一）。

（五五）乙未（十五日），追立皇子承訓為魏王。

㈤侯益請降於蜀使，吳崇惲持兵籍、糧帳西還㊀，與趙匡贊同上表請出兵平定關中。

㈦己酉（二十九日），鮑脩讓傳李孺贇首至錢塘，吳越王弘倧以丞相山陰㊁吳程知威武節度事。

㈧吳越王弘倧性剛嚴，憤忠獻王弘佐時容養諸將，政非己出，及襲位，誅抗越侮法吏三人。內牙統軍使胡進思恃迎立功，干預政事，弘倧惡之㊃，欲授以一州㊄，進思不可。進思有所謀議，弘倧數面折之。進思還家，設忠獻王㊅位，被髮慟哭。民有殺牛者，吏按之，引人所市肉近千斤，弘倧問進思：「牛大者肉幾何？」對曰：「不過三百斤。」弘倧曰：「然則吏妄也。」命按其罪，進思拜賀其明。弘倧曰：「公何能知其詳？」進思踧踖㊆對曰：「臣昔未從軍，亦嘗從事於此。」進思以弘倧為知其素業，故辱之，益恨怒。進思建議遣李孺贇歸福州㊇，及孺贇叛㊈，弘倧責之，進思愈不自安。

弘倧與內牙指揮使何承訓謀逐進思，又謀於內都監使水丘昭券㊉，昭券以為進思黨盛難制，不如容之。弘倧猶豫未決，承訓恐事洩，反以謀告進思。庚戌（二十日），晦，弘倧夜宴將吏，進思疑其圖己㉖，與其黨謀作亂，帥親兵百人，戎服執兵，入見於天策堂，曰：「老奴無罪，王何故圖之？」弘倧叱之，不退，左右持兵者皆憤怒，弘倧猝愕，不暇發言，趨入義和院，進思鎖其門，矯稱王命，告中外云：「猝得風疾，傳位於同參相府事弘俶。」進思因帥諸將迎弘俶於私第，且召丞相元德昭。德昭至，立於簾外，不拜，曰：「俟見新君。」進思亟出褰簾，德昭乃拜。進思稱弘倧之命，承制授弘俶鎮海、鎮東節度，使兼侍中。弘俶曰：「能全吾兄，乃敢承命，不然，當避賢路。」進思許之，弘俶始視事。進思殺水丘昭券及進侍㉗鹿光鉉。光鉉，弘倧之舅也。進思之妻曰：「它人猶可殺，昭券君子也，奈何害之？」

㉘是歲，唐主以羽林大將軍王延政為安化節度使鄱陽王，鎮饒州㉙。

【今註】㈠所館：兀欲所住之行館。㈡妹自上國來：言其妻自契丹來。㈢下令延壽親黨，皆釋不問：《五代史記・四夷附錄》，兀欲召延壽廷立而詰之，延壽不能對，乃遣人監之而籍其家貲。㊃府署：恒州府署。㊄宣契丹主遺制：矯契丹主遺制而宣之。㊅永康王，大聖皇帝之嫡孫，人皇王之長子：《遼史・世宗紀》，太宗會同九年，從伐晉，大同元年二月，封永康王。大聖皇帝，契丹主阿保機之謚號；人皇王，阿保機長子東丹王突欲也。突欲奔唐，其長子兀欲留契丹，德光伐晉，與之俱南。㊆中京：契丹滅晉，以恒州為中京。㊇辛巳，以絳州防禦使王晏為建雄節度使：王晏守絳州見上卷是年二月。建雄軍，晉州也。是月乙酉朔，無辛巳，按《五代史・漢高祖紀》，晏帥晉州蓋在四月辛巳。㊈庭議：議之於庭。㊉諸將咸請出師井陘攻取鎮、魏：井陘即土門關。鎮州時為恒州，契丹諸酋及趙延壽在焉，魏州，杜重威所鎮。⑪帝欲自石會趨上黨：石會關在今山西省榆社縣西二十五里，又西南即武鄉縣之昂車關，唐武宗會昌三年，河東帥劉沔討澤潞叛帥，守昂車關，壁榆社，取石會關，即此，蓋晉陽南下澤、潞之要阸也。⑫迂：回遠也。⑬民殘：殘，破弊之餘也，有垂盡之意。⑭近者陝、晉二鎮相繼款附：款，誠也，輸誠歸附謂之款附。陝晉歸附事見上卷上年。⑮天井：天井關今在山西省晉城縣南，為澤潞南下洛汴之要阸。《漢書・地理志》，高都縣有天井關。蔡邕曰：「關在井北，為天設之險。」漢高都縣，即唐之晉城縣也。《元和郡縣志》，天井故關，一名太行關，在晉城縣南四十五里太行山上。宋欽宗靖康元年，改名雄定關。⑯司天奏太歲在午，不利南行：胡三省曰：「陰陽家所謂逆太歲。」⑰宜由晉、絳抵陝：自晉州歷絳州至陝州，東趨洛陽也。《元豐九域志》，自晉州南至絳州一百二十五里，自絳州南至陝州二百五十里。⑱詔以十二日發北京：是月乙酉朔，十二日丙申。自後唐以來，以太原為北京。⑲劉晞棄洛陽奔大梁：漢兵南逼而契丹大軍北去，洛陽孤危難守，故棄洛陽而奔大梁。⑳武安節度副使天策府都尉領鎮南節度使馬希廣：武安節度使，楚王希範所領，希廣蓋以副使領鎮南節。鎮南軍，洪州也，時屬南唐，楚王使希廣遙領之耳。㉑武平節度使知永州事希萼：胡三省曰：「楚置武平節度使於朗州，歐史云：『希萼自朗州來奔喪。』通鑑下文亦言希萼求還朗州，又希廣欲分潭、朗而治，則朗州為是，作永州誤也。」㉒小門使：胡三省曰：「小門使，諸鎮皆置之，掌門戶之事，府有宴集，則執兵在門外。」㉓不然，社稷危矣：兄弟爭國則社稷危。㉔三十五郎雖判軍府之政，然三十郎居長：漢魏以來，藩府將吏稱府主之子為郎君。胡三省曰：「希廣第三十五，希萼第三十。」按《五代史記・楚世家》，楚王殷有子十餘人。此云三十、三十五，必合其族子或養子數之。㉕陰地關：陰地關在今山西省靈石縣西南，今關廢而遺址尚存，俗稱南關，以冷泉關在其北也。㉖崔廷勳、耿崇美朝夕遁去：崔廷勳、耿崇美時據懷州以逼河陽。胡三省曰：「時契丹之兵大勢已北還，故知懷州之兵必不能久留。」㉗張遇帥眾救之：遇，嵩山賊帥也，見上卷是年四月。㉘南阪：胡三省曰：「太行南阪也。」㉙今北軍已去：北軍謂契丹聚於恒州之軍，恒州在懷、孟之北，故謂之北軍。㉚弘肇將至，廷勳等擁眾北遁：恒州之軍已去而河陽未下，澤潞之兵將至，懷州孤危無援，故棄州而遁。《元豐九域志》，澤州南至懷州一百二十里。㉛過衞州：《元豐九域志》，自懷州東北至衞州二百九十三里。㉜霍邑：《舊唐書・地理志》，霍邑，漢之彘縣，後漢改為永安，隋於此置汾州，尋改為呂州，並改永安為霍邑，唐太宗貞觀十七年，廢呂州，以縣屬晉州，故治即今山西省霍縣。㉝仍以契丹囚其父告之：告趙匡贊以契丹囚其父趙延壽，所以絕其北顧之心。㉞滋德宮：《五代會要》，晉高祖天福四年，改明德殿為滋德殿，以宮城南門同名故也。㉟時唐明宗子許王從益與王淑妃在洛陽：《五代會要》，從益，唐明宗第五子也，明宗長興四年五月，封許王，晉高祖天福四年，降爵郇國公，少帝開運三年，契丹犯京師，復封為許王。是年二月，王淑妃母子入汴，尋還洛陽，見上卷是年二月。㊱矯稱契丹主命：契丹主謂遼世宗兀欲。㊲召己赴恒州：契丹主兀欲時在恒州。㊳徽陵下宮：唐明宗陵曰徽陵。胡三省曰：「梓宮所窆之所謂之下宮。」㊴甄城：甄當作鄄。《舊唐書・地理志》，鄄城，漢古縣也，後漢於縣置兗州，唐為濮州治，故城在今山東省濮縣東二十里。鄄音絹。㊵北來指揮使劉祚：北來，謂先從契丹主自北而來者。㊶松，徽之子也：王徽，唐僖宗時為相。㊷翰及劉晞辭行：晞先自洛陽奔大梁，至是復與蕭翰俱北。㊸遣使召高行周於宋州，武行德於河陽：宋州歸德軍。高行周時帥歸德，武行德時帥河陽。行周舊隸唐明宗帳下為親將，與唐末帝分率牙兵，王淑妃蓋欲以舊恩召之入衞也，武行德幷州榆次人，或其少嘗在唐明宗麾下。《五代史・高行周傳》，許王從益遣死士召行周，行周辭之以疾，退謂人曰：「衰世難輔，況兒戲乎！」㊹宜早迎新主：新主謂帝也，時帝新舉大號，擁兵而南，其勢將有中國，故謂之新主。㊺北救必至：北救謂契丹之救。㊻吾母子亡國之餘：後唐既亡，惟王淑妃母子尚在，故自謂亡國之餘。㊼文安：《舊唐書・地理志》，文安縣，漢屬渤海郡，至隋不改，故城在唐文安縣東北，唐初屬瀛州，睿宗景雲二年，移屬莫州，唐縣即今河北省文安縣。

(48)余，燕人：文安縣唐初屬瀛州，後屬莫州，瀛、莫二州皆盧龍軍巡屬，劉審交文安縣人，故自稱燕人。(49)今城中大亂之餘，公私窮竭，遺民無幾：晉之滅也，契丹入汴，張彥澤剽掠於前，契丹搜括於後，故云然。(50)稱梁王知軍國事：從益本爵許王，今稱號於大梁，故自稱梁王。(51)又無述律太后之命：述律太后，遼太祖阿保機之後，東丹王突欲之母，兀欲之祖母也。(52)初，契丹主阿保機卒於勃海，述律太后殺酋長及諸將凡數百人：事見卷二百七十五唐明宗天成元年。(53)契丹主以安國節度使麻答為中京留守：葉隆禮《契丹國志》曰：「麻答，太宗之從弟也，會同九年，契丹攻黎陽，麻答先驅，晉博州刺史周儒以城降，未幾，周儒引麻答自馬家口齊河，營於東岸，攻鄆州北津，又陷德州，擒刺史尹居璠。太宗入大梁，以麻答為安國節度使，又以為中京留守。」(54)獨以翰林學士徐召符、李澣及後宮、宦者、教坊人自隨：教坊人，伶官也，契丹主蓋以宮女、宦官、聲樂自隨而棄文武官及士卒於恒州。(55)真定：真定縣，恒州治所。(56)帝遣西南面招討使護國節度使白文珂攻之：護國軍河中府，時漢未得河中，使白文珂遙領之耳。(57)士卒一人勿得入：胡三省曰：「恐其入城剽掠。」(58)以偏將薛瓊為防禦使：以絳州為防御軍。(59)石壕：《元豐九域志》，陝州陝縣有石壕鎮。石壕鎮在今河南省陝縣東南七十里，唐杜甫有石壕吏詩。(60)汴人有來迎者：越鄭、洛二州迎帝於陝縣。(61)蕭翰至恒州，與麻答以鐵騎圍張礪之第：礪隨契丹主德光北歸，至恒州，德光殂，兀欲立，棄晉文武百官北去，礪時臥病，遂止於恒州。(62)汝何故言於先帝，云胡人不可以為節度使：張礪言見卷二百八十五晉少帝開運三年。(63)汝在中書，乃帖我：樞院曰宣，中書曰帖。(64)又先帝留我守汴：見上卷是年三月。(六五)又譖我及解里於先帝：宋白《續通典》曰：「厤答本名解里。」(六六)帝至新安，西京留司官悉來迎：新安縣屬西京河南府。《元豐九域志》，新安縣在京西七十里。(六七)吳越忠獻王弘佐卒：《五代史記・吳越世家》，卒年二十。(六八)趙遠更名上交：避帝諱更名(六九)命鄭州防禦使郭從義先入大梁清宮，密令殺李從益及王淑妃：《五代史・唐宗室傳》，漢高祖將離太原，從益召高行周、武行德欲拒漢，行周等不從，漢高祖怒，故殺之，從益死年十七，時人哀之。(七〇)何不留之，使每歲寒食以一盂麥飯洒明宗陵乎：胡三省曰：「五代會要曰：『人君奉先之道，無寒食野祭。近代莊宗每年寒食出祭，謂之破散，故襲而行之。』歐陽修曰：『寒食野祭而焚紙錢，中國幾何其不為夷狄矣！』按唐開元敕：『寒食上墓，禮經無文，近世相傳，寖以成俗，宜許上墓，同拜掃禮。』蓋唐許士庶之家行之，而人君無此禮也。」(七一)鞏：《舊唐書・地理志》，鞏縣，隋置，唐屬河南府。按鞏縣本周鞏伯邑，秦置鞏縣，北齊廢，故城在今河南省鞏縣西南三十里，隋復置，移理今河南省鞏縣。(七二)復以汴州為東京：契丹廢東京為汴州，見上卷是年正月。(七三)復青、襄、汝三節度：胡三省曰：「晉蓋以楊光遠反廢平盧軍，以安從進反廢山南東道也，汝州未嘗為節鎮，恐是安州，以李金全反廢安遠軍也。然契丹入汴之後，嘗以楊光遠子承信為平盧節度使，蓋漢自以繼晉而興，革契丹之政，不以為著令也。」晉廢安遠軍見卷二百八十二高祖天福五年，廢山南東道見卷二百八十三天福七年，廢平盧軍見卷二百八十四少帝開運元年。(七四)契丹述律太后聞契丹主自立，大怒，發兵拒之：《遼史・后妃傳》，述律太后遣太弟李胡將兵擊之。李胡，契丹主阿保機之第三十，德光立，立為皇太弟。又《契丹國志》曰：「太后聞帝立，怒曰：『我兒南征東討，有大功業，其子在我側者當立，汝父棄我走投外國，乃大逆人也，豈得立逆人之子為帝乎！』發兵拒之。」㊄石橋：胡三省曰：「胡嶠入遼錄曰：『兀欲及述律戰於沙河。』石橋蓋沙河之橋也，南則姚家州，北則宣化館至西樓。」㊅初，晉侍衞馬軍都指揮使李彥韜從晉主北遷，隸述律太后麾下。太后以為排陳使，彥韜迎降於偉王，太后兵由是大敗，契丹主幽太后於阿保機墓：李彥韜從晉主北遷見上卷本年正月。《遼史・世宗紀》曰：「秋閏七月，帝次潢河，太后、李胡整兵拒於橫，相持數日，用屋質之謀各罷兵趨上京，既而聞太后、李胡復有異謀，遷於祖州。」《遼史・耶律屋質傳》曰：「太后軍次潢河橫渡，隔岸相拒。時屋質從太后，世宗以屋質善籌，欲行間，乃設事奉書以試太后，太后得書，以示屋質，屋質讀竟，言曰：『太后佐太祖定天下，故臣願竭死力，若太后見疑，臣雖欲盡忠，得乎？為今之計，莫若以言和解，事必有成，否即宜速戰以決勝負，然人心一搖，國禍不淺，惟太后裁察。』太后曰：『我若疑卿，安肯以書示汝？』屋質對曰：『李胡、永康王皆太祖子孫，神器非移他族，何不可之有？太后宜思長策，與永康王和議。』太后曰：『誰可遣者？』對曰：『太后不疑臣，臣請往，萬一永康王見聽，廟社之福。』太后乃遣屋質授書於帝，帝遣宣徽使耶律海思復書，辭多不遜。屋質諫曰：『書意如此，國家之憂未艾也，能釋怨以安社稷，則臣以為莫若和好。』帝問曰：『若何而和？』屋質對曰：『與太后相見，各紓忿恚，和之不難，不然，決戰非晚。』帝然之，遂遣海思詣太后約和，往返數日，議乃定。始相見，怨言交讓，殊無和意。太后謂屋質曰：『汝當為我畫之。』屋質借謁者籌，執之，謂太后曰：『昔人皇王在，何故立嗣聖？』太后曰：『立嗣聖者，太祖遺旨。』又曰：『大王何故擅立，不禀尊親？』帝曰：『人皇王當立而不立，所以去之。』屋質正色曰：『人皇王捨父母之國而奔唐，子道當如是耶？大王見太后不少遜謝，惟怨是尋，太后牽於偏愛，託先帝遺命，妄授神器，如此，何敢望和？當速交戰。』擲籌而退。太后泣曰：『向太祖遭諸弟亂，天下荼毒，瘡痍未復，庸可再乎？』乃索籌一，帝曰：『父不為而子為，又誰咎也。』亦取籌而執，左右感激，大慟。太后復謂屋質曰：『議既定，神器竟誰歸？』屋質曰：『太后若授永康王，順天合人，復何疑？』李胡厲聲曰：『我在，兀欲安得立？』屋質曰：『禮有世嫡，不傳諸弟。昔嗣聖之立，尚以為非，況公暴戾殘忍，人多怨讟，萬口一辭，願立永康王，不可奪也。』太后顧李胡曰：『汝亦聞此言乎？汝實自為之。』乃許立永康王。」按《遼史·太祖紀》，阿保機葬於祖州之祖陵。《遼史·地理志》，祖州即西樓也，有祖山，山有太祖天皇帝廟、太祖陵，陵鑿山為殿，曰明殿，殿南嶺有膳堂以備時祭，門曰黑龍，東偏有聖蹤殿，立碑述太祖游獵之事，殿東有樓，立碑以紀太祖創業之功，皆在州西五里。《富鄭公行程記》曰：「祖州有祖山，山中阿保機廟，所服韡尚在，長四五尺許。」《遼史·地理志》引宋大中《祥符薛映記》曰：「上京者，中京正北八十里至松山館，七十里至崇信館，九十里至廣寧館，五十里至姚家寨館，五十里至咸寧館，三十里度潢水石橋，五十里保和館，度黑水河，七十里宣化館，五十里長泰館，館西二十里有佛舍民居，即祖州也，又西四十里至臨潢府。」中京大定府，上京即臨潢府。又胡嶠《陷北記》曰：「世宗與述律後戰於沙河，述律兵敗而北，兀欲追至獨樹渡，遂囚述律於撲馬山，又行三日，始至西樓。」與《遼史》所載異。抑或兀欲先囚述律太后於撲馬山，其後復遷之於祖州，今亦未能詳也。(七七)南宮：《舊唐書・地理志》，南宮，漢縣，屬信都國，唐高祖武德四年，屬宗州，太宗貞觀元年，移屬冀州。《元豐九域志》，南宮縣在冀州西南六十二里，故城在今河北省南宮縣西北。」(七八)彰德節度使高唐英善待之：高唐英，契丹所署也，見上卷是年四月。(七九)郢州：《舊唐書・地理志》，唐高祖武德四年，置郢州於長壽縣，溫州於京山縣，太宗貞觀元年，廢郢州，以長壽縣屬荊州，八年，移屬溫州，十七年，廢溫州，依舊置郢州於京山縣，玄宗天寶元年，改為富水郡，肅宗乾元元年，復為郢州，即今湖北省京山縣。(八〇)加恩使：胡三省曰：「自唐以來，新君踐阼，則遣使加恩於諸鎮。」(八一)乃眷中原，本朝故地：眷，顧也。南唐自謂上接唐緒，故云然。(八二)以左右衞聖統軍忠武節度使李金全為北面行營招討使：李金全自晉奔唐見卷二百八十二晉高祖天福五年。(八三)趙匡贊，契丹所署：見上卷本年正月。(八四)彼既家國無歸：胡三省曰：「父死虜中，無可歸之家，契丹北去，無可歸之國。」(八五)後二年，延壽始卒於契丹：《五代史・趙延壽傳》，延壽姿貌妍柔，稍涉書史，尤好賓客，亦能為詩。李昉等《太平廣記》引〈趙延壽傳〉曰：「趙延壽將家子，幼習武略，即戎之暇，復以篇什為意。嘗在虜廷賦詩曰：『黃沙風捲半空拋，雲重陰山雪滿郊，探水人回移就帳，射雕箭落著弓抄，鳥逢霜果飢還啄，馬渡水河渴自跑，占得高原肥草地，夜深生火折林梢。』南人往往傳之。」(八六)李達以其弟通知福州留後：李達本名仁達，降唐，唐賜名弘義，以稱臣於吳越，避吳越王諱改名達，見卷二百八十五晉少帝開運三年。其弟先名弘通，亦去弘字名通。(八七)既而孺贇悔懼：悔來吳越，懼為所留而不得歸也。〔八八〕杜重威自以附契丹負中國：事見卷二百八十五晉少帝開運三年。〔八九〕遣其子弘隧質於麻答以求援：麻答時在恒州。〔九〇〕趙延壽有幽州親兵二千在恒州：趙延壽為契丹主兀欲鎖之北去，其親兵留於恒州。〔九一〕楊邠、郭威、王章皆為正使：帝即位於太原，以楊邠權樞密使、郭威權樞密副使、王章權三司使，見上卷，今皆為正使。〔九二〕北來兵與朝廷兵合：北來兵謂從帝自太原來者，朝廷兵謂晉朝舊兵也。〔九三〕又立四親廟，追尊謚號：《五代會要》，帝追尊高祖湍為明元皇帝，廟號文祖，曾祖昂為恭禧皇帝，廟號德祖，祖僎為昭獻皇帝，廟號翼祖，考琠為章聖皇帝，廟號顯祖。〔九四〕常以其具自隨：其具謂披面、抉目、斷腕、焚炙之具。〔九五〕黃衣：赭龍袍也，天子之服。〔九六〕帝遣郭從義將兵萬人會懷讓攻劉鐸於邢州，不克：劉鐸時為契丹守邢州。《元豐九域志》，洺州西北至邢州九十里。〔九七〕契丹所留之兵不滿二千：謂留守恒州之兵。〔九八〕會楊袞、楊安等軍出：楊袞將兵赴魏州助杜重威，楊安將兵攻薛懷讓於洺州。〔九九〕約以擊佛寺鍾為號：約漢兵聞翌日食時佛寺擊鍾則俱起以攻契丹。〔一〇〇〕護聖左廂都指揮使恩州團練使白再榮：《五代史・職方考》，恩州時屬南漢，白再榮遙領之耳。《舊唐書・地理志》，唐太宗貞觀二十三年，置恩州，玄宗天寶元年，改為恩平郡，肅宗乾元元年，復為恩州。州治恩平縣，本漢合浦郡地，隋置海安縣，唐高祖武德五年，改為齊安縣，肅宗至德二年，改為恩平，故治在今陝西省恩平縣北二十里。〔一〇一〕軍吏以佩刀決幕，引其臂，再榮不得已而行：白再榮蓋以幕自障蔽，故軍吏以刀決幕引之而出。又《五代史・白再榮傳》，何福晉等使人召再榮，再榮端坐本營，遲疑久之，為軍吏所迫，乃行。〔一〇二〕契丹自北門入：北門，恒州牙城之北門也。㉓麻答、劉晞、崔廷勳皆奔定州：《元豐九域志》，恒州東北至定州一百二十里。㉔忠即郎五也：郎五蓋自澶州移鎮定州。㉕時李榮功最多：李榮先據甲庫，取鎧仗授漢兵民以攻契丹，故論功最多。㉖左飛龍使：唐有飛龍使及小馬坊使，梁太祖開平元年，改小馬坊使為天驥使，後唐復舊，明宗長興元年，改飛龍院為左飛龍院，小馬坊為右飛龍院。㉗白再榮貪昧，猜忌諸將：《五代史・白再榮傳》，再榮貪昧無決，舉止多疑，出入騎從，露刃注矢，諸將不相統攝，互有猜貳。㉘奉國軍主：胡三省曰：「晉氏南渡以後，南北兵爭，各置軍主、隊主之官，隋唐以下無是稱也。此書奉國軍主，通鑑蓋因舊史成文，猶言軍帥耳，非官名也。」按《五代史・白再榮傳》作奉國廂主。㉙華池：《舊唐書・地理志》，華池縣，隋置，煬帝大業十三年，為胡賊所破，縣廢，唐高祖武德四年，復置華池縣，並置林州，太宗貞觀元年，廢林州，以華池隸慶州。宋白《續通典》曰：「華池，本漢歸德縣地，即洛源縣，隋仁壽二年，於今縣東北庫多汗故城又置華池縣，有華池水，故名。」故治在今甘肅省合水縣東北一百二十里，宋廢縣為寨，屬合水縣，即今之華池鎮。㉚再榮以李菘、和凝久為相：晉高祖入洛，以李崧為相，天福五年，和凝為相。㉛今僅能逐一虜將：虜將謂麻答也。㉜鎮民：鎮州之民。恒州舊為鎮州。㉝恒人以其貪虐，謂之白麻答：言其貪殘暴虐如麻答也。再榮姓白，故謂之白麻答。㉞復以恒州順國軍為鎮州成德軍：晉改鎮州成德軍為恒州順國軍見卷二百八十晉高祖天福七年，今復舊。㉟踰年，始以何福進為曹州防禦使，李榮為博州刺史：先是以逐麻答為白再榮之功，踰年始知為福進、榮之功而賞之。㊱由是捕賊使者張令柔殺平陰十七村民：

《舊唐書·地理志》，平陰縣本漢肥城縣地，隋為平陰縣，屬濟州，唐玄宗天寶十三載，廢濟州，以縣屬鄆州，文宗太和六年，併入東阿縣，開成二年，復置，故城即今山東省平陰縣。胡三省引項安《世家說》云：「古無村名，今之村即古之鄙野也。凡地在國中、邑中則名之為都，都，美也，言其人物、衣制皆雅麗也，凡言美者曰都，曰子都、都人士、車服甚都是也。郊外則名之為野為鄙，言其樸拙想文也。曰鄙者，如列子所謂鄭之鄙人是也。故古語謂美好為都，麄陋為鄙，本此義也。隋世已有村名，唐令，在野者為村，置村正一人，則村之為義明矣。」宋程大昌《續演繁露》亦有此說。㉗在河東幕府：謂在河東節度判官時也。㉘帝嘗令靜獄以祈福：靜獄者，決遣繫囚也。㉙逢吉盡殺獄囚還報：逢吉好殺，故以殺囚為靜。㉚二相：謂蘇逢吉及蘇禹珪。㉛逢吉尤貪詐，公求貨財，無所顧避：《五代史·蘇逢吉傳》，逢吉性奢靡，好鮮衣美食，中書供膳，鄙而不食，私庖供饌，務盡甘珍，嘗於私第大張酒樂以召權貴，所費千餘緡，其妻武氏卒，葬送甚盛，班行官及外州節制有與逢吉相款洽者，皆令齎送綾羅絹帛以備縞素。㉜繼母死，不為服：《五代史·蘇逢吉傳》，逢吉性不拘名教，繼母死，不行服，妻死未朞年，其子並授官秩。㉝言劉彥韜違先王之命，廢長立少以激怒之：先王謂楚王殷。殷遺命見卷二百七十七唐明宗長興二年。希蕚，希廣之兄也，捨兄立弟，是廢長立少。㉞希蕚自永州來奔喪：按《五代史記·楚世家》，永州當作朗州。希蕚時為武平軍節度使，鎮朗州。㉟趹石：《五代史記·楚世家》作砆石。㊱碧湘宮：胡三省曰：「今潭州西北出有碧湘門，馬氏蓋立宮於是門之側。」潭州即今湖南省長沙縣。㊲契丹之滅晉也，驅戰馬二萬歸其國：事見上卷是年正月。㉘高從誨聞杜重威叛，發水軍數千襲襄州：乘漢兵北討魏州，未暇南救而襲之。《元豐九域志》，荊南府北至襄州四百四十里。㉙又寇郢州，刺史尹實大破之：《元豐九域志》，荊南府東至郢州三百二十里。㉚乃絕漢，附於唐、蜀：高從誨求郢州於漢，不許，至是復冦襄、郢而敗，遂絕漢而附唐、蜀。㉛諸國賤之，謂之高無賴：《五代史記・南平世家》，俚俗語謂奪攘苟得無媿恥者為賴子，猶言無賴也，故諸國皆目為高賴子。㉜作離宮千餘間：《五代史記・南漢世家》，作南宮、大明、昌華、甘泉、玩華、秀華、玉清、太微諸宮，凡數百，不可悉記。㉝嘗醉，戲以瓜置樂工之頸試劍，遂斷其其頭：《五代史記・南漢世家》，晟嘗夜飲，大醉，以瓜置伶人尚玉樓項，拔劍斬之以試劍，因幷斬其首，明日酒醒，復召玉樓侍飲，左右白已殺之，晟歎息而已。㉞初，帝與吏部尚書竇貞固俱事晉高祖，雅相知重，及即位，欲以為相：《宋史・竇貞固傳》，初，帝與貞固同事晉祖，甚相得，時蘇逢吉、蘇禹珪自霸府僚佐驟居相位，思得舊臣冠首，以貞固持重寡言有時望，乃拜司空門下侍郎平章事。㉟昔濤乞斬張彥澤：事見卷二百八十三晉高祖天福七年。㊱會高行周、慕容彥超共討杜重威於鄴都：遣行周，彥超二將討杜重威事始上閏七月。㊲濤上疏請親征，帝大悅，以濤有宰相器：《宋史・李濤傳》，杜重威據鄴叛，帝命高行周、慕容彥超討之，二帥不協，濤密疏親征，帝覽奏，以濤堪任宰輔，即拜中書侍郎兼戶部侍郎平章事。㊳詔幸澶、魏勞軍：欲自將擊魏州也。㊴馮道、李崧、和凝自鎮州還：時契丹為白再榮等所逐，故馮道等得自鎮州歸。《冊府元龜》曰：「馮道仕晉為相，晉末，北虜犯闕回，先留道與李崧、和凝文武官等在常山，閏七月二十九日，虜中有偽詔追崧，令選朝士十人赴木葉山行事，虜帥解里召道等至帳前所，欲諭之，崧偶先至，見其旨，懼形於色。解里將以明日與朝士齊遣之，崧乃不候道與凝，先出，既而相遇於帳門外，因與分首俱歸，俄而李筠等縱火與虜交鬭，鈹槊相及。是日道若齊至，與解里相見，稍躊躇，則悉為俘矣，論者以道在布衣有至行，立公朝有重德，其陰報昭感，多此類也。」李筠即李榮。㊵晉昌節度使趙匡贊：趙匡贊自河中徙鎮長安見上秋七月。㊶請自終南山路出兵應援：胡三省曰：「終南山路，子午谷路也。」㊷慕容彥超數因事陵轢行周：慕容彥超，帝之同產弟也，恃親恩以陵轢行周。《後漢書・朱浮傳》：「帝以浮陵轢同列，每銜之。」章懷注曰：「陵轢猶欺蔑也。」陵，躪也轢，車所踐也，故伸義為欺蔑。㊸行周泣訴於執政，掬糞壤實其口：胡三省曰：「示受陵辱而不敢言也。」㊹帝深知彥超之曲：知過在彥超。㊺又召彥超於帳中責之：牽於私愛，故不明斥某罪㊻慕容彥超固請攻城：欲遂其急攻之計。㊼自寅至辰，士卒傷者萬餘人，死者千餘人，不克而止，彥超乃不敢復言：急攻不克而傷亡者眾，則行周持久以弊敵之計為是，故不敢復言攻城之策。㊽初，契丹留幽州兵千五百人戍大梁：按即蕭翰留與許王從益為宿衞者也，見上五月。上作千人，此因《五代史・杜重威傳》作千五百人。㊾繁臺：繁臺在今河南省開封縣東南。《元豐九域志》，繁臺本梁孝王吹臺，其後有繁姓居其側，人遂以姓呼之。㊿及圍鄴都，張璉將幽州兵二千助重威拒守：璉將兵入魏助杜重威拒守事始上七月。(51)城之所恃者眾心耳，眾心苟離，城無所保：欲用高行周久困之計以離魏人之心。(52)金鄉：《舊唐書・地理志》，金鄉縣，後漢立，唐高祖武德四年，於縣置金州，五年，改為戴州，太宗貞觀十七年，廢戴州，以縣屬兗州，即今山東省金鄉縣。（五三）尪瘠：短小曰尪，羸瘦曰瘠。尪音汪。（五四）張璉先邀朝廷信誓，詔許以歸鄉里，及出降，殺璉等將校數十人，縱其士卒北歸：《五代史・杜重威傳》，璉一軍在圍中，重威推食解衣，盡力姑息，燕軍驕悍，憑陵吏民，子女金帛，公行豪奪，及重威請命，璉等邀朝廷信誓，詔許璉等却歸本土，及出降，盡誅璉等將數十人，其什長以下，放歸幽州。（五五）將出境，大掠而去：將出境，將出魏州之境也。去漢兵既遠，心無所憚，遂縱掠以逞其忿。（五六）郭威請殺重威牙將百餘人，幷重威家貲籍之以賞戰士：威請殺重威牙將，籍沒其財產幷重威家貲以賞戰士也。（五七）重威每出入，路人往往擲瓦礫詬之：鄙其貪黷賣國，殄民以自肥也。（五八）高行周以慕容彥超在澶州，固辭鄴都：澶、魏接境，行周以既與彥超交惡，難於相安，故辭鄴都留守以避之。（五九）以忠武節度使史弘肇領歸德節度使兼侍衞馬步都指揮使：史弘肇以宿衞帥領許州節，今改領忠武節。先是高行周自宋州徙鄴都，與杜重威易鎮，既而重威叛命，宋州缺帥，今以史弘肇領之。（六〇）義成節度使：滑州義成軍。（六一）徙彥超為天平節度使：徙慕容彥超鎮鄆州以避高行周。（六二）吳越王弘倧大閱水軍：《五代史記・吳越世家》，弘倧閱兵於碧波亭。《五代史補》，僧契盈，閩中人，通內外學，性尤敏速，周廣順初，游戲錢塘，一日，陪吳越王游碧浪亭，時潮水初滿，舟楫輻輳，望之不見其首尾，王喜曰：「吳國地去京師三千餘里，而誰知一水之利有如此耶？可謂三千里外一條水，十二時中兩度潮。」時人謂之佳對，時江南未通，兩浙貢賦自海路而至青州，故云三千里也。按碧浪亭即碧波亭，地當錢塘江側。（六三）帝發鄴都：自鄴都歸大梁。（六四）雄武都押牙：胡三省曰：

「雄武都押牙，秦州都押牙也。」蜀置雄武軍於秦州。〔六五〕以山南西道節度使兼中書令張虔釗為北面行營招討安撫使，雄武節度使副之：後唐閔帝遣張虔釗討潞王於鳳翔，敗而降蜀，見卷二百七十九唐末帝清泰元年，何重建以契丹滅晉而降蜀，見上卷是年正月，故蜀主委以經略岐、雍之任。〔六六〕虔釗出散關，重建出隴州以擊鳳翔：既以書招之，復脅之以兵，欲其速降也。〔六七〕奉鑾肅衛都虞候李廷珪將兵二萬出子午谷以援長安：從趙匡贊之請也。〔六八〕皇子開封尹承訓卒：《五代史・漢宗室傳》，承訓字德輝，高祖長子也，少溫厚，美姿儀。〔六九〕威武節度使李孺贇：吳越王賜李達名孺贇見上七月。〔七〇〕引兵攻府第：府第，福州府署也。〔七一〕殺孺贇，夷其族：晉少帝開運二年，李仁達始據福州，至是而亡。〔七二〕使吳崇惲持兵籍、糧帳西還：持鳳翔之兵籍、糧帳西還成都。〔七三〕山陰：《舊唐書・地理志》，唐睿宗垂拱二年，分會稽縣置山陰縣，屬越州，縣在州治而與會稽分理，民國幷會稽、山陰二縣為紹興縣。〔七四〕內牙統軍使胡進思恃迎立功，干預政事，弘倧惡之：《五代史記・吳越世家》，先是吳越王錢鏐以徐綰之亂使子元瓘質於宣州，以胡進思、戴惲等自隨，元瓘立，用進思等為大將，元瓘卒，弘佐立，進思以舊將自待，甚見尊禮，及弘倧立，頗卑侮之，進思不能平。〔七五〕欲授以一州：欲出之外鎮而奪其兵權也。〔七六〕忠獻王：吳越王弘佐諡忠獻王。〔七七〕踧踖：朱子曰：「踧踖，恭敬不寧貌。」〔七八〕進思建議遣李孺贇歸福州：事見上七月。〔七九〕及孺贇叛：謂孺贇謀復以福州降唐也。〔八〇〕又謀於內都監使水丘昭券：胡三省曰：「按薛史，吳越王鏐母水丘氏，昭券蓋外戚也。」〔八一〕弘倧夜宴將吏，進思疑其圖己：《五代史記・吳越世家》，歲除，畫工獻鍾馗擊鬼圖，弘倧以詩題圖上，進思見之大悟，知弘倧將殺己，是夕，擁衞兵廢弘倧。㈢進侍：胡三省曰：「進侍，吳越所置官，在王左右者也。」㈣唐主以羽林大將軍王延政為安化節度使，鄱陽王，鎮饒州：南唐蓋置安化軍於饒州。王延政降唐見卷二百八十四晉少帝開運二年。

乾祐元年（西元九四八年）

㈠春，正月，乙卯（初五日），大赦，改元。

㈡帝以趙匡贊、侯益與蜀兵共為寇，患之，會回鶻入貢，訴稱為党項所阻㈠，乞兵應接，詔左衞大將軍王景崇、將軍齊藏珍將禁軍數千赴之，因使之經略關西㈡。

晉昌節度判官李恕久在趙延壽幕下，延壽使之佐匡贊，匡贊將入蜀，恕諫曰：「燕王入胡，豈所願哉㈢？今漢家新得天下，方務招懷，若謝罪歸朝，必保富貴，入蜀非全計也。蹄涔不容尺鯉㈣，公必悔之。」匡贊乃遣恕奉表請入朝，景崇等未行而恕至，帝問恕，「匡贊何為附蜀？對曰：「匡贊自以身受虜官㈤，父在虜庭㈥，恐陛下未之察，故附蜀求苟免耳！臣以為國家必應存撫，故遣臣來祈哀。」帝曰：「匡贊父子，本吾人也，不幸陷虜，今延壽方墜檻穽㈦，吾何忍更害匡贊乎？」即聽其入朝，侯益亦請赴二月四日聖壽節上壽㈧，景崇等將行，帝召入臥內，敕之曰：「匡贊、益之心皆未可知，汝至彼，彼已入朝則勿問，若尚遷延顧望，當以便宜從事㈨。」

㈢己未（初九日），帝更名暠。

㈣以前威勝節度使馮道為太師。

㈤壬戌（十二日），吳越王弘俶遷故王弘倧於衣錦軍私第㈩，遣匡武都頭薛溫將親兵衞之，潛戒之曰：「若有非常處分⑪，皆非吾意，當以死拒之。」

㈥帝自魏王承訓卒，悲痛過甚，甲子（十四日），始不豫。

㈦趙匡贊不俟李恕返命，已離長安，丙子（二十六日），入見。王景崇等至長安，聞蜀兵已入秦川⑫，以兵少，發本道⑬及趙匡贊牙兵千餘人同拒之，景崇恐匡贊牙兵亡逸，欲文其面⑭，微露風旨，軍校趙思綰首請自文其面以帥下⑮，崇景悅。齊藏珍竊言曰：

「思綰凶暴難制，不如殺之。」景崇不聽。思綰，魏州人也。

蜀李廷珪將至長安㈠六，聞趙匡贊已入朝，欲引歸，王景崇邀之，敗廷珪於子午谷。張虔釗至寶鷄㈠七，諸將議不協，按兵未進。侯益聞廷珪西還，因閉壁拒蜀兵，虔釗勢孤，引兵夜遁。景崇帥鳳、翔、隴、邠、涇、鄜、坊之兵，追敗蜀兵於散關，俘將卒四百人。

㈧丁丑（二十七日），帝大漸，楊邠忌侍衛馬軍都指揮使忠武節度使劉信，立遣之鎮㈠八，信不得奉辭，雨泣㈠九而去。帝召蘇逢吉、楊邠、史弘肇、郭威入受顧命，曰：「余氣息微，不能多言，承祐幼弱，後事託在卿輩。」又曰：「善防重威㈡〇。」是日，殂於萬歲殿㈡一。逢吉等秘不發喪，庚辰（三十日），下詔稱重威父子，因朕小疾，謗議搖眾，幷其子弘璋、弘璉、弘璨皆斬之，晉公主㈡二及內外親族，一切不問。磔重威尸於市，市人爭啖其肉㈡三，吏不能禁，斯須而盡。

二月，辛巳朔，立皇子左衛大將軍大內都點檢承祐為周王、同平章事，有頃，發喪，宣遺制，令周王即皇帝位，時年十八。

(九)蜀韓保貞、龐福誠引兵自隴州還㉔，要何重建俱西㉕，是日，保貞等至秦州，分兵守諸門及衢路，重建遂入於蜀。

(十)丁亥（初七日），尊皇后曰皇太后。

(十一)朝廷知成德留後白再榮非將帥才，庚寅（初十日），以前建雄留後劉在明㉖代之。

(十二)癸巳（十三日），大赦。

(十三)吳越內牙指揮使何承訓復請誅胡進思及其黨，吳越王弘俶惡其反覆㉗，且懼召禍，乙未（十五日），執承訓斬之。

進思屢請殺廢王弘倧以絕後患，弘俶不許。進思詐以王命密令薛溫書之，溫曰：「僕受命之日，不聞此言，不敢妄發。」進思乃夜遣其黨方安二人踰垣而入，弘倧闔戶拒之，大呼求救，溫聞之，率眾而入，斃安等於庭中，入告弘俶㉘。弘俶大驚曰：「全吾兄，汝之力也。」弘俶畏忌進思，曲意下之，進思亦內憂懼，未幾，疽發背卒，弘倧由是獲全。

(十四)詔以王景崇兼鳳翔巡檢使。景崇引兵至鳳翔，侯益尚未行，景崇以禁兵分守諸門。或勸景崇殺益，景崇以受先朝密旨㊈，嗣主未之知，或疑於專殺，猶豫未決。益聞之，不告景崇而去。景崇悔，自詬。

戊戌（十八日），益入朝，隱帝問何故召蜀軍？對曰：「臣欲誘致而殺之。」帝哂之。

㊄蜀張虔釗自恨無功，癸卯（二十三日），至興州㊉，慙忿而卒。

㊅侍衛馬步都指揮使同平章事史弘肇遭母喪，不數日，復出朝參。

【今註】 ㈠會回鶻入貢，訴稱為党項所阻：《五代史・外國傳》，後唐以來，党項之在靈、慶二州之間者，數犯邊為盜，自河西、回鶻朝貢中國，道其部落，輒邀劫之，執其使者，賣之他族以易牛馬。又曰，回鶻，其先匈奴之種也，後魏時號為鐵勒，亦名回紇，唐元和四年，本國可汗遣使上言改為回鶻，義取回旋搏擊，如鶻之迅捷也，其本牙在天德西北娑陵水上，距京師八千餘里，唐天寶中，安祿山犯闕，有助國討賊之功，累朝尚主，自號天驕，大為唐朝之患，會昌初，其國為黠戛斯所侵，部族擾亂，乃移帳至天德、振武間，時為石雄、劉沔所襲，破之，復為幽州節度使張仲武所攻，餘眾西奔，歸予吐蕃，吐蕃處之甘州，由是族帳微弱，其後時通中國，世以中國為舅，朝廷每賜書詔，亦常以甥呼之。㈡因使之經略關西：以接應回鶻為名，而實使之經略關中也。㈢燕王入朝，豈所願哉：契丹封趙延壽為燕王。言延壽受囚鎖而入北，非其所願也。㊃蹄涔不容尺鯉：用後趙劉曜之言。涔，多水也。謂牛馬所踐之跡，因而蓄水，非盈尺之鯉所能容身，喻蜀國小，勢不能容趙匡贊。㊄匡贊自以身受虜官：謂匡贊先受契丹主命為河中節度使。㊅父在虜廷：父謂趙延壽，時陷北中。㊆今延壽方墜檻穽：謂趙延壽為契丹所囚也，事見去年五月。㊇侯益亦請赴二月四日聖壽節上壽：《五代會要》，帝生於唐昭宗乾寧二年二月四日，以其日為壽節。㊈當以便宜從事：命景崇等相機討之。㊉吳越王弘俶遷故王弘倧於衣錦軍私第：遷於臨安私第也。吳越以臨安為衣錦軍。⑪非常處分：謂謀殺弘倧。⑫秦川：謂關中也。胡三省曰：「自大散關以北，達于岐、雍，夾渭川南北岸，沃野千里，謂之秦川。」⑬本道：胡三省曰：「本道，謂晉昌一道。」⑭景崇恐匡贊牙兵亡逸，欲文其面：以軍號文其面，則無所逃逸。⑮軍校趙思綰首請自文其面以帥下：《五代史・趙思綰傳》，思綰，魏府人也，唐莊宗同光末，趙在禮據魏城，思綰隸其帳下，在禮卒，趙延壽籍其部曲，盡付於其子匡贊，思綰即其首領也。⑯蜀李廷珪將至長安：去年十二月，蜀主遣李廷珪出子午谷以援長安。⑰張虔釗至寶鷄：去年十二月，蜀主遣虔釗出散關以擊鳳翔。⑱楊邠忌侍衞馬軍都指揮使忠武節度使劉信，立遣之鎮：許州忠武軍。《五代史・漢宗室傳》，信，帝之從弟也，帝疾大漸，邠受密旨遣信赴鎮。然則劉信出鎮許州，漢祖之意也。⑲雨泣：泣下如雨。⑳善防重威：諭以誅杜重威也。㉑是日，殂於萬歲殿：帝殂年五十四。《五代會要》，梁太祖開平元年四月，以大梁萬歲堂為萬歲殿。㉒晉公主：杜重威之妻，晉高祖之妹宋國大長公主也。㉓磔重威尸於市，市人爭啖其肉：磔，裂其屍也。都人怨重威貪黷賣國，故爭啖其肉。㉔蜀韓保貞、龐福誠引兵自隴州還：韓保貞亦去年十二月蜀主所遣以經略關中者。㉕要何重建俱西：天福十二年，何重建附蜀，去年十二月，蜀主遣重建出隴州以擊鳳翔，至是蜀兵劫與俱西。㉖前建雄留後劉在明：《五代史‧劉在明傳》，劉在明，幽州人，少有膽氣，晉天福中，以從討李金全功授安州防禦使，移鎮絳州，楊光遠叛，召為行營馬步軍都指揮使，領齊州防禦使，青州平，遷相州留後，歷邢州、晉州留後，漢祖踐阼，授幽州道行營都部署。建雄軍，晉州也。㉗吳越內牙指揮使何承訓復請誅胡進思及其黨，吳越王弘俶惡其反覆：承訓先與吳越王弘倧謀誅胡進思，既而以其謀告進思，至是復請誅之，故弘俶惡其反覆也。㉘入告弘俶：自臨安入錢塘告以胡進思謀殺弘倧事。㉙先朝密旨：謂受高祖便宜從事之命。㉚至興州：自散關還至興州。

卷二百八十八　後漢紀三

司馬光編集
林瑞翰註

起著雍涒灘三月盡屠維作噩，凡一年有奇。（戊申至己酉，西元九四八年三月至西元九四九年）

高祖睿文聖武昭肅孝皇帝下

乾祐元年（西元九四八年）

㈠三月，丙辰（初七日），史弘肇起復㈠，加兼侍中。

㈡侯益家富於財，厚賂執政㈡及史弘肇等，由是大臣爭譽之。丙寅（十七日），以益兼中書令，行開封尹㈢。

㈢改廣晉為大名府，晉昌軍為永興軍㈣。

㈣侯益盛毀王景崇於朝，言其恣橫㈤，景崇聞益尹開封，知事已變㈥，內不自安，且怨朝廷㈦，會詔遣供奉官王益如鳳翔徵趙匡贊牙兵詣闕，趙思綰等甚懼㈧，景崇因以言激之，思綰途中謂其黨常彥卿曰：「小太尉已落其手㈨，吾屬至京師，並死矣，奈何？」彥卿曰：「臨機制變，子勿復言。」癸酉（二十四日），至長安㈩，永興節度副使安友規、巡檢喬守溫出迎王益，置酒於客亭㈡，思綰前白曰：「壕寨使㈢已定舍館於城東，今將士家屬，皆在城中㈢，欲各入城挈家詣城東宿。」友規等然之。時思綰等皆無鎧仗，既入西門，有州校坐門側，思綰遽奪其劍，斬之，其徒因大譟，持白梃殺守門者十餘人，分遣其黨守諸門。思綰入府，開庫取鎧仗給之，友規等皆逃去，思綰遂據城，集城中少年得四千餘人，繕城隍，葺樓堞，旬日閒，戰守之具皆備。

王景崇諷鳳翔吏民表景崇知軍府事，朝廷患之。甲戌（二十五日），徙靜難節度使王守恩為永興節度使㈣，徙保義節度使趙暉為鳳翔節度使㈤，並同平章事，以景崇為邠州留後㈥，令便道之官。

虢州伶人靖邊庭㈦，殺團練使田令方，驅掠州民奔趙思綰，至潼關㈧，潼關守將出擊之，其眾皆潰。

(五)初，契丹主北歸至定州㈨，以義武節度副使邪律忠為節度使，徙故節度使孫方簡為大同節度使㈩，【考異】實錄方簡作方諫，按方簡避周諱，改名方諫，實錄誤也。方簡怨恚，且懼入朝，為契丹所留，遷延不受命，帥其黨三千人保狼山故寨㉑，控守要害，契丹攻之，不克。未幾，遣使請降，帝復其舊官以扞契丹㉒。

邪律忠聞鄴都既平㉓，常懼華人為變，詔以成德留後劉在明為幽州道馬步都部署使，出兵經略定州，未行，忠與麻答等焚掠定州，悉驅其人棄城北去㉔。孫方簡自狼山帥其眾數百還據定州，又奏以弟行友為易州刺史，方遇為泰州刺史，每契丹入寇，兄弟奔命㉕，契丹頗畏之。於是晉末州縣陷契丹者，皆復為漢有矣！

丙子（二十七日），以劉在明為成德節度使。

麻答至其國，契丹主責以失守，麻答不服曰：「因朝廷徵漢宮致亂耳㉖！」契丹主鴆殺之。

㈥蘇逢吉等為相，多遷補官吏，楊邠以為虛費國用，所奏多抑之，逢吉等不悅。中書侍郎兼戶部尚書同平章事李濤上疏，言今關西紛擾，外禦為急，二樞密皆佐命功臣㉗，官雖貴而家未富，宜授以要害大鎮，樞密之務，在陛下目前，易以裁決，逢吉、禹珪自先帝時任事，皆可委也。楊邠、郭威聞之，見太后泣訴，稱臣等從先帝起艱難中，今天子聽人言，欲棄之於外，況關西方有事㊁八，臣等何忍自取安逸，不顧社稷？若臣等必不任職，乞留過山陵。」太后怒，以讓帝曰：「國家勳舊之臣，奈何聽人言而逐之？」帝曰：「此宰相所言也，因詰責宰相。」濤曰：「此疏臣獨為之，它人無預。」丁丑（二十八日），罷濤政事，勒歸私第㊁九。

㈦是日，邠、涇、同、華四鎮㊂〇俱上言護國節度使兼中書令李守貞與永興、鳳翔同反㊂一。

始，守貞聞杜重威死而懼㊂二，陰有異志，自以晉世嘗為上將，有戰功㊂三，素好施，得士卒心。漢室新造，天子年少初立，執政皆後進，有輕朝廷之志㊂四，乃招納亡命，養死士，治城塹，繕甲兵，晝夜不息，遣人間道齎蠟丸結契丹，屢為邊吏所獲。浚儀㊂五人趙修己，素善術數，自守貞鎮滑州，署司戶參軍，累從移鎮㊂六，為守貞言時命不可，勿妄動，前後切諫非一，守貞不聽，乃稱疾歸鄉里。僧總倫以術媚守貞，言其必為天子，守貞信之，又嘗會將佐置酒，引弓指舐掌虎圖㊂七曰：「吾有非常之福，當中其舌。」一發中之，左右皆賀，守貞益自負。會趙思綰據長安，奉表獻御衣於守貞，守貞自謂天人協契，乃自稱秦王，遣其驍將平陸㊳王繼勳據潼關，以思綰為晉昌節度使。同州距河中最近㊴，匡國節度使張彥威【考異】周太祖實錄作彥成，蓋避周祖諱，薛史因之，今從廣本。常訶㊵守貞所為，奏請先為之備，詔滑州馬軍都指揮使羅金山將部兵戍同州，故守貞起兵，同州不為所併。金山，雲州人也。

(八)定難節度使李彝殷發兵屯境上，奏稱去三載前㊶，羌族㖃母㊷殺綏州刺史李仁裕叛去，請討之。慶州上言請益兵為備㊸，詔以司天言今歲不利先舉兵，諭止之。

(九)夏，四月，辛巳（初二日），陝州都監王玉奏克復潼關。

(十)帝與左右謀，以太后怒李濤離間，欲更進用二樞密㊹以明非帝意，左右亦疾二蘇㊺之專，欲奪其權，共勸之㊻。壬午（初三日），制以樞密使楊邠為中書侍郎兼吏部尚書同平章事，樞密使如故，以副樞密使郭威為樞密使，又加三司使王章同平章事，凡中書除官，諸司奏事，帝皆委邠斟酌，自是三相㊼拱手，政事盡決於邠，事有未更邠所可否者㊽，莫敢施行，遂成凝滯，三相每進擬用人，苟不出邠意，雖簿尉亦不之與。邠素不喜書生㊾，常言國家府廩實，甲兵彊，乃為急務，至於文章禮樂，何足介意？既恨二蘇排己㊿，又以其除官太濫，為眾所非，欲矯其弊，由是艱於除拜，士大夫往往有自漢興至亡，不霑一命者(51)，凡門蔭(52)及百司入仕者(53)悉罷之，雖由邠之愚蔽，時人亦咎二蘇之不公所致云。

(十)以鎮寧節度使郭從義充永興行營都部署，將侍衞兵討趙思綰。戊子（初九日），以保義節度使白文珂為河中行營都部署，內客省使王峻為都監(54)。辛卯（十二日），削奪李守貞官爵，命文珂等會兵討之。乙未（十六日），以寧江節度使侍衞步軍都指揮使尚洪遷(55)為西面行營都虞候。

(十一)王景崇遷延不之邠州(56)，閱集鳳翔丁壯，詐言討趙思綰，仍牒邠州會兵(57)。

(十二)契丹主如遼陽(58)，故晉主與太后、皇后皆謁見(59)。有禪奴利者，契丹主之妻兄也，聞晉主有女未嫁，詣晉主求之，晉主辭以幼，後數日，契丹主使人馳取其女而去，以賜禪奴。

（十四）王景崇遺蜀鳳州刺史徐彥書，求通互市，壬戌（四月，庚辰朔，無壬戌），蜀主使彥復書招之。

（十五）契丹主留晉翰林學士徐臺符於幽州，臺符逃歸（六〇）。

（十六）五月，乙亥（二十七日），滑州言河決魚池（六一）。

（十七）六月，戊寅朔，日有食之。

（十八）辛巳（初四日），以奉國左廂都虞候劉詞充河中行營馬步都虞候。

（十九）乙酉（初八日），王景崇遣使請降於蜀，亦受李守貞官爵。

（廿）高從誨既與漢絕（六二），北方商旅不至，境內貧乏，乃遣使上表謝罪，乞修職貢，詔遣使慰撫之。

（廿一）西面行營都虞候尚洪遷攻長安，傷重而卒。

（廿二）秋，七月，以工部侍郎李穀充西南面行營都轉運使。庚申（十三日），加樞密使郭威同平章事。

（廿三）蜀司空兼中書侍郎同平章事張業性豪侈，強市（六三）人田宅，藏匿亡命於私第，置獄繫負債者，或歷年，至有瘐死（六四）者。其子檢校左僕射繼昭好擊劍，嘗與僧歸信訪善劍者，右匡聖都指揮使孫漢韶與業有隙，密告業繼昭謀反，翰林承旨李昊、奉聖控鶴馬步都指揮使安思謙復從而譖之，甲子（十七日），業入朝，蜀主命壯士就都堂擊殺之，下詔暴其罪惡，籍沒其家。樞密使保寧節度使兼侍中王處回㊅亦專權貪縱，賣官鬻獄，四方饋獻㊅，皆先輸處回，次及內府，家貲巨萬，子德鈞亦驕橫。張業既死，蜀主不忍殺處回，聽歸私第。處回惶恐辭位，以為武德節度使兼中書令㊅。蜀主欲以普豐庫使高延昭、茶酒庫使王昭遠為樞密使㊅，以其名位素輕，乃授通奏使㊅，知樞密院事。昭遠，成都人，幼以僧童從其師入府，蜀高祖愛其敏慧，令給事蜀主左右，至是委以機務，府庫金帛，恣其取與，不復會計㊆。

㈣戊辰（二十一日），以郭從義為永興節度使，白文珂兼知河中行府事㊆。

㈤蜀主以翰林承旨尚書左丞李昊為門下侍郎兼戶部尚書，翰林學士兵部侍郎徐光溥為中書侍郎兼禮部尚書，並同平章事。

㈥蜀安思謙謀盡去舊將，又譖衛聖都指揮使兼中書令趙廷隱謀反，欲代其位，夜發兵圍其第，會山南西道節度使李廷珪入朝，極言廷隱無罪，乃得免。廷隱因稱疾，固請解軍職㈦，甲戌（二十七日），蜀主許之。

㈦鳳翔節度使趙暉至長安，乙亥（二十八日），表王景崇反狀益明，請進兵擊之。

㈧初，高祖鎮河東，皇弟崇為馬步都指揮使，與蕃漢都孔目官郭威爭權，有隙。及威執政，崇憂之，節度判官鄭珙勸崇為自全計，崇從之㈦㈢。珙，青州人也。

八月，庚辰（初四日），崇表募兵四指揮，自是選募勇士，招納亡命，繕甲兵，實府庫，罷上供財賦，皆以備契丹為名，朝廷詔令，多不稟承。

㈨自河中、永興、鳳翔三鎮拒命以來，朝廷繼遣諸將討之。昭義節度使常思屯潼關，白文珂屯同州，趙暉屯咸陽㈦㈣，惟郭從義、王峻置柵近長安，而二人相惡如水火，自春徂秋，皆相仗莫肯攻戰，帝患之，欲遣重臣臨督，壬午（初八日），以郭威為西面軍前招慰安撫使，【考異】薛史周太祖紀：「七月十三日，授同平章事，即遣西征，以安慰招撫為名。八月六日，發離京師。」按漢隱帝、周太祖實錄，七月加平章事，制詞無西征之言，至八月，壬午方授命出征，蓋薛史之誤。諸軍皆受威節度。

威將行，問策於太師馮道，道曰：「守貞自謂舊將，為士卒所附，願公勿愛官物以賜士卒，則奪其所恃矣。」威從之，由是眾心始附於威。詔白文珂趣河中，趙暉趣鳳翔。

(卅)甲戌（八月，丁丑朔，無甲戌），蜀主以趙廷隱為太傅，賜爵宋王，國有大事，就第問之。

(卅一)戊子（十二日），蜀改鳳翔曰岐陽軍(七五)。己丑（十三日），以王景崇為岐陽節度使同平章事。

(卅二)乙未（十九日），以錢弘俶為東南兵馬都元帥、鎮海鎮東節度使兼中書令、吳越國王。

(卅三)郭威與諸將議攻討，諸將欲先取長安、鳳翔，鎮國節度使扈從珂曰：「今三叛連衡，推守貞為主，守貞亡，則兩鎮自破矣！若捨近而攻遠，萬一王、趙(七六)拒吾前，守貞掎吾後，此危道也。」

威善之。於是威自陝州，白文珂及寧江節度使侍衛步軍都指揮使劉詞自同州，常思自潼關，二道攻河中㊆。威撫養士卒，與同苦樂，小有功，輒賞之，微有傷，常親視之，士無賢不肖，有所陳啓，皆溫辭色而受之。違忤不怒，小過不責，由是將卒咸歸心於威。始，李守貞以禁軍皆嘗在麾下，受其恩施，又士卒素驕，苦漢法之嚴，謂其至則叩城奉迎，可以坐而待之，既而士卒新受賜於郭威，皆忘守貞舊恩。己亥（二十三日），至城下，楊旗伐鼓，踴躍詬譟，守貞視之失色。

白文珂克西關城，柵於河西㊇，常思柵於城南，威柵於城西㊈。未幾，威以常思無將領才，先遣歸鎮㊉。

諸將欲急攻城，威曰：「守貞，前朝宿將，健鬭好施，屢立戰功，況城臨大河，樓堞完固，未易輕也。且彼凴城而鬭，吾仰而攻之，何異帥士卒投湯火乎？夫勇有盛衰，攻有緩急，時有可否，事有後先，不若且設長圍而守之，使飛走路絕，吾洗兵牧馬，坐食轉輸，溫飽有餘，俟城中無盒，公帑家財皆竭，然後進梯衝以逼之，飛羽檄以招之，彼之將士，脫身逃死，父子且不相保，況烏合之眾乎？思綰、景崇但分兵縻之，不足慮也。」乃發諸州民夫二萬餘人，使白文珂等帥之，刳長壕，築連城，列隊伍而圍之。威又謂諸將曰：「守貞曏畏高祖，不敢鴟張㈡，以我輩崛起太原，事功未著，有輕我心，故敢反耳，正宜靜以制之。」乃偃旗臥鼓，但循河設火鋪，連延數十里，番步卒以守之㈢，遣水軍檥舟於岸，寇有潛往來者，無不擒之，於是守貞如坐網中矣㈢！

㈣蜀武德節度使兼中書令王處回請老，辛丑（二十五日），以太子太傅致仕。

㈤南漢㈣主遣知制誥宣化㈤鍾允章求昏於楚，楚王希廣不許，南漢主怒，問允章馬公復能經略南土乎？對曰：「馬氏兄弟，方爭亡於不暇，安能害我？」南漢主曰：「然，希廣懦而吝嗇，其士卒忘戰日久，此乃吾進取之秋也！」

㈥武平節度使馬希蕚請與楚王希廣各修職貢，求朝廷別加官爵㈥，希廣用天策府內都押牙歐弘練、進奏官張仲荀謀，厚賂執政，使拒其請。九月，壬子（初七日），賜希蕚及楚王希廣詔書，諭以兄弟宜相輯睦，凡希蕚所貢，當附希廣以聞，希蕚不從。

(卌七)蜀兵援王景崇軍於散關，趙暉遣都監李彥從襲擊，破之。【考異】實錄：「戊辰，郭諱上言都監李彥從將兵掩襲州賊，至大散關，殺賊三千餘，其餘棄甲而遁。」漢隱帝實錄：「九月，李彥從敗蜀兵於散關。」而蜀後主實錄無之。蜀實錄：「十月，安思謙敗漢兵於時家竹林，遂焚蕩寶雞，十二月，又敗漢兵于玉女潭。」而漢實錄無之。蓋兩國各舉其勝，而諱其敗耳。然漢實錄言官軍不滿萬人而蜀兵數倍，是二三萬人非小役也，豈得全不書。殺三千人非小敗也，豈十月遽能再舉。蓋九月止是蜀邊將小出兵，為漢所敗，漢將因張大而奏之耳。又蜀實錄，十月但云思謙退次鳳州，不云歸興元，十二月云思謙自興元進次鳳州，蓋十月脫略耳。蜀兵遁去。

(卌八)蜀主以張業、王處回執政，事多壅蔽，己未（十四日），始置匭函，後改為獻納函。

王景崇盡殺侯益家屬七十餘人(八七)，益子前天平行軍司馬仁矩先在外，得免。庚申（十五日），以仁矩為隰州刺史。仁矩子延廣尚在襁褓，乳母劉氏以己子易之(八八)，抱延廣而逃，乞食至於大梁，歸於益家。

(卌九)李守貞屢出兵欲突長圍，皆敗而返，遣人齎蠟丸求救於唐、蜀、契丹，皆為邏者所獲(八九)。城中食且盡，殍死(九〇)者日眾，守貞憂形於色，召總倫詰之(九一)，總倫曰：「大王當為天子，人不能奪，但此分野有災，待磨滅將盡，只餘一人一騎，乃大王鵲起(九二)之時也。」守貞猶以為然(九三)。

冬，十月，王景崇遣其子德讓、趙思綰遣其子懷又見蜀主於成都。戊寅（初三日），景崇遣兵出西門，趙暉擊破之，遂取西關城。景崇退守大城，塹而圍之，數挑戰，不出。暉潛遣千餘人擐甲執兵，效蜀旗幟，循南山而下，令諸軍聲言蜀兵至矣，景崇果遣兵數千出迎之，暉設伏掩擊，盡殪之，自是景崇不復敢出。

蜀主遣山南西道節度使安思謙將兵救鳳翔，左僕射兼門下侍郎同平章事毋昭裔上疏諫曰：「臣竊見莊宗皇帝志貪西顧，前蜀主意欲北行(九四)，凡在庭臣，皆貢諫疏，殊無聽納，有何所成？只此兩朝，可為鑒誡。」不聽。又遣雄武節度使韓保貞引兵出汧陽(九五)以分漢兵之勢，王景崇遣前義成節度使酸棗李彥舜等逆蜀兵。丙申（二十一日），安思謙屯右界(九六)，漢兵屯寶鷄。思謙遣眉州刺史申貴將兵二千趣模壁，設伏於竹林。丁酉（二十二日），旦，貴以兵數百壓寶鷄而陳，漢兵逐之，遇伏而敗。蜀兵逐北，破寶鷄寨。蜀兵去，漢兵復入寶鷄。己亥（二十四日），思謙進屯渭水㊈，漢益兵五千戍寶鷄，思謙畏之，謂眾曰：「糧少敵彊，宜更為後圖。」辛丑（二十六日），退屯鳳州，尋歸興元㊇。貴，潞州人也。

㊼荊南節度使南平文獻王高從誨寢疾，以其子節度副使保融判內外兵馬事。癸卯（二十八日），從誨卒㊈，保融知留後㊀。

㊽彰武節度使高允權與定難節度使李彝殷有隙㊀，李守貞密求援於彝殷，發兵屯延、丹㊁境上，聞官軍圍河中，乃退。甲辰（二十九日），允權以狀聞，彝殷亦自訴，朝廷和解之。

㊾初，高祖入大梁，太師馮道、太子太傅李崧皆在真定㊂，高祖以道第賜蘇禹珪，崧第賜蘇逢吉。崧第中瘞藏之物及洛陽別業，逢吉盡有之㊃。及崧歸朝，自以形迹孤危㊄，事漢權臣，常惕惕謙謹，多稱疾杜門，而二弟嶼、義與逢吉子弟俱為朝士，時乘酒出怨言云：「奪我居第家貲。」逢吉由是惡之。未幾，崧以兩京宅券獻於逢吉，逢吉愈不悅。翰林學士陶穀先為崧所引用，復從而譖之㊅。漢法既嚴而侍衛都指揮使史弘肇尤殘忍㊆，寵任孔目官解

暉，凡入軍獄者，使之隨意鍛鍊，無不自誣⑲。及三叛連兵⑳，羣情震動，民間或訛言相驚駭，弘肇掌部禁兵巡邏京城，得罪人，不問輕重於法何如，皆專殺不請，或斷筋折脛無虛日，雖姦盜屏迹，而寃死者甚眾，莫敢辯訴㉑。李嶼僕夫葛延遇㉒為嶼販鬻，多所欺匿，嶼抶㉓之，督其負甚急。延遇與蘇逢吉之僕李澄謀上變，告嶼謀反，逢吉聞而誘致之，因召崧至第，收送侍衛獄㉓，嶼自誣，云與兄崧、弟義、甥王凝及家僮合二十人，謀因山陵發引，縱火焚京城作亂，又遣人以蠟書入河中城結李守貞，又遣人召契丹兵。及具獄上，逢吉取筆改二十為五十字。十一月，甲寅（初九日），下詔誅崧兄弟家屬及辭所連及者，皆陳尸於市㉔，仍厚賞葛延遇等，時人無不寃之。自是士民家皆畏憚僕隸，往往為所脅制㉕。它日，秘書郎真定李昉詣陶穀，穀曰：「君於李侍中近遠？」昉曰：「族叔父。」穀曰：「李氏之禍，穀有力焉。」昉聞之汗出。穀，邠州人也，本姓唐，避晉高祖諱改焉㉖。

史弘肇尤惡文士，常曰：「此屬輕人難耐，每謂吾輩為卒。」

弘肇領歸德節度使㉗，委親吏楊乙收屬府公利㉘，乙依勢驕橫，合境畏之如弘肇，副使以下，望風展敬，乙皆下視之，月率錢萬緡以輸弘肇，士民不勝其苦㉙。

㊸初，沈丘㉚人舒元、嵩山道士楊訥俱以游客干李守貞，守貞為漢所攻，遣元更姓朱，訥更姓李名平，間道奉表求救於唐。唐諫議大夫查文徽、兵部侍郎魏岑請出兵應之，唐主命北面行營招討使李金全將兵救河中，以清淮節度使㉛劉彥貞副之，文徽為監軍使，岑為沿淮巡檢使，軍於沂州之境。金全與諸將方會食，侯騎白有漢兵數百在澗北，皆羸弱，請掩之。金全令曰：「敢言過澗者斬。」及暮，伏兵四起，金鼓聞十餘里，金全曰：「曏可與之戰乎㉜？」時唐士卒厭兵，莫有鬬志，又河中道遠，勢不相及，丙寅（二十一日），唐兵退保海州㉝。唐主遺帝書謝，請復通商旅㉞，且請赦守貞㉟，朝廷不報。

㊹壬申（二十七日），葬睿文聖武昭肅孝皇帝於睿陵㊱，廟號高祖。

㊺十二月，丁丑（初三日），以高保融為荊南節度使同平章事。

㊻辛巳（初七日），南漢主以內常侍吳懷恩為開府儀同三司、西北面招討使，將兵擊楚，攻賀州㉗。楚王希廣遣決勝指揮使徐知新等將兵五千救之，未至，南漢人已拔賀州，鑿大穽於城外，覆以竹箔，加土㉘，下施機軸，自塹中穿穴通穽中。知新等至，引兵攻城，南漢遣人自穴中發機，楚兵悉陷，南漢出兵從而擊之，楚兵死者以千數，知新等遁歸，希廣斬之。南漢兵復陷昭州㉙。

㊼王景崇累表告急於蜀，蜀主命安思謙再出兵救之。壬午（初八日），思謙自興元引兵屯鳳州，請先運糧四十萬斛，乃可出境。蜀主曰：「觀思謙之意，安肯為朕進取？」然亦發興州、興元米數萬斛以饋之。

戊子（十四日），思謙進屯散關，遣馬步使高彥儔、眉州刺史申貴擊漢箭筈安都寨㉚，破之。庚寅（十六日），思謙敗漢兵於玉女潭㉛，漢兵退屯寶鷄，思謙進屯模壁㉜。韓保貞出新關㉝，壬辰（十八日），軍於隴州神前，漢兵不出，保貞亦不敢進。趙暉告急於郭威，威自往赴之。時李守貞遣副使周光遜、裨將王繼勳、聶知遇守城西，威戒白文珂、劉詞曰：「賊苟不能突圍，終為我禽，萬一得出，則吾不得復留於此，成敗之機，於是乎在。賊之驍銳盡在城西，我去，必來突圍，爾曹謹備之。」威至華州，聞蜀兵食盡引去，【考異】十國紀年：「蜀廣政十二年正月，甲寅，思謙以軍食匱竭，自模壁退次鳳州，上表待罪。」蓋去年冬末已退軍，明年正月表始到成都耳，今從周太祖實錄。威乃還。韓保貞聞安思謙去，亦退保弓川寨㉞。

(四八)蜀中書侍郎兼禮部尚書同平章事徐光溥坐以豔辭挑前蜀安康長公主，丁酉（二十三日），罷守本官。

【今註】㊀史弘肇起復：史弘肇居喪見上卷是年二月。㊁執政：謂蘇逢吉、蘇禹珪、楊邠等。㊂以益兼中書令，行開封尹：行者，行尹事，未正除也。按《五代史·漢隱帝紀》及《宋史·侯益傳》，皆云以侯益為開封尹，加兼中書令。㊃改廣晉為大名府，晉昌軍為永興軍：晉以魏州為廣晉府，雍州為晉昌軍，漢以革命代晉，故改廣晉、晉昌之名。㊄侯益盛毀王景崇於朝，言其恣橫：侯益以王景崇先欲殺己，幸免而歸朝，故怨而毀之。㊅景崇聞益尹開封，知事已變：謂朝廷非惟不疑忌侯益，且信用之。㊆且怨朝廷：怨朝廷不體察先帝遺旨而聽侯益之讒也。㊇會詔遣供奉官王益如鳳翔徵趙匡贊牙兵詣闕，趙思綰等甚懼：趙思綰等本趙匡贊牙兵隨王景崇赴鳳翔者，見上卷是年二月。㊈小太尉已落其手：大小尉，謂趙匡贊也。五代時率尊稱軍帥為太尉，趙思綰等本趙延壽部曲，而匡贊，延壽之子，故呼為小太尉。言匡入朝，生死贊操於漢人之手也。⑩至長安：自鳳翔至長安。⑪置酒於客亭：客亭即離亭也，諸州鎮郊外皆置離亭，為迎送宴餞之所。⑫壕寨使：胡三省曰：「壕寨使掌營造浚築及次舍下寨。」⑬今將士家屬，皆在城中：趙思綰等先本從趙匡贊鎮長安，思綰等隨王景崇西赴鳳翔而家屬仍留長安城中。⑭徙靜難節度使王守恩為永興節度使：欲以制趙思綰。⑮徙保義節度使趙暉為鳳翔節度使：陝州保義軍。自陝州徙鎮鳳翔以制王景崇。⑯以王景崇為邠州留後：邠州靜難軍。令景崇與王守恩易鎮。⑰伶人靖邊庭：胡三省曰：「靖姓也，何氏姓苑曰：『靖姓，齊靖郭君之後。』風俗通曰：『靖姓，單靖公之後也。』優伶之名與姓通取一義，所以為謔也。」⑱至潼關：自虢西北至潼關，欲自潼關入雍州。⑲初，契丹主北歸至定州：契丹主謂兀欲也。德光北歸死於殺胡林。⑳以義武節度副使邪律忠為節度使，徙故節度使孫方簡為大同節度使：定州義武軍，雲州大同軍，忠即郎五也。晉少帝開運三年，契丹主耶律德光以孫方簡為義武節度使，見卷二百八十五，至是以耶律忠代孫方簡鎮定州，㉑帥其黨三千人保狼山故寨：孫方簡本保據狼山見卷二百八十五晉少帝開運三年。㉒帝復其舊官以扞契丹：復以孫方簡為義武節度使，使扞禦契丹。㉓邪律忠聞鄴都既平：漢平杜重威於鄴都見上卷天福十二年十一月。㉔詔以成德留後劉在明為幽州道馬步都部署使，出兵經略定州，未行，忠與麻答等焚定州，悉驅其人棄城北去：麻答奔定州與邪律忠合軍見上卷天福十二年。胡三省曰：「定州東至鎮州止隔祁州耳，契丹聞鎮州將出兵，故棄城而去。」㉕奔命：聞命奔赴以救急也。㉖因朝廷徵漢宮致亂耳：謂徵馮道、李崧等赴木葉山事，見上卷天福十二年。㉗二樞密皆佐命功臣：二樞密謂楊邠、郭威。㉘況關西方有事：謂趙思綰舉兵於永興，王景崇擅命於鳳翔。㉙罷濤政事，勒歸私第：《五代史・漢隱帝紀》，先是中書廚釜鳴者數四，未幾而李濤罷。㉚邠、涇、同、華四鎮：邠州靜難軍節度使王守恩、涇州彰義軍節度使史匡威、同州匡國軍節度使張彥威、華州鎮國軍節度使扈從珂。㉛俱上言護國節度使兼中書令李守貞與永興、鳳翔同反：河中護國軍。趙思綰時據永興，王景崇據鳳翔。㉜守貞聞杜重威死而懼：杜重威死見上卷是年正月。㉝自以晉世嘗為上將，有戰功：晉少帝時，李守貞為侍衛親軍都虞候，大破契丹於馬家口，又為青州行營都部署，討楊光遠於青州，平之，繼復敗契丹於陽城，事俱詳〈晉少帝紀〉。㉞漢室新造，天子年少初立，執政皆後進，有輕朝廷之志：《五代史・李守貞傳》，守貞以漢室新造，嗣君纔立，自謂舉無遺策，因有輕海朝廷之志。㉟浚儀：《舊唐書・地理志》，隋置浚儀縣，在唐縣北三十里，唐高祖武德四年，移縣於州北羅城內，太宗貞觀元年，移於州西一里，後治郭下，即今河南省開封縣。㊱自守貞鎮滑州，署司戶參軍，累從移鎮：晉少帝開運初李守貞鎮滑州，後徙鎮兗州、鄆州，宋州，至是鎮河中。㊲舐掌虎圖：圖一虎舐掌。㊳平陸：《舊唐書・地理志》，陝州平陸縣，本隋之河北縣，唐玄宗天寶三載，陝州刺史李齊物開三門，石下得戟，大刃有平陸篆字，因改為平陸縣，故城在今山西省平陸縣東北十五里。㊴同州距河中最近：同州匡國軍。《元豐九域志》，河中府西至同州六十里。㊵詗：偵伺。㊶去三載前：去，已往也。猶曰前此三載。㊷唷母：胡三省曰：「唷音夜，母讀如謨。」㊸慶州上言請益兵為備：請益兵以備羌。㊹二樞密：謂楊邠、郭威。㊺二蘇：蘇逢吉、蘇禹珪。㊻共勸之：勸者，勸成其事。㊼三相：謂竇貞固、蘇逢吉、蘇禹珪。㊽事有未更邠所可否者：更，經也，歷也。㊾邠素不喜書生：《五代史・楊邠傳》，邠雖長於吏事，不識大體。㊿既恨二蘇排己：謂蘇逢吉、蘇禹珪欲排己出為外鎮也。(五一)士大夫往往有自漢興至亡，不沾一命者：胡三省曰：「此所謂士大夫，指言內外在官之人。命，言漢朝之命。」(五二)門蔭：藉先人之功以廕任而得官者。(五三)百司入仕者：胡三省曰：「百司入仕，所謂流外也。」(五四)以保義節度使白文珂為河中行營都部署，內客省使王峻為都監：以討李守貞。(五五)寧江節度使侍衛步軍都指揮使尚洪遷：夔州寧江軍，時屬蜀，尚洪遷遙領之耳。(五六)王景崇遷延不之邠州：徙王景崇為邠州留後見上三月。(五七)仍牒邠兵會兵：欲幷岐、邠之兵以舉事。(五八)契丹主如遼陽：《五代史記・晉家人傳》，自黃龍府西北行一千三百里至遼陽，又二百里至懷密州。《遼史・地理志》，東京遼陽府，本朝鮮之地，唐時為渤海所都，號忽汗城，即朝鮮平壤故城也，遼太祖神冊四年，平渤海，建為東平郡，天顯三年，升為南京，天顯十三年，改為東京遼陽府，東至北烏魯虎克四百里，南至海邊鐵山八百六十里，西至望平縣海口三百六十里，北至挹婁縣范河二百七十里，東、西、南三面抱海。城高三丈，有樓櫓，幅員三十里，有八門，東曰迎陽，東南曰韶陽，南曰龍原，西南曰顯德，西曰大順，西北曰大遼，北曰懷遠，東北曰安遠。宮城在東北隅，高三丈，具敵樓，南為三門，壯以樓觀，四隅有角樓，相去各二里，宮墻北有東丹王御容殿，大內建二殿，宮門之南有東丹國新建南京碑銘。外城謂之漢城，分南北市，中為看樓，晨集南市，夕集北市，街西有金德寺、大悲寺、駙馬寺、鐵幡竿在焉。薛延寵《全遼志》曰：「遼河源出靺鞨北建州城東諸山，經塗山至洪州，傍崖頭牛家莊出梁房口入於海。」又曰：「太子河一名東梁河，又名大梁水，源出斡羅山，西流五百里至遼陽城東北五里許，折而西南流，入渾河，合為小口，會遼河入於海。」按遼陽府即今遼寧省遼陽縣，地濱太子河，其西北梁水、渾河交會處，即漢遼東郡遼陽縣故址也。(五九) 故晉主與太后、皇后皆謁見：《五代史・晉少帝紀》曰：「永康王至遼陽，帝與太后幷詣帳中，帝御白衣紗帽，永康王止之，以常服謁見。帝伏地雨泣，自陳過咎，永康王使左右扶帝上殿，慰勞久之，因命設樂行酒，從客而罷。永康王帳下從官及教坊內人，望見故主，不勝悲咽，內人皆以衣帛藥餌獻遺於帝。及永康發離遼陽，取內官十五人、東西班十五人及皇子延煦並令隨帳上陘，陘即契丹避暑之地也。」何薳《春渚紀聞》曰：「晉出帝既遷黃龍府，虜主新立，召與相見，帝因以金盌、魚盆為獻，金盌半猶是磁，云是唐明皇令道士葉法靜治化金藥成，點磁恐試之者。魚盆則一木素盆也，方圓二尺，中有木紋成二魚狀，鱗鬣畢具，長五寸許，若貯水用則雙魚隱然湧起，頃之遂成真魚，覆水則宛然木紋之魚也。至今句容人鑄銅為洗名雙魚者用其遺製也。」(六〇) 契丹主留晉翰林學士徐台符於幽州，台符逃歸：徐台符從契丹主北去見上卷天福十二年。李昉等《太平御覽》引《周史》曰：「徐台符仕晉為翰林學士中書舍人，契丹之陷中原也，台符從虜帳北至於薊門，及戎人內潰，乃竄身南歸。初，台符所乘馬好嘶鳴，及自虜中回，常露宿於草中，馬騎連羣經其左右，而台符馬若箝其口然，及行至漢地，即嘶鳴如故，時人以為積善之所致也。」按遼太宗滅晉北歸，從行者馮道、李崧、和凝、李澣、張礪、徐台符六人，惟澣事遼最久，礪旋卒，道、崧、凝留恒州，惟台符隨遼世宗至燕逃歸。㈥滑州言河決魚池：魚池鎮在今山東省泰安縣西六十里，河決之後謂之魚池口。㈦高從誨既與漢絕：見上卷天福十二年。㈧強市：胡三省曰：「以威力臨人，人畏其威力，不得已而就與為市，是為強市。」㈨瘐死：蘇林曰：「瘐，病也。囚徒病，律名為瘐。」如淳曰：「律，囚以飢寒而死曰瘐。」師古曰：「瘐即病耳，如說非也。」㈩樞密使保寧節度使兼侍中王處回：保寧軍，閬州也，處回以樞密使領閬州節，不在閬州。(六六)四方饋獻：四方，謂蜀之四境。(六七)以為武德節度使兼中書令：蜀置武德軍節度於梓州。處回蓋以節鎮兼中書令留成都，不得至梓州。(六八)蜀主欲以普豐庫使高延昭、茶酒庫使王昭遠為樞密使：胡三省曰：「普豐、茶酒二使，皆蜀所置。」(六九)通奏使：胡三省曰：「通奏使亦蜀所置。」(七〇)會計：會，大計也。計算財物之出納，謂之會計。(七一)以郭從義為永興節度使，白文珂兼知河中行府事：時以郭從義討長安，故就授以永興節，白文珂討河中，故使以知行府事。(七二)廷隱因稱疾，固請解軍職：《九國志》，庭隱久居大鎮，積金帛鉅萬，窮極奢侈，不為制限，營構台榭，役徒日數千計。蓋奢侈無度，故忌者得以間之。(七三)節度判官鄭珙勸崇為自全計，崇從之：《五代史記・東漢世家》，漢隱帝時，政在大臣，周太祖為樞密使，新討三叛，有大功，而與崇素有隙，崇不自安，謂判官鄭珙曰：「主上幼弱，政在權臣，而吾與郭公不叶，時事如何？」珙曰：「漢政將亂矣，晉陽兵雄天下而地形險固，十州征賦足以自給，公為宗室老，不以此時為計，後必為人所制。」崇曰：「子言乃吾意也。」乃罷上供征賦，收豪傑，籍丁民以益兵。三叛，謂河中李守貞，長安趙思綰，鳳翔王景崇。十州，謂忻、代、嵐、石、憲、麟、幷、汾、沁、遼。㊃昭義節度使常思屯潼關，白文珂屯同州，趙暉屯咸陽：屯潼關、同州以制河中，屯咸陽以進規鳳翔，然皆不敢逼臨其境。㊄蜀改鳳翔曰岐陽軍：胡三省曰：「以鳳翔之地在岐山之陽也。」㊅王趙：王景崇、趙思綰。㊆於是威自陝州，白文珂及寧江節度使侍衛步軍都指揮使劉詞自同州，常思自潼關，三道攻河中：《五代史・漢隱帝紀》，時以奉國左廂都指揮使劉詞遙領寧江節度使，充侍衛步軍都指揮使兼河中行營都虞候。《元豐九域志》，陝州北至河中二百三十七里，同州東至河中六十里，潼關度河至河中百餘里。㊇白文珂克西關城，柵於河西：胡三省曰：「河中西關城在河西，所以護蒲津浮梁者也。」㊈常思柵於城南，威柵於城西：皆逼河中城而柵。㊉威以常思無將領才，先遣歸鎮：遣歸潞州昭義軍鎮所。㊀鴟張：謂肆其凶暴，如鴟鳥之張翼以搏噬也。㊁番步卒以守之：令步卒番代以守之。㊂於是守貞如坐網中矣：胡三省曰：「張敬達之圍晉陽，郭威之圍河中，皆欲以持久制之，然敬達以敗，郭威以勝者，晉陽有援而河中無援也。司馬仲達急攻孟達而緩攻公孫淵，亦以有援無援而為緩急耳！」㊃南漢：《通鑑》前書漢而今書南漢者，以中國既國號漢，故嶺南之漢加南字以別之。㊄宣化：《舊唐書・地理志》，宣化縣，隋置，本漢鬱林郡嶺方縣地，驩水在縣北，本牂柯河，俗呼鬱狀江，即駱越水也，亦名溫名，唐為邕州治所，即今廣西省邕寧縣。㊅武平節度使馬希蕚請與楚王希廣各修職貢，求朝廷別加官爵：欲使潭、朗二鎮分治如二國然。㊆王景崇盡殺侯益家屬七十餘人：怨侯益之譖己於朝也。㊇仁矩子延廣尚在襁褓，乳母劉氏以己子易之：胡三省曰：「凡擇乳母必取新生子者，許之攜子，故得以易。」

(八九)遣人齎蠟丸求救於唐、蜀、契丹，皆為邏者所獲：馬令《南唐書・朱元傳》，守貞以河中反，漢命周太祖討之，元與李平奉守貞表來乞師，未復而守貞敗。(九〇)殍死：餓死曰殍。(九一)召總倫詰之：總倫謂守貞有天命見上三月，今危困將敗，故召而詰之。(九二)鵲起：乘時而奮起也。《御覽》引《莊子》曰：「鵲上高城之垝而巢於高榆之顛，城壞巢折，陵風而起，故君子之居世也，得時則蟻行，失時則鵲起也。」《晉書・孫惠傳》：「鵲起於慶命之會。」(九三)守貞猶以為然：《五代史・李守貞傳》，守貞欲發石以拒外軍，礮竿子不可得，無何，上游汎一筏至，其木悉可為礮竿，守貞以為神助。(九四)臣竊見莊宗皇帝志貪西顧，前蜀主意欲北行：志貪西顧，言後唐莊宗貪西蜀之富而伐之，意欲北行，言前蜀主王衍幸秦州銳意以窺關中，事並見〈後唐莊宗紀〉。(九五)汧陽：《舊唐書・地理志》，汧陽縣，隋立，唐屬隴州。《元豐九域志》，汧陽縣在隴州東六十七里，即今陝西省汧陽縣西，以在汧山之陽為名。(九六)右界：胡三省曰：「右界，蓋寶鷄西界，漢、蜀分疆處也。」(九七)思謙進屯渭水：渭水過寶鷄縣北。思謙蓋自寶鷄西鄙入寶鷄界屯於渭水之側。(九八)尋歸興元：興元府，山南西道節度使治所，安思謙本鎮也。(九九)從誨卒：《五代史記・南平世家》，卒年五十八。(一〇〇)保融知留後：《五代史記・南平世家》，保融字德長，從誨第三子也，不知其得立之因。(一〇一)彰武節度使高允權與定難節度使李彝殷有隙：延州彰武軍，夏州定難軍，延、夏接境，易生嫌隙。(一〇二)延、丹：延州、丹州。(一〇三)初，南祖入大梁，太師馮道、太子太傅李崧皆在真定：時馮道、李崧隨契丹主北上至真定，事見上卷天福十二年。(一〇四)崧第中瘞藏之物及洛陽別業，逢吉盡有之：別業，謂莊園、別墅之類。《五代史・蘇逢吉傳》，逢吉性貪財，無所顧避，求進之士，稍有物力者，即遣人微露風旨，許以美秩。㉕及崧歸朝，自以形迹孤危：石晉之時，漢高祖出鎮太原，杜重威代為侍衛使，崧數稱重威之才，高祖以崧為排己，深恨之。高祖即位後，崧始歸朝，故內懼。㉖翰林學士陶穀先為崧所引用，復從而譖之：《宋史．陶穀傳》，李崧以宅券獻逢吉，逢吉不悅，而崧子弟數出怨言，崧懼，移疾不出，崧族子昉嘗往候崧，崧語昉曰：「邇來朝廷于我有何議？」昉曰：「無他聞，唯陶給事往往于稠人中厚誣叔父。」崧嘆曰：「穀自單州判官，吾取為集賢校理，不數年，擢掌詔命，吾何負于陶氏子哉！」及崧遇禍，昉嘗因公事詣穀，穀問昉識李侍中否？昉斂衽應曰：「遠從叔耳！」穀曰：「李氏之禍，穀出力焉！」昉聞之汗出。㉗漢法既嚴而侍衛都指揮使史弘肇尤殘忍：《五代史．史弘肇傳》，弘肇嚴毅寡言，部轄軍眾，有過無舍，兵士所至，秋毫不犯，部下有指揮使嘗因指使少不從命，弘肇立撾殺之，將吏股栗。㉘寵任孔目官解暉，凡入軍獄者，使之隨意鍛鍊，無不自誣：解，姓也。《五代史．史弘肇傳》，軍司孔目吏解暉，性狡而酷，凡有推劾，隨意鍛煉，人有抵軍禁者，被其苦楚，無不自誣以求死所，都人遇之，莫敢仰視。有燕人何福殷者，以商販為業，嘗以十四萬市得玉枕，遣家僮及商人李進賣於淮南，易茗而迴，家僮無行，隱福殷貨財數十萬，福殷責其不償，不服，遂杖之，未幾，家僮詣弘肇上變，言契丹主之入汴也，趙延壽遣福殷賫玉枕陰遺淮南以致誠意，弘肇即日遣捕福殷等，繫之，解暉希旨，榜掠備至，福殷自誣，連罪者數輩，並棄市，妻女為弘肇帳下分取之，其家財籍沒。㉙及三叛連兵：三叛謂李守貞、王景崇、趙思綰。㉚弘肇掌部禁兵巡邏京城，得罪人，不問輕重於法如何，皆專殺不請，或斷筋折脛無虛日，雖姦盜屏迹，而寃死者甚眾，莫敢辯訴：部，部分其眾也。《五代史・史弘肇傳》，弘肇都轄禁軍，警衛都邑，專行刑殺，略無顧避，無賴之輩，望風匿迹，路有遺棄，人不敢取，然而不問罪之輕重，理之所在，但云有犯，便處極刑，枉濫之家，莫敢上訴，巡司軍吏，因緣為姦，嫁禍脅人，不可勝紀，時太白晝見，民有仰觀者，為坊正所拘，立斷其腰領，又有醉民抵忤一軍士，則誣以訛言棄市，其他斷舌斷筋折足者，僅無虛日。㊂葛延遇：《五代史・李崧傳》作葛延遇。㊂抶：音咥，笞擊也。㊂因召崧至第，收送侍衛獄：胡三省曰：「侍衛獄即侍衛司獄，所謂詔獄也。」《五代史記・李崧傳》，逢吉遣人召崧至第，從容語及葛延遇告變之事，崧知不免，乃以幼女為託，逢吉遣吏送崧於侍衛獄，崧出乘馬，從者去無一人，崧恚曰：「自古豈有不死之人？然亦豈有不亡之國乎？」乃自誣伏。㊃下詔誅崧兄弟家屬及辭所連及者，皆陳尸於市：《五代史記・李崧傳》，崧與徐台符同學，相善，乾祐三年秋，台符夢崧謂曰：「予之寃橫，得請於帝矣。」及蘇逢吉、史弘肇之誅，幷梟首于市，當崧所誅之地，未幾，葛延遇、李澄亦以戮死。《五代史記・李崧傳》，崧素與翰林學士徐台符相善，後周太祖立，台符告宰相馮道請誅葛延遇，道以延遇數經赦宥，難之，樞密使王峻聞之，多台符有義，乃奏誅延遇。㊄自是士民家皆畏憚僕隸，往往為所脅制：《五代史・史弘肇傳》，故相李崧為部曲誣告，族戮於市，弘肇取其幼女為婢，自是仕宦之家，畜僕隸者，皆以姑息為意，而動舊故將失勢之後，為廝養輩之所脅制者，往往有之。㊅穀，邠州人也，本姓唐，避晉高祖諱改焉：唐、瑭同音，故避諱改焉。《姓譜》、《姓苑》皆謂陶氏、唐氏幷出陶唐氏之後，故穀改唐氏為陶氏。㉗弘肇領歸德節度使：宋州歸德軍。㉘委親吏楊乙收屬府公利：胡三省曰：「史弘肇領宋州節而掌侍衞留京師，使節度副使治府事，副使其屬也，故謂之屬府。公利，言公取所當得者。」余按屬府直謂歸德軍所屬州縣耳，凡州縣聽事之所亦謂之府。公利者，公賦也，賦稅之軍府常費者，弘肇皆委楊乙收取為己有。㉙月率錢萬緡以輸弘肇，士民不勝其苦：然則所謂公利者，實皆虐民而取之。㉚沈丘：《舊唐書・地理志》，沈丘縣，古曰寢丘，至隋不改，唐中宗神龍二年，改為沈丘，屬潁州，故城在今河南省沈丘縣東南三十里。㉛清淮節度使：《五代史記・職方攷》，南唐置清淮軍於壽州。㉜鼎可與之戰乎：言昔者若過澗追漢兵則中伏矣。㉝唐兵退保海州：自沂州南境退保海州。《五代史記・職方攷》，時沂州屬漢，海州屬南唐。《元豐九域志》，沂州之界東南至海州一百里。㉞唐主遺帝書謝，請復通商旅：唐既與中國為敵，絕和好，故商旅不通，今遺書謝前過，請復通商旅。㉟且請赦守貞：報守貞奉表求救之誠。㊱睿陵：《五代會要》，睿陵在洛京告成縣。告成縣在今河南省登封縣東南。㊲賀州：《舊唐書・地理志》，唐高祖武德四年，於隋蒼梧郡之臨賀縣置賀州，玄宗天寶元年，改為臨賀郡，肅宗乾元元年，復為賀州，故治即今廣西省賀縣。㊳覆以竹箔，加土：以竹箔覆穽，加土於其上。㊴南漢復陷昭州：《舊唐書・地理志》，唐高祖武德四年，置樂州於隋始安郡之平樂縣，太宗貞觀八年，改為昭州，玄宗天寶元年，改為平樂郡，肅宗乾元元年，復為昭州，故治即今廣西省平樂縣。《元豐九域志》，賀州西至昭州三百餘里。㊵箭筈安都寨：箭筈嶺之安都寨也。箭筈山在今陝西省岐山縣東北六十里，北去麟遊縣五十里，即岐山，其最高嶺曰箭筈嶺，以嶺端有缺若箭筈然，故名，有箭筈關。㉛玉女潭：玉女潭在今陝西省寶鷄縣西南二十五里。㉜模壁：模壁寨在今陝西省寶鷄縣西南。胡三省曰：「模壁寨右界即寶鷄，西界為蜀、漢分疆之處。」㉝新關：新關即大震關也，在今陝西省隴縣西隴山下，即隴關也。章懷太子曰：「隴關，隴山之關也，今名大震關。」《唐書・地理志》，隴州汧源縣西有安戎關，在隴山，本大震關，唐宣宗大中六年，隴州防禦使薛逵徙築，更名安戎關。胡三省曰：「自薛逵徙築安戎關，汧隴之人，謂大震為故關，安戎為新關。」㉞弓川寨：胡三省曰：「九域志，秦州東一百六十五里有弓門寨。」

隱皇帝㈠上

乾祐二年（西元九四九年）

㈠春，正月，乙巳朔，大赦。

㈡郭威將至河中㈡，白文珂出迎之。戊申（初四日），夜，李守貞遣王繼勳等引精兵千餘人，循河而南，襲漢柵，坎岸而登，遂入之㈢，縱火大譟，軍中狼狽，不知所為。劉詞神色自若，下令曰：「小盜不足驚也。」帥眾擊之。客省使㈣閻晉卿曰：「賊甲皆黃紙，為火所照，易辨耳！奈眾無鬬志何？」稗將李韜曰：「安有無事食君祿，有急不死鬬者邪？」援稍㈤先進，眾從之，河中兵退走，死者七百人，繼勳重傷，僅以身免。己酉（初五日），郭威至，劉詞迎馬首語罪，威厚賞之，曰：「吾所憂，正在於此，微兄健鬬，幾為虜嗤。然虜伎殫於此矣！」晉卿，沂州人也。

守貞之欲攻河西柵也，先遣人出酤酒於村墅，或貰與，不責其直，邏騎多醉，由是河中兵得潛行入寨，幾至不守。郭威乃下令，將士非犒宴，毋得私飲。愛將李審晨飲少酒㈥，威怒曰：「汝為吾帳下，首違軍令，何以齊眾？」立斬以徇。

㈢甲寅（初十日），蜀安思謙退屯鳳州，上表待罪，蜀主釋不問。

㈣詔以靜州隸定難軍㈦。二月，辛未（二月，乙亥朔，無辛未），李彝殷上表謝。彝殷以中原多故，有輕傲之志，每藩鎮有叛者，常陰助之，邀其重賂，朝廷知其事，亦以恩澤羈縻之。

㈤淮北羣盜多請命於唐，唐主遣神衛都虞候皇甫暉等將兵萬人出海、泗以招納之㈧，蒙城㈨鎮將咸師朗等降於暉。徐州將成德欽敗唐兵於峒峿鎮，俘斬六百級，暉等引歸。

㈥晉李太后詣契丹主，語依漢人城寨之側給田以耕桑自贍，契丹主許之，並晉主遷於建州⑩。未至，安太妃卒於路，遺令必焚我骨，南向颺之，庶幾魂魄歸達於漢⑪。既至建州，得田五十餘頃⑫，晉主令從者耕其中以給食。頃之，述律王遣騎取晉主寵姬趙氏、聶氏而去⑬。述律王者，契丹主德光之子也。

㈦三月，己未（十六日），以歸德牙內指揮使史德琉領忠州刺史⑭。德琉，弘肇之子也，頗讀書，常不樂父之所為。有舉人呼譟於貢院門⑮，蘇逢吉命執送侍衞司，欲其痛棰而黥之，德琉言于父曰：「書生無禮，自有臺府治之，非軍務也，此乃公卿欲彰大人之過耳⑯！」弘肇大然之，即破械遣之。楚將徐進敗蠻於風陽山，斬首五千級。

㈧夏，四月，壬午（初九日），太白晝見，民有仰視之者，為邏卒所執，史弘肇腰斬之。

㈨河中城中食且盡，民餓死者什五六。癸卯（二十六日），李守貞出兵五千餘人，齎梯橋，分五道以攻長圍之西北隅，郭威遣都監吳虔裕引兵橫擊之，河中兵敗走，殺傷大半，奪其攻具。五月，丙午（初三日），守貞復出兵，又敗之，擒其將魏延朗、鄭賓。壬子（初九日），周光遜、王繼勳、聶知遇帥其眾千餘人來降㈦，守貞將士降者相繼。威乘其離散，庚申（十七日），督諸軍百道攻之。

㈩趙思綰好食人肝，嘗面剖而膾之㈧，膾盡，人猶未死。又好以酒吞人膽，謂人曰：「吞此千枚，則膽無敵矣！」及長安城中食盡，取婦女幼稚為軍糧，日計數而給之，每犒軍，輒屠數百人，如羊豕法。思綰計窮，不知所出，郭從義使人誘之。

初，思綰少時，求為左驍衛上將軍致仕李肅僕，肅不納，曰：「是人目亂而語誕㈨，它日必為叛臣。」肅妻張氏，全義之女也㈩，曰：「君今拒之，後且為患。」乃厚以金帛遺之。及思綰據長安，肅閑居在城中，思綰數就見之，拜伏如故禮㈡。肅曰：「是子亟來，且汙我。」欲自殺，妻曰：「曷若勸之歸國？」會思綰問自全之計，肅乃與判官程讓能說思綰曰：「公本與國家無嫌，但懼罪耳！今國家三道用兵，俱未有功㉑，若以此時翻然改圖，朝廷必喜，自可不失富貴，孰與坐而待斃乎？」思綰從之，遣使詣闕請降。乙丑（二十二日），以思綰為華州留後㉒，都指揮使常彥卿為虢州刺史，令便道之官㉓。

⑪吳越內牙都指揮使鈄滔，胡進思之黨也，【考異】吳越備史、十國紀年，滔姓皆金旁斗。按何氏姓苑、元和姓纂皆無此姓，今按字書，鈄音他口、徒口二切，皆云姓也。或告其謀叛，辭連丞相弘億，吳越王弘俶不欲窮治，貶滔於處州。

⑫六月，癸酉朔，日有食之。

⑬秋，七月，甲辰（初三日），趙思綰釋甲，出城受詔，郭從義以兵守其南門，復遣還城。思綰求其牙兵及鎧仗，從義等給之。思綰遷延，收斂財賄，三改行期，從義等疑之，密白郭威請圖之，威許之。壬子（十一日），從義與都監南院宣徽㉕使王峻按轡入城，處於府舍㉖，召思綰酌別，因執之，並常彥卿及其父兄部曲三百人，皆斬於市㉗。

㈣甲寅（十三日），郭威攻河中，克其外郭，李守貞收餘眾退保子城，諸將請急攻之，威曰：「夫鳥窮則啄，況一軍乎？涸水取魚，安用急為？」壬戌（二十一日），李守貞與妻及子崇勳等自焚。威入城，獲其子崇王等及所署丞相靖俆㉘、孫愿、樞密使劉芮、國師總倫等送大梁，磔於市，徵趙修己為翰林天文㉙。威閱守貞文書，得朝廷權臣及藩鎮與守貞交通書，詞意悖逆，欲奏之，秘書郎揄次王溥諫曰：「魅魑㉚乘夜爭出，見日自消，願一切焚之以安反側。」威從之。

㈤三叛既平，帝浸驕縱㉛，與左右狎暱，飛龍使瑕丘後匡贊㉜、茶酒使太原郭允明以諂媚得幸，帝好與之為廋辭㉝醜語，太后屢戒之，帝不以為意。癸亥（二十二日），太常卿張昭上言宜親近儒臣，講習經訓，不聽。昭即昭遠，避高祖諱改之。

㈥戊辰（二十七日），加永興節度使郭從義同平章事㉞，徙鎮國節度使扈從珂為護國節度使，以河中行營馬步都虞候劉詞為鎮國節度使㉟。

㈦唐主復進用魏岑㊱，吏部郎中會稽鍾謨、尚書員外郎李德明始以辯慧得幸，參預國政。二人皆恃恩輕躁，雖不與岑為黨而國人皆惡之。戶部員外郎范沖敏性狷介㊲，乃教天威都虞候王建封上書歷詆用事者，請進用正人，唐主謂建封武臣典兵，不當干預國政，大怒，流建封於池州，未至，殺之，沖敏棄市。

唐主聞河中破，以朱元為駕部員外郎，待詔文理院，李平為尚書員外郎㊳。

㈧吳越王弘俶以丞相弘億判明州㊴。

㈨西京留守同平章事王守恩性貪鄙，專事聚斂，喪車非輸錢不得出城下，至抒廁㊵行乞之人，不免課率，或縱麾下令盜人財。有富室娶婦，守恩與俳優數人往為賓客，得銀數鋌而返。八月，甲申（十三日），郭威自河中還，過洛陽，守恩自恃位兼將相㊶，肩輿出迎，威怒，以為慢己，辭以浴，不見，即以頭子㊷命保義節度使同平章事白文珂代守恩為留守，文珂不敢違。守恩猶坐客次，吏白新留守已視事於府矣。守恩大驚，狼狽而歸，見家屬數百已逐出府在通衢矣㊸。朝廷不之問，以文珂兼侍中，充西京留守。

歐陽修論曰：「自古亂亡之國，必先壞其法制，而後亂從之，此勢之然也，五代之際是已！文珂、守恩皆漢大臣，而周太祖以一樞密使頭子而易置之，如更戍卒㊹，是時太祖未有無君之志，而所為如此者，蓋習為常事，故文珂不敢違，守恩不敢拒，太祖既處之不疑，而漢廷君臣亦置而不問，豈非綱紀壞亂之極而至於此歟！是以善為天下慮者，不敢忽於微而常杜其漸也！可不戒哉！」

(廿)守恩至大梁，恐獲罪，廣為貢獻，重賂權貴，朝廷亦以守恩首舉潞州歸漢㊺，故宥之，但誅其用事者數人而已。

(廿一)馬希蕚悉調朗州丁壯為鄉兵，造號靖江軍㊻，作戰艦七百艘㊼，將攻潭州。其妻苑氏㊽諫曰「兄弟相攻，勝負皆為人笑。」不聽，引兵趣長沙。馬希廣聞之，曰：「朗州，吾兄也，不可與爭，當以國讓之而已。」劉彥瑫、李弘皋固爭以為不可，乃以岳州刺史王贇為都部署戰棹指揮使，以彥瑫監其軍。己丑（十八日），大破希蕚於僕射洲，獲其戰艦三百艘。贇追希蕚，將及之，希廣遣使召之，曰：「勿傷吾兄。」贇引兵還。贇，環之子也㊾。

希蕚自赤沙湖乘輕舟遁歸㊿，苑氏泣曰：「禍將至矣！餘不忍見也。」赴井而死。

㈢戊戌（二十七日），郭威至大梁，入見，帝勞之，賜金帛、衣服、玉帶、鞍馬，辭曰：「臣受命期年㊀，僅克一城，何功之有？且臣將兵在外，凡鎮安京師，供億所須，使兵食不乏，皆諸大臣居中者之力也，臣安敢獨膺此賜？請徧賞之。」又議加方鎮，辭曰：「楊邠位在臣上，未有茅土㊁，且帷幄之臣，不可以弘肇為比㊂。」九月，壬寅（初二日），徧賜宰相、樞密、宣徽、三司、侍衛使九人，與威如一㊃。

帝欲特賞威，辭曰：「運籌建畫，出於廟堂，發兵饋糧，資於藩鎮，暴露戰鬭，在於將士，而功獨歸臣，臣何以堪之？」乙巳（初五日），加威兼侍中，史弘肇兼中書令。辛亥（十一日),加竇貞固司徒,蘇逢吉司空,蘇禹珪左僕射,楊邠右僕射。諸大臣議，以朝廷執政溥加恩，恐藩鎮觖望㊄，乙卯（十五日），加天雄節度使高行周守太師，山南東道節度使安審琦守太傅，泰寧節度使符彥卿守太保，河東節度使劉崇兼中書令。己未（十九日），加忠武節度使劉信、天平節度使慕容彥超、平盧節度使劉銖並兼侍中。辛酉（二十一日），加朔方節度使馮暉、定難節度使李彝殷兼中書令。冬，十月，壬申（初三日），加義武節度使孫方簡、武寧節度使劉贇同平章事。壬午（十三日），加吳越王弘俶尚書令，楚王希廣太尉。丙戌（十七日），加荊南節度使高保融兼侍中。議者以為郭威不專有其功，推以分人，信為美矣，而國家爵位，以一人立功而覃[五六]及天下，不亦濫乎！

(廿三)吳越王弘俶募民能墾荒田者，勿收其稅，由是境內無棄田。或請糾民遺丁以增賦[五七]，仍自掌其事，弘俶杖之國門，國人皆悅。

(廿四)楚靜江節度使馬希瞻以兄希蕚、希廣交爭，屢遣使諫止，不從，知終覆族，疽發於背，丁亥（十八日），卒。

(廿五)契丹寇河北，所過殺掠，節度使、刺史各嬰城自守。遊騎至貝州及鄴都之北境[五八]，帝憂之。己丑（二十日），遣樞密使郭威督諸將禦之，以宣徽使王峻監其軍。十一月，契丹聞漢兵渡河，乃引去。辛亥（十二日），郭威軍至鄴都，令王峻分軍趣鎮、定。戊午（十九日），威至邢州。

㈥唐兵度淮攻正陽㊾，十二月，穎州將白福進擊敗之。

㈦楊邠為政苛細。初，邢州人周璨為諸衛將軍，罷秩無依，從王景崇西征，景崇叛，遂為之謀主，邠奏諸前資官㊿喜搖動藩臣，宜悉遣詣京師，既而四方雲集，日遮宰相馬求官。辛卯（二十二日），邠復奏前資官宜分居兩京，以俟有闕而補之。漂泊失所者甚眾，邠又奏行道往來者皆給過所㊀。既而官司填咽，民情大擾，乃止。

㈧趙暉急攻鳳翔，周璨謂王景崇曰：「公曏與蒲、雍相表裏㊁，今二鎮已平，蜀兒不足恃㊂，不如降也。」景崇曰：「善，吾更思之。」後數日，外攻轉急，景崇謂其黨曰：「事窮矣，吾欲為急計。」乃謂其將公孫輦、張思練曰：「趙暉精兵多在城北，來日五鼓前，爾二人燒城東門詐降，勿令寇入，吾與周璨以牙兵出北門，突暉軍，縱無成而死，猶勝束手。」皆曰：「善。」癸巳（二十四日），未明，韓、思綀燒東門請降，府牙火亦發，二將遣人詗之，景崇已與家人自焚矣，璨亦降。

（廿九）丁酉（二十八日），密州刺史王萬敢擊唐海州荻水鎮（六四），殘之。

（卅）是月，南漢主如英州（六五）。

（卅一）是歲，唐泉州刺史留從效兄南州副使從願酖刺史董思安而代之（六六），唐主不能制，置清源軍於泉州，以從效為節度使。

【今註】㈠隱皇帝：帝諱承祐，高祖第二子也。㈡郭威將至河中：自華州還也。㈢李守貞遣王繼勳等引精兵千餘人，循河而南，襲漢柵，坎岸而登，遂入之：襲漢軍河西砦也。去年八月，白文珂克河中西關城，柵於河西。胡三省曰：「王繼勳知漢兵據河之西以臨河東，守備必厚，故循河而南，坎岸而上以攻之。」㈣客省使：《五代會要》，梁朝諸司使有客省使，位宣徽院使下，天驥使上。胡三省曰：「梁有客省使、副，宋因之，掌四方進奉及四夷朝貢、牧伯朝覲賜酒饌饔餼、宰相近臣、禁軍將校、節級諸州進奉使賜物回詔之事。」㈤矟：矟或作槊，音朔，丈八長矛也。㈥晨飲少酒：少酒，言所飲不多也。㈦詔以靜州隸定難軍：《舊唐書．地理志》，唐置靜邊州都督府於銀州界以處党項降羌。㈧唐主遣神衛都虞候皇甫暉等將兵萬人出海、泗以招納之：皇甫暉奔南唐見卷二百八十六高祖天福十二年。海、泗，二州名，時屬南唐。㊈蒙城：《舊唐書・地理志》，蒙城縣，本隋之山桑縣，玄宗天寶元年，改為蒙城縣，屬亳州，即今安徽省蒙城縣。㊉晉李太后詣契丹主，請依漢人城寨之側給田以耕桑自贍，契丹主許之，幷晉主遷於建州：《五代史記・晉家人傳》，漢乾祐元年八月，太后自馳至霸州見永康王，求於漢兒城側賜地種牧以為生，永康王以太后自從，行十餘日，遣與延煦俱還遼陽，明年二月，徙帝、太后於建州。然則晉李太后詣契丹主請田蓋在去年，史於此幷書之。〈北蕃地理志〉，建州東北至霸州九十里，南至渝州五十里，西南至小淩河十里。《遼史・地理志》，唐高祖武德中，置昌黎縣，遼太祖完葺故壘，置建州，漢乾祐元年，故石晉太后詣世宗求於漢城側耕墾自贍，許於建州南四十里給地五十頃，營構房室，創立宗廟，州在淩河之南，屢遭水害，聖宗遷於河北康崇州故城，統永霸、永康二縣，本唐昌黎縣地也。顧炎武《京東攷古錄》曰：「案昌黎有五。漢書，遼西郡之縣，其八曰昌黎，渝水首受塞外，南入海，東部都尉治，應劭曰：『今昌黎。』通鑑注：『昌黎，漢交黎縣，屬遼西郡，後漢屬遼東屬國都尉，魏齊王芳正始五年，鮮卑內附，復置遼東屬國，立昌黎縣以居之，後立昌黎郡。』晉書武帝紀，太康二年，慕容廆寇昌黎，二年，安北將軍嚴詢敗慕容廆於昌黎，成帝咸康二年，慕容皝自昌黎東踐水而進，凡三百餘里，至歷林口，是則渝水下流而當海口，此一昌黎也。晉書載記，慕容皝徙昌黎郡，又云破宇文歸之眾，徙其部人五萬餘落於昌黎，及慕容盛之世，有昌黎尹張順、劉忠，高雲以馮素弗為昌黎尹，馮跋之世，有昌黎尹孫伯仁，以史攷之，當去龍城不遠，此又一昌黎也。魏幷柳城、昌黎、棘城於龍城而立昌黎為郡，志云：

『有堯祠、榆頓城、狼水。』而列傳如韓麒麟、韓秀、谷渾、孫紹之倫，皆昌黎人，即燕之舊都龍城，此又一昌黎也。齊以後，昌黎之名廢，至唐太宗貞觀二年，更崇州為北黎州，治營州之東北，廢陽師鎮，八年，復為崇州，置昌黎縣，後淪於奚，遼史，建州永康縣本昌黎縣地，此又一昌黎也。遼太祖以定州俘戶置營州鄰海軍，其縣一，曰廣寧，金世宗大定二十九年，改為昌黎，相沿以至於今，在永平府城東南七十里，此又一昌黎也。郭造卿永平府志辨昌黎有二，而不知其有五，今序而列之，論古者可以無惑焉。」則遼之建州蓋唐崇州昌黎縣故城，地當今熱河省大淩河之南，小淩河之東北，遼聖宗時，遷州治於大淩河北。㊁安太妃卒於路，遺令必焚我骨，庶幾魂魄歸達於漢：《五代史記・晉家人傳》，太妃從晉少帝北遷，自遼陽徙建州，卒於道中，臨卒，謂少帝曰：「當焚我為灰，南向颺之，庶幾遺魂得反中國也。」既卒，沙磧中無草木，乃毀奚車而焚之，載其燼骨至建州。魂魄者，謂人之精神能離人體而存在者，《左傳》曰：「心之精爽，是謂魂魄，魂魄去之，何以能久？」孔穎達曰：「附形之靈為魄，附氣之神為魂。」《白虎通》曰：「魂者沄也，沄沄行不休也。魄者迫也，迫迫然著於人也。」㊂既至建州，得田五千餘頃：《五代史記・晉家人傳》曰：「漢乾祐二年二月，徙帝、太后於建州，節度使趙延暉避正寢以館之，去建州數十里外，得地五千餘頃，帝遣從行者耕而食之。」《遼史・地理志》，其田在建州南四十里。㊂頃之，述律王遣騎取晉主寵姬趙氏、聶氏而去：《五代史・晉少帝紀》，趙氏、聶氏，晉少帝之寵姬也，及其被奪，不勝悲憤。㊃以歸德牙內指揮使史德珫領忠州刺史：珫音充。忠州時屬蜀，漢以史德珫遙領之耳。㊄貢院門：禮部貢院門也。

貢院，禮部試士之所。㈥德琉言於父曰，書生無禮，自有台府治之，非軍務也，此乃公卿欲彰大人之過耳：謂朝廷公卿知史弘肇惡文士，欲假其手以彰其過。胡三省曰：「五季自梁以來，雖皆右武之時，而諸州取解禮部試進士未嘗廢，唐明宗天成二年，敕新及第進士有聞喜宴，今後逐年賜錢四百貫，其進士試詩賦文策，帖經對義，蓋朝廷猶重科舉之士，故史德琉雖將家子，亦愛護士流。」㈦周光遜、王繼勳、聶知遇帥其眾千餘人來降：李守貞遣周光遜等三人守城西見上年十二月，此三人者，守貞之驍將也。㈧趙思綰好食人肝，嘗面剖而膾之：膾，細切肉也。李昉等《太平廣記》，趙思綰自倡亂至敗，凡食人肝六十六，無不面剖而膾之。㈨肅妻張氏，全義之女也：張全義以功名顯於梁、唐之間。㈩語誕：好為大言也。㈠乃厚以金帛遺之，及思綰據長安，肅閑居在城中，思綰數就見之，拜伏如故禮：如故禮者，如奴事主之禮也。張齊賢《洛陽縉紳舊聞記》，趙思綰主藍田副鎮，有罪已發，李公肅時為環衞將兼雍耀三白渠使、雍耀莊宅使、節度副使權軍府事，護而脫之，來謝於李公，公歸宅，張夫人詰之曰：「趙思綰庸賤人，公何以免其過？既來謝，又何必見之乎？」曰：「某比不言，夫人問，須言之。思綰者雖賤類，審觀其狀貌，真亂臣賊子，恨位下，未有朕迹，不然，除去之可也。」夫人曰：「既不能除去，何妨以小惠啖之，無使銜怨。」自後夫人密遣人令思綰之妻來參，夫人厚以衣物賜之，前後與錢物甚多，及漢朝，公以上將軍告老歸雍，未久，思綰過雍，遂閉門據雍城叛，衣冠之族，遭塗炭者眾，公全家免禍，終以計勸思綰納款，遂拔雍城。㈢今國家三道用兵，俱未有功：三道用兵，謂郭威攻李守貞於河中，趙暉攻王景崇於鳳翔，郭從義攻趙思綰於長安。

㉓以思綰為華州留後：華州鎮國軍。㉔令便道之官：胡三省曰：「不使入朝，所以安其反側之心。」㉕南院宣徽使：當作宣徽南院使。㉖府舍：晉昌軍府舍。㉗召思綰酌別，因執之，幷常彥卿及其父兄部曲三百人，皆斬於市：《五代史・趙思綰傳》曰：「郭從義、王峻緩轡入城，陳列步騎至牙署，遣人召思綰曰：『太保登途，不暇出祖，對飲一杯，便申仳別。』思綰至，則執之，遂斬於市，幷族其家。思綰臨刑，市人爭投瓦石以擊之，軍吏不能禁。是日，幷部下叛黨新授虢州刺史常彥卿等五百餘人幷誅之，籍思綰家財得二十餘萬貫入於官。始，思綰入城，丁口僅十餘萬，及開城，惟餘萬人而已。」按思綰降，朝制授思綰華州留後檢校太保，故郭從義以太保稱之。㉘靖峹：姓靖名峹，峹與塗同。㉙以趙修己為翰林天文：以趙修己數諫李守貞也。盛唐之制，司天監屬吏有天文博士、天文生，其待詔翰林院者有翰林天文。㉚魑魅：山精野鬼之屬。㉛三叛既平，帝浸驕縱：是時鳳翔猶未平也，史因帝驕縱而概言之。㉜後匡贊：後，姓也。鄭樵《姓氏略》，後姓望出東海，開封有此姓。㉝廋辭：隱語也。㉞加永興節度使郭從義同平章事：賞平趙思綰之功。㉟以河中行營馬步都虞候劉詞為鎮國節度使：賞平李守貞之功。㊱唐主復進用魏岑：魏岑以亂政被黜見卷一百八十六高祖天福十二年。㊲狷介：耿介自守，不苟合於流俗也。㊳唐主聞河中破，以朱元為駕部員外郎，待詔文理院，李平為尚書員外郎：李守貞遣朱元、李平奉表使唐見去年十一月。胡三省曰：「文理院，南唐所置，尚書員外郎無曹局，蓋於二十四司郎員外置也。」㊴吳越王弘俶以丞相弘億判明州：以斛滔事出弘億於明州。㊵抒廁：抒，除也，渫水洗廁以除去穢惡者也。㊶守恩自恃位兼將相：守恩為西京

留守同平章事，故曰位兼將相。㊷頭子：沈括曰：「後唐莊宗復樞密使，郭崇韜、安重誨相繼為之，始分領政事，不關由中書，直行下者謂之宣，如中書之敕，小事則發頭子，擬堂帖也。」㊸守恩猶坐客次，吏白新留守已視事於府矣，守恩大驚，狼狽而歸，見家屬數百已逐出府在通衢矣：客次猶言客座也，坐郭威所館客次以俟見也。，《五代史補》曰：「周高祖為樞密，鳳翔、永興、河中三鎮反，高祖帶職出討之，迴戈，路由洛陽，時王守恩為留守，以使相自專，乘檐子迎高祖於郊外，高祖遙見，大怒，且疾驅入於公館，久之，始令人傳旨，托以方浴，守恩不知其怒，但安坐俟久。時白文珂在高祖麾下，召而謂曰：『王守恩乘檐子俟吾，誠無禮也，安可久為留守？汝宜急去代之。』文珂不敢違，於是即時禮上。頃之，吏馳去報守恩曰：『白侍中受樞密命為留守訖。』守恩大驚，奔馬而歸，但見家屬數百口皆被逐於通衢中，百姓莫不聚觀，其亦有乘便號叫索取貨錢物者，高祖使吏籍其數，立命償之，家財為之一空，朝廷悚然，不甚理焉。」㊹文珂、守恩皆漢之大臣而周太祖以一樞密使頭子而易置之，如更戍卒：胡三省曰：「唐閔帝之初，朱弘昭、馮贇以樞密院宣易置諸鎮，以致潞王之亂，雖成敗不同，而樞密權重則有自來矣！」㊺朝廷亦以守恩首舉潞州歸漢：事見卷二百八十七高祖天福十二年。㊻造號靖江軍：造號者，創立軍號也。㊼作戰艦七百艘：欲自沅江入洞庭，溯湘水以攻潭州。㊽苑氏：胡三省曰：「姓苑，商武丁子子文受封於苑，因以為氏。左傳，齊有大夫苑何忌。趙明誠金石錄有漢荊州從事苑鎮碑曰：『其先出苑柏何，為晉樂正，出掌朝禮之制，又有苑子園，實能掌陰陽之理。』按姓氏志皆云苑氏出苑何忌之後，今此碑所載苑柏何與子園，左傳、國語皆無其人，故錄之以傳知者。』」㊾贇，環之子也：王環，馬氏之良將。㊿希蕚自赤沙湖乘輕舟遁歸：赤沙湖在今湖南省華容縣南，與洞庭湖通。《水經注》，澧水東與赤沙湖水會，湖水北通江而南注澧。(51)臣受命期年：郭威自去年七月受命西征，至是踰一朞矣。(52)楊邠位在臣上，未有茅土：楊邠為樞密使時，郭威為副使，後幷為正使而邠位在威上。楊邠雖為樞密使而未嘗領節鎮，故云未有茅土。古者天子封諸侯，依五方以五色土為壇，取所封方面土苴以白茅授之，謂之授茅土。《文選‧李陵答蘇武書》：「謂足下當授茅土之薦，受千乘之賞。」唐末以來節鎮，專方面之寄，猶古之藩侯也。(53)且帷幄之臣，不可以弘肇為比：《史記》漢高祖曰：「運籌帷幄之中，決勝千里之外。」郭威自以職居近密，乃帷幄之臣也，史弘肇蓋以掌侍衞兵領節鎮，職非近密，故不可以為比。(54)偏賜宰相、樞密、宣徽、三司、侍衞使九人，與威如一：胡三省曰：「時宰相三人，竇貞固、蘇逢吉、蘇禹珪，樞密使楊邠，宣徽使王峻、吳虔裕，三司使王章，侍衞使史弘肇，凡八人，餘一人則未之知也，或者併郭威為九人歟！」(55)諸大臣議，以朝廷執政溥加恩，恐藩鎮觖望：溥，徧也，義與普同。觖望，怨望也。《五代史‧漢隱帝紀》，諸大臣以恩之所被，皆朝廷親近之臣，而宗室劉信及青州劉銖等皆國家元勳，必有不平之意，且外慮諸侯以朝廷有私於親近，於是議及四方侯伯，普加恩焉。(56)覃：布也。(57)或請糾民遺丁以增賦：糾，收也；遺丁，民年已成丁而戶籍遺漏未嘗服役納賦者。今請收之編入戶籍以增賦。(58)遊騎至貝州及鄴都之北境：《元豐九域志》，貝州之南三十里即鄴都之北界。《五代史‧漢隱帝紀》，契丹陷貝州高老鎮，南至鄴都北境，又西北至南宮、堂陽，殺掠吏民，數州之地，大被其苦。〔五九〕唐兵度淮攻正陽：《元豐九域志》，潁州潁上縣有正陽鎮，臨淮津。在今安徽省潁上縣東南七十里淮水西岸，即古潁口也。〔六〇〕前資官：胡三省曰：「前資官，謂官資皆前朝所授者也。」〔六一〕過所：宋白《續通典》曰：「古書之帛為繻，刻木為契，二物通謂過所也。」洪邁《容齋四筆》曰：「過所二字，讀者多不曉，蓋今時公憑、引據之類。」《五代史・楊邠傳》作公憑。按唐衞禁律：「諸不應度關而給過所若冒名請過所而度者各徒一年。」又張晏注《漢書》曰：「傳，信也，若今過所也。」然則唐時過所猶漢世之傳，蓋度關所執憑信也。〔六二〕公鼎與蒲、雍相表裏：蒲州河中府，謂李守貞也，雍州趙思綰。〔六三〕蜀兒不足恃：王景崇數求救於蜀而蜀兵不至，故云不足恃。〔六四〕荻水鎮：金人疆域圖，海州贛榆縣有獲水鎮。鎮在今江蘇省贛榆縣東北七十里，當荻水入海之口，今曰荻水口鎮，東濱海，北與山東省日照縣接境。〔六五〕南漢如英州：《五代史記・職方攷》，英州，南漢主劉龑置。《元豐九域志》，南漢以唐廣州湞陽縣地置英州，南至廣州四百二十里。故治在今廣東省英德縣東，宋曰湞陽郡，升英德府，還今英德縣治。〔六六〕唐泉州刺史留從效兄南州副使從願酖刺史董思安而代之：晉少帝開運二年，唐改漳州為南州，以董思安為刺史。

卷二百八十九　後漢紀四

上章閹茂一年。（庚戌，西元九五〇年）

司馬光編集
林瑞翰註

隱皇帝下

乾祐三年（西元九五〇年）

㈠春，正月，丁未（初九日），加鳳翔節度使趙暉兼侍中㊀。

㈡密州刺史王萬敢請益兵以攻唐㊁，詔以前沂州刺史郭瓊為東路行營都部署，帥禁軍及齊州兵赴之。

㈢郭威請勒兵北臨契丹之境，詔止之。

㈣丙寅（二十八日），遣使詣河中、鳳翔收瘞戰死及餓殍遺骸，時有僧已聚二十萬矣㊂！

㈤唐主聞漢兵盡平三叛，始罷李金全北面行營招討使㊃。

㈥唐清淮節度使劉彥貞多斂民財以賂權貴，權貴爭譽之㊄，在壽州積年，恐被代，欲以警急自固，妄奏稱漢兵將大舉南伐。二月，唐主以東都留守燕王弘冀為潤、宣二州大都督，鎮潤州，寧國節度使周宗為東都留守㈥。

㈦朝廷欲移易藩鎮，因其請赴嘉慶節上壽㈦，許之。

㈧甲申（十六日），郭威行北邊還㈧。

㈨福州人或詒建州告唐永安留後㈨查文徽，云吳越兵已棄城去，請文徽為帥，文徽信之，遣劍州刺史㈩陳誨將水軍下閩江⑪。文徽自以步騎繼之。會大雨，水漲，誨一夕行七百里，至城下，敗福州兵，執其將馬先進等。庚寅（二十二日），文徽至福州，吳越知威武軍吳程⑫詐遣數百人出迎，誨曰：「閩人多詐，未可信也。宜立寨徐圖。」文徽曰：「疑則變生，不若乘機據其城。」因引兵徑進，誨整眾鳴鼓，止於江湄⑬。文徽不為備，程勒兵出擊之，唐兵大敗，文徽墜馬，為福人所執，士卒死者萬人，誨全軍歸劍州。程送文徽於錢唐，吳越王弘俶獻於五廟而釋之⑭。

㈩丁亥（十九日），汝州奏防禦使劉審交卒⑮，吏民詣闕上書，以審交有仁政，乞留葬汝州，得奉事其丘壟，詔許之。州人相與聚哭而葬之，為立祠，歲時享之。太師馮道曰：「吾嘗為劉君僚佐㈥，觀其為政，無以踰人，非能減其租賦，除其繇役也，但推公廉慈愛之心以行之耳㈦！此亦眾人所能為，但它人不為而劉君獨為之，故汝人愛之如此，使天下二千石㈧皆效其所為，何患得民不如劉君哉？」

⑾甲午（二十六日），吳越丞相昭化節度使同平章事杜建徽卒㈨。

⑿乙未（二十七日），以前永興節度使趙匡贊為左驍衛上將軍㈩。

⒀三月，丙午（初九日），嘉慶節，鄴都留守高行周、天平節度使慕容彥超、泰寧節度使符彥卿、昭義節度使常思、安遠節度使楊信、安國節度使薛懷讓、成德節度使武行德、彰德節度使郭謹、保大留後王饒皆入朝㈢。

⒁甲寅（十七日），詔營寢廟於高祖長陵、世祖原陵，以時致祭。有司以費多寢其事，以致國亡，二陵竟不沾一奠。

⒂壬戌（二十五日），徙高行周為天平節度使，符彥卿為平盧節度使。甲子（二十七日），徙慕容彥超為泰寧節度使。

(十六)永安節度使折從阮舉族入朝[二一]。

(十七)夏，四月，戊辰朔，徙薛懷讓為匡國節度使，庚午（初三日），徙折從阮為武勝節度使[二二]。壬申（初五日），徙楊信為保大節度使，徙鎮國節度使劉詞為安國節度使，永清節度使王令溫為安遠節度使。

李守貞之亂，王饒潛與之通[二四]，守貞平，眾謂饒必居散地[二五]，及入朝，厚結史弘肇，遷護國節度使，聞者駭之[二六]。

(十八)楊邠求解樞密使，帝遣中使諭止之。宣徽北院使吳虔裕在旁[二七]曰：「樞密重地，難以久居，當使後來者迭為之，相公辭之是也。」帝聞之，不悅。辛巳（十四日），以虔裕為鄭州防禦使[二八]。

(十九)朝廷以契丹近入寇，橫行河北，諸藩鎮各自守，無捍禦之者[二九]，議以郭威鎮鄴都，使督諸將以備契丹。史弘肇欲威仍領樞密使，蘇逢吉以為故事無之[三〇]。弘肇曰：「領樞密使，則可以便宜從事，諸軍畏服，號令行矣！」帝卒從弘肇議。弘肇怨逢吉異議，逢吉曰：「以內制外，順也；今反以外制內，其可乎？」壬午（十五日），制以威為鄴都留守、天雄節度使，樞密使如故。仍詔河北兵甲錢穀，但見郭威文書，立皆禀應。

明日，朝貴會飲於竇貞固之第，弘肇舉大觴屬威，厲聲曰：「昨日廷議，一何同異，今日為弟飲之㉛。」逢吉、楊邠亦舉觴曰：「是國家之事，何足介意！」弘肇又厲聲曰：「安定國家，在長鎗大劍，安用毛錐㉜？」王章曰：「無毛錐則財賦何從可出㉝？」自是將相始有隙。

(廿)癸未（十六日），罷永安軍㉞。

(廿一)壬辰（二十五日），以左監門衛將軍郭榮為貴州刺史，天雄牙內都指揮使㉟。榮本姓柴㊱，【考異】世宗實錄曰：「太祖皇帝之長子也，母曰聖穆皇后柴氏，以唐天祐十八年九月二十四日丙午生於邢臺之別墅。」薛史世宗紀云：「太祖之養子，蓋聖穆皇后之姪也，本姓柴氏，父守禮，太子少保致仕。帝未童冠，因侍聖穆皇后，在太祖左右，時太祖無子，乃養為己子。」按今舉世皆知世宗為柴氏子，謂之柴世宗，而世宗實錄云太祖長子，誣亦甚矣。父守禮，郭威之妻兄也。威未有子，時養以為子。

(廿二)五月，己亥（初二日），以府州蕃漢馬步都指揮使折德扆為本州團練使㊲。德扆，從阮之子也。

(廿三)庚子（初三日），郭威辭行，言於帝曰：「太后從先帝久，多歷天下事，陛下富於春秋，有事宜稟其教而行之，親近忠直，放遠讒邪，善惡之間，所宜明審。蘇逢吉、楊邠、史弘肇皆先帝舊臣，盡忠狥國，願陛下推心任之，必無敗失。至於疆埸之事，臣願竭其愚駑，庶不負驅策。」帝斂容謝之。威至鄴都，以河北困弊，戒邊將謹守疆埸，嚴守備，無得出侵掠，契丹入寇，則堅壁清野以待之。

㈥辛丑（初四日），敕防禦、團練使，自非軍期，無得專奏事，皆先申觀察使斟酌以聞㊳。

㈦丙午（初九日），以皇弟山南西道節度使承勳為開封尹，加兼中書令，實未出閤㊴。

㈧平盧節度使劉銖，貪虐恣横，朝廷欲徵之，恐其拒命，因沂、密用兵於唐，遣沂州刺史郭瓊將兵屯青州。銖不自安，置酒召瓊，伏兵幕下，欲害之。瓊知其謀，悉屏左右，從容如會，了無懼色，銖不敢發。瓊因諭以禍福，銖感服，詔至即行。庚戌（十三日），銖入朝。辛亥（十四日），以瓊為潁州團練使。

(七七)癸丑（十六日），王章置酒會諸朝貴，酒酣，為手勢令[40]史弘肇不閑其事[41]，客省使閻晉卿坐次弘肇[42]，屢教之，蘇逢吉戲之曰：「旁有姓閻人，何憂罰爵[43]？」弘肇妻閻氏，本酒家倡也，意逢吉譏之[44]，大怒，以醜語詬逢吉，逢吉不應。弘肇欲毆之，逢吉起去，弘肇索劍欲追之，楊邠泣止之，曰：「蘇公宰相，公若殺之，置天子何地？願孰思之。」弘肇即上馬去，邠與之聯鑣[45]，送至其第而還，於是將相如水火矣！帝使宣徽使王峻置酒和解之，不能得，逢吉欲求出鎮以避之，既而中止，曰：「吾去，朝廷止煩史公一處分，吾齏粉矣！」王章亦忽忽不樂，欲求外官，楊、史[46]固止之。

(七八)閏月，宮中數有怪[47]，癸巳（二十七日），大風，發屋拔木，吹鄭門[48]扉起十餘步而落，震死者六七人，水深平地尺餘。帝召司天監趙延乂問以禳祈之術，對曰：「臣之業在天文時日，禳祈非所習也。然王者欲弭災異，莫如修德。」延乂歸，帝遣中使問如何為修德？延乂對請讀貞觀政要而灋之。

㈣六月，河決鄭州㈣。

㈤馬希蕚既敗歸㈤，乃以書誘辰、漵州及梅山蠻㈤，欲與共擊湖南。蠻素聞長沙帑藏之富，大喜，爭出兵赴之，遂攻益陽㈤，楚王希廣遣指揮使陳璠拒之，戰於淹溪，璠敗死。

㈤秋，七月，唐歸馬先進等於吳越以易查文徽㈤。

㈤馬希蕚又遣羣蠻攻迪田，八月，戊戌（初三日），破之，殺其鎮將張延嗣。楚王希廣遣指揮使黃處超救之，處超敗死，渾人震恐，復遣牙內指揮使崔洪璉將兵七千屯玉潭㈤。

㈤庚子（初五日），蜀主立其弟仁毅為夔王，仁贄為雅王，仁裕為彭王，仁操為嘉王。己酉（十四日），立子玄喆為秦王，玄珏為褒王。

㈤晉李太后在建州㈤，臥病無醫藥，惟與晉主仰天號泣，戟手罵杜重威、李守貞曰：「吾死不置汝㈤。」戊午（二十三日），卒㈤。周顯德中，有自契丹來者，云晉主及馮后尚無恙㈤，其從者亡歸及物故則過半矣！

(五五)馬希蕚表請別置進奏務於京師，九月，辛巳（十七日），詔以湖南已有進奏務，不許，亦賜楚王希廣詔，勸以敦睦。

(五六)馬希蕚以朝廷意佑楚王希廣，怒，遣使稱藩於唐，乞師攻楚。唐加希蕚同平章事，以鄂州今年稅租賜之，命楚州刺史何敬洙將兵助希蕚。冬，十月，丙午（十二日），希廣遣使上表告急，言荊南、嶺南、江南(五九)連謀，欲分湖南之地，乞發兵屯澧州以扼江南、荊南援朗州之路(六〇)。

(五七)丁未（十三日），以吳越王弘俶為諸道兵馬元帥。

(五八)楚王希廣以朗州與山蠻入寇，諸將屢敗，憂形於色。劉彥瑫言於希廣曰：「朗州兵不滿萬，馬不滿千，都府(六一)精兵十萬，何憂不勝？願假臣兵萬餘人，戰艦百五十艘，徑入朗州，縛取希蕚，以解大王之憂。」王悅，以彥瑫為戰棹都指揮使、朗州行營都統。彥瑫入朗州境(六二)，父老爭以牛酒犒軍，曰：「百姓不願從亂，望都府之兵久矣，」彥瑫厚賞之，戰艦過，則運竹木以斷其後。是日，馬希蕚遣朗兵及蠻兵六千，戰艦百艘，逆戰於湄州(六三)，彥瑫乘風縱火以焚其艦，頃之，風回，反自焚，彥瑫還走，江路已斷㊅㊃，士卒戰及溺死者數千人。【考異】湖湘故事，彥瑫敗在九月十三日，今從十國紀年。希廣聞之，涕泣不知所為。希廣平日罕頒賜，至是大出金帛以取悅於士卒。或告天策左司馬希崇流言惑眾，反狀已明，請殺之㊅㊄。希廣曰：「吾自害其弟，何以見先王於地下？」

馬軍指揮使張暉將兵自它道擊朗州，至龍陽㊅㊅，聞彥瑫敗，退屯益陽。希萼又遣指揮使朱進忠等將兵三千急攻益陽，張暉紿其眾曰：「我以麾下出賊後，汝輩留城中待我，相與合勢擊之。」既出，遂自竹頭市㊅㊆遁歸長沙。朗兵知城中無主，急擊之，士卒九千餘人皆死。

㊂㊈吳越王弘俶歸查文徽於唐。文徽得瘖疾㊅㊇，以工部尚書致仕。

㊃㊉十一月，甲子朔，日有食之。

㊃㊀蜀太師中書令宋忠武王趙廷隱卒㊅㊈。

楚王希廣遣其僚屬孟駢說馬希萼曰：「公忘父兄之讎，北面事唐㊆㊉，何異袁譚求救於曹公邪㊆㊀？」希萼將斬之，駢曰：「古者兵交，使在其間㈦，駢若愛死，安肯此來？駢之言非私於潭人，實為公謀也。」乃釋之，使還報曰：「大義絕矣，非地下不相見也。」朱進忠請希萼自將兵取潭州，辛未（初八日），希萼留其子光贊守朗州，悉發境內之兵趣長沙，【考異】湖湘故事，希萼以十月二十一日直往湖南，今從十國紀年。自稱順天王。

㊷詔侍衛步軍都指揮使寧江節度使王殷㈦將兵屯澶州以備契丹。殷，瀛州人也。

㊸朝廷議發兵，以安遠節度使王令溫為都部署以救潭州，會內難作㈦，不果。

㊹帝自即位以來，樞密使右僕射同平章事楊邠總機政，樞密使兼侍中郭威主征伐，歸德節度使侍衛親軍都指揮使兼中書令史弘肇典宿衛，三司使同平章事王章掌財賦。邠頗公忠，退朝門無私謁，雖不卻四方饋遺，有餘輒獻之㈦。弘肇督察京城，道不拾遺。是時承契丹蕩覆之餘㈦，公私困竭，章捃摭遺利，吝於出納，以實府庫，屬三叛㈦連衡，宿兵累年而供饋不乏，及事平，賜予之外，

尚有餘積，以是國家粗安。章聚斂刻急(七八)，舊制，田稅每斛更輸二升，謂之雀鼠耗，章始令更輸二斗，謂之省耗(七九)；舊錢出入，皆以八十為陌(八〇)，章始令入者八十，出者七十七，謂之省陌(八一)；有犯鹽礬酒麴之禁者，錙銖涓滴，罪皆死(八二)，由是百姓愁怨。章尤不喜文臣(八三)，嘗曰：「此輩授之握筭，不知縱橫，何益於用？」俸祿皆以不堪資軍者給之，吏已高其估，章更增之(八四)。

帝左右嬖幸浸用事，太后親戚亦干預朝政，邠等屢裁抑之。太后有故人子求補軍職，弘肇怒而斬之。武德使李業，太后之弟也(八五)，高祖使掌內帑。帝即位，尤蒙寵任，會宣徽使闕(八六)，業意欲之，帝及太后亦諷執政，邠、弘肇以為內使遷補有次，不可以外戚超居，乃止。內客省使閻晉卿次當為宣徽使(八七)，久而不補，樞密承旨聶文進、飛龍使後匡贊、翰林茶酒使郭允明皆有寵於帝，久不遷官，共怨執政。文進，并州人也。劉銖罷青州歸(八八)，久奉朝請，未除官，常戟手於執政(八九)。

帝初除三年喪，聽樂，賜伶人錦袍玉帶，伶人詣弘肇謝，弘肇怒曰：「士卒守邊苦戰，猶未有以賜之，汝曹何功而得此？」皆奪以還官。

帝欲立所幸耿夫人為后，邠以為太速，夫人卒，帝欲以后禮葬之，邠復以為不可。帝年益壯，厭為大臣所制，邠、弘肇嘗議事於帝前，帝曰：「審圖之，勿令人有言。」邠曰：「陛下但禁聲㈩，有臣等在。」帝積不能平，左右因乘間譖之於帝云：「邠等專恣，終當為亂。」帝信之。嘗夜聞作坊鍛聲㈨㈠，疑有急兵，達旦不寐。司空同平章事蘇逢吉既與弘肇有隙，知李業等怨弘肇，屢以言激之，帝遂與業、文進、匡贊、允明謀誅邠等。議既定，入白太后，太后曰：「茲事何可輕發？更宜與宰相議之。」業時在旁，曰：「先帝嘗言，朝廷大事，不可謀及書生，懦怯誤人。」太后復以為言，帝忿曰：「國家之事，非閨門所知。」拂衣而出。

乙亥（十二日），業等以其謀告閻晉卿，晉卿恐事不成，詣弘肇第欲告之，弘肇以它故辭不見。丙子（十三日），旦，邠等入朝，有甲士數十自廣政殿出，殺邠、弘肇、章於東廡下㈨㈡。文進亟召宰相朝臣，班於崇元殿㊈㊂，宣云：「邠等謀反，已伏誅，與卿等同慶。」又召諸軍將校至萬歲殿㊈㊃庭，帝親諭之，且曰：「邠等以穉子視朕，朕今始得為汝主，汝輩免横憂矣㊈㊄！」皆拜謝而退。又召前節度使、刺史等升殿諭之，分遣使者帥騎收捕邠等親戚、黨與、傔從，盡殺之㊈㊅。弘肇待侍衛步軍都指揮使王殷尤厚，邠等死，帝遣供奉官孟業齎密詔詣澶州及鄴都，令鎮寧節度使李洪義殺殷，又令鄴都行營馬軍都指揮使郭崇威、步軍都指揮使真定曹威殺郭威及監軍宣徽使王峻。洪義，太后之弟也。又急詔徵天平節度使高行周、平盧節度使符彥卿、永興節度使郭從義、泰寧節度使慕容彥超、匡國節度使薛懷讓、鄭州防禦使吳虔裕、陳州刺史李穀入朝㊈㊆，以蘇逢吉權知樞密院事，前平盧節度使劉銖權知開封府，侍衛馬軍都指揮使李洪建權判侍衛司事，內侍省使閻晉卿㊈㊇權侍衛馬軍都指揮使。洪建，業之兄也。

時中外人情憂駭㊈㊈，蘇逢吉雖惡弘肇㊀㊀，而不預李業等謀，聞變驚愕，私謂人曰：「事太匆匆㊀㊀，主上儻以一言見問，不至於此。」

業等命劉銖誅郭威、王峻之家，銖極其慘毒，嬰孺㊂無免者。命李洪建誅王殷之家，洪建但使人守視，仍飲食之。

丁丑（十四日），使者至澶州，李洪義畏懦，慮王殷已知其事，不敢發，乃引孟業見殷，殷囚業，遣副使陳光穗以詔密示郭威。威召樞密吏魏仁浦，示以詔書曰：「奈何？」仁浦曰：「公國之大臣，功名素著，加之握彊兵，據重鎮，一旦為羣小所構，禍出非意，此非辭說之所能解。時事如此，不可坐而待之㊃。」威乃召郭崇威、曹威及諸將，告以楊邠等寃死及有密詔之狀。且曰：「吾與諸公被荊棘，從先帝取天下，受託孤之任，竭力以衛國家。今諸公已死，吾何心獨生？君輩當奉行詔書，取吾首以報天子，庶不相累。」郭崇威等皆泣曰：「天子幼沖，此必左右羣小所為，若使此輩得志，國家其得安乎？崇威願從公入朝自訴，盪滌鼠輩以清朝廷，不可為單使所殺，受千載惡名。」翰林天文趙修己謂郭威曰：「公徒死何益？不若順眾心，擁兵而南，此天啓也。」郭威乃留其養子榮鎮鄴都，命郭崇威將騎兵前驅。戊寅（十五日），自將大軍繼之。慕容彥超方食，得詔，捨匕箸入朝㉔，帝悉以軍事委之。己卯（十六日），吳虔裕入朝㉕。

帝聞郭威舉兵南向，議發兵拒之，前開封尹侯益曰：「鄴都戍兵家屬皆在京師，官軍不可輕出。不若閉城以挫其鋒，使其母妻登城招之，可不戰而下也。」慕容彥超曰：「侯益衰老，為懦夫計耳！」帝乃遣益及閻晉卿、吳虔裕、前保大節度使張彥超將禁軍趣澶州。是日，郭威已至澶州㉖，李洪義納之，王殷迎謁慟哭，以所部兵從郭威涉河。帝遣內養鸗脫㉗覘郭威，威獲之，【考異】隱帝實錄：「丁丑，孟業至澶州，戊寅，鄴兵至河上，己卯，吳虔裕入朝，庚辰，詔侯益等赴澶州守捉，鄴軍獲鸗脫。」又云：「庚辰，郭諱次滑州，宋延渥納軍，辛巳，鸗脫還宮。」薛史隱帝紀：「丁丑，李洪義得密詔，遣陳光穗至鄴都，翌日，郭威以眾南行，戊寅，至澶州，庚辰，至滑州。是日，詔侯益等赴澶州守捉。」餘與實錄同。周太祖實錄：「十四日，陳光穗至，翌日，遵路，明日，遇鸗脫，云見召侯益等令守澶州，十六日，趨滑臺，十七日，賞諸軍，令奉行前詔，十八日，自滑而南。」薛史周太祖紀：「十六日，至澶州，獲鸗脫，十七日，至滑州。」餘與實錄同。按丁丑十四日也，若十七日始詔侯益赴澶州，則十六日郭威獲鸗脫，何故已見之也。蓋帝遣侯益赴澶州，必在十六日，鸗脫行在遣益之後，今從薛史周太祖紀。以表置鸗脫衣領中，使歸白帝曰：「臣昨得詔書，延頸俟死，郭崇威等不忍殺臣，云此皆陛下左右貪權無厭者譖臣耳，逼臣南行，詣闕請罪。臣求死不獲，力不能制，臣數日當至闕庭，陛下若以臣為有罪，安敢逃刑？若實有譖臣者，願執付軍前以快眾心，臣敢不撫諭諸軍，退歸鄴都。」

庚辰（十七日），郭威趣滑州⑱，辛巳（十八日），義成節度使宋延渥迎降。【考異】隱帝實錄：「十一月，丙子，誅楊，史，丁丑，孟業至澶州，王殷錮業送郭威，即日首塗，戊寅，至河上，見王殷，庚辰，次滑州。」周太祖實錄云：「十三日夜，太祖夢入朝見，至詰旦，以夢示竣，是日，陳洪穗至鄴都。」是十四日，丁丑也，翌日為眾所迫，遵路，十五日，戊寅也，明日，行次遇鸗脫，欲往澶州，十六日，己卯也。下文又云：「十六日趣滑臺。」按大梁至澶州二百七十里，澶州至鄴都一百四十里，至滑州一百二十里，不應往還如是之速。漢、周實錄首塗與至滑州日不同，蓋十六日趣滑州，十七日至滑州也，今從周太祖實錄。延渥，洛陽人，其妻晉高祖女永寧公主也。

郭威取滑州庫物以勞將士，且諭之曰：「聞侯令公⑲已督諸軍自南來，今遇之交戰，則非入朝之義，不戰則為其所屠，吾欲全汝曹功名，不若奉行前詔，吾死不恨。」皆曰：「國家負公，公不負國，所以萬人爭奮，如報私讎，侯益輩何能為乎？」王峻狥於眾曰：「我得公處分⑳，俟克京城，聽旬日剽掠㉑。」眾皆踊躍。

(四六)辛巳（十九日），鸗脫至大梁。前此，帝議欲自往澶州，聞郭威已至河上而止。帝甚有悔懼之色，私謂竇貞固曰：「屬者亦太草草㉒，李業等請空府庫以賜諸軍，蘇禹珪以為未可。」業拜禹珪於帝前曰：「相公且為天子，勿惜府庫。」乃賜禁軍人二十緡，下軍半之，將士在北者，給其家，使通家信以誘之。壬午（十九日），郭威軍至封丘，人情恟懼。太后泣曰：「不用李濤之言，宜其亡也㉓。」

慕容彥超恃其驍勇，言於帝曰：「臣視北軍猶蠛蠓㉔耳，當為陛下生致其魁。」退見聶文進，問北來兵數及將校姓名，頗懼，曰：「是亦劇賊，未易輕也。」

帝復遣左神武統軍袁𩃎、前威勝節度使劉重進等帥禁軍與侯益等會屯赤岡。𩃎，象先之子也㉕。彥超以大軍屯七里店㉖，癸未（二十日），南北軍遇於劉子陂㉗。

帝欲自出勞軍，太后曰：「郭威，吾家故舊，非死亡切身，何以至此？但按兵守城，飛詔諭之，觀其志趣，必有辭理，則君臣之禮尚全，慎勿輕出。」帝不從。

時扈從軍甚盛，太后遣使戒聶文進曰：「大須在意。」對曰：「有臣在，雖郭威百人，可擒也。」至暮，兩軍不戰，帝還宮。

慕容彥超大言曰：「陛下來日宮中無事，幸再出觀臣破賊，臣不必與之戰，但叱散使歸營耳！」

甲申（二十一日），帝欲再出，太后力止之，不可。既陳，郭威戒其眾曰：「吾來誅羣小，非敢敵天子也，慎勿先動。」久之，慕容彥超引輕騎直前奮擊，郭崇威與前博州刺史李榮帥騎兵拒之。彥超馬倒，幾獲之，彥超引兵退，麾下死者百餘人，於是諸軍奪氣，稍稍降於北軍。侯益、吳虔裕、張彥超、袁𥡴、劉重進皆潛往見郭威，威各遣還營，又謂宋延渥曰：「天子方危，公近親，宜以牙兵往衞乘輿㉘，且附奏陛下，願乘間早幸臣營。」延渥未至御營，亂兵雲擾，不敢進而還。比暮，南軍多歸於北，慕容彥超與麾下十餘騎奔還兗州。

是夕，帝獨與三相及從官數十人宿於七里寨㉙，餘皆逃潰。乙酉（二十二日），旦，郭威望見天子旌旗在高阪上，下馬免冑往從之，至則帝已去矣！

帝策馬將還宮，至玄化門㉚，劉銖在門上，問帝左右兵馬何在？

因射左右，帝回轡，西北至趙村，追兵已至。帝下馬入民家，為亂兵所弒㉒。【考異】實錄：「帝至玄化門，劉銖射帝左右，帝迴，詣西北，郭允明露刃隨後，西北至趙村，前鋒已及，亂兵騰沸，上懼，下馬匿於民室，郭允明知事不濟，乃抽劍犯順，而後自殺。」隱帝紀：「郭允明知事不濟，乃剚刃於帝而崩，允明自殺。」周太祖紀云：「允明弒漢帝於北郊。」劉恕曰：「允明，帝所親信，何由弒逆。蓋郭威兵殺帝，事成之後，諱之，因允明自殺，歸罪耳。」按弒帝未必是允明，但莫知為誰，故止云亂兵。蘇逢吉、閻晉卿、郭允明皆自殺，聶文進挺身走，軍士追斬之。李業奔陝州㉓，後匡贊奔兗州㉔。郭威聞帝遇弒，號慟曰：「老夫之罪也。」威至玄化門，劉銖雨射㉕城外，威自迎春門入歸私第㉖，遣前曹州防禦使何福進將兵守明德門。諸軍大掠，通夕煙火四發，軍士入前義成節度使白再榮之第，執再榮，盡掠其財，既而進曰：「某等昔嘗趨走麾下，一旦無禮至此，何面目復見公？」遂刎其首而去。吏部侍郎張允，家貲以萬計而性吝，雖妻亦不之委，常自繫眾鑰於衣下，行如環珮。是夕，匿於佛殿藻井之上㉗，登者浸多，板壞而墜，軍士掠其衣，遂以凍卒。

初，作坊使賈延徽有寵於帝，與魏仁浦為鄰，欲併仁浦所居以自廣，屢譖仁浦於帝，幾至不測㉘。至是有擒延徽以授仁浦者，仁浦謝曰：「因亂而報怨，吾所不為也。」郭威聞之，待仁浦益厚。右千牛衛大將軍棗強趙鳳㉘曰：「郭侍中舉兵，欲誅君側之惡以安國家耳，而鼠輩敢爾㉙，乃賊也，豈侍中意邪。」執弓矢，踞胡床，坐於巷首，掠者至，輒射殺之，里中皆賴以全。

丙戌（二十三日），獲劉銖、李洪建，囚之。【考異】五代史闕文：「周祖自鄴起兵，銖盡誅周祖之家子孫婦女十數人，極其慘毒，及隱帝遇害，周祖以漢太后令，收銖下獄，使人責銖殺其家，對曰：『銖為漢家戮叛族耳，不知其他。』威怒，殺之。」王禹稱曰：「周世宗朝，史官修漢隱帝實錄，銖之忠言，諱而不載，銖今有子孝和，擢進士第。」按銖所至，貪婪酷虐，在青州謀不受代，賴郭瓊諭之，始入朝，私怨楊、史，快其就戮，隱帝敗歸，射而不納，使至野死，其屠滅周祖之家，出於殘忍之性耳，豈忠義之士邪。王禹稱所記，蓋憑孝和之言耳，今不取。銖謂其妻曰：「我死，汝且為人婢乎？」妻曰：「以公所為，雅當然耳！」

王殷、郭崇威言於郭威曰：「不止剽掠，今夕止有空城耳。」威乃命諸將分部禁止掠者，不從則斬之，至晡，乃定。

竇貞固、蘇禹珪自七里寨逃歸，郭威使人訪求，得之，尋復其位。貞固為相，值楊、史㉚弄權，李業等作亂，但以凝重處其間，自全而已。

郭威命有司遷隱帝梓宮於西宮，或請如魏高貴鄉公故事，葬以公禮(三一)，威不許，曰：「倉猝之際，吾不能保衞乘輿，罪已大矣，況敢貶君乎？」

太師馮道帥百官謁見郭威，威見，猶拜之，道受拜如平時，徐曰：「侍中此行不易。」【考異】五代史闕文：「周祖入京師，百官謁之，周祖見道，猶設拜，意道便行推戴，道受拜如平時，徐曰：『侍中此行不易。』周祖氣沮，故禪代之謀稍緩。」按周祖舉兵，既克京城，所以不即為帝者，蓋以漢之宗室崇在河東，信在許州，贇在徐州，若遽代漢，慮三鎮舉兵，以興復為辭，則中外必有響應者，故陽稱輔立宗子。信素庸愚，不足畏，贇乃崇子，故迎贇而立之，使兩鎮息謀，俟其離徐已遠，去京稍近，然後併信除之，則三鎮去其二矣，然後自立，則所與為敵者唯崇而已。此其謀也，豈馮道受拜之所能沮乎。道之所以受拜如平時者，正欲示器宇凝重耳。

丁亥（二十四日），郭威帥百官詣明德門起居太后，且奏稱軍國事殷，請早立嗣君，太后誥稱：「郭允明弒逆(三二)，神器不可無主，河東節度使崇、忠武節度使信，皆高祖之弟，武寧節度使贇、開封尹勳，高祖之子，其令百官議擇所宜。」贇，崇之子也，高祖愛之，養視如子(三三)。

郭威、王峻入見太后於萬歲宮(三四)，請以勳為嗣。太后曰：「勳久羸疾，不能起。」威出諭諸將，諸將請見之，太后令左右以臥榻舉之示諸將，諸將乃信之，於是郭威與峻議立贇(三五)。己丑（二十六日），郭威帥百官表請以贇承大統，太后誥所司擇日備法駕迎贇即皇帝位，郭威奏遣太師馮道及樞密直學士王度、祕書監趙上交詣徐州奉迎。【考異】周太祖實錄：「己丑，太祖奏遣前太師馮道往彼諭旨，太祖將奉表於徐州，未知所遣，樞密直學士王度請行，許之。宰臣百寮表秘書監趙上交齎詔，同日首塗。」五代史闕文：「周祖請道詣徐州，冊湘陰公為漢嗣，道曰：『侍中由衷乎。』周祖設誓，道曰：『莫教老人為謬語人。』及行，謂人曰：『平生不謬語，今為謬語人矣。』」王禹稱曰：「周世宗朝，詔史臣修周祖實錄，故道之事迹所宜諱矣。」按道廉智自將，陽愚遠禍，恐不肯觸周祖未發之機，其徒欲歸美而云耳。又隱帝實錄云：「初議立徐帥，太后遣中史馳諭劉崇，請崇入纘大位，崇知立其子，上章謙遜。」恐無此事，今不取。郭威之討三叛也[三六]，每見朝廷詔書，處分軍事，皆合機宜，問使者誰為此詔？使者以翰林學士范質對，威曰：「宰相器也。」入城，訪求得之，甚喜。時大雪，威解所服紫袍衣之，令草太后誥令、迎新君儀注，蒼黃[三七]之中，討論撰定，皆得其宜。

初，隱帝遣供奉官押班陽曲張永德賜昭義節度使常思生辰物[三八]。永德，郭威之壻也。會楊邠等誅，密詔思殺永德，思素聞郭威多奇異[三九]，囚永德以觀變。及威克大梁，思乃釋永德而謝之。

庚寅（二十七日），郭威帥百官上言：「比皇帝到闕，動涉浹旬[四〇]，請太后臨朝聽政。」【考異】周太祖實錄云：「太后自臨朝，令稱制。」隱帝實錄：「自是至國亡，止稱誥。」今從之。

(四七)先是馬希蕚遣蠻兵圍玉潭，朱進忠引兵會之，崔洪璉兵敗，奔還長沙[四一]，希蕚引兵繼進，攻岳州，刺史王贇拒之，五日不克。

希蕚使人謂贇曰：「公非馬氏之臣乎？不事我，欲事異國乎？為人臣而懷貳心，豈不辱其先人？」贇曰：「贇父瓌為先王將㊷，六破淮南兵。今大王兄弟不相容，贇常恐淮南坐收其弊，一旦以遺體臣淮南，誠辱先人耳！大王苟能釋憾罷兵，兄弟雍睦如初，贇敢不盡死以事大王兄弟，豈有二心乎？」希蕚慙，引兵去。辛卯（二十八日），至湘陰㊸，焚掠而過。至長沙，軍于湘西㊹，步兵及蠻兵軍於嶽麓㊺，朱進忠自玉潭引兵會之。馬希廣遣劉彥瑫召水軍使許可瓊帥戰艦五百艘，屯城北津，屬於南津，以馬希崇為監軍。又遣馬軍指揮使李彥溫將騎兵屯駝口㊻，扼湘陰路，步軍指揮使韓禮將二千人屯楊柳橋，扼柵路㊼。可瓊，德勳之子也㊽。

(四八)壬辰（二十九日），太后始臨朝，以王峻為樞密使，袁義為宣徽南院使，王殷為侍衛馬步軍都指揮使，郭崇威為侍衛馬軍都指揮使，曹威為侍衛步軍都指揮使，陳州刺史李穀權判三司㊾。

(四九)劉銖、李洪建及其黨皆梟首於市而赦其家。【考異】實錄：「國子博士司天監洛陽王處訥素與周祖善，因因言劉氏祚短事，處訥曰：『漢歷未盡，但以即位後讎殺人，夷人之族，怨結天下，所以社稷不得乂長耳。』時周祖方以兵圍蘇逢吉、劉銖之第，俟旦而族之，聞其言，蹶然遽命釋之。」按周祖時方迎湘陰公立之，豈得遽言劉氏祚短乎？今不取。郭威謂公卿曰：「劉銖屠吾家，吾復屠其家，怨讎反覆，庸有極乎？」由是數家獲免。王殷屢為洪建請免死〔五〇〕，郭威不許。後匡贊至兗州，慕容彥超執而獻之。李鄴至陝州，其兄保義節度使洪信不敢匿於家，業懷金將奔晉陽，至絳州，盜殺之而取其金。

(五〇)蜀施州刺史田行皐奔荊南，高保融曰：「彼貳於蜀，安肯盡忠於我？」執之，歸於蜀，伏誅。

(五一)鎮州、邢州奏契丹主將數萬騎入寇，攻內丘，五日不克，死傷甚眾〔五一〕，有戍兵五百叛應契丹，引契丹入城，屠之，又陷饒陽〔五二〕。太后敕郭威將大軍擊之，國事權委竇貞固、蘇禹珪、王峻，軍事委王殷。

十二月，甲午朔，郭威發大梁。

(五二)丁酉（初四日），以翰林學士戶部侍郎范質為樞密副使。

(五三)初，蠻酋彭師暠降於楚〔五三〕，楚人惡其獷直〔五四〕，楚王希廣獨憐之，以為強弩指揮使，領辰州刺史。師暠常欲為希廣死，及朱進忠與蠻兵合七千餘人至長沙，營於江西〔五五〕，師暠登城望之。言於希廣曰：「朗人驟勝而驕，雜以蠻兵，攻之易破也。願假臣步卒三千，自巴溪度江，出嶽麓之後，至水西，令許可瓊以戰艦度江，腹背合擊，必破之。前軍敗，則其大軍自不敢輕進矣！」希廣將從之。時馬希萼已遣間使以厚利啖許可瓊，許分湖南而治，可瓊有貳心，乃謂希廣曰：「師暠與梅山諸蠻皆族類，安可信也？可瓊世為楚將[五六]，必不負大王，希萼竟何能為？」希廣乃止。

希萼尋以戰艦四百餘艘泊江西，希廣命諸將皆受可瓊節度，日賜可瓊銀五百兩。希廣屢造其營計事，可瓊常閉壘，不使士卒知朗軍進退，希廣歎曰：「真將軍也，吾何憂哉！」可瓊或夜乘單舸，詐稱巡江，與希萼會水西，約為內應。一日，彭師暠見可瓊，瞋目叱之，拂衣入見希廣曰：「可瓊將叛，國人皆知之，請速除之，無貽後患。」希廣曰：「可瓊，許侍中之子[五七]，豈有是邪？」師暠退，歎曰：「王仁而不斷，敗亡可翹足俟也。」

潭州大雪，平地四尺，潭、朗兩軍，久不得戰。希廣信巫覡及僧語，塑鬼[五八]於江上，舉手以却朗兵，又作大像於高樓，手指水西，怒目視之，命眾僧日夜誦經，希廣自衣僧服，膜拜(五九)求福。

甲辰（十一日），朗州步軍指揮使武陵(六〇)何敬真等【考異】湖湘故事作何景真，今從十國紀年。以蠻兵三千陳於楊柳橋，敬真望韓禮營，旌旗紛錯(六一)，曰：「彼眾已懼，擊之易破也。」朗人雷暉衣潭卒之服，潛入禮寨，手劍擊禮，不中，軍中驚擾。敬真等乘其亂擊之，禮軍大潰。禮被創，走至家而卒，於是朗兵水陸急攻長沙。步軍指揮使吳宏、小門使楊滌相謂曰：「以死報國，此其時矣！」各引兵出戰。宏出清泰門，戰不利，滌出長樂(六二)，戰自辰至午，朗兵小却，許可瓊、劉彥瑫按兵不救，滌士卒飢疲，退就食。彭師暠戰於城東北隅，蠻兵自城東縱火，城上人招許可瓊軍使救城，可瓊舉全軍降希蕚，長沙遂陷。朗兵及蠻兵大掠三日，殺吏民，焚廬舍，自武穆王(六三)以來所營宮室，皆為灰燼，所積寶貨，皆入蠻落。

李彥溫望見城中火起，自駝口引兵救之，朗人已據城拒戰，彥溫攻清泰門，不克，與劉彥瑫各將千餘人奉文昭王及希廣諸子趣袁州(六四)，遂奔唐，張暉降於希蕚(六五)。

左司馬希崇帥將吏詣希萼勸進(六六)，吳宏戰血滿袖，見希萼曰：「不幸為許可瓊所誤，今日死，不愧先王矣！」彭師暠投槊於地，大呼請死，希萼歎曰：「鐵石人也。」皆不殺。

乙巳（十二日），希崇迎希萼入府視事，閉城分捕希廣(六七)及掌書記李弘皋、弟弘節、都軍判官唐昭胤及鄧懿文、楊滌等，皆獲之。希萼謂希廣曰：「承父兄之業，豈無長幼乎？」希廣曰：「將吏見推，朝廷見命耳！」希萼皆囚之。

丙午（十三日），希萼命內外巡檢侍衛指揮使劉賓禁止焚掠，丁未（十四日），希萼自稱天策上將軍、武安、武平、靜江、寧遠等軍節度使(六八)、楚王，以希崇為節度副使，判軍府事，湖南要職，悉以朗人為之，臠食李弘皋、弘節、唐昭胤、楊滌，斬鄧懿文於市。戊申（十五日），希萼謂將吏曰：「希廣懦夫，為左右所制耳，吾欲生之可乎？」諸將皆不對。朱進忠嘗為希廣所笞，對曰：「大王三年血戰，始得長沙(六九)，一國不容二主，他日必悔之。」戊申（十五日），賜希廣死。希廣臨刑，猶誦佛書，彭師舁葬之於瀏陽門[七〇]外。

(五四)武寧節度使贇留右都押牙鞏延美[七一]、元從都教練使楊溫守徐州，與馮道等西來[七二]，在道，仗衛皆如王者，左右呼萬歲。郭威至滑州，留數日，贇遣使慰勞諸將。受命之際，相顧不拜，私相謂曰：「我輩屠陷京城，其罪大矣！若劉氏復立，我輩尚有種乎？」己酉（十六日），威聞之，即引兵行，趣澶州。辛亥（十八日），遣蘇禹珪如宋州迎嗣君。

(五五)楚王希蕚以子光贊為武平留後，以何敬真為朗州牙內都指揮使，將兵戍之。希蕚召拓拔恒，欲用之，恒稱疾不起[七三]。

(五六)壬子（十九日），郭威度河，館於澶州。癸丑（二十日），旦，將發，將士數千人忽大譟。威命閉門，將士踰垣登屋而入，曰：「天子須侍中自為之，將士已與劉氏為仇，不可立也。」或裂黃旗以被威體，共扶抱之，呼萬歲震地，因擁威南行[七四]。威乃上太后牋，請奉宗廟，事太后為母。丙辰（二十三日），至韋城[七五]，下書撫諭大梁士民，以昨離河上，在道秋毫不犯，勿有憂疑[七六]。戊午（二十五日），威至七里店，竇貞固帥百官出迎拜謁，因勸進。威營於皋門村(七七)。

(七七)武寧節度使贇已至宋州，王峻、王殷聞澶州軍變，遣侍衛馬軍都指揮使郭崇威將七百騎往拒之，又遣前申州刺史馬鐸將兵詣許州巡檢(七八)。崇威忽至宋州，陳於府門外，贇大驚，闔門登樓詰之(七九)，對曰：「澶州軍變，郭公慮陛下未察，故遣崇威來宿衛，無它也。」贇召崇威，崇威不敢進，馮道出與崇威語(八〇)，崇威乃登樓。贇執崇威手而泣，崇威以郭威意安諭之。少頃，崇威出，時護聖指揮使張令超帥部兵為贇宿衛，徐州判官董裔說贇曰：「觀崇威視瞻舉措，必有異謀。道路皆言郭威已為帝，而陛下深入不止禍其至哉！請急召張令超，諭以禍福，使夜以兵劫崇威，奪其兵，明日，掠睢陽金帛，募士卒，北走晉陽(八一)，彼新定京邑，未暇追我，此策之上也。」贇猶豫未決。是夕，崇威密誘令超，令超帥眾歸之，贇大懼。

郭威遺贇書云：「為諸軍所迫。」召馮道先歸，留趙上交、王度奉侍。道辭行，贇曰：「寡人此來，所恃者以公三十年舊相㈢，故無疑耳！今崇威奪吾衛兵，事危矣，公何以為計？」道默然。客將賈貞數目道，欲殺之㈢。贇曰：「汝輩勿草草，此無預馮公事㈣。」郭威遷贇於外館，殺其腹心董裔、賈貞等數人。己未（二十六日），太后誥廢贇為湘陰公。

馬鐸引兵入許州，劉信惶惑自殺。

庚申（二十七日），太后誥以侍中監國，百官藩鎮相繼上表勸進，壬戌（二十四日），夜，監國營有步兵將校醉，揚言曏者澶州騎兵扶立，今步兵亦欲扶立，監國斬之。

㈥南漢主以宮人盧瓊仙、黃瓊芝為女侍中，朝服冠帶，參決政事，宗室勳舊，誅戮殆盡，惟宦官林延遇等用事。

【今註】㈠加鳳翔節度使趙暉兼侍中：賞平王景崇之功。㈡密州刺史王萬敢請益兵以攻唐：王萬敢擊唐，殘荻水鎮，見上卷上年，今復請益兵以攻之。㈢時有僧已聚二十萬矣：謂已有僧聚髑髏二十萬具也。此言已聚，蓋未聚者尚多。㈣唐主聞漢兵盡拔三叛，始罷李金全北面行營招討使：唐命李金全以北征之任見卷二百八十七乾祐元年。㈤唐清淮軍節度使劉彥貞多斂民財以賂權貴，權貴爭譽之：馬令《南唐書》曰：「彥貞自濠州移鎮壽春，漸自矜大，務為聚斂以奪民利。壽春有安豐塘，溉田萬頃，彥貞托以復城隍，大興工役，決水城下而田畝皆涸，因急其徵賦，民皆鬻田而去，彥貞取上腴者賤價買之，於是復漲塘水，歲積巨億，賂遺權要以沽聲名，魏岑受賄尤劇，羣議雜然推唱，以謂彥貞用兵如韓、岑，理民如龔、黃，倚之若長城。」南唐置清淮軍於壽州。胡三省曰：「晉開運元年，唐徙劉彥貞鎮濠州，劉崇俊鎮壽州，漢乾祐元年，清淮節度使劉彥貞副李金全北伐，未知彥貞以何年徙鎮壽州。」余按馬令《南唐書》，南唐嗣主保大四年六月，壽州劉崇俊卒，以濠州觀察使劉彥貞為清淮軍節度使，侍衛諸軍都虞候郭全義出為濠州觀察使，則彥貞徙鎮壽州在南唐保大四年，即石晉少帝開運三年也。㈥唐主以東都留守燕王弘冀為潤、宣二州大都督，寧國節度使周宗為東都留守：胡三省曰：「以漢兵大舉，弘冀年少，恐不能調用捍禦，周宗為唐祖佐命宿望，故徙鎮揚州。」南唐以揚州為東都，宣州為寧國軍。㈦因其請赴嘉慶節上壽：《五代會要》，帝以三月二九日生，以其日為嘉慶節。洪邁《容齋隨筆》曰：「唐穆宗即位之初年，詔曰：『七月六日是朕載誕之辰，其日，百寮命婦宜於光順門進名參賀，朕於門內與百寮相見。』明日，又敕受賀儀宜停，先是左丞韋綬奏行之，宰臣以為古無降誕受賀之禮，奏罷之，然次年復行賀禮。誕節之制，始於明皇令天下宴集，休假三日，受賀之事，蓋自長慶，至今用之也。」長慶，唐穆宗年號。㈧郭威行北邊還：去年冬十月，郭威北上備邊，見上卷，今還。㈨永安留後：馬令《南唐書》，南唐嗣主保大三年八月，升建州為永安軍。南唐保大三年，晉少帝之開運二年也。⑩劍州刺史：馬令《南唐書》，南唐嗣主保大三年八月，以延平津為劍州，割建州之劍浦、汀州之沙縣屬焉。㈡閩江：劍溪上接建溪，下承尤溪之水而達福州，亦謂之閩江。㈢吳越知威武軍吳程：吳越命吳程知威武軍事，未使領節。㈢湄：說文，水草交際之處曰湄，水之岸也。《詩·蒹葭》曰：「在水之湄。」傳曰：「湄，水隒也。」㈣吳越王弘俶獻於五廟而釋之：吳越用諸侯之制，立五廟。㈤汝州防禦使劉審交卒：《五代史·劉審交傳》，契丹滅晉，以蕭翰留守汴州，審交為三司使，高祖入汴，罷使，帝嗣位，用為汝州防禦使。按審交，即李從益時勸晉遺臣奉表以迎高祖者也，見卷二百八十七高祖天福十二年。㈥太師馮道曰，吾嘗為劉君僚佐：胡三省曰：「按歐史，劉審交燕人，劉守光之僭號，以審交為兵部尚書，馮道事守光為參軍，嘗為僚佐，必是時也。」㈦但推公廉慈愛之心以行之耳：《五代史·劉審交傳》，汝州近輔，號為難治，審交盡去煩弊，無擾於民，百姓歌之。㈧二千石：五代諸州，略如漢之郡，故於防禦，刺史之官，皆以二千石稱之。㈨吳越丞相昭化節度使同平章事杜建徽卒：《吳越備史》，建徽歷官自武安都將、國子祭酒至涇源、昭化等軍節度使，累官吳越國丞相兼中書令，封郇國公，皆自國初至忠獻王以來奏授也，凡子弟孫侄，多連姻公室，朱紫車馬充溢門庭，有國以來，莫比其盛。又曰，建徽少強勇，累征伐，皆單衣入陣，賊眾無不披靡，所至輒立大功，軍中謂之虎子，武肅王每會王人，必指之曰：「此杜丞相，今日壟忝，多其力也。」及春秋高，尚能騎射，嘗從擊毬于廣場，興酣，中箭，鏃自臂中飛出，人皆壯之建徽為詩自敍曰：「中劍斫耳缺，被箭射髀過，為將須有膽，有膽即無價。」㈩以前永興節度使趙匡贊為左驍衛上將軍：趙匡贊自長安入朝見卷二百八十七高祖乾祐元年。㉒鄴都留守高行周、天平節度使慕容彥超、泰寧節度使符彥卿、昭義節度使常思。安遠節度使楊信、安國節度使薛懷讓、成德節度使武行德、彰德節度使郭瑾、保大留後王饒皆入朝：鄴都，魏州也，鄆州天平軍，兗州泰寧軍，潞州昭義軍，安州安遠軍，邢州安國軍，鎮州成德軍，相州彰德軍，鄜州保大軍。帝許諸鎮赴嘉慶節上壽，故皆入朝。㉓永安節度使折從阮舉族入朝：自府州入朝也。《五代會要》，高祖天福十二年，升府州為永安軍，至乾祐三年四月，降為團練州，周世宗顯德元年，復為永安軍。㉔徙折從阮為武勝節度使：武勝軍即威勝軍也。《五代會要》，周太祖廣順二年三月，改鄧州威勝軍為武勝軍，避周太祖諱也，此因舊史之文，以後來所改軍名書之耳，時尚稱威勝軍也。㉕李守貞之亂，王饒潛與之通：王饒潛以鄜州與河中通。㉖散地：居冗散之職，謂之散也。㉗遷護國節度使，聞者駭之：不惟免罪，且得大鎮，故駭之，駭朝廷之失刑也。㉘宣徽北院使吳虔裕在旁：吳虔裕時在楊邠之旁。㉙以虔裕為鄭州防禦使：出之外鎮，不令在朝。㉚朝廷以契丹近入寇，橫行河北，諸藩鎮各自守，無捍禦之者：事見上卷上年十月。㉛史弘肇欲威仍領樞密使，蘇逢吉以為故事無之：言故事，諸節鎮未嘗有帶樞密使之職者。㉜今日為弟飲之：史弘肇呼郭威為弟。㉝毛錐：毛錐謂筆也，筆鋒以束毛為之，其形如錐，故云。㉞王章曰，無毛錐則財賦何從而出：王章時為三司使，掌天下財賦，故以此語譏史弘肇。㉟罷永安軍：復以府州隸河東。以府州為永安軍見卷二百八十六高祖天福十二年。㊱以左監門衞將軍郭榮為貴州刺史、天雄牙內都指揮使：貴州時屬南漢，榮蓋以天雄牙將遙領貴州刺史耳。《舊唐書・地理志》，貴州，隋鬱林郡，唐高祖武德四年，置南尹州，太宗貞觀九年，改為貴州，玄宗天寶元年，改為懷澤郡，肅宗乾元元年，復為貴州，州治鬱平縣，本漢鬱林郡廣鬱縣地，古西甌駱越所居，後漢谷永為鬱林太守，降烏滸人十萬，開七縣，即此也，秦始置桂林郡，漢改曰鬱林，隋分立鬱平縣為鬱林郡治，鬱江在其東。宋白《續通典》曰：「貴州，故西甌駱越之地，秦雖立桂林郡，仍有甌駱之名，漢武帝改桂林為鬱林郡，梁武帝以鬱林郡為貴州，後割桂州之鬱林、寧浦立定州，尋改為南定州，隋改南定州為尹州，唐改貴州。」《唐書・地理志》，鬱平縣本隸貴州，後隸鬱林州而貴州治鬱林縣，蓋貴州先治鬱平縣，後移治鬱林縣也。鬱平故治在今廣西省興業縣西北四十里，鬱林故縣在今廣西省貴縣南三里，鬱江逕其南。㊱榮本姓柴：其後周太祖殂，榮嗣立，即周世宗。㊲以府州蕃漢馬步都指揮使折德扆為本州團練使：胡三省曰：「前此置永安軍於府州以寵折從阮，今從阮移鎮，其子德扆守府州，資序未至，而府州被邊一城之地耳，故降為團練使。」㊳敕防禦、團練使自非軍期無得專奏事，皆先申觀察使斟酌以聞：胡三省曰：「言軍期事須朝廷應副，則不及聞於廉使，許得專達朝廷，如尋常公事，須先申本管，斟酌以聞。」㊴以皇弟山南西道節度使承勳為開封尹，加兼中書令，實未出閤：承勳，高祖之少子也，素有羸疾。未出閤，言未出閤視事也。山南西道治興元，時屬蜀，承勳蓋遙領之。㊵手勢令：手勢令者，以手勢行酒令以佐歡也。《六研齋筆記》曰：「唐皇甫松手勢令，五指皆有名目。大指名蹲鴟，中指名玉柱，食指名鉤棘，無名指名潛虯，小指名奇兵，掌名虎膺，指節名私根，通五指名五峯。」㊶史弘肇不閑其事：言不素習手勢令。㊷客省使閻晉卿坐次引肇：晉卿坐位在弘肇之次。

㊸旁有姓閻人，何憂罰爵：行酒令，不勝者罰爵。言有閻晉卿從旁教之，何憂不勝也。㊹弘肇妻閻氏，本酒家倡也，意逢吉譏之：意，疑也。酒家倡，酒妓也，善酒令，故弘肇疑逢吉譏之。㊺聯鑣：猶曰聯騎。《說文》，鑣，馬銜也。段注曰：「馬銜橫貫口中，其兩端外出者繫以鑾鈴。」《釋名》曰：「鑣，苞也，在旁所以苞斂其口也。」王筠《說文釋例》曰：「銜，馬勒口中也，勒，馬頭絡銜也，勒以革為之，所以繫鑣，鑣與銜皆以金為之，鑣在口旁，銜在口中，三物一體，故通其名。」㊻楊、史：楊邠、史弘肇。㊼宮中數有怪：《五代史・漢隱帝紀》，是月，宮中有怪物投瓦石，擊窗撼扉，人不能制。㊽鄭門：《五代會要》，大梁城西面南來第一門曰鄭門，梁改為開明門，晉改為金義門，周改為迎秋門，汴人蓋以舊門名呼之。㊾河決鄭州：《五代史・漢隱帝紀》，鄭州秦河決原武縣界。原武縣，屬鄭州。《元豐九域志》，原武縣在鄭州之北六十里，即今河南省原武縣。㊿馬希萼既敗歸：馬希萼敗於僕射洲，自赤沙湖遁歸，見上卷上年八月。(51)梅山蠻：宋白《續通典》，潭州西有梅山洞，羣蠻聚焉。按梅山在今湖南省安化縣西南，綿亙接新化縣界，即古潭州之西界也。宋熙寧中，章惇發兵開梅山道，即此。在新化境者曰上梅山，在安化境者為下梅山。(52)益陽：《舊唐書・地理志》，唐益陽縣屬潭州，漢故縣在其東。《元豐九域志》，益陽縣在潭州西北一百八十二里，即今湖南省益陽縣。宋白《續通典》曰：「以其地在益水之陽，故名益陽。其城魯肅所築。」按魯肅所築者，即漢之益陽古縣也，唐移今治。(53)唐歸馬先進等於吳越以易查文徽：唐擒馬先進等及吳越擒查文徽俱見上二月。(54)玉潭：《元豐九域志》，潭州湘鄉縣有玉潭鎮。(55)晉李太后在建

州：契丹遷晉主及李太后等於建州見上卷上年三月 (五六) 戟手罵杜重威、李守貞曰，吾死不置汝：以其降契丹而亡晉也，事見卷二百八十六晉少帝開運二年。(五七) 卒：《五代史記・晉眾人傳》曰：「八月，太后疾亟，謂帝曰：『我死，焚其骨送范陽佛寺，無使我為虜地鬼也。』遂卒。帝與皇后、宮人、宦者、東西班皆被髮徒跣，扶舁其柩至賜地，焚其骨，穿地而葬焉。」(五八) 周顯德中，有自契丹來者，云晉主及馮后尚無恙：《五代史記・晉家人傳》，後不知其所終。晁公武《郡齋讀書志》曰：「晉朝陷蕃記，范質撰。質，石晉末在翰林，為出帝草降表，知其事為詳，記少帝初遷于黃龍府，後居于建州，凡十八年而卒。按契丹丙午歲入汴，順數至甲子歲為十八年，實太祖乾德二年也。」(五九) 荊南、嶺南、江南：荊南高氏、嶺南劉氏、江南李氏。嶺南即南漢，江南即南唐也。(六〇) 乞發兵屯澧州以扼江南、荊南援朗州之路：胡三省曰：「江南遣兵援朗州，道出岳州，岳州西至澧州三百餘里，荊南遣兵援朗州，徑度江南趨澧州亦三百里，自澧州東南至朗州三百五十九里。」(六一) 都府：湖南以潭州為都府。(六二) 彥瑫入朗州境：《元豐九域志》，潭州北至朗州界二百一十七里。(六三) 湄洲：湄洲在今湖南省漢壽縣西四十里，亦曰眉州，突起沅江中流，狀如蛾眉。(六四) 江路已斷：彥瑫自斷江路，故退無所歸。(六五) 或告天策左司馬希崇流言惑眾，反狀已明，請殺之：希崇與希蕚通謀，故眾請殺之。(六六) 龍陽：《舊唐書・地理志》，龍陽縣，隋置，取龍陽洲以名縣，唐屬朗州。《元豐九域志》，龍陽縣在朗州東南八十五里。宋白《續通典》曰：「龍陽，故漢索縣地，吳分其地立龍陽縣。」按龍陽縣，宋改曰辰陽，尋復故名，民國改為漢壽縣，屬湖南省。(六七) 竹頭市：竹頭市在今湖南省益陽縣東南。(六八) 文徽得瘖疾：陸游《南唐書・查文徽傳》，吳越王遣文徽還，將發，為置酒，寘毒，歸至金陵，毒始作，南唐元宗使醫視之，醫以珠置口中，有頃，珠色變黑，醫曰：「疾不可為。」然猶十年乃死，文徽遂病瘖。㊾蜀太師中書令宋忠武王趙庭隱卒：《九國志》曰：「庭隱久居大鎮，積金帛鉅萬，窮極奢侈，不為制限，營構臺榭，役徒日數千計，既被病，懇讓兵柄，疏再上，從之，仍就第冊為宋王，經歲不能起，賜肩輿入朝，既謁見，昶感動涕泣，賜金沃盥及繒錦，加太師，卒年六十六。」㊉公忘父兄之仇，北面事唐：楚自馬殷以來，世與楊、徐為讎仇。㊆何異袁譚求救於曹公邪：袁譚引曹操之兵與弟袁尚相攻，事見卷六十四漢獻帝建安八年。㊇古者兵交，使在其間：《春秋左傳》之言。㊈侍衞步軍都指揮使寧江節度使王殷：胡三省曰：「侍衞親軍都指揮使之下又有侍衞馬軍、步軍二都指揮，此皆梁、唐所置。」寧江軍，夔州也，時屬蜀，漢使殷遙領之也。㊉會內難作：內難謂殺楊邠、史弘肇等以召郭威之禍。㊉有餘輒獻之：輒以獻帝也。㊉是時承契丹蕩覆之餘：契丹入汴，中原蕩覆，契丹北歸而漢承其後也。蕩覆，毀壞傾覆也。㊉三叛：謂蒲、雍、岐三鎮之叛。㊉章聚斂刻急：《五代史・王章傳》，章專於權利，剝下過當，斂怨歸上，物議非之。㊉章始令更輸二斗，謂之省耗：胡三省曰：「按唐明宗天成元年四月赦文，應納夏、秋稅先有省耗每斗一升，今後祇納正稅數，不量省耗，如此則天成以前已有省耗每斛更輸一斗，天成罷輸之後，至漢興，王章復令輸省耗而又倍舊數取之也。」㊇舊錢出入，皆以八十為陌：沈括《夢溪筆談》曰：「今之數錢，百錢謂之陌者，借陌字用之，其實只是百字，如什與伍耳！唐自皇甫鎛為墊錢法，至昭宗時，乃定八十為陌。」〔八一〕章始令入者八十，出者七十七，謂之省陌：歐陽修《歸田錄》曰：「用錢之法，自五代以來，以七十七為百，謂之省陌。今市井交易，又剋其五，謂之依除。」〔八二〕有犯鹽礬酒麴之禁者，錙銖涓滴，罪皆死：錙銖皆衡數之少者，以喻細微。《五代會要》，晉漢以來，諸道州府皆榷計麴額，置都務以沽酒，民間酒醋，例皆澆薄。胡三省曰：「鹽禁之設久矣，酒之為禁，或罷或榷，歷代不常，自唐中世始申榷酒之禁，及其末也，又禁造麴，至於礬禁，新、舊唐書食貨志皆未著言其事，是必起於五代之初。」《五代史·王章傳》，章急於財賦，峻於刑法，民有犯鹽礬酒麴之令，雖絲毫滴瀝，盡處極刑，吏緣為姦，民不堪命。〔八三〕章尤不喜文臣：《五代史·王章傳》，章少為吏，故不喜文臣。〔八四〕俸祿皆以不堪資軍者給之，吏已高其估，章更增之：《五代史·王章傳》，章與楊邠不喜儒士，郡官所請月俸，皆取不堪資軍者給之，謂之閒雜物，命所司高估其價，估定更添，謂之擡估。〔八五〕武德使李業，太后之弟也：《五代史·李業傳》，太后昆仲七人，業最幼，故太后尤憐之。〔八六〕會宣徽使闕：時宣徽北院使吳虔裕出為鄭州防禦使，見上三月。〔八七〕內客省使閻晉卿次當為宣徽使：內諸司使客省使位次宣徽使，宣徽使缺，客省使依次當補。〔八八〕劉銖罷青州歸：是年五月，劉銖自青州召歸。〔八九〕常戟手於執政：戟手者，舉手作戟形指人而詬怨之也。〔九〇〕禁聲：謂禁口勿有所議論也。〔九一〕嘗夜聞作坊鍛聲：作坊，鍛造兵甲之所，作坊使領之。鍛聲，鍛甲之聲也。〔九二〕邠等入朝，有甲士數十自廣政殿出，殺邠、肇、章於東廡下：按《五代會要》，晉高祖天福二年八月，改東京元德殿為廣政殿。《五代史記·楊邠傳》，邠晚節稍通縉紳，延客門下，知史傳有用，乃課吏傳寫，未幾，及於禍。(九三)崇元殿：《五代會要》，梁太祖開平元年，改汴京正衙殿為崇元殿。(九四)萬歲殿：《五代會要》，梁太祖開平元年，改汴京萬歲堂為萬歲殿。(九五)汝輩免橫憂矣：免橫憂，謂免於橫死之憂也。弘肇嚴毅，部下有過，輒撾殺之，將吏股慄，常憂橫死，故帝以為言。(九六)分遣使者帥騎收捕邠之親戚、黨與，傔從，盡殺之：方以智《通雅》曰：「傔從，即今之承差也。」《五代史・史弘肇傳》，弘肇弟福比在滎陽別墅，聞禍，匿於民間，得免於難。《宋史・李崇矩傳》曰：「史弘肇為先鋒都校，聞崇矩名，召署親吏。乾祐初，弘肇總禁兵，兼京城巡檢，多殘殺軍民，左右稍稍引去，惟崇矩事之益謹。及弘肇誅，獨得免。周祖與弘肇素厚善，即位，訪求弘肇親舊，得崇矩，謂之曰：『我與史公受漢厚恩，戮力同心，共獎王室，為姦邪所構，史公卒罹大禍，我亦僅免。汝史家故吏也，為我求其近屬，我將恤之。』崇矩上其母弟福，崇矩素主其家，盡籍財產以付福，周祖嘉之。」(九七)又急詔徵天平節度使高行周、平盧節度使符彥卿、永興節度使郭從義、泰寧節度使慕容彥超、匡國節度使薛懷讓、鄭州防禦使吳虔裕、陳州刺史李穀入朝：胡三省曰：「急徵諸帥，欲其以從兵衞宮闕。李穀一刺史耳，而亦預徵入朝之數，必其智略聞於時也。」(九八)內侍省使閻晉卿：內侍省使當作內客省使。(九九)時中外人情憂駭：時變起倉卒，而郭威將重兵於外，勢將舉兵向闕，故人情憂駭。(一〇〇)蘇逢吉雖惡弘肇：以弘肇詬詆逢吉且欲殺之，事見上五月。(一〇一)事起匆匆：匆匆，謂急迫不曾詳審也。(一〇二)嬰孺：兒始生曰嬰，幼童曰孺。鄭玄曰：「嬰猶鷖彌也；孺，乳子，飲乳之子也。」(一〇三)時事如此，不可坐而待之：言宜舉兵自保，不可坐而待斃也。《五代史・周太祖紀》曰：「威匿詔書，召樞密使院吏魏仁浦謀於臥內，仁浦勸威反，教威倒用留守印，更為詔書，詔威誅及將校以激怒之，將校皆憤然效用。」㉔慕容彥超方食，得詔，捨匕箸入朝：《元豐九域志》，兗州至大梁六百里。胡三省曰：「慕容彥超三日而至，自以於先帝同產之親，急於赴闕也。」㉕吳虔裕入朝：《元豐九域志》，鄭州至大梁一百四十里。㉖郭威已至澶州：胡三省曰：「魏州南至澶州一百五十里，兩日而至，欲掩漢之未備。」㉗內養鸗脫：內養，宦者也。鸗音龍，姓也，《五代史》作鸗，《五代史記》作鸗。㉘郭威趣滑州：澶州西南至滑州一百二十里。㉙侯令公：侯益兼中書令，故稱之為令公。㉚我得公處分：公謂郭威。㉛俟克京城，聽旬日剽掠：以剽掠之利鼓勵其眾。㉜屬者亦太草草：屬者猶言頃者。草草亦匆匆之意，言率爾行事，未先詳審思量也。㉝不用李濤之言，宜其亡也：李濤上疏請解楊邠、郭威樞密之任而出之於外，太后不用其言，見上卷乾祐元年。㉞蟣蠓：《爾雅》注：「蟣蠓小蟲，似蜹，喜亂飛，單呼曰蠓，累呼曰蟣蠓。」孫炎曰：「此蟲微細羣飛。」《列子》曰：「蟣蠓生朽壤之上，因雨而生，得陽而死，一名醯鷄。」蟣蠓音如蔑蒙。㉟義，象先之子也：袁象先仕梁為將，事見梁紀。㊱彥超以大軍屯七里店：《五代史・漢隱帝紀》，慕容彥超以大軍駐於七里郊，掘塹以自衞。㊲劉子陂：胡三省曰：「劉子陂在封丘之南，汴郊之北。」㊳公近親，宜以牙兵往衞乘輿：宋延渥尚高祖女永寧公主，於帝室為近親。牙兵。延渥所領義成牙兵也。㊴帝獨與三相及從官數十人宿於七里寨：三相，謂竇貞固、蘇逢吉、蘇禹珪。七里寨即慕容彥超所屯七里店寨也。㊵玄化門：《五代會要》，玄化門，大梁城北面東來第一門，本曰酸棗門，梁太祖開平元年，改為興和門，晉高祖天福三年，改為玄化門。㉒帝下馬入民家，為亂兵所弒：《五代史・漢隱帝紀》，時年二十，周太祖即位，詔太常定謚曰隱，葬於許州陽翟縣之潁陵，祔神主於高祖之寢宮。帝姿貌白晳，眉目疏朗，未即位時，目多閃掣，唾咦不止，即位之始，遽無此態，及內難將作，復如故。又曰：「高祖之征鄴城也，一日，帝語周太祖曰：『我夜來夢爾為驢，負我升天，既捨爾，俄變為龍，捨我南去，是何祥也？』周太祖撫掌而笑。」㉓李業奔陝州：欲依其長兄陝州節度使李洪信也。《元豐九域志》，大梁至陝州六百五十九里。㉔後贊奔兗州：欲依慕容彥超也。《元豐九域志》，大梁至兗州六百里。㉕雨射：射矢如雨。㉖威自迎春門入歸私第：《五代會要》，迎春門，大梁東面北來第一門，本曰曹門，梁太祖開平元年改為建陽門，晉高祖天福三年，改為迎春門。郭威前仕漢為樞密使，有私第在大梁。㉗是夕，宿於佛殿藻井之上：《五代史・張允傳》，自史弘肇誅，士庶恐悚，允每退朝，即宿於相國寺僧舍，及北軍入京師，允匿於佛殿藻井之上。陸佃《埤雅》曰：「屋上覆棟，謂之藻井。」按藻井亦云綺井，即承塵也，今人謂之天花板。《文選・張衡西京賦》：「蔕倒茄於藻井。」李善注曰：「藻井，當棟中交方木為之如井榦也。」又云：「藻。水草之有文者也。」杜佑《通典》曰：「漢宮殿率號屋仰為井，皆畫水藻蓮茇之屬以厭火。」然則藻井者，蓋當棟中交木為方井而畫藻其上也。㉘幾至不測：言幾至於死。㉙而鼠輩敢爾：謂郭威部下將士乃敢肆其焚掠。㉚右千牛衛大將軍棗強趙鳳：《五代史・趙鳳傳》，晉高祖天福中，趙延壽為契丹鄉導，歲侵深冀，鳳往依焉，晉末從契丹入大梁，授宿州防禦使，漢祖即位，受代歸闕，尋授河陽行軍司馬，乾祐初，入為龍武將軍，丁父憂，起復授右千牛衛大將軍。㉚楊、史：楊邠、史弘肇。㉛或請如魏高貴鄉公故事，葬以公禮：高貴鄉公事見卷六十七魏元帝景元元年。㉜太后誥稱郭允明弒逆：司馬溫公以為太后之誥云郭允明弒逆者，郭威之志也，辨見前考異。㉝贇，崇之子也，高祖愛之，養視如子：《九國志》，贇，劉崇之長子也，少慧黠，高祖憐之，錄為己子。㉞郭威、王峻入見太后於萬歲宮：胡三省曰：「按薛史，唐莊宗同光二年，以太后宮為長壽宮，晉、漢蓋以為萬歲宮也。或曰，因萬歲殿為名。」㉟於是郭威與峻議立贇：《五代史・漢宗室傳》，郭威議立嗣君，奉太后誥立贇為嗣，傳詔之際，馮道笏墜于地，左右惡之。㊱郭威之討三叛也：事見上卷乾祐元年、二年。㊲蒼黃：急遽貌。蒼當作倉。㊳隱帝遣供奉官押班陽曲張永德賜昭義節度使常思生辰物：胡三省曰：「供奉官押班，供奉官之長也。生辰物，謂聖節回賜。」㊴思素聞郭威多奇異：《五代史・周太祖紀》，周太祖載誕之夕，赤光照室，有聲如爐炭之裂，星火四迸，及圍李守貞於河中，城中人每見其營上有紫氣如樓閣華蓋之狀，其出鎮鄴都也，一夕，在山亭院齋中，忽有黃氣起於前，上際於天，於黃氣中見星文，紫微、文昌爛然在目，既而告之星者曰：「予于室中見天象，不其異乎？」對曰：「坐見天衢，物不能隔，至貴之祥也。」異日，牙署中有紫氣起於幡竿龍首，凡三日始散。㊵比皇帝到闕，動涉浹旬：自甲至癸周市十日為一旬，謂之浹旬。《元豐九域志》，徐州至大梁七百里，計程當浹旬始達。㊶先是馬希萼遣蠻兵圍玉潭，朱進忠引兵會之，崔洪璉兵敗，奔還長沙：楚王希廣遣洪璉將兵屯玉潭以備希萼，見上八月。㊷贇父環為先王將：王贇父環，馬氏之良將也。㊸湘陰：《舊唐書・

地理志》，湘陰縣，本漢長沙國羅縣地，宋置湘陰縣，縣界有泗水，注入湘江，唐屬岳州。宋白《續通典》曰：「以地在湘江之陰，故名湘陰。」南朝宋湘陰縣故城在今湖南省湘陰縣西北五十里。《隋書・地理志》，隋廢湘陰入岳陽，尋改岳陽為湘陰，故城在今縣南二十五里，蓋南朝梁分湘陰置岳陽縣，隋、唐湘陰治梁之岳陽城，非宋之湘陰故城也。㊹湘西：湘水之西。㊺嶽麓：嶽麓山在今湖南省長沙縣西十里，亦曰麓山。《水經注》，湘水左徑麓山東，上有故城。《元和郡縣志》曰：「麓山在長沙縣西，南隔湘江水六里，蓋衡山之足也。」盛弘之《荊州記》曰：「長沙西岸有麓山，蓋衡山之足，又名靈麓峯，乃岳山七十二峯之數。自湘西古渡登岸，夾徑喬松，泉澗盤繞，諸峯疊秀，下瞰湘江，道林、嶽麓等寺皆在焉。」㊻駝口：胡三省曰：「瀏江口有駱駝觜，因謂之駝口。」《水經注》，瀏水出臨湘縣東南，瀏陽西北，過其縣北與澇水合，西入於湘水。㊼步軍指揮使韓禮將二千人屯楊柳橋，扼柵路：胡三省曰：「朗州兵柵於湘西，以兵扼其路。」㊽可瓊，德勳之子也：許德勳亦楚之良將。㊾陳州刺史李穀權判三司：穀自陳州徵入朝見上十一月。㊿王殷屢為洪建請免死：報洪建不殺之恩也，事見上十一月。㊿鎮州、邢州奏契丹主將數萬騎入寇，攻內丘，五日不克，死傷甚眾：《遼史・世宗紀》，天祿四年十月，自將南伐，攻下安平，內丘、東鹿等城，大獲而還。遼天祿四年即漢乾祐三年也。《五代史記・四夷附錄》曰：「兀欲率萬騎攻邢州，陷內丘。契丹入寇，常以馬嘶為候，其來也，馬不嘶鳴，而矛戟夜有光，又月蝕，虜眾皆懼以為凶，雖破內丘，而人馬傷死者大半。」《舊唐書・地理志》，內丘縣，本漢中山縣，隋改為內丘縣，屬趙州，唐太宗貞觀初，移屬邢州。《元豐九域志》，內丘縣在邢州北四十七里，故治即今河北省內丘縣。范成大《使北錄》，邢州三十五里至內丘縣，與《九域志》異。(五三)饒陽：《舊唐書·地理志》，饒陽縣，漢屬涿郡，唐太宗貞觀十七年，割屬定州，玄宗先天二年，移屬深州。《元豐九域志》，饒陽縣在深州北九十里，即今河北省饒陽縣。按饒陽，本趙饒邑，漢曰饒陽，故城在今縣東北，北齊移治魯口城，在今縣南，隋移今治。(五四)初，蠻酋彭師暠降於楚：事見卷二百八十二晉高祖天福五年。(五五)獷直：獷悍率直。(五六)江西：湘江之西。(五七)可瓊世為楚將：許可瓊，德勳之子，世為楚將。(五八)可瓊，許侍中之子：楚加許德勳侍中，故希廣稱之。(五九)塑鬼：捏土為鬼神之形。(六〇)膜拜：《穆天子傳》：「乃膜拜而受。」郭注曰：「今之胡人禮佛，舉手加頭，稱南膜拜者，即此類也。」(六一)武陵：武陵縣，朗州治所也。《舊唐書·地理志》，武陵縣，漢武陵郡臨沅縣地，秦屬黔中郡地，梁分武陵郡，於縣置武州，陳改武州為阮陵郡，隋為嵩州，尋又改為朗州，煬帝為武陵郡，唐高祖武德四年，復為朗州，皆治此，即今湖南省常德縣。(六二)敬真望韓禮營，旌旗紛錯：楚王希廣命韓禮屯楊柳橋，見上。紛錯，紛亂錯雜也。(六三)滌出長樂：按《五代史記·楚世家》作長樂門，此脫門字。(六四)武穆王：楚王馬殷，謚武穆。(六五)與劉彥韜各將千餘人奉文昭王及希廣諸子趣袁州：楚王希範謚文昭。《元豐九域志》，潭州東南至袁州六百三十四里。袁州時屬南唐。(六六)張暉降於希萼：張暉先自益陽遁歸長沙，長沙既陷，遂降於希萼。(六七)左司馬希崇帥將吏詣希萼勸進：馬希崇通謀於希萼事始見卷二百八十七高祖天福十二年。(六八)閉城分捕希廣：《五代史記·楚世家》，希廣率妻子匿於慈堂，為朗州兵所獲。(六九)武安、武平、靜江、寧遠等軍節度使：潭州武安軍、朗州武平軍、桂州靜江軍、容州寧遠軍。此四鎮，馬氏之舊疆也，是時寧遠巡屬已屬南漢。(六九)大王三年血戰，始得長沙：希廣、希蕚自乾祐元年交兵爭國，至是三年矣！(七〇)瀏陽門：瀏陽門，長沙城之東門也，瀏陽水自瀏陽縣西流經長沙縣會瀏塘河，注湘水，門蓋取瀏陽水以為名。(七一)翟延美：翟延美下卷作翟廷美。延、廷字似易譌。胡三省曰：「翟以邑為姓，周有卿士翟簡公，晉有大夫翟朔。」(七二)與馮道等西來：自彭城西來大梁。(七三)希蕚召拓拔恒，欲用之，恒稱疾不起：拓拔恒杜門不出事見卷二百八十七高祖天福十二年。(七四)因擁威南行：《五代史・周太祖紀》，時河水初解，浮梁未構，是夜，北風凜烈，比旦，冰堅可渡，諸軍遂濟，眾謂之凌橋，濟竟冰泮，時人異之。(七五)韋城：《舊唐書・地理志》，隋分白馬縣置韋城縣於古韋氏之國，唐屬滑州。丁度曰：「韋城縣，古豕韋之國也。」《元豐九域志》，韋城縣在滑州東南五十里，即今河南省滑縣東南。(七六)下書撫諭大梁士民，以昨離河上，在道秋毫不犯，勿有憂疑：郭威前入大梁，縱兵剽掠，恐士民懲前禍，奔迸惶亂，故先下書安撫之。(七七)臯門村：胡三省曰：「臯門村，蓋在臯門之外。按大梁城無臯門。詩大雅緜之篇曰：『乃立臯門，臯門有伉。』毛氏傳曰：『王之郭門曰臯門。』鄭氏箋曰：『諸侯之宮，外門曰臯門，朝門曰應門。天子之宮，加之庫、雉。』至禮記明堂位記用賜魯公以天子之制，其言曰：『庫門，天子臯門；雉門，天子應門。』鄭注又云：『天子五門，臯、庫、雉、應、路，魯有庫、雉、路，則諸侯三門歟！』詳而味之，詩箋、記注微有不同。而五代之時，汴城之外所謂臯門村，蓋以郭門之外有村，遂呼曰臯門村，合於毛氏詩傳。臯門村屬開封縣，薛史云：『王潭葬於開封縣之臬門原。』以是知之。」〔七八〕又遣前申州刺史馬鐸將兵詣許州巡檢：詣許州巡檢，以備劉信也。〔七九〕崇威忽至宋州，陳於府門外，贇大驚，闔門登樓詰之：胡三省曰：「汴京至宋州二百八十五里耳，贇不意其至，故驚而詰之。」〔八〇〕馮道出與崇威語：馮道先奉太后誥往迎贇，故時在贇所。〔八一〕掠睢陽金帛，募士卒，北走晉陽：《舊唐書・地理志》，宋州治宋城縣，古睢陽城也，漢為睢陽縣，隋改為宋城縣。贇父崇時為河東節度使，鎮晉陽，故董裔說贇往依之。〔八二〕所恃者以公三十年舊相：馮道以唐明宗天成二年為相，至是二十四年，然若以其事唐莊宗為河東節度掌書記，則幾及三十年矣。〔八三〕客將賈貞數目道，欲殺之：《五代史・馮道傳》，時贇左右皆欲殺道以自快，趙上交與王度聞之，皆惶怖不知所為，惟道偃仰自適，略無懼色，尋亦獲免焉！道微時嘗賦詩云：「終聞海嶽歸明主，未省乾坤陷吉人。」至是其言驗矣！《青箱雜記》載馮道詩云：「莫為危時便愴神，前程往往有期因，終聞海嶽歸明主，未省乾坤陷吉人，道德幾時曾去世？舟車何處不通津？但教方寸無諸惡，狼虎叢中也立身。」〔八四〕贇曰，汝輩勿草草，此無預馮公事：草草，謂率爾從事也。胡三省曰：「契丹主入汴，責劉繼勳，歸罪於道，道幾死矣，宋州之事，使劉贇從賈貞之意，道亦必死矣，而契丹主謂道非多事者，劉贇謂無預馮公事，豈非以其在位素懷沖澹，與物無競，人皆敬其名德而然邪？道之全身，固為得矣，有國者焉用彼相哉！然自後唐同光以來，樞密使任事，丞相取充位而已，責人斯無難，惟受責俾如流，以此而言，道未肯受責也。」

卷二百九十 後周㈠紀一

司馬光編集
林瑞翰　註

起重光大淵獻盡玄默困敦八月，凡一年有奇。（辛亥至壬子西元九五一年至西元九五二年八月）

太祖聖神恭肅文孝皇帝㈡上

廣順元年㈢（西元九五一年）

㈠春，正月，丁卯（初五日），漢太后下誥授監國符寶，即皇帝位。監國自皋門入宮㈣，即位於崇元殿。制曰：朕周室之裔，虢叔之後㈤，國號宜曰周。改元㈥，大赦。楊邠、史弘肇、王章等皆贈官，官為斂葬㈦，仍訪其子孫敍用之。凡倉場庫務掌納官吏，無得收斗餘稱耗㈧，舊所進羨餘物㈨，悉罷之，犯竊盜及姦者，並依晉天福元年以前刑名，罪人非反逆，無得誅及親族，籍沒家貲㈩。唐莊宗、明宗、晉高祖各置守陵十戶，漢高祖陵職員宮人時月薦享及守陵戶並如故。

初，唐衰多盜，不用律文，更定峻法，竊盜贓三匹者死，晉天福中，加至五匹，姦有夫婦人，無問強和⑪，男女並死，漢法，竊盜一錢以上皆死，又罪非反逆，往往族誅籍沒，故帝即位，首革其弊。初，楊邠以功臣國戚為方鎮者，多不閑⑫吏事，乃以三司軍將補都押牙、孔目官、內知客，其人自恃敕補⑬，多專橫，節度使不能制，至是悉罷之。

帝命史弘肇親吏上黨李崇矩訪弘肇親族，崇矩言弘肇弟弘福今存。初，弘肇使崇矩掌其家貲之籍，由是盡得其產，皆以授弘福，帝賢之，使隸皇子榮帳下。

㈡戊辰（初六日），以前復州防禦使王彥超權武寧節度使⑭。

㈢漢李太后遷居西宮⑮。己巳（初七日），上尊號曰昭聖皇太后。

㈣開封尹兼中書令劉勳卒。

㈤癸酉（十一日），加王峻同平章事。

㈥以衛尉卿劉皞主漢隱帝之喪⑯。

㈦初，河東節度使兼中書令劉崇聞隱帝遇害，欲舉兵南向，聞迎立湘陰公⑰，乃止，曰：「吾兒為帝，吾又何求？」太原少尹李驤陰說崇曰：「觀郭公之心終欲自取，公不如疾引兵踰太行，據孟津，俟徐州相公⑱即位，然後還鎮，則郭公不敢動矣！不然，且為所賣。」崇怒曰：「腐儒欲離間吾父子。」命左右曳出斬之。驤呼曰：「吾負經濟之才，而為愚人謀事，死固甘心，家有老妻，願與之同死。」崇並其妻殺之，且奏於朝廷，示無二心。及贇廢，崇乃遣使請贇歸晉陽，詔報以湘陰公比在宋州，今方取歸京師，必令得所，公勿以為憂。公能同力相輔，當加王爵，永鎮河東。鞏廷美、楊溫聞湘陰公失位，奉贇妃董氏據徐州拒守以俟河東援兵⑲，帝使贇以書諭之，廷美、溫欲降而懼死，帝復遣贇書曰：「爰念斯人，盡心於主⑳，足以賞其忠義，何由責以悔尤？俟新節度使入城㉑，當各除刺史，公可更以委曲示之㉒。」

㈧契丹之攻內丘也㉓，死傷頗多，又值月食，軍中多妖異，契丹主懼，不敢深入㉔，引兵還，遣使請和於漢。會漢亡，安國節度使劉詞送其使者詣大梁，帝遣左千牛衛將軍朱憲報聘，且敍革命㉕之由，以金器、玉帶贈之。

(九)帝以鄴都鎮撫河北，控制契丹，欲以腹心處之，乙亥（十三日），以寧江節度使、侍衛親軍都指揮使王殷為鄴都留守、天雄節度使、同平章事，領軍如故㉖，仍以侍衛司從赴鎮。

(十)丙子（十四日），帝帥百官詣西宮為漢隱帝舉哀成服㉗，皆如天子禮。

(十一)慕容彥超遣使入貢，帝慮其疑懼，賜詔慰安之，曰：「今兄事已至此㉘，言不欲繁，望弟扶持，同安億兆。」

(十二)戊寅（十六日），殺湘陰公於宋州㉙。

(十三)是日，劉崇即皇帝位於晉陽㉚，仍用乾祐年號，所有者并、汾、忻、代、嵐、憲、隆㉛，蔚、沁、遼、麟、石十二州之地。以節度判官鄭珙為中書侍郎，觀察判官滎陽趙華為戶部侍郎，並同平章事。以次子承鈞為侍衛親軍都指揮使太原尹，以節度副使李存瓌為代州防禦使，裨將武安㉜張元徽為馬步軍都指揮使，陳光裕為宣徽使。

北漢㉝主謂李存瓌、張元徽曰：「朕以高祖之業，一朝墜地，今日位號，不得已而稱之。顧我是何天子，汝曹是何節度使邪？」由是不建宗廟，祭祀如家人，宰相月俸止百緡，節度使止三十緡㉔，自餘薄有資給而已，故其國中少廉吏。

客省使河南李光美嘗為直省官㉕，頗諳故事，北漢朝廷制度，皆出於光美。

北漢主聞湘陰公死，哭曰：「吾不用忠臣之言，以至於此。」為李驤立祠，歲時祭之。

㈣己卯（十七日），以太師馮道為中書令，加竇貞固侍中，蘇禹珪司。

㈤王彥超奏遣使齎敕詣徐州，鞏廷美等猶豫不肯啓關，詔進兵攻之。

㈥帝謂王峻曰：「朕起於寒微，備嘗艱苦，遭時喪亂，一旦為帝王，豈敢厚自奉養以病下民乎？」命峻疏四方貢獻珍美食物，庚辰（十八日）下詔悉罷之㉖，其詔略曰：「所奉止於朕躬，所損被於甿庶。」又曰：「積於有司之中，甚為無用之物。」又詔曰：「朕生長軍旅，不親學問，未知治天下之道，文武官有益國利民之術，各具封事以聞，咸宜直書其事，勿事辭藻。」帝以蘇逢吉之第賜王峻，峻曰：「是逢吉所以族李崧也[三七]。」辭而不處。

(十七)初，契丹主北歸[三八]，橫海節度使[三九]潘聿撚棄鎮隨之，契丹主以聿撚為西南路招討使。及北漢主立，契丹主使聿撚遺劉承鈞書，北漢主使承鈞復書稱本朝淪亡，紹襲帝位，欲循晉室故事[四〇]求援北朝，契丹主大喜。北漢主發兵屯陰地、黃澤、團柏[四一]，丁亥（二十四日），以承鈞為招討使，與副招討使白從暉、都監李存瓌將步騎萬人寇晉州。從暉，吐谷渾人也。

(十八)郭崇威更名崇，曹威更名英[四二]。

(十九)二月，丁酉（初五日），以皇子天雄牙內都指揮使榮為鎮寧節度使[四三]，選朝士為之僚佐，以侍御史王敏為節度判官，右補闕崔頌為觀察判官，校書郎王朴為掌書記[四四]。頌，協之子[四五]；朴，東平人也。

(廿)戊戌（初六日），北漢兵五道攻晉州，節度使王晏閉城不出，劉承鈞以為怯，蟻附登城，晏伏兵奮擊，北漢兵死傷者千餘人。承鈞遣副兵馬使安元寶焚晉州西城，元寶來降，承鈞乃移軍攻隰州㊻。癸卯（十一日），隰州刺史許遷遣步軍都指揮使孫繼業迎擊北漢兵於長壽縣㊼，執其將程筠等，殺之。未幾，北漢兵攻州城，數日不克，死傷甚眾，乃引去。遷，鄆州人也。

(廿一)甲辰（十二日），楚王希萼遣掌書記劉光輔入貢於唐。【考異】湖湘故事光輔作光翰，今從十國紀年。

(廿二)帝悉出漢宮中寶玉器數十，碎之於庭，曰：「凡為帝王，安用此物？聞漢隱帝日與嬖寵於禁中嬉戲，珍玩不離側，茲事不遠，宜以為鑑。」仍戒左右自今珍華悅目之物，無得入宮。

(廿三)丁未（十五日），契丹主遣其臣裊骨支與朱憲偕來㊽，賀即位。

(廿四)戊申（十六日），敕前資官各聽自便居外州㊾。

(廿五)陳思讓未至湖南，馬希萼已克長沙，思讓留屯郢州，敕召令還㊿。

(廿六)丁巳（二十五日），遣尚書左丞田敏使契丹。北漢主遣通事舍人李䛒(51)使於契丹，乞兵為援。

(廿七)詔加泰寧節度使慕容彥超中書令，遣翰林學士魚崇諒詣兗州諭指。崇諒，即崇遠也(52)。彥超上表謝。三月，壬戌朔，詔報之曰：「向以前朝失德，少主用讒，倉猝之間，召卿赴闕，卿即奔馳應命，信宿至京，救國難而不顧身，聞君召而不俟駕㊂，以至天亡漢祚，兵散梁郊㊃，降將敗軍，相繼而至，卿即便回馬首，徑反龜陰㊄，為主為時，有終有始，所謂危亂見忠臣之節，疾風知勁草之心，若使為臣者皆能如茲，則有國者誰不欲用？所言朕潛龍河朔之際，平難浚郊㊅之時，緣不奉示喻之言，亦不得差人至行闕，且事主之道，何必如斯，若或二三於漢朝，又安肯忠信於周室？以此為懼，不亦過乎？卿但悉力推心，安民體國，事朕之節，如事故君，不惟黎庶獲安，抑亦社稷是賴。但堅表率，未議替移，由衷之誠，言盡於此。」

㈦唐以楚王希蕚為天策上將軍、武安、武平、靜江、寧遠節度使兼中書令、楚王，以右僕射孫忌㊆、客省使姚鳳為冊禮使。

㈧丙寅（初五日），遣前淄州刺史陳思讓將兵戍磁州，扼黃澤路。

㈨楚王希蕚既得志，多思舊怨，殺戮無度，晝夜縱酒荒淫，悉以軍府事委馬希崇，希崇復多私曲，政刑紊亂。府庫既盡於亂兵，籍民財以賞賚士卒，或封其門而取之，士卒猶以不均怨望，雖朗州舊將佐從希萼來者，亦皆不悅，有離心。劉光輔之入貢於唐也㊆，唐主待之厚，光輔密言湖南民疲主驕，可取也。唐主乃以營屯都虞候邊鎬為信州刺史，將兵屯袁州，潛謀進取。

小門使謝彥顒，【考異】湖湘故事作謝彥敍。周羽沖三楚新錄作謝延澤。今從十國紀年。本希萼家奴，以首面有寵於希萼㊇，至與妻妾雜坐，恃恩專橫，常肩隨希崇，或撫其背㊈，希崇銜之。故事，府宴小門使執兵在門外，希萼使彥顒預坐，或居諸將之上，諸將皆恥之。

希萼以府舍焚蕩，命朗州靜江指揮使王逵、副使周行逢帥所部兵千餘人治之，執役甚勞，又無犒賜，士卒皆怨，竊言曰：「囚免死則役作之，我輩從大王萬死，取湖南，何罪而囚役之？且大王終日酣歌，豈知我輩之勞苦乎？」逵、行逢聞之，相謂曰：「眾怨深矣，不早為計，禍及吾曹。」壬申（十一日），旦，帥其眾各執長柯斧㊉、白梃逃歸朗州。時希萼醉未醒，左右不敢白，癸酉（十二日），始白之，希萼遣湖南指揮使唐師翥將千餘人追之，不及，直抵朗州，逵等乘其疲乏，伏兵縱擊，士卒死傷殆盡，師翥脫歸。逵等黜留後馬光贊(六二)。更以希萼兄子光惠知州事。光惠，希振之子也(六三)。尋奉光惠為節度使，逵等與何敬真及諸軍指揮使張倣參決軍府事。希萼具以狀言於唐，唐主遣使以厚賞招諭之，逵等納其賞，縱其使，不答其詔，唐亦不敢詰也。

(四一)王彥超奏克徐州，殺鞏廷美等(六四)。

(四二)北漢李詧至契丹，契丹主使拽剌梅里報之(六五)。

(四三)丙子（十五日），敕朝廷與唐本無仇怨，緣淮軍鎮各守疆域，無得縱兵民擅入唐境，商旅往來，無得禁止。

(四四)己卯（十八日），潞州送涉縣(六六)所獲北漢將卒二百六十餘人，各賜衫袴巾履遣還。

(四五)加吳越王弘俶諸道兵馬都元帥。

(四六)夏，四月，壬辰朔，濱淮州鎮上言淮南饑民，過淮糴穀，未敢禁止。詔曰：「彼之生民，與此何異？宜令州縣津鋪(六七)無得禁止。」

(四七)蜀通奏使高延昭固辭知樞密院，丁未（十六日），以前雲安(六八)

權鹽使太原伊審徵為通奏使，知樞密院事。審徵，蜀高祖妹褒國公主之子也，少與蜀主相親狎，及知樞密，政之大小，悉以咨之，審徵亦以經濟為己任，而貪侈回邪(六九)，與王昭遠相表裏，蜀政由是浸衰。

(三八)吳越王弘俶徙廢王弘倧居東府(七〇)，為築宮室，治園圃娛悅之，歲時供饋甚厚。

(三九)契丹主遣使如北漢，告以周使田敏來，約歲輸錢十萬緡，北漢主使鄭珙以厚賂謝契丹，自稱姪皇帝，致書於叔天授皇帝，請行冊禮。

(四十)五月，己巳（初八日），遣左金吾將軍姚漢英等使於契丹，契丹留之(七一)。

(四一)辛未（初十日），北漢禮部侍郎同平章事鄭珙卒於契丹。

【考異】晉陽見聞錄：「鄭珙既達虜庭，虜君恩禮周厚。虜俗以酒池肉林為名，雖不飲酒如韋曜輩者，亦加灌注，縱成疾，無復信之。珙魁岸善飲，惟無量之逼，宴罷，載歸，一夕，腐脇於穹廬之氈堵間，輿屍而復命。」九國志曰：「契丹宴犒漢，必厚具酒肉以示夸大，高祖鎮河東，嘗命韋曜北使，曜羸瘠不能飲酒，虜人強之，遂卒。」按韋曜，孫皓時人韋昭也，不能飲酒，王保衡引以為文章而路振云高祖時人，誤也。

(四二)甲戌（十三日），義武節度使孫方簡避皇考諱，更名方諫。

(四三)定難節度李彝殷(七二)遣使奉表於北漢。

(四四)六月，辛亥（二十一日），以樞密使同平章事王峻為左僕射兼門下侍郎，樞密副使兵部侍郎范質、判三司李穀為中書侍郎，並同平章事，穀仍判三司，司徒兼侍中竇貞固、司空兼中書侍郎同平章事蘇禹珪並罷守本官(七三)。癸丑（二十三日），范質參知樞密院事，丁巳（二十七日），以宣徽北院使翟光鄴兼樞密副使。

初，帝討河中(七四)，已為人望所屬，李穀時為轉運使，帝數以微言動之，穀但以人臣盡節為對，帝以是賢之，即位首用為相。時國家新造，四方多故，王峻夙夜盡心，知無不為，軍旅之謀，多所裨益(七五)；范質明敏強記，謹守法度；李穀沈毅有器略，在帝前議論，辭氣忼慨，善譬諭以開主意。

(四五)武平節度使馬光惠愚懦嗜酒，不能服諸將，王逵、周行逢、何敬真謀以辰州刺史廬陵劉言(七六)驍勇，得蠻夷心，欲迎以為副使。言知逵等難制，曰：「不往，將攻我。」乃單騎赴之(七七)。既至，眾廢光惠，送於唐，推言權武平留後，表求旄節於唐，唐人未許，亦稱藩於周。

㈣吳越王弘俶以前內外馬步都統軍使仁俊無罪，復其官爵㈦。

㈣契丹遣燕王述軋等冊命北漢主為大漢神武皇帝，妃為皇后。北漢主更名旻。

㈣秋七月，北漢主遣翰林學士博興㈦衞融等詣契丹謝冊禮，且請兵㈧。

㈣八月，壬戌（八月，庚寅朔，無壬戌），葬漢隱帝於潁陵㈧。

㈤義武節度使孫方諫入朝，壬子（二十三日），徙鎮國節度使㈧，以其弟易州刺史行友為義武留後。又徙建雄節度使王晏鎮徐州，以武寧節度使王彥超代之㈧。

㈤戊午（二十九日），追立故夫人柴氏為皇后㈧。

㈤九月，北漢主遣招討使李存瓌將兵自團柏入寇，契丹引兵會之，與酋長議於九十九泉㈧，諸部皆不欲南寇，契丹主強之㈧，癸亥（初四日）行至新州之火神淀㈧，燕王述軋及偉王之子太寧王漚僧㈧作亂，弒契丹主而立述軋㈧，契丹主德光之子述律逃入南山，諸部奉逑律以攻逑軋、漚僧，殺之，并其族黨，立逑律為帝㊈，改元應曆，自火神淀入幽州，遣使告於北漢，北漢遣樞密直學士上黨王得中如契丹賀即位，復以叔父事之，請兵以擊晉州。契丹主年少，好遊戲，不親國事，每夜酣飲，達旦乃寐，日中方起，國人謂之睡王，後更名明。

㊂壬申（十三日），蜀以吏部尚書御史中丞范仁恕為中書侍郎兼吏部尚書同平章事。

㊃楚王希蕚既克長沙，不賞許可瓊㊈，疑可瓊怨望，出為蒙州刺史㊈。遣馬步都指揮使徐威、左右軍馬步使陳敬遷、水軍都指揮使魯公綰、牙內侍衞指揮使陸孟俊帥部立寨於城西北隅以備朗兵。不存撫役者，將卒皆怨怒，謀作亂，希崇知其謀。戊寅（十九日），希蕚宴將吏，徐威等不預，希崇亦辭疾不至。威等使人先驅蹀齧馬㊈十餘入府，自帥其徒執斧斤、白挺，聲言縶馬，奄至座上，縱橫擊人，顛踣滿地，希蕚踰垣走，威等執囚之【考異】十國紀年作丁丑，按湖湘故事在十九日，今從之。執謝彥顒，自頂及踵剉之，立希崇為武安留後，縱兵大

掠，幽希蕚於衡山縣㊈㊃。

劉言聞希崇立，遣兵趣潭州，聲言討其簒奪之罪。壬午（二十三日），軍於益陽之西。希崇懼，癸未（二十四日），發兵二千拒之，又遣使如朗州求和，請為鄰藩。掌書記桂林㊈㊄李觀象說言曰：「希蕚舊將佐猶在長沙，此必不欲與公為鄰，不若先檄希崇取其首，然後圖湖南，可兼有也。」言從之。希崇畏言，即斷都軍判官楊仲敏、掌書記劉光輔、牙內指揮使魏師進、都押牙黃勍等十餘人首，遣前辰陽縣㊈㊅令李翊齎送朗州，至則腐敗，言與王逵等皆以為非仲敏等首，怒責翊，翊惶恐自殺。

希崇既襲位，亦縱酒荒淫，為政不公，語多矯妄，國人不附。初，馬希蕚入長沙㊈㊆，彭師暠雖免死，猶杖背，黜為民，希崇以為師暠必怨之，使送希蕚於衡山，實欲師暠殺之。師暠曰：「欲使我為弒君之人乎？」奉事逾謹。丙戌（二十七日），至衡山。指揮使廖偃，匡圖之子也㊈㊇，與其季父節度巡官匡凝謀曰：「吾家世受馬氏恩，今希蕚長而被黜，必不免禍，盍相與輔之？」於是帥莊戶[99]及鄉人悉為兵，與師暠共立希蕚為衡山王，以縣為行府，斷江為柵[100]，編竹為戰艦，以師暠為武清節度使[101]，召募徒眾，數日，至萬餘人，州縣多應之，遣判官劉虛己求援於唐。

徐威等見希崇所為，知必無成，又畏朗州、衡山之逼[102]，恐一朝喪敗，俱及禍，欲殺希崇以自解。希崇微覺之，大懼，密遣客將范守牧奉表請兵於唐，唐主命邊鎬自袁州將兵萬人西趣長沙。

(五五)冬，十月，辛卯（初三日），潞州巡檢陳思讓敗北漢兵於虒亭[103]。

(五六)唐邊鎬引兵入醴陵[104]。癸巳（初五日），楚王希崇遣使犒軍，壬寅（十四日），遣天策府學士拓拔恒奉牋詣鎬請降[105]，恒嘆曰：「吾久不死，乃為小兒送降狀。」癸卯，（十五日），希崇帥弟姪迎鎬，望塵而拜，鎬下馬稱詔勞之。甲辰（十六日），希崇等從鎬入城。鎬舍於瀏門樓，湖南將吏畢賀，鎬皆厚賜之。時湖南饑饉，鎬大發馬氏倉粟賑之，楚人大悅。

(五七)契丹遣彰國節度使蕭禹厥將奚、契丹五萬會北漢兵入寇，北漢主自將兵二萬自陰地關寇晉州，丁未（十九日），軍於城北，三面置寨，晝夜攻之，遊兵至絳州。時王晏已離鎮，王彥超未至，巡檢王萬敢權知晉州，與龍捷都指揮使史彥超、虎捷指揮使何徽㉖共拒之。史彥超，雲州人也㉗。

(五八)癸丑（二十五日），唐武昌節度使劉仁贍帥戰艦二百取岳州㉘，撫納降附，人忘其亡。仁贍，金之子也㉙。

唐百官共賀湖南平，起居郎高遠曰：「我乘楚亂，取之甚易，觀諸將之才，但恐守之難耳！」遠，幽州人也㉚。司徒致仕李建勳曰：「禍其始於此乎！」

唐主自即位以來，未嘗親祠郊，廟禮官以為請，唐主曰：「俟天下一家，然後告謝。」及一舉取楚，謂諸國指麾可定。魏岑侍宴，言臣少遊元城，樂其風土，俟陛下定中原，乞魏博節度使，唐主許之，岑趨下拜謝，其主驕臣佞如此。

馬希萼望唐人立己為潭帥，而潭人惡希萼，共請邊鎬為帥，唐主乃以鎬為武安節度使。

(五九)王峻有故人曰申師厚，嘗為兗州牙將，失職饑寒，望峻馬，拜謁於道，會涼州留後折逋嘉施㉑上表請帥於朝廷，帝以絕域，非人所欲，募率府㉒供奉官願行者，月餘，無人應募。峻薦師厚於帝，丁巳，以師厚為河西節度使。

(六十)唐邊鎬趣馬希崇帥其族入朝，馬氏聚族相泣，欲重賂鎬，奏乞留居長沙。鎬微哂曰：「國家與公家，世為仇敵，殆六十年㉓，然未嘗敢有意窺公之國。今公兄弟鬬鬩㉔，困窮自歸，若復二三，恐有不測之憂㉕。」希崇無以應。十一月，辛酉（初三日），與宗族及將佐千餘人號慟登舟，送者皆哭，響振州谷。

(六一)帝以北漢、契丹之兵猶在晉州，甲子（初六日），以王峻為行營都部署，將兵救之。詔諸軍皆受峻節度，聽以便宜從事，得自選擇將吏。乙丑（初七日），峻行，帝自至城西㉖餞之。

(六二)楚靜江節度副使知桂州馬希隱，武穆王殷之少子也，楚王希廣、希蕚兄弟爭國，南漢主以內侍吳懷恩為西北招討使，將兵屯境上，伺間密謀進取，希廣遣指揮使彭彥暉將兵屯龍峒㉗以備之。希蕚自衡山遣使以彥暉為桂州都監，在城外內巡檢使，判軍府事，希隱惡之，潛遣人告蒙州刺史許可瓊，可瓊方畏南漢之逼，即棄蒙州，引兵趣桂州㉘，與彥暉戰於城中，彥暉敗，奔衡山，可瓊留屯桂州。吳懷恩據蒙州，進兵侵掠，桂管㉙大擾。希隱、可瓊不知所為，但相與飲酒對泣。南漢主遺希隱書，言：「武穆王奄有全楚，富彊安靖，五十餘年㉚，正由三十五舅、三十舅兄弟尋戈㉛，自相魚肉，舉先人基業，北面仇讎㉜，今聞唐兵已據長沙，竊計桂林繼為所取，當朝世為與國，重以婚姻，覩茲傾危，忍不赴救？已發大軍，水陸俱進，當令相公舅永擁節旌，常居方面。」希隱得書，與僚佐議降之，支使潘玄珪以為不可。丙寅（初八日），吳懷恩引兵奄至城下，希隱、可瓊帥其眾夜斬關奔全州㉝，桂州遂潰。懷恩因以兵略定宜、連、梧、嚴、富、昭、柳、龔、象等州㉞，南漢始盡有嶺南之地。

㉟辛未（十三日），唐邊鎬遣先鋒指揮使李承戩將兵如衡山，趣馬希萼入朝。庚辰（二十二日），希萼與將佐、士卒萬餘人自潭州東下。

(三四)王峻留陜州旬日，帝以北漢攻晉州急，憂其不守，議自將由澤州路與峻會兵救之㉟，且遣使諭峻。十二月，戊子朔，下詔以三日西征。

使者至陜，峻因使者言於帝曰：「晉州城堅，未易可拔，劉崇兵鋒方銳，不可力爭，所以駐兵，待其氣衰耳，非臣怯也！陛下新即位，不宜輕動，若車駕出汜水，則慕容彥超引兵入汴，大事去矣！」帝聞之，自以手提耳曰：「幾敗吾事㊱。」庚寅（初三日），敕罷親征。

初，泰寧節度使兼中書令慕容彥超聞徐州平㊲，疑懼愈甚，乃招納亡命，畜聚薪糧，潛以書結北漢，吏獲其書以聞，又遣人詐為商人求援於唐，帝遣通事舍人鄭好謙就申慰諭，與之為誓，彥超益不自安，屢遣都押牙鄭麟詣闕偽輸誠款，實覘機事，又獻天平節度使高行周書，其言皆謗毀朝廷與彥超相結之意㊳。帝笑曰：「此彥超之詐也。」以書示行周㊴，行周上表謝恩，既而彥超反跡益露。丙申（初九日），遣閤門使㊵張凝將兵赴鄆州巡檢以備之。

㊅庚子（十三日），王峻至絳州，乙巳（十八日），引兵趣晉州。晉州南有蒙阬，最為險要，峻憂北漢兵據之，是日，聞前鋒已度蒙阬㊂，喜曰：「吾事濟矣！」

㊅慕容彥超奏請入朝，帝知其詐，即許之，既而復稱境內多盜，未敢離鎮。

㊆北漢主攻晉州，久不克㊂，會大雪，民相聚保山寨，野無所掠，軍乏食。契丹思歸，聞王峻至蒙阬，燒營夜遁。峻入晉州，諸將請亟追之，峻猶豫未決。明日，乃遣行營馬軍都指揮使仇弘超、都排陳使藥元福、左廂排陳使陳思讓、康延沼將騎兵追之，及於霍邑㊂，縱兵奮擊，北漢兵墜崖谷死者甚眾。霍邑道隘，延沼畏懦不急追，由是北漢兵得度。藥元福曰：「劉崇悉發其眾，挾胡騎而來，志吞晉絳，今氣衰力憊，狼狽而遁，不乘此翦撲，必為後患。」諸將不欲進，王峻復遣使止之，遂還。契丹比至晉陽，士馬什喪三四，蕭禹厥恥無功，釘大酋長一人於市，旬餘而斬之，北漢主始息意於進取。北漢土瘠民貧，內供軍國，外奉契丹，賦

繁役重，民不聊生，逃入周境者甚眾㉞。

(六八)唐主以鎮南節度使兼中書令宋齊丘為太傅，以馬希蕚為江南西道觀察使，鎮洪州㉟，仍賜爵楚王，以馬希崇為永泰節度使，鎮舒州㉟，湖南將吏位高者拜刺史、將軍、卿監，卑者以次拜官。唐主嘉廖偃、彭師暠之忠，以偃為左殿直軍使、萊州刺史㊱，師暠為殿直都虞候，賜予甚厚。

湖南刺史皆入朝於唐，永州刺史㊲王贇獨後至，唐主毒殺之。

(六九)南漢主遣內侍省丞㊳潘崇徹、將軍謝貫將兵攻郴州，唐邊鎬發兵救之，崇徹敗唐兵於義章㊴，遂取郴州。邊鎬請除全、道二州刺史以備南漢㊵，丙辰（二十九日），唐主以廖偃為道州刺史，以黑雲指揮使張巒知全州。

(七十)是歲，唐主以安化節度使鄱陽王王延政為山南西道節度使，更賜爵光山王㊶。初，蒙城鎮將咸師朗將部兵降唐㊷，唐主以其兵為奉節都，從邊鎬平湖南。唐悉收湖南金帛、珍玩、倉粟，乃至舟艦、亭館、花果之美者，皆徙於金陵，遣都官郎中楊繼勳等收湖南租賦以贍戍兵。繼勳等務為苛刻，湖南人失望。行營糧料使王紹顏減士卒糧賜，奉節指揮使孫朗、曹進怒曰：「昔吾從咸公降唐，唐待我豈如今日湖南將士之厚哉？今有功不增祿賜，又減之，不如殺紹顏及鎬，據湖南歸中原，富貴可圖也。」

【今註】㈠後周：周自以為姬氏之遠裔，虢叔之後，故建國號曰周，《通鑑》因謂之後周。㈡太祖聖神恭肅文孝皇帝：帝姓郭氏，諱威，字文仲，邢州堯山人，父簡，事晉為順州刺史。《五代史・周太祖紀》，或云帝本常氏之子，幼隨母適郭氏，故冒其姓焉。㈢廣順元年：遼穆宗應曆元年。㈣監國自皋門入宮：皋門，郭門也，注見上卷。㈤朕周室之裔，虢叔之後：胡三省曰：「春秋、戰國之世，傳記謂虢叔之後有國者為虢公，後謂之郭公，虢、郭音相近也。虞大夫宮之奇曰：『虢仲、虢叔，王季之穆也。』郭之得姓本於周。」《正字通》曰：「郭之有虢音者，周文王季弟封於虢，或稱郭公，因為氏。春秋傳攻虢則虞救之，公羊作郭，左、穀、孟子作虢，異字轉音相近也。」㈥改元：改漢乾祐四年為廣順元年。㈦楊邠、史弘肇、王章等贈官，官為斂葬：楊邠等死見上卷漢隱帝乾祐三年。㈧凡倉場庫務掌納官吏，無得收斗餘稱耗：舊制田稅每斛更輸二升，王章始令更輸二斗，見上卷漢隱帝乾祐三年，今悉除之，矯前代苛斂之弊也。斗餘者，斗量之外，更取餘數，稱耗者，稱計之外，復多取之以備耗折也，即鼠雀耗、省耗之類。㈨羨餘物：正賦之外復取其餘，謂之羨餘物。

⑩罪人非反逆，無得誅及親族，籍沒家貲：史弘肇用事，罪無輕重，皆處極刑，並籍沒其妻女家貲，此所以矯其虐刑之弊。⑪強、和：強，強姦；和，和姦也。男以力加之於女，使不得抗拒而與之通者謂之強，男女相悅，欲動情生而互通者謂之和。⑫閑：素習也。⑬敕補：敕補者受命朝廷而非方鎮所辟。⑭以前復州防禦使王彥超權武寧節度使，以代劉贇也。時贇以其將鞏廷美、楊溫等守徐州。⑮漢李太后遷居西宮：按《五代史・漢后妃傳》，漢李太后時居太平宮，蓋即西宮也。⑯以衛尉卿劉皞主漢隱帝之喪：皞，漢之宗室也，漢時嘗為宗正卿，故令主漢隱帝之喪。⑰徐州相公：湘陰公贇本鎮徐州，故稱之。⑱初，河東節度使兼中書令劉崇聞隱帝遇害，欲舉兵南向，聞迎立湘陰公，乃正：《五代史記・東漢世家》，崇遣人至京師，周太祖少賤，黥其頸上為飛雀，世謂之郭雀兒，太祖見崇使者，具道所以立贇之意，因自指其頸以示使者曰：「自古豈有雕青天子？幸公無以我為疑。」崇益喜，信以為然。⑲鞏廷美、楊溫聞湘陰公失位，奉贇妃董氏據徐州拒守以俟河東援兵：廷上卷作延。劉贇令鞏廷美等守徐川事始上卷漢隱帝乾祐三年。⑳爰念斯人，盡心於主：謂鞏廷美、楊溫等，盡忠於劉贇。㉑俟新節度使入城：新節度使謂王彥超。㉒公更可以委曲示之：胡三省曰：「唐、宋王帥以手書諭示將佐，率謂之委曲。」㉓契丹之攻內丘也：事見上卷漢隱帝乾祐三年。㉔又值月食，軍中多妖異，契丹主懼，不敢深入：胡三省曰：「胡人用兵以月為候，月食，又多妖異，故懼而不敢進。」㉕革命：革命謂易代也，取湯武革命，順天應人之義。㉖以寧江節度使，侍衛親軍都指揮使王殷為鄴都留守，天雄節度使，同平章事，領軍如故：以使相領侍衛親軍。㉗帝帥百官詣西宮

為漢隱帝舉哀成服：去年遷漢隱帝梓宮於西宮，事見上卷。㉘今兄事已至此：兄帝自謂也。《五代史記・慕容彥超傳》，帝既立，彥超不自安，帝賜詔安慰之，呼彥超為弟而不名。㉙殺湘陰公於宋州：《五代史・漢宗室傳》，周太祖駐軍於京師，議立嗣君，遣馮道奉太后誥立贇為嗣，道至徐州，贇出郊迎，常所乘馬比甚馴服，至是馬蹄嚙奔逸，人不可制，乃以他馬代之，時以為不祥。又將離彭城，嘗一日，天有白光一道自西來，照城中如晝，有聲如雷，時人謂之天裂，又有巨星墜於徐州之野，殷然有聲，或謂之天狗，後贇果廢死。㉚劉崇即位於晉陽：劉崇，漢高祖之母弟也。㉛隆：胡三省曰：「宋太宗之平太原，折御卿自府州會兵攻劉繼元，先克岢嵐軍，次克隆州，次克嵐州，則隆州蓋晉漢間所置，其地在岢嵐、嵐谷之間。」㉜武安：《元豐九域志》，武安縣屬洺州，在州西九十五里。㉝北漢，《通鑑》以嶺南之漢為南漢，河東之漢為北漢，《九國志》，歐陽修《五代史記》以河東之漢為東漢。㉞宰相月俸止百緡，節度吏止三十緡：胡三省曰：「按唐世百官俸錢，自會昌以後不復增減，三師二百萬，三公百六十萬，侍中百五十萬，中書令、兩省侍郎、兩僕射、東宮三師百四十萬，尚書，御史大夫，東宮三少百萬，節度使三十萬，至梁開平五年，宰臣俸二百千，後唐同光四年，定節度副使每月料錢四十千，則節度使當又多，今北漢主皆減其數。」㉟直省官：胡三省曰：「三省有直省官，凡百官詣宰相，皆差直省官引接，其職則外鎮客司、通引之職也。」㊱命峻疏四方貢獻珍美食物，下詔悉罷之：《五代史・周太祖紀》詔曰：「應天下州府，舊貢滋味食饌之物，所宜除減。其兩浙進細酒、海味、薑瓜，湖南枕子茶、乳糖、白沙糖、橄欖，鎮州高公米、水梨，易、定栗子，河東白社梨、米紛、菉豆紛、玉屑粄子麵，永興御田紅秔米、新大麥麵，興平蘇栗子，華州麝香、羚羊角、熊膽、獺肝、朱柿、熊白，河中樹紅棗、五味子、輕錫，同州石鏉餅，晉、絳蒲萄、黃消梨，陝府鳳栖梨，襄州紫薑、新筍、橘子，安州析粳米、糟味，青州水梨，河陽諸雜果子，許州御李子，鄭州新筍、鵝梨，懷州寒食杏，申州蘘荷，亳州萆薢，沿淮州郡淮白魚，如聞此等之物，雖皆出于土產，亦有取于民家，未免勞煩，率皆糜費，加之力役負荷，馳驅道路，積于有司之中，甚為無用之物，今後並不須進奉，諸州府更有舊例所進食味，其未該者，宜奏取進止。」㊲帝以蘇逢吉之第賜王峻，峻曰，是逢吉所以族李崧也：李崧以私第為蘇逢吉所奪而生嫌，卒為逢吉所族，事見二百八十八漢高祖乾祐元年。㊳初，契丹主北歸：見卷二百八十七漢高祖天福十二年。㊴橫海節度使：滄州橫海軍。㊵欲循晉室故事：謂欲循晉高祖事契丹求援故事也。㊶北漢主發兵屯陰地、黃澤、團柏：胡三省曰：「屯陰地者欲窺晉、隰，屯黃澤者欲窺邢、趙，屯團柏者欲窺鎮、定。」陰地，關名，在今山西省靈石縣西南，今關廢，遺址猶存，其北有冷泉關，故俗稱陰地為南關。黃澤嶺在今山西省遼縣東南一百二十里，山徑險峻，曲折凡十八盤，東南與河南省武安縣接界，即梁將劉鄩取道以襲太原者也。團柏谷在今山西省祁縣東南六十里，東接太谷，南接武鄉，唐、晉之際，唐將張敬達圍晉祖於太原，趙德鈞父子屯兵團柏為敬達聲援。㊷郭崇威更名崇，曹威更名英：避帝諱也。

㊸鎮寧節度使：澶州鎮寧軍。㊹校書郎王朴為掌書記：朴由是見任於世祖之世。《五代史・王朴傳》，朴字文伯，幼警慧，好學，善屬文，漢乾祐中，擢進士第，解褐授秘書郎。㊺頌，協之子：

崔協相後唐明宗。㊻承鈞乃移軍攻隰州：《元豐九域志》，晉州西北至隰州二百五十里。㊼長壽縣：《唐書・地理志》，唐高祖武德二年，於隰州石樓縣置西德州，並分石樓置長壽縣以屬之，太宗貞觀元年，廢西德州，省長壽縣入石樓，復以石樓縣穎隰州，故治在今山西省石樓縣東五里長壽村。此長壽縣蓋謂長壽廢縣故城也。㊽契丹主遣其臣裊骨支與朱憲偕來：朱憲使遼見上正月。《五代會要》，契丹主兀欲遣使裊骨支報命，獻良馬四匹。《五代史記》亦作裊。㊾敕前資官各聽自便居外州：漢隱帝乾祐二年冬，楊邠奏遣前資官分居兩京以俟補闕，事見卷二百八十八。㊿陳思讓未至湖南，馬希萼已克長沙，思讓留屯郢州，敕令召還：胡三省曰：「去年十一月，漢朝議發兵救潭州，內難作而不果。劉、郭易姓之際，必未暇遣將南略，按薛史，周太祖登極，遣陳思讓帥偏師至安、郢以圖進取，長沙陷，乃班師，則帝所遣也。」(51)䛒：䛒，辯之俗字也。宋景文手記曰：「北齊時，里俗多作偽字，始以巧言為辯，至隋，有柳䛒，其字又以巩易巧矣。」(52)崇諒，即崇遠也：魚崇諒本名崇遠，避漢高祖諱改名。(53)救國難而不顧身，聞君召而不俟駕：慕容彥超自兗州入朝見上卷漢隱帝乾祐三年。(54)兵散梁郊：謂劉子陂之役也，漢兵潰敗於此，事亦見上卷漢隱帝乾祐三年。(55)徑反龜陰：龜陰，謂兗州也，在龜山之陰。龜山在今山東省泗水縣東北五十里，接新泰縣西南境，與費縣西北境之蒙山相連，世稱龜蒙。慕容彥超既敗於劉子陂，遂還兗州，事亦見上卷漢隱帝乾祐三年。(56)浚郊：胡三省曰：「浚郊，大梁之郊，大梁有浚水。詩云：『孑孑干旄，在浚之郊。』韓愈從董晉於汴州賦曰：『非天子之洵美兮，吾何為乎浚之都。』」(57)孫忌：孫忌即孫晟。馬令《南唐書》曰：

「孫晟初名鳳，又名忌。」㊿劉光輔之入貢於唐也：事見上月。㊾以首面有寵於希蕚：胡三省曰：「首面，龍陽之色也。首是髮之美，面是貌之美，」㊱常肩隨希崇，或撫其肯：胡三省曰：「記曲禮：『年長以倍則父事之，十年以長則兄事之，五年以長則肩隨之。』注云：『肩隨者，與之並行差退。』若拊背則狎之矣！」㊅長柯斧：柯，斧柄也。㊆逵等黜留後馬光贊：馬希蕚以其子光贊留守朗州，見上卷漢隱帝乾祐三年。㊇光惠，希振之子也：希振，馬殷之嫡長子。㊈王彥超奏克徐州，殺鞏廷美等：帝以王彥超為武寧節度使，使攻徐州，鞏廷美、楊溫等奉湘陰公贇妃董氏據徐州拒守，皆見上正月，至是廷美等以無援敗死。㊉北漢李㬙至契丹，契丹主使拽剌梅里報之，《五代史記・東漢世家》，李㬙間行使於契丹，契丹主永康王兀欲與旻約為父子之國。㊀涉縣：《舊唐書・地理志》，涉縣，隋置，唐屬潞州。按涉縣本漢之沙縣，後漢末改曰涉縣，後魏省，隋復置也，故城在今河南省涉縣西北二里，唐徙今治。㊁津鋪：津，津渡也。鋪，驛鋪也。㊂雲安：《舊唐書・地理志》，雲安縣，漢巴郡之朐䏰縣地，唐屬夔州，縣西三十里有鹽官。雲安縣故城即今四川省雲陽縣。㊃回邪：邪僻不正也。《楚辭》：「回邪辟而不能入兮，誠願藏而不可遷。」㊄吳越王弘俶徙廢王弘倧居東府：弘倧本廢居衣錦軍，見卷二百八十七漢高祖乾祐元年，至是徙居東府。吳越以越州為東府。㊅遣左金吾將軍姚漢英等使於契丹，契丹留之：胡三省曰：「契丹以北漢交之厚，遂留周使。」㊆定難節度李彝殷：節度下脫使字。㊇司徒兼侍中竇貞固、司空兼中書侍郎同平章事蘇禹珪並罷守本官：罷相守本官也。㊈初，帝討河中：帝討河中見卷二百八十八漢高祖乾祐元年。㊉軍旅之謀，多所裨益：《五代史・王峻傳》，峻每與太祖商榷軍事，未嘗不移時而退。㊅辰州刺史盧陵劉言：言從彭玗奔楚，事楚王希範為辰州刺史。《舊唐書・地理志》，盧陵縣，漢屬豫章郡，後漢改為西昌，隋復為盧陵，唐為吉州治，故治即今江西省吉安縣。㊆乃單騎赴之：《元豐九域志》，辰州東至朗州五百六十六里。㊇吳越王弘俶以前內外馬步都統軍使仁俊無罪，復其官爵：仁俊，吳越王弘俶之從兄也，被幽見卷二百八十五晉少帝開運二年。㊈博興：《舊唐書・地理志》，青州有博昌縣，按博興即博昌也，後唐避獻祖諱改曰博興。《元豐九域志》，博興縣在青州西北一百二十里，即今山東省博興縣。㊉且請兵：請兵以攻周。㊀八月壬戌，葬漢隱帝於潁陵：《五代會要》，八月十二日，葬潁陵，在許州陽翟縣。八月庚寅朔，無壬戌，十二日辛丑。㊁徙鎮國節度使：自定州徙鎮華州。㊂又徙建雄節度使王晏鎮徐州，以武寧節度使王彥超代之：徐州武寧軍，晉州建雄軍，王晏蓋與王彥超互易所鎮。㊃追立故夫人柴氏為皇后：《五代會要》，周太祖皇后柴氏，漢末遇害，蓋死於劉銖之手，見上卷漢隱帝乾祐三年。《五代史・周后妃傳》曰：「太祖聖穆皇后柴氏，邢州龍岡人，世家豪右，太祖微時在洛陽，聞後賢淑，遂聘之。太祖壯年喜飲博，好任俠，不拘細行，后規其太過，每有內助之力焉。太祖嘗寢，后見五色小蛇入顴鼻間，心異之，知其必貴，敬奉愈厚，未及貴而厭代。」王偁《東都事略》曰：「周太祖柴后，本唐莊宗之嬪御也，莊宗沒，明宗遣歸其家，行至河上，父母迓之，會大風雨，止于逆旅，數日，有一丈夫走過其門，衣弊不能自庇，后見之，驚曰：『此何人耶？』逆旅主人曰：『此馬步軍使郭雀兒者也。』后異其人，欲嫁之，請於父母，父母恚曰：『汝帝左右人，歸當嫁節度使，奈何欲嫁此人？』后曰：『此貴人也，不可失也。囊中裝分半與父母。我取其半。』父母知不可奪，遂成婚于逆旅中，所謂郭雀兒，即周太祖也。」㊅契丹欲引兵會之，與酋長議於九十九泉：契丹當作契丹主。《魏書・太祖紀》天賜紀天賜三年八月，魏主西登武要北原，觀九十九泉。武要縣，漢置，屬定襄郡，《清一統志》，故城在今山西省右至縣北塞外歸化城界內，即綏遠省境。又《魏土地記》曰：「沮陽城東八十里有牧牛山，山下有九十九泉，即滄河之上源也。」沮陽故城在今察哈爾省懷來縣南。按下云行至新州之火神淀，新州，今察哈爾省涿鹿縣，則此九十九泉疑在沮陽之東也。㊆諸部皆不欲南寇，契丹主強之：胡三省曰：「契丹雖破晉，其力亦疲，瘡痍未瘳，羸耗未復，故不欲南寇。」㊇行至新州之火神淀：淀，淺水泊也。宋白《續通典》，火神淀在新州西。新州即今察哈爾省涿鹿縣。按《遼史・世宗紀》，世宗自將南伐，次歸化州祥古山遇弒。㊈偉王之子太寧王漚僧：《遼史・逆臣傳》，察割字歐辛，明王安端之子，以擁立世宗劾封泰寧王。按漚僧即察割，史稱其字而異譯耳。偉王即遼史明王安端，《通鑑》、《契丹國志》皆作偉王。㊉弒契丹主而立述軋：契丹主卒年三十四，即遼世宗。按《遼史・世宗紀》，述軋即牒蝎，封燕王，奉使河東冊立北漢主者也。又按〈逆臣傳〉，察割既弒其主而自立，未載其立燕王事，蓋南人記北事或傳聞有失誤也。㊉契丹主德光之子述律逃入南山，諸部奉述律以攻述軋、漚僧，殺之，並其族黨，立述律為帝：《遼史・穆宗紀》，諱璟，小字述律，遼太宗長子，會同二年，封壽安王。《遼史・逆臣傳》曰：「世宗天祿五年，帝伐周，至祥古山，太后與帝祭文獻皇帝于行宮，羣臣皆醉，察割歸見壽安王，邀與語，王弗從，察割以謀告耶律盆都，盆都從之，是夕，同率兵入弒太后及帝，因僭位號，百官不從者，執其家屬，至夜，閱內府物，見碼碯峰曰：『此希世寶，今為我有。』托于其妻，妻曰：『壽安王、屋質在，吾屬無噍類。此物何益？』察割曰：『壽安年幼，屋質不過引數奴，詰旦來朝，固不足憂。』其黨矧斯報壽安、屋質以兵圍于外，察割導遣人弒皇后於柩前，倉惶出陣。壽安遣人諭曰：『汝等既行弒逆，復將若何？』有夷離董劃者委兵歸壽安王，餘眾望之，徐徐而往，察割知其不濟，乃繫羣官家屬，執弓矢脅曰：『無過殺此曹爾！』叱令速出。時林牙耶律敵獵亦在繫中，進曰：『不有所廢，壽安王何以興？藉此為辭，猶可以免。』察割曰：『誠如公言，誰當使者？』敵獵請與罨撒葛同往說之，察割從其計，壽安王復令敵獵誘察割斬殺之。」又〈耶律屋質傳〉：「天祿五年秋，世宗祭讓國皇帝于行宮，與羣臣皆醉，察割弒帝，屋質乃亟遣人召諸王及諭禁衞長皮室等同力討賊。時壽安王歸帳，屋質遣弟沖迎之，王至，尚猶豫，屋質曰：『大王嗣聖子，賊若得之必不容，羣臣將誰事？社稷將誰賴？萬一落賊手，悔將何及？』王始悟。諸將聞屋質出，相繼而至，遲明，整兵出戰，出賊不意，圍之，遂誅察割。」 ㊈ 楚王希蕚既克長沙，不賞許可瓊：許可瓊降希蕚見上卷漢隱帝乾祐三年。 ㊈ 蒙州刺史：《舊唐書・地理志》，蒙州治立山縣，本漢蒼梧郡荔浦縣地，隋分荔浦置隋化縣，屬始安郡，唐高祖武德四年，改為立山縣，於縣置荔州，尋改為恭州，太宗貞觀八年，改為蒙州，州東有蒙山，山下有蒙水，居人多姓蒙，故取以為名，玄宗天寶元年，改為蒙山郡，肅宗乾元元年，復為蒙州，故治在今廣西省蒙山縣南二十里。 ㊈ 踶齧馬：劣馬也。

以蹄擿人曰踶，以齒噬物曰齧。〔九四〕衡山縣：《舊唐書・地理志》，三國吳分湘南縣置衡山縣，舊屬潭州，後割屬衡州。《元豐九域志》，衡山縣在潭州西南三百二十里，即今湖南省衡山縣。〔九五〕桂林：桂州也，秦時立為桂林郡，故時人亦謂桂州為桂林。〔九六〕辰陽縣：新、舊《唐書・地理志》皆無辰陽縣，宋辰陽縣屬辰州，蓋馬氏王楚所置也。辰陽本漢地名，隋為武陵郡沅陵縣，唐為辰州。宋白《續通典》曰，「以縣在辰水之陽，故曰辰陽。」〔九七〕初，馬希蕚入長沙：事見上卷漢隱帝乾祐三年十二月。〔九八〕衡山指揮使廖偃，匡圖之子也：廖匡圖楚將也，見卷二百八十二晉高祖天福四年。〔九九〕莊戶：胡三省曰：「佃豪家之田而納其租，謂之莊戶。」〔一〇〇〕斷江為柵：江謂湘江也。立柵江中以斷江路為防禦之備。〔一〇一〕以師暠為武清節度使：武清節度使，廖偃等自相署置。〔一〇二〕又畏朗州、衡山之逼：朗州劉言，衡山馬希蕚。〔一〇三〕虒亭：《元豐九域志》，潞州襄垣縣有虒亭。在今山西省襄垣縣西。〔一〇四〕醴陵：《舊唐書・地理志》，漢臨湘縣界有醴陵，後漢立為縣，屬長沙郡，隋廢，唐高祖武德四年，分長沙縣置醴陵縣，屬潭州。《元豐九域志》，醴陵縣在潭州東一百六十里，即今湖南省醴陵縣。〔一〇五〕遣天策府學士拓跋恆奉牋詣鎬請降：楚自馬殷以唐昭宗乾寧三年自立於湖南，傳子希聲、希範、希廣、希蕚、希崇，凡五十七年而亡，時南唐嗣主景之保大九年也。〔一〇六〕龍捷都指揮使史彥超、虎捷都指揮使何徽：《五代史・周太祖紀》，廣順元年四月，改侍衞馬步軍額，馬軍舊稱護聖，改為龍捷，步軍舊稱奉國，改為虎捷。〔一〇七〕史彥超，雲州人也：《五代史・史彥超傳》，史彥超，雲州人也，性驍獷，有膽氣，累功至龍捷都指揮使，太祖之赴內難，彥超以本軍從，國初，與虎捷都指揮使何徽戍晉州。

⑱唐武昌節度使劉仁贍帥戰艦二百取岳州：鄂州武昌軍。岳州本屬楚，楚既降唐，唐乃乘勢取之。⑲仁贍，金之子也：馬令《南唐書》，劉仁贍，字守惠，彭城人也，父金，事吳武王為濠、滁二州刺史，以驍勇知名。仁贍為將，輕財重士，法令嚴肅，頗通兵法，事南唐烈祖為左監門衛將軍，黃、袁二州刺史，拜武昌節度使。⑳遠，幽州人也：陸游《南唐書》，高遠字攸遠，少孤，為人夷雅沖淡而遇事有奇節，杜門力學，不交人事，烈祖受禪，招來四方秀傑，得遠，以為秘書省正字，保大初，遷校書郎，兼太常修撰，遂為太常博士。遠有精識，方邊鎬入潭州，湖南悉平，百官入賀，遠獨曰：「我乘楚亂，取之甚易，觀諸君之才，守之實難。」聞者愕然以為過，及後如所料，乃皆服其先見。㉑折逋嘉施：胡三省曰：「折逋，羌族也，因以為姓。」㉒率府：胡三省曰：「率府，謂東宮十率府也。」㉓國家與公家世為仇敵，殆六十年：國家謂南唐。唐昭宗光啓三年，馬殷從孫儒攻楊行密，乾寧三年，自立於湖南，自是與江南世為敵國。自光啓三年至是凡六十年。㉔兄弟關鬩：《詩》云：「兄弟鬩于牆。」鬩，鬪也。㉕若復二三，恐有不測之憂：二三，謂當斷不斷，二三其意也。不測之憂，謂潭人將復擁立馬氏以叛唐也。㉖城西：汴城西郊也。㉗龍峒：胡三省曰：「桂州溪南有白龍洞，在平地半山上。」㉘即棄蒙州，引兵趨桂州：《舊唐書．地理志》，蒙州南至桂州二百四十九里。㉙桂管：《舊唐書．地理志》，嶺南西道桂管經略觀察使治桂州，管桂、昭、蒙、富、梧、潯、龔、鬱林、平琴、賓、澄、繡、象、柳、融等州。㉚武穆王奄有全楚，富彊安靖，五十餘年：自唐昭宗乾寧三年楚武穆王馬殷據有湖南，至是凡五十七年。㉛正由三十五舅、三十舅兄弟尋戈：

胡三省曰：「三十五舅謂希廣，三十舅謂希萼。漢主龔娶楚王殷女，故呼希廣等為舅。」㉜舉先人基業，北面仇讎；言舉國以臣於唐。㉝希隱、可瓊帥其眾夜斬關奔全州：《五代史記・職方考》，楚王馬希範以潭州之湘川縣為清湘縣，又割灌陽縣為屬立全州而治清湘。按新舊《唐書・地理志》皆不載潭州有湘川縣，有湘源縣，與灌陽縣俱屬永州。《舊唐書・地理志》，湘源、灌陽二縣，皆漢零陵縣地。《元豐九域志》，桂州北至全州一百六十三里。全州故治在今廣西省全縣西七里。㉞懷恩因以兵略定宜、連、梧、嚴、富、昭、柳、龔、象等州：《舊唐書・地理志》，連州本漢桂陽郡之桂陽縣也，隋置熙平郡，唐高祖武德四年置連州，玄宗天寶元年，改為連山郡，肅宗乾元元年，復為連州，州治桂陽縣，即今廣東省連縣。嚴州，秦桂林郡地，後為獠所據，唐高宗乾封元年，招致生獠，置嚴州，玄宗天寶元年，改為修德郡，肅宗乾元元年，復為嚴州，治來賓縣，即今廣西省來賓縣。柳州，漢鬱林郡潭中縣地，隋置馬平縣，屬始安郡，唐高祖武德四年，置昆州，尋改為南昆州，太宗貞觀八年，改為柳州，玄宗天寶元年，改為龍城郡，肅宗乾元元年，復為柳州，以州界柳嶺為名，治馬平縣，即今廣西省馬平縣。象州亦漢鬱林郡潭中縣地，隋為始安郡建陵縣，唐高祖武德四年，析建陵縣置武化縣以屬晏州，又於隋始安郡桂林縣置象州，太宗貞觀十二年，廢晏州，以武化縣屬象州，並移象州治於此，玄宗天寶元年，改為象山郡，肅宗乾元元年，復為象州。《唐書・地理志》，象州初治武德縣，太宗貞觀十三年，徙治武化，代宗大歷十一年，徙治陽壽，時象州蓋治陽壽也，故治即今廣西省象縣。㉟議自將由澤州路與峻會兵救之：胡三省曰：「帝欲自澤州而西，王峻自陝度河而北取絳州。而會於晉州。」㉖帝自以手提耳曰，幾敗吾事：謂若非王峻之言，則大事將去也。自提其耳者，幸王峻言之及時，兼以自責思慮之不及也。㉗慕容彥超聞徐州平：謂鞏廷美等死，王彥超入徐州。㉘又獻天平節度使高行周書，其言皆謗誹朝廷與彥超相結之意：漢初杜重威之叛，彥超與行周同攻魏，遂致不協，見卷二百八十七漢高祖天福十二年。至是行周鎮鄆州，與兗州為鄰鎮，彥超欲舉兵，恐行周掎其後，故偽為書以間之。㉙帝笑曰，此彥超之詐也，以書示行周：帝察彥超之奸，故以其書示行周以慰安之。㉚閤門使：《五代會要》，梁朝諸司使有東上閤門使、西上閤門使，位在教坊使下，內園栽接使上。胡三省曰：「職官分紀，閤門使掌副供奉乘輿、朝會、游幸、大宴及贊引親王、宰相、百寮、蕃客辭，糾彈失儀。五代以來，多以處武臣，出將使命及總戎旅。」㉛蒙阬：蒙阬在今山西省曲沃縣北四十里。㉜北漢主攻晉州，久不克：是年十月庚子攻晉州，至是五十餘日。㉝及於霍邑：《元豐九域志》，晉州北至霍邑一百三十五里。㉞以馬希蕚為江南西道觀察使，鎮洪州：《舊唐書・地理志》，江南西道觀察使治洪州，管洪、饒、吉、袁、信、虔、撫等州，喪亂後升淮南節度巡屬，南唐蓋就舒州置永泰軍。南唐蓋因盛唐之舊，仍為觀察使。㉟以馬希崇為永泰節度使，鎮舒州：舒州，盛唐時本為節度使。南唐蓋因盛唐之舊，仍為觀察使。㊱以偃為左殿直軍使、萊州刺史：萊州時屬周，唐以廖偃遙領耳。㊲永州刺史：《舊唐書・地理志》，永州治零陵縣，漢為零陵郡泉陵縣地，隋改曰零陵縣，為零陵郡治，唐高祖武德四年，置永州，玄宗天寶元年，改為零陵郡，肅宗乾元元年，復為永州，故治即今湖南省零陵縣。㊳內侍省丞：胡三省曰：「唐內侍省有監，有少監，未嘗有丞，此南漢創置也。」㊴義章：《舊唐書・地理志》，隋煬帝大業末，蕭銑分郴縣置義章縣，唐高祖武德七年省，八年復置，武后長壽元年，分義章南界置高平縣，玄宗開元二十三年，廢高平，移義章治高平廢縣，屬郴州，《元豐九域志》，宜章縣去郴州八十五里。宜章即義章也，宋避太宗諱改曰宜章，即今湖南省宜章縣，北臨章水。㊵邊鎬請除全、道二州刺史以備南漢：胡三省曰：「全、道二州與南漢賀、昭、桂三州接界。」《舊唐書・地理志》，道州，隋零陵郡之永陽縣，漢為零陵郡營浦縣，三國吳置營陽郡，晉改為永陽郡，隋改營浦縣為永陽縣，唐高祖武德四年，於縣置營州，改永陽縣為營道縣，五年，改為南營州，太宗貞觀八年，改為道州，玄宗天寶元年，改為江華郡，並改營道縣為弘道縣，肅宗乾元元年，復為道州，故治即今湖南省道縣。㊶唐主以安化節度使鄱陽王王延政為山南西道節度使，更賜爵光山王：光山屬光州，王延政之先本光州固始縣人也，故封為光山王。山南西道節度使治興元，時屬蜀，唐未能有，蓋使王延政遙領之耳。㊷蒙城鎮將咸師朗將都兵降唐：事見卷二百八十八漢隱帝乾祐二年。

廣順二年（西元九五二年）

㈠春，正月，庚申（初三日），夜，孫朗、曹進帥其徒作亂，束藁潛燒府門，火不然。邊鎬覺之，出兵格鬭，且命鳴鼓角，朗、進等以為將曉，斬關奔朗州㊀。王逵問朗曰：「吾昔從武穆王㊁與淮南㊂戰，屢捷，淮南兵易與耳！今欲以朗州之眾，復取湖南，可乎？」朗曰：「朗在金陵數年，備見其政事，朝無賢臣，軍無良將，忠佞無別，賞罰不當，如此得國存幸矣，何暇兼人？朗請為公前驅，取湖南如拾芥耳。」逵悅，厚遇之。

㈡壬戌（初五日），發開封府民夫五萬修大梁城，旬日而罷。

㈢慕容彥超發鄉兵入城，引泗水注濠中為戰守之備，又多以旗幟授諸鎮將，令募羣盜剽掠鄰境，所在奏其反狀。甲子（初七日），敕沂、密二州不復隸泰寧軍㊃，以侍衛步軍都指揮使昭武節度使曹英㊄為都部署討彥超，齊州防禦使史延超為副部署，皇城使河內向訓㊅為都監，陳州防禦使藥元福為行營馬步都虞候。帝以元福宿將㊆，命英、訓無得以軍禮見之㊇，二人皆父事之。

唐主發兵五千軍於下邳以援彥超，聞周兵將至，退屯沭陽㊈，徐州巡檢使張令彬擊之，大破唐兵，殺溺死者千餘人，獲其將燕敬權。

初，彥超以周室新造，謂其易搖，故北召北漢及契丹，南誘唐人，使侵邊鄙，冀朝廷奔命不暇，然後乘間而動。及北漢、契丹自晉州北走，唐兵敗於沭陽，彥超之勢遂沮。

永興節度使李洪信自以漢室近親⑩，心不自安。城中兵不滿千人，王峻在陝，以救晉州為名，發其數百，及北漢兵遁去，遣禁兵千餘人戍長安，洪信懼，遂入朝。

㈣壬申（十五日），王峻自晉州還入見。

㈤曹英等至兗州，設長圍，慕容彥超屢出戰，藥元福皆擊敗之，彥超不敢出。十餘日，長圍合，遂進攻。

初，彥超將反，判官崔周度諫曰：「魯⑪，詩書之國，自伯禽以來，不能霸諸侯，然以禮義守之，可以長世。公於國家，非有私憾，胡為自疑？況主上開諭勤至，苟撤備歸誠，則坐享太山之安矣！獨不見杜中令、安襄陽、李河中，竟何所成乎⑫？」彥超怒。及官軍圍城，彥超括士民之財以贍軍，坐匿財死者甚眾。前陝州司馬閻弘魯，寶之子也⑬，畏彥超之暴，傾家為獻，彥超猶以為有所匿，命周度索其家，周度謂弘魯曰：「君之死生，繫財之豐約，宜無所愛。」弘魯泣拜其妻妾曰：「悉出所有，以救吾死。」皆曰：「竭矣。」周度以白彥超，彥超不信，收弘魯夫妻繫獄。有乳母於泥中掊㊃得金纏臂，獻之，冀以贖其主，彥超曰：「所匿必猶多。」榜掠弘魯夫妻，肉潰而死，以周度為阿庇㊄，斬於市。

㈥北漢遣兵寇府州，防禦使折德扆敗之，殺二千餘人。二月，庚子（十四日），德扆奏攻拔北漢岢嵐軍㊅，以兵戍之。

㈦甲辰（十八日），帝釋燕敬權等使歸唐，謂唐主曰：「叛臣，天下所共疾也，不意唐主助之，得無非計乎？」唐主大慙，先所得中國人，皆禮而歸之。

唐之言事者猶獻取中原之策，中書舍人韓熙載曰：「郭氏有國雖淺，為治已固，我兵輕動，必有害無益。」唐自烈祖以來㊆，常遣使泛海，與契丹相結，欲與之共制中國，更相餽遺，約為兄弟。然契丹利其貨，徒以虛語往來，實不為唐用也。

唐主好文學，故熙載與馮延己、延魯、江文蔚、潘佑、徐鉉之徒皆至美官㊇。佑，幽州人也。

當時，唐之文雅，於諸國為盛，然未嘗設科舉，多因上書言事拜官，至是始命翰林學士江文蔚知貢舉，進士廬陵王克貞等三人及第。唐主問文蔚：「卿取士何如前朝？」對曰：「前朝公舉、私謁相半，臣專任至公耳！」唐主悅。中書舍人張緯，前朝登第，聞而銜之。時執政皆不由科第，相與沮毀，竟罷貢舉㈩九。

㈧三月，戊辰（十二日），以內客省使恩州團練使晉陽鄭仁誨為樞密副使㈡〇。

㈨甲戌（十八日），改威勝軍曰武勝軍㈡一。

㈩唐主以太弟太保昭義節度使馮延已為左僕射，前鎮海節度使徐景運為中書侍郎，及右僕射孫晟皆同平章事。既宣制，戶部尚書常夢錫眾中大言曰：「白麻甚佳，但不及江文蔚疏耳㈡二！」晟素輕延已，謂人曰：「金杯玉盌，乃貯狗矢乎？」延已言於唐主曰：「陛下躬親庶務，故宰相不得盡其才，此治道所以未成也。」唐主乃悉以政事委之，奏可而已。既而延已不能勤事，文書皆仰成胥史，軍旅則委之邊將，頃之，事益不治，唐主乃復自覽之。

大理卿蕭儼，惡延已為人，數上疏攻之，會儼坐失入人死罪㉓，鍾謨㉔、李德明㉕輩必欲殺之，延已曰：「儼誤殺一婦人，諸君以為當死，儼，九卿也，可誤殺乎？」獨上言儼素有直聲，今所坐已會赦，宜從寬宥，儼由是得免，入亦以此多之，景運尋罷為太子少傅㉖。

⑾夏，四月，丙戌朔，日有食之。

⑿帝以曹英等攻兗州，久未克，乙卯（二十二日），下詔親征㉗，以李穀權東京留守兼判開封府，鄭仁誨權大內都巡檢，又以侍衛馬軍都指揮使郭崇充在京都巡檢。

⒀唐主既克湖南，遣其將李建期屯益陽以圖朗州，以知全州張巒兼桂州招討使以圖桂州，久之，未有功。唐主謂馮延已、孫晟曰：「楚人求息肩於我㉘，我未有撫其瘡痍而虐用其力㉙，非所以副來蘇之望㉚。吾欲罷桂林之役，斂益陽之戍，以旌節授劉言，何如？」晟以為宜然，延已曰：「吾出偏將舉湖南，遠近震驚，一旦三分喪二㉛，人將輕我，請委邊將察其形勢。」唐主乃遣統軍使

侯訓將兵五千自吉州路趣全州，與張巒合兵攻桂州。南漢伏兵於山谷，巒等始至城下，罷乏，伏兵四起，城中出兵夾擊之，唐兵大敗，訓死，巒收散卒數百奔歸全州。

⒁五月，庚申（初五日），帝發大梁，戊辰（十三日），至兗州。己巳（十四日），帝使人招諭慕容彥超，城上人語不遜。庚午（十五日），命諸軍進攻。

先是術者紿彥超云：「鎮星㉒行至角、亢，角、亢，兗州之分㉓，其下有福。」彥超乃立祠而禱之，今民間皆立黃幡㉔。彥超性貪吝，官軍攻城急，猶瘞藏珍寶，由是人無鬬志，將卒相繼有出降者。乙亥（二十日），官軍克城，彥超方禱鎮星祠，帥眾力戰，不勝，乃焚鎮星祠，與妻赴井死㉕。子繼勳出走，追獲殺之。官軍大掠城中，死者近萬人。

初，彥超將反，募羣盜置帳下，至者二千餘人，皆山林獷悍，竟不為用㉖。帝欲悉誅兗州將吏，翰林學士竇儀見馮道、范質，與之共白帝曰：「彼皆脅從耳！」乃赦之。丁丑（二十二日），以端明殿學士顏衎權知兗州事，赦兗州管內彥超黨逃匿者，期一月，聽自首，前已伏誅者，赦其親戚。癸未（二十八日），降泰寧軍為防禦州㊲。

㈤唐司徒致仕李建勳卒㊳。且死，戒其家人曰：「時事如此，吾得良死，幸矣！勿封土立碑，聽人耕種於其上，免為它日開發之標。」及江南之亡也㊴，諸貴人高大之冢，無不發者，惟建勳冢莫知其處。

㈥六月，乙酉朔，帝如曲阜，謁孔子祠㊵。既奠，將拜，左右曰：「孔子，陪臣也，不當以天子拜之。」帝曰：「孔子，百世帝王之師，敢不敬乎？」遂拜之，又拜孔子墓，命葺孔子祠，禁孔林樵採㊶，訪孔子、顏淵之後以為曲阜令及主薄。丙戌（初二日），帝發兗州。

㈦乙未（十一日），吳越順德太夫人吳氏卒㊷。

㈧丁酉（十四日），蜀大水入成都㊸，漂沒千餘家，溺死五千餘人，壞太廟四室。戊戌（十五日），蜀大赦，賑水災之家。

(十九)己亥（十六日），帝之大梁㊹。

(廿)朔方節度使兼中書令陳留王馮暉卒，其子牙內都虞候繼業殺其兄繼勳，自知軍府事。

(廿一)太子賓客李濤之弟澣在契丹，為勤政殿學士，與幽州節度使蕭海真善。海真，契丹主兀欲之妻弟也。澣說海真內附，海真欣然許之，澣因定州諜者田重霸齎絹表以聞㊺，且與濤書，言契丹主童騃㊻，專事宴遊，無遠志，非前人之比㊼，朝廷若能用兵，必克，不然，與和，必得，二者皆利於速，度其情勢，它日終不能力助河東者也㊽。壬寅（十九日），重霸至大梁，會中國多事，不果從。

(廿二)辛亥（二十八日），以馮繼業為朔方留後。

(廿三)樞密使王峻，性輕躁，多計數，好權利，喜人附己，自以天下為己任，每言事，帝從之則善，或時未允，輒慍懟㊾，往往發不遜語，帝以其故舊，且有佐命功㊿，又素知其為人，每優容之。峻年長於帝，帝即位，猶以兄呼之，或稱其字，峻以是益驕。副使鄭仁誨、皇城使向訓、恩州團練使李重進，皆帝在藩鎮時腹心將佐也，帝即位，稍稍進用，峻心嫉之，累表稱疾求解機務，以詷帝意，帝屢遣左右敦諭，峻對使者辭氣亢厲，又遺諸道節度使書求保證，諸道各獻其書，帝驚駭。久之，復遣左右慰勉，令視事，且曰：「卿儻不來，朕且自往。」猶不至，帝知樞密直學士陳觀與峻親善，令往諭指。觀曰：「陛下但聲言臨幸其第，峻必不敢不來。」秋，七月，戊子（七月，乙卯朔，無戊子），峻入朝〔五二〕，帝慰勞，令視事。重進，滄州入，其母即帝妹福慶長公主也。

(廿四)李穀足跌，傷右臂，在告月餘，帝以穀職業繁劇，趣令入朝，辭以未任趨拜，癸巳（初十日），詔免朝參，但令視事。

(廿五)蜀工部尚書判武德軍郭延鈞不禮於監押王承丕，承丕謀作亂，辛丑（八月十八日），左奉聖都指揮使安次孫欽〔五三〕當以部兵戍邊，往辭承丕，承丕邀與俱見府公〔五三〕，欽不知其謀，從之。承丕至，則令左右擊殺延鈞，屠其家，稱奉詔處置軍府，即開府庫賞士卒，出繫囚，發屯戍，將吏畢集。欽謂承丕曰：「今延鈞已伏辜，公宜出詔書以示眾。」承丕曰：「我能致公富貴，勿問詔書。」欽始知承丕反，因紿曰：「今內外未安，我請以部兵為公巡察。」即躍馬而出，承丕連呼之，不止。欽至營，曉諭其眾，帥以入府，攻承丕，承丕左右欲拒戰，欽叱之，皆棄兵走，遂執承丕斬之，並其親黨，傳首成都。

(廿六)天平節度使守中書令高行周卒。行周有勇而知義，功高而不矜，策馬臨敵，叱咤(五四)風生，平居與賓僚宴集，侃侃和易(五五)，人以是重之。

(廿七)癸卯（八月二十日），蜀主遣客省使趙季札如梓州慰撫吏民(五六)。

(廿八)漢法，犯私鹽麴，無問多少，抵死。鄭州民有以屋稅受鹽於官，過州城，吏以為私鹽，執而殺之，其妻訟冤。癸丑（八月三十日），始詔犯鹽麴者以斤兩定刑有差(五七)。

【今註】 ㊀斬關奔朗州：以依王逵也。㊁武穆王：楚王馬殷謚武穆。㊂淮南：謂南唐，南唐時據淮南、江左之地。㊃敕沂、密二州不復隸泰寧軍：沂、密州，本皆泰寧巡屬也，今先取之以弱兗州之勢。㊄侍衛步軍都指揮使昭武節度使曹英：利州昭武軍，時屬蜀，英蓋以宿衛將遙領昭武節。㊅向訓：胡三省曰：「向，姓也，本自有殷宋文公支子向文盱，盱孫戍，以王父字為姓。按春秋左氏傳，向戌，宋桓公之後。」㊆帝以元福宿將：藥元福歷事唐、漢、晉，為將有功。㊇命英、訓無得以軍禮見之：命曹英、向訓無得以主帥見部將之禮見con元福也。㊈唐主發兵五千軍於下邳以援彥超，聞周兵將至，退屯沭陽：胡三省曰：「下邳縣東南至沭陽百里。」《舊唐書．地理志》，下邳縣，漢為下邳郡，元魏置東徐州，周改為邳州，隋廢邳州，以縣屬彭城郡，唐高祖武德四年，復置邳州，太宗貞觀元年，廢邳州，以縣屬泗州，憲宗元和中，移屬徐州，故城在今江蘇省邳縣東。沭陽縣，本漢厹丘縣，後魏改曰沭陽，唐屬海州，即今江蘇省沭陽縣。㊉永興節度使李洪信自以漢室近親：雍州永興軍。漢李太后昆弟七人，洪信居長。㈡魯：兗州，春秋魯地也。㈢獨不見杜中令、安襄陽、李河中，竟何所成乎：杜中令謂杜重威，官兼中書令，安襄陽謂安從進，為襄陽節度使，李河中謂李守貞，為河中節度使，皆以反而敗死，事並見後漢紀。㈢前陝州司馬閻弘魯，寶之子也：閻寶背梁事唐，累官至使相。㈣掊：以手爬土。㈤以周度為阿庇：謂周度比阿於閻弘魯而庇護之也。㈥岢嵐軍：《舊唐書．地理志》，嵐州嵐谷縣，舊岢嵐軍也，在宜芳縣北界，武后長安三年，分宜芳於岢嵐舊軍置嵐谷縣，中宗神龍二年，廢縣置軍，玄宗開元十二年，復置縣。此蓋後唐復置軍也。《元豐九域志》，岢嵐軍治嵐谷縣，南至嵐州九十里，即今山西省岢嵐縣。㈦唐自烈祖以來：唐主昪廟號烈祖。㈧唐主好文學，故熙載與馮延巳、延魯、江文蔚、潘佑、徐鉉之徒皆至美官：馬令《南唐書》，韓熙載字叔言，北海人也，性懶，放蕩嬉戲，不拘名節，烈祖受禪，除秘書郎，輔元宗於東宮，熙載談笑而已，不預政事，及元宗即位，拜虞部員外郎，史館修撰，於是始言朝廷之事所當條理者，前後數上，又吉凶禮儀不如式者，隨事舉正，烈祖山陵，元宗以熙載知禮，遂兼太常博士，謚法、廟號，皆成其手，既葬，遷知制誥，以朝直多闕罷職，黜為和州司馬，徵為虞部郎中、史館修撰，拜中書舍人。馮延己字正中，廣陵人也，有辭學，多伎藝，烈祖以為秘書郎，使與元宗游處，累遷元帥府掌書記，而自黨於宋齊丘，元宗即位，拜諫議大夫，翰林學士，累官至中書侍郎同平章事。延魯，延己異母弟也，元宗時，為中書舍人，坐福州白蝦浦之敗流舒州，未幾，復用為東都留守。江文蔚，字君章，許人也，後唐明宗長興中進士，有高才，與韓熙載齊名，熙載不持檢操而文蔚以行義自勵，南唐禮儀典章，多出其手。潘佑氣宇孤峻，閉門讀書，不營貲產，文章贍逸，敏於議論，釋褐為秘書省正字，直崇文館。徐鉉字鼎臣，南唐後主時，累官至左僕射，參知左右內史事。元宗，即南唐主璟也。

⑲竟罷貢舉：南唐罷貢舉。⑳以內客省使恩州團練使晉陽鄭仁誨為樞密副使：恩州時屬南漢，周末能有，鄭仁誨蓋以內客省使遙領恩州團練使耳。㉑改威勝軍為武勝軍：舊以鄧州為威勝軍，今避上諱改之。㉒白麻甚佳，但不及江文蔚疏耳：《唐會要》，凡赦書、德音、立後、建儲、大誅討及拜免將相冊書並用白麻，制、敕用黃麻。白麻者，以白麻紙書詔也。江文蔚疏見卷二百八十七漢高祖天福十二年。㉓失入人死罪：失，誤也。言罪不當死而誤入人死罪也。㉔鍾謨：馬令《南唐書》，謨字仲益，會稽人也，僑建康，少爽悟，博學屬文，穎脫時輩，元宗寵用之，拔自下位，累遷吏部郎中。㉕李德明：馬令《南唐書》，李德明，不知何許人也，落魄，負大節，累遷兵部員外郎、文理院學士。㉖景運尋罷為太子少傅：胡三省曰：「按唐既置太弟官屬，不應復有太子少傅，當考。」

㉗下詔親征：《五代史·周太祖紀》，詔以五月五日親征兗州。㉘楚人求息肩於我：《左傳》，楚

子駟請息肩於晉。杜預注：「欲避楚役，以負擔喻。」言湖南之人，苦其主之虐政，欲求息肩於唐也。㉙我未有撫其瘡痍而虐用其力：瘡痍，喻民力困弊如人之患瘡痍然，杜甫詩：「必若去瘡痍，先應去蝥賊。」言唐雖得湖南，未能撫循其民，復役其力以圖朗、桂。㉚來蘇之望：困而得息曰蘇。《書・仲虺之誥》曰：「後來其蘇。」傳曰：「湯所往之民，皆喜曰：『待我君來，其可蘇息。』」㉛三分喪二：得潭州而失朗州、桂州，是三分喪二也。㉜鎮星：土星也。素問曰：「土之精氣，上為鎮星，二十八年一周天。」㉝角、亢，兗州之分：角、亢，鄭分也，兗州屬之。㉞令民間皆立黃幡：土色尚黃，故立黃幡以禱之。㉟官軍克城，彥超方禱鎮星祠，帥眾力戰，不勝，乃焚鎮星祠，與妻赴井死：《五代史補》，慕容彥超素有鉤距，兗州有盜者詐為大官從人，跨驢於衢中，市羅十餘疋，價值既定，引物主詣一宅門，以驢付之曰：「此本宅使，汝且在此，吾為汝上白於主以請值。」物主許之，既而聲跡悄然，物主怒其不出，叩門呼之，則空宅也，於是連叫賊，巡司至，疑其詐，兼以驢收之詣府，彥超閔之，且曰：「勿憂，我為汝擒此賊。」乃留物主府中，復戒廐卒高繫其驢，通宵不與水草，然後密召親信者牽於通衢中放之，且曰：「此盜者之驢耳，自昨日不與水草，其飢渴者甚矣，放之必奔歸家，但可躡蹤而觀之，盜無不獲也。」親信者如其言，隨之，其驢果入一小巷，轉數曲，忽有兒戲於門側，視其驢，連呼曰：「驢歸，驢歸。」盜者聞之，欣然出視，遂擒之。㊱初，彥超將反，募羣盜置帳下，至者二千餘人，皆山林獷悍，竟不為用：《五代史記・慕容彥超傳》，彥超為人多智詐而好聚斂，在鎮嘗置庫質錢，有奸民為偽銀以質者，主吏久之乃覺，彥超陰教主吏夜穴庫垣，盡徙其金帛于他所而以盜告，彥超即牓于市，使民自占所質以償之，民皆爭以所質物自言，已而得質偽銀者，置之深室，使教十餘人，日夜為之，皆鐵為質而包以銀，號鐵胎銀，其被圍也，勉其城守者曰：「吾有銀數千鋌，當悉以賜汝。」軍士私相謂曰：「此鐵胎耳，復何用哉！」皆不為之用。㊂㊆降泰寧軍為防禦州：以慕容彥超據兗州叛，故降節鎮為防禦州。㊂㊇唐司徒致仕李建勳卒：馬令《南唐書》曰：「建勳事元宗為司空，乃營亭榭於鍾山，適意泉石，累表乞骸骨，以司徒致仕，賜號鍾山公。先是宋齊丘退居青陽，號九華先生，未幾，一徵而起，時論薄之。建勳年齒未衰，時望方重，或謂曰：『公未及老，無大疾苦，遽有是命，欲復為九華先生耶！』建勳曰：『平生常笑宋公輕出處，吾豈敢違素心？自知非壽考者，欲求數年閑適耳！』因為詩以見志曰：『桃花流水須相信，不學劉郎去復來。』建勳博覽經史，民情政體，無不詳練，惜乎怯而無斷，未嘗忤旨，故雖有蘊藉而卒不得行。其為詩，少時猶浮靡，晚年頗清淡平易，見稱於時。」㊂㊈及江南之亡也：謂宋平金陵時。㊃㊀帝如曲阜，謁孔子祠：《五代史補》曰：「高祖登極，改乾祐為廣順，是年，兗州慕容彥超反，高祖親征，城將破，忽夜夢一人，狀貌甚偉，被王者之服，謂高祖曰：『陛下明日當得城。』及竟，天猶未曉，高祖私謂徵兆如此，可不預備乎？於是躬督將士，戮力急攻，至午而城陷。車駕將入，有司請由生方鳴鞘而進，遂取別巷，轉數曲，見一處門牆甚高大，問之，云夫子廟，高祖意豁然，謂近臣曰：『寡人所夢，得非夫子乎！不然，何取路於此也。』因下馬觀之，方升堂，覩其聖像，一如夢中所見者，於是大喜，叩首再拜。」《舊唐書・地理志》，曲阜，隋縣，唐高祖武德元年省，太宗貞觀八年復置，屬兗州。按曲阜，本漢魯國之魯縣也，隋改縣曰汶陽，尋又改名曲阜，宋曰仙源，金復曰曲阜。《元豐九域志》，曲阜縣在兗州東四十里，即今山東省曲阜縣。劉昭曰：「曲阜有闕里，孔子所居，後人立孔子祠。」闕高在今曲阜城西南隅，孔子廟廷至今尚存。㊶又拜孔子墓，命葺孔子祠，禁孔林樵採：胡三省曰：「孔子墓在曲阜城北泗水上，去城一里，葬地蓋一頃，墳南北十步，東西十三步，高一丈二尺，前有瓴甋為祠壇，方六尺，與地平，塋中異木以百數，皆諸弟子自四方致之，植於塋中，魯人莫之識也。」㊷吳越順德太夫人吳氏卒：《吳越備史》，吳越順德太夫人吳氏，吳越王俶之母也，錢塘人，諱漢月，性慈惠而節儉，頗尚黃老學，居常被道士服，餘皆布練而已，每聞王決斷政事，有及重刑者，常顰顣以仁恕為言，諸吳子弟為將者有遷授，輒峻阻之，及其入對，多加訓勵，有過失者必面責之，故諸吳終夫人之世，不敢驕恣，敕封吳越國順德夫之，薨年四十，諡曰恭懿。㊸蜀大水入成都：胡三省曰：「秦時蜀守李冰穿二江成都中，皆可行舟，外江繞城北而東注於合江，內江循城南而與外水俱注江，江自西來，其地勢高，所以有水患。」㊹帝之大梁：之當作至，自兗州還至大梁也。《五代史・周太祖紀》，帝以戊戌至大梁，《五代史記・周本紀》在庚子，《通鑑》在己亥。㊺太子賓客李濤之弟澣在契丹為勤政殿學士，與幽州節度使蕭海真善，海真，契丹主兀欲之妻弟也，澣說海真內附，海真欣然許之，澣因定州諜者田重霸齎表絹以聞：《遼史・穆宗紀》，應曆二年六月壬辰，國舅政事令蕭眉古得、宣政殿學士李澣等謀南奔，事覺，詔暴其罪。《冊府元龜》曰：「李澣初仕晉為翰林學士，晉末，契丹犯闕，明年春，隨盧帳北行，虜主永康王善待之。永康入國，以澣華人，不令隨從，留住幽州，供給亦厚，永康為述軋所殺，述律代立，部族首領多被戮。永康妻弟曰蕭海真，亦謂之蟬得舍利，為幽州節度使，與澣相善，亦與澣言及中國，意深慕之，澣嘗微以言挑之，欣然遂納。會定州節度使遣諜者田重霸繼往幽州偵邏軍事，每令潛至澣所，密謀還計，澣亦致書於定帥致謝。定帥表其事，太祖哀澣羈異域，常有南歸之意，乃令田重霸齎詔賜之，兼令澣兄太子賓客濤密通家問。澣得詔，甚感太祖恩，因重霸回，致謝曰：『田重霸至，伏蒙聖慈，特頒明詔，降日中之文字，慰天外之流離，別述宸慈，俾傳家信，如見骨肉，倍感君親。』又奏陰事曰：「昨田重霸至，為無與蕭海真詔敕，祇有兄濤家書，不敢將出，方欲遣田重霸卻回，至五月四日，海真差中門使趙珮傳語臣云：昨擬差人齎絹書上南朝皇帝，請發兵來，兼取得姚漢英等奏狀，所貴聽信，其絹文印押了未封，被趙珮懷內遺失，交下憂怕，不知所為。臣既認實心，遂喚趙珮、通事李解裏來，呈與書詔，當時聞於海真，極喜，引臣竊謝，尋喚重霸於私宅相問，至五月二十六日，又喚重霸於衙內一宿。今月四日，令趙珮將銀十兩，令與重霸，兼傳語與臣云：我心如鐵石，諸事宿時說與一一已令口奏，候南朝有文字來，則別差人去。今因奏陳，皆據目前所得，至於機事兵勢權謀，非臣愚所敢陳，伏乞妙延良弼，周訪嘉謀，斷於宸衷，用叶廟勝。』」《五代史補》曰：「李澣有逸才，每作文則筆不停輟，而性嗜酒，楊凝式嘗受詔撰錢鏐碑，自以作不逮澣，於是多市美酒，召澣飲，俟其酣，且使代筆，經宿而成，凡一萬五千字，莫不詞理典贍，凝式嘆服久之。晉少主之入蕃也，宰相馮道等至鎮州，戎主皆放還，澣時為翰林學士，北主以其才，特留之，竟卒於蕃中，其後人有得其文集者，號曰丁年集，蓋取蘇武丁年奉使之意。」蘇易簡《續翰林志》曰：「澣以詞藻特麗，俊秀不羣，後以石晉不造，陷於北廷，亦神鋒太峻之過也。」《天明清揮麈後錄》曰：「五代李濤與澣俱負才望，澣仕石晉為內相，耶律德光犯京師，俘之以歸，後仕契丹通顯，有小集十卷。」㊻童騃：癡愚也。㊼非前人之比：前人，謂阿保機、德光等。㊽它日終不能力助河東者也：河東謂北漢。㊾慍懟：慍，怒；懟，怨也。㊿帝以其故舊，且有佐命功：故舊，謂布衣交也，帝知其習性如此，故能諒之。帝自鄴都入汴，至於即位，綢繆帷幄，贊成大計，王峻之功為多。(51)秋七月戊子，峻入朝：七月乙卯朔，無戊子，按以下所繫諸日皆在八月，七月當作八月，八月甲申朔，戊子初五日。(52)安次孫欽：《舊唐書・地理志》，安次縣，漢置，屬渤海郡，唐屬幽州，故城在今河北省安次縣西北。孫欽本幽州人而仕於蜀。(53)府公：胡三省曰：「府公謂郭延鈞也。公者，人人尊稱，一府所尊，故謂之府君。」(54)叱咤：《史記》淮陰侯曰：「項王喑噁叱咤，千人皆廢。」索隱曰：「喑噁，懷怒氣，叱吒，發怒聲。」(55)侃侃和易：《論語》曰：「孔子於鄉黨，恂恂如也，朝與下大夫言，侃侃如也。」孔注曰：「侃侃，和樂之貌。」(56)蜀主遣客省使趙季札如梓州慰撫吏民：以梓州新經王承丕之亂，故遣使慰撫之。(57)癸丑，始詔犯鹽麴者以斤兩定刑有差：周廣順改鹽麴法，《五代史・周太祖紀》在二年八月癸丑，《五代會要》在二年九月辛未。按《五代會要》，時敕諸色犯鹽麴，所犯一斤已下至一兩，杖八十，配役；五斤已下一斤以上，徒三年，配彼；五斤已上，並決重杖一頓，處死。

卷二百九十一　後周紀二

起玄黓困敦九月盡閼逢攝提格四月，凡一年有奇。（壬子至甲寅，西元九五二年九月至西元九五四年四月）

司馬光編集
林瑞翰註

太祖聖神恭肅文武孝皇帝中

廣順二年（西元九五二年）

㈠九月，甲寅朔，吳越丞相裴堅卒㊀。以臺州刺史吳延福同參相府事。

㈡庚午（十七日），敕北邊吏民毋得入契丹境俘掠。

㈢契丹將高謨翰以葦栰度胡盧河㊁入寇，至冀州，成德節度使何福進遣龍捷都指揮使劉誠誨等屯貝州以拒之㊂。契丹聞之，遽引兵北度，所掠冀州丁壯數百人，望見官軍，爭鼓譟欲攻契丹，官軍不敢應，契丹盡殺之。

㈣蜀山南西道節度使李廷珪奏周人聚兵關中，請益兵為備，蜀主遣奉鑾肅衛都虞候趙進將兵趣利州，既而聞周人聚兵以備北漢，乃引還。

㈤唐武安節度使邊鎬昏懦無斷，在湖南，政出多門，不合眾心。吉水㊃人歐陽廣上書，言鎬非將帥才，必喪湖南，宜別擇良帥益兵以救其敗，不報。

唐主使鎬經略朗州，有自朗州來者，多言劉言忠順，鎬由是不為備。

唐主召劉言入朝，言不行，謂王逵曰：「唐必伐我，奈何？」逵曰：「武陵負江湖之險㊄，帶甲數萬，安能拱手受制於人？邊鎬撫御無方，士民不附，可一戰擒也。」言猶豫未決，周行逢曰：「機事貴速，緩則彼為之備，不可圖也。」言乃以逵、行逢及牙將何敬真、張倣、蒲公益、朱全琇、宇文瓊、彭萬和、潘叔嗣、張文表十人皆為指揮使，部分發兵。叔嗣、文表，皆朗州人也，行逢能謀，文表善戰，叔嗣果敢，三人多相須成功，情款甚昵㊅。諸將欲召敍州酋長苻彥通為援，行逢曰：「蠻貪而無義，前年從馬希蕚入潭州，焚掠無遺㈦，吾兵以義舉，往無不克，烏用此物，使暴殄百姓哉？」乃止。然亦畏彥通為後患，以蠻酋土團都指揮使劉瑫為羣蠻所憚，補西境鎮遏使以備之。

冬，十月，逵等將兵分道趣長沙，以孫朗、曹進為先鋒使㈧，邊鎬遣指揮使郭再誠等將兵屯益陽以拒之。戊子（初五日），逵等克沅江㈨，執都監劉承遇，裨將李師德帥眾五百降之。壬辰（初九日），逵等命軍士舉小舟自蔽㈩，直造益陽，四面斧寨(一一)而入，遂克之，殺戍兵二千人，邊鎬告急於唐。甲午（十一日），逵等克橋口(一二)及湘陰。乙未（十二日），至潭州，邊鎬嬰城自守。救兵未至，城中兵少，丙申（十三日），夜，鎬棄城走，吏民俱潰，醴陵門(一三)橋折，死者萬餘人，道州刺史廖偃為亂兵所殺。丁酉（十四日），旦，王逵入城，自稱武平節度副使，權知軍府事(一四)，以何敬真為行軍司馬，遣敬真等追鎬，不及，斬首五百級。

蒲公益攻岳州，唐岳州刺史宋德權走，劉言以公益權知岳州。

唐將守湖南諸州者聞長沙陷，相繼遁去，劉言盡復馬氏嶺北故地，惟郴、連入于南漢㊄。

㈥契丹瀛、莫、幽州大水，流民入塞散居河北者數十萬口，契丹州縣亦不之禁，詔所在賑給存處之，中國民先為所掠得歸者什五六。丁未（二十四日），李穀以病臂久未愈㊅，三表辭位，帝遣中使諭指曰：「卿所掌至重㊆，朕難其人，苟事功克集，何必朝禮？朕今於便殿待卿，可暫入相見。」穀入見於金祥殿，面陳悃款㊇，帝不許，穀不得已，復視事。穀未能執筆，詔以三司務繁，令刻名印用之。

辛亥（二十八日），敕民有訴訟，必先歷縣、州及觀察使，處決不直，乃聽訟於臺省，或自不能書牒，倩人書者㊈，必書所倩姓名居處，若無可倩，聽執素紙，所訴必須己事，毋得挾私客訴㊉。

慶州刺史郭彥欽性貪，野鷄族㊀多羊馬，彥欽故擾之以求賂，野鷄族遂反，剽掠綱商，帝命寧、環二州合兵討之㊁。

㈦劉言遣使來告，稱湖南世事朝廷，不幸為鄰寇所陷㊂，臣雖不奉詔，輒糾合義兵，削平舊國㊃。

唐主削邊鎬官爵，流饒州。

初，鎬以都虞候從查文徽克建州㉕，凡所俘獲，皆全之，建人謂之邊佛子㉖，及克潭州，市不易肆㉗，潭人謂之邊菩薩㉘，既而為節度使，政無綱紀，惟日設齋供，盛修佛事，潭人失望，謂之邊和尚矣。

左僕射同平章事馮延己、右僕射同平章事孫晟上表請罪㉙，皆釋之。晟陳請不已，乃與延己皆罷守本官㉚。

唐主以比年出師無功，乃議休兵息民。或曰：「願陛下數十年不用兵，可少康矣！」唐主曰：「將終身不用，何數十年之有？」唐主思歐陽廣之言，拜本縣令㉛。

(八)十一月，辛未（十九日），徙保義節度使折從阮為靜難節度使㉜，討野雞族。

癸酉（二十一日），敕約每歲民間所輸牛皮，三分減二，計田十頃，稅取一皮，餘聽民自用及賣買，惟禁賣於敵國㉝。

先是兵興以來，禁民私賣買牛皮，悉令輸官受直，唐明宗之世，有司止償以鹽，晉天福中，並鹽不給，漢法，犯私牛皮一寸抵死，然民間日用，實不可無，帝素知其弊，至是李穀建議均於田畝，公私便之。

十二月，丙戌（初四日），河決鄭、滑，遣使行視修塞。甲午（十二日），前靜難節度使侯章獻買宴絹千匹、銀五百兩，帝不受，曰：「諸侯入覲天子，宜有宴犒，豈待買邪㉔？自今如此比者，皆不受。」

㈨王逵將兵及洞蠻五萬攻郴州，南漢將潘崇徹救之，遇於蠔石。崇徹登高望湖南兵，曰：「疲而不整，可破也。」縱擊，大破之，伏尸八十里。

㈩翰林學士徐臺符請誅誣告李崧者葛延遇及李澄㉕，馮道以為屢更赦，不許，王峻嘉臺符之義，白於帝，癸卯（二十一日），收延遇、澄誅之。

(十一)劉言表稱潭州殘破，乞移使府治朗州，且請貢獻賣茶，悉如馬氏故事，許之。

㈩唐江西觀使楚王馬希萼入朝，唐主留之，後數年卒於金陵，謚曰恭孝。

初，麟州土豪楊信自為刺史，受命於周，信卒，子重訓嗣，【考異】崇訓或作崇勳，世宗實錄作崇訓，後蓋避梁王崇訓改名也。以州降北漢，至是為羣羌所圍，復歸款，求救於夏、府二州㉖。

【今註】㈠吳越丞相裴堅卒：《吳越備史》，堅字廷實，吳興人，幼明敏，善屬文，及長，有知人之鑒，事吳越國，有善政，條教有方，累官禮部尚書，中書令，拜吳越國丞相，終年五十六，謚曰文獻。㈡胡盧河：胡三省曰：「胡盧河在深、冀之間，橫謚數百里。」按胡盧河亦作葫蘆河，今名寧晉泊，在河北省寧晉縣東南，縱橫各三十餘里，舊為釜、漳、滹沱諸水所匯，今湮為窪地。㈢成德節度使何福進遣龍捷都指揮使劉誠誨等屯貝州以拒之：《元豐九域志》，貝州北至冀州一百二十里。㈣吉水：《元豐九域志》，吉水縣在吉州東北四十里，即今江西省吉水縣。宋白《續通典》曰：「隋開皇十年廢吉陽縣入廬陵縣，大業分廬陵縣水東十一鄉為吉水縣。」按新、舊《唐書・地理志》，吉州無吉水縣，蓋唐廢，南唐復置也。㈤武陵負江湖之險：朗州治武陵縣，古武陵郡地也，南臨沅江，東濱洞庭，故云。㈥昵：昵本作暱，親也。㈦前年從馬希萼入潭州，焚掠無遺：事見卷二百八十九漢隱帝乾祐三年。㈧以孫朗、曹進為先鋒使：孫朗、曹進奔朗州見上卷是年正月。㈨沅江：《舊唐書・地理志》，岳州沅江縣，本漢長沙國益陽縣地，隋改為安樂縣，又改為沅江縣。《唐書・地理志》，唐昭宗乾寧中，更沅江縣曰橋江縣，蓋楚復更名沅江也。《元豐九域志》，沅江縣在岳州西南一百二十六里，即今湖南省沅江縣。⑩逵等命軍士舉小舟自蔽：舉小舟蔽體以避矢石。⑪橋口：《唐書・地理志》，潭州有橋口鎮兵。《元豐九域志》，橋口鎮在潭州長沙縣。今作喬口鎮，在湖南省長沙縣西北六十里，扼長沙通益陽之道。⑫斧寨：以斧破寨。⑬醴陵門：潭州城東門也。⑭王逵入城，自稱武平節度副使，權知軍府事：胡三省曰：「武平當作武安，軍府謂潭州軍府也。」余按時劉言自立為武平留後，武平軍，朗州也，逵受命於言以取潭州，故自稱武平副使，權知武安軍府事耳。潭州武安軍。⑮惟郴、連入於南漢：郴、連二州名。《舊唐書・地理志》，連州，漢為桂陽郡桂陽縣，隋置連州，煬帝大業間改為熙平郡，唐高祖武德四年，復為連州，玄宗天寶元年，改為連山郡，肅宗乾元元年，復為連州，故治即今廣東省連縣。⑯李穀以病臂久未愈：李穀病臂始見上卷是年六月。⑰卿所掌至重：李穀掌三司財穀，時號計相。⑱悃款：至誠也。⑲倩人書者：倩者，假手於人。⑳客訴：胡三省曰：「事不干己，妄興詞，謂之客訴。」㉑野雞族：《五代會要》，党項野雞族居慶州北。㉒彥欽故擾之以求賂，野雞族遂反，剽掠綱商，帝命寧、環二州合兵討之：《五代會要》，廣順三年二月，慶州刺史郭彥欽奏党項野雞族掠奪商旅，請出兵討之，時彥欽黷貨，嗜其利，以州北野雞族多羊馬，作法擾之，番情獷悍，屢不從順，乃誣奏之，太祖遣中使齎詔撫安部族，既苦彥欽虐政，不時報命，遂詔邠州節度使折從阮合寧州刺史張建武進兵討之。《五代史・周太祖紀》，詔討野鷄族在廣順三年正月。《五代史記・職方考》，晉高祖天福四年，升靈州方渠鎮為威州，割寧州之木波、烏嶺二鎮隸之，周廣順二年，改曰環州，避太祖諱也，即今甘肅省環縣。《元豐九域志》，寧州北至慶州一百二十里，環州南至慶州一百八十里。㉓不幸為鄰寇所陷：鄰寇，謂南唐。㉔削平舊國、言削平湖南舊楚之地。㉕初，鎬以都虞候從查文徽克建州：事見卷二百八十五晉少帝開運二年。㉖凡所俘獲，皆全之，建人謂之邊佛子：馬令《南唐書》，邊鎬性柔懦，御下無法，初平建州，民所剽獲，唯以全活為務，閩人德之，號邊羅漢。佛子、羅漢，蓋取寬慈為喻。㉗及克潭州，市不易肆：事見上卷廣順元年。㉘潭人謂之邊菩薩：胡三省曰：「釋典，菩，普也；薩，濟也。言能普濟衆生也。」㉙左僕射同平章事馮延已、右僕射同平章事孫晟上表請罪：以湖南喪師，上表請罪。㉚乃與延已皆罷守本官：罷相守本官。㉛唐主思歐陽廣之言，拜本縣令：拜歐陽廣為吉水縣令，以其言必喪湖南之言驗也，見上九月。㉜徙保義節度使折從阮為靜難節度使：折從阮自陝州徙鎮邠州。㉝敕約民間所輸牛皮，三分減二，計田十頃，稅取一皮，餘聽民自用及賣買，惟禁賣於敵國：《五代史・周太祖紀》，詔曰：「累朝已來，用兵不息，至於繕治甲冑，未免配役生靈，多取於民，助成軍器，就中皮革尤峻科刑，稍犯嚴條，皆抵極典，鄉縣以之生事，奸滑得以侵漁，宜立新規，用革前弊。應天下所納牛皮，今將逐所納數三分內減二分，其一分於人戶苗畝上配定，每秋、夏苗共十頃連納角皮一張，其黃牛納乾筋四兩，水牛半斤，犢子皮不在納限，牛、馬、驢、騾皮、筋、角今後官中更不禁斷，只不得將出外化敵境，州縣先置巡檢牛皮節級幷停。」㉞諸侯入覲天子，宜有宴犒，豈待買邪：胡三省曰：「五代之時，不特方鎮入朝買宴，唐明宗天成二年三月，幸會節園，羣臣買宴，則在朝之臣亦買宴矣！」㊱翰林學士徐台符請誅誣告李崧者葛延遇及李澄：葛延遇、李澄誣告李崧事見卷二百八十八卷漢高祖乾祐元年。《五代史・李崧傳》，崧與徐台符同學相善，故台符為請誅誣告者。㊲求救於夏、府二州：夏州李彝殷，府州折德扆也。《元豐九域志》，麟州西北至夏州一百二十里，東北至府州一百二十里。

廣順三年（西元九五三年）

㈠春，正月，丙辰（初五日），以武平留後劉言為武平節度使，制置武安、靜江等軍事㊀、同平章事，以王逵為武安節度使，何敬真為靜江節度使，周行逢為武安行軍司馬。

㈡詔折從阮野鷄族能改過者，拜官賜金帛，不則進兵討之。壬戌（十一日），從阮奏酋長李萬全受詔立誓外，自餘猶不服，方討之。

㈢前世屯田，皆在邊地，使戍兵佃之。唐末中原宿兵，所在皆置營田，以耕曠土，其後又募高貲戶，使輸課佃之，戶部別置官司總領，不隸州縣，或丁多無役，或容庇奸盜，州縣不能詰。梁太祖擊淮南，掠得牛以千萬計㈡，給東南諸州農民，使歲輸租。自是歷數十年，牛死而租不除，民甚苦之。帝素知其弊，會閤門使知青州張凝上便宜請罷營田務，李穀亦以為言，乙丑（十四日），勅悉罷戶部營田務，以其民隸州縣。其田廬、牛、農器並賜見佃者為永業，悉除租牛課。是歲戶部增三萬餘戶。民既得為永業，始敢葺屋植木，獲地利數倍。

或言營田有肥饒者，不若鬻之，可得錢數十萬緡以資國。帝曰：「利在於民，猶在國也，朕用此錢何為？」

㈣萊州刺史葉仁魯，帝之故吏也㈢，坐贓絹萬五千匹，錢千緡。庚午（十六日），賜死。帝遣中使賜以酒食，曰：「汝自抵國法㈣，吾無如之何，當存恤汝母。」仁魯感泣。

㈤帝以河決為憂㈤，王峻自請往行視，許之。鎮寧節度使榮屢求入朝，峻忌其英烈，每沮止之。閏月，榮復求入朝，會峻在河上，帝乃許之。

㈥契丹寇定州，圍義豐軍定和都指揮使楊弘裕，夜擊其營，大獲，契丹遁去㊅。又寇鎮州，本道兵擊走之。

㈦丙申（十五日），鎮寧節度使榮入朝。故李守貞騎士馬全義從榮入朝，帝召見，補殿前指揮使，謂左右曰：「全义忠於所事，昔在河中，屢挫吾軍㊆，汝輩宜效之。」王峻聞榮入朝，遽自河上歸，戊戌（十七日），至大梁。

㈧彰武節度使高允權卒，其子牙內指揮使紹基謀襲父位，詐稱允權疾病，表已知軍府事，觀察判官李彬切諫，紹基怒，斬之，辛巳（閏月壬午朔，無辛巳），以彬謀反聞。

㈨王峻固求領藩鎮，帝不得已，以峻兼平盧節度使㊇。

㈩高紹基屢奏雜虜犯邊，冀得承襲，帝遣六宅使㊈張仁謙詣延州巡檢，紹基不能匿，始發父喪。

⑪戊申（二十七日），折從阮奏降野鷄二十一族。

⑫唐草澤㊉邵棠上言：「近游淮上，聞周主恭儉，增修德政，吾兵新破於潭朗，恐其有南征之志，宜為之備。」

⑬初，王逵既得潭州㊁，以指揮使何敬真為靜江節度副使，朱全

琇為武安節度副使，張文表為武平節度副使，周行逢為武安行軍司馬。敬真、全琇各置牙兵，與逵分廳視事，吏民莫知所從。每宴集，諸將使酒，紛拏如市，無復上下之分，唯行逢、文表事逵盡禮，逵親愛之。

敬真與逵不協，辭歸朗州，又不能事劉言，與全琇謀作亂。言素忌逵之彊，疑逵使敬真伺己，將討之。逵聞之，甚懼。行逢曰：「劉言素不與吾輩同心，何敬真、朱全琇恥在公下，公宜早圖之。」逵喜曰：「與公共除凶黨，同治潭、朗，夫復何憂？」會南漢寇全、道、永州，行逢請身至朗州說言，遣敬真、全琇南討㊂，俟至長沙，以計取之，如掌中物耳！逵從之。行逢至朗州，言以敬真為南面行營招討使，全琇為先鋒，使將牙兵百餘人會潭州兵以禦南漢。二人至長沙，逵出郊迎，相見甚歡，宴飲連日，多以美妓餌之，敬真因淹留不進。朗州指揮使李仲遷部兵三千人，久戍潭州，敬真使之先發，趣嶺北㊂，都頭符會等因士卒思歸，劫仲遷擅還朗州，逵乘敬真醉，使人詐為言使者，責敬真以南寇深侵，不亟捍禦而專務荒宴，太師命械公歸西府㉔，因收繫獄，全琇逃去，遣兵追捕之。二月，辛亥朔，斬敬真以徇。未幾，獲全琇及其黨十餘人，皆斬之。

㈣癸丑（初三日），鎮寧節度使榮歸澶州。

初，契丹主德光北還㉕，以晉傳國寶自隨㉖，至是更以玉作二寶㉗。

㈤王逵遣使以斬何敬真告劉言，言不得已，庚申（初十日），斬符會等數人㉘。

㈥樞密使平盧節度使同平章事王峻晚節益狂躁㉙，奏請以端明殿學士顏衎、樞密直學士陳觀代范質、李穀為相，帝曰：「進退宰輔，不可倉猝，俟朕更思之。」峻力論列，語浸不遜。日向中，帝尚未食，峻爭之不已。帝曰：「今方寒食，俟假開，如卿所奏㉚。」峻乃退。

癸亥（十三日），帝亟召宰相、樞密使入，幽峻於別所。帝見馮道等泣曰：「王峻陵朕太甚，欲盡逐大臣，翦朕羽翼。朕惟一子，專務間阻㉛，暫令詣闕㉜，已懷怨望。豈有身典樞機，復兼宰相，又求重鎮㉓？觀其志趣，殊未盈厭。無君如此，誰則堪之？」甲子（十四日），貶峻商州司馬。制辭略曰：「肉視羣后，孩撫朕躬㉔。」帝慮鄴都留守王殷不自安㉕，命殷子尚食使，承誨㉖詣殷，諭以峻得罪之狀。

峻至商州，得腹疾，帝猶愍之，命其妻往視之，未幾而卒㉗。

帝命折從阮分兵屯延州㉘，高紹基始懼，屢有貢獻。又命供奉官張懷貞將禁兵兩指揮屯鄜、延，紹基乃悉以軍府事授副使張匡圖。甲戌（二十四日），以客省使向訓權知延州。三月，甲申（初五日），以鎮寧節度使榮為開封尹晉王。丙戌（初七日），以樞密副使鄭仁誨為鎮寧節度使。

㈦初，殺牛族與野雞族有隙，聞官軍討野雞，饋餉迎奉，官軍利其財畜而掠之，殺牛族反與野雞合，敗寧州刺史張建武於包山，帝以郭彥欽擾羣胡，致其作亂㉙，黜廢於家。

㈧初，解州刺史㉚浚儀郭元昭與榷鹽使李溫玉有隙，溫玉壻魏仁浦為樞密主事㉛元昭疑仁浦庇之，會李守貞反，溫玉有子在河中，元昭收繫溫玉，奏言其叛，事連仁浦，帝時為樞密使，知其誣，釋不問，至是仁浦為樞密承旨，元昭代歸，甚懼，過洛陽以告仁浦弟仁滌。仁滌曰：「吾兄平生不與人為怨，況肯以私害公乎？」既至，丁亥（初八日），仁浦白帝以元昭為慶州刺史㉝。己丑（初十日），以棣州團練使太原王仁鎬為宣徽北院使兼樞密副使㉝。

⒆唐主復以左僕射馮延己同平章事㉞。

⒇周行逢惡武平節度副使張倣，言於王逵曰：「何敬真，倣之親戚，臨刑，以後事屬倣，公宜備之。」夏，四月，庚申（十一日），逵召倣飲醉而殺之。

㉑丙寅（十七日），歸德節度使兼侍中常思入朝，戊辰（十九日），徙平盧節度使㉟。將行，奏曰：「臣在宋州，舉絲㊱四萬餘兩在民間，謹以上進，請徵之。」帝頷之。五月，丁亥（初九日），敕牓宋州，凡常思所舉絲悉蠲之，已輸者復歸之，思亦無怍色。

自唐末以來，所在學校廢絕，蜀母昭裔㊲出私財百萬營學館，且請刻板印九經，蜀主從之，由是蜀中文學復盛。

六月，壬子（初四日），滄州奏契丹知盧臺軍事范陽張藏英來降。

初，唐明宗之世，宰相馮道、李愚請令判國子監田敏校正九經，刻板印賣㊳，朝廷從之。丁巳（初九日），板成㊴，獻之，由是雖亂世，九經傳布甚廣。

王逵以周行逢知潭州，自將兵襲朗州，克之，殺指揮使鄭玫，執武安節度使同平章事劉言，幽於別館㊵。

秋，七月，王殷三表請入朝，帝疑其不誠，遣使止之。

唐大旱，井泉涸，淮水可涉，飢民度淮而北者相繼，濠、壽發兵禦之，民與兵鬬而北來㊶。帝聞之，曰：「彼、我之民一也。」聽糴米過淮，唐人遂築倉，多糴以供軍。八月，己未（十二日），詔唐人以人畜負米者聽之，以舟車運載者勿予。

(廿)王逵遣使上表，誣劉言謀以朗州降唐，又欲攻潭州，其眾不從，廢而囚之，臣已至朗州，撫安軍府訖，且請復移使府治潭州㊷，甲戌（二十七日），遣通事舍人翟光裔詣湖南宣撫，從其所請。

逵還長沙，以周行逢知朗州事，又遣潘叔嗣殺劉言於朗州。

(七三)九月，己亥（二十二日），武成節度使白重贊奏塞決河〔四三〕。

(七四)契丹寇樂壽，齊州戍兵右保寧都頭劉漢章殺都監杜延熙謀應契丹，不克，並其黨伏誅。

(七五)南漢主立其子繼興為衞王，璇興為桂王，慶興為荊王，保興為禎王，崇興為梅王。

(七六)東自青、徐，南至安、復，西至丹、慈，北至貝、鎮，皆大水。

(七七)帝自入秋得風痺疾，害於食飲及步趨，術者言宜散財以禳之。帝欲祀南郊，又以自梁以來，郊祀常在洛陽，疑之〔四四〕。執政曰：「天子所都，則可以祀百神，何必洛陽？」於是始築圓丘、社稷壇，作太廟於大梁〔四五〕。癸亥（十月十六日），遣馮道迎太廟社稷神主於洛陽〔四六〕。

(七八)南漢大赦。

(七九)冬，十一月，己丑（十三日），太常請準洛陽築四郊諸壇，從之。十二月，丁未朔，神主至大梁，帝迎於西郊，祔享於太廟。

鄴都留守天雄節度使兼侍衛親軍都指揮使同平章事王殷恃功專橫㊼，凡河北鎮戍兵，應用敕處分者，殷即以帖行之，又多掊斂民財。帝聞之，不悅，使人謂曰：「卿與國同體，鄴都帑庾甚豐，卿欲用則取之，何患無財？」成德節度使㊽何福進素惡殷，甲子（十八日），福進入朝，密以殷陰事白帝，帝由是疑之。乙丑（十九日），殷入朝，詔留殷充京城內外巡檢㊾。

(卌)戊辰（二十二日），府州防禦使折德扆奏北漢將喬贇入寇，擊走之。

(卌一)王殷每出入，從者常數百人㊿，殷請量給鎧仗以備巡邏，帝難之。時帝體不平(51)，將行郊祀，而殷挾震主之勢在左右，眾心忌之。壬申（二十六日），帝力疾御滋德殿，殷入起居(52)，遂執之，下制誣殷謀以郊祀日作亂，流登州，出城，殺之，命鎮寧節度使鄭仁誨詣鄴都安撫。仁誨利殷家財，擅殺殷子，遷其家屬於登州。

(卌二)唐祠部郎中知制誥徐鉉言貢舉初設，不宜遽罷，乃復行之(53)。先是楚州刺史田敬洙請修白水塘(54)溉田以實邊，馮延己以為便，李德明因請大闢曠土為屯田，修復所在渠塘堙廢者，吏因緣侵擾，大興力役，奪民田甚眾，民愁怨無訴，徐鉉以白唐主，唐主命鉉按視之。鉉籍民田，悉歸其主。或譖鉉擅作威福，唐主怒，流鉉舒州，然白水塘竟不成。

唐主又命少府監馮延魯巡撫諸州，右拾遺徐鍇表延魯無才多罪，舉措輕淺，不宜奉使，唐主怒，貶鍇校書郎，分司東都[55]。鍇，鉉之弟也。

(卌三)道州盤容洞蠻酋盤崇聚眾，自稱盤容州都統，屢寇郴、道州[56]。

(卌四)乙亥（二十九日），帝朝享太廟，被衮冕，左右掖以登堦，纔及一室，酌獻，俛首不能拜而退，命晉王榮終禮。是夕，宿南郊，疾尤劇[57]，幾不救。夜分，小愈。

【今註】 ㊀以武平留後劉言為武平節度使，制置武安、靜江等軍事：《五代史．周太祖紀》，時詔升朗州為大都督府，在潭州之上，蓋從劉言之請也。㊁梁太祖擊淮南，掠得牛以千萬計：梁祖大掠淮南見卷二百六十五卷唐昭宗天祐元年。㊂萊州刺史葉仁魯，帝之故吏也：胡三省曰：「按葉仁魯，漢高祖之親將也，天福十二年，嘗破契丹於承天軍，今日帝之故吏，必嘗事帝於樞密院，或討河中，鎮鄴都時也。」㊃汝自抵國法：抵，觸也。㊄帝以河決為憂：去年十二月，河決鄭、滑。㊅契丹寇定州，圍義豐軍，定和都指揮使楊弘裕夜擊其營，大獲，契丹遁去：《冊府元龜》曰：「廣順元年春正月，定州言契丹兵三千攻圍義豐軍，遣定州都指揮使楊弘裕選兵二百，夜斫寨，殺蕃酋絹相以下六十人，得馬八匹，契丹遁去。」是時置義豐軍於定州義豐縣。《舊唐書・地理志》，定州義豐縣，漢為中山國安國縣地，隋為義豐縣，唐武后萬歲通天二年，改為立節縣，中宗神龍中，復曰義豐，即今河北省祁縣。㊆昔在河中，屢挫吾軍：謂漢乾祐間帝討李茂貞於河中時也。㊇以峻兼平盧節度使：青州平盧軍。㊈六宅使：《職官分紀》曰：「唐置六宅使，以諸王所屬為名，或總云十六宅，後止曰六宅。」㊉草澤：布衣謂之草澤，言其在野，未有朝命也。⑪初，王逵既得潭州：事見上卷十月。⑫遣敬真、全琇南討：南討者，拒南漢之兵。⑬趣嶺北：全、道、永三州皆在大庾嶺之北。⑭太師命械公歸西府：太師謂劉言。西府謂朗州軍府也，朗州在潭州之西，故謂之西府。⑮初，契丹主德光北還：見卷二百八十六漢高祖天福十二年。⑯以晉傳國寶自隨：《珩璜新論》曰：「石晉再作受命寶，文曰『受天明命，惟德永昌』，契丹盜而取之。」曰：「傳國寶自秦始皇後，歷代傳受，至唐末帝自燔之際，以寶隨身焚焉。晉高祖受命，特製寶一座，文曰『皇帝神寶』，開運末，北戎齎以入蕃。」按唐末帝隨以自焚者，姚秦璽也，世皆誤為真秦璽，李心傳《建炎以來朝野雜記》已辨之，註見前。⑰至是更以玉作二寶：二寶者，傳國寶及受命寶也。《五代會要》，時內司製二寶，詔太常具制度以聞。有司奏：「按唐六典，符寶郎掌天子八寶，其一日神寶，其二曰受命寶。其神寶方六寸，高四寸六分，厚一寸七分，蟠龍紐文，與傳國寶同。傳國寶，秦始皇帝以藍田玉刻之，李斯篆文，方四寸，面文曰『受命于天，既壽永昌』，紐盤五龍，二寶歷代相傳以為神器，又別有六寶，一曰皇帝行璽，二曰皇帝之璽，三曰皇帝信璽，四曰天子行璽，五曰天子之璽，六曰天子信璽，此六寶，因文為名，並白玉螭虎紐，歷代相傳，亡則補之，北朝鑄之以金，至則天朝以璽字涉嫌，改之為寶。貞觀十六年，別製元璽一坐，其文曰『皇帝景命，有德者昌』，白玉螭虎紐，同光中，製寶一坐，文曰『皇帝受命之寶』，晉天福四年，製寶一坐，文曰『皇帝神寶』，其同光、天福二寶，內司製造，不見紐象幷尺寸制度。」敕今製寶兩坐，宜用白玉，方六寸，螭虎紐，詔馮道書寶文，其一以「皇帝承天受命之寶」為文，其一以「皇帝神寶」為文。⑱斬符會等數人：歸罪符會等擅還而致生變也。⑲樞密使平盧節度使同平章事王峻晚節益狂躁：《五代史・王峻傳》，峻既兼領青州，求暫赴任，奏借左藏綾絹萬疋，從之，是歲，戶部侍郎趙上交權知貢舉，上交嘗詣峻，峻言及一童子，上交不達其旨，牓出之日，童子不第，峻銜之，及上交引新及第人至中書，峻在政事堂，詬責上交，聲聞於外，上交詣本廳謝峻，翌日，峻奏上交知舉不公，請置之於法，太祖頷之而已。⑳方今寒食，俟假開，如卿所奏：胡三省曰：「舊制，寒食節休假前後共五日。」㉑朕惟一子，專務間阻：謂間皇子榮不令入朝與帝相見也。㉒暫令詣闕：謂聽皇子榮自澶州入朝。㉓豈有身典樞密，復兼宰相，又求重鎮：王峻以樞密使同平章事固求領藩鎮，事見上月。㉔肉視羣后，孩撫朕躬：羣后，謂朝廷大臣也。謂王峻視朝臣如俎上肉，而撫帝如嬰孩。㉕帝慮鄴都留守王殷不自安：王殷與王峻皆帝佐命元臣，峻既得罪，故慮殷猜懼不自安。㉖殷子尚食使承誨：《五代會要》，梁諸司使有尚食使，位在五防如京使下，司膳使上，蓋唐尚食奉御之職也。《五代史・王殷傳》作飛龍使。飛龍使位在天驥使下，莊宅使上。㉗峻至商州，得腹疾，帝猶愍之，命其妻往視之，未幾而卒：《五代史・王峻傳》，峻以廣明三年三月死於貶所。薛居正曰：「初，峻降制除青州，有司製造旌節以備迎授，前一夕，其旌有聲甚異，聞者駭之。主者曰：『昔安重誨授河中節，亦有此異焉。』又所居堂陛忽然隱起如堆，又夢被官府追攝入司簿院，既寤，心惡之，以是尤加狂躁。峻才疏位重，輕躁寡謀，聽人穿鼻，既國權在手，而射利者曲為指畫，乃啗餌虎臣，離間親舊，加以善則稱己，無禮於君，欲求無罪，其可得乎！」㉘帝命折從阮分兵屯延州：時從阮討野雞族於慶州，因命分兵屯延州以制高紹基。㉙帝以郭彥欽擾羣胡，致其作亂：事見上年十月。㉚解州刺史：《五代史・郡縣志》，漢隱帝乾祐元年九月割河中府之解縣、聞喜、安邑為解州，治解縣，即今山西省解縣。㉛樞密主事：胡三省曰：「晉有尚書都令史八人，秩二百石，與左右丞總知都臺事，梁五人，謂之五都令史，隋開皇初，改都令史為都事，置八人。後魏於尚書諸司置主事令史，隋於諸省又各置主事令史，煬帝并去令史之名，更曰主事，初雜用士人，唐並用流外，至五代，樞密院亦置主事。」㉜仁浦白帝以元昭為慶州刺史：代郭彥欽刺慶州以招撫羣胡。㉝以棣州團練使太原王仁鎬為宣徽北院使兼樞密副使，時樞密副使鄭仁誨出鎮澶州，故以仁鎬兼樞密副使之職。㉞唐主復以左僕射馮延己同平章事：去年十月，馮延己罷相，今復相之。㉟徙平盧節度使：王峻既貶，平盧缺使，故徙常思鎮之。㊱舉絲：以物貸民，俟絲熟而徵其絲。㊲毋昭裔：胡三省曰：「毋音無，姓也。齊宣王封母弟於母鄉，其後因以為姓。」㊳初，唐明宗之世，宰相馮道、李愚請令判國子監田敏校正九經，刻板印賣：事始見卷二百七十七唐明宗長興三年。㊴板成：自唐明宗長興三年校正九經，至是雕刻成板，凡歷二十八年。㊵執武安節度使同平章事劉言，幽於別館：言以廣順元年七月得朗州，至是而敗。朗州武平軍，言為武平節度使鎮朗州，非武安也，安當作平。㊶民與兵鬥而北來：欲就食於淮北。㊷且請復移使府治潭州：去年劉言表請自潭州移使府於朗州，王逵請復之。㊸武成節度使白重贊奏塞決河：河決鄭、滑二州見上年十二月。白重贊時為義成節度使鎮滑州，宋太平興國元年，避太宗諱改為武成軍，此仍當作義成。㊹帝欲祀南郊，又以自梁以來，郊祀常在洛陽，疑之：時都汴，疑祀南郊於大梁，於制度不合也。㊺於是始築圓丘、社稷壇，作太廟於大梁：胡三省曰：「自梁都大梁以來，建立郊、廟，皆所未遑。晉天福四年，太常禮院奏唐制度，請以至德宮正殿隔為五室而已，今始作太廟。」《五代會要》：時准太常禮院奏，依洛陽郊廟制度修奉郊壇及太廟，郊壇在城南七里丙巳之地，圜丘四成，各高八尺一寸，下成廣二十丈，再成廣十五丈，三成廣十丈，四成廣五丈，十有二陛，每節十二等，燎壇在泰壇之丙地，方一丈，高一丈二尺，闊上南出，戶方六尺。廟室一十五間，中分為四室，兩頭有夾室，四神門，每門屋三間，每門戟二十四，別有齋宮，神廚、屋宇，准禮左宗廟，右社稷。社壇廣五丈，高五尺，五色土築之，稷壇制度如社壇之制，社壇石主長五尺，方二尺，剡其上方，其下半根在土中，每神門屋三間一門，門二十四戟，四隅連飾罘罳，如太廟之制，中可樹槐，准禮左宗廟，右社稷，與宗廟皆在國城內。㊻癸亥，遣馮道迎太廟、社稷神主於洛陽：九月戊寅朔，無癸亥，《五代史・周太祖紀》在十月，十月戊申朔，癸亥十六日。㊼鄴都留守天雄節度使兼侍衛親軍都指揮使同平章事王殷恃功專橫：恃佐命之功也。㊽成德節度使：鎮州成德軍。㊾詔留殷充京城內外巡檢：令殷典侍衛司巡檢京城內外。㊿王殷每出入，從者常數百人：《五代史・王殷傳》，殷出入，部從不下數百人，皆儀形魁偉，觀者無不聳然。(51)時帝體不平：謂嬰風痺之疾。(52)殷入起居：入候帝之起居。(53)唐祠部郎中知制誥徐鉉言貢舉初設，不宜遽罷，乃復行之：唐罷貢舉事見上卷上年。(54)白水塘：《唐書・地理志》，楚州寶應縣西南八十里有白水塘。寶應縣即今江蘇省寶應縣。(55)東都：南唐以揚州為東都。(56)屢寇郴、道二州：郴、道二州時屬南漢。(57)疾尤劇：劇，疾甚也。

顯德元年㈠（西元九五四年）

㈠春，正月，丙子朔，帝祀圓丘，僅能瞻仰致敬而已，進爵奠幣，皆有司代之。大赦，改元㈡，聽蜀境通商。

㈡戊寅（初三日），罷鄴都㈢，但為天雄軍㈣。

㈢庚辰（初五日），加晉王榮兼侍中，判內外兵馬事。時羣臣希得見帝，中外恐懼，聞晉王典兵，人心稍安。

㈣軍士有流言郊賞薄於唐明宗時者，帝聞之。壬午（初七日），召諸將至寢殿，讓之曰：「朕自即位以來，惡衣菲食，專以贍軍為念，府庫蓄積，四方貢獻，贍軍之外，鮮有贏餘，汝輩豈不知之？今乃縱凶騰口㊄，不顧人主之勤儉，察國之貧乏，又不思己有何功而受賞，惟知怨望，於汝輩安乎？」皆惶恐謝罪，退索不逞者戮之，流言乃息㊅。

㈤初，帝在鄴都㊆，奇愛小吏曹翰之才，使之事晉王榮。榮鎮澶州，以為牙將，榮入為開封尹㊇，未即召翰，翰自至，榮怪之。翰請間，言曰：「大王，國之儲嗣，今主上寢疾，大王當入侍醫藥，奈何猶決事於外邪？」榮感悟，即日入止禁中。丙戌（十一日），帝疾篤，停諸司細務皆勿奏，有大事則晉王榮稟進止宣行之。

㈥以鎮寧節度使鄭仁誨為樞密使同平章事。

㈦戊子（十三日），以義武留後孫行友、保義留後韓通、朔方留後馮繼業皆為節度使。通，太原人也。

㈧帝屢戒晉王曰：「昔吾西征㊈，見唐十八陵㊉，無不掘者，此無他，惟多藏金玉故也。我死，當衣以紙衣，斂以瓦棺，速營葬，勿久留宮中，壙⑪中無用石，以甓⑫代之，工人役徒皆和雇⑬，勿以煩民。葬畢，募近陵民三十戶，蠲其雜徭，使之守視，勿修下宮，勿置守陵宮人，勿作石羊、虎、人、馬，惟刻石置陵前，云：『周天子平生好儉約，遺令用紙衣、瓦棺，嗣天子不敢違也。』汝或吾違，吾不福汝。」又曰：「李洪義當與節鉞⑭，魏仁浦勿使離樞密院。」

㈨庚寅（十五日），詔前登州刺史周訓等塞決河。先是河決靈河⑮、魚池⑯、酸棗⑰、陽武⑱、常樂驛⑲、河陰⑳、六明鎮㉑、原武㉒，凡八口，至是分遣使者塞之。

㈩帝命趣草制，以端明殿學士戶部侍郎王溥為中書侍郎同平章事。壬辰（十七日），宣制畢，左右以聞，帝曰：「吾無恨矣。」以樞密副使王仁鎬為永興軍節度使，以殿前都指揮使李重信領武信節度使，馬軍都指揮使樊愛能領武定節度使，步軍都指揮使何徽領昭武節度使㉓。

重進年長於晉王榮㉔，帝召入禁中，屬以後事，仍命拜榮，以定君臣之分。是日，帝殂於滋德殿㉕，祕不發喪。乙未（二十日），宣遺制，丙申（二十一日），晉王即皇帝位。【考異】太祖實錄：「乙未宣遺制，晉王榮可於柩前即皇帝位。」世宗實錄：「丙申，內出太祖遺制，羣臣奉帝即皇帝位。」蓋以乙未宣遺制，丙申即位也。

㈩初，靜海節度使吳權卒㉖，子昌岌立，昌岌卒，弟昌文立。是月，始請命於南漢，南漢以昌文為靜海節度使兼安南都護。

㈩㈠北漢主聞太祖晏駕，甚喜，謀大舉入寇，遣使請兵於契丹。二月，契丹遣其武定節度使政事令楊衮將萬餘騎如晉陽。【考異】晉陽見聞錄，衮帥騎五七萬號十萬來會。今從世宗實錄。

㈩㈡北漢主自將兵三萬，以義成節度使白從暉為行軍都部署，武寧節度使張元徽為前鋒都指揮使㉗，【考異】世宗實錄賊將張暉領三千騎為前鋒，今從晉陽聞見實錄。與契丹自團柏南趣潞州。

㈩㈣蜀左匡聖馬步都指揮使保寧節度使安思謙譖殺張業，廢趙廷隱㉘，蜀人皆惡之。蜀主使將兵救王景崇，思謙逗橈無功㉙，內慚懼不自安。自張業之誅，宮門守衞加嚴，思謙以為疑己，言多不遜。思謙典宿衛，多殺士卒以立威。蜀主閱衛士，有年尚壯而為思謙所斥者，復留隸籍，思謙殺之，蜀主不能平㉚。思謙三子，扆、嗣、裔，倚父勢暴橫，為國人患，翰林使㉛王藻屢言謙怨望將反，丁巳（十二日），思謙入朝，蜀主命壯士擊殺之，及其三子，藻亦坐擅啓邊奏，並誅之。

㈤北漢兵屯梁侯驛㉜，昭義節度使李筠遣其將穆令均將步騎二千逆戰，筠自將大軍壁於太平驛㉝。張元徽與令均戰，陽不勝而北，令均逐之，伏發，殺令均，俘斬士卒千餘人，筠遁歸上黨㉞，嬰城自守。筠即李榮也㉟，避上名改焉。

世宗聞北漢主入寇，欲自將兵禦之，羣臣皆曰：「劉崇自平陽遁走以來㊱，勢蹙氣沮，必不敢自來。陛下新即位，山陵有日，人心易搖，不宜輕動，宜命將禦之。」帝曰：「崇幸我大喪㊲，輕朕年少新立，有吞天下之心，此必自來，朕不可不往。「馮道固爭之。帝曰：「昔唐太宗定天下，未嘗不自行，朕何敢偷安？」道曰：「未審陛下能為唐太宗否？」帝曰：「以吾兵力之彊，破劉崇如山壓卵耳！」道曰：「未審陛下能為山否？」帝不悅，惟王溥勸行，帝從之㊳。

(十六)三月，乙亥朔，蜀主加捧聖、控鶴都指揮使兼中書令孫漢韶武信節度使，賜爵樂安郡王，罷軍職㊴。蜀主徵安思謙之跋扈，命山南西道節度使李廷珪等十人分典禁兵。

(十七)北漢乘勝進逼潞州㊵，丁丑（初三日），詔天雄節度使符彥卿引兵自磁州固鎮出北漢軍後㊶，以鎮寧節度使郭崇副之；又詔河中節度使王彥超引兵自晉州東出邀北漢㊷，以保義節度使韓通副之；又命馬軍都指揮使寧江節度使樊愛能、步軍都指揮使清淮節度使何徽㊸、義成節度使白重贊、鄭州防禦使史彥超、前耀州團練使符彥能將兵先趣澤州，宣徽使向訓監之。重贊，憲州人也。

(十八)辛巳（初七日），大赦。

(十九)癸未（初九日），帝命馮道奉梓宮赴山陵㊹，以鄭仁誨為東京留守。

乙酉（十一日），帝發大梁，庚寅（十六日），至懷州㊺。

帝欲兼行速進，控鶴都指揮使真定趙晁私謂通事舍人鄭好謙曰：「賊勢方盛，宜持重以挫之。」好謙言於帝，帝怒曰：「汝安得此言？必為人所使，言其人則生，不然必死。」好謙以實對，帝命並晁械於州獄㊻。

壬辰（十八日），帝過澤州，宿於州東北。北漢主不知帝至，過潞州不攻，引兵而南，是夕，軍於高平㊼之南。癸巳（十九日），前鋒與北漢軍遇，擊之。【考異】世宗實錄：「甲午，賊陳於高平南之高原。」按下又有甲午，此必癸巳誤也，今從十國紀年。北漢兵卻，帝慮其遁去，趣諸軍亟進。北漢主以中軍陳於巴公原㊽，張元徽軍其東，楊袞軍其西，眾頗嚴整。時河陽節度使劉詞將後軍未至，眾心危懼，而帝志氣益銳，命白重進㊾與侍衛馬步都虞李重進將左軍居西，樊愛能、何徽將右軍居東，向訓、史彥超將精騎居中央，殿前都指揮使張永德將禁兵衛帝。帝介馬，自臨陳督戰。北漢主見周軍少，悔召契丹，謂諸將曰：「吾自用漢軍可破也，何必契丹？今日不惟克周，亦可使契丹心服。」諸將皆以為然。楊袞策馬前望周軍，退謂北漢主曰：「勍敵也！未可輕進。」

北漢主奮髯曰：「時不可失，請公勿言，試觀我戰。」衮默然不悅。時東北風方盛，俄而忽轉南風，北漢副樞密使王延嗣使司天監李義白北漢主云：「時可戰矣！」北漢主從之。樞密直學士王得中扣馬諫曰：「義可斬也，風勢如此，豈助我者邪？」北漢主曰：「吾計已決，老書生勿妄言，且斬汝。」麾東軍先進。張元徽將千騎擊周右軍，合戰未幾，樊愛能、何徽引騎兵先遁，右軍潰，步兵千餘人解甲呼萬歲，降於北漢。帝見軍勢危，自引親兵，犯矢石督戰。

太祖皇帝時為宿衛將，謂同列曰：「主危如此，吾屬何得不致死？」又謂張永德曰：「賊氣驕，力戰可破也。公麾下多能左射者，請引兵乘高，出為左翼，我引兵為右翼以擊之，國家安危，在此一舉。」永德從之，各將二千人進戰。

太祖皇帝身先士卒，馳犯其鋒，士卒死戰，無不一當百，北漢兵披靡[五〇]。內殿直[五一]夏津[五二]馬仁瑀謂眾曰：「使乘輿受敵，安用我輩？」躍馬引弓，大呼，連斃數十人，士氣益振。殿前右番行首馬全乂[五三]言於帝曰：「賊勢極矣[五四]，將為我擒，願陛下按轡勿動，徐觀諸將破之。」即引數百騎進陷陳。

北漢主知帝自臨陳，褒賞張元徽，趣使乘勝進兵。元徽前略陳，馬倒，為周兵所殺，元徽，北漢之驍將也，北軍由是奪氣。時南風益盛，周兵爭奮，北漢兵大敗。北漢主自舉赤幟以收兵[五五]，不能止，楊袞畏周兵之彊，不敢救，且恨北漢主之語，全軍而退。【考異】五代史補：「劉崇求援於契丹，得飛騎數千，及睹世宗兵少，悔之，召諸將謀曰：『吾觀周師易與耳，契丹之眾，宜勿使，但以本軍決戰，不唯破敵，亦足使契丹見而心服。』諸將皆以為然，乃使人謂契丹主將曰：『柴氏與吾，主客之勢已見，必不煩足下餘刃，敢請勒兵登高觀之可也。』契丹不知其謀，從之。泊世宗之入陳也，三軍皆賈勇爭進，莫不一當百，契丹望而畏之，故不敢救而崇敗。」今從世宗實錄、薛史。樊愛能、何徽引數千騎南走，控弦露刃，剽掠輜重，役徒驚走，失亡甚多，帝遣近臣及親軍校追諭之，莫肯奉詔，使者或為軍士所殺，揚言契丹大至，官軍敗績，餘眾已降虜矣！劉詞遇愛能等於塗，愛能等止之，詞不從，引兵而北。

時北漢主尚有餘眾萬餘人，阻澗而陳，薄暮[五六]，詞至，復與諸軍擊之，北漢兵又敗，殺王延嗣，追至高平，僵尸滿山谷，委棄御物及輜重器械雜畜不可勝紀。是夕，帝宿於野次，得步兵之降敵者，皆殺之。

樊愛能等聞周兵大捷，與士卒稍稍復還，有達曙不至者。甲午（二十日），休兵於高平，選北漢降卒數千人為效順指揮，命前武勝行軍司馬唐景思將之，使戍淮上，餘二千餘人，賜貲裝縱遣之(57)。李穀為亂兵所迫，潛竄山谷，數日乃出。

丁酉（二十三日），帝至潞州。

北漢主自高平被褐載笠(58)，乘契丹所贈黃騮(59)，帥百餘騎由雕窠嶺(60)遁歸，宵迷(61)，俘村民為導，誤之晉州，行百餘里，乃覺之，殺導者，晝夜北走，所至得食，未舉箸，或傳周兵至，輒蒼黃而去。北漢主衰老力憊，伏於馬上，晝夜馳驟，殆不能支，僅得入晉陽。帝欲誅樊愛能等以肅軍政，猶豫未決。己亥（二十五日），晝臥行宮帳中，張永德侍側，帝以其事訪之(62)，對曰：「愛能等素無大功，忝冒節鉞，望敵先逃，死未塞責。且陛下方欲削平四海，苟軍法不立，雖有熊羆之士，百萬之眾，安得而用之？」帝擲枕於地，大呼稱善，即收愛能、徽及所部軍使以上七十餘人，責之曰：「汝曹皆累朝宿將，非不能戰，今望風奔遁者，無他，正欲以朕為奇貨，賣與劉崇耳！」悉斬之。帝以何徽先守晉州有功[六三]，欲免之，既而以法不可廢，遂並誅之，而給櫬車[六四]歸葬，自是驕將惰卒，始如所懼，不行姑息之政矣！

庚子（二十六日），賞高平之功，以李重進兼忠武節度使，向訓兼義成節度使，張永德兼武信節度使，史彥超為鎮國節度使。張永德盛稱太祖皇帝之智勇，帝擢太祖皇帝為殿前都虞候，領嚴州刺史[六五]。以馬仁瑀為控鶴弓箭直指揮使，馬全乂為散員指揮使，自餘將校遷拜者凡數十人，士卒有自行間擢主軍廂者[六六]，釋趙晁之囚[六七]。

北漢主收散卒，繕甲兵，完城塹以備周。楊袞將其眾北屯代州，北漢主遣王得中送袞，因求救於契丹。契丹主遣得中還報，許發兵救晉陽。

壬寅（二十八），以符彥卿為河東行營都部署，兼知太原行府事，以郭崇副之，向訓為都監，李重進為馬步都虞候，史彥超為先鋒都指揮使，將步騎二萬發潞州(六八)，仍詔王彥超、韓通自陰地關入，與彥卿合軍而進。又以劉詞為隨駕部署(六九)，保大節度使白重贊副之。

(廿)漢昭聖皇太后李氏殂於西宮(七〇)。

(廿一)夏，四月，北漢盂縣降(七一)。符彥卿軍晉陽城下，王彥超攻汾州，北漢防禦使董希顏降(七二)。帝遣萊州防禦使康延沼攻遼州(七三)，密州防禦使田瓊攻沁州(七四)，皆不下。供備庫副使太原李謙溥單騎說遼州刺史張漢超，漢超即降。

(廿二)乙卯（十二日），葬聖神恭肅文武孝皇帝於嵩陵，廟號太祖。

(廿三)南漢主以高王弘邈為雄武節度使，鎮邕州，弘邈以齊、鎮二王相繼死於邕州(七五)，固辭，求宿衛，不許。至鎮，委政僚佐，日飲酒，禱鬼神。或上書誣弘邈謀作亂，戊午（十五日），南漢主遣甘泉宮使林延遇賜酖殺之。

(廿四)初，帝遣符彥卿等北征，但欲耀兵於晉陽城下，未議攻取。既入北漢境，其民爭以食物迎周師，泣訴劉氏賦役之重，願供軍須助攻晉陽，北漢州縣繼有降者，帝聞之，始有兼幷之意，遣使往與諸將議之，諸將皆言芻糧不足，請且班師以俟再舉，帝不聽。既而諸軍數十萬聚於太原城下，軍士不免剽掠，北漢民失望，稍稍保山谷自固，帝聞之，馳詔禁止剽掠，安撫農民，止徵今歲租稅，及募民入粟，拜官有差，仍發澤、潞、晉、絳、慈、隰及山東近便諸州[七六]民運糧以饋軍。己未（十六日），遣李轂詣太原計度芻糧。

庚申（十七日），太師中書令瀛文懿王馮道卒[七七]。【考異】五代通錄，謚曰文懿，今從世宗實錄、薛史。道少以孝謹知名[七八]，唐莊宗世始貴顯[七九]，自是累朝不離將、相、三公、三師之位[八〇]。為人清儉寬弘[八一]，人莫測其喜慍，滑稽多智，浮沈取容[八二]，嘗著長樂老敍，自述累朝榮遇之狀[八三]，時人往往以德量推之。

歐陽修論曰：「禮義廉恥，國之四維，四維不張，國乃滅亡[八四]。禮義，治人之大法，廉恥，立人之大節，況為人臣而無廉恥，天下其有不亂，國家其有不亡者乎？予讀馮道長樂老敍，見其自述以為榮，其可謂無廉恥者矣！則天下國家可從而知也。

「予於五代得全節之士三（八五），死事之人十有五（八六），皆武夫戰卒，豈於儒者果無其人哉？得非高節之士，惡時之亂，薄其世而不肯出歟？抑君天下者不足顧而莫能致之歟？予嘗聞五代時（八七），有王凝者，家青、齊之間，為虢州司戶參軍，以疾卒於官，凝家素貧，一子尚幼，妻李氏，攜其子負其遺骸以歸，東過開封，止於旅舍，主人不納，李氏顧天已暮，不肯去，主人牽其臂而出之，李氏仰天慟曰：『我為婦人，不能守節，而此手為人所執邪？』即引斧自斷其臂，見者為之嗟泣。開封尹聞之，白其事於朝，厚卹李氏而笞其主人。嗚呼，士不自愛其身而忍恥以偷生者，聞李氏之風，宜少知愧哉！」

臣光曰：「天地設立，聖人則之以制禮立法，內有夫婦，外有君臣，婦之從夫，終身不改，臣之事君，有死無貳，此人道之大倫也。苟或廢之，亂莫大焉。范質稱馮道厚德稽古，宏才偉量，雖朝代遷貿，人無間言，屹若巨山，不可轉也〔八八〕。臣愚以為正女不從二夫，忠臣不事二君。為女不正，雖復華色之美，織紝之巧，不足賢矣！為臣不忠，雖復材智之多，治行之優，不足貴矣！何則？大節已虧故也。道之為相，歷五朝八姓〔八九〕，若逆旅之視過客〔九〇〕，朝為仇敵，暮為君臣，易面變辭，曾無愧怍，大節如此，雖有小善，庸足稱乎？或以為自唐室之亡，羣雄力爭，帝王興廢，遠者十餘年，近者四三年，雖有忠智，將若之何？當是之時，失臣節者，非道一人，豈得獨罪道哉？臣愚以為忠臣憂公如家，見危致命，君有過則彊諫力爭〔九一〕，國敗亡則竭節致死。智士邦有道則見，邦無道則隱，或滅跡山林，或優遊下僚。今道尊寵則冠三師，權任則首諸相，國存則依違拱嘿，竊位素餐，國亡則圖全苟免，迎謁勸進，君則興亡接踵，道則富貴自如，茲乃奸臣之尤，安得與他人為比哉？或謂道能全身遠害，於亂世，斯亦賢已！臣謂君子有殺身成仁，無求生害仁〔九二〕，豈專以全身遠害為賢哉？然則盜跖病終而子路醢〔九三〕，果誰賢乎？抑此非特道之愆〔九四〕也，時君〔九五〕亦有責焉，何則？不正之女，中士㊈㊅羞以為家，不忠之人，中君㊈㊆羞以為臣，彼相前朝，語其忠則反君事讎，語其智則社稷為墟，後來之君，不誅不棄，乃復用以為相，彼又安肯盡忠於我而能獲其用乎？故曰：『非特道之愆，亦時君之責也。』」

辛酉（十八日），符彥卿奏北漢憲州刺史太原韓光愿、嵐州刺史郭言皆舉城降。

初，符彥卿有女適李守貞之子崇訓，相者言其貴當為天下母，守貞喜曰：「吾婦猶母天下，況我乎？」反意遂決。及敗，崇訓先刃其弟、妹，次及符氏，符氏匿幃下，崇訓倉猝求之，不獲，遂自剄。亂兵既入，符氏安坐堂上，叱亂兵曰：「吾父與郭公為昆弟，汝曹勿無禮。」太祖遣使歸之於彥卿。及帝鎮澶州㊈㊇，太祖為帝娶之，壬戌（十九日），立為皇后。后性和惠而明決，帝甚重之。

㈤王彥超、韓通攻石州，克之，執刺史安彥進。癸亥，沁州刺史李廷誨降。庚午（二十七日），帝發潞州，趣晉陽。癸酉（三十日），北漢忻州監軍李勍殺刺史趙皐及契丹通事楊耨姑舉城降，以勍為忻州刺史。

(六)王逵表請復徙使府治朗州(九九)。

【今註】㈠顯德元年：是年正月，世宗即位，不改元。㈡改元：改元顯德。㈢聽蜀境通商：自晉少帝開運以來，中國多故，蜀有吞併關中之志，兵端屢起，商旅久不通。㈣罷鄴都，但為天雄軍：魏州本天雄軍，唐莊宗始置東京，後罷東京，以為鄴都。㈤騰口：騰口猶曰騰辭。騰，傳也，謂傳布流言也。㈥退索不逞者戮之，流言乃息：不逞者，謂布流言以希賞者。自唐明宗濫賞軍士養成其驕，士卒但希分外之賞而莫肯效命，故齊之以法以遏其無厭之心。㈦初，帝在鄴都：漢隱帝乾祐三年，帝鎮鄴都。㈧榮入為開封尹：去年三月，榮為開封尹。㈨昔吾西征：謂漢末討李守貞、王景崇、趙思綰時。㈩唐十八陵：唐高祖、太宗、高宗、中宗、睿宗、玄宗、肅宗、代宗、德宗、順宗、憲宗、穆宗、敬宗、文宗、武宗、宣宗、懿宗、僖宗，凡十八帝，其陵寢皆在關中，陵名各見前紀。⑪壙：墓穴。⑫甓：甎也。⑬和雇：僱役而給以庸直。⑭李洪義當與節鉞：與節鉞者，謂授以節鎮，酬李洪義發漢隱帝密詔之功也，事見卷二百八十九漢隱帝乾祐三年。⑮靈河：靈河縣即滑州靈昌縣也，後唐避獻祖諱改曰靈河。《舊唐書・地理志》，滑州靈昌縣，隋分酸棗縣置，取靈昌津以為名。靈昌津，延津之別名：《水經注》曰：「河水又東北通，謂之延津，石勒襲劉曜出此，以河水泮為神靈之助，因號靈昌津。」《元豐九域志》，宋廢靈河縣為靈河鎮，屬滑州白馬縣，在今河南省滑縣西南。㊅魚池：魚池鎮在今山東省泰安縣西六十里，亦在滑州之境。㊆酸棗：《舊唐書・地理志》，酸棗縣屬滑州。酸棗即春秋鄭廩延邑，漢置酸棗縣，故縣在唐縣北十五里，齊廢，隋復置，宋改曰延津，即今河南省延津縣。㊇陽武：《唐書・地理志》，唐高祖武德四年，移陽武縣於原武故城，屬鄭州，即今河南省陽武縣。㊈常樂驛：當在滑、孟二州境。㊉河陰：《舊唐書・地理志》，唐玄宗開元二十年，割汜水、滎澤二縣置河陰縣，屬孟州，管河陽倉以便漕運，在今河南省河陰縣東。㊁六明鎮：胡三省曰：「六明鎮在大通軍。」《五代會要》，晉高祖天福六年九月，以胡梁渡為大通軍。在今河南省滑縣東北。㊂原武：《唐書・地理志》，唐更隋原陵縣為原武縣，屬鄭州。原武縣，戰國魏之卷邑也，漢置卷縣，隋移原武縣於此，後改曰原陵，唐復曰原武，即今河南省原武縣。按唐原武縣，非漢之原武縣也，漢原武縣，唐曰陽武，註見上。㊂以殿前都指揮使李重信領武信節度使，馬軍都指揮使樊愛能領武定節度使，步軍都指揮使何徽領昭武節度使：遂州武信軍，洋州武定軍，利州昭武軍，時皆屬蜀，李重進、樊愛能、何徽等遙領之耳。胡三省曰：「殿前都指揮使總殿前諸班，馬軍都指揮使總侍衞司馬軍，步軍都指揮使總侍衞司步軍，宋朝三衙之職仿於此。」㊃重進年長於晉王榮：《東都事略》，李重進，周太祖之甥，母即福慶長公主也。㊄帝殂於滋德殿：《五代史・周太祖紀》，帝殂，年五十一。《五代史補》曰：「高祖之為樞密使也，每出入，常恍然睹人前導狀，若台省人吏，其服色一緋一綠，高祖以為不祥，深憂之。及河中、鳳翔、水興等處反，詔命高祖征之，一舉而三鎮瓦解，自是權傾天下，論者以為功高不賞，郭氏其危乎？高祖聞而恐懼。居無何，忽覩前導者服色緋者改紫，綠者改緋，高祖心安，曰：『彼二人者但見其升，不見其降，吉兆也。』未幾，遂為三軍所推戴。」《五代會要》，晉高祖天福四年，改東京明德殿為滋德殿。㉖初，靜海節度使吳權卒：吳權據交州見卷二百八十一晉高祖天福三年。㉗北漢主自將兵三萬，以義成節度使白從暉為行軍都部署，武寧節度使張元徽為前鋒都指揮使：滑州義成軍，徐州武寧軍，時皆屬周，北漢主使白從輝、張元徽遙領之。㉘蜀左匡聖馬步都指揮使保寧節度使安思謙譖殺張業，廢趙廷隱：事幷見卷二百八十八漢高祖乾祐元年。㉙蜀主使將兵救王景崇，思謙逗撓無功：事見卷二百八十八漢隱帝乾祐二年。㉚蜀主不能平：以安思謙擅殺，意不平也。㉛翰林使：職官分紀，唐有翰林使，掌伎術之待詔者，蜀蓋仍其舊制。㉜梁侯驛：宋白《續通典》，梁侯驛在團柏谷南，太平驛之西北。㉝太平驛：《宋史・李筠傳》，太平驛東南距潞州八十里。在今山西省長治縣西北，今廢。㉞筠遁歸上黨：潞州治上黨。《舊唐書・地理志》，上黨縣，漢壺關縣，隋分置上黨縣，即今山西省長治縣。㉟筠即李榮也：李榮於漢初有逐遼將麻荅之功，見卷二百八十七漢高祖天福十二年。㊱劉崇自平陽遁走以來：謂太祖廣順元年，劉崇圍晉州，不克而歸，事見上卷。㊲大喪：天子之喪也。㊳惟王溥勸帝行，帝從之：《五代史・周世宗紀》曰：「帝議親征，詔諸道募山林亡命之徒有勇力者送於闕下，仍目之為強人。帝以趫捷勇猛之士多出於羣盜中，故今所在招納，有應命者即貸其罪，以禁衞處之，至有朝行殺奪，暮升軍籍，讎人遇之，不敢仰視。」㊴罷軍職：罷其掌禁兵之職。㊵北漢乘勝進逼潞州：乘梁侯驛之勝也。㊶詔天雄節度使符彥卿引兵自磁州固鎮出北漢軍後：胡三省曰：

「磁州武安縣有固鎮，自此西北行至遼州。北漢軍時已攻潞州，符彥卿若至遼州界，則出其後矣！」固鎮在今河南省武安縣西五十里，金置關於此，今名固鎮關，據太行之險，為豫晉交通要道。㊷又詔河中節度使王彥超引兵自晉州東出邀北漢：《元豐九域志》，晉州東至潞州三百八十五里。㊸馬軍都指揮使寧江節度使樊愛能、步軍都指揮使清淮節度使何徽：夔州寧江軍，時屬蜀，壽州清淮軍，時屬唐，周蓋命樊愛能、何徽遙領之也。㊹帝命馮道奉梓宮赴山陵：《五代會要》，周太祖陵曰嵩陵，在鄭州新鄭縣。㊺至懷州：《元豐九域志》，大梁至懷州三百二十五里。㊻帝命並晁械於州獄：州獄，懷州獄也。㊼高平：《舊唐書・地理志》，高平縣，漢泫氏縣地，唐高祖武德元年，於縣置蓋州，太宗貞觀元年，廢蓋州，以縣屬澤州，宋白《續通典》，漢泫氏縣，後魏改玄氏，北齊改高平。《元豐九域志》，高平縣在澤州東北六十五里，即今山西省高平縣。㊽巴公原：巴公鎮在今山西省晉城縣北三十，高平縣之南，有高原曰巴公原。㊾白重進：按《五代史・周太祖紀》，白重進當作白重贇。㊿披靡：謂士卒潰敗，如草木之隨風偃仆也。《史記・項羽本紀》：「項王大呼馳下，漢軍皆披靡。」(51)內殿直：胡三省曰：「內殿直，周所置殿前諸班之號。」(52)夏津：《舊唐書・地理志》，夏津縣，舊鄃縣，唐玄宗天寶元年改為夏津。《元豐九域志》，夏津縣屬大名府，在府東北二百五十里，即今山東省夏津縣。(53)殿前右番行首馬全乂：胡三省曰：「去年馬全乂自澶州從帝入朝，已補殿前指揮使，未至散員指揮使也。右番行首，居殿前右番班之首，其官猶在散官指揮使之下。」(54)賊勢極矣：言北漢軍勢盛極將衰也。(55)北漢主自舉赤幟以收兵：漢自以火德王，色尚赤，北漢雖出沙陀，自謂劉氏纂漢之緒，故旗幟尚赤。(五六)薄暮：薄，迫也，日將落時也。(五七)餘二千餘人賜貲裝縱遣之：《五代史・周太祖紀》，詔賜河東降軍二千餘人各絹二匹，并給其衣裝，鄉兵各給絹一匹，放還本郡。(五八)被褐戴笠：胡三省曰：「褐，毛衫也。」《說文》，簦無柄曰笠。按笠，編竹篾為之，戴於首以禦暑雨。(五九)黃騮：馬之赤身黑鬣者曰騮，黃色近赤，故曰黃騮。(六〇)雕窠嶺：雕窠嶺在今山西省長子縣西南。(六一)宵迷：夜行迷失途也。(六二)張永德侍側，帝以其事訪之：張永德尚周太祖女壽安公主，於帝有郎舅之親，且掌殿前禁兵侍衛左右，故訪以其事以決可否。(六三)帝以何徽先守晉州有功：事見卷二百九十太祖廣順元年。(六四)櫬車：顏師古曰：「櫬，小棺也。」櫬車，載小棺之車也。(六五)帝擢太祖皇帝為都虞候，領嚴州刺史：胡三省曰：「後魏之末，宇文置虞候都督以主候騎，虞候之官蓋始於此。五代殿前都虞候在副都指揮使之下，與都、副指揮使同掌殿前班直。」嚴州時為南漢所有，宋太祖遙領刺史耳。(六六)士卒有自行間擢主軍廂者：胡三省曰：「時諸將皆分左右廂，廂各有主帥。按薛史，自五季至宋，武官有軍主、廂主，曹威為奉國軍主遷本軍廂主，劉延欽為控鶴軍主，是其徵也。」(六七)釋趙晁之囚：帝以趙晁沮眾，囚之懷州獄，事見上，今戰勝則釋之。(六八)將兵二萬發潞州：以伐河東。(六九)又以劉詞為隨駕部署：按《五代史・周太祖紀》，當作隨駕都部署。(七〇)漢昭聖皇太后李氏殂於西宮：漢李太后遷居西宮見上卷廣順元年。《五代史・漢后妃傳》，周太祖為六軍所推戴，上章具述其事，且言願事后為慈母，后下誥答曰：「侍中功烈崇高，德聲昭著，翦除禍亂，安定乾坤，謳歌有歸，歷數攸屬，所以軍民推戴，億兆同歡，老身未終殘年，屬茲多難，惟以衰朽託於始終，載省來牋，如母見侍，感念深意，涕泗橫流。」仍出戎衣玉帶以賜周太祖，周太祖即位，上尊號曰德聖皇太后。德聖，王溥《五代會要》、歐陽修《五代史記》皆作昭聖。⑪盂縣：《舊唐書‧地理志》，盂縣，隋置，唐高祖武德三年，置受州，以盂縣屬之，太宗貞觀八年，省受州，以盂縣屬幷州，幷州即太原府。今山西省盂縣即唐盂縣治。按盂縣本春秋晉大夫祁氏之邑，漢為盂縣，後魏省，隋復置，尋省，故城在今山西省陽曲縣東北之大盂城，亦稱大祁城，隋文帝開皇十六年，另分石艾縣置原仇縣，尋改曰盂縣，即今縣也。⑫王彥超攻汾州，北漢防禦使董希顏降：《宋史‧王彥超傳》，彥超自陰地關與符彥卿會兵圍汾州，諸將請急攻，彥超曰：「城已危矣，旦暮將降，我士卒精銳，驅以先登，必死傷者眾，少待之。」翼日，州將董希顏果降。⑬遼州：《舊唐書‧地理志》，遼州，隋太原郡之遼山縣，唐高祖武德三年，置為遼州，八年，改為箕州，睿宗先天元年，又改為儀州，玄宗天寶元年，改為樂平郡，肅宗乾元元年，復為儀州，僖宗中和三年，復為遼州，即今山西省遼縣。⑭沁州：《舊唐書‧地理志》，沁州，隋上黨郡之沁源縣，隋恭帝義寧元年，置義寧郡，唐高祖武德元年，改為沁州，玄宗天寶元年，改為陽城郡，肅宗乾元元年，復為沁州，即今山西省沁源縣。⑮弘邈以齊、鎮二王相繼死於邕州：齊王弘弼死見卷二百八十三晉高祖天福八年，鎮王弘澤死見卷二百八十四晉少帝開運元年。⑯山東近便諸州：謂邢、趙、鎮、定諸州，在太行山之東，地近河東而便於饋餉者。⑰太師中書令瀛文懿王馮道卒：《五代史‧馮道傳》，周世宗親征河東，留道奉太祖山陵，時道已抱疾，及山陵禮畢，奉神主歸舊宮，未及祔廟，一夕，薨於其第，享年七十有三，世宗聞之，輟視朝三日，冊贈尚書令，封瀛王，諡曰文懿。㊆道少以孝謹知命：《五代史·馮道傳》，道少純厚，好學，善屬文，不恥惡衣食，負米奉親之外，惟以披誦吟諷為事，雖大雪擁戶，凝塵滿席，湛如也。㊇唐莊宗時始貴顯：馮道初事劉守光為參軍，入唐為太原掌書記，莊宗即位，拜戶部侍郎，充翰林學士，始貴顯。㊈自是累朝不離將相、三公、三師之位：將謂節度使，相謂同平章事，太尉、司徒、司空為三公，太師、太傅、太保為三師。㊉為人清儉寬弘：《五代史記·馮道傳》，道為人能自刻苦為儉約，當晉王與梁夾河而軍，道居軍中，為一茅庵，不設床席，臥一束芻而已，所得俸祿，與僕廝同器飲食，意恬如也。《五代史·馮道傳》，道歷仕四朝，三入中書，在相位二十餘年，以持重鎮俗為己任，未嘗以片簡擾於諸侯，平生甚廉儉，逮至末年，閨庭之內，稍徇奢侈，識者以其不終今譽，咸嘆惜之。㊀浮沈取容：言無貞亮之節，與俗浮沈以取容於世。㊁嘗著長樂老敍，自敍累朝榮遇之狀：《五代史記·馮道傳》，道自號長樂老者，著書數百言，陳己更事四姓及契丹所得階、勳、宮、爵以為榮，自謂孝於家，忠於國，為子，為弟，為人臣，為司長，為夫，為父，有子，有孫，時開一卷，時飲一杯，食味，別聲，被色，老安於當代，老而自樂，何樂如之，其自述如此。㊃禮義廉恥，國之四維，四維不張，國乃滅亡：歐陽修引《管子》之言。㊄予於五代得全節之士三：謂王彥章、裴約、劉仁贍，《五代史記》有〈死節傳〉。㊅死事之人十有五：謂張源德、夏魯奇、姚洪、王思同、張敬達、翟進宗、沈斌、王清、史彥超、孫晟、馬彥超、宋令詢、李遐、張彥卿、鄭昭業，《五代史記》有〈死事傳〉。㊆予嘗聞五代時：按《五代史記·馮道傳》，歐陽修所聞之事，蓋得自五代小說。㈧范質稱馮道厚德稽古，宏才偉量，雖朝代遷貿，人無閒言，屹若巨山，不可轉也：遷貿，變易也。《五代史記・馮道傳》，道既卒，時人皆共稱歎，以謂與孔子同壽，則五代時人喜為道稱譽者比比皆是，不特范質然也。㈨道之為相，歷五朝八姓：五朝謂唐、晉、遼、漢、周，八姓者，唐莊宗、明宗、末帝各為一姓，石晉、耶律、劉漢，周太祖、世宗各為一姓。㈩若逆旅之視過客：言不顧其主之存亡，而以苟生為得。㈠君有過則彊諫力爭：《五代史記》：道前事九君，未嘗諫諍，獨世宗自將擊河東，道乃切諫以為不可。㈡君子有殺身成仁，無求生害仁：此引《論語》孔子之言。㈢然則盜跖病終而子路醢：胡三省曰：「盜跖從卒九千，橫行天下而以壽終，子路仕衞，孔悝之難，子路死之，醢於衞東門之上。」㈣愆：尤也，過也。㈤時君：謂五朝八姓之君。㈥中上：中材之士。㈦中君：中材之君。㈧及帝鎮澶州：廣順元年，帝出鎮澶州，三年，入為開封尹。㈨王逵表請復徙使府治朗州：去年，王逵表請自朗州移使府於潭州，今復請移治朗州。

卷二百九十二　後周紀三

起閼逢攝提格五月盡柔兆執徐二月，凡一年有奇。（癸丑至乙卯，西元九五四年五月至西元九五六年二月）

司馬光編集
林瑞翰註

太祖聖神恭肅文武孝皇帝下

顯德元年（西元九五四年）

㈠五月，甲戌朔，王逵自潭州遷於朗州，以周行逢知潭州事，以潘叔嗣為岳州團練使。

㈡丙子（初三日），帝至晉陽城下㈠，旗幟環城四十里。楊袞疑北漢代州防禦使鄭處謙貳於周，召與計事，欲圖之，處謙知之，不往。袞使胡騎數十守其城門，處謙殺之，因閉門拒袞，袞奔歸契丹。契丹主怒其無功，囚之，處謙據城來降。丁丑（初四日），置靜塞軍於代州，以鄭處謙為節度使㈡。

契丹數千騎屯忻、代之間，為北漢之援。庚辰（初七日），遣符彥卿等將步騎萬餘擊之。彥卿入忻州，契丹退保忻口㊂。丁亥（十四日），置寧化軍於汾州，以石、沁二州隸之。

代州將桑珪、解文遇㊃殺鄭處謙，誣奏云潛通契丹。

符彥卿奏請益兵，癸巳（二十日），遣李筠、張永德將兵三千赴之。契丹遊騎時至忻州城下，丙申（二十三日），彥卿與諸將陳以待之，史彥超將二十騎為前鋒㊄，遇契丹，與戰，李筠引兵繼之，殺契丹二千人。彥超恃勇輕進，去大軍浸遠，眾寡不敵，為契丹所殺㊅，筠僅以身免，周兵死傷甚眾，彥卿退保忻州，尋引兵還晉陽。

府州防禦使折德扆將州兵來朝，辛丑（二十八日），復置永安軍於府州㊆，以德扆為節度使。

時大發兵夫，東自懷、孟，西及蒲、陝，以攻晉陽，不克。會久雨，士卒疲病，乃議引還。【考異】世宗實錄：「徵懷、孟、蒲、陝丁夫數萬攻城，旦夕之間，期於必取。會大雨，軍士勞苦，又聞忻口之師不振，帝數日憂沮不食，遂決還京之意。」晉陽見聞錄：「八月旦，周師南轅返旆，惟數百騎，間之以步卒千人，長槍赤甲，衍趨捷跳梁於城隅，晡晚殺行而抽退。」今從世宗實錄。

初，王得中返自契丹㊇，值周兵圍晉陽，留止代州。及桑珪殺鄭處謙，因得中送於周軍，帝釋之，賜以帶、馬，問虜兵何時當至？得中曰：「臣受命送楊袞，他無所求。」或謂得中曰：「契丹許公發兵，公不以實告，契丹兵即至，公得無危乎？」得中太息曰：「吾食劉氏祿，有老母在圍中，若以實告，周人必發兵據險以拒之，如此，家國兩亡，吾獨生何益？不若殺身以全家國，所得多矣！」

甲辰（六月初二日）㊈，帝以得中欺罔，縊殺之。

乙巳（六月初三日），帝發晉陽㊉，匡國節度使藥元福言於帝曰：「進軍易，退軍難㊁。」帝曰：「朕一以委卿。」元福乃勒兵成列而殿，北漢果出兵追躡，元福擊走之。然軍還忽遽，芻糧數十萬在城下，悉焚棄之。軍中訛言相驚，或相剽掠，軍須失亡，不可勝計，所得北漢州縣，周所置刺史等，皆棄城走，惟代州桑珪既叛北漢，又不敢歸周，嬰城自守，北漢遣兵攻拔之。

乙酉（六月無乙酉），帝至潞州㊂，甲子（六月二十一日），至鄭州，丙寅（二十四日），謁嵩陵㊃，庚午（二十八日），至大梁。

㊂帝違眾議破北漢，自是，政事無大小，皆親決，百官受成於

上而已。河南府推官高錫上書諫，以為：「四海之廣，萬機之眾，雖堯舜不能獨治，必擇人而任之，今陛下一以身親之，天下不謂陛下聰明睿智足以兼百官之任，皆言陛下褊迫疑忌，舉不信羣臣也。不若選能知人公正者以為宰相，能愛民聽訟者以為守、令，能豐財足食者使掌金穀，能原情守法者使掌刑獄，陛下但垂拱明堂，視其功過而賞罰之，天下何憂不治？何必降君尊而代臣職，屈貴位而親賤事，無乃失為政之本乎？」帝不從。錫，河中人也。

北漢主憂憤成疾，悉以國事委其子侍衛都指揮使承鈞。

㈣河西節度使申師厚不俟詔，擅棄鎮入朝⑭，署其子為留後。

秋，七月，癸酉朔，責授率府副率⑮。

㈤丁丑（初五日），加吳越王弘俶天下兵馬都元帥。

㈥癸巳（三十日），加門下侍郎同平章事范質守司徒，以樞密直學士工部侍郎長山⑯景範為中書侍郎同平章事，判三司，加樞密使同平章事鄭仁誨兼侍中。乙未（二十三日），以樞密副使魏仁浦為樞密使。

范質既為司徒，司徒竇貞固歸洛陽，府、縣(一七)以民視之，課役皆不免。貞固訴於留守向訓，訓不聽。

初，帝與北漢主相拒於高平，命前澤州刺史李彥崇將兵守江豬嶺(一八)，遏北漢主歸路，彥崇聞樊愛能等南遁，引兵退，北漢主果自其路遁去(一九)。八月，已酉（初八日），貶彥崇率府副率。

(七)己巳（二十八日），廢鎮國軍(二〇)。

(八)初，太祖以建雄節度使王晏有拒北漢之功(二一)，其鄉里在滕縣，徙晏為武寧節度使(二二)。晏少時嘗為羣盜，至鎮，悉召故黨，贈之金帛鞍馬，謂曰：「吾鄉素名多盜，昔吾與諸君皆嘗為之，想後來者，無能居諸君之右，諸君幸為我語之，使勿復為，為者吾必族之。」於是一境清肅。九月，徐州人請為之立衣錦碑，許之。

(九)冬，十月，甲辰（初三日），左羽林大將軍孟漢卿坐納藁(二三)稅，場官(二四)擾民，多取耗餘(二五)，賜死。有司奏漢卿罪不至死，上曰：「朕知之，欲以懲眾耳！」

(十)己酉（初八日）廢安遠、永清軍(二六)。

㈩初，宿衛之士，累朝相承，務求姑息，不欲簡閱，恐傷人情，由是羸老者居多，但驕蹇不用命，實不可用，每遇大敵，不走即降，其所以失國，亦多由此㉗，帝因高平之戰，始知其弊㉘。癸亥（二十二日），謂侍臣曰：「凡兵務精不務多，今以農夫百未能養甲士一，奈何浚民之膏澤，養此無用之物乎？且健懦不分，眾何所勸？」乃命大簡諸軍，精銳者升之上軍，羸者斥去之。又以驍勇之士，多為藩鎮所蓄，詔募天下壯士，咸遣詣闕。命太祖皇帝選其尤者為殿前諸班㉙，其騎、步諸軍，各命將帥選之㉚。由是士卒精彊，近代無比，征伐四方，所向皆捷，選練之力也。

(十一)戊辰（二十七日），帝謂侍臣曰：「諸道盜賊頗多，討捕終不能絕，蓋由累朝分命使臣巡檢，致藩侯、守、令皆不致力，宜悉召還，專委節鎮、州、縣，責其清肅。

(十二)河自楊劉至于博州百二十里，連年東潰，分為二派，匯為大澤㉛，瀰漫數百里，又東北壞古堤而出㉜，灌齊、棣、淄、諸州，至於海涯，漂沒民田廬不可勝計，流民采菇稗㉝、捕魚以給食，朝廷屢遣使者，不能塞。十一月，戊戌（二十八日），帝遣李穀詣澶、鄆、齊按視隄塞，役徒六萬，三十日而畢。

(十四)北漢主疾病㉞，命其子承鈞監國，尋殂㉟，【考異】劉恕云：「世宗實錄、薛史帝紀、僭偽傳皆云顯德二年十二月，劉崇卒，大定錄云，顯德二年，春，旻病死，紀年通譜，顯德二年，崇之乾祐八年冬，崇死，顯德三年，承鈞改元天會，開寶元年，承鈞之天會十三年，死，開寶二年，繼元改元廣運，興國四年，繼元之廣運十一年也。」河東劉氏有國全無記錄，惟其舊臣中書舍人直翰林院王保衡歸朝後所纂晉陽偽署見聞要錄云：「甲午年，春，南伐，敗歸，夏，周師攻圍，旻積憂勞成心疾，是冬卒，鈞即位，丁巳年正月旦，改乾祐十年為天會元年。」又云：「鈞丙戌年二十九承位，年四十三卒。」右諫議大夫楊夢申奉敕撰大漢都統追封定王劉繼顒神道碑云：「天會十二年，今皇帝踐阼之初年也，十七年，繼顒卒。」末題「廣運元年，歲次甲戌，五月，丙午朔。」今按周廣順元年辛亥，旻即帝位，稱乾祐四年，顯德元年甲寅，旻之乾祐七年也，旻卒，鈞改元，顯德四年丁巳，鈞改乾祐十年為天會元年，宋開寶元年戊辰，鈞之十二年也。鈞卒，繼元立，開寶七年甲戌，繼元改天會十八年為廣運元年。據曆，是歲九月，丙午朔，興國四年己卯，繼元之廣運六年也。鈞以唐天成元年丙戌生，至顯德元年甲寅嗣位，乃二十九歲矣，鈞及繼元踰年未改元，蓋孟蜀後主、漢隱帝、周世宗之比也，諸書皆傳聞相因，前後相戾，惟晉陽見聞錄、劉繼顒碑歲月最可考證，故以為據。遣使告哀於契丹，契丹遣驃騎大將軍知內侍省事劉承訓冊命承鈞為帝，更名鈞㊱。北漢孝和帝性孝謹，既嗣位，勤於為政，愛民禮士，境內粗安。每上表於契丹主，稱男，契丹主賜之詔，謂之兒皇帝。

(十五)馬希蕚尊之帥羣蠻破長沙也㊲，府庫累世之積，皆為溆州蠻酋苻彥通所掠，彥通由是富彊，稱王於谿洞間。

王逵既得湖南㊳，欲遣使撫之，募能往者，其將王虔朗請行。既至，彥通盛侍衞而見之，禮貌甚倨。虔朗厲聲責之曰：「足下自稱苻秦苗裔㊴，宜知禮義，有以異於羣蠻。昔馬氏在湖南，足下祖父皆北面事之，今王公盡得馬氏之地，足下不早往乞盟，致使者先來，又不接之以禮，異日得無悔乎㊵？」彥通慙懼，起執虔朗手謝之。虔朗知其可動，因說之曰：「溪洞之地，隋、唐之世，皆為州縣，著在圖籍㊶。今足下上無天子之詔，下無使府之命㊷，雖自王於山谷之間，不過蠻夷一酋長耳！曷若去王號，自歸於王公，王公必以天子之命，授足下節度使，與中國侯伯等夷，豈不尊榮哉？」彥通大喜，即日去王號，因虔朗獻銅鼓㊸數枚於王逵。逵曰：「虔朗一言，勝數萬兵，真國士也。」承制以彥通為黔中節度使㊹，以虔朗為都指揮使，預聞府政㊺。逵慮西界鎮遏使綿州刺史劉瑫為邊患，表為鎮南節度副使㊻，充西界都招討使。

（十六）是歲，湖南大饑，民食草木實。武清節度使知潭州事周行逢㊼開倉以賑之，全活甚眾。行逢起於微賤㊽，知民間疾苦，勵精為治，嚴而無私，辟署僚屬，皆取廉介之士，約束簡要，其自奉甚薄。或譏其太儉，行逢曰：「馬氏父子窮奢極靡，不恤百姓，今子孫乞食於人，又足效乎？」

【今註】㊀帝至晉陽城下：帝以去月庚午發潞州，凡七日而至晉陽。㊁置靜塞軍於代州，以鄭處謙為節度使：顯擢鄭處謙以招懷降者。㊂忻口：《元豐九域志》，忻州秀容縣有忻口寨，在石嶺關南。魏土地記，漢高祖出平城之圍，還軍至此，六軍忻然，因名忻口，山之西舊有忻口城，相傳即漢高所築。在今山西省忻縣北五十五里，兩山相夾，滹沱水逕其中。㊃解文遇：解，姓也。《姓苑》，自唐叔虞食邑於解，晉有解狐、解揚。㊄史彥超將二十騎為前鋒：胡三省曰：「二十太少，恐當作二千。」㊅彥超恃勇輕進，去大軍浸遠，眾寡不敵，為契丹所殺：《遼史‧穆宗紀》，應曆四年五月丁酉，遼將撻烈敗周將符彥卿於忻口，蓋是役也。㊆復置永安軍於府州：罷永安軍見卷二百八十九漢隱帝乾祐三年，今復置。㊇初，王得中返自契丹：北漢主遣王得中求救於契丹見上卷本年三月。㊈甲辰：五月甲戌朔，無甲辰，甲辰及以下諸日皆在六月。㊉乙巳，帝發晉陽：按《五代史‧周世宗紀》，帝以六月癸卯朔發離太原，乙巳，至潞州。⑪進軍易，退軍難：胡三省曰：「進軍者，或乘初至之銳，或乘屢勝之勢，敵人畏聾自守，不敢迎戰，故易，退軍者，士有歸志，敵人據險遮其前，率眾躡其後，輜重老弱，皆是為吾之累，故難。」⑫乙酉，帝至潞州：六月無乙酉，按《五代史‧周世宗紀》當作乙巳。⑬謁嵩陵：《五代會要》，顯德元年六月，車駕征太原回，親拜嵩陵，望陵號慟，至陵所，俯伏哀泣，感於左右，再拜訖，祭奠而退，賜奉陵將吏及近郊人戶帛有差。蓋嵩陵復土，帝在軍中，至是始謁之。(一四)河西節度使申師厚不俟詔，擅棄鎮入朝：申師厚鎮河西見卷二百九十太祖廣順元年。(一五)責授率府副率：率府，東宮率府也。胡三省曰：「唐制，東宮十率府皆有副率，其後遂以為冗散之官。申師厚以舊府失職牙將而得節，棄鎮擅歸，雖加責授，猶勝故吾。」(一六)長山：《舊唐書・地理志》，長山縣，漢於陵縣地，唐高祖武德初屬鄒州，州廢，屬淄州。按長山縣，本曰武彊，江左僑置，隋改曰長山。《元豐九域志》，長山縣在淄州北五十五里，即今山東省長山縣。(一七)府縣：府謂河南府，縣謂洛陽縣。(一八)江豬嶺：江豬嶺在今山西省長子縣西南四十里，近長平關，梁太祖開平元年，梁將尹皓攻晉兵於此。(一九)北漢主果自其路遁去：謂自江豬嶺入雕窠嶺歸河東也。(二〇)廢鎮國軍：唐末以華州為鎮國軍，梁改曰感化軍，後唐復曰鎮國軍。(二一)太祖以建雄節度使王晏有拒北漢之功：事見卷二百九十太祖廣順元年。(二二)其鄉里在滕縣，徙晏為武寧節度使：武寧軍，徐州也，滕縣屬焉。《舊唐書・地理志》，滕縣，古滕國，隋置縣。《元豐九域志》，滕州在徐州北一百九十里，即今山東省滕縣。(二三)藁：禾稈也。(二四)場官：藁場之官。凡納藁稅者，皆輸藁束詣藁場納之。(二五)耗餘：此耗餘，謂於納藁束正數之外，復取其餘以備折耗也。(二六)廢安遠、永清軍：後唐莊宗同光元年，以安州為安遠軍，晉高祖天福五年，降為防禦州，漢高祖天福十二年，復為安遠軍，晉高祖天福三年，以貝州為永清軍，今並降為防禦州。(二七)每遇大敵，不走即降，其所以失國，亦多由此：如唐閔帝、末帝，皆以此失國。(二八)帝因高平之戰，始知其弊：高平之戰，樊愛能、何徽之軍，合戰未幾而先遁。㉙詔募天下壯士，咸遣詣闕，命太祖皇帝選其尤者為殿前諸班：胡三省曰：「周之殿前諸班，宋之班直是也。」《五代會要》，先是上按於高平，觀其退縮，慨然有懲革之意，又以驍勇之士多為外諸侯所占，於是召募天下豪傑，不以草澤為阻，進於闕下，躬親試閱，選武藝超絕及有身首者，分署為殿前諸班，因有散員、散指揮使、內殿前直、散都頭、鐵騎、控鶴之號。㉚其騎、步諸軍，各命將帥選之：《五代史・周世宗紀》，時復命總戎者自龍捷、虎捷以降，一一選之，老弱羸小者去之，諸軍士伍，無不精當。㉛匯為大澤：匯，迴也，眾水迴合，聚為大澤也。㉜又東壞古堤而出：胡三省曰：「古堤，前代所築以防河者，河屢徙，故古堤在平地。」㉝菰稗：菰，蔣也，又名茭，其芽即茭白，其實曰菰米，亦稱雕菰米。稗，草也，其實似穀而小。㉞北漢主疾病：病，疾甚也。㉟命其子承鈞監國，尋殂：王保衡《晉陽聞見錄》曰：「甲寅年春，漢主旻南伐敗歸，夏，周師攻圍，旻積憂勞成心疾，是冬，卒。」《五代史記・東漢世家》，旻卒年六十。㊱契丹遣驃騎大將軍知內侍省事劉承訓冊命承鈞為帝，更名鈞：《五代史記・東漢世家》，承鈞，漢主旻之次子也。㊲馬希蕚之帥羣蠻破長沙也：事見卷二百八十九漢隱帝乾祐三年。㊳王逵既得湖南：去年六月，王逵殺劉言，始盡得湖南故地，事見上卷。㊴足下自稱苻秦苗裔：胡三省曰：「苻秦之亡，苻宏奔晉，從諸桓於荊楚，其後無聞。彥通自以為苻秦苗裔，蓋言出於宏之後。」㊵異日得無悔乎：言一旦湖南臨之以兵，則悔之無及。㊶溪洞之地，隋唐之世，皆為州縣，著在圖籍：溪洞之地，隋唐列為郡縣，即黔中道所屬諸州也。㊷下無使府之命：使府，謂湖南都督府。㊸銅鼓：《後漢書・

馬援傳》注引裴氏《廣州記》曰：「狸獠鑄銅為鼓，惟高大為貴，面闊丈餘，初成，懸於庭，置酒招致同類，豪富子女，以金銀為釵，執以叩鼓，叩竟，留釵以遺主人，名為銅鼓釵。」《桂海虞衡志》云：「鼓如坐墩而空其下，滿鼓皆細花紋，四角有小蟾蜍，拊之，聲如鞞鼓。」又《文昌縣志》曰：「蠻人仇殺相攻，則擊銅鼓以集眾。」㊹黔中節度使：黔中武泰軍。㊺預聞府政：預聞湖南使府之政。㊻溪巖西界鎮遏使綿州刺史劉瑫為邊患，表為鎮南節度副使：綿州當作錦州，錦州治盧陽縣，故治在今湖南省麻陽縣西，湖南之西鄙也。王逵之逐邊鎬，以劉瑫補西境鎮遏使以備羣蠻，見卷上卷太祖廣順二年。鎮南軍，洪州也，時屬唐，逵蓋表瑫遙領以寵之耳。㊼武清節度使知潭州事周行逢：周行逢知潭州見上卷太祖廣順三年。《五代史記・楚世家》。顯德元年，逵以行逢為武清軍節度使。按彭師暠立馬希萼於衡州，始置武清節度使以授師暠，王逵因之以授周行逢。㊽行逢起於微賤：《五代史記・楚世家》，周行逢先為靜江軍卒，事馬希萼為軍校。

世宗睿武孝文皇帝㊀上

顯德二年（西元九五五年）

㈠春，正月，庚辰（初十日），上以漕運自晉、漢以來，不給斗耗，綱吏多以虧欠抵死，詔自今每斛給耗一斗。

定難節度使李彝興以折德扆亦為節度使，與己並列，恥之㊁，塞路不通周使。癸未（十三日），上謀於宰相，對曰：「夏州邊鎮，朝廷向來每加優借，府州褊小，得失不繫重輕，且宜撫諭彝興，庶全大體。」上曰：「德扆數年以來，盡忠戮力以拒劉氏，奈何一旦棄之？且夏州惟產羊馬，貿易百貨，悉仰中國，我若絕之，彼何能為？」乃遣供奉官齊藏珍齎詔書責之，彝興惶恐謝罪。

㈡戊子（十八日），蜀置威武軍於鳳州。

㈢辛卯（二十一日），初令翰林學士、兩省官舉令、錄，除官之日，仍署舉者姓名，若貪穢敗官，並當連坐。

契丹自晉、漢以來，屢寇河北，輕騎深入，無藩籬之限，郊野之民，每困殺掠，言事者稱深、冀之間，有胡盧河㊂，橫亘數百里，可浚之以限其奔突。是月，詔忠武節度使王彥超、彰信節度使㊃韓通將兵夫浚胡盧河，築城於李晏口㊄，留兵戍之。

帝召德州刺史張藏英，問以備邊之策。藏英具陳地形要害，請列置戍兵，募邊人驍勇者，厚其廩給，自請將之，隨便宜討擊，帝皆從之，以藏英為沿邊巡檢招收都指揮使。藏英到官數月，募得千餘人，王彥超等行視役者，嘗為契丹所圍，藏英引所募兵馳擊，大破之，自是契丹不敢涉胡盧河，河南㈥之民，始得休息。

㈣二月，庚子朔，日有食之。

㈤蜀夔恭孝王仁毅㈦卒。壬戌（二十三日），詔羣臣極言得失，其略曰：「朕於卿大夫，才不能盡知，面不能盡識，若不采其言而觀其行，審其意而察其忠，則何以見器略之淺深，知任用之當否？若言之不入，罪實在予，苟求之不言，咎將誰執？」

㈥唐主以中書侍郎知尚書省嚴續為門下侍郎同平章事

㈦三月，辛未（初二日），以李晏口為靜安軍。

㈧帝常憤廣明以來，中國日蹙㈧，及高平既捷㈨，慨然有削平天下之志。會秦州民夷有詣大梁獻策請恢復舊疆者㈩，帝納其言。蜀主聞之，遣客省使趙季札按視邊備。季札素以文武才略自任，使還，奏稱雄武節度使㈡韓繼勳、鳳州刺史王萬迪非將帥才，不足以禦大敵。蜀主問誰可往者？季札請自行。丙申（二十七日），以季札為雄武監軍使，仍以宿衞精兵千人為之部曲。

㈨帝以大梁城中迫隘。夏，四月，乙卯（十七日），詔展外城，先立標幟，俟今冬農隙興板築，東作動則罷之，更俟次年，以漸成之。且令自今葬埋，皆出所標七里之外，其標內俟縣官分畫街衢、倉場、營廨之外，聽民隨便築室。

㈩丙辰（十八日），蜀主命知樞密院王昭遠按行北邊城寨及甲兵㈢。

㈩㈠上謂宰相曰：「朕每思致治之方，未得其要，寢食不忘。又自唐、晉以來，吳、蜀、幽、幷㈢皆阻聲教，未能混一，宜命近臣著為君難為臣不易論及開邊策各一篇，朕將覽焉。比部郎中王朴獻策，以為：「中國之失吳、蜀、幽、幷㈣，皆由失道，今必先觀所以失之之原，然後知所以取之之術。其始失之也，莫不以君暗臣邪，兵驕民困，姦黨內熾，武夫外橫，因小致大，積微成著，今欲取之，莫若反其所為而已。夫進賢退不肖，所以收其才也，恩隱㈤誠信，所以結其心也，賞功罰罪，所以盡其力也，去奢節用，所以豐其財也，時使薄斂㈥，所以阜其民也。俟羣才既集，政事既治，財用既充，士民既附，然後舉而用之，功無不成矣！彼之人，觀我有必取之勢，則知其情狀者願為間諜，知其山川者願為鄉導，民心既歸，天意必從矣！凡攻取之道，必先其易者。唐與吾接境幾二千里，其勢易擾也（一七），擾之當以無備之處為始，備東則擾西，備西則擾東，彼必奔走而救之，奔走之間，可以知其虛實彊弱，然後避實擊虛，避彊擊弱，未須大舉，且以輕兵擾之，南人懦怯，聞小有警，必悉師以救之，師數動則民疲而財竭，不悉師則我可以乘虛取之，如此，江北諸州（一八），將悉為我有，既得江北，則用彼之民，行我之法，江南亦易取也，得江南，則嶺南、巴蜀（一九），可傳檄而定，南方既定，則燕地（二〇）必望風內附，若其不至，移兵攻之，席卷可平矣（二一）！惟河東必死之寇（二二），不可以恩信誘，當以彊兵制之。然彼自高平之敗（二三），力竭氣沮，必未能為邊患，宜且以為後圖，俟天下既平，然後伺間，一舉可擒也。今士卒精練，甲兵有備，羣下畏法，諸將効力，期年之後，可以出師，宜自夏、秋蓄積實邊（二四）矣！」上欣然納之（二五）。

時羣臣多守常偷安，所對少有可取者，惟朴神峻氣勁，有謀能斷，凡所規畫，皆稱上意，上由是重其氣識，未幾，遷左諫議大夫知開封府事。

上謀取秦、鳳，求可將者，王溥薦宣徽南院使鎮安節度使㉖向訓，上命訓與鳳翔節度使王景、客省使高唐、昝居潤㉗偕行。五月，戊辰朔，景出兵自散關趣秦州。

(十一)敕天下寺院非敕額者悉廢之，禁私度僧尼㉘，凡欲出家者，必俟祖父母、父母、伯叔之命，惟兩京㉙、大名府㉚、京兆府、青州聽設戒壇㉛，禁僧俗捨身、斷手足、煉指、掛燈、帶鉗之類幻惑流俗者㉜，令兩京及諸州每歲造僧帳，有死亡歸俗，皆隨時開落。是歲，天下寺院存者二千六百九十四，廢者三萬三百三十六，見僧四萬二千四百四十四，尼一萬八千七百五十六。

(十二)王景等拔黃牛八寨㉝。戊寅（十一日），蜀主以捧聖控鶴都指揮使保寧節度使李廷珪為北路行營部統㉞，左衞聖步軍都指揮使高彥儔為招討使，武寧節度使呂彥珂㉟副之，容省使趙崇韜為都監。

(十四)蜀趙季札至德陽㊱，聞周師入境，懼不敢進，上書求解邊任，還奏事，先遣輜重及妓妾西歸。丁亥（二十日），單騎馳入成都，眾以為奔敗，莫不震恐。蜀主問以機事，皆不能對，蜀主怒，繫之御史臺，庚午（六月，戊辰朔，無庚午），斬之於崇禮門。

(十五)六月，庚子（初三日），上親錄囚於內苑，有汝州民馬遇父及弟為吏所冤死，屢經覆按，不能自伸，上臨問，始得其實，人以為神，由是諸長吏無不親察獄訟。

(十六)壬寅（初五日），西師與蜀李廷珪等戰於威武城㊲東，不利，排陳使濮州刺史胡立等為蜀所擒。丁未（初十日），蜀主遣間使如北漢及唐，欲與之俱出兵以制周，北漢主、唐主皆許之。已酉（十三日），以彰信節度使韓通充西南行營馬步軍都虞候。

(十七)戊午（二十一日），南漢主殺禎州㊳節度使通王弘政。於是高祖㊴之諸子盡矣。

(十八)壬戌（二十五日），以樞密院承旨清河㊵張美為右領軍大將軍，權點檢三司事㊶。

初，帝在澶州，美掌州之金穀隸三司者，帝或私有所求，美曲為供副㊷，太祖聞之，怒，恐傷帝意，但徙美為濮州馬步軍都虞候。美治財精敏，當時鮮及，故帝以利權授之，然思其在澶州所為，終不以公忠待之㊸。

(十九)秋，七月，丁卯朔，以王景兼西南行營都招討使，向訓兼行營兵馬都監。宰相以景等久無功，饋運不繼，固請罷兵，帝命太祖皇帝往視之，還言秦鳳可取之狀，帝從之。

(廿)八月，丁未（十一日），中書侍郎同平章事景範罷判三司，尋以父喪罷政事。

(廿一)王景等敗蜀兵，獲將卒三百。己未（二十三日），蜀主遣通奏使知樞密院武泰節度使伊審徵如行營慰撫，仍督戰。

帝以縣官久不鑄錢，而民間多銷錢為器皿及佛像，錢益少。九月，丙寅朔，敕始立監采銅鑄錢，自非縣官法物、軍器及寺觀鍾磬、鈸鐸之類聽留外，自餘民間銅器、佛像，五十日內，悉令輸官，給其直，過期隱匿不輸，五斤以上其罪死，不及者論刑有差㊹。上謂侍臣曰：「卿輩勿以毀佛為疑，夫佛以善道化人，苟志於善，斯奉佛矣！彼銅像豈所謂佛邪？且吾聞佛在利人，雖頭目猶捨以布施，若朕身可以濟民，亦非所惜也。」臣光曰：「若周世宗可謂仁矣，不愛其身而愛民，若周世宗可謂明矣，不以無益廢有益。」

(廿二)蜀李廷珪遣先鋒都指揮使李進據馬嶺寨㊺，又遣奇兵出斜谷，屯白澗㊻，又分兵出鳳州之北唐倉鎮㊼及黃花谷㊽，絕周糧道。閏月，王景遣裨將張建雄將兵二千抵黃花，又遣千人趣唐倉，扼蜀歸路。蜀染院使王巒將兵出唐倉，與建雄戰於黃花，蜀兵敗，奔唐倉，遇周兵，又敗，虜巒及其將士三千人，馬嶺、白澗兵皆潰，李廷珪高彥儔等退保青泥嶺㊾，蜀雄武節度使兼侍中韓繼勳棄秦州，奔還成都，觀察判官趙玭舉城降㊿，斜谷援兵亦潰。【考異】十國紀年：「玭召宮屬告之曰：『周兵無敵，今朝廷所遣勇將精兵，不死即逃，我輩不能去危就安，禍且至矣！』眾皆聽命，舉城叛降周，斜谷援兵亦潰。」五代通錄：「宮軍之圍鳳州，偽秦州節度使高彥儔引兵往復援之，中途聞黃花之敗，奔秦州，玭與城中將校閉門不納，彥儔遂西奔，玭即以城歸國。」今從實錄。武、階二州皆降，蜀人震恐。玭，澶州人也。帝欲以玭為節度使，范質固爭，以為不可，乃以為郢州刺史。

壬子（十七日），百官入賀。帝舉酒屬王溥曰：「邊功之成，卿擇帥之力也(五一)。」

甲子(二十九日),上與將相食於萬歲殿,因言:「兩日大寒,朕於宮中食珍膳,深愧無功於民而坐享天祿,既不能躬耕而食,惟當親冒矢石,為民除害,差可自安耳!」

(廿三)乙丑(十月朔)(五二),蜀李廷珪上表待罪。冬,十月,壬申(初八日),伊審徵至成都請罪,皆釋之。

(廿四)蜀主致書於帝請和,自稱大蜀皇帝,帝怒其抗禮,不答,蜀主愈恐,聚兵糧於劍門、白帝為守禦之備(五三),募兵既多,用度不足,始鑄鐵錢,榷境內鐵器,民甚苦之。

(廿五)唐主性和柔好文章,而喜人佞己,由是諂諛之臣多進用(五四),政事日亂既。克建州,破湖南(五五),益驕,有吞天下之志,李守貞、慕容彥超之叛,皆為之出師,遙為聲援(五六),又遣使自海道通契丹及北漢,約共圖中國(五七),值中國多事,未暇與之校。先是每冬淮水淺涸,唐人常發兵戍守,謂之把淺(五八),壽州監軍吳廷紹以為疆埸無事,坐費資糧,悉罷之,清淮節度使劉仁贍上表固爭,不能得。

十一月，乙未朔，帝以李穀為淮南道前軍行營都部署兼知廬、壽等行府事，以忠武節度使王彥超副之，督侍衛馬軍都指揮使韓令坤等十二將以伐唐。令坤，磁州武安(五九)人也。

(廿六)汴水自唐末潰決，自埇橋東南，悉為汙澤。上謀擊唐，先命武寧節度使武行德發民夫，因故堤疏導之(六〇)，東至泗上，議者皆以為難成，上曰：「數年之後，必獲其利(六一)。」

(廿七)丁未（十三日），上與侍臣論刑賞，上曰：「朕必不因怒刑人，因喜賞人。」

(廿八)先是大梁城中民侵街衢為舍，通大車者蓋寡(六二)，上命悉直而廣之(六三)，廣者至三十步。又遷墳墓於標外(六四)。上曰：「近廣京城，於存歿擾動(六五)，誠多怨謗之語，朕自當之，他日終為人利。」

(廿九)王景等圍鳳州，韓通分兵城固鎮以絕蜀之援兵。戊申（十四日），克鳳州，擒蜀威武節度使王環(六六)及都監趙崇溥等將士五千人。崇溥不食而死，環，真定人也。乙卯（二十一日），制曲赦秦、鳳、階、成境內所獲蜀將士，願留者優其俸賜，願去者給資裝而遣之。詔曰：「用慰眾情，免違物性。其四州之民，二稅徵科之外，凡蜀人所立諸色科徭悉罷之。」

(卌)唐人聞周兵將至而懼，劉仁贍神氣自若，部分守禦，無異平日(六七)，眾情稍安。唐主以神武統軍劉彥貞為北面行營都部署，將兵二萬趣壽州，奉化節度使(六八)同平章事皇甫暉為應援使，常州團練使姚鳳為應援都監，將兵三萬屯定遠(六九)，召鎮南節度使宋齊丘還金陵(七〇)謀國難，以翰林承旨戶部尚書殷崇義為吏部尚書，知樞密院。

(卌一)李穀等為浮梁，自正陽濟淮。十二月，甲戌（初十日），穀奏王彥超敗唐兵二千餘人於壽州城下，己卯（十五日），又奏先鋒都指揮使白延遇敗唐兵千餘人於山口鎮(七一)。

(卌二)丙戌（二十二日），樞密使兼侍中韓忠正公鄭仁誨卒(七二)，上臨其喪。近臣奏稱歲道非便，上曰：「君臣義重，何日時之有？」往哭盡哀。

(卌三)吳越王弘俶遣元帥府判官陳彥禧入貢(七三)，帝以詔諭弘俶，使出兵擊唐(七四)。

【今註】㈠世宗睿武孝文皇帝：帝諱榮，太祖之養子，聖穆皇后之姪也，本姓柴氏，邢州龍岡人，父守禮，即聖穆皇后之兄也，帝少從姑，長於太祖家，太祖無子，家道淪落，然以帝謹厚，以庶事委之，帝悉心經度，貲用獲濟，太祖甚憐之，乃養為己子。㈡定難節度使李彝興以折德扆亦為節度使，與己並列，恥之：李彝興即彝殷也，避宋朝宣祖廟諱改名彝興，史以後來所更名書之。胡三省曰：「夏州自唐以來為緣邊大鎮，李氏父子又世襲節度使，府州，漢氏方置節鎮，折氏父子又晚出，故恥與並列。」㈢彰信節度使：曹州本威信軍，後周避太祖諱改曰彰信軍。㈣胡盧河：胡盧河即古衡漳水也，在今河北省寧晉縣東南，亦作葫蘆河，今名寧晉泊。㈤築城於李晏口：胡三省曰：「冀州蓨縣有李晏鎮。」在今河北省景縣東北。時築壘屯軍於此以為靜安軍。按《五代史・周世宗紀》，其軍南距冀州百里，北距深州三十里，夾胡盧河為壘。㈥河南：胡盧河之南也。㈦蜀夔恭孝王仁毅：仁毅，蜀主之弟也。㈧帝常憤廣明以來，中國日蹙：廣明，唐僖宗年號。廣明元年，黃巢入長安，中國擾亂，自此之後，內則強藩割據，外則戎狄交侵，疆域日蹙。㈨及高平既捷：高平之捷見上卷上年。㈩會秦州民夷有詣大梁獻策請恢復舊疆者：此舊疆，謂階、成、秦、鳳等州也。自晉末契丹入中原，重以漢末王景崇之亂，階、成、秦、鳳等州遂入於蜀。⑪雄武節度使：蜀置雄武軍於秦州。⑫蜀主命知樞密院王昭遠按行北邊城寨及甲兵：以備周也。⑬吳、蜀、幽、幷：吳謂南唐，幽州時入於契丹，並謂北漢。⑭中國之失吳、蜀、幽、幷：梁失吳，後唐得蜀而復失之，晉失幽州，周失幷州。⑮隱：胡三省曰：「隱，卹也。」⑯時使薄斂：以時役使其民而薄斂其賦。⑰唐與吾接境幾二千里，其勢易擾也：胡三省曰：「唐與中國以淮為境，自淮源東至海幾二千里。」邊境長則防禦不易，故易擾之。⑱江北諸州：謂揚、楚、泗、滁、和、光、黃、舒、蘄、廬、壽、海、泰、濠諸州也，時皆屬唐。⑲嶺南、巴蜀：嶺南謂南漢劉氏，巴蜀孟氏。⑳燕地：時為契丹所據。㉑移兵攻之，席卷可平矣：席卷，喻兵鋒甚銳，略地如捲席然。《史記・魏豹彭越傳》贊：「席卷千里，南面稱孤。」卷讀為捲。㉒惟河東必死之寇：河東謂北漢。必死者，言與周為世仇，必以死力拒戰。㉓然彼自高平之敗：事見上卷上年三月。㉔蓄積實邊：當積軍須充實邊境以為用兵之備。㉕上欣然納之：《宋史・陶穀傳》，時世宗命學林承旨徐召符以下二十餘人各撰為君難為臣不易，論平邊策以進，其略率以修文德、來遠人為益，惟穀與竇儀、楊昭儉、王朴以封疆密邇江淮，當用師取之，世宗自克高平，常訓兵講武，思混一天下，及覽其策，欣然聽納，由是平南之意益堅矣！㉖鎮安節度使：《五代會要》，漢高祖天福十二年，廢陳州鎮安軍，周太祖廣順二年復。㉗昝居潤：昝，姓也，音沾。㉘敕天下寺院非敕額者悉廢之，禁私度僧尼：胡三省曰：「敕額者，敕賜寺額，如慈安、安國、興唐之類。」按《五代會要》，後唐明宗天成元年十一月，敕應今日以前修蓋寺院無令毀廢，自此後不得輒有建造，如有願在僧門，亦宜准佛法格例，官壇受戒，不得衷私剃度。三年六月，敕應天下大寺及敕賜名額院宇兼有功德堂殿樓閣已成就者各勒住持，其餘小小占射或施捨及置買目下屋宇雖多未有佛像者並須量事估價，任公收買，其住持僧便委功德使及隨處長吏均配於大寺安止，如院在僻靜之處，舍宇無多，不堪人承買者，便仰毀其材木，給付本僧田地，任人請射。晉高祖天福四年二月，敕今後諸道州府城郭村坊不得創造寺宇，所有目前蓋者即依舊住持。蓋自後唐以來，已有興建寺院及私度僧尼之禁。㉙兩京：汴京及洛京。㉚大名府：唐以魏州為大名府，置天雄軍，後唐建為鄴都，改曰興唐府，晉曰廣晉府，周罷鄴都，復為天雄軍大名府。㉛戒壇：僧尼受戒之所。㉜禁僧俗捨身、斷手足、煉指、掛燈、帶鉗之類幻惑流俗者：胡三省曰：「煉指者，束香於指而燃之，掛燈者，裸體，以小鐵鈎徧鈎其膚，凡鈎皆掛小燈圈，燈盞貯油而燃之，俚俗謂之燃肉身燈。今人帶布枷以化流俗者，亦幻惑之餘敝。」《五代會要》，後唐明宗天成二年六月敕云：「訪聞近日有矯偽之徒，依憑佛教，誑誘人情，或傷割形骸，或負擔鉗索，或書經於都肆，或賣藥於街衢，悉是乖訛，須行斷絕。」蓋後唐以來已有此禁，時復重申禁令耳。㉝黃牛八寨：胡三省曰：「黃牛等八寨皆當在秦州界。」黃牛寨在今陝西省鳳縣東北，宋曰黃牛堡。㉞北路行營都統：蜀以秦鳳為北路。㉟武寧節度使呂彥珂：徐州武寧軍，時屬周，蜀以呂彥珂遙領耳。㊱蜀趙季札至德陽：德陽屬漢州，去成都未遠。㊲威步城：胡三省曰：「威武城，前蜀所築也，在鳳州東北。」㊳禎州：禎州宋曰惠州，即今廣東省惠陽縣。胡三省曰：「禎州，漢博羅縣之地，梁置梁化郡，隋置循州，治歸善縣，唐因之，至南漢，改唐之河源縣為龍川縣，徙循州治焉，以循州舊治歸善縣置禎州，宋朝避仁宗諱改曰惠州。」㊴高祖：南漢主龑廟號高祖。㊵清河：《唐書・地理志》，清河縣，貝州治所，即今河北省清河縣。㊶權點檢三司事：權點檢者，示未正除。㊷曲為供副：曲從帝意為之供副也。供副者，供辦以副其所求。㊸然思其在澶州所為，終不以公忠待之：以張美在澶州之時，阿意曲從，故不以公忠之士待之。㊹敕始立監采銅鑄錢，自非縣官法物、軍器及寺觀鍾磬、鈸鐸之類聽留外，自餘民間銅器佛像，五十日內，悉令輸官，給其直，過期隱匿不輸，五斤以上其非死，不及者論刑有差：《五代會要》，顯德二年九月一日敕：「國家之利，泉貨為先，近朝已來，久絕鑄造，至於私下不禁銷鎔，歲月漸深，奸弊尤甚。今採銅興治，立監鑄錢，冀便公私，宜行條制，今後除朝庭法物、軍器、官物并鏡及寺觀內鍾磬、鈸鐸外，其餘銅器，一切禁斷。應兩京、諸道、州、府銅像、器物、諸色裝鉸所用銅限敕到五十日內，並須毀廢送官，其私下所納到銅，據斤兩給付價錢，如出限有隱藏及埋窖使用者，一兩至一斤，所犯人及知情人徒二年，所由節級四鄰杖四十，捉事告事人賞錢十貫；一斤至五斤，所犯及知情人各徒三年，所由節級四鄰杖九十，捉事告事人賞錢二十貫；五斤以上，不計多少，所犯人處死，知情人徒二年，配役一年，所由節級四鄰杖一百，捉事告事人賞錢三十貫。其人戶若納到熟銅，每斤官中給錢一百五十，生銅每斤一百，其銅鏡令宮中鑄造，於東京置場貨賣，許人收買，於諸處興販，其朝廷及諸州見管法物、軍器、官物舊用銅製造并裝飾者，候經使用破壞，即時改造，仍今不得更使銅，內有合使銅者，奏取進止。」㊺馬嶺寨：今陝西省石泉縣東四十五里有馬嶺山，綿亙二十餘里，路徑崎嶇，紆迴盤繞，形勢甚險，山下有馬嶺關。㊻白澗：《元豐九域志》，鳳州梁泉縣有白澗鎮，梁泉縣，鳳州治也，即今陝西省鳳縣。㊼唐倉鎮：今陝西省鳳縣北猶有唐倉故城。㊽黃花谷：《舊唐書·地理志》，鳳州黃花縣，唐高祖武德四年分梁泉縣置，以川為名。《唐書·地理志》，敬宗寶曆元年，省黃花縣入梁泉縣。故治在今陝西省鳳縣北，今為黃花鎮，黃花谷，蓋黃花川之峽谷也。

(四九)青泥嶺：青泥嶺在今甘肅省徽縣南，為甘、陝入蜀要道。《元和郡縣志》，青泥嶺懸崖萬仞，上多雲雨，行者屢逢泥淖，故名。杜甫青泥嶺詩：「朝行青泥上，暮在青泥中，泥濘非一時，版築勞人功。」(五〇)觀察判官趙玭舉城降：舉秦州城降周也。(五一)邊功之成，卿擇帥之力也：擇帥事見上四月。(五二)乙丑：當作冬十月乙丑朔。(五三)聚兵糧於劍門、白帝為守禦之備：自岐雍入蜀，必經劍門之險，自荊襄溯流入蜀，則白帝為衝要，故聚兵糧守禦以備周兵之侵襲。(五四)由是諂諛之臣多進用：諂諛之臣，謂馮延己、馮延魯、魏岑、陳覺等。(五五)克建州，破湖南：克建州見卷二百八十四晉少帝開運二年，破湖南見卷二百九十太祖廣順二年。(五六)李守貞、慕容彥超之叛，皆為之出師，遙為聲援：援李守貞見卷二百八十八漢隱帝乾祐元年，援慕容彥超見卷二百九十太祖廣順二年。(五七)又遣使自海道通契丹及北漢，約共圖中國：馬令《南唐書》曰：「保大十二年秋七月，契丹使其舅來聘。」南唐嗣主景保大十二年，遼穆宗應曆四年，周之顯德元年也。又《遼史・穆宗紀》，應曆五年冬十月，南唐遣使貢遼。應曆五年即顯德二年。(五八)唐人常發兵戍守，謂之把淺：胡三省曰：「把淺之處，自霍丘以上，西盡光州界。」(五九)汴水自唐末潰決，自埇橋東南，悉為汙澤，上謀擊唐，先命武寧節度使武行德發民夫因故堤疏導之：宿州治埇橋，在今安徽省宿縣北二十里，一名符離橋，亦名永濟橋，橫跨汴水。《輿地記》，徐州南控埇橋以扼汴路，故其鎮尤重，唐於其地置鹽鐵院，建中二年，淄青帥李正己拒命，屯兵埇橋，元和四年，議者以埇橋當舟車之會，因置宿州以鎮之。自埇橋東南抵唐境，皆武寧節度巡屬也。(六〇)武安：《舊唐書・地理志》，武安，漢縣，唐隸磁州，即今河南省武安縣。(六一)數年之後，必獲其利：胡三省曰：「謂淮南既平，藉以通漕，將獲其利也。」㊷通大車者蓋寡：謂街衢率多狹窄，能通大車者甚寡。㊸上命悉直而廣之：街衢之曲者開而直之，狹者拓而廣之。㊹又遷墳墓於標外：立標幟以廣京城見上四月。㊺於存歿擾動：既村民舍，復遷墳墓，是存歿俱擾。㊻擒蜀威武節度使王環：蜀置威武節度使於鳳州見是年正月。㊼劉仁贍神氣自若，部分守禦，無異平日：仁贍時為唐清淮節度使，鎮壽州。㊽奉化節度使：南唐置奉化軍於江州。㊾定遠：《舊唐書・地理志》，定遠縣，漢九江郡曲陽縣地，隋置定遠縣，唐屬濠州。《元豐九域志》，定遠縣在濠州南八十里，即今安徽省定遠縣。㊿召鎮南節度使宋齊丘還金陵：自洪州召還金陵。㊀山口鎮：胡三省曰：「此時唐蓋置鎮於六安山口。按薛史本紀，顯德四年，劉重遇奏殺紫金山潰兵三千人於壽州東山口，又疑置鎮於此地，未知孰是。」㊁樞密使兼侍中韓忠正公鄭仁誨卒：《五代史・鄭仁誨傳》，仁誨為人端厚謙損，造次必由於禮，及居樞務，雖權位崇重，而能孜孜接物，無自矜之色，及終，朝廷咸惜之，詔贈中書令，封號國公，謚曰忠正。㊂吳越王弘俶遣元帥府判宮陳彥禧入貢：太祖廣順二年，制授弘俶天下兵馬都元帥，故置元帥府判官。㊃帝以詔諭弘俶，使出兵擊唐：胡三省曰：「使出兵常州以擊之，則唐有反顧之憂。」

顯德三年（西元九五六年）

㈠春，正月，丙午（十二日），以王環為右驍衛大將軍，賞其不降也㊀。

㈡丁酉（初三日），李穀奏敗唐兵千餘人於上窰㊁。

㈢戊戌（初四日），發開封府、曹、滑、鄭州之民十餘萬築大梁外城㊂。

㈣庚子（初六日），帝下詔親征淮南，以宣徽南院使鎮安節度使向訓權東京留守，端明殿學士王朴副之，彰信節度使韓通權點檢侍衛司及在京內外都巡檢，命侍衛都指揮使歸德節度使李重進將兵先赴正陽，河陽節度使白重贊將親兵三千屯潁上㊃。壬寅（初八日），帝發大梁。

李穀攻壽州，久不克，唐劉彥貞引兵救之，至來遠鎮㊄，距壽州二百里，又以戰艦數百艘趣正陽，為攻浮梁之勢，李穀畏之，召將佐謀曰：「我軍不能水戰，若賊斷浮梁，則腹背受敵，皆不歸矣！不如退守浮梁以待車駕。」上至圉鎮㊅，聞其謀，亟遣中使乘驛止之。比至㊆，已焚芻糧，退保正陽㊇。

丁未（十三日），帝至陳州㊈，亟遣李重進引兵趣淮上。辛亥（十七日），李穀奏：「賊艦中流而進，弩礮所不能及，若浮梁不守，則眾心動搖，須至退軍。今賊艦日進，淮水日漲㊉，若車駕親臨，萬一糧道阻絕，其危不測，願陛下且駐蹕陳、潁㊀，俟李重進至，臣與之共度，賊艦可禦，浮梁可完，立具奏聞，但若厲兵秣馬，春去冬來，足使賊中疲弊，取之未晚。」帝覽奏不悅。

劉彥貞素驕貴，無才略，不習兵，所歷藩鎮，專為貪暴，積財巨億，以賂權要，由是魏岑等爭譽之，以為治民如龔、黃，用兵如韓、彭㊁，故周師至，唐主首用之，其裨將咸師朗等皆勇而無謀，聞李穀退，喜，引兵直抵正陽，旌旗輜重數百里，劉仁贍及池州刺史張全約固止之。仁贍曰：「公軍未至而敵人先遁，是畏公之威聲也㊂，安用速戰？萬一失利，則大事去矣！」彥貞不從。既行，仁贍曰：「果遇必敗。」乃益兵乘城為備㊃。李重進度淮，逆戰於正陽東㊄，大破之，斬彥貞，生擒咸師朗等，斬首萬餘級，伏尸三十里，收軍資、器械三十餘萬。是時江淮久安，民不習戰，彥貞既敗，唐人大恐，張全約收餘眾奔壽州，劉仁贍表全約為馬步左廂都指揮使，皇甫暉、姚鳳退保清流關㈥，滁州刺史王紹顏委城走。

壬子（十八日），帝至永寧鎮㈦，謂侍臣曰：「聞壽州圍解，農民多歸村落，今聞大軍至，必復入城，憐其聚為餓殍，宜先遣使存撫，各今安業。」

甲寅（二十日），帝至正陽，以李重進代李穀為淮南道行營都招討使，以穀判壽州行府事㈧。丙辰（二十二日），帝至壽州城下，營於淝水之陽㈨，命諸軍圍壽州，徙正陽浮梁於下蔡鎮㈩。丁巳（二十三日），徵宋、亳、陳、潁、徐、宿㈪、許、蔡等州丁夫數十萬以攻城，晝夜不息。唐兵萬餘人，維舟於淮，營於塗山㈫之下。庚申（二十六日），帝命太祖皇帝擊之，太祖皇帝遣百餘騎薄其營而偽遁，伏兵邀之，大敗唐兵於渦口㈬，斬其都監何延錫等，奪戰艦五十餘艘。

㈤詔以武平節度使兼中書令王逵為南面行營都統，使攻唐之鄂州。逵引兵過岳州，岳州團練使潘叔嗣厚具燕犒，奉事甚謹。逵左右求取無厭，不滿望者譖叔嗣於逵，云其謀叛，逵怒形於詞色，叔嗣由是懼而不自安。

唐主聞湖南兵將至，命武昌節度使何敬洙徙民入城，為固守之計，敬洙不從，使除地為戰場，曰：「敵至則與軍民俱死於此耳！」唐主善之。

㈥二月，丙寅（初三日），下蔡浮梁成，上自往視之。戊辰（初五日），廬、壽、光、黃巡檢使司超㉔奏敗唐兵三千餘人於盛唐㉕，擒都監高弼等，獲戰艦四十餘艘。

上命太祖皇帝倍道襲清流關，皇甫暉等陳於山下，方與前鋒戰，太祖皇帝引兵出山後，暉等大驚，走入滁州，欲斷橋自守，太祖皇帝躍馬麾兵涉水，直抵城下，暉曰：「人各為其主，願容成列而戰。」太祖皇帝笑而許之，暉整眾而出，太祖皇帝擁馬頸突陳而入，大呼曰：「吾止取皇甫暉，它人非吾敵也。」手劍擊暉中腦，生擒之，並擒姚鳳，遂克滁州㉖。後數日，宣祖皇帝㉗為馬軍副都指揮使，引兵夜半至滁州城下，傳呼開門，太祖皇帝曰：「父子雖至親，城門，王事也，不敢奉命。」

上遣翰林學士竇儀籍滁州帑藏，太祖皇帝遣親吏取藏中絹，儀曰：「公初克城時，雖傾藏取之，無傷也，今既籍為官物，非有詔書，不可得也。」太祖皇帝由是重儀。詔左金吾衛將軍馬崇祚知滁州。

初，永興節度使劉詞遺表薦其幕僚薊人趙普有才可用，會滁州平，范質薦普為滁州軍事判官，太祖皇帝與語，悅之。時獲盜百餘人，皆應死，普請先訊鞫然後決，所活什七八，太祖皇帝益奇之。太祖皇帝威名日盛，每臨陳，必以繁纓飾馬，鎧仗鮮明。或曰：「如此為敵所識。」太祖皇帝曰：「吾固欲其識之耳！」

唐主遣泗州牙將王知朗齎書抵徐州㊁，稱唐皇帝奉書大周皇帝，請息兵修好，願以兄事帝，歲輸貨財以助軍費。甲戌（十一日），徐州以聞，帝不答。戊寅（十五日），命前武勝節度使侯章等攻壽州水寨，決其壕之西北隅，導壕水入於淝。

太祖皇帝遣使獻皇甫暉等，暉傷甚，見上，臥而言曰：「臣非不忠於所事，但士卒勇怯不同耳！臣曏日屢與契丹戰[二九]，未嘗見兵精如此。」因盛稱太祖皇帝之勇，上釋之，後數日卒。帝詗知揚州無備，己卯（十六日），命韓令坤等將兵襲之，戒以毋得殘民，其李氏陵寢，遣人與李氏人共守護之。

唐主兵屢敗，懼亡，乃遣翰林學士戶部侍郎鍾謨、工部侍郎文理院學士李德明奉表稱臣，來請平[三〇]，獻御服湯藥及金器千兩、銀器五千兩、繒錦二千匹、犒軍牛五百頭、酒二千斛。壬午（十九日），至壽州城下。謨、德明素辯口，上知其欲游說，盛陳甲兵而見之，曰：「爾主自謂唐室苗裔[三一]，宜知禮義，異於他國。與朕止隔一水[三二]，未嘗遣一介修好，惟泛海通契丹[三三]，捨華事夷，禮義安在？且汝欲說我今罷兵邪？我非六國愚主，豈汝口舌所能移邪[三四]？可歸語汝主，亟來見朕，再拜謝過，則無事矣，不然，朕欲觀金陵城，借府庫以勞軍，汝君臣得無悔乎？」謨、德明戰栗不敢言。

㈦吳越王弘俶遣兵屯境上以俟周命，蘇州營田指揮使陳滿言於丞相吳程曰：「周師南征，唐舉國驚擾，常州無備，易取也。」會唐主有詔撫安江陰㊂㊄吏民，滿告程云：「周詔書已至。」程為之言於弘俶，請亟發兵從其策。丞相元德昭曰：「唐大國，未可輕也。若我入唐境而周師不至，誰與並力？能無危乎？請姑俟之。」程固爭，以為時不可失，弘俶卒從程議。癸未（二十日），遣程督衢州刺史鮑修讓、中直都指揮使羅晟趣常州。程謂將士曰：「元丞相不欲出師。」將士怒，流言欲擊德昭。弘俶匿德昭於府中，令捕言者，歎曰：「方出師而士卒欲擊丞相，不祥甚哉！」

㈧乙酉（二十二），韓令坤奄至揚州，平旦，先遣白延遇以數百騎馳入城，城中不之覺。令坤繼至，唐東都㊂㊅營屯使賈崇焚官府民舍，棄城南走，副留守工部侍郎馮延魯㊂㊆髡髮被僧服，匿於佛寺，軍士執之。令坤慰撫其民，使皆安堵㊂㊇。

庚寅（二十七日），王逵奏拔鄂州長山寨㊂㊈，執其將陳澤等獻之。

辛卯（二十八日），太祖皇帝奏唐天長㊃制置使耿謙降，獲芻糧二十餘萬。

㈨唐主遣園苑使尹延範如泰州㊶遷吳讓皇之族於潤州㊷，延範以道路艱難，恐楊氏為變，盡殺其男子六十人還報，唐主怒，腰斬之㊸。

㈩韓令坤等攻泰州，拔之㊹，刺史方訥奔金陵。

(十一)唐主遣人以蠟丸求救於契丹，壬辰（二十九日），靜安軍㊺使何繼筠獲而獻之。

(十二)以給事中高防權知泰州。

(十三)癸巳（三十日），吳越王弘俶遣上直都指揮使路彥銖攻宣州，羅晟帥戰艦屯江陰，唐靜海制置使㊻姚彥洪帥兵民萬人奔吳越。

(十四)潘叔嗣屬將士而告之曰：「吾事令公㊼至矣，今乃信讒疑怒，軍還，必擊我，吾不能坐而待死，汝輩能與吾俱西乎？」眾憤怒請行，叔嗣帥之西襲朗州㊽，逵聞之，還軍追之，及於武陵城外㊾，與叔嗣戰，逵敗死。【考異】湖湘故事云：「王逵奉詔伐吳，有蜜蜂無萬數，集逵繖蓋，周行逢內喜，潛與潘叔嗣、張文表等謀曰：『我覩王公妖怪入傘，他時忽落別人之手，我輩處身何地？我等若三人同心，共保馬氏舊基，同處富貴，豈不是男兒哉？』叔嗣、文表聞行逢之言，已會深意，遂乃拜受此語，各散歸營。」廣本：「逵命行營副使毛立為營州營統軍，使潘叔嗣、張文表為前鋒，軍次醴陵，縣吏請其牛酒犒軍，立不許，叔嗣、文表因士卒之怒，縛立，送於行逢，以兵叛逵，逵大懼，乘輕舟奔朗州，叔嗣追至朗州，殺之。」湖湘故事：「逵連夜走歸朗州，去經數日，潘叔嗣始到潭州，既聞王逵走歸朗州，亦以舟棹倍程而趨，至朗州，殺之。」今按世宗實錄：「顯德三年二月，丙寅，朗州王逵言領大軍入淮南界，庚寅，言入鄂州界，攻下長山寨，癸巳，荊南高保融言進逵自鄂州領兵復歸本道。」又云：「潘叔嗣為先鋒，行及鄂州，叔嗣回戈襲武陵，進逵聞之，倍道先入武陵，叔嗣攻其城，進逵敗走，為叔嗣所殺。」又云：「三月，壬寅，進逵差牙將押送淮南將陳澤等。」蓋進逵未敗前奏事，三月，始達行在，與薛史承襲傳及湖南傳記略同，惟湖湘故事及丁璹馬氏行事記載逵攻袁州，叔嗣叛之，丁璹云：「逵三月至潭州，四月，叔嗣叛。」丁璹云：「五月五日，叔嗣殺逵於朗州。」皆妄也。周行逢據湖南，仕進尚門蔭，衍屢獻文章，不得調，退居鄉里教授，及張文表叛，辟為幕職，事敗，逃去，會赦，乃敢出，窮困無以自進，採摭故事，撰湖湘馬氏故事二十卷，如京師獻之，太宗憫其窮且老，授將作監丞。衍本小人，言辭鄙俚，非有意著書，故敍事顛倒，前後自相違背，以無為有，不可勝數，素怨周行逢，尤多誣毀，不欲行逢不預叔嗣之謀乃妄造此說，凡載行逢罪惡之甚者，皆出於衍云。璹亦國初人，疑其說得於衍書，皆不可為據，今從十國紀年。

或勸叔嗣遂據朗州，叔嗣曰：「吾救死耳，安敢自尊？宜以督府歸潭州太尉(五〇)，豈不以武安見處乎(五一)？」乃歸岳州，使團練判官李簡(五二)帥朗州將吏迎武安節度使周行逢，眾謂行逢必以潭州授叔嗣(五三)，行逢曰：「叔嗣賊殺主帥，罪當族，所可恕者，得武陵而不有，以授吾耳！若遽用為節度使，天下謂我與之同謀，何以自明？宜且以為行軍司馬，俟踰年授以節鉞可也。」乃以衡州刺史莫弘萬權知潭州，帥眾入朗州，自稱武平、武安留後(五四)，告於朝廷，以叔嗣為行軍司馬。叔嗣怒，稱疾不至。行逢曰：「行軍司馬，吾嘗為之(五五)，權與節度使相埒(五六)耳！叔嗣猶不滿望，更欲圖我邪？」或說行逢授叔嗣武安節鉞以誘之，今至都府受命，此乃機上肉耳。行逢從之。叔嗣將行，其所親止之，叔嗣自恃素以兄事行逢，相親善(五七)，遂行不疑。行逢遣使迎候，道路相望，既至，自出郊勞，相見甚歡。叔嗣入謁，未至聽事，遣人執之，立於庭下，責之曰：「汝為小校，無大功，王逵用汝為團練使，一旦反殺主帥，吾以疇昔之情，未忍斬汝，以為行軍司馬，乃敢違拒吾命而不受乎？」叔嗣知不免，以宗族為請，遂斬之。

【今註】㈠丙午，以王環為驍衛大將軍，賞其不降也：以王環為蜀固守鳳州不降，城陷而後就擒也，事見上年十一月。按下所繫諸日，丙午當作丙申，是月乙未朔，丙申初二日。㈡上窰：上窰鎮在今安徽省懷遠縣南五十里。㈢發開封府、曹、滑、鄭州之民十餘萬築大梁外城：《元豐九域志》，開封府西至鄭州界一百一十五里，北至滑州界一百里，東北至曹州界一百一十五里。胡三省曰：「曹、滑、鄭皆近京之州也，陳、許近郡而不發者，以方征淮南，道上供億故也。」㈣潁上：《舊唐書・地理志》，潁上縣，隋置，治古鄭城，唐高祖武德四年，移於今治，屬潁州。宋白《續通典》曰：「潁上縣，漢慎縣也，南北畫淮為守，關防莫謹於此。隋大業二年，於今縣南故鄭城置潁上縣，以地枕潁水上游為名。」隋潁上縣在今安徽省潁上縣南，唐移今安徽省潁上縣。㈤來遠鎮：胡三省曰：「九域志，壽州安豐縣有來遠鎮。今按來遠鎮即東正陽，西至溭河十里。」㈥圉鎮：《元豐九域志》，開封府雍丘縣有圉城鎮。雍丘縣即今河南府杞縣。㈦比至：比，及也。及中使至壽州時也。

㈧已焚芻糧，退保正陽：退保正陽浮梁也。《五代史・周世宗紀》，李穀燔其糧草而退，軍迴之際，無復嚴整，公私之間，頗多亡失，淮北役夫，亦有陷於賊境者。㈨帝至陳州：《元豐九域志》，開封府南至陳州三百三十里。㈩淮水日漲：春汛冰泮水生，故李穀慮淮水日漲。㈡陳、潁：陳州、潁州。㈢以為治民如龔、黃，用兵如韓、彭：龔、黃，龔遂、黃霸，漢之良吏也，韓、彭，韓信、彭越，漢之良將也。㈢公軍未至而敵人先遁，是畏公之威聲也：馬令《南唐書》，劉仁贍使人喻劉彥貞曰：「君來赴援，未交戰而敵人退，不可測也。」不可測者，虞敵有詐，非謂敵之怯。㈣乃益兵乘城為備：馬令《南唐書》，劉仁贍曰：「未戰而奔，必有伏兵，我師遇之，無遺類矣！」乃號令軍中為城守之備。㈤逆戰於正陽東：《元豐九域志》，西正陽在淮水西岸，在潁州潁上縣界，東正陽在淮水東岸，在壽州下蔡縣界，西正陽即古潁口，在今安徽省潁上縣東南七十里，東正陽亦曰正陽關，在今安徽省壽縣西六十里，為水運要道，兩地夾淮相對。《輿程記》，東正陽，商賈所聚，西正陽，土著所居。㈥清流關：胡三省曰：「清流關在清流縣西南二十里，南唐所置也。」《舊唐書・地理志》，清流縣，漢九江郡全椒縣地，梁置南進州，居桑根山之陽，在唐清流縣西南八十里，隋始置清流縣，唐為滁州治所，即今安徽省滁縣，清流關在其西南。㈦永寧鎮：《元豐九域志》，潁州汝陰縣有永寧鎮，又東百餘里至正陽，在今安徽省阜陽縣東南百里。㈧以穀判壽州府事：宋敏求曰：「凡節度州為三品，刺史州為五品。國初曹翰以觀察使判潁州，是以四品臨五品州也。同品為知，隔品為判，自後唯輔臣、宣徽使、太子太保、僕射臨州為判，餘並為知州。」㈨帝至壽州城下，營於淝水之陽：水北山南為陽。《水經》，淝水自成德縣西北入芍陂，又北過壽春縣東，北入於淮。⑳下蔡鎮：新、舊《唐書・地理志》，唐潁州有下蔡縣，即今安徽省鳳臺縣。胡三省曰：「南唐廢縣為鎮，西抵正陽五十五里。」㉑宿：《舊唐書・地理志》，宿州，徐州之符離縣也，唐憲宗元和四年，析置宿州，即今安徽省宿縣。㉒塗山：《舊唐書・地理志》，濠州鍾離縣有塗山。唐初置塗山縣，高祖武德七年省入鍾離縣，蓋以山為名也。在今安徽省懷遠縣東南八里，淮河東岸。胡三省曰：「塗山本塗山氏之邑，禹會諸侯處也，今在鍾離縣西九十五里，濱淮有當塗縣故城，南北朝兵爭之際，為馬頭郡城，淮水徑城北而東流，渦水自西北來注於淮，謂之渦口，南岸正對馬頭城。」㉓渦口：渦水入淮之口也，在今安徽省懷遠縣東北。㉔司超：司，姓也，《左傳》鄭有司臣。㉕盛唐：《唐書・地理志》，壽州盛唐縣本曰霍山縣，唐玄宗開元二十七年更名盛唐縣。宋太祖開寶四年，改盛唐曰六安，即今安徽省六安縣。《元豐九域志》，六安縣在壽州南二百一十里。㉖手劍擊暉中腦，生擒之，并擒姚鳳，遂克滁州：《王銍默記》曰：「李景聞世宗親至淮上，而滁州其控扼，且援壽州，命大將皇甫暉監軍，姚鳳提兵十萬扼其地，太祖以周師數千與暉遇於清流關隘路，周師大敗。暉整全師入憩滁州城下，會翊日再出。太祖兵聚關下，且虞暉兵再至，問諸村人，云：『有鎮州趙學究在村中教學，多智計，村民有爭訟者多請以決曲直。』太祖往訪之，學究曰：『我有奇計，所謂因敗為勝，轉禍為福。今關下有徑路，人無行者，雖牌軍亦不知之，乃山之背也，可以直抵城下，方值西澗水大漲之時，彼必謂我既敗之後，無敢躡其後者，誠能由山背小路率兵浮西澗水至城下，斬關而入，可以得志。』太祖大喜，且命學究以指其路，學究亦不辭，而遣人前導，即下令誓師，夜從小路行，三軍跨馬浮西澗以迫城。暉果不為備，奪門以入，暉始聞之，率親兵擐甲與太祖巷戰，三縱而三擒之，遂下滁州。」《國光閒話》曰：「太祖挺身力戰，劍血服衲，既而擒暉。」㉗宣祖皇帝：宋宣祖諱弘殷。㉘唐主遣泗州牙將王知朗齎書抵徐州：胡三省曰：「九域志，泗州西北至徐州七百五十里，王知朗不敢詣軍前而抵徐州，恐犯兵鋒而死也。」按《五代史・周世宗紀》及馬令《南唐書》皆云唐主遣王知朗齎書至滁州，《通鑑》作徐州，恐誤。㉙臣屢日屢與契丹戰：胡三省曰：「皇甫暉本魏兵，唐莊宗使戍瓦橋拒契丹，因而作亂，其自謂屢與契丹戰，蓋戍瓦橋時也。」㉚唐主兵屢敗，懼亡，乃遣翰林學士戶部侍郎鍾謨、工部侍郎文理學士李德明奉表稱臣，來請平：馬令《南唐書》，唐主遣鍾謨、李德明奉表稱臣，請割壽、濠、泗、楚、光、海六州以求罷兵。㉛爾主自謂唐室苗裔：南唐自謂唐太宗子吳王恪之後。㉜與朕止隔一水：南唐與周以淮水為界。㉝惟泛海適契丹：江南自徐溫執政，屢泛海使契丹，欲與共謀中國，至唐烈祖、嗣主皆然，事俱見前。馬令《南唐書》曰：「烈祖升元中，宋齊丘選宮嬪，雜以珠貝羅綺，泛海北通契丹，欲賴之以復中原，而虜使至，則厚幣遣還，迨至淮北，輒使人刺之，復遣使沿海齎琛寶以報聘，虜意晉人殺其使，數犯中原。」㉞我非六國愚主，豈汝口舌所能移邪：謂六國皆愚主，故蘇秦、張儀得以行其說，若遇英明之君，則雖辯如蘇、張，亦不能移人主之志。㉟江陰：《舊唐書・地理志》，南朝梁分蘭陵縣置江陰縣，唐高祖武德三年，於縣置暨州，九年，州廢，以縣屬常州。馬令《南唐書》，南唐於江陰縣置江陰軍。《元豐九域志》，江陰縣在常州東北九十里，即今江蘇省江陰縣，地濱長江，為江防要地。㊱唐東都：唐以揚州為東都。㊲副留守工部侍郎馮延魯：按馬令《南唐書》，馮延魯時為東都留守，副字疑衍。㊳令坤慰撫其民，使皆安堵：《東都事略》，韓令坤率兵襲揚州，將吏開門以迎之，令坤整眾而入，市不易肆，人甚悅。㊴長山寨：胡三省曰：「長山在鄂州南界，唐立寨以備潭、朗。」在今湖北省通城縣南。㊵天長：《舊唐書・地理志》，唐玄宗天寶元年，割江都、六合、高郵三縣地置千秋縣，天寶七載，改為天長，即今安徽省天長縣。㊶唐主遣園苑使尹延範如泰州：胡三省曰：「梁有宮苑使，又有內園栽接使，唐置園苑使，亦猶是也。」馬令《南唐書》，南唐烈祖昇元元年置泰州。陸遊曰：「泰州，以揚州之海陵置，領揚州之興化，楚州之鹽城，又置泰興、如皋二縣屬之。」故治即今江蘇省泰縣。㊷遷吳讓皇之族於潤州：晉高祖天福四年，唐烈祖遷讓皇之族於泰州，今以周師攻逼，復遷之於潤州。㊸延範以道路艱難，恐楊氏為變，盡殺其男子六十人還報，唐主怒，腰斬之：馬令《南唐書》曰：「周天子至淮南，下詔撫安楊氏之後，烈祖聞之，命園苑使尹延範自泰州徙讓皇一族於京口，延範殺其子弟六十餘人，以其婦女渡江。周先鋒使劉重進得其玉硯、瑪瑙碗、翡翠瓶以獻周，楊氏遂絕。烈祖罵曰：『小人以不義之名累我。』腰斬延範，歸之以專殺之罪。」㊹韓令坤等攻泰州，拔之：《元豐九域志》，泰州西距揚州一百一十五里。㊺靜安軍：去年帝置靜安軍於李晏口。㊻唐靜海制置使：《五代史記・職方攷》，南唐於海陵之東境置靜海制置院，周世宗克淮南，升為靜海軍，後置通州，分其地置靜海、海門二縣為屬而治靜海，即今江蘇省南通縣。胡三省曰：「通州南至大江二十四里，絕江而南即吳越之蘇州界。」㊼令公：謂王逵也，逵兼中書令，故稱之。㊽叔嗣帥之西襲朗州：自岳州西襲朗州。《元豐九域志》，岳州西至朗州五百五十里。㊾及於武陵城外：武陵縣，朗州治所。㊿宜以督府歸潭州太尉：時湖南以朗州為督府。潭州太尉，謂周行逢，時為潭州節度使。(51)豈不以武安見處乎：潭州武安軍。謂行逢必以潭州處己也。(52)團練判官李簡：潘叔嗣為岳州團練使，團練判官其屬也。(53)眾謂行逢必以潭州授叔嗣：胡三省曰：「謂，告也，語也。」余按此謂猶以為也，謂眾以為如是而實不然也。(54)自稱武平、武安留後：朗州武平軍，潭州武安軍。行逢蓋欲兼潭、朗二州而有之。(55)行軍司馬，吾嘗為之：周行逢為武安行軍司馬見上卷太祖廣順三年。(56)相埒：埒，等也。(57)叔嗣自恃素以兄事行逢，相親善：行逢、叔嗣相親善事始見卷二百九十一太祖廣順三年。

卷二百九十三　後周紀四

起柔兆執徐三月盡彊圉大荒落，凡一年有奇。（丙辰至丁巳，西元九五六年三月至西元九五七年）

司馬光 編集
林瑞翰 註

世宗睿文孝武皇帝中

顯德三年（西元九五六年）

㈠三月，甲午朔，上行視水寨，至淝橋㊀，自取一石馬，上持之至寨以供礮，從官過橋者人齎一石。太祖皇帝乘皮船㊁入壽春壕中，城上發連弩㊂射之，矢大如屋椽，牙將館陶張瓊遽以身蔽之，矢中瓊髀，死而復蘇，鏃著骨不可出。瓊飲酒一大巵，令人破骨出之，流血數升，神色自若。

唐主復以右僕射孫晟為司空，遣與禮部尚書王崇質奉表入見，稱：「自天祐㊃以來，海內分崩，或跨據一方，或遷革異代㊄，臣紹襲先業，奄有江表，顧以瞻烏未定，附鳳何從㊅？今天命有歸，聲教遠被，願比兩浙、湖南，仰奉正朔㊆，謹守土疆，乞收薄伐㊇

之威，赦其後服之罪，首於下國，俾作外臣，則柔遠之德，云誰不服？」又獻金千兩、銀十萬兩、羅綺二千匹。晟謂馮延巳曰：「此行當在左相，晟若辭之，則負先帝。」既行，知不免㈨，中夜歎息，謂崇質曰：「君家百口，宜自為謀，吾思之熟矣，終不負永陵一培土㈩，餘無所知。」

㈡南漢甘泉宮使林延遇陰險多計數，南漢主倚信之，誅滅諸弟，皆延遇之謀也㈡，乙未（初二日），卒，國人相賀。延遇病甚，薦內給事龔澄樞自代，南漢主即日擢澄樞知承宣院及內侍省。澄樞，番禺人也。

㈢光、舒、黃招安巡檢使行光州刺史何超以安、隨、申、蔡四州兵數萬攻光州㈢，丙申（初三日），超奏唐光州刺史張紹棄城走，都監張承翰以城降。丁酉（初四日），行舒州刺史郭令圖拔舒州，唐蘄州將李福殺其知州王承雋，舉州來降㈢，遣六宅使齊藏珍攻黃州。

㈣彰武留後李彥頵性貪虐，部民㈣與羌胡作亂，攻之，上召彥頵還朝㈤。

㈤秦、鳳之平也㈥。上赦所俘蜀兵以隸軍籍㈦，從征淮南，復亡降於唐。癸卯（初十日），唐主表獻百五十人，上悉命斬之㈧。

㈥舒州人逐郭令圖，鐵騎都指揮使洛陽王審琦選輕騎夜襲舒州，復取之，令圖乃得歸㈨。

㈦馬希崇及王延政之子繼沂皆在揚州，詔撫存之㈩。

㈧丙午（十三日），孫晟等至上所㈡。庚戌（十七日），上遣中使以孫晟詣壽春城下，且招諭之。仁贍見晟，戎服拜於城上。晟謂仁贍曰：「君受國厚恩，不可開門納寇。」上聞之，甚怒，晟曰：「臣為宰相，豈可教節度使外叛邪？」上乃釋之。

唐主使李德明、孫晟言於上，請去帝號，割壽、濠、泗、楚、光、海六州之地㈢，仍歲輸金帛百萬以求罷兵，上以淮南之地已半為周有，諸將捷奏日至，欲盡得江北之地，不許。德明見周兵日進，奏稱唐主不知陛下兵力如此之盛，願寬臣五日之誅，得歸白唐主，盡獻江北之地，上乃許之。晟因奏遣王崇質與德明俱歸，上遣供奉官安弘道送德明等歸金陵，賜唐主書，其略曰：「但存帝號，何爽歲寒㉓？儻堅事大之心，終不迫人於險。」又曰：「俟諸郡之悉來㉔，即大軍之立罷，言盡於此，更不煩云㉕。苟曰未然，請從茲絕。」又賜其將相書，使熟議而來，唐主復上表謝。李德明盛稱上威德及甲兵之彊，勸唐主割江北之地，唐主不悅。宋齊丘以割地為無益㉖，德明輕佻，言多過實㉗，國人㉘亦不之信，樞密使陳覺、副使李徵古素惡德明與孫晟，使王崇質異其言，因譖德明於唐主曰：「德明賣國求利。」唐主大怒，斬德明於市。

㈨吳程攻常州，破其外郭，執唐常州團練使趙仁澤，送於錢唐。仁澤見吳越王弘俶，不拜，責以負約㉙，弘俶怒，決其口至耳，元德昭憐其忠，為傳良藥，得不死。

唐主以吳越兵在常州，恐其侵逼潤州㉚，以宣、潤大都督燕王弘冀年少，恐其不習兵，徵還金陵。部將趙鐸言於弘冀曰：「大王元帥，眾心所恃，逆自退歸，所部必亂。」弘冀然之，辭不就徵，部分諸將為戰守之備。

龍武都虞候柴克宏，再用之子也㉛，沈默好施、不事家產㉜，雖典宿衛，日與賓客博奕飲酒，未嘗言兵，時人以為非將帥材，至是有言克宏久不遷官者，唐主以為撫州刺史。克宏請效死行陳，其母亦表稱克宏有父風，可為將，苟不勝任，分其孥戮㉝，唐主乃以克宏為右武衛將軍，使將兵會袁州刺史陸孟俊救常州。時唐精兵悉在江北，克宏所將數千人皆羸老，樞密使李徵古復以鎧仗之朽蠹者給之，克宏訴於徵古，徵古慢罵之，眾皆憤恚，克宏怡然。至潤州，徵古遣使召還，以神衛統軍朱匡業代之。燕王弘冀謂克宏㉞：「君但前戰，吾當論奏。」乃表克宏才略可以成功，常州危在旦莫㉟，不宜中易主將。克宏引兵徑趣常州，徵古復遣使召之，克宏曰：「吾計日破賊，汝來召吾，必奸人也。」命斬之。使者曰：「受李樞密命而來。」克宏曰：「李樞密來，吾亦斬之。」

初，鮑修讓、羅晟在福州，與吳程有隙㊱，至是程抑挫之，二人皆怨。先是唐主遣中書舍人喬匡舜於吳越，壬子（十九日），柴克宏至常州，蒙其船以幕，匿甲士於其中，聲言迎匡舜，吳越邏者以告，程曰：「兵交，使在其間㊂㊆，不可妄以為疑。」唐兵登岸，徑薄吳越營，羅晟不力戰，縱之使趣程帳，程僅以身免。克宏大破吳越兵，斬首萬級。

朱匡業至行營，克宏事之甚謹。吳程至錢唐，吳越王弘俶悉奪其官。

㈩甲寅（二十一日），蜀主以捧聖控鶴都指揮使李廷珪為左右衛聖諸軍馬步都指揮使，仍分衛聖、匡聖步騎為左右十軍，以武定節度使呂彥珂等為使㊂㊇，廷珪總之，如趙廷隱之任㊂㊈。

初，柴克宏為宣州巡檢使，始至，城塹不修，器械皆闕，吏云：「自田頵、王茂章、李遇相繼叛㊃〇，後入無敢治之者。」克宏曰：「時移事異，安有此理？」悉繕完之，由是路彥銖攻之，不克。聞吳程敗，乙卯（二十二日），引歸，唐主以克宏為奉化節度使㊃㊀。克宏復請將兵救壽州，未至而卒。

㈩㈠河陽節度使白重贊以天子南征，慮北漢乘虛入寇，繕完守備，且請兵於西京，西京留守王晏初不之與。又慮事出非常，乃自將兵赴之。重贊以晏不奉詔而來，拒不納，遣人謂之曰：「令公昔在陜服，已立大功㊷，河陽小城，不煩枉駕。」晏慙怍而還，孟、洛之民，數日驚擾㊸。

(十二)唐主命諸道兵馬元帥齊王景達將兵拒周，以陳覺為監軍使，前武安節度使邊鎬㊹為應援都軍使，中書舍人韓熙載上書曰：「信莫信於親王，重莫重於元帥，安用監軍使為？」唐主不從，遣鴻臚卿潘承祐詣泉、建㊺召募驍勇，承祐薦前永安節度使許文稹、靜江節度使陳德誠、建州人鄭彥華、林仁肇，唐主以文稹為西面行營應援使，彥華、仁肇皆為將。仁肇，仁翰之弟也㊻。

(十三)夏，四月，甲子（初二日），以待衛親軍都指揮使歸德節度使李重進為廬、壽等州招討使，以武寧節度使武行德為濠州城下都部署。

(十四)唐右衛將軍陸孟俊自常州將兵萬餘人趣泰州㊼，周兵遁去，孟俊復取之㊽，遣陳德誠戍泰州。

孟俊進攻揚州，屯於蜀岡，韓令坤棄揚州走㊾，帝遣張永德將兵救之，令坤復入揚州(五〇)，帝又遣太祖皇帝將兵屯六合(五一)，太祖皇帝令曰：「揚州兵有過六合者(五二)，折其足。」令坤始有固守之志。

帝自至壽春以來，命諸軍晝夜攻城，久不克，會大雨，營中水深數尺，攻具及士卒失亡頗多(五三)，糧運不繼，李德明失期不至(五四)，乃議旋師。或勸帝東幸濠州，聲言壽州已破，從之。己巳（初七日），帝自壽春循淮而東，乙亥（十三日），至濠州(五五)。

韓令坤敗唐兵於城東(五六)，擒陸孟俊。

初，孟俊之廢馬希萼立希崇也(五七)，滅故舒州刺史楊昭惲之族而取其財(五八)，楊氏有女美，獻於希崇。希崇以楊氏遺令坤，令坤嬖之。既獲孟俊，將械送帝所，楊氏在簾下，忽撫膺慟哭，令坤驚問之。對曰：「孟俊昔在潭州，殺妾家二百口，今日見之，請復其冤。」令坤乃殺之。

(五九)唐齊王景達將兵二萬自瓜步濟江，距六合二十餘里，設柵不進。諸將欲擊之，太祖皇帝曰：「彼設柵自固，懼我也。今吾眾不滿二千，若往擊之，則彼見吾眾寡矣！不如俟其來而擊之，破之必矣。」居數日，唐出兵趣六合，太祖皇帝奮擊，大破之，殺獲近五千人，餘眾尚萬餘，爭舟走度江，溺死者甚眾，於是唐之精卒盡矣。是戰也，士卒有不致力者，太祖皇帝陽為督戰，以劍斫其皮笠，明日，徧閱其皮笠，有劍迹者數十人，皆斬之，由是部兵莫敢不盡死。

先是唐主聞揚州失守，命四旁發兵取之。己卯（十七日），韓令坤奏敗揚州兵萬餘人於灣頭堰㊄，獲漣州刺史㊅秦進崇，張永德奏敗泗州萬餘人於曲溪堰㊅㊀。

㈥丙戌（二十四日），以宣徽南院使向訓為淮南節度使兼沿江招討使。

渦口奏新作浮梁成，丁亥（二十五日），帝自濠州如渦口㊅㊁。帝銳於進取，欲自至揚州，范質等以兵疲食少泣諫而止。

帝嘗怒翰林學士竇儀，欲殺之，范質入救之。帝望見，知其意，即起避之。質趨前伏地，叩頭諫曰：「儀罪不至死，臣為宰相，致陛下枉殺近臣，罪皆在臣。」繼之以泣，帝意解，乃釋之。

(七)北漢葬神武帝於交城北山(六三)，廟號世祖。

(八)五月，壬辰朔，以渦口為鎮淮軍。

(九)丙申（初五日），唐永安節度使陳誨敗福州兵於南臺江(六四)，俘斬千餘級，唐主更命永安曰忠義軍(六五)。誨，德誠之父也。

(廿)戊戌（初七日），帝留侍衛親軍都指揮使李重進等圍壽州，自渦口北歸，乙卯（二十四日），至大梁。

(廿一)六月，壬申（十一日），赦淮南諸州繫囚，除李氏非理賦役，事有不便於民者，委長吏以聞。

(廿二)侍衛步軍都指揮使彰信節度使李繼勳營於壽州城南，唐劉仁贍伺繼勳無備，出兵擊之，殺士卒數百人，焚其攻具。

(廿三)唐駕部員外郎朱元因奏事論用兵方略，唐主以為能，命將兵復江北諸州。

(廿四)秋，七月，辛卯朔，以周行逢為武平節度使，制置武安、靜江等軍事。

行逢既兼總湖湘，乃矯前人之弊，留心民事，悉除馬氏橫賦(六六)，貪吏猾民為民害者皆去之，擇廉平吏為刺史、縣令。朗州民夷雜居，劉言、王逵舊將卒多驕橫，行逢壹以法治之，無所寬假，眾怨懟且懼，有大將與其黨十餘人謀作亂，行逢知之，大會諸將，於座中擒之，數曰：「吾惡衣糲食，充實府庫，正為汝曹，何負而反？今日之會，與汝訣也。」立撾殺之，座上股栗。行逢曰：「諸君無罪，皆宜自安。」樂飲而罷。

行逢多計數，善發隱伏，將卒有謀亂及叛亡者，行逢必先覺，擒殺之，所部凜然。然性猜忍，常散遣人密詗諸州事，其之邵州者，無事可復命，但言刺史劉光委多宴飲，行逢曰：「光委數聚飲，欲謀我邪？」即召還殺之。親衛指揮使衡州刺史張文表恐獲罪，求歸治所(六七)，行逢許之。文表歲時饋獻甚厚，及謹事左右，由是得免(六八)。

行逢妻鄖國夫人鄧氏(六九)，陋而剛決，善治生，嘗諫行逢用法太嚴，人無親附者，行逢怒曰：「汝婦人何知？」鄧氏不悅，因請之村墅視田園，遂不復歸府舍(七〇)，行逢屢遣人迎之，不至。一旦，自帥僮僕來輸稅，行逢就見之，曰：「吾為節度使，夫人何自苦如此？」鄧氏曰：「稅，官物也，公為節度使，不先輸稅，何以率下？且獨不記為里正代人輸稅以免楚撻時邪？」行逢欲與之歸，不可，曰：「公誅殺太過，常恐一旦有變，村墅易為逃匿耳。」行逢慙怒，其僚屬曰：「夫人言直，公宜納之。」

行逢壻唐德求補吏，行逢曰：「汝才不堪為吏，吾今私汝則可矣，汝居官無狀，吾不敢以法貸汝，則親戚之恩絕矣！」與之耕牛、農具而遣之。

行逢少時嘗坐事黥隸辰州銅阬㈦，或說行逢公面有文，恐為朝廷使者所嗤，請以藥滅之。行逢曰：「吾聞漢有黥布，不害為英雄㈦，吾何恥焉？」

自劉言，王逵以來，屢舉兵，將吏積功及所羈縻蠻夷㈦，檢校官至三公者以千數。前天策府學士徐仲雅自馬希廣之廢㈦，杜門不出，行逢慕之，署節度判官，仲雅曰：「行逢昔趨事我，奈何為之幕吏？」辭疾不至。行逢迫脅，固召之，面授文牒，終辭不取，行逢怒，放之邵州，既而召還。會行逢生日，諸道各遣使致賀，行逢有矜色，謂仲雅曰：「自吾兼鎮三府㊄，四鄰亦畏我乎？」仲雅曰：「侍中境內，彌天太保，徧地司空㊅，四鄰那得不畏？」行逢復放之邵州，竟不能屈。有僧仁及為行逢所信任，軍府事皆預之，亦加檢校司空，娶數妻，出入導從如王公㊆。

㊇辛亥（二十一日），宣懿皇后符氏殂㊈。

㊉唐將朱元取舒州，刺史郭令圖棄城走，李平取蘄州㊉，唐主以元為舒州團練使，平為蘄州刺史，元又取和州。

初，唐人以茶鹽強民而徵其粟帛，謂之博徵㊀，又興營田於淮南，民甚苦之。及周師至，爭奉牛酒迎勞，而將帥不之恤㊁，專事俘掠，視民如土芥，民皆失望，相聚山澤，立堡壁自固，操農器為兵，積紙為甲，時人謂之白甲軍，周兵討之，屢為所敗，先所得唐諸州多復為唐有。唐之援兵營於紫金山㊂，與壽春城中烽火相應，淮南節度使向訓奏請以廣陵之兵併力攻壽春，俟克城，更圖進取，詔許之。訓封府庫以受揚州主者，命揚州牙將分部按行城中，秋毫不犯，揚州民感悅，軍還，或負糗糒㊃以送之。滁州守將亦棄城去，皆引兵趣壽春。唐諸將據險以邀周師，宋齊丘曰：「如此則怨益深，不如縱之以德於敵，則兵易解也。」乃命諸將各自守，毋得擅出擊周兵，由是壽春之圍益急。齊王景達軍於濠州，遙為壽州聲援，軍政皆出於陳覺，景達署紙尾而已。擁兵五萬，無決戰意，將吏畏覺，無敢言者。

㈦八月，戊辰（初九日），端明殿學士王朴、司天少監王處訥撰顯德欽天曆上之(八四)，詔自來歲行之。

㈧殿前都指揮使義成節度使張永德屯下蔡(八五)，唐將林仁肇等以水陸軍援壽春，永德與之戰，仁肇以船實薪芻，因風縱火，欲焚下蔡浮梁(八六)，俄而風回，唐兵敗退。永德為鐵絙(八七)千餘尺，距浮梁十餘步，橫絕淮流，繫以巨木，由是唐兵不能近。

㈨九月，丙午（十七日），以端明殿學士左散騎常侍權知開封府事王朴為戶部侍郎，充樞密副使。

㈩十月，癸酉（十四日），李重進奏唐人寇盛唐，鐵騎都指揮使王彥昇等擊破之，斬首三千餘級。彥昇，蜀人也。

㊵丙子（十七日），上謂侍臣，近朝徵斂穀帛，多不俟收穫紡績之畢，乃詔三司自今夏麥以六月，秋稅以十月起徵㊇，民間便之。

㊶山南東道節度使守太尉兼中書令安審琦鎮襄州十餘年㊈，至是入朝，除守太師，遣還鎮。既行，上問宰相：「卿曹送之乎？」對曰：「送至城南。」審琦深感聖恩㊉。上曰：「近朝多不以誠信待諸侯，諸侯雖有欲効忠節者，其道無由。王者但能毋失其信，何患諸侯不歸心哉？」

㊷壬辰（有庚申朔，無壬辰），張永德奏敗唐兵於下蔡。是時唐復以水軍攻永德，永德夜令善游者沒其船下，縻以鐵鎖，縱兵擊之，船不得進退，溺死者甚眾，永德解金帶以賞善遊者。

㊸甲申（二十五日），以太祖皇帝為定國節度使㊀兼殿前都指揮使。太祖皇帝表渭州軍事判官趙普為節度推官。

㊹張永德與李重進不相悅，永德密表重進有二心，帝不之信，時二將各擁重兵，眾心憂恐。重進一日單騎詣永德營㊁，從容宴飲，謂永德曰：「吾與公幸以肺腑俱為將帥㊂，奚相疑若此之深

邪？」永德意乃解，眾心亦安。唐主聞之，以蠟丸遺重進，誘以厚利，其書皆謗毀及反間之語，重進奏之。

初，唐使者孫晟、鍾謨從帝至大梁，帝待之甚厚，每朝會，班於中書省官之後，時召見，飲以醇酒，問以唐事，晟但言唐主畏陛下神武，事陛下無二心。及得唐蠟書，帝大怒，召晟責以所對不實，晟正色抗辭，請死而已，問以唐虛實，默不對。十一月，乙巳（十七日），帝命都承旨曹翰送晟於右軍巡院㊈㊃，更以帝意問之。翰與之飲酒數行，從容問之，晟終不言，翰乃謂曰：「有敕賜相公死㊈㊄。」晟神色怡然，索袍笏，整衣冠，南向拜曰：「臣謹以死報國。」乃就刑㊈㊅，並從者百餘皆殺之㊈㊆。貶鍾謨耀州司馬，既而帝憐晟忠節，悔殺之，召謨拜衛尉少卿。

㈥帝召華山隱士真源㊈㊇陳摶，問以飛升黃白之術㊈㊈，對曰：「陛下為天子，當以治天下為務，安用此為？」戊申（二十日），遣還山，詔州縣長吏常存問之。

㈦十二月，壬申（十四日），以張永德為殿前都點檢㊀㊀。

(卌八)分命中使發陳、蔡、宋、亳、潁、兗、曹、單等州丁夫城下蔡。

(卌九)是歲，唐主詔淮南營田害民尤甚者罷之，遣兵部郎中陳處堯持重幣浮海詣契丹乞兵，【考異】十國紀年作兵部郎中段處常，今從晉陽聞見錄。契丹不能為之出兵，而留處堯不遣。處堯剛直有口辯，久之，忿懟，數面責契丹主，契丹主亦不之罪也㉑。

(四十)蜀陵榮州㉒獠反，弓箭庫使㉓趙季文討平之。

(四一)吳越王弘俶括境內民兵㉔，勞擾頗多，判明州錢弘億手疏切諫，罷之。

【今註】㊀泗橋：架泗水為橋也。㊁皮船：縫牛羊之皮為船，取其輕捷不易覆。㊂連弩：弓藏機括，可以連續發射者。㊃天祐：唐昭宗年號。㊄或跨據一方，或遷革易代：跨據一方，謂四方割據之國，遷革易代，謂中原數易其主。㊅瞻烏未定，附鳳何從：《詩》曰：「瞻烏爰止，於誰之屋？」《後漢書》郭林宗曰：「人之云亡，邦國殄瘁，瞻烏爰止，不知於誰之屋耳！」章懷注曰：「言不知王業當何所歸。」《後漢書‧光武紀》，諸將議上尊號，光武謙退，耿純進曰：「士大夫從大王於矢石之間，固望攀龍鱗，附鳳翼，以成其所志耳。」唐主此語，蓋云未見真主，無從而歸附也。㊆願比兩浙、湖南，仰奉正朔：兩浙自錢鏐以來，湖南自馬殷以來，皆累世謹守臣節，奉事中國。㊇薄伐：薄，迫也，臨之以兵而伐之。《詩》曰：「薄伐玁狁。」又曰：「薄伐西戎。」㈨知不免：知不免於難。㈩終不負永陵一培土：猶言不負先帝知遇之恩。永陵，南唐烈祖之墓，故云。胡三省曰：「唐陸龜蒙築城辭：『城上一培土，手中千萬杵。』則培土以益土為義，一培土猶言益一培土也。說文：『培塿，小冢也。』一培土猶言一冢土也。」馬令《南唐書》作一坏土。(十一)誅滅諸弟，皆延遇之謀也：南漢主誅諸弟事並見前。(十二)光、舒、黃招安巡檢使行光州刺史何超以安、隨、申、蔡四州兵數萬攻光州：胡三省曰：「九域志，光州西南至安州六百里，隨州東至安州二百四十里，東北至申州二百五十里，申州東至光州二百五十五里，光州北至蔡州二百五十里，蓋以鄰郡之兵環而攻之。」(十三)蘄州李福殺其知州王承雋，舉州來降：《元豐九域志》，蘄州東至舒州二百九十八里，西至黃州二百一十里，三州皆瀕江鄰郡也。(十四)部民：彰武節度所部屬郡民也。(十五)上召彥還朝：自延州召還。(十六)秦鳳之平也：事見上卷上年。(十七)上赦所俘蜀兵以隸軍籍：《五代會要》，顯德二年十二月，以新收復秦、鳳州所擒獲州軍署為懷恩軍。又《五代史·周世宗紀》，帝以秦鳳之役為王師所擒川軍配隸諸軍從征淮南，及渡淮，輒復南逸。(十八)唐主表獻百五十人，上悉命斬之：怒其奔竄也。(十九)鐵騎都指揮使洛陽王審琦選輕騎夜襲舒州，復取之，令圖乃得歸：乃得復歸舒州也。隆平集，時審琦方進軍援黃州，聞令圖被逐，乃選騎銜枚襲城，夜敗其眾而復納之。(二十)馬希崇及王延政之子繼沂皆在揚州，詔撫存之：楚馬氏，閩王氏世事中國，國滅入唐，囚於揚州，周得揚州，故下詔撫存之。(二一)孫晟等至上所：至行在所。(二二)割壽、濠、泗、楚、光、海六州之地：此六州皆瀕淮水南岸也，割六州入於周則南唐失長淮之險。㉓但存帝號，何爽歲寒：胡三省曰：「爽，差也，言歲寒知松柏之後雕，此約不差也。許唐主自帝江南。」《五代史・周宗紀》帝賜南唐主書云：「至於削去尊稱，願輸臣禮，非無故事，實有前規。蕭詧奉周，不失附庸之道，孫權事魏，目同藩國之儀，古也雖然，今則不取，但存帝號，何爽歲寒？」㉔俟諸郡之悉來：諸郡，謂江北諸郡也。㉕謂盡於此，更不煩云：煩云猶曰多言也。謂所言盡此而已，成否在於一決，不復更勞使者往返也。㉖宋齊丘以割地為無益：敵強我弱，割地有盡時而所求無厭，故云無益。㉗言多過實：謂李德明誇張敵勢，過於其實。㉘國人：南唐國人也。㉙仁澤見吳越王弘俶，不拜，責以負約：吳越與唐本通好而以周之命而攻唐，故責其負約。㉚唐主以吳越兵在常州，恐其侵逼潤州：《元豐九域志》，常州西北至潤州一百九十一里，地既鄰近，故恐其侵逼。㉛龍武都虞候柴克宏，再用之子也：柴再用，吳之功臣也。㉜沉默好施，不事家產：馬令《南唐書》，克宏疏爽任義，不拘小行。㉝苟不勝任，分甘孥戮：分讀如分內之分，孥與子同。言其子苟為將而敗，於分甘與同戮也。㉞燕王弘冀謂克弘：此謂之為言告也。㉟旦莫：莫讀曰暮。㊱初，鮑修讓、羅晟在福州，與吳程有隙：漢高祖天福十二年，吳越使鮑修讓戍福州，是年，以吳程鎮福州。㊲兵交，使在其間：用《左傳》語。㊳以武定節度使呂彥琦等為使：為左右衞聖等軍指揮使。㊴廷珪總之，為趙廷隱之任：趙廷隱總蜀宿衞軍，後為安思謙所譖罷，事見前。蜀置武定軍於洋州。㊵自田頵、王茂章、李遇相繼叛：田頵據宣州以叛楊行密見卷二百六十四唐昭宗天復三年，王茂章叛見卷二百六十五唐昭宗天祐二年，李遇叛見卷二百六十八梁太祖乾化二年。

㊶唐主以克宏為奉化節度使：馬令《南唐書》，南唐置奉化軍於江州。㊷令公昔在陝服，已立大功：謂王晏舉陝城以降漢高祖也，事見卷二百八十六漢高祖天福十二年。晏時兼中書令，故稱為令公。㊸孟、洛之民，數日驚擾：以王晏自洛京出兵向河陽，而白重贊拒之不納，二州之民，恐其兵交而罹禍，故驚擾。㊹前武安節度使邊鎬：邊鎬既克湖南，唐以為武安節度使，既而以失潭州舊節。㊺泉、建：泉州，建州。㊻仁肇，仁翰之弟也：林仁翰見卷二百八十四晉少帝開運元年，唐嗣主之保大二年也。㊼唐右衛將軍陸孟俊自常州將兵萬餘人趣泰州：《元豐九域志》，常州北至泰州一百九十七里。㊽孟俊復取之：復取泰州。㊾孟俊進攻揚州，屯於蜀岡，韓令坤棄揚州走：胡三省曰：「蜀岡在揚州城西，揚州城在蜀岡東南，城之東南北皆平地，溝澮交貫，惟蜀岡諸山西接廬、滁，凡北兵南寇揚州，率循山而來，據高為壘以臨之。今陸孟俊據蜀岡以斷周兵援路，故韓令坤懼而走也。」按蜀岡在今江蘇省江都縣西北四里，江都，即古揚州也，岡勢綿亙四十餘里，西按儀徵、六合縣界，東北接茱萸灣。《太平寰宇記》，蜀岡有茶園，其味甘如蒙頂，蒙頂在蜀，故以名岡。顧祖禹曰：「唐光啓三年，楊行密自廬州援廣陵軍於楊子，並西山以逼廣陵，即蜀岡也。」㊿帝遣張永德將兵救之，令坤復入揚州：以援兵至，故復入揚州據守。(51)六合：《舊唐書・地理志》，六合縣，漢臨淮郡之堂邑縣也，晉置泰郡，北齊為泰州，後周為方州，隋改為兗州，唐高祖武德七年，復為方州，置六合縣，太宗貞觀元年，省方州，以六合縣屬揚州。胡三省曰：「六合縣在揚州西北一百三十里。」即今江蘇省六合縣。(52)揚州兵有過六合者：自揚州西北歸，須過六合。(53)會大雨，營中水深數尺，攻具

及士卒失亡頗多：馬令《南唐書》曰：「劉仁贍按兵城守，世宗圍之數重，以方舟炮自淝河中流擊其城，又東亘竹數十竿，上施版屋，號為竹龍，載甲士以攻之，又決其水砦入淝河，攻之百端，自正月至於四月，不能下，而歲大暑，霪雨彌旬，周兵營寨水深數尺，淮淝暴漲，礮舟、竹龍皆飄南岸，為唐兵所焚，周兵多死。」(五四)李德明失期不至：李德明既返金陵，為唐主所殺，事見上。(五五)至濠州：《元豐九域志》，壽州東至濠州三百八十里。(五六)韓令坤敗唐兵於城東：城東，揚州城東也。(五七)初，孟俊之廢馬希萼立希崇也：事見卷二百九十太祖廣順二年。(五八)滅故舒州刺史楊昭暉之族而取其財：胡三省曰：「薛史曰：『楊昭暉，長沙人，父諡，事馬殷為節度行軍司馬，諡仲女為衡陽王夫人，希聲襲位，昭暉遷衡州刺史，自以地連戚里，積財貨，建大第，二子為牙內都將，少長豪富，任氣陵下，士大夫惡之。長沙兵亂，陸孟俊怒曰，楊氏怙寵滅義，為國人所患久矣。於是族滅楊氏。』舒當作衡。」(五九)灣頭堰：《元豐九域志》，揚州江都縣有灣頭鎮。其地在今江蘇省江都縣東北，運河分流處也，亦名茱萸灣，西南接蜀岡。(六〇)漣州刺史：胡三省曰：「唐蓋置漣州於漣水縣。」《元豐九域志》，漣水軍在楚州東北六十里，即今江蘇省漣水縣。(六一)曲溪堰：胡三省曰：「曲溪在盱眙縣西南十里。按昭信圖經，曲溪堰亦謂之新河堰。」(六二)帝自濠州如渦口：《元和郡縣志》，渦口城東南至濠州九十里。(六三)北漢葬神武帝於交城北山：北漢主旻諡神武。《舊唐書・地理志》，隋分晉陽縣置交城縣，取縣西北古交城為名，初治交山，武后天授元年，移治却波村。《元豐九域志》，交城縣在陽曲縣西南一百里，即今山西省交城縣。宋白《續通典》曰：「大通監本古交城之地，有東、西二治烹鐵務，東治在緜上縣，西治在交城縣北山。」㊃南臺江：南臺鎮在今福建省福州市南，隔江相對，閩江逕其北。㊄唐主更命永安曰忠義軍：晉少帝開運二年，唐克建州，置為永安軍，唐嗣主景之保大三年也，見卷二百八十五。㊅悉除馬氏橫賦：橫賦者，於正賦之外，巧立稅目以橫取於民者。馬氏自希範以來，始加橫賦於境內。㊆親衞指揮使衡州刺史張文表恐獲罪，求歸治所：求解宿衞歸衡州也。㊇文表歲時饋獻甚厚，及謹事左右，由是得免：胡三省曰：「其後行逢臨卒，謂其子保權曰：『吾起隴畝為團兵，同時十人皆誅，張文表獨存。』是時王逵、張倣、何敬真、朱全琇、潘叔嗣皆已死，唯蒲公益、宇文瓊、彭萬和、張文表，史不言有其它，此三人者必又相繼為行逢所殺而文表獨免也。」㊈行逢妻鄖國夫人鄧氏：路振《九國志》，《五代史記・楚世家》皆作嚴氏。㊉遂不復歸府舍：營居村墅不復歸朗州府舍。㊀辰州銅阬：胡三省曰：「唐文宗之世，天下銅阬五十，辰州不在其數，辰州銅阬，蓋馬氏所置也。」㊁吾聞漢有黥布，不害為英雄：黥布事見卷八秦二世二年。㊂羈縻蠻夷：謂溪洞羣蠻。㊃自馬希廣之廢：馬希廣之廢見卷二百八十九漢隱帝乾祐五年。㊄自吾兼鎮三府：三府，謂武平、武安、靜江軍府也。㊅侍中境內，彌天太保，徧地司空：侍中境內，謂周行逢統內也，行逢加侍中，故稱之。彌天、徧天，極言其眾也，時湖南以一隅之地，檢校官至三公者以千數，故徐仲雅譏之。㊆有僧仁及為行逢所信任，軍府事皆預之，亦加檢校司空，聚數妻，出入導從如王公：《九國志》曰：「行逢尤崇信釋氏，常設大會齋，緇徒畢集，行逢徧拜之，捧榹執帨，親侍湔洗，因謂左右曰：『吾殺人多矣，不假佛力，何以解其冤報乎？』」㊇宣懿皇后符氏殂：

《五代史・周后妃傳》，后即符彥卿之女也，初適李守貞之子崇訓，守貞叛於河中，太祖以兵攻之，及城陷，崇訓自刃其弟妹，次將及后，后匿於屏處，以帷箔自蔽獲免，太祖入河中，訪得之，送於其父，後目是常感太祖大惠，拜為養父，世宗鎮澶淵日，太祖為世宗聘之，后性和惠，善候世宗之旨，世宗或暴怒於下，后必從容救解，世宗甚重之，及即位，冊為皇后，世宗將南征，后常諫止之，言甚切直，洎車駕駐於淮甸，久冒炎暑，后因憂恚成疾，至是而崩，年二十有六，有司上謚曰宣懿，葬於新鄭，陵曰懿陵。《五代史補》，后既免河中之難，其母欲使出家，資其福壽，后不悅曰：「死生有命，誰能髡首跣足以求苟活也？」母度不可逼，遂止，世宗素以后賢，又聞命不以出家為念，愈賢之，所以為天下母也。⑲唐將朱元取舒州，刺史郭令圖棄城走，李平取蘄州：朱元、李平皆李守貞遣求援於唐者，守貞敗，遂留仕唐，事見卷二百八十八漢隱帝乾祐元年。⑳初唐人以茶鹽強民而徵其粟帛，謂之博徵：言以茶鹽強博易於民而徵其粟帛也。㉑而將帥不之恤：言周之將帥，不恤淮南之民。㉒唐之援兵營於紫金山：紫金山在今安徽省鳳臺縣東南。胡三省曰：「或云即八公山。」㉓糗糒：糗，熬米麥也，糒，乾飯也。鄭玄曰：「糗謂熬米麥使熟，又擣之以為粉也。」按糗糒，皆乾糧也。㉔端明殿學士王朴、司天少監王處訥撰顯德欽天曆上之：《五代史記・司天考》，廣順中，國子博士王處訥私撰明玄曆于家，世宗即位，外伐僭叛，內修法度，以端明殿學士王朴通于曆數，乃詔樸撰定，以步日躔術、步月離術、步五星術、步發斂術為四篇，合為曆經一卷、曆十一卷、草三卷、顯德三年七政細行曆一卷以為欽天曆。㉕下蔡：《舊唐書・地理志》，下蔡、隋舊縣，唐高祖武德四年，於縣置滑州，下蔡隸之，八年，州廢，以縣屬潁州。下蔡縣，春秋之州來邑也，蔡昭侯自新蔡遷於州來，謂之下蔡，漢置縣，南朝宋廢，隋復置也，即今安徽省鳳臺縣。(八六)欲焚下蔡浮梁：下蔡濱淮河北岸，此淮河之浮梁也。(八七)鐵絙：絙，亘索也。鐵絙，絞鐵絲為索。(八八)乃詔三司自今夏麥以六月，秋稅以十月起徵：《五代會要》，時詔今後夏稅以六月一日起徵，秋稅至十月一日起徵。(八九)山南東道節度使守太尉兼中書令安審琦鎮襄州十餘年：安審琦以漢高祖十二年鎮襄陽，至是凡十年。(九〇)審琦深感聖恩：胡三省曰：「五代以來，方鎮入朝者或留不遣，或易置之，今加官遣還鎮，故感恩。」(九一)定國節度使：定國軍，即同州匡國軍也，宋避太祖諱改為定國軍，《通鑑》因其後所改軍號書之。(九二)重進一日單騎詣承德營：時李重進屯於壽州城下，張承德軍下蔡，相去百里。(九三)吾與公幸以肺腑俱為將帥：肺腑為柿附之假借。《史記・惠景間侯者年表序》云：「諸侯子弟若肺腑。」索隱曰：「肺音柿，腑音附。柿，木札也，附，木皮也，以喻人主疏末之親，如木札出於木，樹皮附於樹也。」李重進，太祖之甥，張承德，太祖之壻，故重進云然。(九四)右軍巡院：胡三省曰：「侍衛親軍分左右軍，各有巡院以鞫繫囚。」(九五)相公：孫晟仕唐為相，此蓋以唐所授官稱之。(九六)乃就刑：馬令《南唐書》，孫晟為人口吃，遇人不能道寒暄，已而坐定，談辯風生，聽者忘倦，仕唐二十餘年，官至司空，家益驕富，每食，不設几案，使眾妓各執一器，環立而侍，號肉臺盤，時人多效之。(九七)並從者百餘皆殺之：馬令《南唐書》，晟從者與並誅者二百餘人。(九八)真源：《舊唐書・地理志》，真源縣，漢苦縣，隋為谷陽縣，高宗乾封元年，改為真源縣，武后載初元年，改為仙源縣，神龍元年，復曰真源，為老子所生之地，有老子祠，唐屬亳州。宋真宗大中祥符七年，改真源縣為衛真縣。《元豐九域志》，衛真縣在亳州西六十里，故治在今河南省鹿邑縣東。(九九)飛升黃白之術：飛升者，謂羽化升僊，黃白者，道家煉丹藥以成黃金、白銀之術。(一〇〇)殿前都點檢：胡三省曰：「後唐以來，車駕行幸及出征則置大內都點檢之官，後周選驍勇之士充殿前諸班，始置殿前都點檢於都指揮使之上，自宋太祖皇帝以殿前都點檢登極，是後不復除授。」(一〇一)處堯剛直口辯，久之，忿懟，數面責契丹主，契丹主亦不之罪也：陸遊《南唐書》曰：「段處常失其鄉里家世，保大中，為兵部郎中，周侵淮南，元宗命處常浮海使契丹乞援，處常為契丹陳利害甚辨，契丹雖適南唐，徒持虛辭，利南方茶、藥、珠、貝而已，至是了無出師意，而留處常不遣，處常怨其無信，誓死國事，數面誚虜主，虜主亦媿其言，優容之，以病卒於虜。」(一〇二)蜀陵、榮州：陵、榮，二州名。《舊唐書・地理志》，陵州，本漢犍為郡武陽縣東境，晉置西城戍以為井防，後魏平蜀，改為晉寧縣，後周置陵州，以州南陵井為名，隋改為隆山郡，改晉寧為仁壽，即今四川省仁壽縣，唐高祖武德元年，改為陵州。榮州，本漢犍為郡之南安縣，隋置大牢鎮，尋為大牢縣，唐高祖武德元年，割資州之大牢、威遠二縣於公井鎮置榮州，取界內榮德山為名，又改公井為縣，六年，自公井移治大牢。《唐書・地理志》，高宗永徽二年，移榮州治旭川縣，旭川，太宗貞觀元年析大牢縣置，故治即今四川省榮縣。(一〇三)弓箭使：《職官分紀》，唐有內弓箭庫使，五代去內字。《五代會要》，梁朝諸司使，弓箭庫使位在栽接使下，大內皇城使上。(一〇四)吳越王弘俶括境內民兵：括境內民丁為兵以益師旅。

顯德四年（西元九五七年）

㈠春，正月，己丑朔，北漢大赦，改元天會，以翰林學士衞融為中書侍郎同平章事，內客省使段恒為樞密使。

㈡宰相屢請立皇子為王，上曰：「諸子皆幼㊀，且功臣之子，皆未加恩，而獨先朕士，能自安乎？」

㈢周兵圍壽春，連年未下㊁，城中食盡，齊王景達自濠州遣應援使永安節度使許文稹、都軍使邊鎬、北面招討使朱元將兵數萬泝淮救之，軍於紫金山，列十餘寨如連珠，與城中烽火晨夕相應。又築甬道抵壽春，欲運糧以饋之，綿亘數十里，將及壽春，李重進邀擊，大破之，死者五千人，奪其二寨。丁未（十九日），重進以聞。戊申（二十日），詔以來月幸淮上。

劉仁贍請以邊鎬守城，自帥眾決戰，齊王景達不許，仁贍憤邑成疾。其幼子崇諫夜泛舟度淮北，為小校所執，仁贍命腰斬之，左右莫敢救，監軍使周廷構哭於中門以救之，仁贍不許，廷構復使求救於夫人，夫人曰：「妾於崇諫，非不愛也，然軍法不可私，名節不可虧，若貸之，則劉氏為不忠之門，妾與公何面目見將士乎？」趣命斬之，然後成喪，將士皆感泣。

議者以唐援兵尚彊，多請罷兵，帝疑之。李穀寢疾在第，二月，丙寅（初八日），帝使范質、王溥就與之謀，穀上疏以為壽春危困，破在旦夕，若鑾駕親征，則將士爭奮，援兵震恐，城中知亡，必可下矣，上悅。

㈣庚午（十二日），詔有司更造祭器、祭玉等，命國子博士聶崇義討論制度，為之圖㊂。

甲戌（十六日），以王朴權東京留守兼判開封府事，以三司使張美為大內都巡檢，以侍衞都虞候韓通為京城內外都巡檢。乙亥（十七日），帝發大梁。

先是周與唐戰，唐水軍銳敏，周人無以敵之，帝每以為恨，返自壽春，於大梁城西汴水側造戰艦數百艘，命唐降卒教北人水戰，數月之後，縱橫出沒，殆勝唐兵，至是命右驍大將軍王環將水軍數千自閔河沿潁入淮㊃，唐人見之，大驚。乙酉（二十七日），帝至下蔡。三月，己丑（初二日），夜，帝度淮，抵壽春城下。庚寅（初三日），旦，躬擐甲冑，軍於紫金山南，命太祖皇帝擊唐先鋒寨及山北一寨，皆破之，斬獲三千餘級，斷其甬道，由是唐兵首尾不能相救。至暮，帝分兵守諸寨，還下蔡。

㈤唐朱元恃功，頗違元帥節度㊄。陳覺與元有隙，屢表元反覆不可將兵，唐主以武昌節度使楊守忠代之。守忠至濠州，覺以齊王景達之命召元至濠州計事，將奪其兵，元聞之，憤怒，欲自殺，門下客宋垍說元曰：「大丈夫何往不富貴？何必為妻子死乎？」辛卯（初四日），夜，元與先鋒壕寨使朱仁裕等舉寨萬餘人降，裨將時厚卿不從，元殺之。帝慮其餘眾沿流東潰，遽命虎捷左廂都指揮使㊅趙晁將水軍數千沿淮而下。壬辰（初五日），旦，帝軍於趙步㊆，諸將擊唐紫金山寨，大破之，殺獲萬餘人，擒許文稹、邊鎬、楊守忠，餘眾果沿淮東走，帝自趙步將騎數百循北岸追之，諸將以步騎循南岸追之，水軍自中流而下，唐兵戰溺死及降者殆四萬人，獲船艦糧仗以十萬數。晡時，帝馳至荊山洪㈧，距趙步二百餘里，是夜，宿鎮淮軍㈨。癸巳（初六日），從官始至。劉仁贍聞援兵敗，扼吭歎息。

甲午（初七日），發近縣丁夫城鎮淮軍為二城，夾淮水，徙下蔡浮梁於其間，扼濠、壽應援之路。會淮水漲，唐濠州都監彭城郭廷謂以水軍泝淮，欲掩不備焚浮梁，右龍武統軍趙匡贊覘知之，伏兵邀擊，破之。

㈥唐齊王景達及陳覺皆自濠州奔歸金陵，惟靜江指揮使陳德誠全軍而還。

戊戌（十一日），以淮南節度使向訓為武寧節度使淮南道行營都監，將兵戍鎮淮軍。

己亥（十二日），上自鎮淮軍復如下蔡，庚子（十三日），賜劉仁贍詔，使自擇禍福。

唐主議自督諸將拒周，中書舍人喬匡舜上疏切諫，唐主以為沮眾，流撫州。唐主問神衛統軍朱匡業、劉存忠以守禦方略，匡業誦羅隱詩曰：「時來天地皆同力，運去英雄不自由。」存忠以匡業言為然。唐主怒，貶匡業撫州副使，流存忠於饒州，既而竟不敢自行。

甲辰（十七日），帝耀兵於壽春城北。唐清淮節度使兼侍中劉仁贍病甚，不知人，丙午（十九日），監軍使周廷構、營田副使孫羽等作仁贍表，遣使奉之來降。丁未（二十日），帝賜仁贍詔，遣閤門使萬年張保續入城宣諭，仁贍子崇讓復出謝罪。戊申（二十一日），帝大陳甲兵，受降於壽春城北，廷構等舁仁贍出城，仁贍臥不能起，帝慰勞賜賚，復令入城養疾。【考異】實錄：「時仁贍臥疾已亟，遂翻然納款，而城中諸軍萬計，皆屏息以聽其命。」又曰：「仁贍輕財重士，法令嚴肅，故能以一城之眾，連年拒守，逮其來降，而其下無敢竊議者，斯亦一時之名將也。」歐陽史：「三月，仁贍病甚，已不知人，其副使孫羽詐為仁贍書，以城降世宗，命舁仁贍至帳前，嗟歎久之，賜以玉帶、御馬，復使入城養疾。是日，制曰：『劉仁贍盡忠所事，抗節無虧，前代名臣，幾人可比？予之南伐，得爾為多。』乃拜仁贍檢校太尉兼中書令天平軍節度使，仁贍不能受命而卒，世宗追封彭城郡王，以其子崇讚為懷州刺史。李景聞仁贍卒，亦贈太師。」又曰：「仁贍既殺其子，以目明矣豈有垂死而變節者乎？今周世宗實錄載仁贍降書，蓋其副使孫羽等所為也。當世宗時，王環為蜀守秦州，攻之久不下，其後力屈而降，世宗頗嗟其忠，然止以為大將軍，視世宗待二人之薄厚而考其制書，乃知仁贍非降者也。」今從之。庚戌（二十三日），徙壽州治下蔡⑩，赦州境死罪以下，州民受唐文書聚山林者，並召令復業，勿問罪，有嘗為其殺傷者，毋得讎訟，曏日政令有不便於民者，令本州條奏。辛亥（二十四日），以劉仁贍為天平節度使兼中書令，制辭略曰：「盡忠所事，抗節無虧，前代名臣，幾人堪比？朕之伐叛，得爾為多。」是日，卒，追賜爵彭城郡王。唐主聞之，亦贈太師。帝復以清淮軍為忠正軍㈡，以旌仁贍之節，以右羽林統軍楊信為忠正節度使同平章事。

㈦前許州司馬韓倫，侍衛馬軍都指揮使令坤之父也。令坤領鎮安節度使㈢，倫居於陳州，干預政事，貪汙不法，為公私患，為人所訟，令坤屢為之泣請㈢。癸丑（二十六日），詔免倫死，流沙門島㈣。倫後得赦還，居洛陽，與光祿卿致仕柴守禮及當時將相王溥、王晏、王彥超之父游處，恃勢恣橫，洛陽人畏之，謂之十阿父。帝既為太祖嗣，人無敢言守禮子者，但以元舅處之，優其俸給，未嘗至大梁，嘗以小忿殺人，有司不敢詰，帝知而不問。

㈧詔開壽州倉振飢民。丙辰（二十九日），帝北還。夏，四月，己巳（十二日），至大梁。

㈨詔修永福殿，命宦官孫延希董其役。丁丑（二十日），帝至其所，見役徒有削柹(一五)為匕，瓦中瞰飯者，大怒，斬希延於市。

(十)帝之克秦鳳也(一六)，以蜀兵數千人為懷恩軍。乙亥（十八日），遣懷恩指揮使蕭知遠等將士八百餘人西還(一七)。

壬午（二十五日），李穀扶疾入見，帝命不拜，坐於御坐之側。穀懇辭祿位，不許(一八)。

(十一)甲申（二十七日），分江南降卒為六軍三十指揮，號懷德軍。

(十二)乙酉（二十八日），詔疏汴水北入五丈河(一九)，由是齊、魯舟楫皆達於大梁。

五月，丁酉（十一日），以太祖皇帝領義成節度使(二〇)。

(十三)詔以律令文古難知，格敕煩雜不壹，命御史知雜事(二一)張湜等訓釋詳定為刑統(二二)。

(十四)唐郭廷謂將水軍斷渦口浮梁，又襲敗武寧節度使武行德於定遠，行德僅以身免。唐主以廷謂為滁州團練使，充上淮水陸應援使(二三)。

(十五)蜀人多言左右衛聖馬步都指揮使保寧節度使同平章事李廷珪

為將敗覆㉔，不應復典兵，廷珪亦自請罷去。六月，乙丑（初十日），蜀主加廷珪檢校太尉，罷軍職。

李太后以典兵者多非其人，謂蜀主曰：「吾昔見莊宗跨河與梁戰及先帝在太原，平二蜀㉕，諸將非有大功，無得典兵，故士卒畏服。今王昭遠出於廝養㉖，伊審徵、韓保貞、趙崇韜皆膏粱乳臭子㉗，素不習兵，徒以舊恩寘於人上，平時誰敢言者？一旦疆埸有事，安能禦大敵乎？以吾觀之，惟高彥儔，太原舊人㉘，終不負汝，自餘無足任者。」蜀主不能從。

⒃丁丑（二十二日），以前華州刺史王祚為潁州團練使。祚，溥之父也。溥為宰相，祚有賓客，溥常朝服侍立，客坐不安席，祚曰：「㹠㉙犬不足為起。」

⒄秋，七月，丁亥（初二日），上治定遠軍及壽春城南之敗㉚，以武寧節度使兼中書令武行德為左衛上將軍，河陽節度使李繼勳為右衛大將軍㉛。

⒅北漢主初立七廟㉜。

(十九)司空兼門下侍郎同平章事李穀臥疾二年，凡九表辭位。八月，乙亥（二十一日），罷守本官㉝，令每月肩輿一詣便殿議政事。

(廿)以樞密副使戶部侍郎王朴檢校太保，充樞密使。

(廿一)懷恩軍至成都㉞，蜀主遣梓州別駕胡立等八十人東還㉟，且致書為謝，請通好㊱。癸未（二十九日），立等至大梁，帝以蜀主抗禮，不之答。蜀主聞之，怒曰：「朕為天子郊祀天地時，爾猶作賊，何敢如是？」

(廿二)九月，中書舍人竇儼上疏請令有司討論古今禮儀作大周通禮，考正鍾律，作大周正樂。又以為：「為政之本，莫大擇人，擇人之重，莫先宰相，自有唐之末，輕用名器，始為輔弼，即兼三公、僕射之官，故其未得之也，則以趨競㊲為心，既得之也，則以容默㊳為事，但思解密勿之務㊴，守崇重之官，逍遙林亭，保安宗族。乞今即日宰相㊵於南宮三品、兩省給舍㊶以上，各舉所知，若陛下素知其賢，自可登庸㊷，若其未也，且令以本官權知政事，暮歲之間，察其職業，若果能堪稱㊸，其官已高，則除平章事，未高，則稍更遷官，權知如故，若有不稱，則罷其政事，責其舉者。又班行㊹之中，有員無職者太半㊺，乞量其才器，授以外任，試之於事，還以舊官登敘，考其治狀，能者進之，否者黜之。」又請：「令盜賊自相糾告，以其所告貲產之半賞之，或親戚為之首，則論其徒侶而赦其所首者㊻，如此，則盜不能聚矣。又新鄭㊼鄉村，團為義營，各立將佐，一戶為盜，累其一村㊽，一戶被盜，罪其一將，每有盜發，則鳴鼓舉火，丁壯雲集，盜少民多，無能脫者，由是鄰縣充斥，而一縣獨清㊾，請令它縣皆效之，亦止盜之一術也。又累朝已來，屢下詔書，聽民多種廣耕，止輸舊稅，及其既種，則有司履畝而增之，故民皆疑懼而田不加闢。夫為政之先，莫如敦信，信苟著矣，則田無不廣，田廣則穀多，穀多則藏之民，猶藏之官也。」又言：「陛下南征江淮，一舉而得八州㊿，再駕而平壽春(51)，威靈所加，前無彊敵。今以眾擊寡，以治伐亂，勢無不克，但行之貴速，則彼民免俘馘之灾，此民息轉輸之困矣！」帝覽而善之。儼，儀之弟也。

㈢冬，十月，戊午（初五日），設賢良方正直言極諫、經學優深可為師法、詳閑吏理達於教化等科㈤。

㈣癸亥（初十日），北漢麟州刺史楊重訓舉城降㈢，以為麟州防禦使。己巳（十六日），以王朴為東京留守㈣，聽以便宜從事。以三司使張美充大內都點檢。

壬申（十五日），帝發大梁。十一月，丙戌（初四日），至鎮淮軍，是夜五鼓濟淮，丁亥（初五日），至濠州城西。濠州東北十八里有灘㈤，唐人柵於其上，環水自固，謂周兵必不能涉。戊子（初六日），帝自攻之，命內殿直康保裔帥甲士數百乘橐駝涉水，太祖皇帝帥騎兵繼之，遂拔之。

李重進破濠州南關城，癸巳（十一日），帝自攻濠州，王審琦拔其水寨。唐人屯戰舡數百於城北，植巨木於淮水以限周兵，帝命水軍攻之，拔其木，焚戰舡七十餘艘，斬首二千餘級，又攻拔其羊馬城，城中震恐。

丙申（十四日），夜，唐濠州團練使郭廷謂上表，言臣家在江南，今若遽降，恐為唐所種族(五六)，請先遣使詣金陵稟命，然後出降，帝許之。

辛丑（十九日），帝聞唐有戰舡數百艘在渙水(五七)東，欲救濠州，自將兵夜發，水陸擊之，癸卯（二十一日），大破唐兵於洞口(五八)，斬首五千餘級，降卒二千餘人，因鼓行而東，所至皆下。乙巳（二十三日），至泗州城下，太祖皇帝先攻其南，因焚城門，破水寨及月城(五九)。帝居於月城樓，督將士攻城。

(廿五)北漢主自即位以來(六〇)，方安集境內，未遑外略。是月，契丹遣其大同節度使侍中崔勳將兵來會北漢，欲同入寇，北漢主遣其忠武節度使同平章事李存瓌將兵會之(六一)，南侵潞州，至其城下而還。北漢主知契丹不足恃，而不敢遽與之絕(六二)，贈送勳甚厚。

(廿六)十二月，乙卯（初三日），唐泗州守將范再遇舉城降，以再遇為宿州團練使。上自至泗州城下，禁軍中芻蕘者毋得犯民田，民皆感悅，爭獻芻粟。既克泗州，無一卒敢擅入城者。

帝聞唐戰船數百艘泊洞口，遣騎詗之，唐兵退保清口(六三)。

(廿七)戊午（初六日），上自將親軍，自淮北進，命太祖皇帝將步騎，自淮南進，諸將以水軍自中流進，共追唐兵。時淮濱久無行人，葭葦如織，多泥淖溝塹，士卒乘勝氣，茇涉(六四)爭進，皆忘其勞。庚申（初八日），追及唐兵，且戰且行，金鼓聲聞數十里。辛酉（初九日），至楚州西北，大破之(六五)。唐兵有沿淮東下者，帝自追之，太祖皇帝為前鋒，行六十里，擒其保義節度使濠、泗、楚、海都應援使陳承昭以歸(六六)。所獲戰船燒沈之餘，得三百餘艘，士卒殺溺之餘，得七千餘人，唐之戰船在淮上者於是盡矣！

(廿八)郭廷謂使者自金陵還，知唐不能救，命錄事參軍鄱陽(六七)李延鄒草降表。延鄒責以忠義，廷謂以兵臨之，延鄒擲筆曰：「大丈夫終不負國為叛臣作降表。」廷謂斬之，舉濠州降，得兵萬人，糧數萬斛。唐主賞李延鄒之子以官。

壬戌（初十日），帝濟淮至楚州，營於城西北。乙丑（十三日），唐雄武軍使知漣水縣事崔萬迪降。丙寅（十四日），以郭廷謂為亳州防禦使。戊辰（十六日），帝攻楚州，克其月城。庚午（十八日），郭廷謂見於行宮，帝曰：「朕南征以來，江南諸將，敗亡相繼，獨卿能斷渦口浮梁，破定遠寨（六八），所以報國足矣！濠州小城，使李璟自守，能守之乎？」使將濠州兵攻天長。帝遣鐵騎左廂都指揮使武守琦將騎數百趨揚州，至高郵（六九），唐人悉焚揚州官府、民居，驅其人南渡江（七〇）。後數日，周兵至城中，餘癃（七一）病十餘人而已。癸酉（二十一日），守琦以聞。帝聞泰州無備，遣兵襲之，丁丑（二十五日），拔泰州。

（廿九）南漢中書侍郎同平章事盧膺卒。

（卅）南漢主聞唐屢敗，憂形於色，遣使入貢於周，為湖南所閉（七二），乃治戰艦，修武備，既而縱酒酣飲，曰：「吾身得免幸矣，何暇慮後世哉？」

（卅一）唐使者陳處堯在契丹（七三），白契丹主請南游太原，北漢主厚禮之，留數日，比還，竟卒於契丹。

【今註】（一）諸子皆幼：《五代史記・周家人傳》，世宗七子，長曰宜哥，次二皆未名，次即恭帝宗訓，次曰熙讓、熙謹、熙海，宜哥與其二皆為漢誅。是時諸子在者為宗訓、熙讓、熙謹、熙海。（二）周兵圍壽春，連年未下：周兵攻壽春始前年十一月。㊂詔有司更造祭器、祭玉等，命國子博士聶崇義討論制度，為之圖：胡三省曰：「祭器，罇彝、簠簋、籩豆之屬也。祭玉，蒼璧禮天，黃琮禮地，青圭禮東方，赤璋禮南方，白琥禮西方，玄璜禮北方也。」《五代會要》，太祖廣順三年九月，南郊禮儀使奏用珪璧制度：「准禮祀上帝以蒼璧，地祇以黃琮，祀五帝以珪、璋、琮、琥、璜，其玉各依本方正色，祀日月以珪璋，祀神州以兩珪，有邸。其用幣天以蒼色，地以黃色，配帝以白色，日月五帝各從本方之色，皆長一丈八尺。其珪璧之狀，璧圓而琮方，珪上銳而下方，半珪曰璋，琥為虎形，半璧曰璜，其珪、璧、琮、璜皆長一尺二寸，四珪有邸，邸，本也，珪著於璧而四出也，日月星辰以珪璧五寸。前件珪璧有圖樣而長短之說或殊。按唐開元中玄宗詔曰：『禮神以至，取其精潔。』比來用珉，不可行也。如或以玉難辦，寧小其制度以取其真，令郊廟所修珪璧，量玉大小，不必皆從古制，伏請下所司修製。」從之。顯德四年四月，禮官博士等准詔議祭器、祭玉制度，國子祭酒尹拙引崔靈恩三禮義宗云：「蒼璧所以禮天，其長十有二寸，蓋法天之十二時。」又引《江都集禮》、《白虎通》等諸書所說云：「璧皆外圓內方。」又云：「黃琮所以禮地，其長一尺，以法地之數，其琮外方內圓，八角而有好。」國子博士聶崇義以為內外皆圓，其徑九寸。按阮氏、鄭玄圖皆云九寸，《周禮》玉人職又有九寸之璧及引《爾雅》云：「肉倍好謂之璧，好倍肉謂之瑗，肉好若一謂之環。」郭璞注云：「好，孔也，肉，邊也。」而不載尺寸之數。崇義又引〈冬官〉玉人：「璧，好三寸。」《爾雅》云：「肉倍好謂之璧。」蓋兩邊肉各三寸，通好共九寸，則其璧九寸明矣。崇義又云：「黃琮八方以象地，每角各割出一寸六分，其長八寸，厚一寸。按周禮疏及阮氏圖並無好。」又引〈冬官〉玉人云：「琮八角而無好。」崇義又云：「琮、璜、珪、璧俱是禮天地之器，而爾雅唯言璧、環、瑗三者有好，其餘諸器若琮、璜等者並不言之，則琮、璜八角而無好明矣！」時太常卿田敏以下以崇義援引《周禮》正文為是，乃從之。㊃至是命右驍衞大將軍王環將水軍數千自閔河沿潁入淮：潁，潁河也。閔河即蔡河，本曰琵琶溝。《元豐九域志》曰：「浚儀縣之琵琶溝，即蔡河也。」《三朝會要》曰：「惠民河與蔡河一水，即閔河也，建隆元年，始命陳承昭督丁夫導閔河自新鄭與蔡水合，貫京師，南歷陳、潁達壽春以通淮右，舟楫相繼，商賈畢至，都下利之，於是以西南為閔河，東南為蔡河，至開寶六年，始改閔河為惠民河。」又《宋史・河渠志》曰：「蔡河貫京師，兼閔水、洧水、漁水以通舟楫。閔水自尉氏歷祥符合於蔡，是為惠民河。」按蔡河即古之鴻溝，又名蒗蕩渠，潁水之支津也。《漢書・地理志》，蒗蕩渠首受泲水，東南至陳入潁。泲水即南濟水，亦即汴河，今堙，蒗蕩渠即今之賈魯河，由今河南省鄭縣東流至中牟縣，南經尉氏、扶溝縣入於潁。潁水出今河南省登封縣西境之潁谷，東南流經禹縣、臨潁、西華、商水，與沙河合而東流，沙河即古溵水也，又東至淮陽縣之周家口，會賈魯河，東南流經沈丘縣，又東南流入安徽省，經太和，阜陽、潁上等縣，至西正陽入於淮，謂之潁口。㊄唐朱元恃功，頗違元帥節度：朱元恃其復舒、和二州之功也。元帥，謂齊王景達。㊅虎捷左廂都指揮使：《五代會要》，太祖廣順元年，改侍衞馬軍曰龍捷左右軍，步軍曰虎捷左右軍。㊆趙步：趙步在今安徽省鳳臺縣東北淮河北岸。胡三省曰：「趙步在淮河北岸。

水濱泊舟之地，人坎岸為道以上下謂之步。趙步以趙氏居其地而得名，今自壽春苑麢鎮沿淮東下百餘里，得趙步灘，又東逕梁城灘北，梁、齊控扼淮之地也，淮水中有梁城灘，又東二十五里至洛河口。」步今通作埠，水濱泊船之所也。任昉《述異記》曰：「吳江中有魚步、龜步，湘江中有靈妃步。」韓愈〈孔默墓志〉曰：「蕃船至，泊步，有下碇之稅。」⑧荊山洪：在今安徽省懷遠縣西南一里，宋為懷遠軍治，與塗山夾淮相對，《水經注》所云淮出於荊山之左，塗山之右者也。洪者，大水，荊山濱淮，故曰荊山洪。⑨鎮淮軍：時以渦口為鎮淮軍。⑩徙壽州治下蔡：胡三省曰：「壽州，宋升為壽春府，至今治下蔡縣，而壽春故縣自為縣，在淮水之南，西北距下蔡二十五里。高宗南渡，復於壽州舊治建安豐軍以為控扼之地，蓋地險所在，通古今不能易也。」⑪帝復以清淮軍為忠正軍：《五代史記・職方考》，壽州唐故曰忠正軍，南唐改曰清淮，周世宗平淮南，復曰忠正。《五代史》，唐明宗天成二年，詔升壽州為忠正軍，《五代會要》作天成三年十月升為忠正軍，宋白《續通典》，後唐天成元年，升壽州為順化軍。諸書所紀互異。⑫令坤領鎮安節度使：陳州鎮安軍。⑬令坤屢為之泣請：《宋史・韓令坤傳》，倫法當棄市，令坤泣請世宗，遂免死。⑭流沙門島：沙門島在今山東省蓬來縣西北六十里。《太平寰宇記》，蓬來縣沙門島在縣北海中五十里，宋太祖建隆三年，索內外軍不律者配沙門島。齊乘，凡海艘南來轉帆入渤海者，皆望沙門島以為表識，其相連屬者有牽衣、大竹、一竹諸島，蒼秀如畫，元時置戍軍於此。⑮柹：胡三省曰：「柹，木札也。」⑯帝之克秦、鳳也：事見上卷二年。⑰遣懷恩指揮使蕭知遠等將士八百餘人西還：胡三省曰：「既以示中國威德，又欲使之言已克平淮南數千里之地以恐動蜀人。」⑧穀懇辭祿位，不許：《宋史·李穀傳》，穀扶疾入見便殿，詔令不拜，命坐御坐側，以抱疾久，請辭相位，世宗怡然勉之，謂曰：「譬如家有四子，一人有疾，棄而不養，非父之道也。朕君臨萬方，卿處輔相之位，君臣之間，分義斯在，奈何以祿奉為言？」穀愧謝而退。⑨詔疏汴水北入五丈河：五丈河在今河南省開封縣北。《五代史·周世宗紀》，浚五丈河東流於定陶入於濟以通齊、魯運路。《元豐九域志》，五丈河即禹貢之荷澤，從汴都北歷陳留及鄆，其廣五丈，舊名五丈河，宋太祖開寶六年，詔改名廣濟河。⑩義成節度使：滑州義成軍。⑪御史知雜事：趙璘《因話錄》，唐侍御史眾呼為端公，御史三院，以一人知雜事，謂之雜端，非知雜事者，謂之散端。杜佑《通典》曰：「知雜事謂之南床，殿中監察不得坐。凡侍御史之例，不出累月，遷登南省，故謂之南床。」⑫刑統：胡三省曰：「刑統一書，終宋之世行之。」⑬上淮水陸應援使：上淮，謂淮水上游也。⑭蜀人多言左右衞聖馬步都指揮使保寧節度使同平章事李廷珪為將敗覆：謂李廷珪與周戰敗而秦、鳳、階、成四州之地皆沒於周，事見上卷顯德二年。⑮吾昔見莊宗跨河與梁戰及先帝在太原，平二蜀：唐置劍南東川、西川二節度，蜀諸州皆其巡屬也，故曰二蜀。先帝謂蜀高祖孟知祥。李太后本唐莊宗後宮，莊宗以賜蜀高祖，故能言二主時事。⑯今王昭遠出於廝養：《九國志》，王昭遠，成都人，幼孤貧，年十三，依東郭僧知湮為童子，知祥入蜀，飯僧於府署，昭遠持巾履從知湮得入，時昶方就學，見昭遠聰慧，留給事昶左右，及昶嗣位，遂見寵狎，樞密機務一以委之，府庫財帛恣其所取。⑰伊審徵、韓保貞、趙崇韜皆膏梁乳臭子：按《九國志》，趙崇韜，庭隱之子也，少驍勇，有父風，累從征討有功，署副兵馬使，及庭隱卒，以崇韜領衛聖諸軍使以襲父任。㉘惟高彥儔，太原舊人：《九國志》，彥儔，太原人，少善騎射，慷慨有大節，知祥留守太原，召為軍校，從入成都。㉙豘：同豚。㉚上治定遠軍及壽春城南之敗：治者，治其敗軍之罪也，定遠軍當作定遠縣。武行德敗於定遠見上五月，李繼勳壽春南砦之敗見去年六月。㉛以武寧節度使兼中書令武行德為左衛上將軍，河陽節度使李繼勳為右衛大將軍：奪節處以環衛，責其僨軍之咎也。㉜北漢主初立七廟：胡三省曰：「北漢主自以承高祖、隱帝之後，與僭竊不同，然地狹國貧，日困於兵，今始能立七廟以仿天子之制。」《五代史記・東漢世家》，旻之僭立也，常謂其臣張元徽等曰：「吾以高祖之業，贇之寃，義不為郭公屈爾，期與公等勉力以復家國之讐，至於稱帝一方，豈獲已也？顧我是何天子？爾亦是何節度使？」故其借號，仍稱乾祐，不改元，不立宗廟，四時之祭，用家人禮，承鈞既立，始赦境內，改乾祐十年曰天會元年，立七廟於顯聖宮。然則旻之不立宗廟，蓋所以自勵，示不忘國恥之意。㉝罷守本官：罷相，守司空。㉞懷恩軍至成都：是年四月遣懷恩軍西還，至是始至成都。㉟蜀主遣梓州別駕胡立等八十人東還：胡立為蜀所擒見上卷顯德二年。㊱且致書為謝，請通好：《五代史・周世宗紀》，蜀主昶本生於太原，故其書意願與帝推鄉里之分。㊲趨競：趨走權要之門以競逐名利也。㊳容默：苟容緘默。㊴密勿之務：猶機密之務也。《漢書・劉向傳》：「密勿從事。」顏師古注：「此小雅十月之交篇刺幽王之詩也。密勿，猶黽勉從事也。」後用作機密之意。《三國・魏志・杜恕傳》：「與聞政事密勿大臣。」密勿猶機密也。㊵即日宰相：謂見在相位者。〔四一〕南宮三品、兩省給舍：南宮謂尚書省也，象列宿之南宮，故云。三品謂六部尚書。兩省謂中書、門下省，給舍謂給事中及中書舍人。〔四二〕登庸：庸，用也，見《說文》。〔四三〕堪稱：堪任稱職。〔四四〕班行：文、武班行。〔四五〕有員無職者太半：胡三省曰：「如諸衞將軍、東宮官屬、內諸使之類。」〔四六〕或親戚為之首，則論其徒侶而赦其所首者：胡三省曰：「言或親戚相與為盜，其中有能自首者則赦之，其徒侶則論其罪也。」〔四七〕一戶為盜，累其一村：法有連坐，故一戶為盜，則責其一村以不舉失察之罪。〔四八〕由是鄰縣充斥，而一縣獨清：謂鄰新鄭諸縣皆盜賊充斥，獨新鄭清寧無盜也。〔四九〕新鄭：《舊唐書・地理志》，新鄭，隋舊縣，唐屬鄭州。按新鄭本春秋鄭之都邑也，平王東遷，鄭武公自鄭徙此，仍名曰鄭，故曰新鄭，戰國時韓嘗都之，漢為新鄭縣，晉省，故城在今河南省新鄭縣北，隋復置，即今河南省新鄭縣。〔五〇〕一舉而得八州：八州謂光、黃、舒、蘄、和、揚、滁、泰，事見上及上卷顯德三年。〔五一〕再駕而平壽春：事見上三月。〔五二〕設賢良方正直言極諫、經學優深可為師法、詳閑吏理達於教化等科：《五代史・周世宗紀》，是年八月乙卯朔，兵部尚書張昭上疏望準唐朝故事置制舉以罩英才，帝覽而善之，因命昭具制舉合行事件條奏以聞，至是詔懸制科凡三，其一曰賢良方正，能直言極諫科，其二曰經學優深，可為師法科，其三曰詳閑吏理，達於教化科，不限前資，見任職官、黃衣、草澤俱可應詔，用張昭議也。《五代會要》，時詔逐處州府依每年貢舉人式例，差官考試，解送尚書吏部，仍量試策論三道，共三千字以上，當日內取文理俱優、人物爽秀，方得解送，取來年十月集上都，其登朝官亦許上表自舉。〔五三〕北漢麟州刺史楊重訓舉城降：胡三省曰：「太祖廣順二年，楊重訓以麟州歸款，中間必又附北漢也。」(五四)以王朴為東京留守：以車駕將幸淮也。(五五)濠州東北十八里有灘：灘在淮水之中。(五六)恐為唐所種族：種族者，族誅之無遺種。(五七)渙水：《水經注》，渙水首受蒗蕩渠於開封縣，東南流逕陳留北，又東南流逕雍丘縣故城南，又東逕襄邑縣故城南，又東南逕己吾縣故城南，又東逕部城北，又東南逕鄢城北，新城南，又東南逕亳城北，即南亳也，商湯所都，又東逕酇縣故城南，又東南逕費亭南，又東逕銍縣故城南，又東逕嵇山北，又東南逕蘄縣故城南，又東逕谷陽戍南，又東逕虹城南，與浚水亂流而入於淮。虹縣故城在今安徽省五河縣西。按渙水上流今已堙，其下流即今之澮河也，自今河南省永城縣東流入淮。《永城縣志》，澮河在縣南二十里，東流入淮，當即渙水遺迹也。(五八)洞口：胡三省曰：「今濠州東九十里有浮山，山下有穴，名浮山洞，夏潦不能及而冬不加高，故人疑其為浮。洞口竊意即浮山洞口。」(五九)月城：胡三省曰：「月城者，臨水築城，兩頭抱水，形如却月。」(六〇)北漢主自即位以來：北漢主以顯德元年十一月即位。(六一)北漢主遣其忠武節度使同平章事李存瓌將兵會之：許州忠武軍，時屬周，北漢主使李存瓌遙領之耳。(六二)北漢主知契丹不足恃，而不敢遽與之絕：不敢遽與之絕者，以契丹強盛，欲倚之以為聲援也。(六三)清口：清口在今江蘇省淮陰縣西南，古泗水入淮之口也，亦名清河口，舊為黃、淮交匯之處。(六四)茇跋：胡三省曰：「草行為茇，水行為涉。」(六五)至楚州西北，大破之：《元豐九域志》，泗州東北至楚州二百二十里。(六六)擒其保義節度使濠泗楚海都應援使陳承昭以歸：陝州保義軍時屬周，南唐使陳承昭遙領之。濠泗楚海都應援使《五代史・周世宗紀》作江北都應援使。(六七)鄱陽：《舊唐書·地理志》，鄱陽縣，漢置，唐為饒州治，漢古城在其東，縣界有鄱江。按漢鄱陽故城在今江西省鄱陽縣東，三國吳徙治今江西省鄱陽縣，即唐之鄱陽縣也。㊅獨卿能斷渦口浮梁，破定遠寨：郭廷謂斷渦口浮梁，敗周將武行德於定遠見上五月。㊈帝遣鐵騎左廂都指揮使武守琦將騎數百趨揚州，至高郵：《元豐九域志》，高郵東南至揚州一百里。《舊唐書·地理志》，高郵縣，漢置，屬廣陵國，至隋不改，唐屬揚州，即今江蘇省高郵縣。㊆唐人悉焚揚州官府、民居，驅其人南渡江：《元豐九域志》，揚州南至江四十五里。㊆瘽：顏師古漢書注：「瘽，疲病也。」㊆遣使入貢於周，為湖南所閉：閉，塞也，塞絕其貢道，使不得通於周也。㊆唐使者陳處堯在契丹：南唐主遣陳處堯如契丹乞師，契丹之留之，事見上年。

卷二百九十四 後周紀五

起著雍敦牂盡屠維協洽，凡二年。（戊午至己未，西元九五八年至西元九五九年）

司馬光編集
林瑞翰註

世宗睿文孝武皇帝下

顯德五年（西元九五八年）

㈠春，正月，乙酉（初三日），廢匡國軍㊀。

㈡唐改元中興。

㈢丁亥（初五日），右龍武將軍王漢璋奏克海州。

己丑（初七日），以侍衞馬軍都指揮使韓令坤權揚州軍府事。

㈣上欲引戰艦自淮入江，阻北神堰，不得度㊁，欲鑿楚州西北鸛水㊂以通其道，遣使行視，還言地形不便，計功甚多，上自往視之，授以規畫，發楚州民夫浚之，旬日而成，用功甚省，巨艦數百艘皆達於江，唐人大驚以為神。

㈤壬辰（甲日），拔靜海軍，始通吳越之路㊃。

先是帝遣左諫議大夫長安尹日就等使吳越，語之曰：「卿今去，雖汎海，比還，淮南已平，當陸歸耳！」已而果然。

㈥甲辰（二十二日），蜀右補闕章九齡見蜀主，言政事不治，由奸佞在朝。蜀主問奸佞為誰？指李昊、王昭遠以對，蜀主怒，以九齡為毀斥大臣，貶維州錄事參軍。

㈦周兵攻楚州，踰四旬，唐楚州防禦使張彥卿固守不下。乙巳（二十三日），帝自督諸將攻之，宿於城下，丁未（二十五日），克之，彥卿與都監鄭昭業猶帥眾拒戰，矢刃皆盡，彥卿舉繩牀以鬭而死，所部千餘人，至死無一人降者㈤。

㈧高保融遣指揮使魏璘將戰船百艘東下會伐唐，至於鄂州。

㈨庚戌（二十八日），蜀置永寧軍於果州，以通州隸之。

㈩唐以天長為雄州，以建武軍使易文贇為刺史。二月，甲寅（初二日），文贇舉城降。

(十一)戊午（初六日），帝發楚州。丁卯（十五日），至揚州，命韓令坤發丁夫萬餘築故城之東南隅為小城以治之㈥。

㈩乙亥（二十三日），黃州刺史司超奏與控鶴右廂都指揮使王審琦攻唐舒州，擒其刺史施仁望。

㈪丙子（二十四日），建雄節度使真定楊廷璋奏敗北漢兵於隰州城下。時隰州刺史孫議暴卒，廷璋謂都監閑廄使李謙溥曰：「今大駕南征，澤州㊆無守將，河東必生心，若奏請待報，則孤城危矣！」即牒謙溥權隰州事。謙溥至，則修守備，未幾，北漢兵果至㊇，諸將請速救之，廷璋曰：「隰州城堅將良，未易克也。」北漢攻城，久不下，廷璋度其疲困無備，潛與謙溥約，各募死士百餘，夜襲其營㊈，北漢兵驚潰，斬首千餘級，北漢兵遂解去。

㈬三月，壬午朔，帝如泰州。

㈭丁亥（初六日），唐大赦，改元交泰。

㈮唐太弟景遂前後凡十表辭位，且言今國危不能扶，請出就藩鎮，燕王弘冀嫡長，有軍功㊉，宜為嗣，謹奏上太弟寶冊。齊王景達亦以敗軍辭元帥，唐主乃立景遂為晉王，加天策上將軍、江南西道兵馬元帥、洪州大都督、太尉、尚書令，以景達為浙西道元帥，潤州大都督。景達以浙西方用兵㉑，固辭，改撫州大都督，立弘冀為皇太子，參決庶政。弘冀為人猜忌嚴刻，景遂左右有未出東宮者，立斥逐之，其弟安定公從嘉㉒畏之，不敢預事，專以經籍自娛。

㈦辛卯（初十日），上如迎鑾鎮㉓，屢至江口，遣水軍擊唐兵，破之。

上聞唐戰艦數百艘泊東汸州㉔，將趣海口扼蘇杭路，遣殿前都虞候慕容延釗將步騎，右神武統軍宋延渥將水軍，循江而下。甲午（十三日），延釗奏大破唐兵於東汸州上，遣李重進將兵趣廬州㉕。

唐主聞上在江上，恐遂南度，又恥降號稱藩，乃遣兵部侍郎陳覺奉表【考異】十國紀年，遣樞密使陳覺奉表。實錄載其表云：「今遣左諫議大夫兵部侍郎臣陳覺躬聽敕命。」蓋當時所假之官耳，今從之。請傳位於太子弘冀，使聽命於中國。時淮南惟廬、舒、蘄、黃未下，丙申（十五日），覺至迎鑾，見周兵之盛，白上請遣人度江取表獻四州之地，畫江為境以求息兵，辭指甚哀。上曰：「朕本興師止取江北，爾主能舉國內附，朕復何求？」覺拜謝而退。丁酉（十六日），覺請遣其屬閤門承旨劉承遇如金陵，上賜唐主書，稱皇帝恭問江南國主，慰納之。

戊戌（十七日），吳越奏遣上直指揮使處州刺史邵可遷、秀州刺史路彥銖以戰艦四百艘、士卒萬七千人屯通州南岸(一六)。

唐主復遣劉承遇奉表，稱唐國主，請獻江北四州，歲輸貢物十萬(一七)，於是江北悉平，得州十四(一八)，縣六十。庚子（十九日），上賜唐主書，諭以緣江諸軍及兩浙、湖南、荊南兵並當罷歸，其廬、蘄、黃三道亦令斂兵近外(一九)，俟彼將士及家屬就道，可遣人召將校，以城邑付之，江中舟艦，有須往來者，並令就北岸引之(二〇)。

辛丑（二十日），陳覺辭行，又賜唐主書，諭以不必傳位於子(二一)。

壬寅（二十一日），上自迎鑾復如揚州。癸卯（二十二日），詔吳越、荊南軍各歸本道，賜錢弘俶犒軍帛三萬匹，高保融一萬匹(二二)。

甲辰（二十三日），置保信軍於廬州，以右龍武統軍趙匡贊為節度使。丙午（二十五日），唐主遣馮延己獻銀、絹、錢、茶、穀共百萬以犒軍(二三)。己酉（二十八日），命宋延渥將水軍三千泝江巡警。庚戌（二十九日），敕故淮南節度使楊行密、故昇府(二四)節度使徐溫等墓並量給守戶，其江南羣臣墓在江北者，亦委長吏以時檢校。辛亥（二十日），唐主遣其臨汝公徐遼代己來上壽㉕。

(十八)是月，浚汴口，導河流達於淮，於是江淮舟楫始通㉖。

(十九)夏，四月，乙卯（初四日），帝自揚州北還。

(二十)新作太廟成㉗，庚申（初九日），神主入廟㉘。

(二十一)辛酉（初十日），夜，錢唐城南火，延及內城，官府、廬舍幾盡。壬戌（十一日），旦，火將及鎮國倉，吳越王弘俶久疾，自強出救火，火止，謂左右曰：「吾疾因災而愈。」眾心稍安。

(二十二)帝之南征也，契丹乘虛入寇，壬申（二十一日），帝至大梁，命張永德將兵備禦北邊。

(二十三)五月，辛巳朔，日有食之。

(二十四)詔賞勞南征士卒及淮南新附之民。

(二十五)辛卯（十一日），以太祖皇帝領忠武節度使㉙，徙安審琦為平盧節度使㉚。

成德節度使郭崇攻契丹束城㉛，拔之，以報其入寇也。

唐主避周諱，更名景㉒，下令去帝號，稱國主，凡天子儀制，皆有降損，去年號，用周正朔。【考異】世宗實錄、薛史，顯德二年乙卯十一月，伐淮南，唐之保大十三年也，三年正月、四年二月、十月，三幸淮南，五年戊午三月，江北平，唐之交泰元年也，而江南錄誤以保大十五年事，合十四年、十五年丁巳改交泰，五月，去帝號，明年，乃顯德五年，又明年，即建隆元年，中間實少顯德六年。江南錄最為差誤，其記李昇復姓，亦先一年，它事放此，不可考按。故世宗取淮南年月，專以實錄及薛史為據。仍告於太廟。左僕射同平章事馮延己罷為太子太傅，門下侍郎同平章事嚴續罷為少傅，樞密使兵部侍郎陳覺罷守本官。

初，馮延己以取中原之策說唐主，由是有寵。延己嘗笑烈祖戢兵為齷齪㉓，曰：「安陸所喪，纔數千兵㉔，為之輟食咨嗟者旬日，此田舍翁識量耳！安足與成大事？豈如今上暴師數萬於外而擊毬宴樂無異平日，真英主也。」延己與其黨談論，常以天下為己任，更相唱和，翰林學士常夢錫屢言延己等浮誕不可信，唐主不聽。夢錫曰：「奸言似忠，陛下不悟，國必亡矣！」及臣服於周，延己之黨相與言，有謂周為大朝者，夢錫大笑曰：「諸公常欲致君堯舜，何意今日自為小朝邪？」眾默然。

自唐主內附，帝止因其使者賜書，未嘗遣使至其國。己酉（二十九日），始命太僕卿馮延魯、衞尉少卿鍾謨使於唐㉟，賜以御衣玉帶等及犒軍帛十萬，並今年欽天曆㊱。

劉承遇之還自金陵也㊲，唐主使陳覺白帝，以江南無鹵田㊳，願得海陵鹽南屬以贍軍。帝曰：「海陵在江北，難以交居㊴，當別有處分。」至是詔歲支鹽三十萬斛以給江南，所俘獲江南士卒，稍稍歸之。

六月，壬子（初二日），昭義節度使李筠奏擊北漢石會關㊵，拔其六寨，乙卯（初五日），晉州奏都監李謙溥擊北漢，破孝義㊶。

高保融遣使勸蜀主稱藩於周，蜀主報以前歲遣胡立致書於周而不答㊷。

(廿六)秋，七月，丙戌（初七日），初行大周刑統。

(廿七)帝欲均田租，丁亥（初八日），以元稹均田圖徧賜諸道㊸。閏月，唐清源節度使㊹兼中書令留從效遣牙將蔡仲贇衣商人服，以絹表置革帶中，間道來稱藩。

(廿八)唐江西元帥晉王景遂之赴洪州也㊺，以時方用兵，啓求大臣以自副。唐主以樞密副使工部侍郎李徵古為鎮南節度副使(四六)。徵古傲很專恣，景遂雖寬厚，久而不能堪，常欲斬徵古，自拘於有司，左右諫而止，景遂忽忽不樂。

太子弘冀在東宮，多不法，唐主怒，嘗以毬杖擊之，曰：「吾當復召景遂(四七)。」昭慶宮使袁從範從景遂為洪州都押牙，或譖從範之子於景遂，景遂欲殺之，從範由是怨望，弘冀聞之，密遣從範毒之。八月，庚辰（初二日），景遂擊毬，渴甚，從範進漿，景遂飲之而卒。未殯，體已潰，唐主不之知，贈皇太弟，諡曰文成。

(三九)辛巳（初三日），南漢中宗殂(四八)。長子繼興即帝位，更名鋹，改元大寶。鋹年十六，國事皆決於宦官玉清宮使(四九)龔澄樞及女侍中盧瓊仙等，臺省官備位而已。

(四〇)甲申（初六日），唐始置進奏院於大梁(五〇)。

(四一)壬辰（十四日），命西上閤門使靈壽(五一)曹彬使于吳越，賜吳越王弘俶騎軍鋼甲二百、步軍甲五千及他兵器，彬事畢亟返，不受餽遺，吳越人以輕舟追與之，至於數四，彬曰：「吾終不受，是竊名也。」盡籍其數，歸而獻之。帝曰：「鄴之奉使，乞匄無厭，使四方輕朝命，卿能如是，甚善。然彼以遺卿，卿自取之。」彬始拜受，悉以散於親識，家無留者。

(卌二)辛丑（二十三日），馮延魯、鍾謨來自唐，唐主手表(五二)謝恩，其略曰：「天地之恩厚矣，父母之恩深矣，子不謝父，人何報天？惟有赤心可酬大造。」又乞比藩方，賜詔書，又稱有情事令鍾謨上奏，乞令早還。唐主復令謨白帝，欲傳位太子。九月，丁巳（初九日），以延魯為刑部侍郎，謨為給事中。唐主復遣吏部尚書知樞密院殷崇義來賀天清節(五三)。

(卌三)帝謀伐蜀，冬，十月，己卯（初二日），以戶部侍郎高防為西南水陸制置使(五四)，右贊善大夫李玉為判官。

(卌四)甲午（十七日），帝歸馮延魯及左監門衛上將軍許文稹、右千牛衛上將軍邊鎬、衛尉卿周廷構於唐(五五)，唐主以文稹等皆敗軍之俘，棄不復用。

(卌五)高保融再遺蜀主書(五六)，勸稱臣於周。蜀主集將相議之，李昊曰：「從之則君父之辱，違之則周師必至，諸將能拒周乎？」諸將皆曰：「以陛下聖明，江山險固，豈可望風屈服？秣馬厲兵，正為今日，臣等請以死衞社稷。」丁酉（二十日），蜀主命昊草書極言拒絕之。

㊺詔左散騎常侍須城艾穎等三十四人分行諸州，均定田租㊼。庚子（二十五日），詔諸州併鄉村率以百戶為團，團置耆長三人㊽。帝留心農事，刻木為耕夫、蠶婦，置之殿庭。

命武勝節度使宋延渥以水軍巡江。高保融奏聞王師將伐蜀，請以水軍趣三峽㊾，詔褒之。

十一月，庚戌（初四日），敕竇儼編集大周通禮、大周正樂㊿。

㊼辛亥（初五日），南漢葬文武光明孝皇帝於昭陵，廟號中宗。

㊽乙亥（十九日），唐主復遣禮部侍郎鍾謨入見。

李玉至長安，或言蜀歸安鎮㊶在長安南三百餘里，可襲取也。玉信之，牒永興節度使王彥超，索兵二百，彥超以為歸安道阻隘難取，玉曰：「吾自奉密旨。」彥超不得已，與之，玉將以往。十二月，蜀歸安鎮遏使李承勳據險邀之，斬玉，其衆皆沒。乙酉（初九日），蜀主以右衞聖步軍都指揮使趙崇韜為北面招討使，丙戌（初十日），以奉鑾肅衞都指揮使武信節度使兼中書令孟貽業為昭武、文州都招討使〔六二〕，左衞聖馬軍都指揮使趙思進為東面招討使，山南西道節度使韓保貞為北面都招討使，將兵六萬，分屯要害以備周。

丙戌（初十日），詔凡諸色課戶及俸戶，並勒歸州縣，其幕職州縣官自今並支俸錢及米麥〔六三〕。

(廿九)初，唐太傅兼中書令楚公宋齊丘多樹朋黨，欲以專固朝權，躁進之士爭附之，推獎以為國之元老。樞密使陳覺、副使李徵古恃齊丘之勢，尤驕慢。及許文稹等敗於紫金山，覺與齊丘、景達自濠州遁歸〔六四〕，國人恟懼，唐主嘗歎曰：「吾國家一朝至此。」因泣下。徵古曰：「陛下當治兵以扞敵，涕泣何為？豈飲酒過量邪？將乳母不至邪？」唐主色變，而徵古舉止自若。會司天奏天文有變，人主宜避位禳災，唐主乃曰：「禍難方殷，吾欲釋去萬機，棲心沖寂，誰可以托國者？」徵古曰：「宋公造國手也，陛下如厭萬機，何不舉國授之？」覺曰：「陛下深居禁中，國事皆委宋公，先行後聞，臣等時入侍，談釋老而已。」唐主心慍㊅㊄，即命中書舍人豫章㊅㊅陳喬草詔行之。喬惶恐請見，曰：「陛下一署此詔，臣不復得見矣！」因極言其不可。唐主笑曰：「爾亦知其非邪？」乃止。由是因晉王出鎮，以徵古為之副㊅㊆，覺自周還，亦罷近職。鍾謨素與李德明善，以德明之死怨齊丘㊅㊇，及奉使歸唐，言於唐主曰：「齊丘乘國之危，遽謀篡竊㊅㊈，陳覺、李徵古為之羽翼，理不可容。」陳覺之自周還㊆〇，矯以帝命謂唐主曰：「聞江南連歲拒命，徵宰相嚴續之謀，當為我斬之。」唐主知徵素與續有隙，固未之信，鍾謨請覆之於周㊆㊀，唐主乃因謨復命，上言久拒王師，皆臣愚迷，非續之罪。帝聞之，大驚曰：「審如此，則續乃忠臣㊆㊁，朕為天下主，豈教人殺忠臣乎？」謨還以白唐主。

唐主欲誅齊丘等，復遣謨入稟於帝，帝以異國之臣，無所可否。己亥（二十三日），唐主命知樞密院殷崇義草詔暴齊丘、覺、徵古罪惡，聽齊丘歸九華山舊隱(七三)，官爵悉如故，覺責授國子博士，宣州安置，徵古削奪官爵，賜自盡，黨與皆不問，遣使告於周。

(四十)丙午（三十日），蜀以峽路巡檢制置使高彥儔為招討使。

(四一)平盧節度使太師中書令陳王安審琦僕夫安友進與其嬖妾通，妾恐事泄(七四)，與友進謀殺審琦，友進不可，妾曰：「不然，我當反告汝。」友進懼而從之。

【今註】 ㊀廢匡國軍：後唐改同州忠武軍為匡國軍。㊁上欲引戰艦自淮入口，阻北神堰，不得度：胡三省曰：「北神鎮在楚州城北五里，吳王夫差溝通江淮，後人於此立堰，以淮水低，溝水高，防其洩也。舟行渡堰入淮，今號為平水堰。」楚州今江蘇省淮安縣。㊂鸛水：鸛水即老鸛河，在今江蘇省淮安縣西七十里，古謂之灌口。㊃拔靜海軍，始通吳越之路：先是唐於海陵東境置靜海都制置院，注見卷二百九十四顯德三年。宋白《續通典》，靜海軍本揚州狼山鎮地，南唐於狼山北立靜海制置院，周得之，建靜海軍，尋升為通州，即今江蘇省南通縣。胡三省曰：「自靜海軍東南至江口，於狼山之西度江登陸，抵福山鎮，則蘇州常熟縣界，吳越之境也。」㊄彥卿舉繩牀以鬬而死，所部千餘人，至死無一人降者：《五代史．周世宗紀》，周既拔楚州，斬守將張彥卿等，六軍大掠，城內軍民死者萬餘人，廬舍焚之殆盡。陸游《南唐書》曰：「保大末，周世宗南侵，彥卿為楚州防御使，周師銳甚，旬日間，海、泰州、靜海軍皆破，元宗亦命焚東都宮寺、民廬，徙其民渡江。世宗親御旗鼓攻楚州，自城以外皆已下，發州民濬老鸛河，遣齊雲戰艦數百自淮入江，勢如震霆烈焰，彥卿獨不為動，及梯衝臨城，鑿城為窟室，實城而焚之，城皆摧圮，遂陷，彥卿猶結陣城內，誓死奮擊，謂之巷鬬。日暮，轉至州廨，長短兵皆盡，彥卿猶取繩牀搏戰，及兵馬都監鄭昭業等千餘人皆死之，無一人生降者，周兵死傷亦甚眾。世宗怒，盡屠城中居民，焚其室廬，然得彥卿子光祐，不殺也。」趙鼎臣《竹隱畸士集》云：「當城中之危也，彥卿方與諸將立城上，因泣諫以周唐強弱，勢不足以相支，又城危甚而外無一人援，恐旦夕徒死無益，勸彥卿趣降。彥卿頷之，因顧諸將，指曰：『視彼。』諸將方回顧，彥卿則抽劍斷其子首，擲諸地，慷慨泣謂諸將曰：『此彥卿子，勸彥卿降周，彥卿受李家厚恩，誼不降，此城吾死所也，諸軍欲降任降，第勿勸我，勸我者同此子矣！』於是諸將愕眙，亦泣，莫敢言降。」㊅命韓令坤發丁夫萬餘築故城之東南隅為小城以治之：《五代史・周世宗紀》，帝以揚州焚盪之後，居民南渡，遂於故城內就東南別築新壘。胡三省曰：「今揚州大城是也。揚州古城西據蜀岡，北包雷陂。」蜀岡註見前，雷陂即雷塘也，在今江蘇省江都縣北。㊆澤州：澤州當作隰州。

㊇謙溥至，則修守備，未幾，北漢兵果至：《東都事略》，隰州闕守，謙溥攝州事，至則濬城隍，嚴兵備，未旬日而並人至，方盛暑，謙溥服絺綌，揮羽扇，引二小吏登城徐步，並人望之，勒兵不敢動。㊈廷璋度其疲困無備，潛與謙溥約，各募死士百餘，夜襲其營：廷璋為建雄軍節度使，鎮晉州，蓋自晉州潛軍至隰州，與李謙溥表裏相應以襲契丹。《元豐九域志》，晉州西北至隰州二百五十里。

⑩燕王弘冀嫡長，有軍功：弘冀，唐主景之嫡長子也，軍功謂敗吳越兵以解常州之圍，事見上卷顯德三年。⑪景達以浙西方用兵：謂吳越出兵圍常州以應周師也。⑫其弟安定公從嘉：從嘉即南唐後主煜。⑬迎鑾鎮：胡三省曰：「迎鑾鎮本唐之白沙也。吳王楊溥至白沙，閱舟師，徐溫自金陵來見，因以白沙為迎鑾鎮。白沙之地本屬江都，唐分江都置永貞縣，吳為迎鑾鎮，宋為真州。」明降真州為儀徵縣，即今江蘇省儀徵縣。⑭東沛洲：宋白《續通典》，東沛洲在通州東南，胡三省曰：「東沛洲在泰州東南大江中，原是海嶼沙島之地。」⑮遣李重進將兵趣廬州：胡三省曰：「唐末，楊行密自廬州起，既建國，遂為重鎮。周師渡淮，舒、蘄、黃先皆款附，獨廬未下，蓋宿兵多，周師不敢輕犯也。」⑯通州南岸：周既克靜海軍，置為通州。胡三省曰：「通州南岸，蘇州常熟縣福山鎮之地，即東晉之南沙也。」⑰請獻江北四州，歲輸貢物十萬：四州，謂廬、舒、蘄、黃。陸游《南唐書》，時唐主遣劉承遇上表獻江北郡縣之未陷者，鄂州漢陽、汊川二縣在江北，亦獻焉，歲輸土貢數十萬，乞海陵鹽監南屬，帝不許。時江北諸州悉陷於周，獨廬、舒、蘄、黃四州未陷耳。⑱得州十四：十四州謂揚、楚、泗、滁、和、光、黃、舒、蘄、廬、壽、海、泰、濠。⑲其廬、蘄、黃三道亦令斂兵近外：謂周師之攻廬、蘄、黃三州者，亦令收兵於近郊之外。⑳江中舟艦有須往來者，並令就北岸引之：胡三省曰：「凡唐舟艦在北岸者，皆許令引就南岸。」㉑又賜唐主書，諭以不必傳位於子：《五代史・周世宗紀》，帝賜南唐主書，有曰：「干戈載戢之初，豈可高謝君臨，輕辭世務？苟盛德之日新，則景福之彌遠，勉修政理，勿倦經綸。」㉒詔吳越、荊南軍各歸本道，賜錢弘俶犒軍帛三

萬匹，高保融一萬匹：時吳越之軍屯通州南岸，荊南軍臨鄂州，今犒之各使罷歸。㉓唐主遣馮延己獻銀、絹、錢、茶、穀共百萬以犒軍：《五代史・周世宗紀》，時唐主遣其宰相馮延己獻犒軍銀十萬兩、絹十萬匹、錢十萬貫、茶五十萬斤、米麥二十萬石。㉔昇府：南唐以金陵為昇州，故曰昇府。㉕上壽：謂奉觴獻頌，祝人高壽也。㉖是月，浚汴口，導河流達於淮，於是江淮舟楫始通：隋煬帝開通濟渠，引河水入汴河，復引汴水南入泗以通淮，此即唐時江淮入河漕道也，自江淮割據，漕運不通，水道堙塞，今復浚之。㉗新作太廟成：太祖廣順二年，作太廟於大梁，至是始成。㉘神主入廟：《五代會要》，太祖廣順元年七月，追尊高祖璟為睿和皇帝，廟號信祖，曾祖諶為明憲皇帝，廟號僖祖，祖蘊為翼順皇帝，廟號義祖，考簡為章肅皇帝，廟號慶祖。㉙以太祖皇帝領忠武節度使：許州忠武軍。時宋太祖本自義成節度使徙忠武軍節度使，而以忠武節度使韓通為歸德節度使，以歸德節度使為襄州節度使。㉚徙安審琦為平盧節度使：安審琦自襄州徙鎮青州。㉛東城：《舊唐書・地理志》，東城縣，漢渤海郡之東州縣也，隋改曰東城，屬河間郡，唐屬瀛州。故城在今河北省河間縣東北六十里，宋省為鎮，屬河間。㉜唐主避周諱，更名景：避周信祖諱也。㉝齷齪：偓促之假借字，言器宇不恢宏也。㉞安陸所喪，纔數千兵：謂晉高祖天福五年李承裕安州之敗也，事見卷二百八十二。㉟始命太僕卿馮延魯、衞尉少卿鍾謨使於唐：馮延魯、鍾謨本皆唐臣，鍾謨使周為周所留，馮延魯為周軍所執俱見卷二百九十三顯德三年。㊱並今年欽天曆：是年正月，始行王朴所上欽天曆。㊲劉承遇之還金陵也：見上三月。㊳鹵田：於濱海之地，置灶煮海以為鹽者，謂之鹵田。㊴難以交居：謂難使周之官吏與唐之官吏交處雜居也。㊵石會關：石會關在今山西省榆次縣二十五里，蓋澤、潞北走晉陽之要隘也。㊶孝義：《舊唐書・地理志》，孝義縣，漢中陽縣地，後魏曰永安，唐太宗貞觀元年，改曰孝義，屬汾州，即今山西省孝義縣。宋白《續通典》曰：「孝義縣本漢慈氏縣地，曹魏移中陽縣於今理，永嘉後省入隰城，後魏又分隰城，於今靈石縣東三十里置永安縣，貞觀元年，以縣名與涪州縣同，改為孝義，因縣人鄭興有行義為名。」㊷蜀主報以前歲遣胡立致書于周而不答：見上卷上年。㊸以元稹均田圖徧賜諸道：《五代史・周世宗紀》，賜諸道節度使、刺史均田圖各一面，唐同州刺史元稹在郡日，奏均戶民租賦，帝因覽其文集而善之，乃寫其辭為圖以賜藩郡。《五代會要》載其詔云：「朕以寰宇雖安，烝民未泰，當乙夜觀書之際，較前賢阜俗之方。近覽元稹長慶集，見在同州時所上均田表，較當時之利病，曲盡其情，俾一境之生靈，咸受其賜，傳于方冊，可得披尋，因令製素成圖，直書其事，庶王公觀覽，觸目驚心，利國便民，無亂條制，背經合道，盡繫變適，但要適宜，所冀濟務，繫乃勛舊，共庇黎元。」㊹清源節度使：南唐置清源軍於泉州。㊺唐江西元帥晉王景遂之赴洪州也：見上三月。㊻鎮南節度副使：南唐置鎮南軍於潤州。㊼吾當復召景遂：欲召之復立以為太弟也。㊽南漢中宗殂：《五代史記・南漢世家》，南漢主晟嘗自言知星，末年，月食牛、女間，出書占之，歎曰：「吾當之矣！」因為長夜之飲，又卜葬域於城北，運甓為壙，至是而卒，年三十九，廟號中宗。㊾玉清宮使：《五代史記・南漢世家》，南漢主晟作離宮以游獵，有南宮、大明、昌華、甘泉、玩華、秀華、玉清、太微諸宮，皆置宮使領之。㊿唐始置進奏院於大梁：臣屬於周，故置進奏院。(五二)靈壽：《舊唐書・地理志》，靈壽，漢屬常山郡，隋恭帝義寧元年置燕州，唐高祖武德四年，州廢，以縣屬幷州，七年，移屬恒州。按漢縣故城在今河北省靈壽縣西北十里，晉移今治，即唐縣也。(五三)手表：手者，手書之，不假手於人也。(五四)唐主復遣吏部尚書知樞密院殷崇義來賀天清節：《五代會要》，帝生於九月二十四日，以其日為天清節。(五五)以戶部侍郎高防為西南面水陸制置使：《宋史・高防傳》，世宗謀伐蜀，以防為西南面水陸轉運制置使，屢發芻糧赴鳳州為征討之備。(五五)帝歸馮延魯及左監門衛上將軍許文稹、右千牛衛上將軍邊鎬，衛尉卿周廷構於唐：馮延魯被擒見卷二百九十二顯德三年，許文稹、邊鎬被擒、周廷構降周俱見上卷上年。(五六)高保融再遺蜀主書：高保融先遺蜀主書見上六月。(五七)詔左散騎常侍須城艾穎等三十四人分行諸州均定田租：《五代會要》，賜諸道均田詔曰：「朕以干戈既弭，寰海漸寧，言念地征，罕臻藝極，須並行均定，所冀永適重輕。卿受任方隅，深窮治本，必須副寡昧平分之意，察鄉閭治弊之原，明示條章，用分寄任，竚令集事，允屬推公。」須城即須昌也，後唐避獻祖廟諱改須昌曰須城，《舊唐書・地理志》，須昌城屬鄆州，治州郭下，即今山東省東平縣。胡三省曰：「艾，姓也，晏子春秋齊有大夫艾孔，風俗通龐儉母艾氏。」(五八)詔諸州併鄉村率以百戶為團，團置耆長三人：《五代會要》，時詔諸道州府令團併鄉村，大率以百戶為一團，選三大戶為耆長，凡民家之有姦盜者，三大戶察之，民田之有耗登者，三大戶均之，每及三載，即一如是。耆，老也，每團以老者三人為之長，故曰耆長。(五九)請以水軍趨三峽：以舟師泝江入蜀。(六〇)敕寶儼編集大周通禮、大周正樂：從竇儼之請也。儼上疏請定禮樂見上卷上年。（六一）歸安鎮：歸安鎮在今陝西省安康縣北五里，即今香獐鎮。（六二）以奉鑾肅衞都指揮使武信節度使兼中書令孟貽業為昭武、文州都招討使：利州昭武軍，扼劍閣之險，文州扼江油之險，川北之門戶也。（六三）詔凡諸色課戶及俸戶並勒歸州縣，其幕職州縣官自今並支俸錢及米麥：胡三省曰：「唐初諸司置公廨本錢以貿易取息，計員多少為月料，其後罷諸司公廨本錢，以天下上戶七千人為胥士而收其課，計官多少而給之，此所謂課戶也。唐又薄斂一歲稅，以高戶主之，月收息給俸，此所謂俸戶也。」《五代會要》，時中書奏：「諸道州府縣官及軍事判官一例逐月各據逐處主戶等第依下項則例所定料錢及米麥等，取顯德六年三月一日後起支，其俸戶並停廢，一萬戶以上縣令逐月料錢二十千，米麥共五石，主簿料錢一十二千，米麥共三石；七千戶以上縣令逐月料錢一十八千，米麥共五石，主簿料錢一十千，米麥共三石；五千戶以上縣令逐月料錢一十五千，米麥共四石，主簿料錢八千，米麥共三石；三千戶以上縣令逐月料錢一十二千，米麥共四石，主簿料錢七千，米麥共三石；不滿三千戶縣令逐月料錢一十千，米麥共三石，主簿料錢六千，米麥共二石；五萬戶以上州司錄事參軍及兩京司錄每月料錢二十千，米麥共五石，司戶、司治每月料錢一十千，米麥共三石；三萬戶以上州司錄事參軍每月料錢一十八千，米麥共五石，司戶、司法每月料錢八千，米麥共三石；一萬戶以上州司錄事參軍每月料錢一十五千，米麥共四石，司戶、司法每月料錢七千，米麥共三石；五千戶以上州司錄事參軍每月料錢一十二千，米麥共四石，司戶、司法每月料錢六千，米麥共二石；不滿五千戶州司錄事參軍每月料錢一十千，米麥共三石，司戶、司法每月料錢五千，米麥共二石；諸司軍事判官一例每月料錢一十千，米麥共三石。右諸州府京百司內諸司州縣官課戶、莊戶、俸戶、柴炭紙筆戶等，望令本州及檢田使臣依前項指揮勒歸州縣候施行畢，具戶數奏聞，仍差本州判官精細點數後，差使臣覆視。」故有是詔。㊅㊃景達自濠州遁歸：事見上卷上年。㊅㊄唐主心慍：陸游《南唐書》，元宗意謀出齊丘，大銜之。㊅㊅豫章：洪州也。唐玄宗天寶元年，改洪州為豫章郡，肅宗乾元元年，復為洪州。㊅㊆由是因晉王出鎮，以徵古為之副：事見上七月。㊅㊇以李德明之死怨齊丘：李德明之死見上卷三年。㊅㊈齊丘乘國之危，遽謀篡竊：陸游曰：「方齊丘敗時，年七十三，且無子，若謂窺伺謀篡竊則過也，特好權利，尚詭譎，造虛譽，植朋黨，矜功忌能，飾詐讓前，富貴滿溢，猶不知懼，狃於要君，闇於知人，釁隙遂成，卒蒙大惡以死。」㊆㊀陳覺之自周還：見上三月。㊆㊁鍾謨請覆之於周：請覆其言於周於審其虛實也。㊆㊂審如此，則續乃忠臣：謂嚴續果能為其主設謀以拒周，乃忠臣也。㊆㊂聽齊丘歸九華山舊隱：宋齊丘隱居九華山見卷二百七十七唐明宗長興二年，吳睿皇之太和三年也。㊆㊃妾恐事泄：恐事泄見誅。

顯德六年（西元九五九年）

㈠春，正月，癸丑（初七日），審琦醉，熟寢，妾取審琦所枕劍授友進而殺之，仍盡殺侍婢在帳下者以滅口㊀。後數日，其子守忠始知之，執友進等冎㈡之。

㈡初，有司將立正仗，宿㈢設樂縣於殿庭，帝觀之，見鍾磬有設而不擊者，問樂工，皆不能對，乃命竇儼討論古今，考正雅樂。王朴素曉音律，帝以樂事詢之，朴上疏，以為：「禮以檢形，樂以治心，形順於外，心和於內，然而天下不治者，未之有也。是以禮樂修於上，萬國化於下，聖人之教，不肅而成，其政不嚴而治㈣，用此道也。夫樂生於人心而聲成於物，物聲既成，復能感人之心。昔黃帝吹九寸之管，得黃鍾正聲，半之為清聲，倍之為緩聲，三分損益之，以生十二律㈤，十二律旋相為宫以生七調為一均，凡十二均八十四調而大備，遭秦滅學，歷代治樂者，罕能用之㈥。唐太宗之世，祖孝孫、張文收考正大樂，備八十四調㈦，安史之亂，器與工什亡八九，至於黃巢，蕩盡無遺。時有太常博士殷盈孫按考工記，鑄鎛鍾㈧十二，編鍾㈨二百四十，處士蕭承訓校定石磬，今之在縣者是也。雖有鍾磬之狀，殊無相應之和，其鎛鍾不問音律，但循環而擊，編鍾、編磬，徒懸而已，絲、竹、匏、土，僅有七聲，名為黃鍾之宮，其存者九曲，考之三曲協律、六曲參涉諸調，蓋樂之廢缺，無甚於今。陛下武功既著，垂意禮樂，以臣嘗學律呂，宣示古今樂錄，命臣討論，臣謹如古法，以矩黍⑳定尺，長九寸，徑三分，為黃鍾之管，與今黃鍾之聲相應，因而推之，得十二律，以為眾管互吹，用聲不便，乃作律準㉑十有三弦，其長九尺，皆應黃鍾之聲，以次設柱，為十一律，及黃清鍾聲，旋用七律，以為一均。為均之主者，宮也，徵、商、羽、角、變宮、變徵次焉，發其均主之聲，歸於本音之律，迭應不亂，乃成其調，凡八十一調㉒。此法久絕，出臣獨見，乞集百官校其得失。」詔從之。百官皆以為然，乃行之㉓。

㈢唐宋齊丘至九華山，唐主命鎖其第，穴墻給飲食。齊丘歎曰：「吾昔獻謀幽讓皇帝族於泰州㉔，宜其及此。」乃縊而死。【考異】江表志：「齊丘至青陽，絕食數日，家人亦菜色。中使云：『令公捐館，方始供食。』家人以絮塞口而卒。」今從江南錄、紀年。謚曰醜繆㉕。

初，翰林學士常夢錫知宣政院，參預機政，深疾齊丘之黨，數言於唐主曰：「不去此屬，國必危亡。」與馮廷己、魏岑之徒，日有爭論，久之，罷宣政院，夢錫鬱鬱不得志，不復預事，縱酒成疾而卒[16]。及齊丘死，唐主曰：「常夢錫平生欲殺齊丘，恨不使見之。」贈夢錫左僕射。

(四)二月，丙子朔，命王朴如河陰[17]，按行河隄，立斗門[18]於汴口。壬午（初七日），命侍衛都指揮使韓通、宣徽南院使吳廷祚[19]發徐、宿、宋、單等州丁夫數萬浚汴水[20]。甲申（初九日），命馬軍都指揮使韓令坤自大梁城東導汴水入於蔡水以通陳、潁之漕，命步軍都指揮使袁彥浚五丈渠，東過曹、濟、梁山泊以通青、鄆之漕，發畿內及滑、亳丁夫數十以供其役。

(五)丁亥（十二日），開封府奏田稅舊一十萬二千餘頃，今按行得羨苗[21]四萬二千餘頃。敕減三萬八千頃，諸州行苗使還所奏羨苗減之仿此。

(六)淮南饑，上命以米貸之。或曰：「民貧恐不能償。」上曰：「民，吾子也，安有子倒懸而父不為之解哉？安在責其必償也？」

(七)庚申（三月十五日），樞密使王朴卒[22]。上臨其喪以玉鉞卓地，慟哭數四，不能自止。朴性剛而銳敏，智略過人，上以是惜之。

㈧甲子（十九日），詔以北鄙未復，將幸滄州㉓，命義武節度使孫行友扞西山路㉔，以宣徽南院使吳廷祚權東京留守，判開封府事，三司使張美權大內都部署。丁卯（三月二十二日），命侍衛親軍都虞侯韓通等將水陸軍先發。甲戌（三月二十九日），上發大梁。夏，四月，庚寅（十五日），韓通奏自滄州治水道入契丹境，柵於乾寧軍㉕南，補壞防，開游口㉖三十六，遂通瀛、莫。辛卯（十六日），上至滄州，即日帥步騎數萬發滄州，直趨契丹之境㉗，河北州縣，非車駕所過，民間皆不之知。壬辰（十七日），上至乾寧軍，契丹寧州刺史王洪舉城降㉘。乙未（二十日），大治水軍，分命諸將水陸俱下，以韓通為陸路都部署，太祖皇帝為水路都部署。

㈨丁酉（二十二日），上御龍舟，沿流而北，舳艫相連數十里。己亥（二十四日），至獨流口㉙，泝流而西。辛丑（二十六日），至益津關㉚，契丹守將終廷輝以城降，自是以西水路漸隘，不能勝巨艦，乃捨之。壬寅（二十七日），上登陸而西，宿於野次，侍衛之士，不及一旅㉛，從官皆恐懼，胡騎連羣出其左右，不敢逼。癸卯（二十八日），太祖皇帝先至瓦橋關㉜，契丹守將姚內斌舉城降㉝，上入瓦橋關。內斌，平州人也。甲辰（二十九日），契丹莫州刺史劉楚信舉城降。五月，乙巳朔，侍衛親軍都指揮使天平節度使李重進等始引兵繼至，契丹瀛州刺史高彥暉舉城降。彥暉，薊州人也。於是關南悉平㉞。丙午（初二日），宴諸將於行宮，議取幽州。諸將以為：「陛下離京四十二日㉟兵不血刃，取燕南之地，此不世之功也。今虜騎皆聚幽州之北，未宜深入。」上不悅。是日，趣先鋒都指揮使劉重進先發，據固安㊱，上自至安陽水㊲，命作橋，會日暮，還宿瓦橋，是日，上不豫而止。

契丹主遣使日馳七百里詣晉陽，命北漢主發兵撓周邊，聞上南歸，乃罷兵。戊申（初四日），孫行友奏拔易州，擒契丹刺史李在欽獻之，斬於軍市㊳。己酉（初五日），以瓦橋關為雄州㊴，割容城㊵、歸義㊶二縣隸之，以益津關為霸州㊷，割文安㊸、大城㊹二縣隸之。發濱㊺棣丁夫數千城霸州，命韓通董其役。庚戌（初六日），命李重進將兵出土門擊北漢。辛亥（初七日），以侍衛馬步都指揮使韓令坤為霸州都部署，義成節度留後陳思讓為雄州都部署，各將部兵以戍之。

壬子（初八日），上自雄州南還㊻，己巳（二十五日），李重進奏敗北漢兵於百井㊼，斬首二千餘級。甲戌（三十日），帝至大梁。六月，乙亥朔，昭義節度使李筠奏擊北漢，拔遼州，獲其刺史張丕。

㈩丙子（初二日），鄭州奏河決原武㊽，命宣徽南院使吳延祚㊾發近縣二萬餘夫塞之。

唐清源節度使留從効遣使入貢，請置進奏院於京師，直隸中朝㊿，詔報以江南近服，方務綏懷(51)，卿久奉金陵(52)，未可改圖。若置邸上都，與彼抗衡(53)，受而有之，罪在於朕。卿遠修職貢，足表忠勤，勉事舊君，且宜如故。如此，則於卿篤始終之義，於朕盡柔遠之宜，惟乃通方，諒達子意(54)。

唐主遣其子紀公從善與鍾謨俱入貢，上問謨曰：「江南亦治兵修守備乎？」對曰：「既臣事大國，不敢復爾。」上曰：「不然，曏時則為仇敵，今日則為一家。吾與汝國大義已定，保無他虞，然人生難期[55]，至於後世，則事不可知。歸語汝主，可及吾時完城郭，繕甲兵，據守要害，為子孫計。」謨歸以告唐主，唐主乃城金陵，凡諸州城之不完者葺之，戍兵少者益之。

臣光曰：「或問臣，五代帝王唐莊宗、周世宗皆稱英武，二主孰賢？臣應之曰：夫天子所以統治萬國，討其不服，撫其微弱，行其號令，壹其法度，敦明信義以兼愛兆民者也。莊宗既滅梁，海內震動，湖南馬氏，遣子希範入貢[56]，莊宗曰：『比聞馬氏之業，終為高郁所奪，今有兒如此，郁豈能得之哉？』郁，馬氏之良佐也，希範兄希聲聞莊宗言，卒矯其父命而殺之[57]，此乃市道商賈之所為，豈帝王之體哉？蓋莊宗善戰者也，故能以弱晉勝彊梁[58]，既得之，曾不數年，內外離叛，置身無所[59]，誠由知用兵之術，不知為天下之道故也。世宗以信令御羣臣，以正義責諸國，王環以不降受賞(六〇)，劉仁贍以堅守蒙褒(六一)，嚴續以盡忠獲存(六二)，蜀兵以反覆就誅(六三)，馮道以失節被棄(六四)，張美以私恩見疏(六五)，江南未服，則親犯矢石，期於必克，既服，則愛之如子，推誠盡言，為之遠慮，其宏規大度，豈得與莊宗同日語哉？書曰：『無偏無黨，王道蕩蕩(六六)。』又曰：『大邦畏其力，小邦懷其德(六七)。』世宗近之矣！」

(十一)辛巳（初七日），建雄節度使(六八)楊廷璋奏擊北漢，降堡寨一十三。

(十二)癸未（初九日），立皇后符氏，宣懿皇后之女弟也(六九)。

(十三)立皇子宗訓為梁王，領左衛上將軍，宗讓(七〇)為燕公，領左驍衛上將軍。

(十四)上欲相樞密使魏仁浦，議者以仁浦不由科第(七一)，不可為相。上曰：「自古用文武才略者為輔佐，豈盡由科第邪？」己丑（十五日），加王溥門下侍郎，與范質皆參知樞密院事，以仁浦為中書侍郎同平章事，樞密使如故。仁浦雖處權要而能謙謹，上性嚴急，近職有忤旨者，仁浦多引罪歸己以救之，所全活者什七八，故雖起刀筆吏，致位宰相，時人不以為忝(七二)，又以宣徽南院使吳廷祚為左驍衞上將軍，充樞密使，加歸德節度使侍衞親軍都虞候韓通、鎮寧節度使兼殿前都點檢張永德並同平章事，仍以通充侍衞親軍副都指揮使(七三)，以太祖皇帝兼殿前都點檢(七四)。

上嘗問大臣可為相者於兵部尚書張昭，昭薦李濤。上愕然曰：「濤輕薄，無大臣體，朕問相而卿首薦之，何也？」對曰：「陛下所責者，細行也，臣所舉者，大節也。昔晉高祖之世，張彥澤虐殺不辜，濤累疏請誅之，以為不殺，必為國患(七五)；漢隱帝之世，濤亦上疏請解先帝兵權(七六)。夫國家安危未形而能見之，此真宰相器也！臣是以薦之。」上曰：「卿言甚善，且至公(七七)，然如濤者，終不可置之中書。」濤喜詼諧，不修邊幅，與弟澣俱以文學著名，雖甚友愛而多謔浪，無長幼體，上以是薄之(七八)。

上以翰林學士單父(七九)王著，幕府舊僚，屢欲相之，以其嗜酒無檢而罷。

癸巳（十九日），大漸，召范質等入受顧命。上曰：「王著，藩邸故人，朕若不起，當相之。」質等出相謂曰：「著終日遊醉鄉，豈堪為相？慎勿泄此言。」是日，上殂(八〇)。上在藩，多務韜晦，及即位，破高平之冠(八一)，人始服其英武。其御軍，號令嚴明，人莫敢犯，攻城對敵，矢石落其左右，人皆失色，而上略不動容。應機決策，出人意表，又勤於為治，百司簿籍，過目無所忘，發姦摘伏，聰察如神。閑暇則召儒者讀前史，商榷大義。性不好絲竹珍玩之物，常言太祖養成王峻、王殷之惡，致君臣之分不終(八二)，故羣臣有過則面質責之，服則赦之，有功則厚賞之，文武參用，各盡其能，人無不畏其明而懷其惠，故能破敵廣地，所向無前，然用法太嚴，羣臣職事，小有不舉，往往寘之極刑，雖素有才幹聲名，無所開宥，尋亦悔之，末年寖寬。登遐之日，遠邇哀慕焉。

甲午（二十日），宣遺詔命梁王宗訓即皇帝位，生七年矣(八三)！

(十五)秋，七月，壬戌（十九日），以侍衛親軍都指揮使李重進領淮南節度使，副都指揮使韓通領天平節度使，太祖皇帝領歸德節度使，以山南東道節度使同平章事向拱為西京留守，庚申（十七日），加兼侍中(八四)。拱即向訓也，避恭帝(八五)名改焉。

(十六)丙寅（二十三日），大赦。

(十七)唐主以金陵去周境纔隔一水(八六)，洪州險固，居上游(八七)，集羣臣議徙都之。羣臣多不欲徙，惟樞密副使給事中唐鎬勸之，乃命經營豫章，為都城之制。

唐自淮上用兵及割江北(八八)，臣事於周，歲時貢獻，府藏空竭，錢益少，物價騰貴，禮部侍郎鍾謨請鑄大錢，一當五十，中書舍人韓熙載請鑄鐵錢，唐主始皆不從，謨陳請不已，乃從之。是月，始鑄當十大錢，文曰「永通泉貨」，又鑄當二錢，文曰「唐國通寶」，與開元錢並行(八九)。

(十八)八月，戊子（十五日），蜀主以李昊領武信節度使。右補闕李起上言：「故事，宰相無領方鎮者。」蜀主曰：「昊家多冗費，以厚祿優之耳！」起，邛州人，性婞直(九〇)，李昊嘗語之曰：「以子之才，苟能慎默，當為翰林學士。」起曰：「俟無舌，乃不言耳！」

(十九)庚寅（十七日），立皇弟宗讓為曹王，更名熙讓，熙謹為紀王，熙誨為蘄王(九一)。

(廿)九月，丙午（初四月），唐太子弘冀卒。有司引浙西之功(九二)，諡曰武宣。句容(九三)尉全椒(九四)張洎上言：「太子之德，主於孝敬，今諡以武功，非所以防微而慎德也。」乃更諡曰文獻，擢洎為上元尉(九五)。

(廿一)唐禮部侍郎知尚書省事鍾謨數奉使入周，傳世宗命於唐主，世宗及唐主皆厚待之，恃此驕橫於其國，三省之事皆預焉(九六)。文獻太子總朝政，謨求兼東宮官，不得，乃薦其所善閻式為司議郎，掌百司關啓。李德明之死也(九七)，唐鎬預其謀，謨聞鎬受賕，嘗面詰之，鎬甚懼。謨與天威都虞候張巒善，數於私第屏人語至夜分，鎬譖諸唐主曰：「謨與巒氣類不同而過相親狎，謨屢使上國，巒北人，恐其有異謀。」又言永通大錢民多盜鑄，犯法者眾。及文獻太子卒，唐主欲立其母弟鄭王從嘉，謨嘗與紀公從善同奉使於周，相厚善，言於唐主曰：「從嘉德輕志懦，又酷信釋氏，非人主才，從善果敢凝重，宜為嗣。」唐主由是怒。尋徙從嘉為吳王尚書令知政事，居東宮。

冬，十月，謨請令張巒以所部兵巡僥都城，唐主乃下詔暴謨侵官之罪，貶國子司業，流饒州，貶張鑾為宣州副使，未幾，皆殺之[九八]，廢永通錢。

(廿二)十一月，壬寅朔，葬睿武孝文皇帝於慶陵[九九]。廟號世宗。

(廿三)南漢主以中書舍人鍾允章藩府舊僚，擢為尚書右丞，參政事，甚委任之。允章請誅亂法者數人以正綱紀，南漢主不能從，宦官聞而惡之[一〇〇]。南漢主將祀圓丘，前三日，允章帥禮官登壇，四顧指揮，設神位，內侍監許彥真望之曰：「此謀反也。」即帶劍登壇，允章叱之，彥貞馳入宮，告允章欲於郊祀日作亂。南漢主曰：「朕待允章厚，豈有此邪？」玉清宮使龔澄樞、內侍監李托等共證之，以彥真言為然，乃收允章繫含章樓下，命宦者與禮部尚書薛用丕雜治之。用丕素與允章善，告以必不免，允章執用丕手泣曰：「老夫今日猶机上肉耳，分為仇人所烹，但恨邕、昌幼，不知吾寃[一〇一]，及其長也，公為我語之。」彥真聞之，罵曰：「反賊，欲使其子報仇邪？」復白南漢主曰：「允章與二子共登壇，潛有所禱。」俱斬之，自是宦官益横。李托，封州人也。

辛亥（初十日），南漢主祀圓丘，大赦。未幾，以龔澄樞為左龍虎觀軍容使、內太師，軍國之事，皆取決焉。凡羣臣有才能及進士狀頭，或僧、道可與談者，皆先下蠶室，然後得進㊂，亦有自宮以求進者，亦有免死而宮者，由是宦者近二萬人，貴顯用事之人，大抵皆宦者也，謂士人為門外人，不得預事，卒以此亡國㊂。

㊃唐更命洪州曰南昌府，建南都㊃，以武清節度使何敬洙為南都留守㊄，以兵部尚書陳繼善為南昌尹。

㊄周人之攻秦、鳳也，蜀中恟懼，都官郎中徐及甫自負才略，仕不得志，陰結黨與，謀奉前蜀高祖㊅之孫少府少監王令儀為主以作亂，會周兵退而止。至是其黨有告者，收捕之，及甫自殺。十二月，甲午（二十三日），賜令儀死。

㊅端明殿學士兵部侍郎竇儀使於唐，天雨雪，唐主欲受詔於廡下，儀曰：「使者奉詔而來，不敢失舊禮，若雪霑服，請俟他日。」唐主乃拜詔於庭。

㊆契丹主遣其舅使於唐，泰州團練使荊罕儒募客殺之。唐人夜

宴契丹使者於清風驛，酒酣，起更衣，久不返，視之，失其首矣！自是契丹與唐絕㉗。罕儒，冀州人也。

【今註】 ㊀妾取審琦所枕劍授友進而殺之，仍盡殺侍婢在帳下者以滅口：《五代史・安審琦傳》，審琦妾取審琦所枕劍與友進，友進猶惶駭不敢剸刃，遽召其黨安萬合，便殺審琦，既而慮事泄，乃引其帳下數妓，盡殺以滅其跡。㊁冎：冎音瓜。《說文》，冎，剔人肉而置其骨也。㊂宿：先一夕也。㊃是以禮樂修於上，萬國化於下，聖人之教，不肅而成，其政不嚴而治：用《孝經》所載孔子之言。㊄三分損益之，以生十二律：胡三省曰：「三分其一而損益之，上生下生而十二律備矣！」《五代會要》，王朴疏云：「三分其一以損益之，相生之聲也，十二變而復黃鍾，聲之總數也，乃命之曰十二律。」㊅遭秦滅學，歷代治樂者，罕能用之：《五代會要》，王朴疏云：「自秦而下，旋宮聲廢，顧東漢雖有太子丞鮑鄴興之，亦人亡而音息，無嗣續之者。漢至隋，垂十代凡數百年，所存者黃鍾之宮一調而已，十二律中唯用七聲，其餘五律，謂之啞鍾，蓋不用故也。」㊆唐太宗之世，祖孝孫、張文收考正大樂，備八十四調：見卷一百九十二唐太宗貞觀元年。㊇鎛鍾：大鍾之獨懸一簴者謂之鎛鍾。㊈編鍾：小鍾十六枚同懸一簴者謂之編鍾。《隋書・音樂志》曰：「金之屬二，二曰編鍾，小鍾也，各應律呂，大小以次，編而懸之，上下皆八，合十六鍾懸於一簨簴。」⑩秬黍：黑黍也。⑪律準：胡三省曰：「律準蓋梁武帝之遺法，而梁武帝又本之京房。」⑫發其均主之聲，歸于本音之律迭應不亂，乃成其調，凡八十一調：《五代會要》，王朴疏云：「依周法以秬黍校定尺度，長九寸，虛徑三分為黃鍾之管，與見在黃鍾之聲相應，以上下相生之法推之，得十二律管，以為眾管互吹，其聲不便，乃作律準十三弦，宮聲長九尺，張弦各如黃鍾之聲，以第八弦六尺設柱為林鍾，第三弦八尺設柱為太簇，第十弦五尺三寸四分設柱為南呂，第五弦七尺一寸三分設柱為姑洗，第十二弦四尺七寸五分設柱為應鍾，第七弦六尺三寸三分設柱為蕤賓，第二弦八尺四寸四分設柱為大呂，第九弦五尺六寸三分設柱為夷則，第四弦七尺五寸一分設柱為夾鍾，第十一弦五尺一分設柱為無射，第六弦六尺六寸六分設柱為中呂，第十三弦四尺五寸設柱為黃鍾之清聲。十二聲中，旋用七聲為均，為均之主者惟宮，徵、商、羽、角、變宮、變徵次焉。發其均主之聲，歸乎本音之律，七聲迭應而不亂，乃成其調，聲有十二均，合八十四調，歌奏之曲，由是出焉。」㊂百言以為然，乃行之：《五代會要》，時詔尚書省集百官詳議，兵部尚書張昭等議曰：「昔帝鴻氏之製樂也，將以範圍天地，叶和人神，候八節之風聲，測四時之正氣，氣之清濁，不可以筆授，聲之善否，不可以口傳。故鳧氏鑄鍾，伶倫截竹，為律呂相生之管，宮、商正和之音，乃播之於管弦，宣之於鍾石，然後覆載之情訢合，陰陽之氣和同，八風從律而不奸，五聲成文而不亂，空桑枯竹之韻，足以禮神，雲門大夏之容，無虧觀德。然月律有旋宮之法，備於太師之職，經秦滅學，雅道陵夷，漢初時所調，唯存鼓舞，旋宮十二均更用之法，世莫得傳。漢元帝時，京房善易別音，探求古義，以周官均法，每月更用五音，乃音準調，旋相為宮，成六十調，又以日法析為三百六十，傳於樂府，而編懸復舊，律呂無差。

遭漢中微，雅樂淪缺，京房准法，屢有言者，事終不成，錢樂空記其名，沈重但條其說，六十律法寂寥不嗣。梁武帝素精音律，自造四通十二笛以敍八音，又引古正變二音，旋相為宮，得八十四調，與律準所調音同數異。侯景之亂，其音又絕，隋朝初定雅樂，羣黨沮議，歷載不成，而沛國公鄭譯因龜茲琵琶七音以應月律，五正二變，七調克諧，旋相為宮，復為八十四調，工人萬寶常又減其數，稍令古淡。隋高祖不重雅樂，令儒官集議，博士何妥駮奏其鄭萬所奏八十四調並廢，隋代郊廟所奏唯黃鍾一均與五郊迎氣，雜用蕤賓，但七調而已，其餘五鍾，懸而不作，三朝宴樂，用纘樂九部，迄於革命，未能改革。唐太宗爰命舊工祖孝孫、張文收整理鄭譯、寶常所均七音八十四調，方得絲管並施，鍾石俱奏，七始之音復振，四廂之樂皆調。自安史亂離，咸秦蕩覆，崇牙樹羽之器，掃地無餘，戛擊搏拊之工，窮年不嗣，郊廟所奏，何異南箕？波蕩不還，知音殆絕。臣等竊以音之所起，出自人心，夔曠不能常存，人事不能長泰，人亡則音息，世亂則樂崩，若不深知禮樂之情，安明制作之本？臣等據樞密使王朴條奏，采京房之準法，練梁武之通音，考鄭譯、寶常之七均，校孝孫、文收之九變，積絫黍以審其度，聽音詩以測其精，依權衡嘉量之前文，聽備數和聲之大旨，播於鍾簴，足洽簫韶。臣等今月十九日於太常寺又命太樂令奏王朴新法，教習以備禮寺施用，其五郊、天地、宗廟、社稷、三廟大禮，合用十三管諸調，並載唐史開元禮，近代常行。廣順中，太常卿邊蔚奉敕定前件祠祭、廟會舞名、樂曲、歌詞，寺司合有簿籍，伏恐所定與新曲法調聲韻不叶，請下太常寺檢詳校試，若或乖舛，請本寺依新法聲調別撰樂章、舞曲，令歌者教習。」詔從之。㈣吾昔獻謀幽讓皇帝族於泰州：

事見卷二百八十二晉高祖天福二年。㊄乃縊而死，謚曰醜繆：馬令《南唐書》曰：「宋齊丘之鎮洪州也，委任羣小，政事不治，所居舊里愛親坊，改為錦衣坊，大啓第宅，窮奢宏壯，居坊中人皆使修飾牆屋門巷，備極華潔，民不堪命，相率逃去，坊中為之空，前後四任本州，其行事多類此。在富貴權要之地三十年，唯欲人之順己，其一言不同者必被排擯。酷好術數，凡天文、地理、占相、卜祝之徒在門下者數十人，厚祿以給之。相傳言齊丘少時曾夢乘龍上天，凡文武百司皆布朋黨，每國家有善政，其黨輒但言宋公之為也，事有不合羣望者，則曰：『不用宋公之言也。』每舉一事，知物議不可，則羣黨競以巧詞先為之地，及有議論者，皆以墮其計中，羣臣敢言者常夢錫、蕭儼、江文蔚、韓熙載等十數人，而常、蕭尤甚。夢錫性偏而簡言，儼無文而辭繁，故皆不能勝，然雖正人切齒而流俗疏遠之人猶瞻仰以為元老，故趨附者益多。及放歸青陽，即舊第之外，別院處之，重門外鎖，穴牆以給食，至是自縊死，年七十三，謚醜繆。齊丘初館於倡妓魏氏，藉其資給，遂以為正室，亦封國夫人，無子，以從子摩詰為嗣，及後主即位，召其妻子還建康，館給之。齊丘為文有天才而寡學，不經師友，議論詞尚詭誕，多違戾先王之旨，自以古今獨步。書札不工，亦自矜衡，馮延已亦工書，遠勝齊丘，而佯為師授以求媚，齊丘謂之曰：『子書非不善，然不能精意，往往似虞世南，其何堪也？』其狂瞽如此。」馬令曰：「俗說江南堅甲精兵雖數十萬而長江天塹險過湯池，可當十萬，國老宋齊丘權變如神，可當十萬，周世宗欲取江表，故齊丘以反間死。斯言殆非君子之說，閭巷小人之語也，龍袞因是著於野錄以欺惑後世，而後世之人亦頗信之。且民之至愚，欺之則易信，況齊丘益樹朋黨以賈譽於當時，自非特立獨行之士，安能知其妄偽哉！孔子嘗以鄉人皆好之為未可，蓋鄉人之情未必公也，不如鄉人之善者好之則信善矣！善人吾不得見，則齊丘之事安所考信哉！蓋亦考其所言與所行而已。觀其著書云：『畫者不敢易圖像，苟易之必有咎，刻者不敢侮木偶，苟侮之必貽禍。始製作於我，又要敬於我，又置禍於我。』此意以社稷之功自任而無復君臣之禮也。又云：『見食象者食牛不足見，見戴冕者載冠不足則。』則窺竊之計，於是乎萌矣！予以是知齊丘之所言也；伐南閩、攻仁達以空其國用，逐常夢錫、韓熙載、江文蔚以間其忠言，予以是知齊丘之所行也。然則齊丘之死自速辜耳，謂之反間者妄也。」陸遊曰：「世言江南精兵十萬而長江天塹可當十萬，國老宋齊丘機變如神可當十萬，周世宗欲取江南，故齊丘以反間死。方五代之際，天下分裂大亂，賢人君子皆自引於深山大澤之間，以不仕為得，而馮道有重名於中原，齊丘擅眾譽於江表，觀其人可以知其時之治亂矣！周師之犯淮南，齊丘實預議論，雖元宗不盡用，然使展盡其籌策，亦非能決勝保境者，且世宗豈畏齊丘機變而間之者哉！蓋鍾謨自周歸，力排齊丘殺之，故其黨附會為此說，其實非也。」《五代史補》曰：「宋齊丘，豫章人，父嘗在鍾傳幕下。齊丘素落魄，父卒，家計蕩盡，已在窮悴，朝夕不能度。時姚洞天為淮南騎將，素好士，齊丘欲謁之，且囊空，無備紙筆之費，計無所出，但於逆旅杜門而坐，如此殆數日。鄰房有散樂女尚幼，問齊丘曰：『秀才何以數日不出？』齊丘以實告，女歎曰：『此事甚小，秀才何吝一言相示邪？』乃惠以數緡，齊丘用市紙筆為詩詠以投洞天，其略曰：『某學武無成，攻文失志，歲華蹭蹬，身事蹉跎，胸中之萬仞青山，壓低氣宇，頭上之一輪紅日，燒盡風雲，加以天步陵遲，皇綱廢絕，四海淵黑，中原血紅，挹飛蒼走黃之辯，有出神沒鬼之機。』洞天怒其言大，不即接見，齊丘窘急，乃更其啓，翼日復至，其略曰：『有生不如無生，為人不若為鬼。』又云：『其為誠懇萬端，只為飢寒兩字。』洞天始憫之，漸加以拯救。徐溫聞其名，召至門下。及昇之有江南也，齊丘以佐命功遂至將相，乃上表以散樂女為妻以報宿惠。許之。」豫章即洪州也，宋為豫章郡。⑯夢錫鬱鬱不得志，不復預事，縱酒成疾而卒：胡三省曰：「通鑑卷二百八十五晉齊王開運三年已書常夢錫縱酒事，去年又書夢錫笑馮延已之黨事，蓋縱酒已非一日，久乃成疾而卒。」⑰河陰：《舊唐書・地理志》，唐玄宗開元二十年，割汜水、滎澤二縣置河陰縣管河陽倉，屬孟州，故城在今河南省河陰縣東。⑱斗門：於隄堰中開門設閘以便水之蓄洩者。⑲宣徽南院使吳廷祚：吳廷祚當作吳延祚。⑳汴水：即汴渠，其上游為古之滎瀆，又曰南濟，首受黃河，在滎陽曰蒗蕩渠，東流曰官渡水，又東經大梁城北曰陰溝，曰汳水，其在大梁城南分流者曰鴻溝。其故道有二，一為古汴河故道，由河南之舊鄭州、開封、歸德北境經江蘇舊徐州合泗入淮，即《水經注》汴、獲二水之道，元時為黃河所奪，今淤。一為隋以後汴河故道，由前故道至商丘縣南，改東南流入安徽之宿縣、靈壁、泗縣入淮，即唐、宋東南漕粟故道也。㉑羨苗：羨，餘也，謂田已播種而漏稅不入籍者。㉒庚申，樞密使王朴卒：按《五代史・周世宗紀》在三月庚申，此脫三月二字，自四月庚寅以上所繫諸日皆在三月。《五代史・王朴傳》，時朴方過前司空李穀之第，交談之頃，疾作而仆於座，遽以肩舁歸第，一夕而卒，時年四十有五。王銍《默記閒談錄》云：「朴性剛烈，大臣、藩鎮皆憚之。世宗收淮南，俾朴留守，時以街巷隘狹，例從展柝，朴怒廂校弛慢，于適衢中鞭背數十，其人忿然嘆云：『宣補廂虞候，豈得便從決？』朴微聞之，命左右擒至，立斃於馬前。世宗聞之，笑謂近臣曰：『此大愚人，去王朴面前誇宣補廂虞候，宜其死矣！』」又《默記》曰：「王朴仕周世宗，制禮作樂，考定聲律，正星曆，修刑統，百廢俱起。又取三關，取淮南，皆朴為謀。然事世宗纔四年耳！使假之壽考，安可量也！」又曰：「周世宗於禁中作功臣閣，畫當時大臣如李穀、鄭仁誨之屬，太祖即位，一日，過功臣閣，風開半門，正與朴象相對，太祖望見，卻立聳然，整御袍襟帶，磬折鞠躬。左右曰：『陛下貴為天子，彼前朝之臣，禮何過也？』太祖以手指御袍云：『此人在，朕不得此袍著。』其敬畏如此。」《五代史闕文》曰：「周顯德中，朴與魏仁浦俱為樞密使，時太祖皇帝已掌禁兵，一日，有殿直乘馬誤衝太祖導從，太祖自詣密地訴其無禮，仁浦令徽院勘詰，朴謂太祖曰：『太尉名位雖高，未加使相。殿直，廷臣也，與太尉比肩事主，太尉況帶職，不宜如此。』太祖唯唯而出。」㊂詔以北鄙未復，將幸滄州：欲自將伐遼也。《元豐九域志》，大梁至滄州一千二百里。㊃命義武節度使孫行友扞西山路：胡三省曰：「扞定州西山路，以防北漢救契丹也。」㊄乾寧軍：宋白《續通典》曰：「乾寧軍本古蘆臺軍地，後為馮橋鎮，臨御河之岸，接滄、幽二州界，周顯德六年，收復關南，始建為乾寧軍。」《元豐九域志》，宋太宗太平興國七年，始置乾寧軍。按卷二百六十二唐昭宗光化三年，朱全忠遣葛從周圍劉守文於滄州，劉仁恭救之，營於乾寧軍。胡三省曰：「乾寧軍在滄州西一百里，蓋唐昭宗乾寧間始置此軍也。」蓋唐置乾寧軍，宋初廢，太平興國七年復置。神宗熙寧間廢縣為鎮，徽宗大觀間升乾寧軍為清州，明廢為青縣，即今河北省青縣。㉖游口：胡三省曰：「游口者，於水不至處開之以備漲溢而泄游水也。」㉗上至滄州，即日帥步騎數萬發滄州，直趨契丹之境：胡三省曰：「滄州西行九十八里即契丹瀛州界，正北行五百七十五里直抵幽州。」㉘上至乾寧軍，契丹寧州刺史王洪舉城降：契丹時置寧州於乾寧軍。㉙獨流口：獨流口在今河北省靜海縣西北，宋置砦於此。《元豐九域志》，乾寧軍領砦六，獨流、北獨流二砦俱在軍北一百二十里。《靜海縣志》曰：「今有獨流鎮，在縣西北十八里，即獨流北砦也。」地臨運河，潮河至此與之合，曰獨流口。㉚益津關：宋白《續通典》，益津關本幽州會昌縣，唐玄宗天寶中改永清縣。《元豐九域志》，益津關在乾寧軍西北一百六十里。周世宗旋置霸州於此，即今河北省霸縣。㉛侍衞之士，不及一旅：五百人為一旅。㉜瓦橋關：瓦橋關在今河北省雄縣南易水上，唐代宗天曆九年，盧龍留後朱滔討田承嗣，軍於瓦橋，即此。《元豐九域志》，瓦橋關在益津關東八十里，周世宗尋於此置雄州。㉝契丹守將姚內斌舉城降：隆平集，姚內斌，平州人也，世宗北征，將兵至瓦橋關，內斌為關使，開門請降，世宗以為汝州刺史。㉞於是關南悉平：胡三省曰：「關南，謂瓦橋關以南。」《遼史・穆宗紀》，是年四月，周拔益津、瓦橋、淤口三關，五月乙巳朔，陷瀛、莫二州。《契丹國志》曰：「瀛、莫之失，幽州急遽以聞，帝曰：『三關本漢地，今以還漢，何失之有？』」帝謂遼穆宗也。㉟諸將以為陛下離京四十二日：帝以三月甲戌發大梁，至是五月丙午初二，凡三十三日耳。㊱是日，趣先鋒都指揮使劉重進先發，據固安：《五代史・周世宗紀》曰：「是日，先鋒都指揮使張藏英破契丹數百騎於瓦橋關北，攻下固安縣。」司馬光《涑水紀聞》曰：「張藏英，燕人，父為人所殺，藏英尚幼，稍長，擒讎人，生臠割以祭其父，然後食其心肝，鄉人謂之報仇張孝子。契丹用為蘆臺軍使，逃歸中國，從世宗征契丹。」《舊唐書・地理志》，固安縣，本漢涿郡之屬縣也，唐高祖武德四年，屬北義州，移治章信城，太宗貞觀元年，省義州，乃移縣治於漢廣陽郡方城縣地，屬幽州，代宗大曆四年，析幽州置涿州，以固安縣屬之，即今河北省固安縣。匈奴須知，固安縣西北至燕京一百二十里。㊲上自至安陽水：安陽水即衞河也。蘇志皋《固安縣志》曰：「渾河在縣西二十餘里，本桑乾河，又名漯河，俗呼渾河，亦曰小黃河，以流濁故也，源出山西大同府馬邑縣東北十里桑乾山，南徑縣境，至武清縣小直沽與衞河合流，入於海。」㊳軍市：於軍中立市以聽軍人相貿易者。《史記・馮唐傳》謂李牧為趙將居邊，軍市之租，皆以饗士，蓋戰國之世已有之。㊴以瓦橋關為雄州：金人疆域圖，雄州西北至燕京三百二十里。㊵容城：《唐書・地理志》，容城縣本曰遒縣，唐高祖武德五年，置北義州，以縣屬之，太宗貞觀元年，廢北義州，以縣還屬易州，武后聖曆二年，以拒契丹更名全忠縣，中宗神龍二年，復故名，玄宗天寶元年，更名容城，故城在今河北省容城縣西北。《元豐九域志》，雄州治歸義、容城二縣，蓋周置雄州，移縣置於雄州郭下也。㊶歸義：歸義縣，漢為涿州易縣地，北齊省入鄚縣，唐高祖武德五年，於縣置北義州，太宗貞觀元年，與州同省，八年復置，改屬幽州，代宗大曆四年，分幽州置涿州，以歸義屬之，故城在今河北省雄縣西北三十里，周世宗置雄州，移治雄州郭下。㊷以益津關為霸州：金人疆域圖，霸州至燕京三百三十五里。㊸文安：《舊唐書・地理志》，文安縣，漢屬渤海郡，至隋不改，唐縣在漢故城之西南，舊屬瀛州，睿宗景雲二年，移屬莫州。宋白《續通典》曰：「文安，漢舊縣，晉置章武國在古文安城，隋大業征遼，途經河口，當三河合流處置豐利縣，唐貞觀二年，以豐利、文安二縣相逼，移文安縣就豐利城，周世宗置霸州治焉。」唐縣故治即今河北省文安縣。㊹大城：《元豐九域志》，大城縣在益津關東南一百五里，蓋五代時所置也。宋白《續通典》曰：「大城縣本漢東平舒縣，晉於北置章武郡，北齊廢郡為平舒縣，五季改大城縣。」㊺濱：《五代會要》，顯德二年六月，升瞻國軍為濱州，割棣州渤海、蒲臺三縣隸之。《五代史・郡縣志》作顯德三年六月升瞻國軍為濱州。《舊唐書・地理志》，睿宗垂拱四年，析蒲臺、厭次二縣置渤海縣，即周之濱州治也。《元豐九域志》，在滄州東南三百七十五里，即今山東省濱縣。㊻上自雄州南還：《元豐九域志》，雄州至大梁一千二百里。㊼百井：《宋書・地理志》，陽曲縣有百井砦。在今山西省陽曲縣北四十里。㊽原武：《舊唐書・地理志》，原武縣屬鄭州。《元豐九域志》，原武縣在鄭州北六十里，即今河南省原武縣。㊾宣徽南院使吳廷祚：《五代史・周世宗紀》，廷祚當作延祚。㊿唐清源節度使留從效遣使入貢，請置進奏院於京師，直隸中朝：中朝謂中國。南唐嗣主景保大三年取泉州，置清源軍。留從效以南唐國勢衰弱，不欲復臣事之，而欲與之比肩事周也。(51)綏懷：綏，安也，安慰而懷撫之。(52)卿久奉江陵：晉少帝開運二年，留從效以泉州附唐，至是歷十五年。(53)若置邸上都，與彼抗衡：上都謂大梁，彼謂南唐。言與唐比肩事周，則泉州與唐抗衡也。抗衡猶敵對也。《史記》陸賈說尉佗曰：「欲以區區之越，與天子抗衡為敵國。」索隱曰：「抗，對也，衡，車軛上橫木。」言兩衡相對拒，不相避下也。〔五四〕惟乃通方，諒達予意：惟、諒，想也，乃，汝也，達，曉解也。〈名義考〉曰：「方，道也。漢傳：『通方之士不可以文亂。』武帝紀：『方聞之士。』皆謂聞道與有道博聞之士也。」〔五五〕難期：難以逆料。〔五六〕湖南馬氏，遣子希範入貢：事見卷二百七十二唐莊宗同光元年。〔五七〕希範兄希聲聞莊宗言，卒矯其父命而殺之：希聲矯命殺高郁見卷二百七十六唐明宗天成四年。〔五八〕蓋莊宗善戰者也，故能以弱晉勝彊梁：事見梁末帝紀。〔五九〕曾不數年，內外離叛，置身無所：事見唐莊宗紀。〔六〇〕王環以不降受賞：事見卷二百九十二顯德二年。〔六一〕劉仁贍以堅守蒙褒：事見上卷顯德四年。〔六二〕嚴續以盡忠獲存：見上正月。〔六三〕蜀兵以反覆就誅：事見上卷顯德三年。〔六四〕馮道以失節被棄：事見卷二百九十一顯德二年。失節，謂其歷事四朝也。〔六五〕張美以私恩見疏：事見卷二百九十二顯德二年。〔六六〕無偏無黨，王道蕩蕩：《尚書・洪範》之言。蕩蕩，正大無私貌。〔六七〕大邦畏其力，小邦懷其德：《尚書・武成》之言。恃強不服者則威之以兵，故畏其力，小弱歸附者撫之以恩，故懷其德。〔六八〕建雄節度使：晉州建雄軍。〔六九〕立皇后符氏，宣懿皇后之女弟也：顯德三年，宣懿皇后殂，見上卷。宣懿之妹符后，宋太祖受禪，遷居西宮，號周太后。〔七〇〕宗讓：即熙讓也，恭帝嗣位，避諱改宗為熙。〔七一〕議者以仁浦不由科第：魏仁浦由樞密院吏歷仕至樞密使。〔七二〕時人不以為忝：忝，辱也，言才不稱而辱其位也。〔七三〕加歸德節度使侍衛親軍都虞候韓通、鎮寧節度使兼殿前都點檢張永德並同平章事，仍以通充侍衛親軍副都指揮使：宋州歸德軍，澶州鎮寧軍，以韓通、張永德為使相而奪承德軍職。〔七四〕以太祖皇帝兼殿前都點檢：代張永德掌殿前司。〔七五〕昔晉高祖之世，張彥澤虐殺不辜，濤累疏請誅之，以為不殺，必為國患：事見卷二百八十三晉高祖天福元年。㊅漢隱帝之世，濤亦上疏請解先帝兵權：事見卷二百八十八漢隱帝乾祐元年。㊆卿言甚善，且至公：《五代史補》，世宗以張昭遠好古直，甚重之。㊇濤喜詼諧，不修邊幅，與弟澣俱以文學著名，雖甚友愛而多謔浪，無長幼體，上以是薄之：《五代史補》曰：「濤為人不拘禮法，與弟澣雖甚雍睦，然聚語之際，不典之言，往往間作。澣娶禮部尚書竇寧固之女，年甲稍高，成婚之夕，竇女出參，濤輒望塵下拜，澣驚曰：『大哥風狂邪？新婦參阿伯，豈有答禮儀？』濤應曰：『我不風，只將謂是親家母。』澣且慚且怒。既坐，竇氏復拜，濤又叉手當胸，作歇後語曰：『慚無竇建，繆作梁山，喏喏喏。』時聞者莫不絕倒。凡濤於閨門之內，不存禮法也如此。世宗以為無大臣體，不復任用，宜哉！」㊈單父：《五代史・職方考》，單父縣，單州治也，即今山東省單縣。㊉上殂：《五代史・周世宗紀》，帝崩於萬歲殿，年三十九。《五代史補》曰：「世宗在民間，嘗與鄴中大商頡跌氏，忘其名，往江陵販賣茶貨，至江陵，見有卜者王處士，其數如神，世宗因頡跌氏同往問焉。方布卦，忽有一蓍躍出，卓然而立，卜者大驚曰：『吾家筮法十餘世矣，常記曾祖以來遺言，凡卜筮而蓍自躍而出者，其人貴不可言，況又卓立不倒，得非為天下之主乎？』遽起再拜，世宗佯為詰責而私心甚喜，於逆施中，夜置酒與頡跌氏半酣戲曰：『王處士以我當為天子，若一旦到此，足下要何官？請言之。』頡跌氏曰：『某三十年作估來，未有不由京洛者，每見稅官坐而獲利，一日所入，可以敵商賈數月，私心羨之。若大官為天子，某願得京洛稅院足矣！』世宗笑曰：『何望之卑邪！』及承郭氏之後踐阼，頡跌猶在，召見，竟如初言以與之。」又曰：「世宗志在四方，常恐運祚速而功業不就，以王朴精究術數，一旦，從容問之曰：『朕當得幾年？』對曰：『陛下用心以蒼生為念，天高聽卑，自當蒙福。臣固陋，輒以所學推之三十年，後非所知也。』世宗喜曰：『若如卿言，寡人當以十年開拓天下，十年養百姓，十年致太平足矣！』其後自瓦橋關回戈，未到關而晏駕，計在位止及五年，餘六箇月，五六乃三十之成數也，蓋朴婉而言之。」又曰：「世宗末年大舉以取幽州，契丹聞其親征，君臣恐懼，沿邊城壘皆望風而下，凡蕃部之在幽州者亦連宵遁去。車駕至瓦橋關，探邏事實，甚喜，以為大勳必集，登高阜以觀六師。頃之，有父老百餘輩持牛酒以獻，世宗問曰：『此地何名？』對曰：『歷世相傳，謂之病龍臺。』默然遽上馬馳去。是夜，聖體不豫，翌日，病亟，有召回戈，未到關而晏駕。先是世宗之在民間，已常夢神人以大傘見遺，色如鬱金，加道經一卷，其後遂有天下。及瓦橋不豫之際，復夢向之神人來索傘與經，夢中還之而驚起，謂近侍曰：『吾夢不祥，豈非天命將去耶？』遂召大臣，戒以後事。初，幽州聞車駕將至，父老或有竊議曰：『此不足憂。且天子姓柴，幽州為燕，燕者亦煙火之謂也，此柴入火，不利之兆，安得成功？』卒如其言。」㈡破高平之寇：事見卷二百九十一顯德元年。㈢常言太祖養成王峻、王殷之惡，致君臣之分不終：太祖寵任王峻、王殷，遂致跋扈而誅之，貶之，是君臣之分不終也。貶王峻，誅王殷見卷二百九十一太祖廣順三年。㈢宣遺詔命梁王宗訓即皇帝位，生七年矣：《五代史・周恭帝紀》，帝諱宗訓，世宗子也，太祖廣順三年八月四日生於澶州之府第。㈣庚申，加拱兼侍中：拱先除西京留守，後加兼侍中，除留守在七月壬戌十九日，而庚申十七日，則庚申誤也。(八五)恭帝：帝後禪於宋太祖，宋奉為鄭王，後崩，謚曰周恭帝。(八六)唐主以金陵去周境纔隔一水：時周、唐以江為界，而金陵北至江纔二十二里耳。(八七)洪州險固，居上游：洪州，今江西省南昌縣，據江南之要會，負鄱陽湖以為固，地居金陵之上游。(八八)唐自淮上用兵及割江北：世宗顯德二年冬十二月，周師始渡淮經略淮南，五年春三月，唐割江北諸郡於周。(八九)與開元錢並行：開元錢，唐高祖武德初所鑄。(九〇)婞直：《離騷》：「鮌婞直以亡身兮。」王逸注：「婞，很也。」蘇軾曰：「婞，剛而犯上也。」(九一)立皇弟宗讓為曹王，更名熙讓，熙謹為紀王，熙誨為蘄王：《五代史記・周家人傳》云：「宋乾德二年十月，熙謹卒，熙讓、熙誨不知其所終。」蓋諱之也。(九二)有司引浙西之功：謂遣柴克宏敗吳越兵於常州之役也。(九三)句容：《舊唐書・地理志》，句容，漢縣，屬丹陽郡，唐高祖武德四年，於縣置茅州，七年，州廢，以縣屬蔣州，九年，移屬潤州，肅宗乾元元年，屬昇州，寶應元年，廢昇州，復以縣屬潤州。《唐書・地理志》，僖宗光啓三年，復置昇州，以句容屬之。《元豐九域志》，句容縣在昇州東九十里，即今江蘇省句容縣。(九四)全椒：《舊唐書・地理志》，全椒，漢舊縣名，梁置北譙郡，又改為臨滁郡，隋改為滁縣，煬帝復曰全椒，唐屬滁州。《元豐九域志》，全椒縣在滁州南五十里，即今安徽省全椒縣。(九五)擢泊為上元尉：胡三省曰：「唐都金陵，以上元為赤縣，自畿縣尉升赤縣尉。」(九六)唐禮部侍郎知尚書省事鍾謨數奉使入周，傳世宗命於唐主，世宗及唐主皆厚待之，恃此驕橫於其國，三省之事皆預焉：馬令《南唐書》曰：「江南暨周平，世宗召謨授衞尉卿，放還國，謨作詩以獻，其略云：『三年耀武羣侯服，一日迴鑾萬國春，南北適歡永無事，謝恩歸去老陪臣。』世宗覽而悅之，賜黃金五百兩，意將以間其君臣也，元宗果銜之。謨歸為禮部侍郎，判尚書省，國政悉來於中臺，相府但糾轄而已。謨既秉權，鑄大錢，改制度，恃其才能，挾中朝之勢，尤橫恣不法，世宗每遣使至，必賜詔存問，元宗由是疑之。」〔九七〕李德明之死也：見上卷顯德三年。〔九八〕唐主乃下詔暴謨侵官之罪，貶國子司業，流饒州，貶張巒為宣州副使，未幾，皆殺之：馬令《南唐書》，元宗尚以世宗之故，未即加誅，乃罷其職為國子司業，及世宗崩，遂貶謨著作佐郎，饒州安置，遣中使領侍衞軍十人，即日監督上道，馳驛發遣家屬自後而去，謨時病風眩，作絕句十餘章，其辭皆悽愴，至郡月餘，遣人就縊殺之，巒亦賜死於宣州。又曰：「謨尤好古碑，奉使中原，每道旁碑碣，必駐馬歷覽。嘗見碑趺大碣半沒水中，謨欣然解衣，以手捫揣，默記其文，他日水涸，以所錄本就證之，無差，其爽邁如此。」〔九九〕葬睿武孝文皇帝於慶陵：《五代會要》，慶陵在鄭州管城縣。〔一〇〇〕允章請誅亂法者數人以正綱紀，南漢主不能從，宦官聞而惡之：亂法者，謂宦官之干政者。南漢主委政諸閹見上年八月。《五代史記・南漢世家》，南漢主鋹既委政於宦者龔澄樞、陳延壽等，乃與宮婢、波斯女等淫戲後宮，不復出省事，延壽又引女巫樊胡子，自言玉皇降胡子身，鋹於內殿設帳幄，陳寶貝，胡子冠遠游冠，衣紫霞裾，坐帳中宣禍福，呼鋹為太子皇帝，國事皆決於胡子，胡子乃為鋹言澄樞等皆上天使來輔太子，有罪不可問，故鍾允章深嫉之。〔一〇一〕但恨邕、昌幼，不知吾冤：邕、昌，蓋鍾允章二子名，《五代史記・南漢世家》作「然吾二子皆幼，不知父冤。」〔一〇二〕凡羣臣有才能及進士狀頭，或僧、道可與談者，皆先下蠶室，然後得進：進士狀頭，進士第一人也，後謂之狀元。《五代史記・南漢世家》，鋹以謂羣臣皆自有家室，顧子孫，不能盡忠，惟宦者親近可任，至其羣臣，有欲用者，皆閹然後用。㊁卒以此亡國：南漢以宋太祖開寶四年，為宋所滅。㊂唐更命洪州曰南昌府，建南都：將徙都之也。㊃以武清節度使何敬洙為南都留守：衡州武清軍，時屬湖南，唐以何敬洙遙領耳。㊄前蜀高祖：前蜀主王建廟號高祖。㊅唐人夜宴契丹使者於清風驛，酒酣，起更衣，久不返，視之，失其首矣，自是契丹與唐絕：按馬令、陸游《南唐書》紀此事皆繫保大十二年，在周為顯德元年，在遼為穆宗應曆四年，葉隆禮《契丹國志》作應曆九年，在周為顯德六年。按《遼史》應曆五年、七年，南唐尚遣使貢遼，遼未與絕也，當以《契丹國志》作應曆九年為是。

後序

考中國自古歷史之體裁，以編年體為最早，觀孔子所根據之《魯史春秋》及西晉所發現之《竹書紀年》，以事繫日，以日繫月，以月繫時，以時繫年，即所謂編年體也。延至戰國，此風未改。司馬遷始創為紀傳體。然其主要的篇目，如本紀及世家，仍以編年為綱。下及班固，因仍未變，不過改通史為斷代而已。溫公有鑒於此，欲恢復古代之舊章，通各朝代一千六百餘年為一書，遂有《資治通鑑》之鉅作，蓋編年通史，自溫公而後復活。夫在中國史學史上，前後兩司馬並稱，良有以也。然以一千餘年之故事，典章文字各有不同，不有注解，每使後學感覺困難，此胡三省注之所以為《通鑑》功臣也。然而時間已久，古人之所以為易者，今人或以為難，反之，亦復如是。所以，以鄭君之淵博，而無可批評也，然而清代諸儒，十三經皆有新疏，可見時過境遷，亦不得不如此。因此張曉峯先生遂有《資治通鑑》今註之提議，辱屬主編，辭不獲已。幸蒙諸君之相助，積十年之努力，居然底功於成，此亦非始料之所及也。然而其中之經過，不得不略述其大概。

在初編之時，由一人擔任數卷：或甚少至於一、二卷，久而發現其弊端。蓋於注某卷者，必須翻閱其正史，每人擔任既少，翻閱之時間必多，遂使進展遲緩。故在六朝以後，遂採用集中辦法，如擔任梁、陳史者，則集中於注梁、陳時代。對於唐及五代莫不如此。於是方法稍改，進步遂速。其中又有一段應聲明者，即在排印第一冊時，將註皆列於每段後，並將每註各自提行，於是註下時常竟成白紙一片，頗不美觀。此種現象，首被宗侗所發現，乃建議自第二冊起，每注各不提行，以免下餘空白，此印刷改變之一也。至於此書之用意，不過註釋淺近，以備中學生之研讀，至於欲作司馬氏功臣，藏之名山，傳之其人，則吾等豈敢，尚望並世學人，加以嚴厲批評，則感禱無既矣！

另須述及者，第一、二冊早已缺版，且錯字較多，此次再版時，不得不另加以校訂，其事皆由夏卓如教授獨自擔當，費時既多，厥功尤偉。至於此書之成，既賴王鳳喈館長之堅持，後尤賴王岫廬董事長擔任刊行鉅著之毅力，尤非其他出版者所可望！集此數因，遂使經十年努力之久之書，乃底厥成，而於劉泛池館長監督之下出版。至於註解諸先生各列名於其所註之各卷前，茲不重述。不過其中有盡力甚多，且擔任卷數甚重者，如曲穎生、林瑞翰兩教授；而趙鐵寒、許倬雲、嚴耕望、傅樂成、杜維運、陳捷先、陳文石諸教授皆有特解時發新義，尤不可不致其謝意焉！昔者胡身之費數十年之功力，三易其稿，然後人仍有不少之批評或糾正，則今註之不能令人滿意，自在意中。所可自慰者，對於中學同學及大學初年級同學讀《通鑑》時，得此稍有幫助，且點句分段，亦不勞讀者之費力，是則吾等功過相抵，尚差足以自慰者也。憶此書首冊出版時，正欣逢總統蔣公七旬有慶，而今此書全編告成之日，又恭逢總統八旬榮慶，敬敢以為獻，總統其笑而許之乎！前序在民國四十五年十月，後序又逢十月，是亦不可不記。

中華民國五十五年十月高陽李宗侗識